CHEMI...

PIERRE-CHARLES LAURENT DE ...

T. I

Fascicules : 1 — 2 — 3

PAGES *1* A *240* [1]

PRIX : 15 francs — 12 francs POUR LES SOUSCRIPTEURS

PRÉFACE

INDEX CHRONOLOGIQUE
(1771-1837)

PARIS

LIBRAIRIE GÉNÉRALE

72, Boulevard Haussmann, 72

1903

[1] *Le Titre, la Dédicace et la Liste des Souscripteurs seront donnés avec le 10ᵉ Fascicule du TOME Iᵉʳ*

BIBLIOGRAPHIE

DES

CHEMINS DE FER

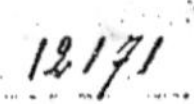

PRÉFACE

I

Bibliographie. — Sa raison d'être

On aurait tort de croire que la Bibliographie est une branche parasite du savoir humain : elle en est au contraire la base. Les anciens n'avaient guère besoin de cette clef de l'encyclopédie des connaissances de l'homme, car chez eux la science tenait dans un mince rouleau de papyrus et les résultats acquis, admis empiriquement, sans être jamais le résultat d'une analyse, circulaient de génération en génération, plutôt par tradition ou par action de contact, que par écrit et suivant une chaîne de déductions.

Les riches lettrés qui avaient des bibliothèques, c'est-à-dire des collections plus ou moins touffues de poésies ou de dissertations de rhéteurs, n'avaient même pas besoin de catalogue, car leur mémoire ou celle de l'esclave chargé du soin de leur mobilier intellectuel, était assez vaste pour loger les quelques centaines d'indications nécessaires. Il est même à noter que si de nombreux auteurs nous ont parlé avec admiration de la bibliothèque de Cicéron, de celles d'Atticus, de César, d'Auguste, de Simanicus, de Trajan, et surtout de celle d'Alexandrie, aucun ne nous a laissé le moindre témoignage de la composition de leurs rayons. Le vaste dépôt où le bon vouloir des Ptolémées avait emmagasiné les produits de l'intelligence et les monuments de la civilisation, ne nous est connu que comme total.

Faut-il croire que l'absence de catalogue était dès lors le défaut caractéristique des bibliothèques ? Démétrius de Phalère rangeait ses livres, mais il ne paraît pas les avoir classés. La première destruction de la bibliothèque d'Alexandrie, lors de l'incendie de la flotte de Jules César, ne semble même pas avoir fait sentir la nécessité d'un inventaire raisonné, quand avec les débris de la première, augmentés de la bibliothèque de Pergame, on forma la nouvelle dite du Sérapion, volontairement brûlée par Omar. Il en est du reste de même pour les bibliothèques de Tibériade et de Cariatsepher, dans le royaume de Judée, pour celles des Synagogues, pour celles des Phéniciens, celles de Perse et enfin pour celle de Memphis, fondée, dit-on, par un Osymandrias quelconque, contemporain de Priam et d'Achille.

Il faut d'ailleurs considérer que dans l'antiquité, le savoir était un et que le même homme était à la fois poète, musicien, philosophe et physicien ou naturaliste. Résumant tout en lui-même, Aristote n'avait pas besoin de consulter ses auteurs, et génie créateur, il n'avait aucun désir de s'autoriser de l'opinion de ses devanciers.

La civilisation romaine vit commencer la spécialisation ; mais la double destruction dont le triomphe des Barbares et celui du Christianisme furent les agents, ramena par la confusion, le savoir à l'unité. Cet état d'âme se perpétua longtemps et il est incontestable que Pascal, Voltaire, Dalembert, et une foule d'auteurs du XVIIIᵉ siècle, furent des écrivains universels, mais ce fut, en quelque sorte, le bouquet final. Aujourd'hui la science est devenue un arbre si gigantesque, que c'est à peine si la vie d'un homme suffit pour sonder les contours d'un seul de ses rameaux.

Il serait même surhumain de s'attaquer à une spécialité, si pour le faire on n'avait pas recours à des procédés très perfectionnés, permettant de se débrouiller dans le labyrinthe des élucubrations des milliers de chercheurs qui, sur le plus minuscule point à éclaircir, ont projeté tant de lumières que souvent celles-ci se polarisent et ne génèrent que des ténèbres lumineuses. La Bibliographie est le fil d'Ariane qui guide au milieu de ces méandres, les esprits curieux d'apprendre, et si une somme incalculable de travail peut suppléer à ses enseignements, elle a toujours l'avantage de réaliser au profit de celui qui la consulte, une grande économie de temps.

Lorsque sous les auspices de Martin et de Debure, libraires à Paris, la Bibliographie prit naissance en France, cet art nouveau fut simplement considéré comme un adjuvant mécanique pour le rangement des livres, mais on ne l'envisagea nullement au point de vue de la vulgarisation du savoir, comme l'avaient fait aux XVIᵉ et XVIIᵉ siècles, respectivement, André Duchesne et Jacques Lelong. C'est celui pour notre part qui nous préoccupe, car pour le reste, c'est une pure question de manouvriers de lettres.

On sait les progrès rapides qu'ont faits les sciences sur les limites du XVIIIᵉ et du XIXᵉ siècle, par suite de l'adoption d'une terminologie en quelque sorte hiérarchique, qui a permis à l'homme d'études de condenser en un seul mot, en variant le suffixe ou le préfixe, la valeur de plusieurs appellations capricieuses qui ne répondaient à rien, ne suscitaient aucune concordance et occupaient chacune dans la mémoire une case spéciale, d'où la symétrie qui fournit les neuf dixièmes de la mnémonique, était rigoureusement exclue.

Si la classification rationnelle donne les moyens de se souvenir, la Bibliographie qui fait jaillir le plein jour dans le maquis de la science, donne les moyens d'apprendre et ouvre à chacun l'accès des sources où il faut puiser pour s'instruire, car chaque fois qu'un fait subit l'opération de la transmission, il éprouve une déformation, comme la force que l'on pourrait user sans lui demander aucun effort, rien qu'en multipliant les transmissions.

II

Caractère et forme de la " Bibliographie des Chemins de fer "

Ce n'est pas une histoire des chemins de fer que nous avons la prétention de rédiger : la matière, certes, en vaut la peine, mais elle attendra encore après nous, celui qui doit l'élucider. Chateaubriand a fait le *Génie du Christianisme*, le *Génie des Chemins de fer* est à faire, car c'est sous cette forme de prosopopée lyrique que l'on doit élever un monument à la gloire du *génie de l'homme*, dont cette application est une manifestation sublime. Cette histoire ne saurait être en effet une froide chronique des *gesta* de l'administration du pays, en ce qui concerne l'établissement et la conduite des voies ferrées : ce doit être une démonstration des bienfaits qui ont découlé de ce perfectionnement des moyens de communication. Le penseur et le poëte sont appelés à collaborer ensemble à cette œuvre d'équité et de reconnaissance, où il est impossible de séparer les services rendus par les chemins de fer à l'humanité tout entière, du souvenir des hommes qui en ont tenté ou hâté la réalisation féerique, car il y a de la féerie dans le passage d'un express, faisant trembler le sol à plusieurs hectomètres à la ronde et laissant dans son sillon une traînée de feu, de fumée et de soufre à laquelle l'imagination est prête à reconnaître un sens diabolique. Milton a écrit le *Paradis perdu* : on pourrait retourner l'épopée et écrire le *Paradis retrouvé* : c'est bien cette transformation épique que l'on peut constater, quand on compare l'homme primitif, prisonnier de la brousse, des cailloux, des ronces, s'exténuant pour aller chercher de l'eau à la fontaine ou pour cueillir des champignons, au mécanicien, roi de l'espace, qui à travers les monts et les vallées, mène le train chargé d'approvisionner un monde des produits qu'un autre a récoltés en trop.

Quelque précieux que soit le but à atteindre, quelque séduisant que soit le développement d'un argument qui nous paraît avoir beaucoup plus de connexité avec les progrès de la civilisation que le fastidieux *processus* des procédés constitutionnels et parlementaires dont M. Guizot a fait si plaisamment dans le fond, le signe de la civilisation, le prototype des desiderata du genre humain en mal de perfection, quel que soit l'attrait que puisse avoir ce thème, nous ne voulons pas sortir des bornes d'une Bibliographie, d'un inventaire sommaire des propos divers qui ont été tenus sur les chemins de fer et coulés en lettres d'imprimerie. La conclusion à tirer, la thèse à suivre, l'affirmation à dégager, chacun pourra la tirer, la suivre, la dégager, et chacun le fera en se pénétrant du sens rigoureux des points de fait que nous allons faire impartialement passer sous les yeux de nos lecteurs. C'est pour cela que nous avons adopté dans l'ordre d'exposition et d'examen sommaire des documents, le cycle chronographique. La méthode alphabétique qui est celle de la lexicographie, est la négation même de la logique et du raisonnement. La lecture d'un dictionnaire est le travail le plus indigeste et le plus périlleux que l'on puisse imposer à l'imagination : elle fait subir au cerveau une sorte de martellement douloureux, en contraignant la contention intellectuelle à passer d'un objet à un autre, à la façon des oiseaux qui sautillent quand ils veulent marcher. Non seulement on ressent du malaise, mais on n'apprend rien, car si la mnémotechnie peut fonctionner, la logique est cassée, brisée, émiettée, en sorte que l'on ne peut en ramasser les morceaux. Or c'est la logique qui donne la synthèse, et c'est la synthèse qui forme la science et qui est le savoir. Sans ce lien dont le dictionnaire est la négation, il n'y a pas de connaissances humaines utilisables, car celles-ci gisent dans l'esprit, comme les pièces d'une machine démontée que l'on a oublié de repérer. Nous ne nions pas l'utilité de ces répertoires classifiés suivant le mode arbitraire de récitation des lettres de l'alphabet, où l'on fait voisiner les choses les plus disparates, mais loin de les considérer comme des sources de science à l'usage des ignorants, nous ne pouvons les prendre que pour des jalons à l'usage des savants, courts de mémoire, qui ont égaré leur boussole.

Dans l'espèce, l'ossature alphabétique aurait eu l'inconvénient de nous exposer à commencer par la fin, en plaçant en tête la nouveauté d'hier en matière de chemins de fer, de sorte que toute tentative de lecture suivie eut été déroutée. La marche que nous avons préférée, permet de suivre l'industrie des voies ferrées depuis sa naissance, voire même dans son embryon, jusqu'à hier, car c'est à la fin du siècle dernier, au 31 décembre 1900, que s'arrêtent nos investigations En lisant ce livre de la première page jusqu'à la dernière, on assistera à une sorte de représentation cinématographique dont la locomotive sera le protagoniste. C'est de l'histoire parlée, de l'histoire composée, à l'instar d'une marqueterie, de la juxtaposition des documents du jour, exhumés patiemment et réédités en extraits courts et concrets qui en résument rigoureusement le sens. Il y a certainement dans ces écrits successifs que nous analysons, des redites qui seraient des superfétations parasitaires, et notre principale intervention s'est bornée à en extraire la substance, pour la condenser en quelques phrases succintes, souvent même en un seul adjectif.

Toutefois, si les dictionnaires ont leurs inconvénients, ils ont aussi leur utilité et ce n'est pas sans motif que, dans toutes les branches, on en a appliqué à toutes les sciences le mécanisme si simple. L'ordre alphabétique des matières est en effet le seul artifice imaginable pour faire parvenir avec la moindre recherche et le moindre effort possibles, le renseignement demandé, au pouvoir de celui qui en a momentanément besoin et dont la hâte exclut tout autre moyen de prospection. Nous ne pouvions pas nous priver sciemment de cet élément de réussite, car s'il est beaucoup de gens qui ont recours aux livres, il en est peu qui les lisent depuis le titre jusqu'à la signature de l'imprimeur. Il est cependant impossible de combiner à la fois l'alphabet et la chronologie, l'un excluant rigoureusement l'autre. Nous aurions pu appliquer l'ordre alphabétique dans la chronologie annuelle, mais ce n'eut été que fractionner la difficulté, attendu que pour trouver ainsi un renseignement, il eut fallu scruter toutes les années, c'est-à-dire se promener tout le long du siècle. Afin de sortir de ce dilemme naturel, nous n'avons trouvé qu'un moyen, c'est de placer à la suite de l'index chronologique, deux index alphabétiques, donnant l'un le titre des ouvrages cités, l'autre le nom de leurs auteurs. De cette façon, le lecteur trouvera immédiatement ce qu'il désire, avec un renvoi lui indiquant le numéro correspondant pour l'article qui l'intéresse, à l'index chronologique.

Ce n'est pas encore tout, avec l'ordre chronologique, le lecteur possède l'ensemble; avec l'ordre alphabétique, il a les détails analytiques de l'ensemble; mais pour se servir de l'alphabet, il faut qu'il connaisse le titre exact de l'ouvrage qu'il veut connaître ou le nom de l'auteur qu'il veut consulter. Ces connaissances préalables ne sont pas à la portée de tout le monde et ceux qui les possèdent, ne paraissent pas avoir besoin d'en savoir davantage. Outre la curiosité oisive qui pousse à feuilleter un livre en mode de passe-temps, il y a surtout le besoin d'étudier que l'on doit se préoccuper de satisfaire. Celui-ci doit être guidé ou canalisé : pour qu'une bibliographie réponde à ce juste desideratum, il faut qu'elle puisse servir de memento. Aussi nous la décomposerons par ordre de matières, afin que d'un coup d'œil, on puisse embrasser tout ce qui a trait à la spécialité que l'on a l'intention de connaître à fond. Il est la plupart du temps difficile de classer un livre, qui peut quelquefois avoir des côtés que tout le monde ne saisit pas et que chacun apprécie différemment. Ce sont là des inconvénients inhérents à la nature humaine : *tot capita, tot sensus.* Quand on voit qu'il y a une bibliographie spéciale pour le *monobromure de camphre*, on comprend à quelle minutie il faut descendre, si l'on veut essayer de satisfaire tout le monde. Ce problème s'est depuis longtemps posé, et telle est la raison d'être des *sommes* ou *apparatus* qui servaient autrefois à classer, par ordre alphabétique, les sentences et apophthegmes que l'on croyait devoir collectionner dans les œuvres des grands penseurs et des grands écrivains, tels que Cicéron ou Saint-Thomas d'Aquin.

En conséquence, nous avons ajouté à nos précédentes classifications, une distribution par ordre de matières dans laquelle nous avons, sans hésiter, cité autant de fois les livres analysés et synthétisés, que ceux-ci comportent d'objets visés, de sujets traités, d'arguments mis en œuvre, d'enseignements à recueillir. Cette décomposition complémentaire de notre Bibliographie, y donnera un caractère essentiellement pratique et commode.

Ce serait peut-être bien ambitieux que de rappeler à propos de ce travail aride de scribe laborieux, le précepte axiomatique d'Horace, *omne tulit punctum qui miscuit utile dulci*. Mais enfin il faut pour qu'un livre soit lu, qu'il soit lisible, non seulement parce qu'il est correctement imprimé, mais parce que les choses y sont présentées d'une manière attachante. Nous avons tâché d'y parvenir et nous nous sommes appliqué à faire de chacun des numéros de ce dictionnaire, une sorte de tableau ou de médaillon dont il y ait quelque chose à retenir. Il nous eut été facile d'agrémenter ces courtes notices d'anecdotes ou de renseignements personnels sur la plupart des auteurs ou des personnages placés dans le champ de nos observations, car nombre d'entre eux nous ont été particulièrement connus à divers titres et nombre de cérémonies que nous décrivons, nous ont eu pour témoin discret, mais c'eut été entrer dans un ordre d'idées distinct de celui dans lequel nous nous sommes placé. D'autres, placés plus près que nous ne l'avons jamais été, aux premières loges et aux premiers rangs, pourraient parler de ces pompes et en faire connaître les coulisses, beaucoup mieux que nous ne saurions le faire. Le théâtre, la politique et surtout la guerre, ont leurs chroniqueurs, leurs annalistes, leurs mémorialistes, leurs Procopes, pourquoi les chemins de fer n'auraient-ils pas les leurs ? A tant de récits sur la Grande-Armée et aux *gesta Dei per Napoleonem*, nous verrions avec plaisir succéder les *Mémoires d'un ingénieur* qui nous feraient connaître comment on conduisait les affaires dans les bureaux des chemins de fer de Paris à Rouen ou de Paris à Orléans en 1840, et qui nous expliqueraient comment M. Clarke a été tué dans son cabinet de la place Walhubert, par une balle qui serait partie de la rue des Fossés-Saint-Victor ?

III

De l'importance des Chemins de fer

Pecqueur a dit, il y a soixante ans, quand il y avait quelque mérite à le deviner, que, dans l'ordre matériel, l'application de la vapeur à la production de la force motrice en général, et à l'industrie des transports en particulier, aurait pour l'humanité la même portée que l'imprimerie dans l'ordre moral. En effet, ces deux grands procédés de vulgarisation des idées et des choses sont deux faits culminants dans l'histoire de la civilisation, à l'égal de la parole qui a été la constatation de la pensée, et de l'écriture qui en a été en quelque sorte le cliché.

Les voies de communication sont aussi vieilles que l'apparition sur la terre de la création organique, car le mouvement étant une des conséquences obligatoires de l'existence animale, les êtres les plus imparfaits ont été amenés à suivre mécaniquement les mêmes sentiers déjà frayés, aplanis et partant plus commodes, soit pour aller chercher leur nourriture, soit pour se rapprocher les uns des autres. Il y aurait même pour un romancier géologique, une intéressante exhumation imaginaire à faire du génie civil des époques préhistoriques. En étudiant la paléontologie et en la juxtaposant aux données que nous possédons sur les mystères de la vie privée du monde zoologique, on est à même de reconnaître que, jusque dans les premiers âges des formations sédimentaires dont la science a fait les bases successives de l'écorce terrestre, il y a des rudiments de raison d'être, dans les groupes d'individus primitifs que les stratifications du globe nous ont conservés à l'état de fossiles ou d'empreintes.

Les sentiers naturels, comme les fauves en tracent encore sans le vouloir aux abords de leurs tannières, se sont progressivement transformés en chemins, routes ou chaussées, ouvrages plus ou moins factices, sans que pendant les trente siècles qui constituent la période historique, on note dans cet art essentiellement social, d'autre perfectionnement que l'amélioration des surfaces de roulement, rendues moins raboteuses et plus résistantes, afin d'atténuer les frottements et de diminuer la résistance à la traction. L'invention des chemins de fer a fait faire aux procédés de translation des hommes et des marchandises, un bond incommensurable ; en effet, si l'impeccable statistique nous donne le nombre exact des tonnes de trafic et des unités de voyageurs représentant la plus-value des échanges et de la circulation, il n'est pas possible de métrer avec précision la transcendance en quelque sorte psychologique de ce mélange instantané des races humaines et des produits du monde entier, car on fait aujourd'hui le tour de la terre en moins de temps qu'il n'en fallut à l'infortunée Brunehilde pour venir du palais de son père à Tolède, au repaire du farouche Sigebert, roi d'Austrasie, à Metz.

De toutes les découvertes que leurs inventeurs ont complaisamment cru appelées à révolutionner l'espèce humaine, celle des chemins de fer est, avec l'impression au moyen des caractères mobiles, l'innovation qui a le mieux répondu aux espérances qu'elle a fait concevoir à ses débuts et on ne saurait l'accuser d'avoir fait faillite. La conception technique a été modifiée et les chemins à ornières en fer sont devenus des chemins à rails saillants ; mais si les ingénieurs ont été en défaut, les penseurs ne l'ont pas été, et dès qu'il a été question de ces transports intensifs, il y a eu des publicistes qui en ont saisi la surprenante importance. C'est surtout en France que cette intuition s'est manifestée de la façon la plus éclatante par suite sans doute de l'état des esprits que la propagande saint-simonienne avait préparés à la notion de l'avenir de la civilisation matérielle, qui allait prendre le dessus sur les vaines spéculations de la philosophie, de la logique et de la dialectique, dans lesquelles l'humanité intellectuelle usait ses forces, depuis le temps où les Grecs avaient fait de la rhétorique un sixième sens.

D'autres peuples ont pu progresser plus rapidement que nous dans l'établissement de leur réseau, mais cette paresse d'initiative mercantile n'a pas influé sur ce qui nous apparaît comme la philosophie des chemins de fer, c'est-à-dire sur le juste sentiment que l'on a eu immédiatement de l'efficacité de cet instrument de transport. Tandis que la France marchait à la queue des nations en ce qui concerne l'extension de ses voies ferrées, nos financiers et nos ingénieurs se mettaient à la tête, à l'étranger. C'est que l'excessive centralisation, issue des pratiques de la Révolution et de l'Empire, rendait ici la construction des chemins de fer plus difficile que partout ailleurs, et que remis à peine des ruines accumulées par les grandes catastrophes, impitoyablement sériées, de 1789 à 1815, nous n'avions pas les capitaux nécessaires pour aborder d'emblée ces coûteuses constructions, plus coûteuses alors que de nos jours, en raison du prix élevé des matériaux et du matériel, car, en 1840, le fer valait cinq fois plus qu'aujourd'hui, l'acier dix et le cuivre près de quatre.

Grâce à la prescience théorique de la transcendance des voies ferrées, que nous venons de signaler, notre littérature technique et économique occupe le premier rang dans le monde pour tout ce qui a rapport aux chemins de fer, considérés aux divers points de vue que comporte cet outillage national. C'est ce rôle prépondérant de nos écrivains et de nos prospecteurs qui fait de la Bibliographie française des chemins de fer une œuvre considérable, essentielle et absolument nécessaire, d'un intérêt général débordant par dessus nos frontières. L'érudition du livre et du dictionnaire n'est pas inutile à ceux même qui vivent dans ce monde spécialiste, car on n'a guère le temps de s'attarder aux recherches archéologiques, quand on est une fois entré dans l'engrenage dévorant de l'administration de ces vastes Compagnies qui ont, avec des budgets plus considérables que ceux de nombre d'Etats, l'ampleur de plusieurs ministères et où les hauts fonctionnaires ont à se débattre entre les intérêts des actionnaires, dont la gestion leur est confiée, les assauts auxquels leurs tarifs et leurs recettes sont en butte, les prétentions des solliciteurs, les revendications du public qui veut être chaque jour mieux servi et à meilleur marché, les exigences électorales des politiciens influents, les intimations saugrenues du gouvernement et même les obsessions impertinentes des journalistes.

IV

Nécessité d'une Bibliographie des Chemins de fer

Toutes les applications du génie humain ont leur Bibliographie et on peut en abordant quelque sujet de discussion que ce soit, s'entourer des ressources que fournissent ces recueils. Les chemins de fer seuls sont privés de ce vade-mecum indispensable. Dans la réédition de 1857 de son traité sur les chemins de fer, Auguste Perdonnet a bien donné un commencement de Bibliographie, citant 179 auteurs dont 61 anglais, avec 360 ouvrages dont 14 anglais et 67 allemands, mais ce travail n'a d'autre portée que de faire comprendre la nécessité d'en entreprendre un qui soit sinon parfait, tout au moins plus complet. Certes, l'éminent ingénieur du chemin de fer de la Rive gauche, qui fut un des pionniers de l'industrie des chemins de fer, était bien placé pour en parler, puisqu'il avait vu l'aiglon crever son œuf, Mais c'est peut-être par cette raison même qu'il était du bâtiment, que cet excellent professeur était, moins qu'un laïque, apte à faire à chacun sa part dans la conception et dans la réalisation de cette œuvre colossale. Perdonnet avait trop de tendance à rapporter tout à lui-même, et à se considérer comme ayant été un centre, ou un foyer d'action rayonnante. Sans insister sur ce point, il est certain que la liste donnée par ce vulgarisateur, car il ne s'agit que d'une liste, est complètement insuffisante. La librairie Lacroix, dans la *Bibliographie de l'ingénieur*, a fait naturellement une part aux chemins de fer. Malheureusement, cet ouvrage que des remaniements successifs auraient pu mener à bien, est resté sur son chantier. Lacroix avait en outre le défaut capital de ne s'être préoccupé des chemins de fer qu'au point de vue technique, lequel ne doit pas être exclusif. Les catalogues des grandes librairies qui font leur spécialité des travaux publics et du génie civil en général, n'ont ni corrigé ni parfait la tentative de Lacroix. Le travail le plus complet qui ait été publié sur ce sujet, se trouve dans le *Dictionnaire de Larousse*, à la suite de l'article sur les chemins de fer. La liste est beaucoup plus longue que celle de Perdonnet, car elle indique 527 ouvrages, mais ce n'est qu'une nomenclature sans valeur, incomplète, tronquée et dénuée d'appréciations. Toutefois, il y en a eu une de trop, c'est la mention du grotesque pamphlet de P. J. Proudhon, sur les chemins de fer, dont l'auteur de l'article dit que c'est « le bouquet d'un feu d'artifice ! »

On est vraiment étonné que, jusqu'à présent, personne n'ait songé à combler cette lacune. Le monde des chemins de fer n'est pas nombreux, mais la qualité y supplée à la quantité et on n'y regarde pas à l'argent. Si le XVIIIe siècle avait connu ces institutions colossales que l'on appelle *Grandes Compagnies*, il y aurait eu là d'abondantes sinécures offertes aux gens de lettres et sûrement parmi eux, il se serait trouvé quelque bibliographe pour mettre en relief les origines de la maison, comme les Bénédictins le faisaient pour les couvents de leur ordre. Or, non seulement les conseils d'administration n'ont fait aucune part à la littérature besogneuse, mais dans aucune Compagnie, on ne trouve dans le *Palmarès* des fonctionnaires, aucune indication d'un service de Bibliothèque. Un établissement de ce genre, fondé par les compagnies syndiquées, aurait cependant une grande utilité et deviendrait forcément le noyau d'une sorte d'institut où on aurait sous la main un véritable précis financier, commercial et technique, dont la connaissance permettrait soit d'éviter de revenir sur des inventions déjà rejetées, soit d'utiliser des inventions qui pour avoir été prématurées, quand elles ont été produites, ont été indûment abandonnées.

La *Bibliographie des Chemins de fer* ne serait pas à la hauteur de son sujet, si elle ne comprenait pas une biographie des hommes qui ont contribué à implanter, à développer, à faire fleurir cette grande industrie qui a apporté au genre humain un nouveau sens, car c'en est un supplémentaire que de posséder la faculté de se mouvoir avec la rapidité dont nous font jouir les express. Les dictionnaires biographiques conservent avec soin et transmettent scrupuleusement au Temple de Mémoire les noms du moindre versificateur, nouvelliste ou économiste, tandis que les ingénieurs les plus féconds, les chefs de service les plus inventifs, les hommes en un mot auxquels nous devons le tracé, l'exécution et l'exploitation de notre magnifique réseau, sont privés de toute notoriété historique et gisent sans épitaphe dans la fosse commune de l'amnésie sociale. Si on découvre dans les colonnes serrées des Encyclopédies, quelque nom d'administrateur, directeur, créateur ou constructeur de chemin de fer, c'est parce que sa personnalité aura été mêlée à quelque autre manifestation de l'intelligence, qu'on lui a octroyé cette distinction. Un queue-rouge quelconque qui a paru sur les planches d'un théâtre, est honoré d'une mention, en tant que cabotin, tandis qu'un Lamé n'est admis que comme géomètre et qu'un Mathias ne figure pas du tout, sa place étant prise par un autre Mathias, auteur en son temps, d'une brochure sur le *Commerce honnête* (Chartres, 1646). Aussi en entreprenant cette Bibliographie accompagnée d'une biographie spéciale, nous avons la conviction que nous faisons une œuvre utile, en ce qui concerne la science des chemins de fer, et une œuvre juste en exhumant de l'oubli, des réputations qui sont dignes d'être exposées au grand jour de l'Histoire.

V

Prolégomènes des Chemins de fer

Les anciens n'appréciaient, comme véhicules des rapports commerciaux entre les peuples, que les communications maritimes : les communications fluviales n'avaient pas ce caractère, car, ou le cours d'eau appartenait aux riverains, ou les peuplades qui habitaient un même bassin, étaient généralement en guerre, dans un état social où l'homme avait pour devise, *homo homini lupus*. Les communications terrestres étaient difficiles, coûteuses et d'un faible rendement en raison du coefficient de roulement et de traction. Les premières routes furent construites, non pas pour faciliter l'échange des produits et des idées, mais pour faciliter le passage des armées. Les voies romaines aux grandes dalles, furent surtout des voies militaires faites pour le transit des légions et de leur matériel. Les routes françaises eurent la même origine et ce fut en vue des charrois de son armée, que Louis XIV fit paver les routes de Flandre. On ne pensa vraiment à la circulation intérieure que sous Louis XV, alors que les idées s'affinèrent, et que l'on commença à comprendre que la guerre ne devait être qu'une exception dans la vie des peuples. C'est alors que disparaissent dans les dossiers des ponts et chaussées, la préoccupation belliqueuse et l'erreur systématique de tout accommoder à la prévision d'hostilités futures. Il appartenait à notre époque de ressusciter ces préjugés surannés, et d'inventer les chemins de fer stratégiques, entre lesquels on a compris jusqu'au Métropolitain de Paris, comme si un homme raisonnable pouvait concevoir des circonstances telles, que le salut de la capitale et de la France pourrait jamais tenir à la hâte, avec laquelle un bataillon de milice serait transporté de la *Rapée* au *Point-du-Jour* ou vice versa.

Les chemins de fer ont eu pour genèse l'emploi de surfaces dures et lisses pour le roulage de bâtis mobiles portant des matériaux ou le glissement des matériaux eux-mêmes, ainsi qu'on le pratiquait autrefois à Lucerne pour la descente des bois du Pilate, et ainsi qu'on le pratique encore dans les Vosges et dans quelques carrières surplombant des cours d'eau. C'est en Angleterre, où le fer était à meilleur marché qu'en France et où l'abatage des produits minéraux était beaucoup plus intense, que l'on eut recours pour la première fois à des bandes de fer méplat, sur lesquelles les galets servant de roues aux chariots, couraient librement. *Le Dictionnaire des Sciences et des Arts*, vulgò *l'Encyclopédie*, où la question des mines est longuement traitée, ne fait aucune allusion à ce procédé perfectionné de roulage, dont il n'est pas parlé dans les communications de Laurent à l'Académie des sciences et que Laurent, mort en 1772, ne paraît pas avoir appliqué à Anzin où cet ingénieur introduisit cependant les machines à vapeur et les appareils les plus perfectionnés en tout genre, soit qu'ils fussent de son invention, soit qu'il les eut importés d'Angleterre où il organisa l'exploitation sous-marine par canaux souterrains superposés, des mines de houille du duc de Devonshire. Cependant vers 1780, le roulage sur rails, barres ou ornières de fonte ou de fer, était installé à la mine de houille du Mont-Ceni<, noyau de l'agglomération du Creusot. Pendant près de cinquante ans les ingénieurs tournèrent autour de .cette appropriation des principes les plus rudimentaires de la traction, sans en soupçonner l'importance, laquelle était du reste atténuée par le prix élevé du métal. Tout se tient en effet et la vapeur n'eut pas sorti ses merveilleux effets, si elle n'avait pas fourni les moyens de produire le fer à bon marché, par suite de son application à l'extraction du combustible minéral, à l'épuisement des eaux des mines, à la marche de la soufflerie et à la conduite des trains de laminage. Les premiers débuts de la vapeur comme puissance locomotive, eurent donc lieu sur terre, c'est-à-dire sur des voies battues ou empierrées de routes ordinaires, et ce ne fut que plus tard que l'on s'avisa de la convenance de se procurer une surface de roulement unie, lisse, exempte de heurts et de cahots, afin que le moteur pût mieux fournir son rendement, et que ses organes relativement délicats, ne fussent point détraqués par les secousses et les à-coups du parcours. Il y a là une série de déductions physiques et mécaniques, dont on saisit les rapports à première vue et qui nous livrent le secret des premiers metteurs en œuvre de la locomotive automotrice.

A l'instar de toutes les grandes inventions humaines, telles que la parole et l'écriture, les chemins de fer ne sont pas une conception précise, nette, déterminée, sortie toute faite du cerveau d'un Jupiter mécanicien. C'est par une succession de besoins et d'idées se coudoyant d'abord et se superposant ensuite, que l'homme s'est mis en possession de cet admirable instrument dont le fonctionnement allonge sa vie et accroît sa puissance de production. De résultats en résultats, d'invention en invention, de la planche de bois à la barre de fer, du glissement au tirage, du tirage au roulage, du roulage à la vitesse, il y a une suite successive d'étapes diverses qui ont été lentement, mais sûrement franchies. On a même passé par l'âge intermédiaire de la traction mécanique sur routes ordinaires, auquel on veut aujourd'hui nous ramener, avant de se persuader que si un piéton voyage d'autant plus vite et avec d'autant moins de fatigue, qu'il chemine sur une voie mieux frayée, un chariot circule d'autant mieux que ses roues rencontrent moins de cahots et d'obstacles.

VI

Conception du rôle des Chemins de fer

Mais si ce sont des Anglais qui, poussés par les nécessités idiosyncrasiques de leur industrie, ont pensé les premiers à améliorer les surfaces de roulement, à diminuer les frottements, à adoucir la traction et à employer des moteurs mécaniques fixes ou mobiles, ces innovateurs n'ont pas soupçonné l'importance gigantesque de l'initiative qu'ils venaient de prendre : ils n'y ont vu qu'une ingénieuse application d'un expédient, économique dans les deux sens, propre moins à faire baisser les prix de vente et à profiter aux consommateurs, qu'à amoindrir les frais do transport et à accroître d'autant les bénéfices des producteurs. Même quand par une transition spontanée, on a d'abord attaché une diligence à une locomotive, puis quand on a mis le moteur et la charge sur rails, on n'a vu là qu'un moyen de concurrencer les chevaux et d'enrichir le voiturier.

C'est en France que l'apparition de ce nouveau facteur, ajouté à ceux dont l'homme disposait, a été signalée tout d'abord comme le premier terme d'un *novus nascitur ordo*. Par suite d'un particulier tour d'esprit qui tend à tout faire voir à travers des verres grossissants, ou simplement parce que l'industrie française, alors à la période d'incubation, était au pouvoir d'esprits créateurs, le fait est que depuis 1816, alors que la question des voies ferrées fut mise à l'ordre du jour des Académies et de la Presse, on entrevit l'avenir et on comprit qu'il y avait dans l'organisation de communications continues, rapides, illimitées et probablement économiques entre les peuples, le point de départ d'une réforme d'une portée incalculable dans les relations internationales. Insulaire et *égotiste* plus encore qu'égoïste, l'anglais resta étranger à cette sensation, à ce pressentiment, à cette prescience de l'avenir qui du reste ne découlait pas naturellement du rapprochement de Liverpool et de Manchester, comme elle découlait en France de celui de Paris et de Strasbourg, ou du Havre et de Bâle. Il est même certain que si les peuples du continent s'entendaient, l'effet consécutif des chemins de fer serait de ruiner l'Angleterre qui les a inventés, en multipliant les facilités de transit. L'Angleterre n'a sa raison d'être comme *emporium* du monde, que parce que sa situation permet aux cargaisons d'y relever pour les besoins du commerce de l'univers. Mais si les côtes de France étaient pourvues d'installations maritimes suffisantes et si les spéculations commerciales y étaient mieux entendues, ces avantages se changeraient en désavantages et le trafic entre l'Europe occidentale et les autres parties du monde, se ferait à de meilleures conditions par les ports français d'où, sans rompre charge et sans redouter les chances de la mer, les expéditions peuvent, par terre, atteindre tous les marchés de consommation.

On exagéra même en France ce sens jusqu'à un certain point mystique, de l'établissement des chemins de fer et on considéra comme un fait acquis le transit de Boulogne à Marseille et vice versa, pour les colis à destination de Londres et de Bombay. C'était aller un peu vite, car le canal de Suez n'était pas ouvert ; et les saint-simoniens n'avaient pas encore repris le projet formé sous Louis XIV, auquel personne n'avait touché depuis Beaumarchais qui y donnait ses soins, lorsque la révolution de 1789 fit reculer tous les progrès matériels. Ce transit, du Havre, de Boulogne ou de Calais à Marseille, paraissait si plantureux, que ce fut la première grande ligne étudiée et que l'on essaya même de le réaliser au moyen des canaux du Centre qui auraient déversé dans le Rhône les arrivages de la Seine. Or, dans la pratique il n'en fut point ainsi et on a même vu plus tard expédier de la marchandise de Paris à Marseille en la faisant passer par le port anglais de New-Haven. Il y a quelques années, on a repris ce prétendu problème du transit et l'on n'a pas oublié les efforts, rationnellement inutiles, qui furent faits, il y a trente ans, pour organiser une ligne directe de Calais à Marseille, qui eût été une concurrence au chemin de fer de Paris à Lyon et à la Méditerranée, mais qui n'eût pas fait avancer d'un centimètre la question du transit. La marine s'est perfectionnée en même temps que les chemins de fer, et il est plus économique de transporter la marchandise de Dunkerque à Marseille par mer que par terre. Nous ne disons pas cela pour critiquer les tarifs des chemins de fer, mais pour faire ressortir combien nos savants prédécesseurs se sont trompés en pronostiquant aux chemins de fer un rôle considérable dans le transit, qui est demeuré à l'état de prévision, car ni Bordeaux, ni Nantes, ni le Havre, ne sont devenus respectivement les ports de la Haute-Italie, de la Suisse, de l'Autriche et de l'Allemagne, sur l'Océan.

VII

Compétence de l'Administration française conforme à l'intuition des saint-simoniens

Il est de mode dans les écrits des publicistes de toujours représenter les gens haut placés, les talents parvenus et les corps constitués en hiérarchie académique, scientifique ou sociale, comme hostiles à tous les progrès et rebelles aux innovations de tout ordre. C'est une grossière erreur, car ce sont au contraire les aristocraties qui, sachant se mettre au-dessus du *servum pecus*, ont l'habitude de marcher en tête de toutes les applications de la science. Le seizième, le dix-septième et le dix-huitième siècle nous en fournissent le témoignage. Mais c'est surtout dans la question des chemins de fer, que l'on voit l'absurdité de ce préjugé, qui est partout en opposition avec la vérité, car il n'y a pas de gens plus attachés aux vieilleries que les lazzaroni de tous les pays.

Dès que la question s'est présentée en 1822, l'administration supérieure, représentée par M. Becquey, conseiller d'Etat, directeur général des ponts et chaussées au ministère de l'intérieur, et tous les ingénieurs des ponts et chaussées et des mines, jeunes et vieux, n'ont eu que des encouragements pour l'industrie nouvelle, à laquelle ils ont apporté le concours le plus désintéressé, le plus éclairé et le plus actif. Au premier coup d'œil, les corps des ponts et chaussées et des mines que la presse a si souvent dépeints comme des conservateurs nés de toutes les routines et de toutes les niaiseries administratives, en les représentant comme les Bartolo de la science, ont montré une largeur de vues et une ampleur de conception qui leur font le plus grand honneur et qui en fait équivalent à une sorte de seconde vue analytique et synthétique. L'opinion publique se montra beaucoup moins perspicace, et il semble certain que ce sont les saint-simoniens qui dans l'ordre des simples citoyens, ont été les premiers à proclamer la transcendance humaine de la transformation des moyens de locomotion. Le *Globe* en 1831 et 1832 publia à ce sujet des articles notables dans lesquels les écrivains de l'école qui s'essayait à faire du socialisme une religion, sautant à pieds joints, par-dessus le vulgaire transit des colis, élevaient les chemins de fer à la hauteur d'une institution humaine et y trouvaient l'arche d'alliance de l'humanité, devenue, par le rapprochement des distances, une vaste famille, où la communauté des besoins et des aspirations devait produire l'unité morale et l'accord parfait de tous les esprits.

Nul ne pensait alors que ces facilités de circulation et de concentration pourraient être utilisées pour des fins anti-humanitaires, dans le but de transporter des soldats et des engins de guerre. Ce ne fut que quelques années plus tard que l'on s'avisa à Berlin d'embarquer de la cavalerie et de l'artillerie et qu'un écrivain français eut l'étrange idée d'assimiler les chemins de fer à une tranchée ou à un mur qui, en cas de guerre, pourrait arrêter l'ennemi, conception fausse que le gouvernement de la Défense nationale reprit sans rire en 1870, en affirmant aux Parisiens qu'en cas d'assaut, le chemin de fer de ceinture du boulevard Pereire, serait un retranchement infranchissable pour les Allemands. L'erreur des saint-simoniens était excusable et même louable. Qui pouvait en effet supposer que le mélange des intérêts, la confusion des existences, n'allaient pas avec le temps rendre toute guerre impossible ? Les peuples transformés en famille humaine, ne devraient pas théoriquement conserver ces sentiments de haine qui poussés à l'exaspération, amènent les hommes à s'entre-tuer. C'est bien *à priori*, mais on ne peut pas oublier que les haines de famille sont les plus terribles, et que les guerres civiles sont les plus féroces : il ne faut donc pas demander aux chemins de fer plus que n'ont pu faire les préceptes de la religion et les liens de la parenté. La méprise n'est pas toutefois aussi considérable qu'elle le paraît : les chemins de fer n'ont pas rendu les guerres impossibles, mais ce qui est hors de doute, c'est que depuis plus de soixante ans que la France a des gares internationales, elle n'a eu la guerre qu'avec un seul de ses six voisins territoriaux, en comptant pour un seul la Prusse, le Grand-Duché de Bade, et la Bavière.

Aujourd'hui, ces idées forment un bagage commun. On est habitué à les entendre paraphraser et raisonner dans tous les discours d'inauguration ; mais en 1830, elles constituaient un thème original, au milieu d'une société qui ne considérait la paix que comme une trève, une halte dans la guerre, pour refaire ses forces et se fournir de munitions. En France l'opinion chauffée à blanc par le nationalisme d'antan, fusion incohérente de républicanisme et de bonapartisme, sous les auspices du chauvinisme, en France, disons-nous, l'opinion publique réclamait, au nom de la liberté, des frontières idéales, sans se soucier de la volonté des populations à annexer, et la *Jeunesse des écoles* qui faisait l'appoint des volontaires de 1792 et des survivants de la *Grande-Armée*, considérait la paix comme un avachissement national.

VIII

Popularité des Chemins de fer

Les théories saint-simoniennes qui donnèrent la note juste sur les chemins de fer, étaient alors réputées anarchistes et à Marseille, la lie de la population catholique, tour à tour légitimiste et révolutionnaire, se montra, en 1832, lors de l'exode des saint-simoniens pour l'Orient, aussi sauvage et aussi féroce qu'elle l'aurait été pour des ennemis de la foi. Mais les idées justes font toujours leur chemin : le levain saint-simonien fermenta et peu à peu les aspirations pacifiques remplacèrent les songes belliqueux. C'est ainsi que les chemins de fer servirent à faire pénétrer la bonne parole dans les masses. En même temps que ces grands travaux avaient leur signification morale, ils avaient une autre portée, car par les chantiers qu'ils devaient ouvrir sur tout le territoire, par l'occupation qu'ils donnaient aux bras des désœuvrés, ils indiquaient la solution du problème social, — le travail pour le bien-être et le bien-être par le travail.

Longtemps la guerre a été une nécessité, parce qu'elle facilitait la carrière de la maraude, donnait au pillage des horizons étendus et faisait des vides dans les rangs de la population. Cela est si vrai que les Suisses qui ne se trouvaient pas un assez grand peuple pour faire la guerre à leur compte, se mettaient par traités au service des puissances, obligées de leur prendre annuellement certains contingents déterminés, afin d'éclaircir systématiquement les rangs serrés de leurs familles. En France, ce trop-plein d'habitants était aussi un danger et Gaspard de Coligny, qui était plus homme d'Etat que sectaire, n'hésitait pas à attribuer la turbulence religieuse de son temps, à la nécessité où les hommes d'action étaient de se pourvoir de moyens d'existence que les grands chemins ne fournissaient plus en assez grande abondance. Les chemins de fer eurent cette supériorité sur toutes les autres soupapes de sûreté ouvertes à l'incidence de l'activité sociale, qu'ils occupèrent à la fois les manouvriers, les ingénieurs, les capitalistes, et que finalement ils laissèrent, une fois construits, une suite d'exploitation, qui à elle seule équivaut à une seconde construction.

Nous avons déjà dit que tout dans ce monde est un enchaînement logique. Si les chemins n'étaient pas venus à leur heure donner un aliment au travail et à l'épargne, et reporter vers les arts de la paix toute l'ardeur humaine, il est incontestable que l'épargne se serait arrêtée faute d'emploi et que les hommes inoccupés eussent recommencé à s'entre-dévorer. Ce ne sont pas là des équations cabalistiques que nous établissons, ce sont des données exactes et mathématiques que nous examinons. Là encore les saint-simoniens eurent la conscience de la valeur de l'outil dont ils n'hésitèrent pas à faire une institution. Leurs opinions s'imposèrent à tous les hommes d'étude et on ne tarda pas dans toute la France, à s'agiter pour la création des voies ferrées. L'intérêt direct que chacun avait au perfectionnement des moyens de communication, fit taire l'opposition instinctive aux innovations et la difficulté fut non pas de faire accepter l'idée, mais de ne pas mécontenter ceux qui en voulaient à la fois partout et dans toutes les directions ; car avec la *furia francese*, on se jeta de tous les côtés sur les concessions, considérant comme chose courante la construction de lignes de plusieurs centaines de kilomètres. On retrouvera dans la *Bibliographie* les traces de cette recherche effrénée de contrats dont nul ne connaissait la portée, mais dont on espérait des bénéfices, car dans tout ce tohu-bohu de la première heure, on ne découvre aucune pensée d'intérêt général. Partout ce sont des spéculateurs plus ou moins naïfs, plus ou moins ardents à la curée, qui vont aux concessions comme les mouches au miel, dans la pensée qu'il y a quelque chose à gagner dans le fait seul de l'octroi d'un fétu par l'Etat. Il en est toujours ainsi dans notre pays où règne une exubérance d'appétits omnivores et où il existe toute une population de déclassés qui se découvrent des aptitudes pour toutes les nouveautés. La Route de fer, comme on disait alors, était un champ ouvert aux ambitions. De tous ces coureurs d'affaires, aucun n'arriva à temps.

Par leur *magnitude*, par leur coût élevé, et par les formalités que leur implantation requiert, les chemins de fer échappèrent aux vulgaires tripoteurs de bas étage qui exploitaient la société en commandite et qui mariaient alors avec persistance le code pénal et le code de commerce. Cette grande industrie resta en quelque sorte aristocratique, confinée entre les sommités de l'industrie et de la finance, car s'il y eut des compagnies qui durent renoncer à leur entreprise, ce ne fut pas faute de grands noms dans leur conseil d'administration et parmi leurs actionnaires. Ce fut plutôt leur grandeur nobiliaire qui les perdit : conçues comme spéculations à coup sûr, sans admission du moindre brin d'aléa, elles se dissocièrent le jour où vue de plus près, et toisée dans tous les sens, l'affaire n'apparut plus qu'avec des probabilités. Seules résistèrent à cette désillusion, les affaires bien mûries, bien équilibrées, bien menées et dont les fondateurs savaient à la fois ce qu'ils voulaient et où ils allaient.

IX

Le premier Chemin de fer concédé (Saint-Etienne à la Loire)

On s'occupait depuis quelques années de la possibilité de construire des chemins de fer, lorsque des propriétaires de mines, de Saint-Etienne, résolurent de s'associer pour établir une voie ferrée à plans inclinés entre le *Pont de l'Ane* sur le Furens à Saint-Etienne, et la Loire à Andrézieux, afin d'y embarquer leurs charbons. Cette voie ne ressemblait nullement, dans son avant-projet, aux chemins de fer modernes : c'était une succession de plans inclinés et il n'était pas question de soumettre les voyageurs à cet exercice de montagnes russes. Mais l'implantation de cette petite ligne soulevait en miniature toutes les questions de droit administratif, d'intervention technique et de droit public, qui sont inhérentes à la déclaration d'utilité publique, aux conséquences qui en dérivent et à l'exploitation d'un service public. La direction générale des ponts et chaussées était alors dans les attributions du ministère de l'intérieur, où cet important service était confié à un fonctionnaire éminent, M. Becquey, ingénieur et conseiller d'Etat, auquel la révolution de 1830 déroba la gloire d'attacher son nom à la fondation véritable du régime des chemins de fer. A cette époque, la bureaucratie n'était pas souveraine dans les officines de l'Etat : la lumière extérieure y pénétrait et à tous les degrés de la hiérarchie, les fonctionnaires, loin de vouloir systématiquement étouffer les inventions, les recherchaient : il est vrai que dans ces temps primitifs les inventeurs étaient moins nombreux, et que la ·science polytechnique n'était pas une routine pure et simple, matinée de jésuitisme. Les ingénieurs des ponts et chaussées et des mines étaient animés d'un égal bon vouloir. La demande des Stéphanois fut donc bien accueillie et on s'empressa de s'occuper d'y faire droit, tout en les contraignant à un cautionnement que rien ne justifiait et en leur imposant un tarif de transport de fr. 0186 par hectolitre de houille ou par quintal de marchandises de 50 kilogrammes, par kilomètre, soit 0 fr. 392 par tonne.

L'Etat avait alors renoncé en partie aux prétendus droits régaliens de circulation sur les routes et sur toutes les voies de communications imaginables, et on aurait peut-être laissé les chemins de fer libres de s'établir comme de simples entreprises de transport, si pour les profiler, il n'eût fallu dresser une voie spéciale dont l'emprise impliquait le droit d'occuper la propriété d'autrui. Or, comme on ne pouvait tabler sur le consentement unanime de tous les propriétaires, et qu'il y avait en outre à prévoir la traversée de certaines parties du Domaine public, sentiers, chemins, routes, canaux, rivières et fleuves, il fallait forcément donner une base légale à la prise de possession des emplacements nécessaires à l'assiette de la voie et des installations connexes. L'administration décida qu'à ce point de vue, les chemins de fer seraient assimilés aux canaux. Suivant cet ordre d'idées, on décida également avec beaucoup de raison que les concessions, c'est-à-dire le droit d'expropriation, constitueraient une propriété ordinaire, sans limitation dans le temps, mais que pour constater la suprématie de l'Etat et pour empêcher que la propriété de ces moyens de transport et de circulation, ne devint un monopole, aussi lourd pour les producteurs que pour les consommateurs, le maximum de péage serait fixé *ne varietur*. L'Etat ne stipulait donc aucune réversion à son profit, sauf celle qui pourrait résulter de la non-exécution du cahier des charges, ce qui était à la fois juste et logique. Le principe de la réversion est nouveau : c'est un produit de la Révolution et la conséquence d'une doctrine dont la portée tend à résumer toute propriété dans l'Etat, le propriétaire n'étant qu'un usufruitier, et à limiter le droit de propriété en profondeur et en hauteur. Toutefois, même en admettant que le *jus utendi* ne soit qu'une délégation régalienne, il n'y a pas plus de raison pour rendre temporaire la propriété des chemins de fer que celle des mines. Telle est la situation des voies ferrées en Angleterre où le droit féodal est toujours en vigueur, et où le propriétaire du sol, l'est en même temps de la *royalty* pour les mines. L'autre interprétation, celle du droit romain et de la conception du droit supérieur de l'Etat, dont Mirabeau se fit l'apologiste à la Constituante, est beaucoup moins libérale et pourtant c'est le droit romain qui a la réputation d'être plus haut monté sur les degrés de la civilisation. Voilà encore une confirmation du *sic non vobis*.

X

MM. Séguin et le Chemin de fer de Saint-Etienne à Lyon

Tandis que MM. Lur Saluces, Boigues, Milleret, Hochet, Bricogne et Beaunier, concessionnaires du chemin de fer de Saint-Etienne à la Loire, commençaient leurs travaux sous la direction de M. Beaunier, ingénieur des mines, MM. Séguin, d'Annonay, constructeurs renommés des ponts suspendus qui eurent tant de succès de 1820 à 1840, faisaient les démarches nécessaires pour obtenir le droit d'établir, de Saint-Etienne à Lyon, un chemin de fer destiné à transporter à cette cité industrieuse et industrielle où l'emploi de la vapeur avait pris un grand essor, les charbons dont les machines fixes et les bateaux en service sur le Rhône et la Saône, faisaient une grande consommation. La direction des ponts et chaussées, mise en éveil par les demandes de concession plus ou moins informes qui lui parvenaient de tous côtés, et craignant d'être accusée de partialité en faveur de tel ou tel impétrant, appliqua à MM. Séguin une nouvelle méthode, et soumit leurs propositions à l'adjudication en prenant pour base de cette cérémonie administrative les tarifs de transport. La concession n'impliquant aucun monopole de fait, et l'Etat ne prenant aucun engagement, restant libre d'autoriser la construction de lignes parallèles, puisqu'il ne se l'interdisait pas, cette prétention était sans fondement. Cependant MM. Séguin croyant détenir les sources du Pactole, en passèrent par les exigences administratives, et cette innovation illogique commença la série des échecs qui devaient marquer la carrière de ces hardis novateurs que l'on peut considérer comme les créateurs primordiaux de l'industrie des chemins de fer en France et comme les co-auteurs de son succès dans le monde. Le tarif insuffisant de 0 fr. 098 par tonne et par kilomètre que MM. Séguin proposèrent, ne comprenait que la houille et les marchandises, sans aucune mention des voyageurs. Ajoutons que l'emploi des locomotives n'est pas prévu dans le cahier des charges, la traction devant se faire en partie au moyen de chevaux, et en partie au moyen de machines fixes actionnant des câbles sur des plans inclinés. Ce ne fut qu'après l'ouverture du chemin de fer de Liverpool à Manchester, que ces aventureux promoteurs de nouveautés se mirent en mesure de faire fonctionner des locomotives et de transporter des voyageurs. Mais alors ils s'y appliquèrent avec l'énergie ingénieuse dont ils étaient capables, et remplirent la France et le monde du bruit de leurs artifices et de leurs perfectionnements, en ce qui concerne les chaudières tubulaires, le tirage forcé au moyen de l'envoi dans la boîte à fumée de la vapeur expulsée des cylindres, et les mille et une créations de détail qu'il fallut accumuler pour rendre possible la mise en marche des inventions principales. MM. Séguin, dans les ateliers qu'ils avaient montés à Perrache, à Lyon, furent les premiers à construire des locomotives qui soutinrent immédiatement la concurrence avec celles du grand *poseur* anglais Stephenson, l'auteur de la célèbre *Fusée*, dont la marche avait résolu le problème de l'adhérence et de la vitesse.

On ne saurait marchander la reconnaissance à MM. Séguin : malheureusement, ces grands hommes n'eurent pas le succès financier et c'est pour cela que, malgré les services éclatants et incontestables rendus à l'industrie des voies ferrées, malgré leur droit de priorité, malgré toute leur habileté et toute leur ténacité, ils exercèrent une influence plutôt fâcheuse sur l'avenir des chemins de fer dont l'appellation fut pendant quelques années synonyme d'embarras financier. A toutes les difficultés du début, à toutes les aspérités techniques, MM. Séguin eurent, en effet, le chagrin de voir s'ajouter l'étroitesse d'esprit et la myopie financière de leurs actionnaires, de sorte qu'ils eurent à lutter contre vents et marées. Ces troubles monétaires et ces dissentiments sociaux eurent du retentissement et le renom des chemins de fer en reçut une déplorable atteinte. La majorité inintelligente et routinière prit immédiatement partie contre l'industrie nouvelle qui apparut comme prototype des spéculations malheureuses.

Les deux premières voies ferrées françaises étaient donc situées dans la région noirâtre des mines de houille, en plein pays industriel ; la troisième, la concession d'Andrézieux à Roanne, latéralement à la Loire, fut obtenue dans les mêmes conditions techniques et administratives, par MM. Henry et Mellet (27 août 1828), et ces deux ingénieurs entreprenants passèrent, eux aussi, par les mêmes épreuves que MM. Séguin, quoiqu'au point de vue industriel, ils suivissent un terrain déjà frayé et débroussaillé. Nous insistons sur ces détails parce que nous tenons à bien mettre en évidence la tutelle que l'administration publique exerça dès les premiers temps sur les chemins de fer, avec plus de bonne volonté que de succès. Toute cette protection paternelle partait d'un bon fonds de sympathie, mais le moindre grain de mil eut mieux fait l'affaire des constructeurs qui avaient à subir les exigences croissantes des ouvriers qu'ils employaient et des fournisseurs avec lesquels ils traitaient. A cette époque, le manouvrier et l'homme de métier étaient certainement moins rétribués qu'aujourd'hui et la moyenne de la paye sur les chantiers, des terrassiers, maçons, charpentiers, forgerons, ne dépassait pas 3 francs 50, mais le rendement était beaucoup moins considérable ; les outils qui coûtaient plus cher, étaient moins perfectionnés et *opéraient moins ;* les matériaux revenaient à un prix plus élevé, ainsi que tous les accessoires, même le borax pour souder le fer. L'absence d'engins mécaniques était absolue, les machines les plus simples paraissaient des merveilles ; on allait en pèlerinage sur les chantiers de la Compagnie de Saint-Germain, pour admirer les baleines qui supportaient la voie en aval des remblais et on se pâmait devant la décharge automatique des wagons. Castor fut considéré en son temps comme un génie bienfaisant.

XI

M. Legrand, directeur des ponts et chaussés, et M. Émile Pereire concessionnaire du chemin de fer de Paris à Saint-Germain fondateurs du régime des chemins de fer.

En 1830, M. Becquey donna sa démission, comme il convenait à un homme de cœur, et M. Legrand, ingénieur des ponts et chaussées, fut chargé de la direction. C'était un fonctionnaire très distingué, désireux de bien faire, qui fut successivement directeur des ponts et chaussées, et sous-secrétaire d'Etat au ministère des travaux publics. Député et conseiller d'Etat, M. Legrand conserva ses hautes fonctions sous tous les ministères jusqu'au 24 février 1848. C'est donc lui qui pendant ces dix-huit années, dont les douze premières tout au moins composent la période héroïque des chemins de fer, fonda le régime administratif, social et technique des voies ferrées, traçant dès lors des cadres dont on n'est pas sorti. Le rôle de cet homme de bien, doublé d'un travailleur infatigable, animé d'un esprit éclairé, a été prépondérant et on ne saurait en douter, quand on suit l'ordre du développement successif de ces voies de communication, passées si rapidement de l'état embryonnaire à celui de réseau, car quand survint la révolution de Février, cette industrie était lancée, bien lancée, et l'Empire n'eut qu'à recueillir les fruits d'une excellente préparation. On maudit souvent la politique et on déplore que cette mauvaise fée se mêle trop souvent aux affaires et aux questions de travaux publics; dans l'espèce, on doit s'en applaudir, car si M. Legrand, n'eût pas uni à la qualité d'ingénieur des ponts et chaussées et d'administrateur émérite et désintéressé, celle d'homme politique, il n'aurait pas eu le poids ministériel nécessaire pour assurer le triomphe de ses idées et donner force et vigueur à ses conceptions.

Mais si la personnalité autant que la virtualité de M. Legrand, entrèrent pour beaucoup dans le tour heureux et éclectique qu'il sut donner à la question des chemins de fer, il faut aussi ajouter que ce succès ne serait pas venu rapide et certain, si le personnage officiel n'avait pas trouvé le concours d'un partenaire libre, qui sut lui apporter à point une solution toute faite, et donner une forme concrète à des aspirations que le directeur général des ponts et chaussées ne savait comment formuler, en présence du discrédit qui frappait l'industrie des chemins de fer, mal et disgracieusement engagée dans les affaires de la Loire. Cet homme, apte à donner satisfaction à l'administration, à comprendre M. Legrand et à être compris par lui, ce fut M. Emile Pereire, toujours secondé par son frère M. Isaac Pereire, qui fut son coopérateur de la première et de la dernière heure. M. Emile Pereire avait bu aux sources saint-simoniennes les saines et justes théories en matière de travaux publics et d'exaltation des tendances de la société nouvelle vers les jouissances matérielles premières ou rudimentaires, dont la possession est à la fois la preuve arithmétique et philosophique du bien-être des masses et la négation par le fait, du paupérisme, cette lèpre sociale que les préoccupations exclusivement spiritualistes ou politiques avaient laissée peser sur le genre humain, sans autre prophylactique que la charité.

Dans le *Globe*, en 1831, il s'était associé à ces éloquentes projections sur l'avenir où Michel Chevalier déversait à pleins bords sa foi et sa parole imagée, et dans le *National* pendant la longue collaboration qu'il y apporta, en 1832, 1833, 1834 et 1835, il avait, avec complaisance, fait connaître les travaux des publicistes qui cherchaient à influencer l'opinion au sujet de la construction du réseau français, déjà en retard, sinon graphiquement, tout au moins moralement, sur l'Angleterre et la Belgique· M. Emile Pereire avait tout d'abord compris la situation vicieuse des lignes de la Loire, vouées à une spécialité où ni la mode ni l'esthétique n'avaient rien à voir, isolées de Paris, à la fois centre et foyer de la vie en France, et embarrassées dans les méandres d'une manière d'être financière qui n'était pas nette et dont la confusion permettait de rejeter sur les chemins de fer eux-mêmes, des défaillances que l'on devait, au fond, attribuer à l'idiosyncrasie particulière des lignes en question, lesquelles labouraient un champ ingrat et avaient à essuyer les plâtres de l'exploitation, après avoir essuyé ceux de la construction.

On sent poindre tout d'abord dans les écrits de M. Emile Pereire cette pensée très juste, que le gouvernement devait d'une façon ou d'une autre, prendre sur lui une partie de l'aléa inhérent à l'industrie nouvelle. Or, comme à cette époque de tâtonnements, l'administration n'en était pas encore là, et que les conservateurs considéraient comme un acte de communisme toute intervention pécuniaire de l'Etat dans la construction des chemins de fer, le jeune inventeur se dit avec raison que pour évidencier ce que cette industrie pouvait supporter de charges, il fallait en faire une application dans des conditions telles que l'on ne pût rien objecter à l'abondance du trafic, à la facilité de l'exécution et à la notoriété des procédés de construction et d'exploitation mis en œuvre.

XII

Chemin de fer de Paris à Saint-Germain

Il fallait donc que le chemin de fer partît de Paris, afin qu'il devînt un joujou national, familier à tous les Parisiens, dont l'approbation a force de chose jugée, et qu'il rencontrât à une courte distance, une localité susceptible d'y fournir un trafic rémunérateur. Ces conditions se trouvèrent réunies dans la ligne dite de Paris à Saint-Germain, laquelle s'arrêtait véritablement au pont du Pecq, sur la Seine, au pied de la montée de Saint-Germain, conduisant du pont au terre-plein du château. Les études avaient été faites par MM. Lamé et Clapeyron, que M. Emile Pereire avait fait connaître dans le *National*, et aucune ligne ne pouvait être plus à propos pour intéresser les Parisiens et pour servir de terme de comparaison. Le trajet de Paris à Versailles était plus populaire et plus suivi, et c'est par centaines que l'on y comptait outre les *gondoles* et autres voitures faisant des services réguliers, les voitures à deux roues dites *coucou*, partant *à volonté* quand on les nolisait en totalité, car autrement le conducteur attendait que sa voiture fut bondée pour se mettre en route et il prenait même un supplément improbable, ce que l'on appelait *un lapin*, voyageur passant par-dessus le marché et par-dessus la vigilance de la régie, sous prétexte qu'il partageait le siège étroit sur lequel perchait le cocher. Il y avait beaucoup moins de mouvement entre Paris et Saint-Germain, parcours desservi par les diligences de M. Moreau-Chalon ; mais tandis qu'à Versailles, il n'y avait aucun trafic de marchandises à espérer, on pouvait en faire naître un considérable au Pecq, en en faisant le port de Paris, mieux placé que ceux de Saint-Ouen et de Saint-Denis, car on évitait les sinuosités de la Seine entre le Pecq et ces atterrissages suburbains. Versailles était un cul-de-sac sans issue, tandis que le chemin de Paris au Pecq ouvrait sur un fleuve qui avait un grand mouvement de gabares, de péniches et de bateaux, halés ou à vapeur, et qui pouvait donner lieu à une grande circulation de voyageurs. C'est, en effet, ce qui se réalisa avant l'ouverture de la ligne de Rouen. On trouvait au Pecq des bateaux qui descendaient à Rouen et au Havre, desservaient tout le parcours du fleuve, alors libre d'écluses après Bougival, et correspondaient avec les lignes maritimes du Havre à New-Haven, à Southampton, à Anvers, à Hambourg et à Saint-Pétersbourg. Le tracé de Versailles avait d'ailleurs été déjà étudié par des ingénieurs plus ou moins grincheux, qui avaient suscité tant de polémiques au sujet de la direction à donner à ce chemin, que les gens sensés, désireux de faire une affaire de tout repos, autant que l'aléa de la nouvelle industrie le permettait, ne pouvaient avoir aucun désir d'intervenir dans une entreprise déjà contentieuse avant d'avoir pris corps.

M. Emile Pereire pensa à mettre un autre atout dans son jeu. Ayant, dès lors, une admirable intuition de ce que seraient un jour les chemins de fer, il avait parfaitement deviné qu'une des difficultés que rencontrerait cette industrie, serait de pénétrer au cœur des cités, en raison du prix élevé des terrains et de la perturbation que l'introduction de cette piste rigide et réservée produirait infailliblement dans le dispositif des voies urbaines ou rues, déjà ouvertes à la circulation. Sans doute, pour les grands parcours, la proximité du point terminus des quartiers centraux n'avait point d'importance, mais il en était autrement pour les services de banlieue qui n'auraient pas leur raison d'être, s'ils ne conduisaient pas le voyageur au cœur de la zone des plaisirs et des affaires. C'est ainsi qu'on fut amené à implanter la gare de Saint-Germain dans une partie de Paris limitrophe de celle où le centre moral, qui avait été successivement à la place Royale, au Pont-Neuf et au Palais-Royal, tendait à s'établir pour longtemps, d'une façon qui pouvait échapper au public, mais qui pour un observateur n'était point un mystère. Dans la pensée de M. Emile Pereire, la gare Saint-Lazare, qui d'abord devait être la gare de la Madeleine et qui dut reculer vers l'ancien Tivoli, par suite de l'opposition de quelques propriétaires, de ceux auxquels l'idée de tout progrès donne le frisson, dans la pensée, disons-nous, de M. Emile Pereire, la gare de Saint-Germain devait être une gare centrale à laquelle les autres chemins aboutissant à Paris, seraient reliés, de sorte que si la ligne ne donnait pas de bénéfices, la gare en fournirait de considérables. Ce programme fut exécuté pour la ligne de Versailles et pour celle de Paris à Rouen ; il serait devenu une réalité pour la ligne d'Orléans, si celle-ci eût passé par Versailles et il fut question d'y rattacher le Nord, l'Est et le Lyon. Cette conception grandiose donna lieu à beaucoup de polémiques et à une véritable mobilisation d'influences, car tous les grands propriétaires de la périphérie sollicitaient l'avantage d'être expropriés et faisaient entrer le poids de leurs votes comme électeurs dans la balance administrative.

XIII

Chemin de fer-école

M. Emile Pereire avec son projet bien étudié, tout paré, ne demandant plus que la sanction législative, — car ayant démontré à MM. de Rothschild qui, dès lors, tenaient à Paris le haut du pavé financier, les probabilités de réussite de cette affaire, il comptait sur le capital nécessaire à l'exécution, dans les limites du devis dressé par les ingénieurs et vérifié par les fonctionnaires des ponts et chaussées, — M. Emile Pereire était précisément l'homme que M. Legrand attendait, lorsqu'il se présenta rue des Saints-Pères, 26, au bureau des ponts et chaussées, pour s'aboucher avec l'administration. La rencontre fut providentielle ; si M. Pereire en effet n'eut pas trouvé un milieu favorable à ses vues, il eût usé son activité dans de vaines démarches, et si M. Legrand n'avait pas eu pour vis-à-vis un esprit entreprenant et avisé, l'épreuve qu'on allait tenter, au lieu d'être décisive, victorieuse et probante, eût laissé subsister les mêmes doutes que la tentative imparfaite de Lyon à Saint-Etienne, et la construction du réseau français eût été retardée de 20 ans. On ne savait pas encore exactement en France ce qu'étaient les chemins de fer et la connaissance de ce qui se passait en Angleterre, n'était pas concluante, car l'esprit de spéculation s'était, à Londres, emparé de ces valeurs pour les ballotter à la cote du Stock Exchange, en vue d'hypothèses dont on n'apercevait pas clairement le sens. D'ailleurs, le trafic, en Angleterre, était de toute façon beaucoup plus intense qu'il ne pouvait l'être alors en France, en raison de la plus grande densité de la population, de sa plus forte somme de besoins, et de la généralisation de l'usage du charbon de terre dont la consommation, dans un simple *cottage*, exige plus d'effort de transport que le chauffage de tout un village français, où chacun apporte la bourrée nécessaire au foyer familial, à bras ou à dos d'âne. Il y avait si peu de certitude à tirer de l'expérience qui se faisait de l'autre côté du détroit, que la première objection que les gens timides faisaient en France aux projets de voies ferrées, c'est qu'il n'y avait ni fer, ni houille dans le pays.

Tout était hésitation, tergiversation, scepticisme : l'expérience, absolument autonome de Saint-Germain, vint répondre à tout et résoudre tous les problèmes relatifs à la construction, à la traction, à l'exploitation commerciale et à l'exploitation financière. Les chantiers, les bureaux, les ateliers de Saint-Germain furent autant d'écoles, où se formèrent tous les spécialistes qui concourent à l'ensemble de la mise en marche d'une voie ferrée, spécialistes dont on ne soupçonnait ni l'existence, ni le rôle, ni même le nom. Remblais, déblais, ponts, tunnels, tout était réuni sur ce petit parcours : toutes les difficultés y furent surmontées, et si plus tard des difficultés plus considérables se rencontrèrent sur la ligne de Versailles (rive gauche), ce furent les procédés de M. Flachat que M. Perdonnet y mit en œuvre. Le mécanisme compliqué de l'analyse et de la synthèse du service du Mouvement et de la Traction, fut créé d'une fois et la manutention des marchandises et de la messagerie, à laquelle les correspondances du Pecq donnèrent toutes les complications que présentent dans la pratique les gares d'embranchement et de réexpédition, et la manutention de colis de toute sorte, disons-nous, y reçut les formules encore en usage aujourd'hui sur tous les réseaux de l'Univers, car la clarté du système français d'expédition, de classification et de réception a fait le tour du monde. Ce fut aussi à Saint-Germain que fut organisée, sur les bases qui subsistent aujourd'hui, la comptabilité des compagnies de chemins de fer, avec les divisions encore en usage, car la vérité est une et la simplification obtenue est véritablement organique et essentielle.

Nous n'hésitons pas à insister sur ce détail, qui a une grande importance. L'exploitation des chemins de fer est plus délicate à manier qu'un département ministériel où un ordre a une valeur exécutoire. Tout y est prévu, mais toutes ces prévisions ne sont qu'une série de constantes qui varient de telle façon qu'il arrive un moment où toutes les formalités, tous les contrôles, perdent leur efficacité devant la tergiversation d'un seul homme. Or, tout homme est faillible, et c'est seulement par la transparence de l'analyse minutieuse de tous les services que l'on peut apporter un rapide correctif à des défaillances qui seraient comme des fuites ou des filtrations. La perfection de la comptabilité, la multiplication automatique des contrôles, l'incidence des inspections, sont les agents d'investigation qui furent, dès lors, mis en batterie permanente. Les services furent l'objet de budgets annuels, soigneusement décomposés, et l'imprévu même devint matière à classification. Rien d'inutile n'a été fait dans cette matière, car ce qui est inutile représente une perte sèche, mais tout ce qui était nécessaire a été patiemment coordonné et coordonné avec succès à Paris-Saint-Germain, puisque rapportés à une plus vaste échelle sur la ligne du Nord de France par M. Emile Pereire lui-même, ces mêmes procédés inaugurés sur les courtes lignes de Saint-Germain et de Versailles, incorporés à l'exploitation de ce vaste réseau, y ont donné des résultats dont leur auteur s'est aussi montré satisfait sur ce grand théâtre et qu'il a acclimatés partout.

XIV

Première concession raisonnée

La demande en concession du chemin de fer de Paris à Saint-Germain remonte au deuxième semestre de l'année 1832, mais on ignore dans quels termes elle fut faite, attendu que l'original ne se retrouve pas au ministère des travaux publics, dont les archives sont en complet désarroi, puisque les premières pièces que l'on a conservées sont contemporaines de l'ouverture de la ligne et ont rapport à des croisements. Du reste, ce laisser aller est de tradition au ministère des travaux publics, où les conventions de 1859 et de 1863 avec les compagnies de chemins de fer n'ont pas de dossier et où celui des conventions de 1883 s'y réduit à une demi-feuille de papier, contenant une note dénuée de sens. Heureusement que nos aïeux avaient plus de souci de la paperasserie, sans quoi il ne serait pas possible de retrouver, comme on le fait aux Archives nationales, les précieux rouleaux relatifs à l'administration de Philippe IV.

Nous regrettons d'autant plus cette disette de renseignements qu'il dût être échangé une correspondance laborieuse entre M. Legrand et M. Pereire. La concession du chemin de fer de Paris à Saint-Germain comporte, en effet, une conversion à angle droit de la direction générale des ponts et chaussées : ce fut, en effet, une concession directe, faite en vertu d'une loi *ad hoc*, et avec rétroaction en faveur de l'Etat au bout de cent ans. Le procédé de la concession directe avait été toutefois employé pour la concession de la ligne, plus minière qu'autre chose, d'Alais à Beaucaire, et la rétroaction avait été inventée pour la concession de la ligne de Montrond à Montbrison à établir sur les accotements de la route royale. Il eût été intéressant de connaître la genèse de cette innovation, qui a dû être le résultat d'une entente entre le représentant de l'administration et l'aspirant concessionnaire. La disparition de ces pièces intéressantes ne saurait avoir été intentionnelle : elles auront simplement appelé l'attention de quelque fonctionnaire désireux de s'instruire, lequel les aura prises pour les étudier et ne les aura jamais réintégrées dans leur casier, ou bien elles ont été égarées soit involontairement, soit sciemment, attendu qu'il y a des archivistes jaloux qui, suivant un système préconisé par le bibliophile Jacob, quand ils veulent se réserver quelque rareté, sans la soumettre à la loi Libri, se contentent de la déplacer, de façon à la rendre introuvable pour tout autre que pour eux, à moins qu'un hasard heureux fasse découvrir l'erreur.

Les conditions imposées au concessionnaire de Saint-Germain (loi du

9 juillet 1835) ont fondé la jurisprudence administrative des chemins de fer, et le Cahier des charges y afférent est resté le Cahier des charges type, quoique remanié plusieurs fois depuis, au moyen des additions que le cours des temps a rendues nécessaires, les conditions techniques de pente et de rayon ayant sensiblement varié, et les conditions financières ayant changé, attendu que la ligne de Paris à Saint-Germain ne recevait de l'Etat aucune subvention et s'engageait à lui remettre en bon état, dans cent ans, une ligne construite et outillée uniquement à ses frais.

M. Emile Pereire apportait dans les affaires une conception constante de la suprématie de l'intérêt général sur les intérêts particuliers, ainsi qu'il appert de ses écrits et de ceux de son frère, M. Isaac Pereire, tels qu'on peut les lire et les interpréter dans une édition que vient d'en donner M. Gustave Pereire, petit-fils du premier et fils du second de ces deux grands artisans du réseau des chemins de fer français. On peut donc supposer qu'il entra sans grande résistance dans les vues de l'administration et qu'il se prêta de son mieux à cette affirmation du droit régalien de l'Etat sur la liberté de se mouvoir et de circuler. C'est, comme nous l'avons déjà donné à entendre, une présomption qui nous paraît un peu forcée, là où le gouvernement n'entre pour rien dans les frais d'établissement, et on comprend difficilement que les capitalistes de cette époque se soient conformés à cette manière de voir, contraire à la notion anglaise des voies ferrées, sans limites dans le temps comme toute propriété. Quand l'Etat subventionne et ne perçoit aucun intérêt de ses débours, il est juste qu'au bout d'un certain nombre d'années la concession lui fasse retour, car ce n'est que la capitalisation de ses avances; mais quand il n'a fait que concéder le droit abstrait d'expropriation à beaux deniers comptants, mode d'acquisition dans lequel la terre est toujours payée au moins trois fois sa valeur réelle, c'est simplement un abus de pouvoir et on ne peut que s'étonner de la facilité avec laquelle les demandeurs en concession admirent cette exigence qui rappelait le jubilé de la législation hébraïque. Lorsque sous l'empire de la loi de 1842, l'Etat exécuta les travaux de construction de la voie, la jouissance temporaire au profit des entreprises obéit à une certaine logique. C'était un bail dans lequel la compagnie financière apportait le matériel et quelques constructions. Ce système, compliqué de remboursement des débours de l'Etat, fut appliqué aux grandes lignes d'Orléans à Bordeaux, d'Orléans à Nantes, du Centre, du Nord, de l'Est et de Lyon, et des millions furent demandés au public pour l'exécution de ces contrats temporaires qui ne laissaient pas de temps pour l'amortissement. Pas une de ces affaires ne parvint à maturité, car moyennant certaines impositions nouvelles et une sujétion administrative plus directe, tous ces baux furent convertis en concessions centenaires. On peut se figurer d'ailleurs ce qu'eussent été le fonctionnement et la liquidation d'une entreprise constituée pour 27 ou 30 ans, comme cela résultait de la loi de 1842 : tout le monde y eût perdu et l'industrie des chemins de fer serait demeurée stationnaire. Ce fut le principe de Saint-Germain qui prévalut.

XV

Les chemins de fer et l'expropriation

Quand on aborda, en France, la question des chemins de fer, l'administration des ponts et chaussées, sentit immédiatement la nécessité de modifier la loi sur l'expropriation. Le droit de priver un citoyen de sa propriété dans l'intérêt commun des autres citoyens, résulte d'une perception secondaire du

droit de propriété que la convenance a dû inspirer. Il a pour corollaire
évident l'obligation d'indemniser ce membre de la communauté, du préjudice
qu'on lui fait subir. Cependant, il n'est pas populaire et l'on fait meilleur
accueil à la ténacité intransigeante du Meunier de Sans-Souci, prototype du
tenancier attaché à son exclusivisme de propriétaire. Le droit romain n'est
pas bien clair sur le droit d'expropriation pour cause d'utilité publique.
C'était, du reste, sans beaucoup d'intérêt dans un temps où les travaux
publics n'étaient qu'une fonction subalterne de l'Etat C'est en France, sous
Philippe le Bel, que le droit d'expropriation vint s'adjoindre aux préroga-
tives royales, autrement que par le droit de la force. Il est certain que ce
droit était en usage sous l'ancien régime, et qu'Henri IV expropria les
Augustins pour donner un débouché au Pont-Neuf, leur payant 40.000 livres
pour l'emprise de la rue à travers leur jardin et faisant, en outre, les frais
de deux murs en bordure sur la future rue Dauphine, ainsi que d'un passage
souterrain, pour que les moines pussent se promener d'une partie à l'autre
de leur potager, ce qui faisait dire au Béarnais : « Vive Dieu ! Ces frocards
tiennent leurs choux à un haut prix. » Lorsque sous Louis XV s'ouvrit
l'ère des grands travaux publics, les intendants forcèrent un peu la note et
il ne paraît pas qu'aucune indemnité fut accordée à la propriété noble qui
se trouvait dans la zone d'expropriation. Avec les bourgeois et les vilains,
on procéda à l'amiable quelques fois et le plus souvent d'autorité. La déclaration des Droits de l'Homme proclama la possession inviolable, sauf indemnité préalable. Le grand mouvement de confiscation et de dissémination de
la propriété, qui fut la conséquence et la sanction de la Révolution française,
fit sortir du sol le propriétaire-vautour dont s'empara la comédie, et quand
sous le règne de Napoléon, l'administration des ponts et chaussées reprit le
développement systématique des travaux d'utilité publique, suspendu par
suite du bouleversement révolutionnaire, on se heurta à d'âpres prétentions
soutenues par les moyens de chicane empruntés à ce grand arsenal de
sophismes juridiques, intitulé Code civil et qualifié par la courtisanerie, de
Code Napoléon. Telle fut la genèse de la loi de 1810, dont la Restauration
se servit pour la construction des canaux et l'amélioration des routes de
terre. Mais c'étaient là des entreprises relativement restreintes, ne frôlant
pas fréquemment les propriétés bâties et dans lesquelles on apercevait constamment la férule de l'Etat, brandie par les ingénieurs. Le bénéfice direct
que les riverains retirent de la route ou du canal, leur faisait prendre en
patience la servitude d'expropriation et si l'appareil judiciaire venait à fonctionner, les expropriés avaient plutôt à en souffrir que l'Etat expropriateur.
    Mais il n'en fut plus de même quand les géomètres ou ingénieurs des
compagnies se présentèrent, en vertu des pouvoirs que leur donnait la déclaration d'utilité publique, pour marquer, occuper et barrer l'emprise de la
voie. Toutes les ressources de la chicane et toutes les subtilités de l'amour
du lucre, de l'avarice portée à la hauteur d'un principe de conservation sociale,
furent mis en jeu pour obtenir un prix plus élevé des lopins de terre nécessaires à la construction. Les pauvres gens se laissèrent faire, mais les
propriétaires aisés, et plus particulièrement les propriétaires nobles, mon-
trèrent une cupidité, dont le résultat final fut de décupler les prévisions du
devis et de faire perdre aux entreprises un temps précieux. Les menées
scandaleuses qui assaillirent la Compagnie du chemin de fer de Lyon à
Saint-Etienne, précisément dans le pays dont M de Persigny faisait plus
tard le paradis retrouvé de la noblesse française, les menées scandaleuses
qui entravèrent l'œuvre si remarquable de MM. Séguin, appelèrent l'attention

de l'administration, qui s'empressa de proposer la modification de la loi de 1810 : ce fut l'objet de la loi de 1833, modifiée plus tard par celle de 1841, et qui a besoin d'être encore modifiée, car une bonne loi est toujours à faire. Il est hors de doute, en effet, que la législation en vigueur, suivant laquelle des *quidams*, appelés jurés, disposent capricieusement des deniers publics, est absolument vicieuse. Le droit de propriété est très respectable, mais ce respect ne doit pas devenir une plantureuse spéculation au profit des hommes de loi et des propriétaires, dénués de pudeur sociale, qui n'ont pas la conscience de l'obligation de se soumettre à la prépondérance des intérêts généraux sur les intérêts particuliers. Une juste loi est toujours à faire, nous le répétons, et il est indubitable que les largesses du jury d'expropriation ont, depuis 1840, surchargé de près de deux milliards le budget des travaux publics. Les saint-simoniens furent des premiers à signaler la nécessité d'une bonne loi sur l'expropriation, et l'action qu'ils ont exercée sur l'opinion publique de 1830 à 1835, n'est pas sans avoir influé sur l'initiative prise par l'administration des ponts et chaussées. On trouvera, dans le *National* de 1833, d'importants articles sur la matière, dûs à la plume de M. Emile Pereire qui, plus tard, au cours de sa laborieuse existence, eut tant à faire avec l'expropriation, dont il paya si cher les services dans tous les départements de France, même dans les régions les plus déshéritées où le passage d'un chemin de fer est un bienfait du ciel, un gros lot gagné à la loterie de la propriété, et où les expropriés auraient encore gagné, si à leurs bandes de terre données pour rien, ils avaient ajouté la dépense d'appropriation du terrain à la pose des rails, qui, comme une baguette magique, ont donné de la valeur aux plus vils cailloux, car le ballast est une richesse géologique et territoriale, que seule la voie ferrée pouvait faire sortir de l'état latent.

XVI

L'expropriation en France

L'histoire de l'expropriation en France est un livre à faire, non pas au point de vue humoristique, mais au point de vue philosophique. On y verrait fréquemment justifier les accusations que les anarchistes articulent contre les riches. On y constaterait la bassesse dont sont capables certains hommes pour faire valoir leurs marchandises, quoique ces hommes affectent dans leur langage, de s'en tenir aux exigences de la délicatesse la plus scrupuleuse et affichent le plus profond dédain pour ceux qui se livrent au négoce ou à la spéculation, leur reprochant d'avoir au cœur une pièce de cent sous. La vérité est qu'il n'y a pas de plus indigne maquignonnage que celui qui a pour origine l'exagération mensongère de la valeur de la propriété, en vue de l'expropriation. Tout est bon pour arriver à ce but, et être exproprié fut longtemps considéré comme l'équivalent d'un oncle d'Amérique. Nous laissons volontiers de côté les mastroquets parisiens, qui ont l'excuse d'exercer une profession que le code théodosien déclare plus profitable qu'honorable, mais maints hobereaux de ceux qui prétendent vivre et mourir sur le chemin de l'honneur, ont montré, dans cette recherche du bien d'autrui, un art de quémander qui rappelle ce mot du maréchal de Villeroy disant à propos du *Système :* « Quand j'ai vu que tout le monde tendait la main, j'ai tendu le chapeau ».

A côté de ces prétentions si impérieuses qu'elles semblaient un souvenir des temps où les châtelains avaient pour *curriculum vitæ*, le souci lucratif de détrousser les voyageurs, l'expropriation se heurtait à d'autres difficultés Ainsi, il y avait des propriétaires qui, à aucun prix, ne voulaient que le chemin de fer passât sur leur terre et dans leur voisinage. Beaucoup de curés se joignaient à eux dans cette campagne d'opposition, réactionnaire au premier chef. On alarmait les campagnes, en représentant les chantiers des chemins de fer comme des rassemblements de brigands, vivant de vol et de pillage, et y ajoutant comme explétif, le viol et l'assassinat. Dans nombre de localités, on traquait comme des loups les employés aux études et on détruisait le piquetage au fur et à mesure. Il y eut même des villages où, par la force, la garde nationale tâcha d'empêcher la prise de possession des terrains et l'ouverture des chantiers. C'est ainsi qu'à Montbazon, sur la ligne de Tours à Poitiers, à 12 kilomètres de Tours, il fallut envoyer de la troupe en 1845 pour protéger les ouvriers contre lesquels marchaient les villageois commandés par un gentilhomme des environs. Toute une catégorie de bourgeois, de ceux qui avaient l'habitude d'exploiter leurs cantons en accaparant le blé et les pommes de terre, c'est-à-dire en les achetant bon marché à la récolte pour les revendre cher au printemps, tous ces exploiteurs comprenaient que leur temps était passé, et que la facilité des communications allait égaliser les prix, en nivelant partout les besoins et les approvisionnements. Dans le conseil général de Seine-et-Oise, un prud'homme disait que les chemins de fer allaient semer le désordre dans les villages et en 1843, M. de Mackau, ministre de la marine, s'opposait à la construction d'un chemin de fer de Paris à la mer, parce que le sifflet de la locomotive désorganiserait l'inscription maritime.

On disait aux aubergistes qu'ils allaient être ruinés, parce que personne ne circulerait plus ni à pied, ni à cheval, ni en voiture, et on répandait systématiquement la terreur dans le monde facile à émouvoir, des voituriers, charretiers, postillons, conducteurs, marchands et éleveurs de chevaux. A Mantes, après l'inauguration du 3 mai 1843, il fallut maintenir un détachement du 18ᵉ de ligne pour protéger la section et les voies contre le ressentiment des hommes d'écuries.

C'était comme la fin du monde qui approchait, à en croire les augures d'estaminet, et la plus sombre détresse allait succéder au bien-être général. Nul ne songeait que le progrès luit pour tout le monde et que le pire qui pourrait arriver aux décavés, ce serait de changer de profession. En France où on change si facilement de tout, même de gouvernement, et où la versatilité est telle que le cardinal de Ferrare, ayant fait peindre dans son palais les costumes de tous les peuples, l'artiste chargé de ce travail représenta le Français par un homme tout nu, ayant sous le bras une pièce d'étoffe et à la main une paire de ciseaux, pour montrer la brièveté du cours des modes dans notre pays, en France, disons-nous, on tient à la profession que l'on exerce et on en change difficilement. Du reste, les chemins de fer n'ôtèrent à personne le pain de la bouche, car le mouvement qu'ils provoquèrent sur les courtes distances, dépasse de beaucoup celui qu'ils usurpèrent sur les grands parcours : le chemin de fer de Saint-Germain, par exemple, occupa aussitôt plus de chevaux à Paris et au Pecq, que les voitures de Paris à Saint-Germain et la poste aux chevaux de Rueil.

XVII

La loi de 1807

Il existe, dans notre code administratif, une loi dite du 16 septembre 1807 (*Bulletin des Lois*, 4ᵉ série, n° 2797), que l'on a crue applicable aux chemins de fer et dont nous allons citer le dispositif en ce qui concerne cette incidence imprévue :

TITRES I, II, III, IV, V, VI

Art. 7. — Lorsque le gouvernement fera un desséchement ou lorsque la concession aura été accordée, il sera formé entre les propriétaires un syndicat, à l'effet de nommer les experts qui devront procéder aux estimations statuées par la présente loi...

Art. 13. — Lorsque les plans auront été définitivement arrêtés, les deux experts, nommés par les propriétaires et les entrepreneurs du desséchement, se rendront sur les lieux ; et, après avoir recueilli tous les renseignements nécessaires, ils procéderont à l'appréciation de chacune des classes *(de terre)* composant le marais, eu égard à sa valeur réelle au moment de l'estimation, considérée dans son état de marais et sans pouvoir s'occuper d'une estimation détaillée par propriété...

Art. 15. — Dès que l'estimation aura été définitivement arrêtée, les travaux du desséchement seront commencés ; ils seront poursuivis et terminés dans les délais fixés par l'acte de concession sous les peines portées audit acte...

Art. 17. — Lorsque les travaux prescrits par l'Etat ou par l'acte de concession seront terminés, il sera procédé à leur vérification et réception.

Art. 18. — Dès que la reconnaissance des travaux aura été approuvée, les experts, respectivement nommés par les propriétaires et par les entrepreneurs du desséchement, et accompagnés du tiers expert, procéderont, de concert avec les ingénieurs, à une classification des fonds desséchés, suivant leur valeur nouvelle et l'espèce de culture dont ils seront devenus susceptibles. Cette classification sera vérifiée, arrêtée, suivie d'une estimation, le tout dans les mêmes formes ci-dessus prescrites pour la classification et l'estimation du marais avant le desséchement.

Art. 19. — Dès que l'estimation des fonds desséchés aura été arrêtée, les entrepreneurs du desséchement présenteront, à la commission, un rôle contenant : — 1° le nom des propriétaires ; — 2° l'étendue de leur propriété ; — 3° les classes dans lesquelles elle se trouve placée, le tout relevé sur le plan cadastral ; — 4° l'énonciation de la première estimation, calculée à raison de l'étendue et des classes ; — 5° le montant de la valeur nouvelle de la propriété depuis le desséchement, réglée par la seconde estimation et le second classement ; — 6° enfin, la différence entre les deux estimations. — S'il reste dans le marais des portions qui n'auront pu être desséchées, elles ne donneront lieu à aucune prétention de la part des entrepreneurs de desséchement.

Art. 20. — Le montant de la plus-value obtenue par le desséchement sera divisé entre le propriétaire et le concessionnaire dans les proportions qui auront été fixées par l'acte de concession. — Lorsqu'un desséchement sera fait par l'Etat, sa portion dans la plus-value sera fixée de manière à le rembourser de toutes ses dépenses. Le rôle des indemnités sur la plus-value sera arrêté par la commission et rendu exécutoire par le préfet.

Art. 21. — Les propriétaires auront la faculté de se libérer de l'indemnité par eux due, en délaissant une portion relative du fonds, calculée sur le pied de la dernière estimation ; dans ce cas, il n'y aura lieu qu'au droit fixe d'un franc pour l'enregistrement de l'acte de mutation de la propriété.

Art. 22. — Si les propriétaires ne veulent pas délaisser des fonds en nature, ils constitueront une rente sur le pied de 4 0/0 sans retenue ; le capital de cette rente sera toujours remboursable, même par portions, qui cependant ne pourront être moindres d'un dixième et moyennant vingt-cinq capitaux.

Art. 23. — Les indemnités dues aux concessionnaires du gouvernement, à raison de la plus-value résultant du desséchement, auront privilège sur toute ladite plus-value, à la charge seulement de faire transcrire l'acte de concession ou le décret qui ordonnera le desséchement au compte de l'Etat, dans le bureau ou dans les bureaux des hypothèques de l'arrondissement ou des arrondissements de la situation des marais desséchés. — L'hypothèque de tout individu, inscrit avant le desséchement, sera restreinte au moyen de la transcription ci-dessus ordonnée, sur une portion de propriété égale en valeur à la première valeur estimative des terrains desséchés.

Art 24. — Dans le cas où le desséchement d'un marais ne pourrait être opéré par les moyens ci-dessus organisés, et où soit par les obstacles de la nature, soit par des oppositions persévérantes des propriétaires, on ne pourrait parvenir au desséchement, le propriétaire ou les propriétaires de la totalité des marais pourront être contraints à délaisser leur propriété, sur estimation faite dans les formes déjà prescrites. — Cette estimation sera soumise au jugement et à l'homologation d'une commission formée à cet effet, et la cession sera ordonnée sur le rapport du ministre de l'intérieur, par un règlement d'administration publique.

TITRE VII

Des travaux de navigation, des routes, des ponts, des rues, places et quais dans les villes, des digues, des travaux de salubrité dans les communes.

ART. 28. — Lorsque par l'ouverture d'un canal de navigation, par le perfectionnement de la navigation d'une rivière, par l'ouverture d'une grande route, par la construction d'un pont, un ou plusieurs départements, un ou plusieurs arrondissements seront jugés devoir recueillir une amélioration à la valeur de leur territoire, ils seront susceptibles de contribuer aux dépenses des travaux par voie de centimes additionnels aux contributions, et ce, dans les proportions qui seront déterminées par des lois spéciales. Ces contributions ne pourront s'élever au-delà de la moitié de la dépense ; le gouvernement fournira l'excédent.

ART. 29. — Lorsqu'il y aura lieu à l'établissement ou au perfectionnement d'une petite navigation, d'un canal de flottage ; à l'ouverture ou à l'entretien de grandes routes d'un intérêt local ; à la construction ou à l'entretien des ponts sur lesdites routes ou sur des chemins vicinaux, les départements contribueront dans une proportion ; les arrondissements les plus intéressés dans une autre ; les communes les plus intéressées d'une manière encore différente, le tout selon les degrés d'utilité respective. — Le gouvernement ne fournira de fonds, dans ce cas, que lorsqu'il le jugera convenable ; les proportions des diverses contributions seront réglées par des lois spéciales.

ART. 30. — Lorsque par la suite des travaux déjà énoncés dans la présente loi, lorsque par l'ouverture de nouvelles rues, par la formation de places nouvelles, par la construction de quais, ou pour tous autres travaux publics, généraux, départementaux ou communaux, ordonnés ou approuvés par le gouvernement, des propriétés privées auront acquis une notable augmentation de valeur, ces propriétés pourront être chargées de payer une indemnité qui pourra s'élever jusqu'à la moitié des avantages qu'elles auront acquis ; le tout sera réglé par estimation dans les formes déjà établies par la présente loi, jugé et homologué par la commission qui aura été nommée à cet effet.

ART. 31. — Les indemnités pour paiement de plus-values seront acquittées au choix des débiteurs, en argent ou en rentes constituées à quatre pour cent net, ou en délaissement d'une partie de la propriété, si elle est divisible ; ils pourront aussi délaisser en entier les fonds, terrains ou bâtiments dont la plus-value donne lieu à l'indemnité, et ce, sur l'estimation réglée d'après la valeur qu'avait l'objet avant l'exécution des travaux desquels la plus-value aura résulté. — Les articles 21 et 23, relatifs aux droits d'enregistrement et aux hypothèques, sont applicables aux cas spécifiés dans le présent article.

ART. 32. — Ces indemnités ne seront dues par les propriétaires des fonds voisins des travaux effectués, que lorsqu'il aura été décidé, par un règlement d'administration publique rendu sur le rapport du ministre de l'intérieur et après avoir entendu les parties intéressées, qu'il y a lieu à l'application des deux articles précédents.

Cette législation, bien que présentée d'une façon quelque peu incohérente, car on y perd un peu de vue les dessèchements qui lui servent d'objectif et d'argument, cette législation est la raison et le bon sens mêmes. Elle s'inspire, au premier abord, des principes philosophiques des législateurs de cabinet, saturés de visées paternelles et accommodés à la mode de Salente ; mais, si on y regarde de près et si on se remémore la correspondance des Intendants avec le Contrôleur-général des finances sous la monarchie, on y relève l'empreinte très marquée du principe de la corvée, corvée financière, mais corvée réelle. Nous sommes, en théorie, très partisans de cette prestation personnelle, sans nous cacher toutefois combien il est difficile de la répartir équitablement, car il faudrait, pour la mettre au point, toute une hiérarchie de Salomons experts, subordonnant leur verdict à une série de constantes, variant suivant le caractère même de l'individu touché par l'amélioration apportée à sa propriété, attendu que pour mettre à profit cette plus-value, il faut savoir en tirer parti. Il est odieux de penser que les sous, si péniblement arrachés au paysan corse, sont employés à enjoliver une gare de chemin de fer sur le continent ou à faciliter la bâtisse de maisons de campagne au Val-Fleury de Meudon. C'est à renier la vertu des immortels principes de 1789. Mais, d'autre part, croit-on que celui dont la voie coupe le champ en deux, à dix kilomètres d'une station, en retire les mêmes avantages que celui qui, limitrophe de la cour de la gare, vend chèrement au mètre un sol stérile où il ne poussait que de la bruyère et des ronces? La plus-value intrinsèque n'est pas une opération arithmétique et il y a bien des propriétaires qui, à 20 kilomètres de la voie, en retirent plus de bénéfice que ceux qui se trouvent en bordure. D'ailleurs, où commence et où s'arrête l'action bienfaisante du passage de la locomotive? Car de Paris, celle-ci se fait sentir souvent à Marseille, et, en ce cas, c'est le pays tout entier qui, étant bénéficiaire, doit être tributaire.

Aussi, quand on étudie au fond la combinaison de 1807, on y découvre une multitude d'inconvénients qui contrebalancent ses qualités. Elle a, en outre, un caractère particulier, sur lequel nous insisterons, car il explique le peu d'influence qu'elle a exercée en France. Evidemment, cet expédient ingénieux paraît avoir été inventé à l'usage des pays pauvres où les capitaux sont rares et où l'initiative des capitalistes est timide. Or, elle ne fournit aucune ressource et laisse aux entrepreneurs tout le souci de se procurer des capitaux dont le gain seul est limité et soumis à un véritable maximum, car le chapitre des mécomptes reste toujours ouvert. C'est donc un système qui ne peut convenir que dans les pays riches où le capital est abondant. Or, dans ces pays-là, on aime les affaires où, à peine de mettre en avant de plus grosses sommes, on raisonne sur des quantités positives et où l'expropriation préalable laisse l'entrepreneur à la tête d'une propriété, et non pas de droits litigieux à mettre dans un exploit d'huissier.

XVIII

Recherche des moyens d'exécuter les chemins de fer

Toute défectueuse qu'est cette législation, qui n'a jamais produit que de minces résultats, quoiqu'elle ait été diverses fois appliquée à des travaux d'intérêt local, on pensa à l'appliquer aux chemins de fer, croyant y trouver le moyen de doter la France, en quelques années, d'un réseau spontané; on ne s'apercevait pas que renvoyer la balle aux départements, aux communes et aux riverains, c'était résoudre la question par la question : en effet, ce qui manquait, en France, pour aborder résolument la construction du réseau national, ce n'était pas la confiance, ce n'était pas l'esprit d'aventure financière, très développé depuis 1692 dans le pays, c'était la possibilité. Ni le fonds de roulement, ni le capital flottant, ni l'épargne, n'étaient suffisants. La Révolution française avait détruit toute sorte de richesse, mobilière et industrielle, et avait fortement ébréché la richesse immobilière, en jetant sur le marché les biens nationaux, en obérant tous les propriétaires par le pillage et la réquisition, et en privant, par la conscription, l'agriculture des bras nécessaires au travail des champs. Il ne restait rien en 1799 et si la France pût, par la mise à sac systématique de l'Europe, se refaire un capital, ce capital avait été considérablement diminué par la liquidation de la mêlée révolutionnaire et de l'épopée napoléonienne. Ce ne fut que vers 1840 que le commerce français retrouva les totaux qu'il alignait dans ses balances en 1788. La Restauration et le règne de Louis-Philippe furent des périodes de calme relatif et d'activité intense, qui rétablirent la loi de l'épargne, dont le fonctionnement était si rapide au xviiie siècle, comme on le vit plus tard, car il fallut que la richesse accumulée par le peuple et la petite bourgeoisie fût énorme, pour que le pays pût racheter un tiers de sa superficie et vivre sur lui-même pendant la sarabande infernale du cycle diabolique de 1791 à 1800. On ne saurait se rendre un plus juste compte de la valeur économique et financière de l'ancien régime, qu'en contemplant la grandeur féconde de ses débris. Mais quoique de 1817 à 1842, la richesse publique prit de notables accroissements, l'argent n'était pas abondant et on vivait un peu de la viande creuse du crédit.

C'est de la richesse développée par l'entrée en exploitation des premières lignes de chemin de fer et par la spéculation qui se porta sur une valeur dont l'expérience triomphale de Saint-Germain venait de démontrer la qualité, quand on savait faire son choix, ce fut, disons-nous, de la richesse même née des premiers chemins de fer, que sortit l'épargne torrentielle grâce à laquelle, après l'entr'acte de 1848, le pays pût subvenir à la fois aux besoins de la construction de ses voies ferrées, à des guerres coûteuses, à la mise en train des industries destinées à s'alimenter des chemins de fer et à les alimenter à leur tour, et enfin à l'exportation de capitaux que rendit logiquement indispensable la nécessité de donner à nos gares frontières, des tenants et des aboutissants dans les pays étrangers, trop pauvres pour se relier eux-mêmes à nos installations. Les choses ne viennent pas toujours à point, mais jamais elles ne viennent hors point, et on ne récolte point ce qu'on n'a pas semé.

La loi de 1807 ne pouvait donc rien résoudre, car les propriétaires n'étaient pas moins besogneux que l'Etat : on n'en tenta jamais l'application aux particuliers, et le député qui, dernièrement, l'avait exhumée dans ce but, faisait une œuvre originale dans la forme, quoique dans le fond, le travail auquel se livrèrent M. Philippart et ses amis de 1872 à 1876, avec le sophisme des chemins de fer d'intérêt local, n'ait été qu'une dilution des mêmes principes, au moyen de souscriptions volontaires d'obligations, ou d'actions, imposées quelquefois comme pénitence dans le confessionnal par les curés patriotes. Il est probable que si ce n'eût été l'opposition des députés censitaires qui voulaient bien des chemins de fer pour leur arrondissement, — sur la table de nuit de chaque électeur, comme le disait spirituellement M. de Belleyme, — mais qui voulaient l'avantage sans qu'il en coûtât rien, il est probable, nous le répétons, que, sans cette considération, l on eut créé des ressources au moyen de taxes spéciales sur la propriété foncière dans les zones traversées par les chemins de fer. En supposant une contribution de 10.000 francs par kilomètre, il eut suffi d'une répartition d'un franc par hectare, sur une zone de 50 kilomètres de chaque côté de la voie, pour y subvenir. On aurait pu graduer l'incidence de 5 francs à 0.10 c. par hectare et on eut résolu le problème de la construction. Mais jamais on n'osa entrer hardiment dans cette voie très simple et on préféra finalement déverser la contribution sur le pays tout entier, y compris les régions qui n'entendirent gronder les locomotives que cinquante ans plus tard. C'est la péréquation telle qu'elle résulte des sophismes de la Constituante, qui a supprimé les pays d'Etat.

Le gouvernement essaya, pour sa part, de faire contribuer d'office les départements et les communes; mais, s'il y parvint d'une façon capricieuse et sans suite avec les conseils généraux, il échoua complètement avec les municipalités. Celles-ci traitèrent quelques fois avec les entreprises, leur octroyant des terrains, des subventions et des primes ; ce ne furent, toutefois, que des cas isolés, ne constituant pas un système d'ensemble. La totalité de ces ressources supplémentaires ne pèse pas beaucoup dans l'établissement des chemins de fer français. C'est, du reste, un pur sophisme administratif que de distinguer entre les contributions perçues au profit de l'Etat, des départements et des communes, quand toutes ces contributions sortent d'une bourse unique, celle des contribuables. Rien n'est bouffon, par exemple, comme de voir l'Etat recevoir des chambres de commerce, des fonds de concours ou de coopération, qu'il les autorise à réunir au moyen de centimes additionnels au rôle des patentes, qu'il pourrait percevoir lui-même, sans ce détour qui n'est pas complètement gratuit, car tous les rouages ont besoin d'être graissés.

XIX

La loi de 1842 — L'opinion de M. Emile Pereire

On n'invente rien en matière financière et, quand on passe en revue la série des artifices économiques, auxquels on proposa d'avoir recours pour généraliser rapidement la construction des voies ferrées dont les études furent entreprises d'office par l'Etat en 1833, on reconnaît que l'on ne ferait pas autrement aujourd'hui. On proposa donc successivement et même à la fois :

1° La construction par l'Etat, avec l'exploitation comme service public, — système écarté à titre de *communiste*, car, dès lors, on avait pris l'habitude de se jeter à la tête, à propos de tout, les plus gros mots de l'argot économique, politique et parlementaire, entre lesquels figurait l'épithète de communiste, équivalent de l'anarchiste actuel;

2° Concession à des compagnies dont le capital serait en partie fourni par l'Etat, les actions souscrites par les actionnaires étant considérées comme les actions de préférence en Angleterre, au point de vue du prélèvement de leur quote-part des bénéfices ;

3° Concession à des compagnies avec prêts faits par l'Etat, assurés par privilège hypothécaire ;

4° Concession à des compagnies avec subvention non remboursable, à forfait ;

5° Concession à des compagnies avec garantie d'intérêt sur la totalité ou sur une partie du capital ; c'était le système que préconisaient les professionnels de la finance, habitués à faire avec l'Etat des affaires où ils lui prêtaient son propre capital, déguisé avec plus ou moins d'habileté.

A diverses reprises, le gouvernement essaya de faire adopter, par la Chambre, un système quelconque, à l'effet d'entreprendre une œuvre systématique et harmonique. M. Legrand s'y employa avec beaucoup d'activité. Mais les députés ne s'y prêtèrent pas ; toutes les tentatives échouèrent et on dut se rabattre sur des projets spéciaux visant chaque fois une situation particulière, comme, par exemple, les embarras, en 1834 et 1835, de la Compagnie Talabot, concessionnaire des chemins miniers d'Alais à Beaucaire, jusqu'à ce que, d'hésitations en hésitations, de contradictions en contradictions, devant l'impossibilité de sortir de l'impasse, et vu l'urgence de faire quelque chose de décisif, on bâcla la loi de 1842, dispositif éclectique qui permettait tout et qui autorisait le gouvernement à construire aux frais de l'Etat, sans souci du qu'en dira-t-on communiste, certaines lignes, pour ensuite les donner à bail en adjudication publique, à des compagnies *ad hoc*, moyennant des tarifs uniformes, le rabais sur lequel roulait l'adjudication se rapportant à la durée du bail, que l'on put compter par année, mois, jours et heures, ce qui était d'une singulière naïveté. Mais avec la même loi de 1842, le gouvernement pouvait exploiter lui-même, comme il le fit pour les sections de Lille à Mouscron et de Valenciennes à Blanc Misseron. Il pouvait aussi faire exécuter les travaux par les compagnies, soit suivant série de prix, soit à forfait. C'est précisément parce que cette loi se prêtait à toutes les interprétations imaginables, qu'elle fut acceptée par les deux Chambres et qu'elle subsiste encore au moment où nous écrivons, à la façon de la fiancée du roi de Garbe ou de la Galère de Salamine dont tous les ans on refaisait un morceau. Bien que dépourvue de toute espèce de logique, de symétrie et de doctrine, cette loi doit être bénie, car, grâce à elle, l'administration put agir, quoique dûment astreinte à demander des crédits chaque année et soumise à des restrictions qui firent durer 10 ans les travaux de la section de Tours à Bordeaux, laquelle, ne présentant aucune difficulté technique, aurait certainement pu être achevée en deux ans, comme on l'avait fait pour celle d'Orléans à Tours, beaucoup plus scabreuse et plus coûteuse.

Lorsque la loi de 1842 fut votée, il existait déjà en construction, dans la région parisienne, deux lignes relativement importantes, celle de Paris à Orléans et celle de Paris à Rouen, ouvertes les 2 et 3 mai de l'année suivante. Il y avait aussi les deux lignes de Paris à Versailles et la ligne modèle de Paris à Saint-Germain sur laquelle se faisaient toutes les expériences. M. Emile Pereire avait, de tout temps, soutenu dans le *National* la convenance de construire les chemins de fer, mais il avait aussi signalé l'impossibilité de mener à bien ces entreprises, si l'Etat n'en prenait pas en partie l'aléa pour son compte. L'acceptation de la concession de Paris à Saint Germain, sans aucune subvention de la part de l'Etat, et celle de Paris à Versailles (rive droite), également sans subvention d'aucun genre, ne constituaient pas des infractions à cette méthode. C'étaient simplement des exceptions motivées par la nature exceptionnelle également de ces deux lignes suburbaines, dont la seconde profitait des installations coûteuses de la première.

Du reste, l'expérience de la construction et de l'exploitation de ce petit réseau, n'avait fait que confirmer M. Emile Pereire dans les idées naguère éloquemment exposées par lui dans le *National*. Il avait dû reconnaître l'inanité des devis et constaté l'importance souveraine de l'imprévu dans ces questions où on procédait en allant de l'inconnu à l'inconnu. Aussi, lorsque la loi de 1842 vint en discussion, il était en négociation avec M. Legrand pour la concession de deux lignes importantes : Versailles à Chartres, et Paris à Compiègne par Creil, tronçon qui eût rattaché le réseau du Nord et celui du Nord-Est à la gare Saint-Lazare, ce qui était, ainsi que nous l'avons déjà expliqué, le plan que le directeur de Paris à Saint-Germain s'était tracé lorsqu'il avait fait de cet emplacement d'élite, la tête de ligne de son chemin de fer. Dans une lettre rendue publique et adressée au ministre, M. Emile Pereire faisait l'exposition de ces projets peu connus du public, et y ajoutait des détails où nous rencontrons exactement la formule des procédés qui depuis ont été mis en œuvre pour l'achèvement du réseau, au point de vue économique et financier. L'éminent directeur de la Compagnie de Saint-Germain, qui possédait la question à fond et qui l'avait étudiée sous tous ses aspects et à tous ses points de vue, proposait, dès lors, d'accepter ces deux concessions l'une pour la Compagnie de Saint-Germain, et l'autre pour la Compagnie de Versailles (rive droite), sans accroissement du capital-actions de ces entreprises, au moyen de l'émission d'obligations, l'Etat se chargeant des expropriations et des travaux, soit en nature, soit par une subvention forfaitaire et kilométrique, payée à la compagnie. C'est, comme on le voit, exactement la formule qui a assuré plus tard l'extension illimitée du réseau. M. Pereire réduisait à cinquante ans la durée de la jouissance de la compagnie concessionnaire et supprimait, d'ores et déjà, les places de troisième à découvert, en usage sur les lignes précédemment concédées : ce mode de transport, qui laissait les voyageurs debout dans des wagons à marchandises, servant à charrier le charbon, avait quelque chose d'outrageant pour la dignité de l'homme, en même temps qu'il constituait un attentat permanent à l'hygiène.

XX

Rôle des ingénieurs dans la construction

Les législateurs s'exténuent souvent pour couler leurs préceptes en phrases lapidaires : or plus les textes sont vagues, plus ils laissent prise à des interprétations divergentes et plus ils sont durables. C'est comme cet ensemble de coutumes, d'usages et de traditions, que l'on appelait autrefois « les lois de la monarchie française » et qui avaient d'autant plus de prestige, que personne ne pouvait en reproduire le texte exact, lequel n'existait pas. C'est également ainsi que se présente la constitution anglaise qui n'est définie nulle part, que l'on retrouve difficilement dans la *carta magna*, et qui cependant possède une virtualité devant laquelle s'inclinent 41 millions d'êtres humains, pour lesquels elle est un mythe hiératique. Telle fut la loi de 1842, à laquelle on a donné une multitude d'épithètes qu'elle ne mérite pas, pour laquelle on a frappé une médaille hyperbolique, et dont l'incorrection a servi de modèle aux législateurs de tous les pays, car l'Angleterre elle-même s'en rapproche tous les jours, et la Belgique l'a faite sienne pour les chemins concédés à côté du réseau de l'Etat et rachetés ensuite aux frais des contribuables. Un des défauts capitaux de la loi de 1842, c'est qu'elle rejette sur l'Etat tout l'aléa de la construction, aléa considérable en lui-même augmenté par les artifices spécieux des entrepreneurs, enclins à demander plus à la chicane qu'au travail, à la pratique de l'huissier qu'à celle de l'ingénieur, et qui aurait pu devenir incommensurable si la rigidité des ingénieurs des ponts et chaussées n'y avait mis un obstacle que l'on ne sait pas avoir jamais été franchi. Tous ceux qui connaissent le mécanisme de la série de prix, et le fonctionnement des situations, savent combien il est facile de faire dire au métrage ce que l'on veut et de l'affecter, en outre, du coefficient de plus-value, inhérent à la terrasse et à la bâtisse, quels que soient le fini des plans et le choix des matériaux. Dans les règlements, l'ingénieur peut agir à son gré et, d'un coup de plume, faire surgir des milliers de mètres, de kilos et de francs. Dans l'espèce, c'était d'autant plus aisé que les souverains arbitres de *la situation* n'avaient d'autres contrôleurs, correcteurs ou réviseurs, que des chers camarades, disposés à sauver l'honneur du corps auquel ils appartenaient. Or, durant cette longue campagne pendant laquelle on a brassé pour dix milliards de cailloux et de moellons, jamais on n'a pu articuler contre les ingénieurs des ponts et chaussées ou des mines, qui ont été les signataires de tant de situations, d'états et de mandats consécutifs, jamais on n'a pu concréter des accusations de vénalité. Le *Ron-Ron* vengeur qui accompagne, en général, les soupçons d'indélicatesse, même quand ils sont systématiquement étouffés, ne s'est pas fait entendre et les ingénieurs de l'Etat sont sortis indemnes de cette épreuve où dans d'autres pays tant de réputations ont sombré.

On a reproché aux ingénieurs des ponts et chaussées et des mines, toutes sortes de méfaits et une prétendue morgue dérivée de l'esprit de corps et de caste ; on leur a reproché leurs tendances bureaucratiques et leur opposition aux inventions et aux innovations ; l'école libérale, qui longtemps a présenté comme type à reproduire, la fameuse gare de Malines en Belgique, où les voyageurs pour attendre le train, n'avaient d'autre abri que leur parapluie, l'école libérale leur a reproché la perfection de leurs installations, leur recherche du goût, de la solidité, de l'esthétique, et la gare de l'Est, *vulgo* de Strasbourg, à Paris, depuis longtemps trop petite, et qui ne nous apparaît pas comme un monument dispendieux, comme le Parthénon de l'an de grâce 1850, a été signalée par le *National* et ses congénères à la vindicte publique, comme totalisant par sa prestance architecturale, la mégalomanie des ingénieurs, ennemis nés des contribuables.

Quelques esprits justes ont pu trouver au début de cette industrie qu'on y imposait des conditions techniques trop rigoureuses et que l'on faisait des dépenses que l'on aurait pu éviter, telles que les majestueux perrés au moyen desquels on consolidait les tranchées. C'étaient là des appréciations erronées et superficielles : les ingénieurs avaient l'intuition de l'avenir et ils agissaient en conséquence. Plus tard, on a reconnu qu'ils avaient raison et le grandiose de 1850 nous paraîtrait déjà mesquin, s'il n'avait pas ce spécialisme de grandeur cossue, que nous admirons encore dans les œuvres de Vauban, de Bélidor, de Perronnet, où les simples garde-roues ont un on ne sait quoi, qui donne la sensation du beau et appelle l'épithète de royal.

L'exécution de cette œuvre colossale qui se résume aujourd'hui en 53.000 kilomètres de voies ferrées, en chiffres ronds, plus que le tour du monde pris au grand cercle de l'équateur, a pu s'accomplir sans aucun de ces à-coups qui font époque dans les annales de la construction. La plus grande catastrophe qui soit survenue pendant la construction, fut la chute du viaduc de Barentin, sur la ligne de Rouen au Havre. Ce travail, quoique élevé sur territoire français, avait été conçu par un ingénieur anglais célèbre, M. Locke, exécuté par des ouvriers anglais, sous la direction d'un entrepreneur anglais, M. Brassey, et les ingénieurs français n'avaient eu à viser les plans que pour la forme, le Gouvernement ayant prescrit au contrôle des travaux, de s'en rapporter à l'omniscience anglaise. Comme échec autochtone, nous ne voyons guère de considérable que l'écroulement d'un pont sur la Loire sur la ligne du Centre. Or, les principaux travaux d'art ont été implantés à une époque où on ne prévoyait ni les vitesses actuelles, ni le poids des machines, ni celui des trains, dans les conditions où se fait aujourd'hui l'exploitation. Si les ingénieurs, sans se laisser séduire par la considération du bon marché, n'avaient pas maintenu *ne varietur* leurs exigences, il est incontestable qu'il aurait fallu refaire, du plus bas des fondations jusqu'à la plate-forme, tous ces travaux qui résistent aux transformations opérées autour d'eux et qui continuent leur service comme l'aqueduc de Ségovie qui, depuis dix-huit siècles, roule à cette ville l'eau de la rivière de Balsain. Les compagnies de chemins de fer, soit qu'elles ne fussent que locataires, soit qu'elles construisissent à forfait ou pour leur compte, se sont souvent montrées injustes à l'égard des Mentors qui leur tenaient la dragée haute, et qui en cela leur ont rendu service, notamment en ce qui concerne la suppression, autant que faire s'ait pu, des passages à niveau, lesquels, au bénéfice d'une économie misérable dans les dépenses d'établissement, constituent, plus tard, une lourde charge pour l'exploitation et une incommode servitude pour le public.

Non seulement donc les ingénieurs de l'Etat n'ont pas pactisé avec les entrepreneurs, comme cela arrive fréquemment pour les architectes qui sont, après tout, des commerçants, mais, au contraire, on a pu quelquefois, avec raison, reprocher aux représentants du génie civil, de témoigner, dans l'établissement des comptes, d'une partialité manifeste et de s'engager trop facilement dans les labyrinthes de la procédure pour sauver leur responsabilité morale, quand se sont présentés des cas imprévus, des imperfections ou de simples erreurs dans les devis. On ferait une bibliothèque avec les documents des procès qui se sont déroulés devant les conseils de préfecture et devant le conseil d'Etat pour les règlements d'entreprises, car l'Etat, abusant de son pouvoir et donnant une remarquable preuve de dédain pour les tribunaux ordinaires, fait juger par sa justice contentieuse les affaires relatives aux travaux exécutés pour son compte, tandis que ceux qui, parallèlement ou perpendiculairement, sont exécutés pour le compte des compagnies, sont justiciables du tribunal de commerce ou du tribunal civil jugeant commercialement, là où la comédie de justice consulaire n'est pas organisée. Sans aucun doute, il ne faut pas prendre au pied de la lettre ces réclamations, enflées comme savent le faire les entrepreneurs qui rendent des points aux légendaires apothicaires, mais à travers l'ingéniosité chicanière qui découle de tous ces factums, on rencontre fréquemment un fond de justice et d'équité dont la constatation n'est pas à l'honneur des ingénieurs, leurs procédés étant trop souvent empreints de cette mauvaise foi *sui generis* que la voix du peuple a qualifiée de jésuitisme. En Angleterre, l'ingénieur qui, dans beaucoup de cas, est l'associé du *contractor*, est un arbitre souverain du règlement et ce n'est qu'exceptionnellement que les parties en appellent de sa décision. En France, dans la majorité des conflits qui donnent lieu à des débats judiciaires, l'ingénieur pourrait, en se montrant sinon plus juste, tout au moins équitable, éviter la plupart des difficultés, à moins qu'il ne se trouve en présence d'un entrepreneur de procès plutôt que de travaux, qui depuis l'origine a préparé sa trame et qui a tendu tout le long de ses attachements une série de pièges techniques ou administratifs, dans lesquels sont venus s'engouffrer les ordres de service des chefs. Il faut, d'ailleurs, que le mal que nous mettons en évidence soit bien réel, puisque l'Etat perd tant de procès de cette nature, qu'il a fallu même quelquefois obvier par des résolutions gracieuses à l'iniquité des solutions contentieuses.

XXI

Genèse des tarifs

L'origine des tarifs de chemins de fer est purement empirique, en ce qui concerne tant les voyageurs que les marchandises. On les a, par suite d'une erreur, divisés en deux parties, le péage et le transport, dans la pensée que les voies ferrées pourraient être exploitées de façon à ce que les deux choses pussent être séparées, et que des entreprises feraient circuler du matériel à elles, conduit par leurs propres appareils de traction et de locomotion, sur les rails assimilés à des routes de fer. En Angleterre, ce phénomène existe en apparence, certaines mines exploitées par des sociétés puissantes ayant des wagons leur appartenant avec lesquels elles forment des trains spéciaux. Mais, outre que ces entreprises sont des exceptions, elles ont des traités particuliers et, le plus souvent, les *engines* appartiennent à la Compagnie du chemin de fer. En France, le cas ne s'est présenté que pour des trajets faits par une Compagnie sur les rails d'une autre avec lesquels elle embranche ou bifurque. Ce n'était donc pas la peine de conserver cette distinction qui persiste dans les modernes cahiers des charges et qui ne répond plus à rien, car, depuis 1855, le fisc n'en tient pas compte pour la fixation du droit perçu sur les voyageurs et les marchandises. Les premières concessions de chemins de fer (Saint-Etienne à la Loire, Saint-Etienne à Lyon, Andrézieux à Roanne) ne comportaient pas de tarif pour les voyageurs, par la raison bien simple que l'on n'y avait pas prévu le transport des personnes. Il en était de même pour la concession d'Alais à Beaucaire (loi du 29 juin 1833), concession si étrange que plus tard la Compagnie Talabot se crut en droit de refuser de transporter les houilles de la Loire pour la Compagnie du Gaz de Montpellier. Ce fut à la ligne de Saint-Germain (cahier des charges de 1835) que l'on stipula pour la première fois un tarif kilométrique de voyageurs comportant deux classes : la première à 0.05 et la seconde à 0.025, ce qui représentait une diminution de 30 0/0 sur le prix des places perçu de Paris à Saint-Germain par les entreprises régulières de voitures publiques. Les marchandises étaient tarifées à 0.16, 0.14 et 0.12, suivant la classe, prix restés classiques comme maximum. Lors de la concession des deux chemins de Paris à Versailles, — rive droite et rive gauche, — on s'avisa de faire porter l'adjudication sur le maximum du prix des places, de Paris à Versailles, fixé à 1 fr. 80, la seule chose qui fut mobile, puisque la durée de la concession était fixe et que le Gouvernement n'accordait aucune subvention. Chacune de ces concessions composant un tout distinct, sans rien de commun que le jour de l'adjudication, les propositions étaient indépendantes les unes des autres et les lignes furent adjugées à M. de Rothschild, au prix maximum de 0.98, de Paris à Versailles (rive droite), sans stipulation d'aucun genre pour les distances intermédiaires, et à M. Fould au maximum de 1 fr. 72 pour Paris à Versailles (rive gauche). Il y avait eu pour la rive droite trois propositions à 1 fr. 73, 1 fr. 39 et 1 fr. 33, et une seconde pour la rive gauche, à 1 fr. 76. Mais quand, en 1838 partiellement et en 1839 pour la totalité, il s'agit de livrer la rive droite à l'exploitation, le Gouvernement qui avait violé le contrat d'adjudication en prêtant la somme de cinq millions à fonds perdus, à la Compagnie de la rive gauche, essaya de calmer les justes récriminations de la Compagnie de la rive droite en annulant, en ce qui la concernait, les effets de l'adjudication au moyen de l'autorisation de relever son tarif de 0.98 par voyageur à 1 fr. 72, impôt non compris. C'était, à proprement parler, faire d'une pierre deux coups, car, sous prétexte d'indemniser la Compagnie de la rive droite, on libérait celle de la rive gauche d'une concurrence qu'elle n'aurait pas pu supporter à un tarif qui comportait 74 centimes d'écart. Tout en acceptant cette expiation, M. Emile Pereire ne se cachait pas les avantages du bon marché, et ce fut le Gouvernement qui, dans l'intérêt de la rive gauche, s'opposa à des rabais qu'il voulait faire sur les distances intermédiaires et sur le parcours entier au moyen de combinaisons de départ et de retour qui furent, vingt-cinq ans plus tard, mises en pratique en Angleterre, et vingt années après en France, sous le nom de *trains ouvriers*. Le directeur de la Compagnie de la rive droite résista énergiquement à cette prétention illégale, mais, en présence du refus de l'administration supérieure de lui laisser ouvrir la ligne, il dut céder à cette pression arbitraire et consentir à appliquer un tarif égal à celui de la rive gauche. Il y avait, dans cette société si mal administrée, beaucoup d'hommes politiques et de commensaux du Château (1), et le ministre voulait leur donner satisfaction. Ce détail montre que l'administration française n'a pas le souci du respect des contrats, quand elle est intéressée à les transgresser. En ce qui concerne les chemins de fer, on ferait un volumineux ana des actes despotiques des départements ministériels qui y ont touché d'une façon quelconque : travaux publics, finances, guerre et marine. Il ne faut pas s'étonner de ces passe-droits dans un pays qui se glorifie de ses révolutions, lesquelles, de la première à la dernière, sont la négation du droit.

Ce fut quand on aborda des concessions plus étendues, après l'exemple de Saint-Germain, qui avait démontré la possibilité du trafic des localités intermédiaires, que l'on appliqua rigoureusement aux voyageurs le tarif kilométrique déjà en usage pour les marchandises sur les lignes de la Loire. Les concessions d'Orléans et de Rouen (1839-1840) ne comportaient que deux classes à 0.075 et 0.05. Ce fut la loi de 1842 qui créa les trois classes. Les messageries avaient quatre natures de places, en trois classes : le coupé, première classe; l'intérieur, seconde classe; la rotonde ou panier à salade et le cabriolet ou impériale, troisième classe. Dans les diligences, les tarifs n'étaient pas rigoureusement kilométriques, mais en les considérant pour les longues distances, ils étaient, en première classe, de 0.14, en seconde de 0.12, et en troisième de 0.09. Il y avait des époques de chômage où on pouvait, en marchandant, obtenir des places au-dessous de ce tarif. Sur toutes les grandes lignes, on trouvait fonctionnant parallèlement les messageries royales et les messageries Laffitte et Caillard auxquelles surgissaient des concurrences plus ou moins durables qui déterminaient un abaissement momentané des prix.

Les prix de la poste étaient de 0.20 par kilomètre et par cheval attelé, et 0.20 par voiture si le maître de poste en fournissait une, avec 0.20 de *guides* par postillon : toutefois on ne donnait jamais moins de 0.25 et on y ajoutait toujours un pourboire. Mais, en dehors des chevaux attelés, on payait un petit cheval, non attelé, au prix de 15 centimes pour chaque voyageur excédant le nombre de ceux que comportait la voiture ou le nombre de chevaux attelés. Deux chevaux attelés comportaient trois voyageurs; trois, cinq, et quatre, six. Le voyage revenait, en moyenne, à 0.20 par voyageur et par kilomètre, et à 0.30 si l'on considère que l'on ne pourrait pas voyager sans domestique, apte à vaquer aux divers soins nécessaires pour la vigilance de l'attelage et l'entretien de la voiture. Dans les malles-poste, il n'y avait que trois ou deux places suivant les lignes, et le prix était tarifé à 0.75 par myriamètre, soit 0.075 par kilomètre. Mais, outre que cette façon de voyager était très pénible, on n'était jamais certain d'avoir des places, même en les retenant à l'avance, attendu qu'elles étaient réservées aux préfets, sous-préfets, procureurs généraux, présidents de cour, fonctionnaires de la sûreté, des postes et des télégraphes, inspecteurs des finances, généraux et officiers supérieurs de l'armée ou de la marine exerçant un commandement, ambassadeurs, secrétaires et courriers d'ambassade.

Incontestablement toutes les classes de la société bénéficièrent de l'établissement des chemins de fer; mais ce furent les gens les plus riches, voyageant à quatre chevaux avec deux postillons et un courrier, qui en retirèrent le plus grand profit, car d'une dépense de 0.50 par kilomètre et par tête de maître, ils tombèrent, en première classe, à 0.10 par tête, 0.14 en

---

(1) Le Château était l'appellation usuelle du Palais des Tuileries.

y comprenant, pour quatre personnes, le voyage de deux domestiques en seconde. Tant que les lignes de chemins de fer ne formèrent pas de trajets complets, les personnes qui voyageaient en poste faisaient charger leurs voitures sur des trucks sur lesquels on les assujettissait avec des courroies et souvent y faisaient le trajet, quoique l'on y fût beaucoup plus exposé que dans les wagons et, en tout cas, horriblement ballotté. On payait pour la voiture, une calèche fermée, dite voiture à deux fonds, 0.75 par kilomètre et une place de troisième par voyageur restant dans la voiture. Si on préférait faire le voyage en wagon, on prenait la valeur du billet de troisième en déduction de celui de première. Telle était l'horreur aristocratique que l'on ressentait alors pour toute sorte de promiscuité, dans les classes élevées ou plutôt riches, que pour ne pas être confondu avec le public, on restait en voiture, et on préférait y manger que de s'asseoir dans les buffets à une table d'hôte. C'est ainsi que le duc de Fitz-James, qui cependant n'avait pas une fortune colossale, avait son wagon remisé à la gare d'Orléans. Nous ne connaissons, en France, d'autre exemple de ce particularisme que celui du baron Hirsch, qui était bien excusable de se payer ce luxe royal ou présidentiel et qui cependant ne tarda pas à y renoncer, car son wagon, bien déchu de sa splendeur et vendu de son vivant, fait les délices des tributaires de la Compagnie du Médoc.

XXII

Les tarifs actuels

Ce fut le cahier des charges rédigé pour l'application de la loi de 1842, c'est-à-dire pour la concession temporaire des lignes construites par l'Etat, qui fonda les tarifs français de 0.10, — 0.075 — et 0.055 respectivement pour les voyageurs, tarifs qui ont été adoptés par la plus grande partie des Etats européens. Ce sont ceux qui sont restés en vigueur en France, aggravés de 25 0/0 d'impôt, qui ont traversé les réformes de 1850, 1854, 1859, 1863 et 1883, et qui n'ont été révisés qu'en 1893 par les soins de M. Yves Guyot, le seul ministre des travaux publics dont il y ait lieu de conserver la mémoire, les autres n'ayant été que des automates entre les mains des ingénieurs qui n'ont jamais payé leurs places au guichet, comme de simples mortels.

Les tarifs de marchandises imposés à la ligne de Paris à Saint Germain étaient de 0.16, — 0.14, — 0.12 suivant les classes. Ce sont encore ces tarifs qui ont servi de type. On y ajouta, en 1846, un tarif de 0.10 pour les houilles et les minerais. Enfin, avec le temps, quand on se rendit bien compte de l'exploitation des chemins de fer, de son prix de revient, de son mécanisme et de ses effets, on descendit à 0.04 et, dans certains cas, à 0.02. Aujourd'hui, du reste, les tarifs des chemins de fer ont perdu leur caractère de tarifs de transport rationnels et raisonnés. On en a fait des instruments de règne ou plutôt d'élection. A l'origine, on ne s'était préoccupé que d'empêcher les concessionnaires de faire des traités particuliers, de peur qu'ils ne se servissent de ce moyen pour organiser à leur profit le monopole de certains articles. Cette préoccupation bien vaine s'est retrouvée dans beaucoup de pays. Il semble que le souvenir des anciens monopoles ait laissé des impressions si cuisantes que l'on en redoutait l'ombre. Il est certain que les chemins de fer, en concédant à des négociants ou à des spéculateurs des tarifs distincts, auraient pu favoriser les uns ou les autres, mais cette faveur n'eût porté de préjudice qu'à l'entreprise elle-même : le public n'en aurait pas souffert. Il n'y a que quelques articles de peu de valeur, comme le charbon de terre, dont le prix de vente à la consommation aurait pu être affecté par cette particularité. Du reste, cette prohibition d'avoir des clients plus ou moins favorisés, n'a eu pour résultat que de faire inventer le principe de la détaxe, c'est-à-dire le remboursement d'une défalcation pour un tonnage déterminé, atteint dans un délai fixé. La loi est respectée, mais elle est tournée, car tout le monde ne peut pas fournir au chemin de fer la même somme de trafic.

Une autre question batailleuse fut celle des camionneurs et des commissionnaires de roulage Les camionneurs prirent une grande importance, car les chemins de fer ne pénétraient pas toujours dans l'intérieur des villes et, en tout cas, ne pouvaient desservir ni les magasins ni les usines sans transbordement, — sauf le cas exceptionnel où les établissements sont reliés aux gares par des tronçons de voies, — le charriage de la gare à domicile constituant un service tacitement resté libre, attendu qu'il ne faisait pas partie de la concession et que le privilège est de droit étroit. Les expéditeurs et expéditionnaires demeurèrent donc aptes à employer soit le camionnage de la compagnie, exercée pour celle-ci par un entrepreneur, soit tous autres camionneurs, soit leurs propres voitures.

Quant aux commissionnaires de roulage, ils se trouvèrent vis-à-vis des compagnies dans une situation dont on tenta, par des mesures conciliantes d'atténuer les inconvénients, mais d'une façon transitoire, de sorte que cette industrie, désormais sans raison d'être, a fini par disparaître presque complètement. Il y avait beaucoup de maisons qui s'adonnaient à cette spécialité, les unes avec très peu de ressources, les autres avec de gros capitaux, faisant crédit à l'industrie et au commerce et accordant même des avances au moyen de l'expédition en remboursement qui dispensait de l'acte régulier de nantissement. En général, les commissionnaires de roulage n'avaient pas de voitures, et traitaient avec des rouliers propriétaires de leurs chevaux et de leurs charrettes toujours à deux roues, dont les bâches portaient l'indication de la raison sociale qui mettait leurs services à profit. Les commissionnaires faisaient à leurs clients habituels des prix constants et traitaient avec les rouliers suivant la saison et suivant la rareté ou l'abondance des transports et des transporteurs. Du moment où sur une ligne, un chemin de fer était ouvert, c'en était fait du commissionnaire. Cependant quelques-uns essayèrent de résister soit en faisant concurrence aux compagnies de chemins de fer par la faculté de modifier leur prix et au moyen de l'économie du double camionnage au départ et à l'arrivée, dont le coût à Paris représentait le prix d'un transport à 50 kilomètres. D'autres se mirent d'accord avec les chemins de fer, dont ils tinrent les bureaux de ville. Ce furent avec les maîtres de poste les seules victimes du déplacement causé dans les habitudes par la nouvelle industrie.

Avant de clore ces généralités sur les tarifs, il y a lieu d'observer que, seule, la Compagnie des mines d'Anzin qui, il est vrai, traitait de puissance à puissance avec le Gouvernement, se préoccupa de ce qui arriverait en matière de tarifs à l'expiration de la concession temporaire, pour 99 ans, des chemins de fer de Saint-Waast et d'Abscon à Denain. Il est, en effet, dit dans le contrat synallagmatique qui intervint entre cette grande société et l'Etat, que les tarifs à appliquer à l'expiration de la concession ne devront pas dépasser le montant des frais d'exploitation, entretien, traction et administration. Cette prévision rend le rachat illusoire, en ce qui concerne ces deux chemins (18 kilomètres). Il y avait alors deux courants bien distincts d'opinions : les uns voulaient qu'une fois les contrats de bail ou de concession expirés, les chemins de fer fussent exploités au prix de revient de l'entretien, de la traction et de l'administration, sans se douter que ces voies auraient toujours ouvert le compte de frais d'établissement qui est aussi celui de leurs progrès et de leur perfectionnement et que, par conséquent, il leur faudrait toujours subvenir aux intérêts et à l'amortissement du capital, à peine d'en faire un *Tonneau des Danaïdes*, dont la voracité insatiable, alimentée par les contribuables, donnerait une saveur inique et léonine au bon marché des transports. D'autres espéraient que lorsque les chemins de fer auraient fait retour à l'Etat, celui-ci les exploiterait au point de vue fiscal, comme tous les monopoles, de sorte que les transports deviendraient le principal de nos impôts, dont le centime vaut, dès à présent, 15 millions, chiffre qui n'est atteint par aucune autre contribution. C'est cette théorie qui prévaudra certainement, avec le coefficient de la première, soit à l'échéance des concessions, soit au lendemain du rachat, auquel cas la France supportera le monopole des transports, œuvre de malédiction sociale comme le monopole de la poste, du tabac, des allumettes et de la poudre, augmenté du service du capital qu'il faudra consacrer annuellement à la réfection, à la transformation et à l'amélioration du réseau.

XXIII

Les tracés de chemins de fer

Si les chemins de fer ont été pour les esprits clairvoyants l'occasion de se manifester dans toutes les branches supérieures des connaissances humaines, ils ont offert aussi aux esprits prud'hommesques et mesquins un terrain favorable pour faire montre de leur myopie. Les misérables questions de tracés, réduites quelquefois aux détails les plus infimes, ont donné lieu aux polémiques les plus violentes en même temps que les plus saugrenues. Les conseils généraux, les conseils municipaux et les particuliers ont rivalisé de sottise et d'égoïsme. Jamais l'intérêt personnel, le vil intérêt consistant à tâcher de se faire exproprier, n'a plus effrontément tenté de s'abriter sous les dehors de l'intérêt général. A Paris comme en province, on rencontrait les mêmes passions, agissant dans la capitale avec plus d'intensité, parce que comme les chiffres en jeu étaient plus gros, les moyens mis en réquisition étaient plus retentissants. Dès que l'administration pour esquiver les responsabilités, dans le choix des directions, eût appliqué aux chemins de fer la formalité de l'enquête, les intéressés et tous ceux qui prétendaient l'être, remplirent les dossiers de leurs *dires* et de leurs protestations ou réclamations. Les dossiers formés au moyen de ces divagations étaient volumineux, et c'est peut-être la raison pour laquelle on ne les imprimait pas. C'est, du reste, un fatras oiseux mais bien caractéristique. On n'a jamais tant parlé qu'on l'a fait à cette époque où les journaux étaient beaucoup moins grands qu'aujourd'hui et où il y avait un grand nombre de désœuvrés ; l'oisiveté étant le complément de *l'aurea mediocritas*, l'enquête était un passe-temps et un exercice oratoire. Les préfets désignaient, pour présider ces parlotes, des personnages départementaux bien posés, et quoique les observations faites restassent sans sanction, chacun aimait à consigner son opinion et à se donner le genre d'avoir jeté quelque chose dans la balance où se pesait le futur chemin de fer. Le tracé de la ligne, l'emplacement des gares, — appellation empruntée à la marine des canaux, — que l'on désignait aussi sous le nom d'*embarcadère* ou de *débarcadère*, suivant que l'on se préoccupait du départ ou de l'arrivée, tous les détails de l'installation étaient passés par cette critique de bas étage, mais la vérité est que les ingénieurs n'en faisaient aucun cas et qu'ils ne tenaient compte que de leurs propres inspirations ou des convenances techniques de l'avant-projet.

On doit d'ailleurs reconnaître que les ingénieurs des ponts et chaussées, qui projetèrent sur le pays le plan rationnel de nos chemins de fer d'intérêt général, ont eu la main heureuse. On ne trouverait nulle part un réseau mieux conçu, étant donné le problème à résoudre à cette époque, problème qui excluait les lignes directes et impliquait l'emploi de lignes brisées, suivant à peu près les directions données par les routes royales et desservant le plus de points possibles, avec la moindre dépense possible. A cette époque, quand la poste ne parcourait en moyenne que 12 kilomètres à l'heure, la vitesse de 30 kilomètres que l'on réalisa immédiatement et qui ne tarda pas à être portée à 60 kilomètres dès 1853, avec les machines Crampton à grandes roues motrices, quelques myriamètres de plus à faire n'étaient pas un inconvénient qui pût l'emporter sur l'avantage de toucher, pour le même prix d'établissement, à une localité importante de plus. Au surplus, tous ces tracés de circonstance furent déterminés de façon à ce qu'il fût possible de les rectifier ou de les raccorder, dans le but d'obtenir plus tard des lignes directes, quand l'importance du trafic permettrait de multiplier les voies sans affaiblir le quotient du tonnage.

XXIV

Les voyages avant les chemins de fer

Lorsque les chemins de fer commencèrent leur brillante carrière, il y avait, en France, un bon système de routes et de chemins de grande communication ; toutes les voies de première classe et bon nombre d'autres transversales étaient desservies par des relais de poste espacés à une distance moyenne de 12 kilomètres, relais où on trouvait des chevaux, des cabriolets et des postillons. On pouvait voyager soit dans sa voiture, soit à cheval, à franc-étrier, suivant l'expression consacrée, soit dans le cabriolet que le maître de poste était tenu de mettre à la disposition des voyageurs. Les postillons conduisaient à cheval ou du siège de la voiture. La vitesse en marche était de 12 kilomètres à l'heure, mais quoique les chevaux fussent tout harnachés dans les écuries et que le relayage se fît assez vite, il fallait tabler sur une station de dix minutes en moyenne par relai. La vitesse réelle était ainsi réduite à 10 kilomètres à l'heure, à moins que l'on ne se fît précéder d'un courrier à cheval qui commandait les chevaux. En ce cas, la perte de temps n'était guère que d'une minute et on faisait couramment, en tenant compte des incidents de la route, 12 kilomètres le jour et 10 la nuit. Les malles-poste qui étaient des véhicules montés sur des roues d'un grand diamètre, étaient attelées de quatre chevaux et conduites en siège, avec une vitesse qui variait suivant les lignes, de 15 à 17 kilomètres à l'heure. Le relayage se faisait en 30 secondes. Quand on voyageait à franc-étrier, on perdait un certain temps à choisir un cheval dans l'écurie et à le faire seller, car on avait soin, dans ce cas, de se munir de sa selle. On avait le droit de mettre le cheval au galop, mais c'était un bien petit galop et c'est à peine si on arrivait à 10 kilomètres effectifs. On était accompagné par un postillon, de sorte que ce mode de transport, très fatigant et très exposé, revenait à 65 centimes par kilomètre, sans compter les pourboires que l'on ne pouvait manquer de donner au postillon et aux garçons d'écurie. Les diligences faisaient, temps d'arrêt compris pour déjeuner et dîner, 240 kilomètres par jour, au moyen de relayeurs particuliers espacés comme les relais de poste, ou simplement de chevaux de poste. Dans le premier cas, ces entreprises payaient aux maîtres de poste ce que l'on appelait le droit de poste, redevance due par tout loueur de voiture passant devant une poste et qui pour des localités comme Saint-Denis, par exemple, représentait une recette de 80.000 francs par an, venant en atténuation des frais énormes que supportaient les maîtres de poste.

En dehors de ces moyens généraux de locomotion et sauf pour la courte distance que l'on franchissait à cheval ou en voiture particulière, on voyageait à pied : c'était la façon pour les ouvriers de faire leur tour de France et c'était celle à laquelle devaient s'astreindre tous ceux qui aujourd'hui prennent des places de troisième classe. Les piétons ne faisaient guère que 30 kilomètres, en moyenne, avec maximum de 40 kilomètres. Aussi on voyait partout des auberges avec cette enseigne : ici on loge à pied et à cheval. C'était sur les routes une véritable procession de voyageurs portant chacun à la main ou au bout de leur bâton couché sur l'épaule, leur petit bagage ou le populaire *saint-frusquin*. Les soldats n'avaient pas d'autre manière de se mouvoir et quand on licenciait, à Mézières, un Béarnais qui rentrait dans ses foyers, celui-ci en avait pour près d'un mois avant de revoir la maison paternelle où on l'attendait avec impatience. C'est à cet état de choses si pénible pour les gens dont les ressources étaient bornées, que succédèrent les chemins de fer qui donnèrent plus de commodités aux riches, car un wagon de première classe est plus confortable que la meilleure calèche, mais qui furent pour les pauvres une véritable accession au bien-être. Le caractère des inventions modernes est socialiste dans toute l'acception du mot, en opposition avec le caractère individualiste qui prédominait autrefois. Ainsi, quand on étudie la vie de ménage au xviiie siècle, on voit que les riches pouvaient s'assurer toutes les recherches du luxe qui nous charment aujourd'hui, mais que ces préciosités étaient l'apanage de quelques-uns, tandis que de notre temps on peut se les procurer à tant par tête : la voiture dans laquelle voyageait paresseusement le maréchal de Richelieu était pourvue de tous les accessoires que l'on peut rencontrer dans un wagon-salon, mais pour se payer un tel luxe, il fallait avoir pillé le Hanovre, ce qui n'était pas à la portée de tout le monde, tandis qu'en l'an de grâce 1902, il suffit de quelques francs dans la poche pour jouer au grand seigneur. *Et sic de cæteris*. Ajoutons que la vieille locution : il est venu à Paris en sabots, c'est-à-dire à pied, s'appliquait à tous ceux qui venaient à Paris chercher du travail. Seuls ceux qui descendaient de la Haute-Seine, pouvaient se passer le coche d'eau ou bateau, fonctionnant en vertu d'un tarif régulier, très réduit et soumis comme les coches de terre ou messageries, à toute une réglementation.

XXV

Les passeports

Le droit d'aller et de venir qui nous paraît inhérent à la nature humaine, a été longtemps très limité. Les seigneurs, qui considéraient les hommes nés sur leur seigneurie, comme attachés à la glèbe, ne les laissaient pas partir facilement et les gardaient même soigneusement comme faisant partie de leurs troupeaux.

De là, une série de restrictions apportées au droit de se mouvoir qui, à la suite des transformations subies par la société, dans sa constitution et dans sa manière d'être, avaient abouti à un régime tracassier que la niaiserie administrative avait fini par rendre grotesque. On ne pouvait faire un pas, aller de Paris à Orléans, sans en aviser l'autorité compétente, le préfet de police à Paris, le préfet ou le sous-préfet dans les autres villes et le maire là où le ministre de l'intérieur, grand policier de France, n'avait pas de représentant hiérarchique. Les gendarmes que l'on rencontrait sur toutes les routes, ne manquaient pas d'exiger l'exhibition de ce document valable pour un an, dont le coût initial était de deux francs. Les maîtres de poste ne pouvaient donner de chevaux aux voyageurs que sur la présentation de cette passe. Il arrivait même souvent que la maréchaussée arrêtait les voitures sur la route pour se faire exhiber le passeport. Cette sujétion ridicule était si bien considérée comme une vexation, que quelquefois les gendarmes abordaient leur victime, en la saluant de son nom, connaissance qui, en bonne logique, eut dû exempter d'une formalité, dont le but était l'identification de la personne. Si la direction de la Sûreté générale était capable d'entrouvrir ses archives, on pourrait y suivre la marche de la suppression de cette entrave à la liberté la plus précieuse, qui n'alla pas toute seule,

Car l'avare Achéron ne lâche point sa proie.

La même opposition que Louis XVI trouva de la part des magistrats, juges au criminel, quand il s'agit de supprimer la question et la torture, se fit jour de la part des commissaires de police, et autres suppôts de justice, et surtout de la part des gendarmes, lorsque M. Duchatel, alors ministre de l'intérieur, communiqua à ses subordonnés les ordres à l'effet de mitiger la formalité des passeports, dont il n'est resté que la présence des gendarmes dans les gares pour voir passer les trains, exception faite du département de la Seine, où on se contente de les employer à surveiller les bourgeois qui vont à l'Opéra. Les procureurs généraux et les préfets réclamèrent énergiquement contre ce laisser aller et déclarèrent à l'envi que désormais il serait impossible d'arrêter le moindre criminel. M. Martin (du Nord) qui était à la justice, où son collègue de l'intérieur le faisait surveiller à un autre point de vue, tonna lui aussi contre cette prétérition des anciens règlements qui élevaient un mur entre Paris et Fontainebleau. M. Duchatel tint bon, moins peut-être par considération pour la liberté des voyages, que parce qu'il aurait fallu des crédits considérables pour organiser la surveillance. Deux gendarmes pouvaient bien interviever les 18 voyageurs d'une diligence, mais de par la loi des grands nombres, ils ne pouvaient rien avec les 500 voyageurs qui ruisselaient des alvéoles d'un train.

La loi dut céder à l'impossibilité de l'appliquer, et il en serait ainsi de toutes les lois restrictives, si ceux contre lesquels elles sont portées, étaient légion, au lieu de n'être qu'une poignée de criminels ou de délinquants. Quoiqu'il en soit, dès 1842, on n'exigea plus de passeport à l'intérieur, mais on continua à en exiger de tous ceux qui franchissaient la frontière, soit pour entrer, soit pour sortir. Ce ne fut qu'en 1855 que l'on commença à se relâcher de cette prescription rigoureuse, tout au moins en ce qui concerne les hommes, car les femmes n'y étaient point astreintes. Là encore, on dut céder à l'impossibilité de dépêcher tous les voyageurs d'un train en quelques minutes. On sait qu'après la Commune, le gouvernement français remit en honneur cette inquisition policière, destinée à lutiner des communards qui n'avaient qu'à passer la frontière à quelques mètres de la gare, pour être exempts de tout contrôle.

C'est bien aux chemins de fer que l'on doit cet avantage et cette économie de temps et d'argent, avec la faculté de se mouvoir à volonté, ce qui était impossible autrefois, attendu que quand bien même on fût déjà muni d'un passeport, il fallait y penser la veille pour obtenir les visa nécessaires, dont l'apposition devait se payer grassement, si l'on voulait éviter d'être soumis au fonctionnement du numéro d'ordre.

<h2 style="text-align:center">XXVI</h2>

L'Eglise et les chemins de fer

Il serait absurde de dire que l'église catholique vit avec hostilité et répugnance, l'industrie des chemins de fer se substituer aux moyens de communication qui, si l'on excepte l'empierrement des routes, étaient restés sensiblement les mêmes qu'au temps où sans diligence et sans bateau à vapeur, le christianisme avait fait une emprise plus grande sur la terre qu'il n'a pu en faire dans ce siècle, où tous les moyens imaginables de propagande ont été mis à sa disposition et où l'infériorité des populations demeurées en dehors de la civilisation actuelle, semblait rendre plus facile la tâche des missionnaires. Il y a dans le clergé tant de couches superposées et dans ces mêmes couches, il y a tant de diversité que l'on ne doit jamais dire : l'Eglise est de telle ou de telle opinion. Il y eut parmi les curés de campagne de ces hommes grossiers chez lesquels les préjugés populaires se prélassent dans les conceptions superstitieuses les plus ineptes, encore ennemis doctrinaires de l'imprimerie et par instinct de la vapeur, dont la puissance tend à libérer l'homme du souci biblique de gagner son pain à la sueur de son front, et plus spécialement des chemins de fer qui introduisaient dans les campagnes des ouvriers hétérodoxes et qui, en rapprochant les distances, allaient permettre aux jeunes ruraux de se déniaiser dans les villes, non pas au point de vue cher à Lafontaine, — car à la campagne où naissent les idylles, on sait mieux que nulle part ailleurs comment l'esprit vient aux filles, — mais au point de vue politique et religieux.

Le haut clergé qui voit de haut et de loin, ne montra aucun éloignement pour ce perfectionnement social, et il y chercha, au contraire, une occasion de glorifier le Seigneur : *locomotivæ enarrant gloriam Dei*, aurait-il dit volontiers en basse latinité. Lorsque M. Emile Pereire projeta d'établir la gare de Saint-Germain à la place de la Madeleine, ce ne fut pas le curé qui y fit opposition, de peur de troubler les chants liturgiques par le son discordant des machines, attendu qu'en 1836, la Madeleine n'était pas encore ouverte au culte. L'architecte à lui seul eut cette bizarre conception à laquelle il s'empressa de renoncer d'ailleurs par une lettre rendue publique, quand il fut au courant des plans de la station et de la façon silencieuse dont les chaudières fonctionneraient. Il y eut bien aussi le curé de *Notre-Dame* à Versailles qui, à propos du choix de l'emplacement de la gare de la rive droite, émit une foule d'observations absolument déraisonnables à propos du voisinage du Collège et de l'Hôpital. Ce ne fut qu'un incident fâcheux pour ce curé, élevé à l'épiscopat.

L'inauguration des lignes de la Loire se fit par morceaux et sans aucune solennité. Les inaugurations de Saint-Germain et de Versailles ne furent que des promenades civiles et laïques dans lesquelles on fit aux représentants de la famille royale les honneurs des installations nouvelles. Mais pour les inaugurations d'Orléans et de Rouen (1843), où le clergé dut figurer, on fit la cérémonie de la bénédiction des locomotives pour laquelle on inventa un rituel spécial. Dans un toast célèbre, prononcé à Toulouse, par M. Emile Pereire, lors de la jonction des deux sections de la ligne du Midi qui faisaient communiquer l'Océan et la Méditerranée, le président de la Compagnie des chemins de fer du Midi, rappelait en ces termes cette pratique religieuse : « Il manquerait quelque chose à l'expression de ma pensée, si je ne remerciais les éminents prélats qui ont béni le chemin de fer et ses locomotives, auxquelles doivent être confiées la richesse et la vie de tant de personnes. » On trouverait peut-être difficilement, tout en cherchant bien, dans les évangiles et dans les actes des apôtres, voire même dans les épîtres de Saint-Paul, la genèse de ces pompes païennes dans lesquelles on fait intervenir Dieu à propos de tout. En ce qui concerne les chemins de fer, on improvisa des formules d'autant plus indifférentes que rédigées en langue latine et anonnées par des voix plus ou moins chevrotantes, personne n'en a jamais compris un mot. Mais on fit ainsi sa part au sentiment religieux auquel l'homme n'a pas encore su se soustraire, car il faut bien reconnaître que ceux qui, il y a cent ans passés, ont sonné l'hallali des religions et ont prétendu étrangler le dernier des prêtres avec le boyau du dernier des rois, ont prophétisé à faux. En Espagne, on a eu moins recours aux bénédictions, parce que le clergé exigeait des honoraires assez élevés. Mais il s'est trouvé un directeur pieux, M. Planas, directeur des chemins de fer de Barcelone à Tarragone et à la frontière de France qui, à la station frontière de Port-Bouc, a construit une chapelle où un prêtre payé par la Compagnie, disait la messe le dimanche afin que les voyageurs ne fussent pas privés de la manne céleste. C'est une fondation que la Compagnie franco-espagnole, dite de Madrid à Saragosse et à Alicante, héritière de M. Planas, n'aura peut-être pas conservée. Du reste, les prières ne sont pas plus extraordinaires dans ces circonstances, que les discours dont il est fait un usage immodéré : les uns et les autres pourraient être supprimés sans inconvénient. Le banquet lui-même qui est fréquemment en opposition avec toutes les règles de l'esthétique culinaire et dont le plus pantagruélique fut donné en 1846 à Lille, pour l'inauguration du chemin de fer du Nord le banquet, ajoutons-nous, serait avantageusement remplacé par des aumônes que l'on oublie généralement, contrairement au vieil usage français de prélever toujours la part des pauvres en se mettant à table.

XXVII

La médecine et les chemins de fer

La médecine est certainement au fond une science exacte, mais elle en est encore aux conjectures. De là, probablement, les allures despotiques des médecins, et l'incohérence finale de leurs pronostics et de leur thérapeutique.

Ces savants qui le sont généralement trop, substituent volontiers à l'observation qui fait la force des rebouteurs, des opinions scientifiques préconçues, dans lesquelles ce qui doit être, prend la place de ce qui est ; ils sont ainsi conduits à systématiser et ils arrivent à des conclusions comme celle-ci que j'ai lue dans les comptes rendus des séances de l'Académie de médecine, sous une forme plus ou moins nette, à savoir que l'origine équine du tétanos peut se prouver par ce fait que celui qui est atteint de ce mal, prenait quelquefois l'omnibus, lequel est traîné par des chevaux. Chaque fois qu'un fait nouveau se produit, les médecins s'en emparent et le considérant à un point de vue étroit, dans lequel tout est rapporté à l'art de décrire les maladies, ils y trouvent immédiatement un sens sanitaire ou plutôt antisanitaire : il ne saurait en être autrement et cette prévoyance suspicace est très honorable et essentiellement professionnelle. Mais avant qu'un spécialiste découvrit les maladies particulières auxquelles sont sujets les employés des chemins de fer, même ceux des bureaux et les voyageurs qui prennent les trains fréquemment, d'autres médecins, simplement soupçonneux, avaient énuméré tous les maux physiques qui allaient sortir de cette boîte à fumée, véritable boîte de Pandore, au fond de laquelle il ne resterait que la carte à payer pour les actionnaires en guise d'Espérance.

La rapidité de la locomotion devait par la translation instantanée d'un climat à un autre, produire sur les voies respiratoires un effet mortel, en même temps que le brusque changement de nourriture, le passage de l'emploi du beurre, comme condiment, à celui de la graisse ou de l'huile, ferait naître des états dyspepsiques ou dysentériques qui exigeraient un prompt rapatriement. Le mouvement de trépidation devait générer des maladies nerveuses, telles que la danse de Saint-Guy, des affections hystériques, et des symptômes épileptiques, tandis que la fugace succession des images déterminerait instantanément des inflammations de la rétine. La poussière et la fumée occasionneraient des bronchites et des adhérences de la plèvre. Si le voyageur s'endormait en route, il serait exposé à se réveiller en sursaut, et s'il ne s'endormait pas, il ne pourrait pas récupérer les forces que la fatigue lui fait perdre, ni digérer avec calme. Il était également impossible que, sur tant de personnes réunies, il n'y en eut pas de prises de besoins naturels, impossibles à satisfaire, de sorte que les organes d'expulsion, devenus de conservation, subiraient une tension anormale douloureuse et périlleuse. Cette dernière observation était vraie et cependant il fallut attendre jusqu'en 1860 pour que l'on s'avisât que l'on pourrait sans inconvénient introduire dans les trains des cabines de nécessité, à échappement libre, les bons oiseaux du ciel se chargeant de nettoyer la voie des matières, granulées et séchées par le courant qui les pulvérise, lorsqu'elles font leur descente. Il y eut même des augures plus perspicaces encore qui prétendirent que l'anxiété causée par la crainte de manquer le train et les mouvements pressés que l'on ferait pour se hâter, produiraient des congestions, susciteraient des transpirations abondantes et aboutiraient à des refroidissements et à des pleurésies. Enfin, l'anxiété du péril constamment couru, tiendrait les voyageurs dans une perpétuelle alerte, et serait, à un certain degré d'intensité, le prodrome d'affections cérébrales. Les gynécologues qui alors s'intitulaient simplement accoucheurs, déclaraient que pour une femme enceinte, tout voyage en chemin de fer aurait infailliblement pour corollaire une fausse couche avec toutes ses conséquences puerpérales et ils ajoutaient que celles qui ne seraient pas encore en état de grossesse déclarée, devraient renoncer à tout espoir de maternité, si elles montaient en wagon, de sorte que cette invention aurait un caractère malthusien très prononcé. Ceci était pour les chemins de fer courant sur le sol, en plein air et en pleine lumière : les tunnels avaient leur chapitre à part. Quelques prophètes de mauvais augure allaient même jusqu'à prédire que ces voies souterraines ne pourraient pas fonctionner, attendu qu'on y étoufferait et que si on essayait de la ventilation, les courants d'air seraient irrésistibles et faucheraient les voyageurs dans les wagons, les mécaniciens sur leurs tenders et les garde-freins dans leurs guérites.

Les employés devaient courir comme de juste, les mêmes dangers que les voyageurs, avec cette aggravation que les causes étant répétées, réitérées, persistantes, permanentes même, leurs effets enfanteraient des dégénérescences morbides spéciales, d'une telle transcendance que ces employés seraient fréquemment à l'hôpital et n'auraient qu'une existence très abrégée. Le bruit que l'on fit autour de ces hypothèses terrifiantes, fut tel que l'on dut organiser une enquête pour savoir ce qui en était, enquête qui ne fournit aucune donnée positive et de laquelle on peut inférer que, sauf les infirmités qui peuvent atteindre plus spécialement ceux dont la profession exige la présence au grand air par tous les temps et à toutes les heures du jour et de la nuit, les employés de chemin de fer jouissent d'une santé correspondant à un modeste bien-être et à des habitudes d'ordre et de bonne conduite. Ce fut au cours de ces investigations que l'on découvrit une nouvelle infirmité humaine, le daltonisme, imperfection du sens de la vue qui consiste à confondre deux ou plusieurs couleurs entre elles, ou à n'avoir aucune idée de certaines couleurs, de sorte que le fonctionnement des signaux optiques pouvait en être vicié. L'ophtalmologie s'enrichit ainsi d'un numéro et les vices rédhibitoires des candidats aux services actifs des chemins de fer, d'une tare de plus. Si cette maladie n'avait pas été officiellement inscrite sur la liste de Zoroastre, on en connaissait les effets et on savait depuis longtemps que la vue comme les autres manifestations matérielles de la sensibilité humaine, diffère suivant les individus, de là, le dicton : il ne faut disputer ni des goûts, ni des couleurs. La vérité est que les chemins de fer ont plutôt une excellente et bienfaisante influence sur la santé publique, car ils ont imposé à une partie de la population qui ne les connaissaient pas, des lois d'hygiène morale et physique dont l'exemple a réagi sur les coutumes encore troglodytiques des classes rurales en France.

XXVIII

Les accidents de chemins de fer

De toutes les pratiques de l'exploitation que la Compagnie de Saint-Germain a inaugurées, il n'en est qu'une qui ait été abandonnée : c'est la fermeture des wagons en route, de sorte que les voyageurs ne pouvaient descendre, à moins de se jeter par le vasistas de la portière, seule partie qui restât mobile à volonté. Cette mesure qui nous semble aujourd'hui abusive et vexatoire, avait été inspirée par le sentiment de la nervosité des voyageurs qui, pris de terreur quand le train démarrait, que la locomotive sifflait ou que l'on entrait sous le tunnel des Batignolles dans les ombres de la nuit, et ne se rendant pas compte du danger qu'il y a à sauter d'une voiture en marche, auraient pu se précipiter sur la voie. Il est facile de comprendre que cette manœuvre exigeait au départ et à l'arrivée un personnel considérable qui, le carré à la main, déplaçait tous les verroux d'arrêt. Au ministère des travaux publics et à la préfecture de police qui, à cette époque était d'autant plus écouiée que le préfet était un grand personnage, pair de France et l'un des soutiens de la monarchie de Juillet, — M. Gabriel Delessert — on avait beaucoup insisté sur cette occlusion qui fut étendue comme de juste au matériel des deux lignes de Versailles. Ce fut lors de la catastrophe du 8 mai à Bellevue, que l'on reconnut les inconvénients de ce système. Les débris des wagons accumulés sur les machines effondrées, dont les foyers béants laissaient échapper le charbon, avaient pris feu, et parmi les victimes de cet épouvantable accident, il y en eut qui furent calcinées, faute de pouvoir sortir du wagon devenu une horrible prison, une sorte de taureau de Phalaris. La presse, l'administration, et l'Académie des sciences demandèrent à l'unanimité la suppression de cette détestable coutume qui disparut radicalement en un jour, car pour ce faire il n'y avait qu'à s'abstenir de fermer les voitures. Les annales des chemins de fer ont depuis relevé de nombreux accidents dus, soit à la fermeture défectueuse des portières, soit à la hâte que certains voyageurs éprouvent de descendre avant l'arrêt complet du train. Mais bien que la statistique enregistre beaucoup d'incidents de cette nature, fréquemment mortels, on n'est pas revenu au système de la fermeture. On a simplement tâché d'améliorer les becs-de-cane en usage, afin d'éviter que la portière pût rester ouverte tout en paraissant fermée. On a inventé dans ce but des procédés plus ou moins ingénieux, mais il n'y en a aucun qui soit parfait. Le verrou d'arrêt est encore ce qui donne la plus grande somme de sécurité, toutefois ce verrou étant mis par un employé, son fonctionnement est subordonné à l'exactitude rigoureuse de ceux qui sont chargés de ce service rapide; or, l'impeccabilité n'est pas de ce monde, et il n'arriverait jamais d'accidents, si chacun remplissait son devoir au pied de la lettre sans y manquer en rien ni pour rien.

Ce fut Stephenson lui-même qui inaugura la série toujours ouverte des accidents de chemins de fer, en écrasant au concours de Liverpool, sous les roues de la *Fusée*, le chef du *Board of Trade*, M. Hutchinson, son admirateur, qui s'é ait trop approché de la locomotive pour la mieux voir et qui ne se déplaça pas assez vite, quand *l'engine* se mit en marche. Stephenson raisonnait en bon anglais et comme on lui demandait ce qui arriverait si une locomotive rencontrait un bœuf sur son passage, il répondit : « Je plaindrais le bœuf ». Sans doute, le baron *Beaf* n'aurait aucune chance d échapper au choc, mais ses débris pourraient faire dérailler la locomotive et le train. C'est même un genre de contingences qui s'est fréquemment présenté. En thèse générale, les animaux fuient devant la locomotive et s'ils sont atteints, c'est qu'ils sont rattrapés par la vapeur dans leur course folle ou pris transversalement. Le passage sonore d'un train qui file, met les troupeaux en déroute et inspire aux cavaliers de sérieuses préoccupations, les chevaux s'effrayant en proportion directe des autres qualités qu'ils possèdent, de sorte que le courage qui est une question de sérénité en face du péril, n'est pas une des vertus de ce noble animal. Cependant, si les êtres animés ont une propension à se laisser hypnotiser par le monstre mécanique, il n'est pas rare de voir des taureaux et même de simples vaches foncer sur le train pour l'arrêter ou le transpercer d'un coup de corne, ce qui prouve que dans l'espèce bovine, chantée par Pierre Dupont, le courage est placé comme chez l'homme et consiste avant tout, dans l'intrépidité préalable

Diverses sortes d'accidents sont à redouter dans les chemins de fer : ce sont d'abord tous ceux qui sont idiosyncrasiques à l'industrie des transports, augmentés du coefficient de vitesse et de poids, car ce n'est pas la même chose d'avoir affaire à une voiture pesant au maximum 6.000 kilogrammes comme une diligence, et marchant à 16 kilomètres à l'heure à la descente d'une côte et au galop de ses cinq chevaux, qu'à un train pesant 160.000 kilogrammes, et courant à 80 kilomètres à l'heure. Les molécules de la machine sont soumises dans les deux cas à des efforts si différents, que ce qui serait une secousse dans le premier, devient une pulvérisation dans le second. Outre le péril général inhérent à tout ce qui roule, les chemins de fer en impliquent de spéciaux, tels que l'explosion de la vapeur, la rencontre des trains avec toute les complications résultant des croisements et de l'inextensibilité de la voie sur laquelle la circulation a lieu, et enfin cette action spéciale de rencontre que l'on appelle le *télescopage*, parce qu'il semble que le train qui réalise l'accident, entre dans celui qu'il prend en amont, comme les sections d'un télescope entrent les unes dans les autres. Tout d'abord, les ingénieurs se rendirent parfaitement compte des chances adverses que comportait le nouveau genre de locomotion et ils se sont appliqués avec un véritable succès à les prévenir au moyen de la perfection du matériel fixe et roulant et de la subtilité des règlements. Le génie de l'homme a complètement dompté la matière, car on peut considérer comme rares les accidents dus, soit à l'explosion des chaudières, soit à des ruptures subites d'organes vitaux de la traction, soit à la solidité des travaux d'art en dépit de la trépidation qui en provoque la destruction, soit à l'état de la voie, ce qui est la partie la plus rustique et la plus difficile à surveiller de tout le système, mais victorieux de la matière sur toute la ligne, l'homme n'a pas su se vaincre lui-même et c'est à l'inobservance des règlements que l'on doit attribuer la grande majorité des accidents. A un moment donné, la sécurité de tout un train repose sur la scrupuleuse exactitude d'un agent qui peut éprouver une défaillance et qui est d'autant plus susceptible de souffrir une éclipse de contention d'esprit, qu'il est plus intelligent et qu'il peut avoir l'imagination et les sens dominés par des préoccupations étrangères à l'acte purement mécanique, dont il a la charge et le souci.

Depuis quelques années, on a inventé le surmenage qui est une sorte de *tarte à la crème* que la presse sert à ses lecteurs pour leur faire gober la bourde démocratique, suivant laquelle, dans la hiérarchie sociale, les premiers doivent être les derniers, tout comme dans le paradoxe évangélique. Il est oiseux de constater que tous les règlements de chemins de fer, — dont la Bibliothèque nationale, par parenthèse, ne contient aucun exemplaire, dont les Archives nationales ne conservent que quelques bribes, et qui servent à allumer le feu au ministère des travaux publics, lequel, sans ce procédé *omarique*, ne pourrait pas les contenir, — il est oiseux, bien entendu, de constater que tous les règlements de chemins de fer ont pour but d'empêcher les accidents, sans quoi pas un train ne pourrait arriver sain et sauf à sa destination que par erreur manifeste, et le normal deviendrait l'exception. Ces instructions, qui à force de minutie, pourraient donner l'illusion de l'œuvre d'un Bridoison polytechnicien, sont d'une clarté flamboyante et ont réponse à tout. Si on confiait la sécurité des trains à des moyens purement automatiques, comme on peut le faire, on aurait à craindre une rupture quelconque dans des appareils dont la délicatesse doit être infinie, pour que leur action puisse être facilement et instantanément sensibilisée; on les fait donc contrôler ou manœuvrer par des hommes. C'est là que sont la difficulté et le mal. Si ces hommes qui font toujours la même chose, qui n'ont ni initiative, ni spontanéité, qui sont des mécaniques vivantes et qui n'agissent que par intervalles, — l'inaction étant l'emploi des

huit dixièmes de leur temps, — si ces hommes automates, esclaves d'une mani-
velle qui les conduit plutôt qu'ils ne la conduisent, sont des purs bipèdes,
des intelligences bornées, il est à craindre que leur passivité ne dégénère
en inconscience, mais si ce sont des hommes intelligents chez lesquels la
tension cérébrale est capable de dominer la matière, il est à craindre qu'ils
ne se laissent détourner de leur contemplation matérielle par quelques
suggestions psychiques ou qu'ils ne se buttent à quelque abstraction. Il est
hors de doute qu'un poète, un romancier, un philosophe, voire même un
économiste, ne ferait qu'un piètre aiguilleur, car pendant qu'il courrait
après une rime, un dénouement ou un sophisme moral et politique, la raison
de la *sin razon* de Cervantes, ou l'argument contondant, le train courrait
risque d'aller s'écraser dans une voie qui devrait y être fermée.

Quand un accident arrive, ceux qui en sont les moins responsables, ce
sont les agents de la compagnie qui sont dans le train sinistré ou dans les
bureaux, à minuter des états, des règlements et des ordres de service. Cependant, les voyageurs ne manquent pas de tomber à coups de poing sur leurs
co-victimes et de prodiguer, d'accord avec les journaux, toute sorte d'injures
ou d'épithètes malsonnantes aux chefs de service, au directeur et même aux
membres du conseil d'administration, dont l'intervention morale se réduit si
souvent à émarger pour les émoluments qui leur sont attribués. Par contre,
il y a toujours un chauffeur, un garde-frein ou un cantonnier qui, possesseur du don de science infuse que donne l'ignorance, a prévenu ses chefs
de ce qui allait arriver et en a été pour ses frais de Cassandre. Il est
incontestable que l'homme d'équipe qui a le nez sur les rails ou le mécanicien qui a les pieds sur la plate-forme de la machine, voient et sentent
mieux ce qui se passe sur la ligne, que l'ingénieur en chef de la voie ou de
la traction, occupé à 500 kilomètres de là à vérifier des états de situation dont
il est le principal artisan, mais c'est une condition inéluctable de toute
organisation. Le corps humain lui-même en est là : c'est la tête qui est
le siège de la pensée, de la cogitation, et ce sont les pieds qui l'entraînent,
car une défaillance de ces organes inférieurs suffit pour amener la ruine de
toute la charpente ostéologique, dont la destruction détermine la cessation
merveilleuse de la vie intellectuelle.

Il ne faut pas croire que cette divagation de l'opinion publique et cette
aberration du sens de l'appréciation, soient des phénomènes particuliers à
l'époque contemporaine où on a mis tout à l'envers. Non, cette inversion
de la critique humaine est de tous les pays, même de la vieille Angleterre,
et de tous les temps. Dès qu'il fut question de chemins de fer en France, on
commença à pronostiquer des dangers et on arriva ainsi à créer de telles
défiances que beaucoup de personnes se figuraient faire un acte de courage
en montant en wagon. Les journaux de province annonçaient dans leurs
faits divers que M. X..., député de l'arrondissement et maire de la localité,
avait fait le voyage de Paris au Pecq, franchissant les souterrains de Tivoli
et des Batignolles. Les parents prudents recommandaient à leurs enfants de
ne pas prendre le chemin de fer de Saint-Germain, ce à quoi ceux-ci
s'empressaient de ne pas se conformer, anxieux de voir ajouter à leur nom,
prénoms, titres et qualités, en sous-titre : il est monté en chemin de fer!
On trouve fréquemment en Angleterre, soit dans les cimetières, soit dans
les *churchs* même, des tombeaux de dames de l'aristocratie avec cette épitaphe : « Elle a dansé au bal donné à lord Wellington à Bruxelles, la veille
du jour de la bataille de Waterloo ». On sait qu'il n'y avait à la bataille
de Waterloo que 12.000 Anglais au maximum; or, si l'on en croit l'épi-

graphie, il y en a plus de 100.000 autres, soldats et officiers, qui y ont vaillamment combattu, mais comme notoirement il n'y avait pas de femmes à la bataille, quoique le général fut un philogyne notoire, on pensa à faire pour les dames un titre de gloire d'avoir assisté à un bal que la duchesse de Richmond, la femme du beau Lennox, donna le 19 juin dans sa demeure de la rue *Fossés-aux-Loups*, à Bruxelles, et d'où le duc partit à quatre heures du matin pour aller prendre le commandement des troupes. Nous entrons dans ces détails typiques pour mieux faire saisir la nature de lustre que se donnaient les gens hardis en allant en chemin de fer.   .

On était donc préparé aux accidents : le premier qui eut lieu, prit rang sur le chemin de fer de Lyon à Saint-Etienne où une machine de secours, expédiée pour rat'raper un train en détresse, rencontra ironiquement ce même train que son habile mécanicien était parvenu à remettre en marche. Il n'existait pas alors de services télégraphiques et une fois l'ordre des trains altéré, il n'y avait plus qu'à attendre le résultat des avis transmis par les gardes de la voie. L'emploi des signaux télégraphiques ne fut autorisé pour la première fois sur la Rive droite de Versailles qu'au mois de janvier 1845. Ce fut un grand perfectionnement et une précieuse ressource, car on put, dès lors, concevoir la possibilité rationnelle d'exploiter des lignes à une seule voie avec une circulation intense, puisque l'on a reconnu pratiquement que l'on peut avec deux rails et des vitesses de 60 kilomètres à l'heure, dépasser une recette de 50.000 francs au tarif français.

L'exploitation intense de la ligne de Saint-Germain fut implantée avec tant d'aplomb et poursuivie avec tant de tact, que les incidents imprévus n'y eurent aucune importance. Mais le 8 mai 1842, l'accident survenu sur le chemin de fer de Versailles, rive gauche, produisit une impression terrorifique dans le pays et ébranla un instant le crédit même des chemins de fer, quoique, à la Chambre où on discutait la loi dite de 1842, le débat continua et que l'on y procéda au vote avec calme, ainsi qu'il convient à une assemblée siégeant sur les modernes chaises curules. Un train ramenant à Paris un millier de voyageurs qui étaient allés à Versailles assister aux grandes eaux, descendait en double traction la pente de Bellevue lorsque l'essieu de la machine première, le *Mathieu Murray*, se rompit, produisant un arrêt subit qui amena l'amoncellement des wagons, leur émiettement et l'incendie de ce monceau de bois, d'étoffes et de chair humaine. Le nombre des victimes connu fut de 164, dont 55 morts, mais on ne compta pas celui des malheureux qui, échappés à ce désastre infernal, moururent des suites de la commotion. Les gendarmes furent les premiers à accourir sur le lieu du sinistre. Chacun fit son devoir, même les autorités. La justice s'en mêla et, pour donner satisfaction à ce que l'on appelait la vindicte publique, on procéda correctionnellement au hasard contre MM. Jules Bourgeois, administrateur délégué; — Bordet, directeur; — Henry, chef de gare à Paris et chef du mouvement; — Bricogne, ingénieur, directeur du matériel; — Lamoninari, chef de gare à Versailles.

Le résultat des poursuites fut un acquittement. Les dépositions des témoins, les réquisitions du parquet et l'acte d'accusation méritent d'être lus, comme des témoignages de la naïveté humaine qui supposait presque une âme aux machines que le président, M. Perrot de Chazelles qualifiait de vicieuses. Deux ans plus tard, le préfet de police consignait, dans une dépêche spéciale et sur le ton d'un homme qui annoncerait une expiation méritée, que les débris du *Mathieu Murray* venaient d'être vendus comme vieille ferraille. Le second accident considérable fut celui de Fampoux, sur la ligne du Nord, le 8 juillet 1846, quelques jours après l'inauguration de ce grand chemin de fer. Les victimes furent au nombre de 14 et l'on y nota de ces singularités qui défient les prévisions humaines dans la formation des trains. Là, l'accident dût être attribué à un affaissement de la voie assise sur un remblai dans un marais tourbeux. Nous ne ferons pas l'histoire systématique des accidents de chemins de fer : la France est, après tout, le pays où, en tenant compte du coefficient de la circulation des trains, de celui du nombre des voyageurs kilométriques et du profil des lignes, il y en a eu le moins. Jusqu'en 1853, le *Moniteur universel*, organe du gouvernement, donna fort exactement le relevé des incidents de cette nature, d'après les rapports mêmes du contrôle. On considérait comme un devoir administratif de tenir le public au courant. A cette époque, on commença à en faire mystère : c'est, du reste, quelquefois la politique des compagnies, qui donnent à ce sujet le moins de détails possible, atténuant, plus que faire ne se doit, la vérité, afin de ne pas causer d'alarme.

Les accidents de chemins de fer sont inévitables et quand on est au courant de tous les détails du service, quand on aligne un à un tous les devoirs qui doivent être scrupuleusement remplis, quand on pense que tout le long d'une ligne de 600 kilomètres, il faut que chacun soit à son poste, sans un centième de seconde de retard et sans un demi-mètre d'écart, quand on suppute le nombre d'appareils qui doivent être graissés, de lanternes qui doivent être allumées, de barrières qui doivent être fermées, de signaux qui doivent être tournés, pour qu'un train puisse arriver indemne à son heure, on se demande comment cette convergence de tant de vouloirs est possible et on se dit que s'il y a un Dieu pour les ivrognes, suivant l'évangile selon Bacchus, il doit y en avoir un pour les voyageurs en chemins de fer. Aujourd'hui, quand une de ces catastrophes se présente, la presse mobilise ses reporters, verse quelques seaux de boue en guise d'encre sur les compagnies et tout est dit. Les journaux apaisent vite leurs feux, car tous se trouvent dans la dépendance des entreprises de chemins de fer qui, moyennant l'insertion gratuite des annonces concernant les trains de plaisir, leur octroient de 1 à 12 permis par an, nombre qui est facilement dépassé pour les journaux de grand tirage dont on redoute les déplaisantes poissarderies. Cette petite sujétion, qui équivaut à une subvention variant en moyenne de 30 à 500 francs par an, suffit pour enchaîner les plumes, ce qui prouve que le journaliste n'est pas aussi insatiable qu'on le croit et surtout qu'on le dit. Celui qui écrit est généralement étranger à ces compromissions, et je ne crois pas que dans ce cas on ait jamais gratifié un *reporter*, mais le directeur, qui veut voyager pour son plaisir sans bourse délier, a soin de corriger la copie. Les annonces étant nécessaires aux chemins de fer, il serait préférable que ceux-ci les payassent et qu'ils ne donnassent de places aux journaux que pour des services professionnels, c'est-à-dire pour aller se renseigner *de visu* sur les événements dont l'examen nécessite un déplacement. C'est à peu près la même question qui s'agite entre les journaux, les directeurs de théâtre et les libraires et qui faisait dire un peu prétentieusement à Alexandre Dumas dans *Le Mousquetaire :* le journal achète ses livres et paie ses billets.

Quoiqu'il en soit, c'est là ce qui fait que si les attaques des journaux sont vives, elles s'émoussent rapidement et font immédiatement trêve, sans rectifier les erreurs de la première heure. Le gouvernement depuis quelque temps publie les rapports trop systématiques du contrôle. Il est à regretter que les compagnies, de leur côté, ne livrent pas à la publicité les rapports si consciencieux et si lumineux que rédigent les chefs de service pour la direction.

Mais, dans ces temps quasiment fabuleux quoique contemporains, où les personnages des chemins de fer étaient comme les héros de l'Iliade et où le public accordait à leur industrie un caractère magique ou féerique, le retentissement de ces catastrophes était énorme, et remuait toutes les intelligences, suscitant fréquemment des cas de folie, ainsi qu'il arrive pour toutes les grandes calamités publiques. En dehors des infortunes individuelles qui pouvaient en résulter, cet écho soulevait dans le monde des inventeurs, de véritables tempêtes. C'était une mobilisation générale de toutes les conceptions saugrenues qui viennent à l'esprit de ceux auxquels le Pirée apparaît comme un homme et qui ont pour toutes les complications, pour tous les besoins, pour toutes les nécessités, une solution analogue en précision à la description légendaire de l'écrevisse dans le *Dictionnaire de l'Académie :* petit poisson rouge qui marche à reculons, tandis que l'écrevisse n'est pas rouge, n'est pas un poisson et ne marche pas à reculons. Lors de l'accident du 8 mai 1842, qui fut le premier à exciter la verve des songe-creux, tout le monde s'en mêla, la tourbe des vulgaires démonstrateurs du mouvement perpétuel fut reléguée au second plan, et ce furent des académiciens même, comme le baron Séguier, qui entonnèrent le *Prenez mon ours*. Il en fut ainsi chaque fois qu'un de ces lamentables événements se produisit et à présent même, quand un accident survient, les remèdes infaillibles font leur apparition.

De tout temps, les abstracteurs de quintessence mécanique se sont préoccupés pour prévenir ces catastrophes, de découvrir un procédé qui produisit l'arrêt instantané du train, afin que restant cloué sur place, il ne put éprouver qu'un stationnement forcé. Or, il tombe sous le sens que tout accident de chemin de fer est en lui-même un arrêt instantané, par suite de choc, de déraillement, de rupture de roue ou d'essieu, ou d'obstacle sur la voie. L'arrêt instantané est donc déjà produit lorsqu'on voudrait le provoquer artificiellement. Le nombre des inventeurs qui se sont proposé ce desideratum, est un peu comme celui des étoiles dans le ciel. Parmi leurs élucubrations, il y en a d'ingénieuses, mais on n'a fait que battre inutilement les buissons, jusqu'à la création contemporaine du frein à air, qui a résolu le problème en le divisant au moyen du fonctionnement automatique, quand l'accident se produit, sans le secours de l'homme. Le stoppage n'est pas instantané, car s'il l'était, même avec l'atténuation de la division du poids total du train, en unités de traction partiellement arrêtées, il y aurait écrasement, mais il l'est suffisamment pour que là où l'arrêt du train peut conjurer le péril, il puisse donner une excellente moyenne de sécurité. Il a fallu du temps pour en arriver là et que les hommes du métier s'en mêlassent. De toutes les parties du matériel fixe et roulant, le frein est celle qui a le plus excité l'esprit de l'homme et suscité le plus de combinaisons mécaniques L'Académie des sciences ayant la coquetterie de ne pas vouloir s'occuper des inventions brevetées, ses comptes rendus ne donnent qu'un aperçu très imparfait de ce qui s'est tenté dans cette voie, laquelle serait encore une impasse, sans l'application de la contre-vapeur aux machines et des freins à air aux voitures.

XXIX

Les inventions et les Chemins de fer

Quand on étudie ce livre d'or, que forme le recueil des brevets d'invention, tenu à jour au Conservatoire des arts et métiers depuis un siècle, on est frappé du petit nombre relatif d'inventions exclusivement applicables aux chemins de fer, car tout ce qui a trait à la production de la vapeur est aussi bien connexe aux machines fixes. C'est cependant l'industrie où on a mis à profit le plus d'inventions diverses, mais elle a pris son bien partout où elle l'a trouvé, bénéficiant d'une foule de découvertes ou d'initiatives qui ne la visaient nullement. Un autre phénomène non moins notable, est le petit nombre absolu des inventions spéciales aux chemins de fer qui ont sorti leur effet, qui ont été littéralement mises en usage et qui ont conservé leur rang dans la pratique. Sauf quelques organes secondaires tels que manomètres ou graisseurs, il n'y a que l'injecteur Giffard qui soit entré tout d'une pièce dans l'état-major des machines. Cet ingénieur, qui en voulant s'élever dans les airs (septembre 1852) n'était parvenu qu'à allumer un incendie dans le grenier à foin de la Compagnie des omnibus à la Barrière de l'Etoile, trouva, dit-on, ce mode d'alimentation en cherchant les moyens d'alléger le moteur de son aérostat du poids du petit cheval, et cette fois la partie fut plus grande que le tout, car le moteur fut à la ferraille, tandis que l'injecteur fit la fortune de son heureux inventeur, si tant est qu'il y ait une invention dans cette application d'un phénomène que l'on avait laissé dormir depuis qu'au lieu d'employer directement la vapeur pour faire le vide dans un tuyau d'ascension, on l'avait fait agir comme moteur sur la face du piston d'une pompe. Mais c'est moins l'originalité que l'opportunité qui fait le succès. Giffard vint à temps (1858) au moment où les machines prenaient des dimensions colossales et où la vitesse exigeait des vaporisations fabuleuses. L'injecteur, remplaçant le fonctionnement du petit cheval exposé à des détraquements et à des dérangements, par un appareil exempt de tout mécanisme et n'utilisant que les forces de la nature, a multiplié la puissance du mécanicien, en même temps qu'il diminuait son travail et son souci. Le succès instantané de cette innovation démontrerait seul, au besoin, son importance et son efficacité, car les ingénieurs sont bien dans leur partie le *genus irritabile vatum*, encore plus envieux qu'irritables, et quand tous, quelle que fut leur provenance, — Ecole polytechnique, Ecole centrale, Ecoles des arts et métiers, voire même les bancs de l'atelier, — reconnurent la valeur de ce système qui est aujourd'hui universel, il fallait forcément que sa supériorité fût incontestable.

S'il y a peu d'inventions utiles à signaler, il y en a beaucoup de fantaisistes à oublier au plus vite et beaucoup parmi les oubliées ou négligées, à exhumer pour les approprier aux besoins actuels La première idée que l'on eût de la traction mécanique, en Angleterre comme en France, du temps d'Henri IV — alors que l'on parla d'utiliser comme force la détente des gaz explosifs, — tendait à faire marcher des chariots sur les routes, le fer étant trop cher pour qu'on pensât à le mettre par terre. A la fin du xviiie siècle, Cugnot ne soupçonna pas non plus la convenance de perfectionner la voie avant le moteur. Aussi, avant comme après l'épreuve décisive de Liverpool, les inventeurs s'attachèrent à produire de ces voitures que l'on intitule aujourd'hui automobiles, et chacun d'eux donna le problème pour résolu, comme s'il ne l'aurait pas été encore mieux en plaçant l'automobile sur un rail, ainsi que quelques personnes tentent de le faire en ce moment, nous donnant le spectacle des réinventions prédites par lord Warden, il y a plus de cinquante ans, dans son éloge de la chandelle et du moulin à vent.

Pendant que les uns se consacraient au moteur, d'autres pensant qu'il faut commencer par le commencement, s'en prirent à la plate-forme de roulement. Les premiers rails reposaient sur des dés de pierres isolés, sans que les deux parallèles de fer fussent moisées, de sorte que leur parallélisme se maintenait difficilement : on arriva rapidement à la conception de la traverse faisant fonction d'entretoise. Ce fut alors que d'autres proposèrent des voies formées de matériaux durs, fournissant une superficie lisse où les voitures, actionnées par des moteurs autochtones, courraient librement, ce mode de roulement ne se prêtant nullement à la formation des convois, car les voitures ballotteraient, à moins de les armer d'une sorte de gouvernail les maintenant sur un rail servant de guide. Mais si ce n'est pas pratique pour les grands transports en commun, c'est sans doute le chemin vicinal de l'avenir, lorsque le trafic possible justifiera cet agencement coûteux, auquel cas, tous comptes faits, un simple chemin de fer ferait mieux l'affaire. On a pensé aussi à creuser les voies dans des tranchées étroites, avec l'espérance qu'en cas d'accident, les trains ne pourraient dévier et rouler dans l'abîme, mais avec la probabilité de les faire s'écraser contre les parois de ce couloir.

Il y a là peu à glaner : où il y a beaucoup à apprendre et à utiliser, c'est dans les nombreux et remarquables travaux qui ont été faits en vue de l'utilisation de l'air comprimé. C'est toute une mine à exploiter, maintenant que l'on s'est familiarisé avec l'emploi d'un moteur fixe, faisant circuler dans un transmetteur également fixe, l'énergie électrique. L'impossibilité pour une aéro-locomotive de générer elle-même la force dont elle a besoin comme cela arrive avec les chaudières à vapeur, l'autre impossibilité de transporter des accumulateurs assez puissants pour se remorquer euxmêmes et un poids utile, ont conduit à l'application du système actuel qui paraîtra barbare dans dix ans, mais ce système, avec ses défauts et ses imperfections, a le mérite de mettre les inventeurs sur la voie de l'utilisation de l'air comprimé. A ce point de vue, il a été fait, il y a soixante ans, des travaux remarquables dont les éléments peuvent être mis en œuvre. L'air en pression n'est pas plus difficile à transporter que l'électricité et son transfert présente une moindre somme de danger : enfin son prix de revient est moins élevé, et les lois de sa production et de son fonctionnement sont mieux connues.

Parmi les expédients de construction qui furent proposés autrefois, il en est un auquel nous nous arrêterons avec plaisir : c'est celui de la substitution aux ponts sur les fleuves et rivières, de passages tubulaires inférieurs, logés dans le lit du fleuve, exigeant une dépense moins considérable que les ponts supérieurs et donnant une sécurité absolue avec une grande facilité de mise hors service en cas de guerre, argument que nous formulons, puisqu'il est de mode dans les travaux de la paix, de prévoir le rôle que ceux-ci auront à jouer en temps de guerre, suivant les théories de paix armée qui ont cours depuis trente ans.

XXX

Le crime et les chemins de fer

Les chemins de fer ont donné lieu à une spécialité de crimes : les assassinats, les vols et les viols, et à la commission d'un délit, l'attentat à la pudeur de consentement mutuel. Il faut aussi rattacher à ce mode de locomotion les expéditions de cadavres faites en grande vitesse comme bagages ou comme messageries, afin de dérouter les recherches de la gent policière. Enfin, dans les pays où les gentilshommes de grands chemins tiennent encore la campagne, ceux-ci n'ont pas manqué d'appliquer aux chemins de fer leurs procédés d'embuscade, avec d'autant plus d'entrain qu'à péril égal, il y a plus de profit à réaliser sur les deux ou trois cents voyageurs d'un train, que sur les dix-huit ou vingt au plus que comportait la diligence. Ces accidents de route ne se sont produits ni en France, ni en Angleterre, ni en Belgique, ni en Hollande, ni même en Allemagne, mais ils ont été fréquents dans les autres pays, quoique pas assez toutefois pour provoquer la formation d'une assurance, comme il y en avait pour les voyages et expéditions sur les routes de terre. Edmond About a raconté comme quoi les brigands en Grèce ouvraient des routes carrossables et construisaient des ponts pour encourager le tourisme et permettre aux excursionnistes d'emporter des bagages, qui sont comme la matière première nécessaire à l'industrie de Cacus. Les chemins de fer sont trop coûteux pour être projetés dans ce but, et c'est sans mise de fonds préalable qu'ils ont pu y être utilisés. On comprend parfaitement que c'est là une défectuosité qui n'a rien d'organique et que l'on ne saurait en faire un grief. Nous nous abstiendrons également de toute réflexion sur les délits contre ce que l'on appelle juridiquement les mœurs : les simples fiacres en ont bien vu d'autres et les coins obscurs des vieilles basiliques ont plus d'une fois abrité monseigneur Cupidon, le vieil ami de Froissart.

Mais pour ce qui est des crimes commis au bénéfice de la locomotion rapide, il faut bien confesser que ce qu'il y a d'extraordinaire, c'est qu'il n'y en ait pas davantage, car évidemment le criminel y a de grandes facilités, et pour peu qu'il pratique la gymnastique, il peut descendre en cours de marche et dépister facilement les premières investigations. La facilité qu'il y a à circuler sur les marchepieds des wagons, fait que le voleur peut choisir sa victime ; l'habitude que les voyageurs ont de conserver leurs valeurs avec eux, pour ne pas les exposer aux chances des bagages et pour ne pas avoir à subir les formalités et la dépense de la déclaration comme valeur ou comme métaux précieux, crée évidemment un danger spécial. Le criminel va à coup sûr quand, sur les grandes lignes, il voit un homme seul dans un compartiment. Cependant, si le voleur ne file pas sa victime et ne monte pas normalement dans le même wagon, le fait de se mouvoir sur les marchepieds n'est possible que la nuit avec quelque chance de succès, car à moins de se pourvoir d'un uniforme d'employé du mouvement, on serait immédiatement signalé. Aussi les fastes des chemins de fer ne fourmillent pas d'attentats de cette nature : ceux qui ont le plus de notoriété et qui ont pu jouir de l'impunité, tels que le meurtre du président Poinsot et celui du préfet de l'Eure, avaient, en effet, une genèse telle qu'au besoin l'assassin aurait pu se faire réserver un compartiment.

Là où, par exemple, les chemins de fer ont sans aucun doute apporté un contingent de réussite au crime, c'est par la facilité qu'ils donnent aux criminels de se soustraire au châtiment. Pour peu que le protagoniste ait une avance de quelques heures sur la découverte de son forfait, il a la plus grande probabilité d'avoir franchi la frontière avant que la gendarmerie et la justice, embarrassées l'une dans ses grandes bottes et l'autre dans sa toge, aient pu prendre la moindre précaution. Jadis la maréchaussée galopait plus que le crime, et depuis l'invention de Chappe, le fuyard était attendu à poste fixe comme un hôte de distinction. Avec les chemins de fer et malgré le télégraphe, tout cela a changé : le criminel a tous les avantages, car il est automoteur, tandis que l'autorité est hiérarchique, subordonnée au pantin dont vingt personnages tiennent les ficelles. Dans la lutte de vitesse, celui qui porte tout avec lui et qui agit comme il conçoit, a tous les avantages sur celui qui reçoit par ricochet ou par transmissions successives, par pignons, engrenages et joints de Cardan, une impulsion déjà faible à son début, parce que celui qui la donne, ne fait qu'accomplir une besogne sur laquelle il est blasé.

Le principe d'extradition, qui prend chaque jour plus d'extension théorique· et pratique, et contre lequel il y aurait beaucoup à dire, corrige victorieusement ce que la possibilité de chercher un refuge à l'étranger peut avoir d'excessif, étant donnée la facilité, avec quelques francs, de dévorer l'espace et d'aller cuver son forfait en toute tranquillité. Avant le triomphe de cet ensemble d'idées disparates que l'on qualifie d'immortels principes de 89, l'extradition était une mesure exceptionnelle qui avait de très rares applications, et en France particulièrement, la majesté royale tenait à honneur d'étendre sa protection sur tous ceux qui venaient abriter leur infortune à l'ombre des lys, témoin Thomas Becket. Par un de ces phénomènes extraordinaires de métamorphisme qui ont fait émerger du fumier philosophique des droits de l'homme, la guillotine en permanence, l'extradition, c'est-à-dire le *fatum* impitoyable refusant à l'homme un rocher pour appuyer sa tête, est sortie toute armée de l'arsenal égalitaire et libertaire qui avait débuté par la proclamation théorique de la rémission du péché social par son expiation pénale. Mais nous n'en sommes pas à une contradiction de plus ou de moins, et l'extradition, cette œuvre impie de vendetta sociale, est devenue pour les gouvernements le plus saint des devoirs.

Nous abordons maintenant la question d'expédition de cadavres par la grande vitesse et comme bagage mortuaire, procédé plus coûteux que la petite vitesse, mais exigeant moins de formalités et pouvant être réalisé au milieu de l'encombrement qui résulte au moment du départ, de l'affluence des voyageurs. C'est sur le chemin de fer de Strasbourg à Mulhouse que ce truc a été mis en œuvre pour la première fois. Comme c'était immanquable, les expéditeurs du lugubre colis furent immédiatement découverts et il en a été de même chaque fois que des criminels ont eu recours à cet expédient : la malle est une sorte de boulet que l'assassin s'attache aux jambes, c'est une étiquette qu'il s'appose, et tôt ou tard il est sûr, sinon d'être pris, tout au moins signalé comme bon à prendre. De toutes les façons possibles de se débarrasser d'un cadavre, c'est certainement la plus compliquée et la plus décevante. L'assassin donne les moyens d'établir immédiatement son identité et il semble signer son œuvre à la façon d'Eurydice sur la porte de sa demeure :

> Je quitte la maison
> Parce que je suis morte.
> Aristée est Pluton
> Et le diable m'emporte.

Cette idée macabre d'enfermer un mort dans une malle et de remettre ce colis aux bagages, a reçu, suivant la chronique authentique des chemins de fer, une application tragique pour la forme, mais bourgeoise pour le fond, dans une occasion que nous ferons connaître. Dans la belle nuit de septembre qui précéda le bombardement d'Alicante par les cantonalistes espagnols en 1873, une dame de l'aristocratie de cette ville mourait, au moment où ses deux filles, fuyant les périls du bombardement, avaient résolu de partir pour Madrid : celles-ci pour ne pas être retardées par les obsèques de leur mère, la firent enfermer dans une chapelière et la mirent aux bagages. Arrivées à Madrid, elles se rendirent dans un hôtel, firent monter leur malle dans leur chambre et restèrent dans le *statu quo*. Au bout de deux jours, les domestiques en faisant la chambre sentirent une odeur difficile à définir, dont se plaignirent les personnes qui demeuraient dans le même corridor. L'hôtelier finit par monter auprès de ces dames qui lui dirent que l'infection venait de poisson qu'elles avaient apporté pour faire des cadeaux, mais qu'il n'y en avait plus, et que cette senteur nauséabonde allait disparaître. Le maître de l'hôtel qui, comme Français, était initié à toutes les péripéties du roman feuilleton, flaira un crime et alla immédiatement prévenir l'inspecteur de police qui accourut avec le juge ; on découvrit alors l'horrible vérité. On voit d'ici la scène de larmes et de confusion qui suivit ce quiproquo dont les vaudevillistes n'ont pas encore fait usage. Les deux jeunes personnes, coupables de cette inconséquence, en furent quittes par une semonce, car elles étaient précisément les cousines germaines du ministre de la Gobernacion (intérieur), M. Eleuterio Maisonnave. Ce que l'histoire ne dit pas, c'est si la Compagnie des chemins de fer n'exigea pas le prix du transport au tarif légal, doublé, non pas en raison de la tentative, mais bien de la consommation de la fraude.

Le cas que nous citons est certainement une exception, et c'est à titre de singularité authentique que nous l'avons amené dans ce champ d'observation.

Les simples transports funèbres, par contre, constituent une branche d'exploitation prévue au tarif général depuis les cahiers des charges de 1857, car précédemment on n'y avait pas pensé, les compagnies se contentant de faire payer le transport de la voiture si le cercueil était placé soit dans un fourgon des pompes funèbres, soit dans une voiture particulière. Ce qu'il y a d'incontestable, toutefois, c'est que cette manutention et ce transport ont toujours été et continuent à être exécutés dans des conditions de simplicité primitive. Quoique ces cas soient assez fréquents, car le culte des morts est généralement pratiqué en France, les compagnies ne se sont pas pourvues d'un matériel spécial, sorte de salon mortuaire où le décorum aurait pour cautions la vanité et la gloriole, beaucoup de personnes croyant se donner du ton et du genre en faisant aux leurs, des enterrements pompeux. Lorsqu'il fut question du chemin de fer de Méry-sur-Oise, pour le service et l'exploitation de la nécropole parisienne, on avait imaginé des modèles de trains funéraires sur lesquels les compagnies pourraient se modeler. Quand il y a des wagons-restaurants et des wagons-bars, en attendant les wagons à petits chevaux, on a bien droit de réclamer des wagons à chapelle ardente. Dernièrement en Espagne, à l'occasion de la translation des restes du roi don Francisco, on se scandalisa beaucoup de ce que la dépouille du prince eut été placée à Irun dans un wagon, servant habituellement au transport du poisson et que l'on avait oublier de désinfecter.

XXXI

Influence littéraire

Il est facile de comprendre que ce n'est pas sur la ligne de Paris à Saint-Germain, — 17 kilomètres, — qu'est née l'idée mère de la *Biblio-*

thèque des Chemins de fer, dégénérée en boutique de *marchand de nouveautés*. *In illo tempore*, on ne vendait les journaux au numéro que dans les circonstances exceptionnelles et on ne lisait pas en chemin de fer, parce que les oculistes avaient déclaré que l'on y perdrait la vue. Quand les parcours furent de plusieurs heures, on se décida à lire, mais il fallait acheter ses livres en ville, attendu que les règlements sur la librairie n'en permettaient pas la vente ailleurs que dans les boutiques tenues par des libraires brevetés. Il y eut diverses entreprises qui fournissaient gratuitement aux compagnies de chemins de fer les journaux qu'elles publiaient, dont des exemplaires, attachés à des planchettes, étaient répartis dans les voitures de première classe et changés toutes les semaines. C'est au moyen des annonces que ces promoteurs du journal gratuit prétendaient se couvrir de leurs frais. Ces tentatives échouèrent, car seuls quelques curieux ouvraient ces cahiers où cependant on retrouvait les noms les plus populaires de la littérature légère.

Ce fut Napoléon Chaix, cet imprimeur de génie, auquel l'exploitation des voies ferrées doit tant de petites inventions utiles, qui, en 1852, eut l'idée de la *Bibliothèque des Chemins de fer*, en tant qu'autorisation d'ouvrir, sans brevet y afférent, dans toutes les gares de France, des débits de livres soumis au visa du colportage et à une sorte de censure. Mais Chaix fut vaincu par le Napoléon de la librairie française, M. Hachette, qui réussit à supplanter le *père Chaix*, que l'on leurra, comme consolation, de la *Bibliothèque des Communes*, conception très rationnelle à laquelle il ne fut pas donné suite pour des raisons qu'il n'y a pas lieu de faire connaître. La maison Hachette débuta brillamment dans la carrière par de nombreuses publications littéraires, doucement économiques et semi-scientifiques, dont le succès cependant ne pouvait pas suffire à alimenter l'entreprise. Alors, l'administration ouvrit la main, permit de violer le cahier des charges, laissant d'abord vendre des livres ne faisant pas partie de la *Bibliothèque des Chemins de fer* et quand vint l'époque des feuilles *fantaisistes*, vendues au numéro, on ouvrit les bibliothèques aux journaux, à ce point que les compagnies, en voyant la pornographie et la polémique la plus abjecte envahir les quais de leurs gares, crurent devoir intervenir au nom de la morale publique. Mais elles perdirent leur procès; la maison Hachette même fut considérée comme n'ayant pas le droit de refuser son concours aux publications les plus répugnantes et les plus révoltantes. C'est ce qui fait que ces bibliothèques ont aujourd'hui tout juste la valeur des anciens éventaires du Palais-Royal et qu'au milieu de ce salmigondis d'ordures périodiques, le livre se cache. On l'achète moins à la gare, sans que les libraires de la ville, que le succès des bibliothèques avait fortement ennuyés, aient vu revenir leur clientèle. La vérité est qu'on n'achète plus. Il y a surabondance de livres et la qualité en a trop dégénéré. Les auteurs abusent des titres et ne tiennent plus les promesses de la couverture, de sorte que l'on est désorienté. Le monopole de la maison Hachette, ainsi qu'on qualifiait l'admirable organisation ministérielle donnée à l'exploitation de son contrat avec les chemins de fer, a été brisé : d'autres maisons partagent avec elle ce service qui, loin de s'améliorer, baisse de plus en plus en ce qui concerne la nature de la marchandise vendue. On a une triste idée de la France quand on jette les yeux sur ces étalages et qu'on voit les titres des journaux qui sont le plus demandés. Certes, la liberté est une belle chose et nous n'en médirons jamais. Mais il ne faut pas qu'elle tombe dans la licence. Or, c'est de la licence et de la plus dangereuse que de laisser vendre couramment du poison. On défend le débit de l'arsenic, on a raison, et on autorise la vente de publications qui sont pires que l'arsenic. C'est surtout dans les gares des chemins de fer de l'Etat qui traversent un pays où la République est abhorrée, où le sentiment réactionnaire est enraciné et où vibrent le souvenir des colonnes infernales, celui de Rossignol, de Westermann, de Hoche et autres grands exécuteurs révolutionnaires, c'est dans ces pays hostiles à l'ordre de choses, qu'il est instructif de voir l'Etat républicain prêter bénévolement le concours de sa systématisation administrative, à la propagande des journaux qui sous une forme ou sous une autre, travaillent au renversement du régime actuel et à son remplacement par l'anarchie pure et simple. La liberté de la presse est certainement une des plus respectables, mais elle ne peut pas être la liberté de la boue et du poignard, pas plus que la liberté individuelle ne saurait avoir pour corollaire la transformation du pays en un bagne en liberté. *Est modus in rebus.* La liberté a pour borne naturelle ce qui peut nuire aux autres. C'est la définition philosophique qu'en donnait Saint-Just, et ce prud'homme sanguinaire, qui portait sa tête comme le Saint-Sacrement, suivant Danton, avait raison. En déniant aux compagnies le droit de déterminer les publications qui peuvent être vendues dans leurs gares, le gouvernement a commis une iniquité, il a porté atteinte au droit de propriété et il s'est privé d'une force, car il aurait toujours pu faire interdire ainsi la vente des publications hostiles à la République, sans avoir l'odieux de cette sélection. Le douanier, qui après avoir examiné à Quiévrain les bombes Orsini et les avoir laissé passer comme article sans valeur, non prévu au tarif, serait un lynx en comparaison des fonctionnaires qui président administrativement à la répartition dans toutes les couches sociales de ces ferments de guerre civile.

XXXII

Transports d'intérêt public

Ce n'est pas par philanthropie, mais par économie que la direction des services pénitentiaires s'est décidée à faire par chemin de fer le transport des prisonniers. Il y a plus de quatre-vingts ans que cette administration est au pouvoir de fonctionnaires plus ou moins affiliés à la secte philanthropique, aïeule de la sociologie à la mode. Mais la philanthropie officielle a de tout temps été une hypocrisie pure et simple. M. Lebon, l'ex-ministre des colonies, dont le nom ira à la postérité comme celui d'un tortionnaire de haute école, n'a rien innové. Les néo-orléanistes qui vantent les beautés de l'administration du roi jacobin qui rouvrit la parlote de l'Académie des sciences morales et politiques, les laudateurs des bienfaits de l'époque constitutionnelle, n'ont qu'à se rendre au Mont-Saint-Michel et s'ils sont encore du tempérament de ceux qui sont républicains à vingt ans, ils frémiront quand ils verront les cellules inhumaines où furent enfermés des hommes honorables comme Raspail et Blanqui qui n'avaient d'autre tort que d'avoir conspiré à l'exemple du chef de l'Etat, et ils verront, si leurs yeux peuvent découvrir quelque chose dans ce *dark night*, le trou infect dans lequel un précurseur de l'architecte de l'île du Diable fit plonger Armand Barbès, ce chevalier révolutionnaire, auquel depuis on a élevé une statue, tandis que l'on n'en élèvera jamais à ceux qui furent les auteurs de cette infamie administrative. Ne parlons donc pas de la philanthropie officielle. On ne peut pas concevoir de spectacle plus émouvant et plus hideux à la fois que la vue des bandes de galériens que l'on conduisait de Paris, à Brest ou à Toulon, enchaînés, serrés entre des êtres farouches armés de lourds bâtons, qui étaient des gardes-chiourmes, et escortés par des gendarmes à l'aspect sinistrement grotesque avec leurs chapeaux en bataille. Les condamnés à la détention ou à la prison étaient simplement attachés par des cordes et conduits par des gendarmes. Seuls, les prisonniers politiques étaient transportés dans des voitures, soigneusement escortés. Ces voyages étaient très pénibles pour les forçats que la population injuriait sur leur passage, et qui étaient tenus à parcourir les étapes indiquées, sans considération pour leurs souffrances ou leur fatigue. C'est seulement là où il y avait des voies d'eau avec service de batellerie que, par économie, on embarquait ces malheureux, avec lesquels on ne tenait pas compte de l'axiome : *Res sacra miser*.

Le populaire *panier à salade* existe à Paris depuis la Restauration ; mais c'est pour la commodité de l'administration, afin d'éprouver moins de déchet dans la translation des prisonniers, et non pas pour éviter au prévenu, au coupable ou au condamné, le supplice des quolibets du public, c'est par égoïsme administratif, disons-nous, que l'on a eu recours à ce moyen de transport. Dès 1843, on a pensé à convoyer les condamnés en chemins de fer avant d'utiliser cette voie pour le transport des courriers, quoique l'essai eut été fait dès 1838 sur le chemin de fer de Saint-Germain, mais c'est sous l'Empire qu'en raison de l'extension du réseau, on a organisé systématiquement ce service qui s'exécute généralement par des trains de nuit au départ, et qui ne donne plus lieu aux scènes scandaleuses que provoquait le passage des chaînes. C'est là un nouveau service rendu par les chemins de fer.

Les institutions de bienfaisance ont aussi à se louer de la facilité des transports. A Paris, l'aller à l'hôpital n'est rien, attendu qu'il y a toujours eu des fiacres, depuis que les distances sont longues. Au contraire, dans les départements, les malades qui avaient à faire quelques lieues à pied ou en charrette, car la misère n'a pas beaucoup de choix, voyaient incontestablement leur état s'aggraver considérablement : aujourd'hui, ils font le voyage dans le train où beaucoup sont mieux que dans leur lit. Les allées et venues des nourrices, et la répartition des nourrissons dans les campagnes, y ont aussi gagné beaucoup au point de vue de la dépense et de l'hygiène, on peut, en effet, se figurer ce qu'étaient les carrioles et les auberges où ce monde s'entassait. Aussitôt qu'il y eût des chemins de fer, nourrices et *menins* en ont profité. Dès l'origine aussi et sans aucune suggestion de l'Etat qui ne s'en occupait pas et n'avait pas à s'en occuper, les compagnies ont accordé facilement des billets à prix réduit aux gens sans ressources de la catégorie de ceux auxquels on donne des secours de route et que cependant encore, sur certaines lignes de gendarmerie on reconduit paiemment de brigade en brigade pédestrement, au lieu de les expédier en grande vitesse escortés ou librement. Mais la routine est inflexible.

Tout d'abord, on a compris, en France, l'importance que les chemins de fer pouvaient avoir au point de vue militaire, dont les Anglais se souciaient peu. Toutefois, ce n'est que dans les concessions postérieures à juin 1837 et sur l'initiative du maréchal Soult, que l'on a eu l'idée d'exiger des conditions spéciales de rabais pour les militaires voyageant en troupe ou isolément avec feuilles de route, faveur qui a été doublée, étendue aux officiers voyageant pour leur plaisir en uniforme et même en civil.

On sait avec quelle prodigalité le bénéfice de cette mesure a été accordé
à une foule de fonctionnaires de tout ordre, de sorte que le premier
des fonctionnaires de l'Etat, celui qui donne le souffle aux autres, le
grand fonctionnaire, le fonctionnaire nécessaire, indispensable, celui qui est
la fonction vitale elle-même de la société, le contribuable, est le seul à payer
sa place au tarif. *Sic vos non vobis.* C'est certainement là un des côtés du
chemin de fer auxquels on n'avait pas pensé à l'origine. On ne saurait
estimer en argent le montant de ces remises, parce que les gens qui en
profitent, ne voyageraient pas autant, s'ils devaient payer intégralement
leurs billets, mais ce qui est certain, c'est que si on défalquait des
dépenses des chemins de fer, les *passivités* que représentent les services
publics et autres fantaisies contemporaines, on élèverait le coefficient de
recettes, ce qui abaisserait celui de dépenses et on pourrait diminuer sensiblement les tarifs qui sont beaucoup trop élevés eu égard au double but
que se sont proposé les initiateurs de cette industrie, but qui doit être
poursuivi dans l'intérêt social.

<h2 style="text-align:center">XXXIII</h2>

<h3 style="text-align:center">Les Buffets</h3>

Dans le bail de la ferme des Messageries, sous l'ancien régime, le
cahier des charges obligeait le soumissionnaire à tenir à la disposition des
voyageurs, des hôtels convenablement tenus, — car, à cette époque, on ne
voyageait pas la nuit, — et même des chapelles où les dimanches et jours
de fête une messe devait être dite avant le départ des voitures. Telles
étaient les conditions du bail de 1775 dans lequel figurèrent, pour la première fois, des voitures à deux compartiments séparés, de la forme de
celles qui circulent encore en France et que l'on appela *turgotines*, du
nom du Contrôleur général des finances. Lors de l'établissement des chemins de fer, l'administration ne s'occupa pas de la nécessité de fournir aux
voyageurs les moyens de se sustenter et de se rafraîchir pendant leur
séjour dans l'enceinte des voies ferrées. L'initiative vint des cantiniers
ou buvetiers établis à proximité des gares, qui comprirent qu'ils feraient
de meilleures affaires encore, s'ils pouvaient mettre leurs débits en communication avec les quais d'embarquement et de débarquement. Il y eut,
dès l'origine, un buffet à la gare du Pecq, mais le premier qui fonctionna
dans les conditions d'un restaurant de première classe, comme installation,
fut celui d'Orléans, car cette ville étant un point de passage important, il
y affluait nombre de voyageurs qui avaient à attendre le départ des trains.
Il n'y avait d'abord que des viandes froides et du café; mais on ne tarda
pas à y ouvrir une table d'hôte à l'arrivée et au départ de chaque train.
Ces établissements se généralisèrent : ils devinrent même des centres
culinaires importants dont la réputation gastronomique, pour certaines
spécialités, donnait lieu à un sérieux mouvement de voyageurs; ayant un
grand mouvement d'affaires, ils firent souvent une concurrence victorieuse
aux hôtels des localités où ils étaient établis et donnèrent lieu à des
plaintes de la part des industriels lésés. On trouvait également dans ces
buffets des produits spéciaux au pays, que les voyageurs achetaient volontiers.

Cette industrie a presque complètement disparu : les buffets qui subsistent sur les grandes comme sur les petites lignes, ne sont plus que des

établissements d'ordre secondaire où on ne trouve rien, parce que l'on ne demande rien, sachant bien que l'on n'y trouvera rien. C'est le wagon-restaurant qui a tué cette importante industrie, au détriment de l'art culinaire, de la vente des comestibles de choix, et surtout des voyageurs qui ne trouvent dans cette cuisine ambulante, que des mets peu savoureux, mal condimentés et saupoudrés de la poussière qui pénètre abondamment dans les voitures par les *reniflards*, sans lesquels on y serait asphyxié entre le fumet des plats et les gaz de la digestion des convives. La vitesse est très appréciable, mais ce ne sont pas 30 minutes d'arrêt dans une journée qui sont à considérer en comparaison d'un mauvais dîner, pendant lequel on est exposé à se mettre la fourchette dans l'œil, horrible conséquence qui met en jeu la responsabilité des compagnies.

La cuisine ambulante installée à Paris dans les omnibus vers 1839, par le vicomte de Botterel, ancien secrétaire d'ambassade, est un crime de lèse-civilisation, car elle est attentatoire au développement du bien-être. En bonne justice, ce serait aux voyageurs de troisième, moins soucieux de leurs aises et habitués au besoin à se contenter, tout au moins dans le Midi, à se contenter, disons-nous, d'un morceau de pain frotté d'ail, que l'on devrait offrir ces repas indélicats que Carême n'aurait pas voulu contresigner, et que Brillat-Savarin n'aurait certainement pas mangés. C'est le progrès à rebours et si c'est là la démocratie, tous les gens de goût demanderont qu'on les ramène à l'aristocratie, à ces temps glorieux pour les maîtres-queux de génie, alors que le cuisinier du prince de Soubise ne comptait pas moins de soixante-douze jambons pour faire un coulis. Si les wagons-restaurants ne faisaient de tort qu'à ceux qui s'y asseoient, il n'y aurait que demi-mal, mais ils ont complètement annulé les buffets, tombés au pouvoir de gens incapables ou découragés qui, ne sachant pas les exploiter, les laissent manquer de tout, de sorte que les voyageurs perdent l'habitude d'y aller chercher ces riens coûteux dont on avait jadis l'habitude de se pourvoir, bonbons, caramels, chocolats, pralines, le tout frais et de première qualité. Les spécialités elles-mêmes ont disparu : on ne trouve pas un pâté à la gare d'Amiens, pas une boîte de cottignat aux Aubrais, *et sic de cæteris;* mais, en revanche, on trouve dans les gares toute la pornographie courante et toute la presse dont le ton crapuleux ferait renier de la liberté.

Il n'y a pas une seule gare, en France, où on puisse prendre soit une glace, soit un verre de vin chaud, soit même une tasse de thé. Autrefois, on avait, de minuit à huit heures du matin, du bouillon chaud et tout le long du jour et de la nuit, des boissons fraîches ou bouillantes, suivant les saisons. En 1902, il faut aller en Espagne pour être sûr d'obtenir un verre d'eau, à toute heure, en toute saison et en tous lieux, car une *aguadora* passe la nuit pour gagner souvent un seul sou. Lorsqu'on franchit la frontière, la pauvreté de l'installation de quelques-unes de nos gares frontières, telle que celle de Blanc-Misseron, est aussi un objet d'étonnement : quant à celle des buffets, buvettes ou cantines, sur certaines lignes des plus huppées, elle est inexprimable. Il serait vraiment à désirer qu'un ministre intelligent obligeât les compagnies à pourvoir à ces services accessoires qui, il y a cinquante ans, étaient parfaitement organisés et qui sont en ce moment dans un abandon complet, les salles d'attente ayant été privées de tapis, d'objets d'art et de sièges luxueux, les buffets de leurs étalages à la mode de Chevet, les voitures de première classe de leurs soieries et de leurs tapis moelleux.

XXXIV

Les lieux d'aisance

Par cela seul qu'ils réunissaient un grand nombre de personnes sur un même point, les chemins de fer ont nécessité le fonctionnement de services obligatoires, indispensables, là où il y a des foules, quoique dans les fêtes publiques on n'y eût jamais pensé, jusqu'à ce que le Corse Stefani conçut l'idée d'organiser des latrines ambulantes pour suivre l'Empereur, en prévision du grand nombre de curieux agglomérés sur le passage du souverain. Ce fut sur le chemin de fer de Saint-Germain que l'on pensa, pour la première fois, à ce complément du souci du bien-être des voyageurs, qui était abandonné au caprice individuel sur les lignes de la Loire. Cependant la première mention officielle a rapport en 1846, au déplacement des lieux de la station de Blois qui occasionna une longue négociation entre le ministre des travaux publics et la Compagnie d'Orléans à Bordeaux.

Cet accessoire des salles d'attente et des quais d'arrivée s'est généralisé partout, mais malgré les efforts des ingénieurs et les revendications des hygiénistes, ces dépendances ne sont pas partout installées dans des conditions convenables de propreté. Si l'on en excepte les grandes gares où l'affluence du public des deux sexes justifie la création de locaux soigneusement entretenus, l'état des *lieux* est dans un état réellement dégoûtant. Sur certaines lignes de l'Etat et sur d'autres de toutes les catégories, l'abandon dans lequel on laisse les *privés* est absolument scandaleux ; il semble que chacun s'en tienne au *de minimis non curat prœtor* qui n'est que le prélude du *lasciate ogni speranza*. Il n'y a cependant pas de minimum dans les services publics et nous ne devons pas renoncer à tout espoir. Il est vrai qu'il n'y a pas d'ouvrages spéciaux sur la matière dans ses rapports avec les chemins de fer ; mais chaque chef de section peut y suppléer et le chef des services de la voie ou du mouvement, suivant que cette *cure* sera attribuée à l'un ou à l'autre, trouve aisément à se renseigner sur les désinfectants à employer, sur le nettoyage automatique des sièges et sur les moyens de prévenir le débordement spontané des fosses, qui se produit journellement et qui a des inconvénients faciles à comprendre pour les voyageurs et pour le personnel des gares. L'emploi des tinettes mobiles et la saturation au moyen de matières pulvérulentes sont des expédients tout indiqués et déjà signalés par les hygiénistes. Ce qu'il y a surtout de défectueux dans les gares de chemins de fer, c'est moins la disposition de l'outillage que l'usage qui en est fait par le public, lequel ne s'astreint à aucune tenue. En France particulièrement, et suivant un courant qui va du nord au sud, l'indifférence en cette matière est notoire. Les lieux dans les auberges sont généralement effroyables, quoique depuis quelques années le *Touring-Club* ait fait de grands efforts afin d'améliorer cet état de choses ; mais cette association a le tort de demander de l'élégance et de la recherche là où, pour le moment, il faudrait se contenter de la propreté. Cependant il y a encore beaucoup à faire, et il y a des localités que l'on doit éviter à cause de l'incroyable saleté de ces locaux dans les hôtels. Dans beaucoup même, on trouve encore dans les chambres de voyageurs, l'épouvantable chaise percée, en forme d'*Histoire des Pays-Bas,* qui est un souvenir du confort aristocratique d'antan, alors que les dames de la Cour allaient le soir satisfaire leurs nécessités corporelles dans les coins des cours du palais de Fontainebleau. On connaissait cependant les *necessaria* et dans le plan du monastère de Saint-Gall, qui remonte au IXe siècle, leur emplacement est parfaitement indiqué avec la *lucerna* qui les éclairait la nuit.

Il y a encore des villages en France, en Espagne, en Italie et dans beaucoup de pays, où il n'y a d'autres cabinets que ceux des chemins de fer, et on va à la gare comme à Londres chez le pharmacien, quand on ressent quelque besoin. Les chemins de fer ont fait pénétrer dans les coins les plus reculés du territoire, je ne dirai pas la civilisation, ces détails du *curriculum vitæ* n'en étant qu'une infime facette, mais une certaine décence de mœurs, en opposition avec les coutumes animales en usage sur quelques points de la France, car, pour beaucoup de choses l'Espagne et l'Italie sont plus avancées. Ce n'est pas seulement par la facilité des voyages, par les points de contact qu'ils ont multipliés en facilitant aux habitants des vallées les plus reculées, l'accès des estuaires où le raffinement des coutumes tient ses assises, et en permettant aux habitants plus sensuels des ports de mer de remonter jusqu'au fond des bassins hydrographiques en y transportant leurs goûts et leurs besoins, ce n'est pas seulement par les rapprochements qu'ils ont amenés, que les chemins de fer ont produit cet effet de métamorphisme : c'est aussi par l'exemple qu'ils ont donné. Chaque employé qui, de la périphérie où s'élabore la vie moderne, a été envoyé vers le centre, a été en quelque sorte un missionnaire. La Bretagne et l'Alsace, restées l'une bretonne, l'autre allemande, sans que quatre siècles pour l'une et deux et demi pour l'autre aient pu les assimiler à la France, montrent bien l'insuffisance des procédés ordinaires d'uniformisation. La langue même n'est pas devenue commune. Dans toute la Bretagne, dans une partie du département du Nord, dans le pays basque, dans les Pyrénées-Orientales et aux extrémités de la Provence, on ne peut pas demander son chemin en français. Les chemins de fer sont les instruments spontanés de cette unification trop lente, qui serait rapide si on voulait la poursuivre systématiquement en recrutant le personnel destiné à ces cantons récalcitrants, dans des régions où l'expression géographique qu'est la France, est, d'ores et déjà ethnographique, et où la fusion des intérêts a produit la race française. C'est là, assurément, un des bienfaits des chemins de fer que l'on a eu le tort de confier à la spontanéité des événements. Sans doute, l'action du temps et des intérêts est puissante et elle a fait beaucoup pour rapprocher le Provençal du Flamand et le Gascon du Bourguignon ; mais c'est bien le cas de dire : Aide-toi, le ciel t'aidera. Or, aucun gouvernement ne s'est jamais occupé de cette question. L'ancien régime, avec son respect des droits individuels et de la foi jurée, laissait subsister cette marqueterie nationale. Le nouveau a cru que le couperet de la guillotine était le remède à tout et que le fédéralisme était un vain mot : c'est une erreur ; sans l'action centripète et centrifuge, en même temps, exercée par les chemins de fer, l'esprit provincial se serait partout réveillé, plus qu'il ne l'a fait encore, car c'est l'esprit à la fois royaliste et religieux, l'esprit du terroir réactionnaire par excellence.

XXXV

La Télégraphie

La télégraphie électrique, mère de la téléphonie, qui joue un si grand rôle dans le monde et qui est une des manifestations les plus éclatantes du génie de l'homme auquel elle ouvre des horizons illimités, n'a dû son rapide développement qu'aux chemins de fer dont elle devenait un auxiliaire indispensable, car même avec la double voie, il y a des moments où le graphique doit être modifié, où la situation d'un train doit pouvoir être connue, et où la nécessité de la transmission des signes explicatifs à de grandes distances, est absolument indispensable. La télégraphie électrique mit à néant les divers procédés que l'on avait timidement essayés à cet effet, le gouvernement montrant beaucoup de mauvaise volonté contre ces tentatives. Il semble que le droit de communiquer fut un droit régalien et que la sûreté publique, le sort des institutions, dépendissent du moment où le fait deviendrait public, car, de toute façon, l'événement qui s'était passé à Marseille, finissait par être connu à Paris : le retard ne devait être qu'une question d'heures : le fait lui-même ne pouvait pas être supprimé.

Cependant le gouvernement considérait si bien le télégraphe comme un instrument de règne que, lorsqu'en 1844 on commença à en envisager l'application, comme possible aux chemins de fer, le ministre de l'intérieur, le comte Duchâtel, qui cependant était un doctrinaire, et ce qui ne gâte rien, un homme d'esprit, jeta littéralement les hauts cris. « Prenez garde, écrivait-il à son collègue des travaux publics, les chemins de fer veulent des télégraphes électriques, c'est un danger et, en tout cas, il faudra une réglementation étroitement sévère ». Le premier qui affronta la bourrasque fut M. Emile Pereire, lequel demanda à établir un télégraphe électrique entre Versailles et Paris, le long du chemin de fer de la rive droite. Le préfet de police restait pensif et semblait se répéter : ce fil de fer ne me semble rien qui vaille. Après de longues démarches, M. Pereire fut autorisé, au mois de janvier 1845, avec une foule de restrictions, que nous trouvons aujourd'hui burlesques, et que l'on connaîtra à leur date dans la *Bibliographie*. Par cette porte ouverte, la Compagnie du chemin de fer de Paris à Rouen, qui n'aimait que celles-là, passa à son tour. Lorsque M. Duchâtel vit la tournure que prenaient les choses, il fit résolument contre fortune bon cœur, et changeant son fusil d'épaule, comme devait le dire un de ses successeurs, pour une autre conversion, il poussa les chemins de fer à établir la télégraphie électrique le long de leur voie, afin d'attacher à leurs poteaux les fils administratifs, et il demanda que dans les concessions futures le droit de l'Etat à se servir des voies ferrées pour poser ses poteaux télégraphiques, là où il n'userait pas de ceux des compagnies, fût clairement exprimé. L'administration exigea même des permis de circulation pour le personnel chargé de la pose et de l'entretien.

Cet expédient, qui ne nous paraît rien aujourd'hui que le fil a baissé de 70 0/0, que les millions sont aussi communs que les mille autrefois, et qu'en posant un fil on sait ce qu'il produira, cet expédient, je le répète, hâta de plus de dix ans le développement du réseau télégraphique français, qui a servi de modèle à ceux du monde entier. On a pu, en quelques années, correspondre avec toutes les localités de quelque importance, de sorte qu'avec un exprès à cheval, tous les gens riches pouvaient, dès 1853, recevoir en six heures au plus une nouvelle qui, par la poste, eût tardé deux jours.

On n'était pas certain tout d'abord du résultat commercial que donnerait la télégraphie, et lorsque M. Carmichaël vint à Paris pour le télégraphe sous-marin de Douvres à Calais, en 1851, on se moquait de lui dans les milieux où on balance le doit et l'avoir. Le fait certain c'est que si on eût continué, comme on l'avait commencée, l'exploitation du télégraphe, on aurait eu peu de succès. A l'origine, il fallait, à Paris, aller à la rue de Grenelle, à la Direction, pour remettre les dépêches. En 1850, on ouvrit une cabine rue de Richelieu, en face de la rue de la Bourse ; mais pour être admis à déposer une dépêche, il fallait d'abord prouver son identité par un document qui fut agréé par le censeur chargé de cet examen préalable. (Loi du 8 décembre 1850). Après quoi, on taxait à des prix élevés, — 3 francs pour 20 mots, plus 0.12 par myriamètre, total 11 fr. 28 de Paris à Bordeaux, termes dont la computation prenait un certain temps, — puis on examinait le texte de la dépêche de peur que la sûreté de la République ne fut compromise. La remise de la copie était également entourée de formalités cabalistiques, comme s'il y avait quelque danger à ce que le contenu fort anodin de ces confidences fut connu d'une personne de plus ou de moins. On dut revenir à des procédés plus simples, qui firent la réussite de ce genre de communications dont 95 0/0 sont oiseuses et pourraient être différées. De toute façon, on doit aux chemins de fer la conquête de ce nouveau bienfait de la civilisation, car il était impossible de refuser aux compagnies le droit d'employer ces signaux et il était impossible d'empêcher les employés de se transmettre des nouvelles politiques ou autres, d'où l'obligation de concéder au public des facilités, dont sans cela il se serait emparé sans permission et sans payer de droits au fisc.

<h2 style="text-align:center">XXXVI</h2>

Industries agricoles

Toutes les industries ont gagné à l'établissement des chemins de fer, parce que ceux-ci, étant gros consommateurs de tous les articles dont ils avaient besoin, assuraient à leurs fournisseurs des commandes si considérables que ces derniers avaient un intérêt direct et tangible à modifier leur outillage, afin de se mettre en mesure de donner satisfaction à un client dont la solvabilité ne faisait aucun doute. La fabrique française était très au courant de ce qui se faisait en Angleterre, — le seul pays qui nous fût supérieur, — mais vouée aux demandes du marché français, sauf en ce qui concerne les articles de haut goût pour lesquels le tour de main défiait les mécaniques, elle préférait s'en tenir à la routine qui lui procurait de beaux bénéfices, que de tenter des innovations coûteuses d'installation dont l'établissement eût dérangé de vieilles habitudes et amené une intensité de production telle que le placement eût été difficile. Mais si, en somme, l'industrie manufacturière campée sur des fleuves qui lui apportaient le charbon, pouvait s'accommoder pour ses produits des moyens de transport sur les routes royales, systématiquement rectifiées, afin de diminuer les rampes et d'alléger les frais de traction, l'industrie agricole, dans toutes ses branches, dût à l'amélioration des voies de communication une vie nouvelle.

La production et la consommation sont inséparables, car on ne produit que pour vendre ou consommer soi-même, et on n'achète que pour consommer ou revendre à d'autres consommateurs. Par conséquent, les deux termes sont connexes et concourent à la solution de la même équation, la prospérité générale, l'enrichissement du producteur et la satisfaction des consommateurs. Les chemins de fer, par ce fait seul qu'ils diminuaient les frais de transport de 75 0/0 en moyenne, ont étendu le rayon d'approvisionnement. La denrée, qui par charrette venait de 10 kilomètres, a pu venir de 40, et ce qui venait de 20, de 80. Des tarifs différentiels ont même permis de dépasser ces maxima et le lait, par exemple, que l'on apportait auparavant de villages situés à 20 kilomètres au plus du parvis Notre-Dame, point de départ du kilométrage, ne tarda pas à arriver de 100 kilomètres, dès l'ouverture des chemins de fer de Rouen et d'Orléans. La Beauce et la Normandie étaient devenues la banlieue. Il en fut ainsi de tous les articles qui entrent dans la consommation générale. Les producteurs des départements de la Seine, de Seine-et-Oise et de Seine-et-Marne, y perdirent sans doute, mais tous les autres y ont gagné.

Toutefois, ce n'était pas assez d'ouvrir, à une zone de plus de 200 kilomètres de rayon, le marché de la capitale : les chemins de fer ont aussi concentré les consommateurs à Paris, car s'ils n'y avaient pas donné cette faculté sensiblement illimitée d'approvisionnement, la ville n'aurait pas pu se peupler comme elle l'a fait et elle serait restée considérablement infé-rieure à la cité londonienne, dont la mer baigne les magasins et vers laquelle peuvent converger toutes les marines du monde. Avec son fleuve qui, tant bien que mal, la nettoie, avec le réseau de chemins de fer qui la dessert, Paris n'a plus qu'un obstacle à l'accroissement indéfini de sa population, le manque d'eau. La puissance de transport des chemins de fer n'a pas de borne, et comme c'est un instrument doué d'assez de souplesse pour pouvoir être dirigé à volonté, les agglomérations de population pourraient devenir nation. Si on résout, par l'apport des lacs suisses, la question d'alimentation en eau potable, Paris, quelle que soit la situation politique de la France, est destiné à s'accroître en proportions presque géométriques : mille nouveaux immigrants, en effet, en attirent mille autres pour les servir de tout ce dont ils ont besoin, car ces immigrants sont des consommateurs riches, ainsi que le démontre l'accroissement des habitations de luxe.

Ce n'est pas là le seul service que les chemins de fer aient rendu à l'agriculture : ils ont permis à cet art primordial de se transformer de deux façons, en ajoutant de nombreux *item* au catalogue de ses produits, et en lui permettant d'appliquer la culture intensive à toutes ses opérations. Beaucoup de cultures horticoles qui ne se pratiquaient que dans des carrés de jardins, ont pu se faire en plein champ et ont fourni à la consomma-tion des éléments nouveaux, fort appréciés, dont la rareté seule avait jus-qu'alors paralysé la demande. La production, surexcitée par des offres d'achat qui jamais ne se lassent et qui se font chaque jour plus répétées, a dû s'ingénier pour trouver des procédés euphorimétriques capables de rendre la récolte continue, à l'instar des autres opérations industrielles qui, pourvu qu'on leur donne de la matière première, rendent des produits fabri-qués, sollicités et recherchés. Le temps des assolements plus ou moins espacés et des longues siestes de la terre au soleil, sous prétexte de repos, est passé. Au lieu de s'en remettre à l'action de l'eau, de la cha-leur, du froid et des jours, et à la sidération naturelle, pour déterminer les réactions nécessaires à une végétation utile, on a pensé que de même qu'on donne à l'homme des sels pour fomenter les sucs que son organisme éla-bore, on pouvait avantageusement aiguiser le métamorphisme du sol autre-ment qu'avec les condiments stercoraires et l'antique marnage. On a donc conçu le système des engrais chimiques, lesquels sont simplement des réac-tifs qui favorisent le travail de la végétation, ainsi que les levures agissent sur la pâte ou sur les liquides. Avec ce système, la terre ne chôme pas : elle est toujours en fermentation, elle produit toujours, puisque la produc-tion est le résultat de cette fermentation : l'effet même des saisons en est affecté et les récoltes se font beaucoup plus tôt.

Or, cet emploi intelligent de ce qu'on appelle les engrais chimiques, serait impossible, si les chemins de fer français n'avaient pas un développement de 55,000 kilomètres pour 536,408 kilomètres carrés, et ne formaient pas comme les veines qui font circuler le sang artériel dans ce vaste espace. Le gain que laisse le travail de la terre, est si peu considérable, que l'emploi des engrais ou amendements est absolument subordonné à leur prix de revient, sur lequel les frais de transport exercent une influence principale. A défaut des chemins de fer, ni les canaux, ni les routes n'auraient pu rendre ce service. D'ailleurs, à quoi bon produire? il n'y aurait pas eu de consommateurs, les produits eussent pourri sur place. Il faut avoir un âge déjà avancé et avoir observé de bonne heure, pour se rendre compte de la transformation que les chemins de fer ont fait éprouver à la société française, qui jouit présentement du fait accompli, comme si cet état de choses était uniquement la conséquence de la succession du temps ou une des emphatiques conquêtes de la Révolution. La surface s'est renouvelée, et il s'est fait une utilisation du sol qui est merveilleuse. On disait jadis : nulle terre sans seigneur; on peut maintenant remplacer ce dicton par celui-ci : nulle terre sans produit.

Les chemins de fer ont aussi facilité la locomobilité des machines agricoles et les expositions régionales où le laboureur a pu, sans être distrait par la *danse du ventre*, comparer *de visu* son outillage primitif à l'outillage perfectionné des exploitations prospères. Sans doute, dans l'œuvre des constructeurs tout n'est pas parfait, et il faudrait pour bien faire, que chaque appareil fut ajusté au cas dans lequel il doit fonctionner, à l'état du sol et de la paille du blé qu'il doit moissonner, à celui du grain qu'il doit battre, mais même avec leur mercantilisme, quelquefois périlleux pour les autres, les constructeurs ont le mérite de mettre en circulation un certain nombre d'idées générales dont les hommes expérimentés peuvent tirer parti. Les comices agricoles ne semblent pas avoir une sérieuse utilité et ils sont un peu comme les fermes-modèles d'antan, où on enseignait aux cultivateurs du Midi les méthodes flamandes et à ceux du Nord l'acclimatation du mûrier, de la vigne, ou de ce fameux sorgho, qui fut une des fiches de la politique impériale, en compagnie de l'inénarrable drainage, comme si l'idéal du progrès était ce chassé-croisé de culture qui donne à Montpellier de la betterave sans sucre et à Argenteuil du vin sans alcool. Cependant si quelquefois ces *palabres* réactionnaires, auxquelles Dupin l'aîné donnait résolument ce caractère, il y a plus de cinquante ans, ont eu quelque utilité, c'est quand leurs organisateurs en ont fait des occasions d'expositions auxquelles, avec le concours bienveillant des compagnies de chemins de fer, les constructeurs, marchands de semences et d'engrais, ont pu accourir, suivis de visiteurs qui, une fois les ressources du pays connues, ont pu y devenir acheteurs de produits dont l'existence leur a été révélée dans ces excursions. Les plus humbles industries forestières, celles des manches de pioche ou de fouets et des bois courbes de frêne pour les chaisiers, sont devenues des sources de profits, jusqu'alors totalement inconnues, car généralement ceux qui, dans la localité, en avaient besoin, se contentaient d'aller les couper chez le voisin plus fortuné, sans que celui-ci songeât à en exiger aucune rétribution. Des bois de peu de valeur, et que souvent l'on ne coupait pas faute d'acheteur, ont trouvé un emploi avantageux dans la fabrication des traverses, dont plus de 125 millions servent de supports à plus de 12 milliards de kilogrammes de rails, chiffres vertigineux, devant lesquels l'imagination recule.

Quelques ingénieurs, férus du culte de l'aubépine et de la simple épine, avaient fondé beaucoup d'espérance sur les haies vives. On avait même proposé de les former avec des framboisiers dont on aurait utilisé les baies savoureuses. On s'était mépris : ces haies, restées chétives et rabougries, ont pu être remplacées avantageusement par des grillages en bois dont le modèle, d'origine bordelaise, a fait le tour de l'Europe. On avait cru, et ceux qui craignaient que la large emprise des voies sur le sol ne diminuât la production, — crainte manifestée par Young en 1789 pour les routes, — avaient même démontré, avec la rigueur du syllogisme, que sur les talus on pourrait planter des acacias, essence vivace, d'une croissance rapide, fournissant un bois très dur, légèrement gommeux, résistant à l'humidité et propre à la confection des traverses. Ce pronostic n'a pas abouti. L'arbre épineux, auquel M. Alphand devait faire les honneurs du Bois de Boulogne, n'a pas seulement fourni une seule bille autochtone aux chemins de fer. L'herbe même des talus ne vaut pas la peine d'être utilisée et on se contente de la brûler volontairement, pour éviter que les étincelles échappées de la locomotive n'y mettent le feu et ne provoquent l'incendie des récoltes voisines. Louis Figuier s'est beaucoup emballé à une certaine époque pour l'éducation des escargots sur les talus de chemins de fer : mais il n'y a, à ma connaissance, que la Compagnie de l'Ouest qui, sur le tronçon d'Argenteuil, ait tenté cette utilisation restée sans lendemain.

Il n'est pas jusqu'à la floriculture qui n'ait eu à ressentir d'une façon frappante, visible et tangible, le souffle puissant des chemins de fer, car ce genre de locomotion permet de venir assez rapidement de Nice à Paris, pour que cette marchandise, dont la fraîcheur fait tout le prix et que l'on n'achète que quand elle plaît, puisqu'elle ne sert qu'exclusivement au plaisir des yeux, arrive en état de pouvoir figurer dans un bouquet, sans l'épithète ignominieuse de fanée. En ouvrant aux jardiniers, des débouchés inespérés, les voies ferrées ont fait de ce métier de gagne-petit, une riche industrie, et de la plate-bande où croissaient et multipliaient quelques pieds de violettes ou de giroflées, de vrais champs de culture. Mais le jardin lui-même a subi le contre-coup des chemins de fer. M. Emile Pereire, qui avait un grand sens artistique, avait, en effet, rendu très coquettes les stations des chemins de fer de Versailles et de Saint-Germain et y avait adjoint des jardins du plus ravissant effet, qui arrachaient des exclamations d'admiration aux Belges et aux Anglais accoutumés à des gares dépourvues de toute attraction. C'était, du reste, le temps où M. Scribe émettait ce principe d'économie mercantile :

> Veut-on que l'acheteur donne ?
> Il faut parer sa personne
> Autant que son magasin.

Les autres compagnies de chemins de fer suivirent cet exemple et le jardin devint un service accessoire. Des arbustes rares et des graines ou des bulbes de plantes modernes furent ainsi propagés dans les campagnes où on ne connaissait que le rosier, le réséda, l'œillet et le basilic. Ce détail d'agrément est aujourd'hui négligé, sans doute à cause de la garantie d'intérêt, le contrôle de l'Etat ne voulant pas que les compagnies aient un personnel spécial pour les jardins et le personnel des autres services étant insuffisant pour consacrer à ce superflu l'attention nécessaire. Dans quelques années, les jardins auront probablement disparu, et à leur place on mettra le kiosque du marchand de journaux. Peu à peu disparaissent ainsi l'élégance et la distinction que les fondateurs des chemins de fer avaient données à leur création, faisant pénétrer partout le luxe que l'école saint-simonienne élevait avec raison à l'état de droit social et auquel elle accordait une si large part dans l'existence. Mais pendant la période qui a duré jusqu'à la catastrophe de 1870, les jardinets des gares ont été sur tous les réseaux, entretenus avec soin et ont servi à vulgariser de belles espèces dont on retrouve avec plaisir les spécimens dans le compartiment des fleurs du jardin de la plus humble chaumière, car dans le Nord comme dans le Midi, la fleur réjouit de son inutilité gracieuse la demeure du pauvre aussi bien que celle du riche.

XXXVII

La Politique et les Chemins de fer

Pecqueur a dit, avec raison, que le machinisme, dont après tout les chemins de fer ne sont qu'une manifestation, réaliserait dans l'ordre matériel le même phénomène, ou la même révolution, que l'imprimerie dans l'ordre intellectuel. L'idée est juste, mais, pratiquement, le résultat est le même : si le niveau moyen de l'humanité s'est élevé, les sommités sont restées les mêmes. Les plus grands génies dans la civilisation de la partie du monde qui participe à notre civilisation et qui en fut le berceau, les trois esprits supérieurs par eux-mêmes ou par la supériorité que leurs disciples leur ont reconnue, ce sont Moïse, Jésus-Christ, Mahomet, qui, de leur intellect, ont fait jaillir une puissance de domination victorieuse de la force brutale, toujours éphémère. Or, ces hommes-là n'ont pas eu besoin de l'imprimerie pour asseoir leur suzeraineté presque psychique : la parole leur a suffi et c'est peut-être à cette absence de formules positives et tangibles, comme en contiennent les discours imprimés, qu'il faut attribuer le succès que n'ont pas pu atteindre les novateurs modernes qui mettent à profit la rapidité de la propagande et la diffusion illimitée que permet l'emploi de caractères mobiles.

Avant les chemins de fer aussi, les hommes se déplaçaient et pendant tout le moyen âge même, alors que les voyages étaient presque des explorations, on voit les savants, les artistes, les ambitieux, aussi bien que les puissants de la terre, parcourir les grands chemins pour converger soit vers Rome, soit vers les autres pays de lumière. Il y avait à Paris, dès le xvie siècle, des gens de tous les pays, et dès la Révolution de 1789 on y respirait une atmosphère de cosmopolitisme dont la députation du Genre Humain, que le Prussien Anacharsis Klootz conduisit à la Convention, fut une parfaite expression, bien plutôt que la caricature prétentieuse dont les humoristes de l'époque nous ont transmis le souvenir. Mais de même que l'imprimerie a permis à tous de boire à même la source de vérités, en lisant des textes que seuls quelques-uns pouvaient connaître, vu le petit nombre de manuscrits, les chemins de fer ont permis à des millions d'hommes de faire ce que quelques-uns seuls pouvaient entreprendre, faute de ressources et de courage pour braver fatigues et périls.

Vulgariser, tel semble être le mot d'ordre des applications modernes des forces de la nature. Mais les chemins de fer ont-ils, plus que l'imprimerie, modifié l'état social et influencé cette synthèse que l'on appelle la politique? L'imprimerie a servi à la fois à combattre l'esclavage, l'antipode de la civilisation, et à en légitimer par toute une morale et une législation de sophistes, le monstrueux anachronisme; elle a été l'outil des révolutionnaires et la forme choisie pour porter à la connaissance des victimes les édits draconiens de l'autocratie : elle sert donc à tous les usages; elle se prête à toutes les tendances et n'en personnifie sensiblement aucune. Les chemins de fer ont le même universalisme : ils servent tous les gouvernements, ils transportent le bourreau comme le travailleur, le soldat et le publiciste, sans souci de la forme gouvernementale et sans en favoriser aucune. Le parlementarisme leur est antérieur et ils n'ont même pas la spécialité de faciliter l'accession des électeurs aux urnes, puisque le vote a lieu à la commune et par quartiers dans les grandes villes. Toutefois, ce à quoi les chemins de fer se prêtent, ce qu'ils fomentent, ce qu'ils rendent incontestablement consistant et cohérent, c'est la centralisation. On ne peut pas concevoir la diversité même des règlements de police, avec des trains qui changent de juridiction municipale toutes les huit minutes en moyenne, et qui défilent à la barbe du maire à raison de 80 kilomètres à l'heure.

La centralisation est une conséquence forcée de la rapidité de la locomotive, laquelle est la démonstration irréfutable de la nécessité de l'unité de législation, et corrélativement la raison d'être, le lien, la clef de voûte de la symétrie administrative, car si l'inférieur pouvait, dans certains cas, avoir de l'initiative, en l'absence d'ordres supérieurs, longs à venir, il ne doit plus en avoir une parcelle quand, pour chaque occurrence qui se présente, il peut, à son chef, par télégraphe ou par téléphone, demander des instructions. A ce point de vue, mais à ce point de vue-là seulement, les communications rapides auraient une action politique qui peut être mise à profit aussi bien par l'absolutisme monarchique que par le despotisme démagogique : c'est l'arme à deux tranchants.

Il est certain que les chemins de fer ont contribué considérablement à l'établissement de l'unité allemande, et si la Russie a pu s'étendre comme elle l'a fait, sans dislocation apparente, elle le doit au réseau qu'elle a pu projeter sur l'étrange carte d'échantillon qu'est cet empire asiatico-européen. Est-ce là un résultat regrettable? probablement non; l'unification nationale est le premier pas vers l'unification humaine, qui n'est pas un vain mot, ainsi que l'ont cru certains publicistes, aux yeux desquels les lois doivent varier suivant les latitudes et les éléments. Il y a là une pétition de principes, une confusion de la cause avec l'effet primitif que l'on ne doit pas prendre pour l'effet consécutif; ce qui démontre que tous les hommes peuvent se régir par la même loi, c'est que la loi générale, la loi basique, la loi religieuse, la loi supérieure, la loi des lois pour la majorité des êtres intelligents, le mosaïsme et le christianisme qui sont les deux foyers de l'ellipse civilisatrice, sont de tous les lieux géographiques, ainsi que de tous les temps historiques. Tout peuple peut être israélite ou chrétien, et la preuve c'est qu'il y a partout des israélites et des chrétiens. Le syllogisme est irréfutable. Sans doute, on peut regretter la décadence de l'individualisme, comme on peut regretter la disparition des mammouths, des sauriens, des fougères géantes et autres manifestations de la faune et de la flore préhistoriques, ou bien la chute du pittoresque Olympe et la perte des recettes du nectar et de l'ambroisie, mais ce n'est que du dilettantisme. L'individualisme est antisocial, puisque c'est l'antithèse du principe même sur lequel repose la société, en opposition au droit de la force qui est la sanction de l'individualisme. De même que le droit des individus a fait place à celui de la nation, celui des nations sera sacrifié un jour à celui du genre humain qui, logiquement, sera ramené au principe originaire de la famille humaine. Il y a eu en Allemagne jusqu'à 500 individualités politiques, 500 villes ou seigneuries qui, pour se dire libres, se disaient impériales. Leur réunion est un exemple qui a ouvert la voie à l'Etat européen. La France a vu cette unification se produire à ses dépens quand des territoires, qu'elle avait violemment séparés du tronc commun, ont fait retour au Reichsland. Mais si cette inversion s'est produite, c'est que la France a cessé de remplir sa mission et d'étendre l'unité occidentale qu'elle représente en face de l'unité centrale. Les peuples qui sont appelés par la nature à former avec la Gaule moderne un groupe serré, tout aussi homogène que celui des Souabes et des Hambourgeois, sont amenés chaque jour, par la rapidité des communications, qui les fait vivre de notre vie, palpiter de nos sensations, à reconnaître que puisque Paris est leur capitale morale, ce doit être aussi leur capitale politique : ainsi l'ont fait pour Berlin ces fiers sénats des villes hanséatiques qui, jadis, protestaient avec tant de véhémence contre la domination prussienne, et qui aujourd'hui en sont les plus fermes soutiens. Les idées, comme les fruits, arrivent à la maturité.

Les chemins de fer doivent hâter ce moment sociologique. Les écrivains allemands qui, des premiers, ont argumenté sur la portée humanitaire des chemins de fer, ont eu, comme les saint-simoniens, une perception très claire de la situation mondiale que la construction du réseau européen allait faire à la France, dont les côtes océaniques deviendraient le port d'un continent. Effectivement, c'est ce qui aurait dû être, si notre réseau eût été orienté dans ce sens, non pas à l'origine, puisque les peuples circonvoisins n'avaient pas de voies ferrées, mais plus tard, lorsque de tous côtés, ce trafic international, que nous avons laissé usurper par Anvers et par Gênes, venait nous solliciter. Bordeaux, Nantes, La Pallice, Brest, devraient être les ports de l'Allemagne, de la Suisse, de l'Autriche, de la Haute-Italie, de la Russie même pour les échanges avec le continent américain. Toutefois, pour cela, il faudrait des lignes directes qui n'existent pas, ou utiliser les lignes brisées comme si elles étaient directes, en suppléant, par la rapidité des transports et le bon marché des tarifs, à la longueur du parcours. M. Gustave Pereire, pour lequel ces questions sont, à proprement parler, un héritage de famille, a même souvent exprimé l'opinion que le bon marché des tarifs devrait aller jusqu'à quelque chose d'infime, comme le droit de statistique, l'avantage que la marine nationale retirerait de ce transit, étant suffisant pour couvrir la dépense qui en résulterait et qui n'arrive pas à 0.005 par tonne kilométrique, si on ne considère que les frais de traction et de manutention.

C'est ainsi que l'on aiderait le rayonnement que doivent exercer les chemins de fer sur les destinées de l'Europe, rayonnement qui, tôt ou tard, dissipera les ténèbres, mais dont la pénétration sera beaucoup plus longue que si au lieu de nous abreuver de *Marseillaise* à tous les diapasons, nous comprenions mieux la mission qui nous revient comme possesseurs du balcon de l'Europe sur les immensités de l'Atlantique. Si jamais la France venait à être conquise par un autre peuple, la situation topographique du pays n'en serait pas modifiée, et le peuple qui éliminerait nominalement l'entité française, la reconstituerait de fait et serait précisément conduit à faire ce que nous ne faisons pas, à faire de la France *l'emporium* du monde. Ce n'est pas Berlin qui serait la capitale, c'est Paris, et Berlin ne serait qu'une préfecture, comme le furent Rome et Hambourg aux temps quasi-mythologiques de Napoléon Ier. Si la fabuleuse loi salique n'eût pas étouffé le vrai droit féodal, et qu'un prince Normand, devenu roi de France, y eut fondé la dynastie des Edouard, la France ne fut pas devenue l'annexe de l'Angleterre. C'est ce pays qui, si tôt ou tard il ne se fût pas détaché de la nouvelle monarchie, serait resté la dépendance maritime de la France, comme les îles normandes sont restées les vassales de la couronne d'Angleterre. Il y a de la géographie dans la vie des peuples, et sûrement si l'Angleterre fût restée unie à sa prisonnière, elle n'eût jamais été la puissance insulaire et commerciale prépondérante, rôle dévolu à la France depuis la découverte de l'Amérique qui a fait de Venise une bourgade maritime, et des côtes françaises de l'Atlantique la rade de l'univers.

Tous les écrivains de valeur, en Allemagne comme en France, qui se sont adonnés à la philosophie des chemins de fer, ont eu les mêmes vues, la même intuition : les uns attribuaient à la France la seule hégémonie de l'Europe dont les ports sont tous, à partir d'Anvers, entravés par les frimas ; les autres, tels les écrivains saint-simoniens du *Globe*, étendaient cette action jusqu'aux régions orientales. Pourquoi ce résultat n'a-t-il pas été atteint ? Comment se fait-il que malgré les voies ferrées, qui toutes viennent se perdre soit dans la Manche, soit dans la mer du Nord, malgré la triple rupture de charge que suppose la réexportation de la marchandise des entrepôts anglais aux marchés du continent, non seulement le commerce français n'ait pas pu prévaloir sur le commerce anglais de réexpédition, mais qu'il ait laissé se créer la concurrence prépondérante des ports d'Anvers et de Hambourg ? Ce sont là des questions auxquelles il n'est pas impossible de répondre, mais ce n'est pas ici le lieu de le faire. Les chemins de fer ont parfaitement tenu et même dépassé leurs promesses, comme vitesse, bon marché et capacité de traction : ils sont en état de remplir cette mission suprême et de nous assurer l'empire des mers. Il n'y a qu'à s'en servir.

Le développement des gares maritimes et fluviales est une nécessité dont on n'a pas suffisamment tenu compte. A Paris, c'est seulement après soixante ans que les quais de la Seine ont été mis en communication avec le réseau d'Orléans, et par la ceinture avec tout le réseau français. En 1867, on aurait pu atteindre ce résultat avec le chemin qui desservait le Champ-de-Mars, mais on se garda bien de le faire. En 1845, lorsque se constitua la Compagnie du Centre, adjudicataire de la ligne d'Orléans à Vierzon et de ses prolongements, le conseil d'administration demanda aussitôt l'autorisation d'établir une gare fluviale pour mettre la navigation de la Loire en communication avec la voie ferrée : deux mois après il y renonçait, et l'on sait qu'à Bordeaux la voie qui réunit la gare du Médoc à celle de Saint-Jean passe sur les quais sans s'y arrêter. C'est par respect pour les intérêts des camionneurs que toutes ces anomalies subsistent : il ne faut donc pas s'étonner si les chemins de fer, ainsi détournés de leurs légitimes applications, ne rendent pas tous les services que l'on est en droit d'en attendre et que les publicistes et ingénieurs avaient si clairement promis. La réglementation excessive dont on les accable, les restrictions qu'on leur impose pour ne pas concurrencer la batellerie, les impôts dont on surcharge leurs services, sont autant de freins qui entravent leur action bienfaisante et la réduit à un minimum. Il semble qu'en tout et pour tout l'ineptie gouvernementale dise à la science : tu n'iras pas plus loin. La chimie nous donne le sucre et l'alcool à bon marché : mais l'impôt est double de la valeur du sucre et décuple de celle de l'alcool : c'est comme si la chimie n'avait rien inventé du tout, comme si on cuisait encore le jus de la canne au feu nu et fumeux de la bagasse, comme si on distillait l'alcool dans la chaudière des primitifs où un homme arrivait à produire, en menant une vie de reclus dans sa brûlerie, 20 litres d'eau-de-vie à 33° par vingt-quatre heures.

XXXVIII

Le Sommier des Chemins de Fer

Je m'arrête ici dans ces considérations, car je tomberais infailliblement dans l'Histoire des Chemins de fer, que je laisse à un autre le soin de faire avec les renseignements que fournira la *Bibliographie*.

Je vais maintenant donner quelques explications sur un document nouveau et original que j'ai cru devoir reproduire intégralement pendant une certaine période, car c'eût été leurrer le lecteur que de le renvoyer numériquement à des cotes qu'il ne peut pas se procurer facilement et qui, une fois en sa possession, lui paraîtraient pénibles à étudier. Je veux parler des *sommiers* respectifs des ponts et chaussées, bureau méridional et bureau septentrional, et des chemins de fer, construction et exploitation, que le ministère des travaux publics a fait déposer aux Archives nationales.

Le *sommier* est le livre d'enregistrement des pièces qui entrent dans un service : c'est, à proprement parler, l'envers de la trituration administrative et le nom de *sommier* y a été donné, parce qu'il contient une analyse sommaire des diverses pièces énumérées dans ce catalogue. Il est donc certain que soit par les réponses qu'ils provoquent, soit par les renseignements qu'ils apportent, soit par les accusés de réception qu'ils donnent, ces documents extrinsèques à l'administration centrale, qui y entrent au lieu d'en sortir, nous transmettent par une action reflexe la physionomie de tous ceux qui, émanant du pouvoir, concrètent la double action administrative, celle qui s'exerce au moyen d'actes plus ou moins régularisés et celle qui s'infiltre par le commentaire résultant de toute décision ministérielle, quelle que soit la forme qui y soit appliquée. C'est une sorte de cinématographie de cette puissance mystérieuse que les autorités constituées se sont attribuées depuis que, sous prétexte de liberté, on a eu l'idée de substituer le mensonge de la responsabilité ministérielle au droit individuel que le moyen âge avait fait si grand qu'il suffisait à un malheureux de dire : « J'en appelle au Pape », pour paralyser la violence du plus brutal des seigneurs.

La possibilité de faire subir aux dossiers un nouvel examen semble avoir été l'objet des recherches des employés supérieurs dont l'initiative ne paraît pas avoir eu d'autre objectif, quoique les mots, *urgence* et *prompte décision*, soient prodigués à tout propos comme le *han* des frappeurs. Les chemins de fer, appartenant à un ordre d'idées entièrement nouveau et les inconvénients de la longueur des formalités administratives étant depuis longtemps en évidence, il est certain que la Direction générale des ponts et chaussées aurait pu y appliquer de toutes pièces un formulaire précis et simplifié qui lui eût permis d'économiser beaucoup de temps et d'argent, car la paperasserie coûte cher. Au lieu de cela, on y a appliqué à la fois la filière des chemins vicinaux et celle des travaux de fortification, de sorte qu'il a fallu tenir compte de l'opposition des habitants du moindre hameau, ou des préoccupations prud'homesques d'un chef du génie. Entre ces deux pôles, on a placé une foule de barrières dont ceux qui tenaient les clés appréciaient si bien la réelle insignifiance, que tandis qu'on demandait solennellement au Conseil général des ponts et chaussées son avis sur l'emplacement d'un passage à niveau, on mettait d'avance en adjudication l'objet de la consultation. C'était un peu traiter cette honorable corporation en père noble de l'ancien répertoire.

Je ne voudrais pas déflorer cette exhumation par de trop longues considérations personnelles, et je veux laisser à chacun le plaisir de savourer la première impression que lui donnera la lecture de ce document essentiellement humain, qui nous laisse voir l'administration dans son cabinet de toilette, avant qu'elle ait eu le temps de se farder.

Au point de vue paléographique, il faut bien dire que ces registres ne font pas honneur à l'administration française. La tenue en est déplorable, sous le rapport graphique et orthographique. L'écriture n'est pas incorrecte, elle est ignoble, et quand par suite de la maladie du titulaire, quelque expéditionnaire, possédant l'anglaise à la mode, prend la plume, on se hâte de la lui enlever pour la remettre à quelque autre voyou de l'art d'écrire. On se croit ramené au temps miséreux pour les lettres si éloquemment décrits par Grégoire de Tours. L'orthographe y a des écarts qui dépassent les bornes de l'ignorance. Cette déchéance des mœurs administratives fut une des conséquences inévitables de la Révolution française qui introduisit dans les bureaux des culotteurs de pipes et les remplit d'hommes dont on faisait tour à tour des ministres ou des inspecteurs du débardage des bois flottés. Sous l'ancien régime, les employés, peu nombreux, se recrutaient dans un certain nombre de familles et auraient pu figurer comme académiciens. En fouillant dans nos vieilles archives, on se sent pénétré du sentiment de la correction et de la compétence des hommes qui ont constitué tous ces dossiers, et on comprend la prépondérance logique acquise par la bureaucratie française du XVIIIe siècle qui a créé l'unité française, toujours à la veille d'être déchirée par les prétentions de la noblesse, et qui a jeté les bases de la France moderne, car toute la force administrative de Napoléon est non pas dans les manifestations incohérentes et brutales de sa volonté sautillante et capricieuse, mais dans la marche impassible des bureaux entraînant, dans un mouvement calme et régulier, cette monstrueuse machine que fût l'Empire français. Le sommier des chemins de fer ne donne en aucune façon l'impression de cette majesté. C'est presque une œuvre de gamins. Ministre, sous-secrétaire, directeur général, chef de division, sont constamment prêts à s'emballer. Le moindre aventurier qui fait la proposition la plus saugrenue, est honoré d'une réponse. On ne sent pas le triage opéré par une intelligence claire et puissante qui sait faire la part du panier. Il semble que l'on soit dans un milieu ahuri, quelque chose comme les invasions de clowns dans les féeries, Du reste, ce que j'en dis, est surtout au point de vue matériel, attendu que pour ce qui est de l'analyse des documents enregistrés, elle est donnée avec une incontestable lucidité professionnelle de scribe scrupuleux.

La partie la plus intéressante de ce recueil est incontestablement celle qui se rapporte au règne de Louis-Philippe, car abstraction faite de la période délirante de la République de 1848, les chemins de fer ne sont plus, pendant la seconde moitié du XIXe siècle, que des équations financières et administratives. La concession cesse d'être une mine : le *Grand Central* est la dernière affaire, et il faut arriver à 1872, à la victoire du parti légitimiste, pour retrouver chez les fauteurs de M. Philippart la même recherche du gain, sans souci des intérêts généraux, que l'on remarque chez les ducs et pairs qui, de 1840 à 1847, montèrent tant de sociétés éphémères, dénuées de toute vitalité, où tous les participants allaient pour emporter et aucun pour apporter.

On y voit les ministres du 29 Octobre particulièrement, puisqu'ils occupèrent la scène de 1840 à 1848, sous un singulier jour dans leur correspondance avec leur collègue des travaux publics. C'est d'abord le président du conseil, le maréchal Soult, dont le *je* autoritaire se montre partout. C'est le grand voyer de France, le Tamerlan des voies de communication. Puis, c'est le ministre des finances qui demande constamment qui est-ce qui lui rendra ses millions, car il avait pris au sérieux l'obligation imposée par la loi de 1842 aux départements et aux communes de rembourser à l'Etat les frais d'acquisition de l'emprise des chemins de fer qui doit représenter aujourd'hui 300.000 hectares. Le conseil général de Seine-et-Oise avait tout d'abord déclaré qu'il ne donnerait pas un centime et il tint sa parole. Le ministre de la guerre introduit sa grosse personnalité dans les questions de tracé et, à propos de la moindre bicoque, suscite des difficultés qui sont la pâture de l'inutile commission mixte des travaux publics. Le ministre de la justice met en campagne *ses* procureurs généraux pour inventer le délit nouveau de lèse-clôture ou de violation d'alignement, de façon à perfectionner les capitulaires de la grande voirie.

On sent partout s'établir ce grossier principe, que les compagnies ont bon dos et qu'elles doivent être considérées comme taillables et corvéables à merci. C'est une lutte épique et comique à la fois. Aussitôt les chemins de fer créés, le gouvernement s'avisa qu'il fallait les faire surveiller par une série d'agents dont l'utilité était surtout d'allouer à une foule de pauvres diables, l'*otium sine dignitate*, car la plupart ne touchaient guère que 1.000 francs par an et une indemnité d'habillement là où le préfet avait la manie de l'uniforme. Les compagnies se refusaient, avec raison, à satisfaire ces exactions qui n'étaient autorisées ni par les cahiers des charges, ni par les lois de concession, ni par la loi de budget. Mais l'administration des finances formait des rôles imaginaires sur réquisitions du préfet : on décrétait des contraintes et les compagnies devaient payer à Cette comme à Paris. Les préfets, en général, particulièrement dans les départements de la Seine et de Seine-et-Oise, se montraient professionnellement hostiles aux chemins de fer, parce que ces entreprises donnaient lieu à beaucoup de travail dans les bureaux, sans que le fonds d'abonnement en fut augmenté. Même pour ce qui concernait les expropriations à faire pour les lignes directement construites par l'Etat, telles que celles du Nord, le comte de Rambuteau, préfet de la Seine, donnait lieu à un grand nombre de plaintes de la part des ingénieurs, en raison de la lenteur voulue qu'il imprimait au cours des formalités administratives. Un phénomène également curieux à noter, c'est l'importance que le préfet de police sait se donner dans une affaire où il ne semblait avoir absolument rien à voir. M. Gabriel Delessert, qui donnait alors un relief à la préfecture de police, comme homme personnellement fort distingué et comme pair de France, se crée de toutes pièces une sorte de vizirat des chemins de fer, d'accord avec un spécialiste qui acquit plus tard les connaissances qu'il était censé posséder au début, M. Bineau, ingénieur des mines, pour lequel on avait créé un bureau spécial mal défini au ministère des travaux publics, bureau dépourvu de personnel et de matériel, dont le sous-secrétaire d'Etat lui-même n'arriva jamais à délimiter les attributions. D'accord avec M. Combes, qui avait le souci administratif des appareils à vapeur, et avec M. Bineau, le préfet de police arriva à se faire, en matière de chemins de fer, plus tatillon que le ministre lui-même, dont il prétendait que les arrêtés ministériels, — rendus en due forme, — ne pouvaient être exécutoires que s'il y donnait son visa.

Rien ne saurait, comme l'étude de ce sommier, rendre la physionomie exacte du rôle, je ne dirai pas principal ni prépondérant, mais unique, que les ingénieurs des ponts et chaussées ont tenu dans les études préliminaires du réseau des chemins de fer français et dans l'exécution pratique de la loi de 1842, avec une simplicité de mise en scène et de moyens qui doit surprendre, quand on voit un ingénieur en chef de la première section du chemin de fer du Nord, M. Onfroy de Bréville, solliciter l'autorisation d'acheter un théodolyte d'occasion ! Je ne cacherai pas que ce petit côté anecdotique a pour moi beaucoup d'attrait et que c'est celui qui m'a séduit le plus dans l'étude en apparence un peu aride de cette table analytique. On est aussi frappé en voyant la part que la spéculation a cherché à se tailler dans les chemins de fer. On trouvera les mêmes noms associés pour solliciter toutes les concessions, au besoin se faisant concurrence, car ce dont il s'agit c'est non pas de poser des tringles de fer sur le sol, suivant l'expression d'Arago, mais d'émettre des promesses d'actions et de manier, ne fût-ce que pour quelques jours, l'argent des autres. On voit aussi les entreprises d'origine étrangère, toujours en lutte avec le gouvernement, éludant autant que possible toutes les prescriptions de la grande voirie, présentant des plans d'ouvrages d'art sans stabilité, partout en lutte avec tous les habitants et avec tous les services publics. Mais on trouve, à côté de ces détails impatientants, l'œuvre sérieuse des hommes qui ont réellement le plus travaillé à la fondation du réseau français. Les noms de MM. Pereire et de Rothschild sont ceux qui reviennent le plus souvent dans ces mentions d'ordre utile, et, plus fréquemmment que tous, celui de M. Emile Pereire qui, comme directeur, avait la signature plus courante que le puissant président de la Compagnie du Nord. De 1835 à 1853, les noms de MM. Emile Pereire et de Rothschild se montrent constamment unis en matière de chemins de fer, Paris à Saint-Germain, Paris à Versailles, chemin de fer du Nord, chemin de fer de Paris à Rennes, chemin de fer d'Orléans à Bordeaux, chemin de fer de Paris à Lyon : c'est seulement en ce qui concerne cette dernière ligne, que le nom de M. Isaac Pereire apparaît sur le sommier en 1846, soit seul, soit en compagnie de M. Enfantin qui faisait fonction de secrétaire général du conseil d'administration de la Compagnie de Paris à Lyon.

Malheureusement ce précieux memento contient de nombreuses lacunes : le ministre, le chef du cabinet, le directeur mettaient souvent les lettres dans leur poche, les perdaient ou les égaraient, de sorte que beaucoup de pièces manquent. Mais on suit facilement la trace de ces omissions involontaires qui proviennent de la tendance des ministres à traiter les affaires les plus importantes sous le manteau de la cheminée, la théorie révolutionnaire ayant enlevé toute efficacité au contrôle des fonctionnaires hiérarchisés. Les lacunes que je signale, sont, du reste, sans importance. Ce qui est à regretter, c'est qu'à côté du sommier des documents entrés, il n'y ait pas celui des documents sortis, car on aurait ainsi un recueil complet des actes administratifs, analogue à celui qui, provenant de l'ancien Contrôle général, a été détruit lors de l'incendie du ministère des finances le 28 mai 1871. Le Directoire avait osé créer une série de résolutions constituant des dispositions législatives qui, n'étant l'objet d'aucune promulgation, réalisaient l'*in petto* exécutoire et portaient cette mention : *Ce décret ne sera pas inséré au Bulletin des Lois.* Les administrations qui succédèrent à celle de ces forbans, n'eurent pas le même cynisme. Toutefois, le fait est que l'on rencontre fréquemment des dispositions qui ne figurent pas au *Bulletin des Lois,* par suite de la négligence des services intéressés.

Le sommier, dont je donnerai ici le dépouillement, n'a jamais été étudié et on trouve encore entre les pages les miettes provenant du petit pain du déjeuner de l'employé chargé de la tenue du registre. C'est donc bien de l'inédit que j'apporte dans cette *Bibliographie*. Ce n'est peut-être pas classique, mais c'est intéressant et plein d'actualité, car il se détache de l'examen de ce tohu-bohu l'impossibilité pour l'Etat d'administrer les chemins de fer, à moins de renoncer aux formalités administratives et d'y substituer l'autocratie d'un directeur auprès duquel le Briarée aux cent bras ne paraîtrait plus que le Manneken-Pis de Bruxelles. Si, en 1845, on ne se fût pas décidé à couper la queue de la loi de 1842, et que l'on eût continué à appliquer les procédés de construction employés pour les chemins de fer du Nord, de Lyon et de Strasbourg, le réseau français n'aurait guère aujourd'hui plus de 12.000 kilomètres, mais on eut peut-être enrichi plusieurs générations de députés métallurgistes. C'est là l'enseignement qui ressort clairement de la mise au jour de ces dessous de la direction des chemins de fer. C'est du moins l'impression que j'en ai retirée et qu'en retireront, je crois, tous les esprits impartiaux.

Le rachat des chemins de fer, avec exploitation consécutive par l'Etat, apparaît comme une monstruosité quand on pénètre dans le dédale de cette procédure administrative, à peine de créer un roi des chemins de fer qui serait comme le maire du palais de la République. *A priori*, on ne peut que condamner l'intervention de l'Etat dans l'industrie, car cette intervention aboutit toujours au renchérissement de l'article sur lequel se porte cette activité. Sans doute l'Etat peut arriver, en limitant sa production, à un bon marché auquel l'industrie privée ne peut atteindre, mais les produits qu'il fabrique, deviennent toujours une matière imposable, et alors ils sont surchargés comme le tabac et les allumettes, de huit fois leur valeur. En dehors de cette considération qui est puissante, je m'en tiens aux indications du sommier et je demande que la commission parlementaire qui aura à s'occuper de cette question, si jamais l'hypothèse se produit autrement qu'en fusées allumées par l'imagination méridionale de M. Bourrat, je demande, je le répète, le jour où on voudra étudier ce qu'ont déjà été les régies de Lille à Mouscron, de Valenciennes à Blanc-Misseron, de Dijon à Chalon, de Paris à Montereau, de Versailles à Chartres, qu'on interroge les Archives nationales et départementales, quoique les incendies du ministère des finances et de la Cour des comptes aient fait disparaître des millions de témoignages irréfutables. Si maintenant on considère le rachat des chemins de fer dans le sens que le public y donne, c'est-à-dire comme le moment mathématique de la suppression de la prime du péage correspondant aux frais d'établissement de la voie et de ses accessoires, c'est une erreur inexcusable aujourd'hui que d'en parler : les chemins de fer ne seront jamais amortis par la raison bien simple qu'ils ne seront jamais terminés. Ils sont l'humanité elle-même qui marche, ils sont le progrès qui ne saurait admettre de limite. Le jour où les chemins de fer cesseraient d'être perfectionnés chaque jour, c'est qu'ils auraient cessé d'être le véhicule des communications interhumaines, et alors ils ne représenteraient plus que des sentiers stériles et des tas de ferraille bons à passer par profits et pertes, comme les fortifications déclassées dont la démolition coûte plus que ne valent les terrains laissés libres pour la construction.

INDEX CHRONOLOGIQUE

———

1771

1. — Voyages métallurgiques (1757-1769), par F. Jars, publiés par son frère. — 3 vol. in-4°. — Lyon. — 1771-1780. — Chargé par le gouvernement français de visiter les mines en renom en Europe, Jars vint en Angleterre en 1763 et voici ce qu'il dit des voies de roulage usitées dans les mines du pays : « Basés comme ceux qu'on a pratiqués sur la surface de la terre, on établit, dans les galeries, des chemins en bois, sur lesquels on fait rouler des chariots à quatre roues sur lesquels on met des paniers pleins de charbon, les mêmes qui sont enlevés au jour par les machines à molette. » La fonte et le fer étaient encore trop chers, pour qu'on les employât à un usage aussi vil, comme on disait dans le style du temps. Jars était un vrai savant, ainsi que l'étaient alors les personnages officiels qui ignoraient encore que l'électorat confère la science infuse, avec émargement conséculif.

1782

2. — Correspondance de Daubenton. — Revenant d'un voyage au Creusot, où il était allé visiter les mines de houille de *Mont-Cenis*, ce savant écrivait à M. de Buffon : « Toutes les routes y sont tracées par des pièces de bois, auxquelles sont adaptées des bandes de fonte, sur lesquelles portent les roues des chariots qui conduisent le charbon et la mine ; et ces roues sont construites de manière que le chariot ne peut se détourner et est obligé de suivre la route qui lui est tracée ; de sorte qu'un seul cheval, même aveugle, conduit sans gêne quatre milliers et plus ». On ne saurait mettre en doute l'assertion de Daubenton, et le Creusot serait le premier établissement français où l'on aurait employé des surfaces métalliques de roulage, car on n'en voit aucune trace dans la description des exploitations d'Anzin et de Pompéan où Pierre Laurent, mort en 1774, avait appliqué les procédés les plus perfectionnés dont il était le créateur. Malheureusement aujourd'hui, dans les entreprises industrielles, si on excelle à gagner de l'argent et si on prise la science pour ce qu'elle produit en bénéfices, on dédaigne l'esthétique et l'érudition, dont notre génération d'ingénieurs algébriques semble avoir perdu la tradition. On ne s'est donc pas préoccupé d'élucider ce problème dont la solution ne peut rien rapporter de monnayable.

1799

3. — Recherches sur les moyens de perfectionner les canaux de navigation et sur les nombreux avantages des petits canaux, dont les bateaux auraient depuis 2 jusqu'à 5 pieds de large et pourraient contenir une cargaison de 2 à 5 tonneaux. On y a joint des observations sur l'importance des communications navigables, une description détaillée des machines à la faveur desquelles on établirait ces communications à travers les pays les plus montueux, sans le secours de sas d'écluses et des ponts-aqueducs, avec des dessins de constructions nouvelles d'aqueducs et de ponts en bois et en fer, ouvrage composé par Robert Fulton, ingénieur américain, et traduit de l'anglais, par de Récicourt. — In-8°, 247 pages et 7 planches. — Paris. — An VII. — Dupin-Troile. — Ce livre très curieux contient une conception originale : celle de canaux, larges comme des fossés, passant partout, donnant un port dans chaque cour de ferme et dans chaque lavoir de village, et faisant voguer des bateaux qui eussent été comme les wagons du chemin de fer Decauville. Pour passer d'un bassin dans un autre, on eût mis le bateau sur un wagonnet que l'on eût fait monter et redescendre sur un plan incliné pourvu de rails. A cette occasion, Fulton décrit les chemins de fer anglais qu'il évalue à 500 livres par mille et donne la préférence aux canaux, sans paraître soupçonner que la locomotion sur rails sera quelque jour applicable au transport des voyageurs.

—

4. — Transport des fardeaux sur des terrains impraticables, tels que montagnes, marais, sables. — Brevet d'invention de 15 ans, accordé au sieur Amagat, le 27 mars 1799. — Il s'agit de chemins en bois sur lesquels on aurait fait *transiter* les fardiers en les entraînant au moyen de câbles commandés par des treuils à bras ou des manèges à chevaux.

1801

5. — Annales des arts et manufactures, ou Mémoire technologique sur les découvertes modernes concernant les arts, les manufactures et le commerce, par R. O'Reilly, de l'académie de Bologne, membre du lycée. — An VIII. — 1828. — 96 volumes in-8°. — C'est encore une de ces compilations volumineuses auxquelles on s'intéressait à une époque où on était avide de savoir et où on était disposé à croire à l'efficacité des inventions humaines, auxquelles on oppose généralement aujourd'hui le plus dédaigneux scepticisme, tant on est fatigué, sinon d'apprendre, tout au moins d'entendre parler de science. Dans le tome IV, correspondant à l'an IX, on lit à la table la note suivante : « De l'usage et de la construction des chemins de fer », et on est renvoyé à un chapitre portant cette rubrique : « Sur l'emploi des chemins

de fer pour le transport des minerais et des charbons ». « Il y a en Angleterre, dit le rédacteur, beaucoup de chemins de fer qui facilitent considérablement le transport du charbon, des mines aux canaux de navigation. On a établi aux mines de charbon de Mont-Cenis, en France (*Saône-et-Loire*), un pareil chemin pour conduire les charbons aux fonderies du Creusot, mais ce chemin a été fabriqué à trop grands frais, ce qui a empêché de l'imiter ailleurs. En Angleterre, on est parvenu à faire ces chemins à très bon compte et dans ce moment où le gouvernement porte ses vues sur les moyens d'ouvrir toutes les communications possibles dans l'intérieur de la République, il ne peut être que très intéressant de décrire la manière dont on les construit actuellement ». Suit une description très précise faite d'après un rapport du comité d'agriculture de la chambre des communes, en août 1799, sur les chemins de fer établis aux houillères de Measham en Derbyshire, appartenant à M. Wilkes. O'Reilly continue ainsi : « Nous citerons l'avantage considérable qui résultera pour la République de l'installation de pareils chemins depuis les mines de Fins et de Noyant (Châtillon-Commentry), département de l'Allier, jusqu'à Moulins. Nous ne nous étendrons pas sur l'économie et l'utilité de ces chemins ; leur construction est aussi si simple, que nous avons jugé inutile de tirer de notre portefeuille les dessins nécessaires pour une explication que saisit l'esprit le plus borné ».

En l'an XI, les *Annales* reviennent à la charge avec deux rubriques : *Chariots de fer*. — Sur les chemins de fer. Leurs avantages sur les canaux. — O'Reilly arrivait d'Angleterre enthousiasmé de ces voies de communication qu'il préfère aux canaux. « La construction des grandes routes, dit-il, enlève des bras à l'agriculture ; celle des chemins de fer emploie les fabricants et stimule l'industrie ». Ce n'est pas bien clair, mais ce qui l'est beaucoup plus, c'est là description de la voie et de ses accessoires qui vient à continuation. Cette fois, les *rails* sont appelés *longrines*.

En l'an XII, le savant chroniqueur donne à ses lecteurs une double description de deux nouvelles voies de chemins de fer pour les grosses voitures et pour les voitures de voyage. L'inventeur de ce système de rails sans rebords, — les roues des voitures devaient porter leur boudin protecteur, — fut Benjamin Wyatt qui l'appliqua sur le chemin construit par lord Penrhyn pour le service de ses fameuses ardoisières galloises. Avec ce procédé, le service de la carrière au port fut désormais fait avec 10 chevaux au lieu de 400 et un certain nombre de plans inclinés. Ce fut là que M. Woodhouse proposa de donner des boudins aux roues de diligences, de les mettre sur rails et fouette cocher, avec 2 chevaux au lieu de 6. L'idée était simple et il est surprenant qu'on ne l'ait pas eue auparavant.

Le volume correspondant à l'année 1812 renferme un mémoire de M. Dobson, ingénieur, sur le traitement du fer par le moyen de la houille et par suite sur les chemins de fer, intimement unis à l'industrie minérale. « Il y a trente ans, dit ce document, que les chemins de fer existent aux mines du Creusot, et

aujourd'hui il ne s'en trouve à nulle autre mine de l'Empire, au moins nous n'en avons jamais entendu parler ». Il est ensuite question d'un système Lecaan qui consistait à diviser la voie en travées solidement emmanchées de 25 mètres de longueur, que l'on déplaçait tout d'une pièce et qui donnait une économie de 40 0/0 sur les *dés* généralement usités.

Enfin le volume de 1816-1818 contient de nouveaux détails sur les moteurs employés au Creusot et sur les voies anglaises que l'on déplaçait facilement pour le service des chantiers de terrassement. C'est là que l'on trouve pour la première fois la pose des rails sur traverses, qui a conservé sa supériorité incontestable sur tous les artifices d'assiette du rail, que les ingénieurs ont pu imaginer.

1803

6. — Description du plan incliné souterrain exécuté entre les deux biefs des canaux souterrains dans les houillères de Walkden-Moor, Worsley, Lancashire, Angleterre, par le duc de Bridgewater, — par l'honorable François-Henry Eggerton — avec préface d'O'Reilly. — In-8° de 20 p. et un plan. — 1803. — Paris, bureau des Annales des arts et manufactures. — Ce plan incliné, de 453 pieds anglais de longueur et 25 0/0 de pente, était un chemin de fer portant un truc sur lequel on hissait les bateaux à monter ou à descendre. 282 pieds étaient en voie double pour les croisements avec une largeur de 19 pieds. Les parties à une voie n'avaient que 10 pieds. Un cabestan actionnait le chariot. Les deux plans d'eau étaient reliés auparavant par un puits par lequel on transvasait le contenu du bateau. Les deux canaux aboutissaient au jour après un développement souterrain de 12 milles l'un, et de 6 l'autre. Le canal supérieur avait son plan d'eau à une profondeur au-dessous du sol naturel, variant de 38 à 61 *verges*, c'est-à-dire *yards* anglais. Le canal inférieur était à 35 verges ou yards au-dessous du premier. Les plans de cette organisation maritime souterraine avaient été établis vers 1770 par l'ingénieur français Pierre Laurent, alors très populaire en Europe par le tunnel de Saint-Quentin. Le plan incliné n'est pas de l'invention de Laurent.

1804

7. — Description des machines et procédés spécifiés dans les brevets d'invention dont la durée est expirée, publiée, d'après les ordres du gouvernement, par le directeur du Conservatoire des arts-et-métiers — in-8'. — Paris. — Dans le troisième volume de cette collection, si curieuse qu'on la lit avec avidité malgré son aridité, dans le troisième volume, disons-nous, paru en 1812, on trouve au numéro 172, le texte d'un brevet d'invention de 5 ans, délivré en 1804, à MM. James Henderson et Chabanne pour de « nouvelles mesures économiques de construire des maisons, des édifices, etc. », brevet fantaisiste comportant les paragraphes suivants : « Méthode d'assemblage des pièces en fer fondu par queue d'aronde et mortaise évasée, — composition d'un ciment propre aux scellements, — construction mécanique des charpentes en fer, — escaliers en fonte de fer, — emplacement des escaliers, — gonds et autres menus ferro-

ments, — fenêtres, — serrure de sûreté dont on ne peut retirer la clef tant que la porte reste ouverte, — tournebroche mu par la fumée et tournebroche ordinaire en fonte, — broche pour rôtir de grosses pièces sans passer le fer à travers, — moyen de cuire des mets, de chauffer de l'eau et des appartements à la vapeur, — communication d'une maison à l'autre, — cheminées où la fumée disparaît, — tuyaux de poêle et de cheminée, — horloge commune pour un grand nombre de maisons groupées ensemble, — moyen de fabriquer des clous d'épingle et autres, — lieux dits à l'anglaise, — télégraphe domestique, — *chemins de fer* et moyens de transport à chevaux ou à machine à feu à vapeur, — crémaillère conductrice à remplacer par un système rectiligne, — pelles et pincettes d'un beau poli, — mouchettes dite à patente ou à double boîte ». On ne sait ce qu'il faut plus admirer, ou de la bêtise diffuse du breveté, ou de la sottise du gouvernement qui visait ce tas de balivernes. Quoiqu'il en soit, le *chemin de fer* était l'objet d'une sorte de memorandum spécial, démontrant que les prétendus inventeurs en comprenaient l'importance. C'est la plus ancienne description systématique des voies anglaises qui ait été donnée en France, et en français, car à cette époque les relations avec l'Angleterre étaient difficiles, et la *Paix d'Amiens* n'interrompit que pendant quelques mois (1802-1803), l'isolement dans lequel les deux peuples se tenaient officiellement, depuis le mois de septembre 1792.

1805

8.—DICTIONNAIRE DES SCIENCES ET DES ARTS, par Lunier. In 8°.— Paris.— Gide.— On lit à la page 289 du premier volume : « *Chemins de fer :* On appelle ainsi des chemins nouvellement pratiqués en Angleterre et au Mont-Cenis en France *(Saône-et-Loire)*, pour le transport du minerai et des charbons. Le principe pour la construction de ces chemins est de les former de barres ou gueuses de fonte parallèles, placées et scellées dans des soubassements de pierres, en laissant entre les barres parallèles une voie de quatre pieds deux pouces (1 mètre 34) de large. Il faut que le chemin ait une pente d'au moins un pouce (2 centimètres 70) ; que les parallèles aient une pente égale, et que le chemin soit rendu sec de chaque côté par des saignées, pour éviter la dégradation des eaux pluviales. Un cheval passablement vigoureux a traîné facilement, sur un chemin de fer d'une pente moindre que celle indiquée ci-dessus, 21 chariots accrochés les uns à la suite des autres et chargés de houille, pesant en tout 70 milliers *(de livres).* »

—

9. — BREVET D'INVENTION. — 6 décembre 1805 — au sieur Louis Pouchet, de Rouen, pour un nouveau système de roulage. — 5 ans.

1806

10. — BREVET D'INVENTION de 15 ans aux sieurs Cochin et Arselin, de Saint-Germain-en-Laye, pour une machine qui peut être utilisée à l'aplanissement des grandes routes, à la coupe d'une montagne, à creuser des canaux, combler des fonds, découvrir des carrières,

au nettoiement des bassins et des ports, et en général au transport de diverses matières d'un endroit dans un autre et aussi à élever l'eau, et pouvant être mué à bras, par un manège, par l'eau ou par la vapeur. Le dessin représente une drague.

—

11.—BREVET D'INVENTION. — 20 juin 1806 — au sieur Berlioz, de Paris, pour une voiture dite *Patache volante.*

1808

12. — BULLETIN DE LA SOCIÉTÉ D'ENCOURAGEMENT POUR L'INDUSTRIE NATIONALE. — Cette excellente publication, qui remonte à 1802, et qui est le véritable *Thesaurus* de l'industrie française, fit connaître en 1808 un important travail de M. de Solages sur la possibilité d'éviter la construction si coûteuse des écluses sur les canaux de navigation, en déposant le bateau sur des trains qui glissant sur des *limandes* de fonte, auraient au moyen de treuils ou de contre-poids, monté ou descendu les pentes. C'est une application du chemin de fer. M. Récicourt fit à ce sujet un long rapport à la société d'encouragement, rapport inséré dans le *Bulletin* du mois de juillet 1808.

1809

13. — ANNALES DE L'ARCHITECTURE ET DES ARTS, faisant suite au *Journal des bâtiments, des monuments et des arts.* — 1806. — Ce recueil est devenu en 1808 : *Annales de l'architecture, des arts libéraux et mécaniques et de l'industrie.* — Mensuel. — 2 volumes par an. — Paris, Rue Saint-Honoré, n° 214. — On lit sous la rubrique *inventions et découvertes*, dans le numéro de septembre 1809, la mention suivante : « Un pari que l'on a fait il y a quelques années à Croydon, montre la grande utilité des ornières de fer que l'on a introduites en Angleterre sur les grandes routes. Un seul cheval traîna douze charrettes chargées de pierres, et pesant ensemble 38 tonneaux 4 quintaux (85.568 livres) pendant six milles anglais. On y attacha encore quatre charrettes chargées, sur lesquelles on fit monter cinquante ouvriers, et néanmoins le cheval traîna le tout avec facilité. »

1816

14. — ANNALES DES MINES. — Contrairement à ce que disent les bibliographies et à l'erreur que commet la maison Dunod dans son catalogue, *les Annales des mines* commencèrent en 1816 et non pas en 1832. La première et la deuxième série vont de 1816 à 1830, époque où il y eut une interruption de deux ans. — Le tome III de la première série contient le *Mémoire de M. Gallois sur les chemins de fer en Angleterre.* Nous donnons ce détail bibliographique parce que les *Annales des mines* ont eu dans la technologie des chemins de fer, autant d'importance que les *Annales des ponts et chaussées*, et qu'il est intéressant de bien déterminer leur généalogie.

—

15. — BREVET D'INVENTION de 5 ans au sieur Populus, à Paris, pour la construction de montagnes artificielles

dites de *santé*, semblables à celles de Russie. — Brevet de perfectionnement à Julien Guérin et à Laurent, cessionnaires de Populus.

1817

16. — Bulletin de la société d'encouragement pour l'industrie nationale. — Cette publication intéressante a eu maintes fois à mentionner les chemins de fer et les industries connexes, mais ces constatations toujours intéressantes, visent forcément des faits déjà notoires et décrits ailleurs, ce qu'elles font toutefois avec plus d'actualité et d'à-propos que les comptes rendus poussifs de l'*Académie des Sciences*. Dans le numéro d'octobre 1817, qui fait partie du tome XVI, et après la description palpitante d'un tournebroche à mouvement vertical que M. Cadet de Gassicourt avait apporté de Londres, nous lisons une note sur les *rail-ways* ou chemins de fer anglais à houille avec tombereaux ou brouettes. L'année suivante (vol. XVII), il est question dans la correspondance que la société entretint avec le savant allemand, baron de Fahnenberg, d'un écrit de Joseph Baader, l'ingénieur bavarois, sur les chemins de fer et du livre que le même ingénieur est en train de préparer sur ces voies de communication.

17. — Brevet d'invention de 5 ans à Pillet Debeaumont, à Paris, pour une machine destinée à des courses aériennes. Cette machine consiste simplement en trois cordes tendues d'un pavillon à un autre. Deux de ces câbles sont sur un même plan horizontal pour recevoir les gorges des poulies d'un char et le troisième câble placé au dessus et entre les deux premiers, passe dans deux anneaux pratiqués au bout de deux flèches qui s'élèvent verticalement des extrémités du char.

18. — Brevet d'invention de 5 ans aux sieurs Ruggiery, Vanède et Beury, pour un jeu dans les grandes montagnes artificielles, nommé *Saut du Niagara* ou seulement *Navigation du Canada*. Ce jeu consiste en un pont volant en bascule, disposé à chaque extrémité de l'espace à parcourir, aboutissant à un pavillon élevé où la bascule reçoit les chars pour les lancer ensuite en s'élevant, dans l'étendue qu'ils doivent franchir.

19. — Brevet d'invention de 5 ans au sieur Audin, de Paris, pour une espèce de divertissement, appelé *Grande promenade de société*, consistant en une bascule qui s'incline à terre pour prendre des personnes dans des chars et qui se relève ensuite pour lancer ces chars dans une promenade disposée à terre à la suite de l'autre extrémité de la bascule.

20. — Brevet d'invention de 5 ans au sieur Vacassy de Grammont, de Paris, pour une montagne artificielle dite *Ramasse*, que l'on parcourt dans des chars de diverses formes qui se remontent à l'aide d'un manège ou d'une machine à vapeur.

21. — Brevet d'invention de 5 ans au sieur Brison, à Paris, pour des promenades aériennes dans des chars à pivot, suspendus sur ressorts, qui se remontent à l'aide d'un moteur à ailes de moulin à vent, placées horizontalement, appelées *Rumb-Course*.

22. — Brevet d'invention de 5 ans au sieur Benoit, de Paris, pour des montagnes artificielles dites *Promenades suisses*, au bas desquelles est un jeu de bagues, où les bagues sont disposées pour être enfilées par des lances que tiennent à cet effet les personnes qui descendent des montagnes sur des chars ou sur des chevaux de bois.

23. — Brevet d'invention de 5 ans au sieur Chatelain, de Paris, pour le perfectionnement des glissades connues sous le nom de *Montagnes russes*.

24. — Conservatoire des arts-et-métiers. — Divers auteurs ont écrit que Cauchois, fabricant d'instruments de précision, à Paris, avait fait don en 1817 au *Conservatoire des arts-et-métiers*, d'un modèle de chemin de fer avec voie et wagons. Il n'y en a aucune trace, ni dans les galeries, ni dans les magasins, ni dans les archives, ainsi que M. Tresca, avec son obligeance courtoise, a bien voulu nous l'affirmer.

1818

25. — Traité complet de mécanique appliquée aux arts, par M. J.-A. Borgnès, membre de plusieurs académies. — 8 vol. in-4°. — Paris. — 1818-1820. — Bachelier. — C'est un très remarquable ouvrage, qui n'est pas suffisamment connu et dans lequel il y a beaucoup à glaner. Dans le volume consacré « aux mouvements des fardeaux », Borgnès s'occupe des chemins de fer qu'il croit très convenables pour les marchandises, mais qu'il ne juge pas bons pour les voyageurs, parce qu'il faudrait que toutes les voitures eussent la même voie et les mêmes roues. Il paraît concevoir les chemins de fer comme un mode de voie publique. Très enthousiaste des dalles en usage à Milan et dans beaucoup de cités italiennes et espagnoles pour le passage des roues des voitures, il indique comme type de voie publique et générale, un dallage à la mode romaine et à côté un chemin de fer pour la circulation des marchandises. Ce mathématicien ne semble pas redouter que les chevaux ne puissent ni se tenir ni prendre pied, pour faire de la force, sur les dalles trop polies et en quelque sorte *glacées* par l'usage.

26. — Des chemins de fer en Angleterre, par M. de Gallois. — In-8°. — Paris. — Huzard. — (Voir n° 27).

27. — Annales des mines. — Ce recueil qui avait succédé en 1816 au *Journal des Mines*, a publié dans le volume correspondant à l'année 1818, le mémoire de M. de Gallois (Legallois et Gallois tout court ailleurs), ingénieur en chef du corps royal des mines, sur les chemins de fer déjà employés en Angleterre pour les transports et dont on n'avait encore qu'une vague idée. C'est un document sobrement et très clairement rédigé. Suivant cet éloquent vulgarisateur, il y avait dans la région de Newcastle, 75 lieues de chemin de fer et 100 lieues dans le Glamorgan. Le chemin de Cardiff à Mertyr-Tydvill avait 12 lieues de longueur, celui de Surrey à Londres pour le transport de la pierre à chaux, 7 lieues, et celui projeté de Newcastle à Carlisle, 25 lieues. On franchissait les thalwegs au moyen de plans inclinés suivant la méthode de Fulton et on employait communément comme frein, la pompe à air, c'est-à-dire le frein atmosphérique, réinventé depuis. Sur les rampes sans contre-pentes, on faisait remorquer les chariots par des chevaux; sur les paliers, on attelait une machine à vapeur aux chariots formés en convoi et on formait des trains de 20 voitures, enlevant à la fois 500 quintaux. Cependant la traction à vapeur n'était pas généralisée et à Newcastle il n'y avait que trois entreprises qui eussent des *Iron Horses.* Parlant des plans inclinés, l'auteur ajoute : « On en trouve une application dans les montagnes qui viennent d'être élevées dans les jardins de Paris pour les courses aériennes du public, mais il est fâcheux de voir des capitaux si mal employés et que ces grands moyens mécaniques ne puissent encore être cités que pour des frivolités. Nous avons en France des chemins de fer au Creusot. Il en existe à Indret depuis plus de 30 ans. Les mines de houille d'Anzin et les mines de plomb de Poullaouen offrent des exemples de chemins en bois comme en Allemagne. » Il est probable que Pierre Laurent, qui organisa avec tant d'habileté les exploitations d'Anzin et de Poullaouen aura employé ce procédé de roulage, mais il n'en est question ni dans les planches ni dans le texte de l'*Encyclopédie*, ni dans les *Mémoires de l'académie royale des sciences* où l'admirable outillage hydraulique de Pompéan a été l'objet d'une description si minutieuse. Gallois se montre très partisan des chemins de fer et il prévoit que, dans quelques années, l'Angleterre sera couverte de ces routes de métal, qui ne sont pas plus chères que les routes ordinaires et qui sont moins chères que les routes pavées, qui sont d'un entretien plus facile et moins dispendieux et qui procurent sur la traction une économie de 66 0/0. Dans une note adjointe, le savant ingénieur discute sur les systèmes de voies en service en Angleterre et établit une distinction entre les *rail-ways* et les *tram-ways.* Les *rail-ways* sont les chemins à rails posés de champ, sans aucun rebord et les *tram-ways* sont les chemins à rails plats ayant un rebord ou faisant un creux. Cinquante ans plus tard, on ne savait plus retrouver cette étymologie et des cours de construction ont indiqué un certain docteur *Tram,* — américain par-dessus le marché — comme parrain des *tramways.* Le témoignage de Gallois détruit cette légende (Voir nᵒˢ 14 et 26).

---

28. — ANNALES DE CHIMIE ET DE PHYSIQUE. — Ce recueil qui publiait périodiquement le compte rendu des séances de l'*Académie royale des sciences,* a fait connaître celles du 11 au 18 mai 1818, dans lesquelles il a été question, à la suite d'une communication de l'ingénieur Gallois, des chemins de fer miniers existant en Angleterre (voir nᵒ 27).

---

29. — BULLETIN DE LA SOCIÉTÉ D'ENCOURAGEMENT POUR L'INDUSTRIE NATIONALE. — Liste des brevets anglais pris en 1817. — Hawkes (John), fondeur en fer, à Gateshead, Durham, 5 août, construction de limandes en fonte propres à être employées sur les chemins de fer. — Page 43, on y attribue à M. John Curr, de Sheffield, l'invention des *rail-ways* (chemins en fer). — Séance du 22 août, la correspondance mentionne le mémoire de Baader sur les chemins de fer, dans lequel cet ingénieur éminent, quoique bavarois, pronostiquait leur succès.— Liste des brevets d'invention français, — Dubochet (T. G.), Nantes, 11 septembre, 15 ans ; procédé de construction de voitures avec chemin de fer.

---

30. — ACADÉMIE ROYALE DES SCIENCES. — Le procès-verbal de la séance du 11 mai 1818 porte que M. Girard lit un mémoire de M. Legallois, ingénieur des mines, sur les chemins de fer usités en Angleterre. Il est probable que l'éminent ingénieur des ponts et chaussées se sera borné à présenter le mémoire et à se faire charger de l'expliquer dans la séance subséquente. En effet, le 18 mai, M. Girard lut à ses collègues un rapport sur le susdit mémoire de M. Legallois « relatif aux chemins de fer usités en Angleterre et notamment à Newcastle et dans le Northumberland ». « On avait pratiqué depuis longtemps en Allemagne, dit l'extrait, des chemins ou *charrières*, formés de pièces de bois longitudinales sur lesquelles on faisait cheminer dans les galeries des *charriers* appropriés par leurs formes et leurs dimensions à cette espèce de roulage. Depuis, l'on a imaginé, en Angleterre, de substituer, à ces pièces de bois, des chemins ou *charrières* en fonte de fer. La description de ces chemins forme l'objet du mémoire de M. Legallois. Suivant lui, une étendue de 28 lieues carrées environ dans les environs de Newcastle, présente déjà à ciel ouvert un développement de plus de 75 lieues et l'intérieur des mines offre un développement aussi considérable. Toutes les particularités de la manœuvre des chariots sont décrites avec beaucoup de détail par M. Legallois. Son mémoire doit être bientôt imprimé : il sera très utile aux personnes qui pourraient être tentées de faire construire chez nous des chemins de bois ou de fer semblables à ceux d'Allemagne et d'Angleterre. » (Voir nᵒ 27).

---

31. — BREVET D'IMPORTATION ET DE PERFECTIONNEMENT de 15 ans (11 septembre 1818), — pour des procédés nouveaux de construction de voitures avec chemins de fer fixes ou roulants, accordé au sieur Dubochet, à Nantes, département de la Loire-Inférieure.—Extrait de la description : « La difficulté du transport des fardeaux vient principalement des causes suivantes : des frottements des appareils ;

du déplacement vertical ou oblique trop brusque ou trop grand du centre de gravité ; de la diminution ou de la perte, par les inégalités des routes, de la vitesse acquise. Pour que les frottements absorbent une moindre partie de la puissance, j'ai adopté, en principe, de préférer, toutes les fois que cela est praticable, les frottements de la seconde espèce à ceux de la première espèce, et de diminuer l'étendue des surfaces sujettes au frottement. J'ai reconnu que, dans l'usage des véhicules ordinaires, les cahots des chemins diminuent et changent à chaque instant le mouvement horizontal de progression donné au fardeau ; que la puissance de traction ou tirage est tenue, à chaque cahot, de dépenser inutilement ses forces, en agissant dans des directions souvent très désagréables, soit pour retirer les roues des trous des chemins, soit pour franchir les obstacles saillants qu'ils présentent ; ces forces sont alors employées à soulever le fardeau au-dessus de la ligne selon laquelle il doit se mouvoir, et à lui donner, dans une direction différente de celle de la progression, une vitesse inutile, qui souvent même devient nuisible, quand ce mouvement est suivi d'un soubresaut et d'une chute. Chaque fois que le mouvement du fardeau dans la direction de la progression a été détruit ou diminué, il faut que la puissance de traction ou tirage consume de nouvelles forces pour le rétablir, et il est prouvé que pour imprimer à un véhicule, sur un plan horizontal, le premier mouvement, les animaux employés à le traîner, font un effort double de celui qui est nécessaire pour continuer ce mouvement ; l'uniformité de vitesse et de direction économise donc la puissance de traction, soit animaux, soit machine à feu. Il est infiniment avantageux de soutenir le centre de gravité du fardeau à une hauteur constante ou qui n'éprouve que des changements faibles et gradués lentement. La facilité du tirage sur des plate-formes en pierres taillées ou en planches, sur des pièces de bois dressées, sur des tringles ou coulisses de métal, en est une démonstration, à raison de la matière qui y est employée le plus souvent, et à raison de ce qu'elles ne marchent pas simultanément avec les voitures et par elles. Je désigne ces appareils sous la dénomination de *chemins de fer fixes*. Je les considère comme fixes lorsqu'ils ne marchent pas avec la voiture, lors même que, par des moyens distincts du véhicule, on reporte ou dirige au-devant d'eux les mêmes coulisses sur lesquelles ils ont déjà passé, ainsi, entre autres exemples, que cela s'est pratiqué pour le transport du piédestal de la statue de Pierre-le-Grand, à Saint-Pétersbourg. Mes appareils mus simultanément avec les voitures et par leur concours, construits sur les principes ci-dessus, participent aux avantages des *chemins de fer fixes*, et par ce motif je les désigne, quelles que soient leur forme et la matière dont ils sont composés, sous la qualification de *chemins de fer marchants*. Quand les chemins de fer fixes sont disposés de manière à ne pas faire sur la route une saillie capable d'empêcher les véhicules de les prendre, quitter ou traverser avec facilité, ils ont l'inconvénient de se couvrir de poussière, de boue ou de gravier, ce qui nuit au mouvement des roues. Cet inconvénient cesse par l'emploi facile et indis-

pensable des moyens qui vont être décrits ci-après, cumulés ou séparés. Au devant de chaque roue du véhicule, un râteau ou racloir et un balai sont traînés, par la voiture, sur les coulisses du chemin de fer, ou bien ces coulisses sont nettoyées par un balai adapté à la voiture, qui reçoit le mouvement alternatif de la roue, suivant un des nombreux procédés usités en mécanique pour convertir le mouvement circulaire en mouvement alternatif, ou enfin elles sont nettoyées par une petite roue portant des balais à sa circonférence ; le mouvement circulaire de cette petite roue est combiné, par une corde ou une chaîne sans fin, avec celui de la roue du véhicule de manière à tourner en sens contraire. »

1819

32. — DE LA RICHESSE MINÉRALE. — Considérations sur les mines, usines et salines des différents États et particulièrement du royaume de Westphalie, prises comme terme de comparaison (avec une carte du royaume de Westphalie et pays circonvoisins), par A.-M. Héron de Villefosse, ingénieur en chef des mines et usines de l'empire français, ex-inspecteur général des mines et usines des pays conquis, membre, etc., etc. — Paris. — 3 vol. in-4°. — Le premier volume parut en 1810, imprimé chez Laurent. Le second et le troisième parurent en 1819 à l'imprimerie royale. — Cette fois, Héron de Villefosse est qualifié de maître des requêtes au conseil d'État, inspecteur divisionnaire des mines, membre de l'académie royale des sciences. C'est dans le troisième volume de cette œuvre magistrale que l'illustre minéralogiste, consacre un chapitre à « l'application de la machine à vapeur au roulage sur les voies de fer ». Ce système lui paraît propre à remplacer les canaux. Rien ne laisse supposer que l'auteur ait eu la moindre intuition de la transcendance de ce procédé de locomotion mécanique.

—

33. — MÉMOIRES SUR LES TRAVAUX PUBLICS EN ANGLETERRE, suivis d'un mémoire sur l'esprit d'association et sur les différents modes de concessions, et de quinze planches avec une carte générale de la navigation intérieure indiquant les deux systèmes de grands et de petits canaux dans ce pays, par J. Dutens. — In-4°, 25 feuilles. — Paris. — Imprimerie royale. — Joseph-Michel Dutens, né à Tours en 1765, mort à Paris en 1848, ingénieur, inspecteur général des ponts-et-chaussées, était un homme très distingué, neveu de L. Dutens, érudit et savant, *membre de l'académie des inscriptions et belles-lettres*, auteur des *Mémoires d'un voyageur qui se repose* (1806), né à Tours en 1730 et mort en Angleterre en 1812. Dans ce notable mémoire, Dutens, tout en s'occupant plus spécialement des canaux, décrit cependant les *rail-ways*, qui fonctionnent déjà pour le transport de la houille et des pierres, et y consacre deux planches avec figures concernant les voies et les aiguilles, mais sans paraître comprendre l'avenir de ce système de roulement, car pour la traction on en était encore aux chevaux, treuils et plans inclinés. L'auteur cite le mémoire de Gallois, ingénieur en chef des mines, dans lequel la question du transport par *rail-way* a été traitée. Le livre de Dutens n'a pas été enregistré au *Journal général de l'imprimerie et de la librairie* et tous les auteurs l'ont ignoré.

1821

34. — Du canal ou du chemin de fer. — In-8° d'une feuille et demie. — Lyon. — Cette curieuse brochure, dont l'exemplaire déposé à la *Bibliothèque nationale*, n'a même jamais été coupé, vise le projet de jonction du Rhône à la Loire, soit au moyen de la construction d'un canal concédé en 1760 à un sieur Zacharie dont la mort arrêta l'entreprise, — les actionnaires n'ayant voulu faire aucun versement ultérieur et la Révolution ayant fait le reste, — soit au moyen d'un chemin de fer de Saint-Etienne à Lyon. C'est un document bien écrit et très judicieux quoique contenant des *concepts* erronés. « Que le service d'un canal, dit l'ingénieux auteur de cette brochure, soit supérieur à celui d'un chemin de fer, c'est ce qui ne saurait être révoqué en doute. L'Angleterre construit des canaux partout où ils sont praticables. On a recours aux chemins de fer dans les lieux où l'établissement d'un canal serait impossible. » Il cite ensuite l'ingénieur Dutens (voir n° 33) en ces termes empruntés à son grand *Mémoire sur les travaux publics* en Angleterre : « Tout en reconnaissant l'utilité des chemins de fer dans les grands ateliers publics, aux abords des usines et des mines, et pour correspondre de ces points aux canaux, dans l'état actuel des choses, ils ne peuvent que rarement faire partie des grandes lignes de navigation. » Une compagnie à la tête de laquelle était un entrepreneur nommé Hochet, offrait de construire et d'exploiter la voie ferrée Rhône et Loire. Canal et chemin de fer étaient également combattus à Saint-Etienne, où on redoutait l'exportation de la houille, à cause de l'élévation probable du prix de cette matière et de la concurrence. A cette époque, il n'y avait pourtant encore dans le canton que huit machines à vapeur. Les frais des transports sur route étaient, dans le pays, de 8 centimes 3/4 par quintal de 50 kil., et par lieue de poste de 5 kilomètres. Le publiciste opinait pour le chemin de fer, avec concession à un particulier, sauf à régler plus tard les tarifs en vue des frais d'établissement de la ligne, et il ajoutait en forme de péroraison : « Eviter le monopole des transports, déterminer équitablement le tarif des droits à payer suivant les distances, tels sont les deux points qui intéressent les exploitants des mines et les consommateurs. L'administration ne leur imposera pas un tribut onéreux ; en accueillant un établissement nouveau en France, elle veillera à ce que le public en retire tout l'avantage qu'on peut en attendre. ».

35. — Bulletin de la société d'encouragement pour l'industrie nationale. — Brevets anglais pris en 1820. — Birkinshaw (J.), Beedlington, Durham, 23 octobre. — Routes ou ornières en fer forgé malléable.

36. — Brevet d'importation de 15 ans (27 juillet) aux sieurs Griffith et Azberger, à Paris, pour un mécanisme applicable au mouvement des voitures à vapeur transportant des marchandises et des voyageurs, et pouvant être également appliqué à tout genre de voitures. — Chaudière tubulaire.

1822

37. — Dictionnaire technologique, ou nouveau dictionnaire universel des arts-et-métiers, et de l'économie industrielle et commerciale, par une société de savants et d'artistes. — 26 vol. in-8°, 1822-1828. — Paris. — Thomine et Fortin. — L'article *chemin de fer* est la reproduction partielle de la description des chemins anglais popularisée par Girard et Le Gallois.

37 bis. — Annales de l'industrie nationale et étrangère ou Mercure technologique, recueil de mémoires sur les arts et métiers, les manufactures, le commerce, l'industrie et l'agriculture, renfermant la description des musées des produits de l'industrie française, dédié au roi par L.-S. Lenormand et J.-G.-V. de Moléon. — Paris, 1820-1824. — 28 vol. in-8°. — Bachelier. — Sébastien Lenormand était un chimiste de Montpellier, ami de Chaptal, qui fut à Paris le précurseur de Payen, mêlant la science aux affaires et théorisant en vue de la pratique. Gabriel-Victor de Moléon était un ingénieur de grand mérite qui établit le bassin de Toulon et qui, après avoir été ingénieur en chef du cadastre, était devenu ingénieur de la Maison du roi, lorsqu'éclata la Révolution de 1830, Lenormand et Moléon ont collaboré à divers ouvrages et leurs *Annales de l'industrie* sont un monument que l'on ne peut manquer d'étudier si on veut connaître à fond cette grande époque où la France travailla avec succès à réparer les ruines amoncelées par la Révolution dans toutes les branches des connaissances humaines. Nous y trouvons les mentions suivantes en 1822 ; — *Locomobile, voiture à vapeur.* — Cette voiture, de l'invention d'un fileur de coton d'Aldwich, près Manchester, marche sans chevaux et parcourt dix milles par heure dans les chemins les plus difficiles ; elle sert au transport des marchandises et des passagers. Sa vitesse, l'éclat de son feu et sa forme singulière, effrayèrent quelques voyageurs qui la rencontrèrent de nuit sur la route de Stockport. On reconnaîtra sans doute en France l'utilité de cette machine ingénieuse éprouvée en Angleterre par deux années d'expériences. — *Route en fer construite dans la Caroline méridionale.* — On estime à 500,000 dollars les frais de cette construction. Cette route servira à faciliter le transport des marchandises de l'intérieur à la cote et de la cote à l'intérieur. Le produit de cette route est évalué à 25 pour 100 du capital, déduction faite des frais. Il y passera 100,000 balles de coton et d'autres productions d'une valeur considérable.

38. — Archives des découvertes et inventions nouvelles, 1801-1838. — In-8°. — Treuttel et Wurtz. — Nous

trouvons au tome XV, correspondant à l'année 1822, les mentions suivantes : « 1° Chemins de fer : nouveau chemin de fer pour le transport des marchandises, nommé canal artificiel, par M. Cochin : ce chemin présente deux rangées parallèles de poulies ou roues qui tournent sur des axes fixes et sur le sommet desquelles se meuvent les barques destinées au transport des marchandises. Lorsqu'il s'agit de faire passer une barque d'un chemin sur un autre plus ou moins élevé, une double roue dont le diamètre est précisément égal à la différence du niveau des deux chemins, sert à élever une barque pleine, tandis qu'une autre barque du même poids descend du côté opposé. Cette manœuvre n'exige l'emploi que d'une force peu considérable quand les deux barques se font ainsi équilibre, mais il faut qu'une travée du chemin supérieur ait la forme d'un pont roulant et puisse alors écarter une de ses parties ordinaires pour donner passage aux deux barques. Dans le cas où le transport serait plus considérable dans un sens que dans l'autre, M. Cochin conseille l'emploi de fausses barques qui seraient chargées de pierres ou de terre. 2° Voiture à vapeur de M. Griffith : les journaux anglais annoncent comme certain que M. Griffith, de Brompton, de concert avec un savant mécanicien du continent, a enfin résolu le problème de faire mouvoir sur les routes ordinaires, à la vapeur seule, des voitures chargées de marchandises et de voyageurs. On construit une voiture de ce genre à Londres, dans les ateliers de M. Bramah (l'inventeur des presses hydrauliques), et l'on en fera très prochainement autant en France. A Vienne, on a mis une de ces voitures en circulation avec le plus grand succès. » A beau mentir qui vient de loin. Le tome XVI renferme un projet de chemins en bois pour traverser les terrains marécageux et mouvants. C'est ce que Napoléon avait fait pratiquer dans les Landes afin de faciliter la circulation des charrois de la guerre pendant la campagne d'Espagne. Le plancher formé d'arbres fendus en deux, n'a été déplacé qu'en 1841, quand le gouvernement de Louis-Philippe fit exécuter cette pénible traversée avec des grès de Fontainebleau. Vient ensuite une note sur un système de chemins de fer, par M. Palmer, extraite du *London Journal of Arts*. « Au lieu de deux ornières en fer sur le sol, dit la description, l'inventeur établit sur des bornes une pièce de bois recouverte d'une bande de fer. Une roue en fonte, ayant la forme d'une poulie, roule sur cette bande ; à l'axe de cette roue conique, on suspend de chaque côté une caisse renfermant les marchandises. Ces caisses vont au-dessous du niveau de la bande de fer qui supporte la roue : le système se trouve avoir assez de stabilité pour pouvoir marcher, sans exiger une égalité parfaite dans le chargement des deux caisses. Un cheval entraîne le tout en tirant obliquement comme dans le halage d'un bateau. L'essai de ce moyen de transport paraît avoir bien réussi. » Le dispositif a été reproduit, avec diverses modifications, un nombre de fois considérable ; on trouvera aux brevets, tous les détails qui s'y rapportent.

—

39. — Brevet d'invention de 15 ans au sieur Jalubert, pour une machine propre à substituer l'air atmosphérique comme moteur, à l'eau et à la vapeur.

1823

40. — Bulletin des lois. — VII, Bull. D X C I, n° 14250. — 26 février, 10 mars. — *Ordonnance du Roi relative à l'établissement d'un chemin de fer de la Loire au pont de l'Ane sur la rivière de Furens, par le territoire houiller de Saint-Etienne, département de la Loire.* — « Louis, etc. *(Louis XVIII).* Sur le rapport de notre ministre, secrétaire d'Etat de l'intérieur, vu la demande formée par les sieurs Lur-Saluces, Boignes, Milleret, Hochet, Bricogne et Beaunier, aux fins d'obtenir l'autorisation d'établir à leurs frais un chemin de fer pour communiquer de la Loire au Rhône par le territoire houiller de Saint-Etienne, département de la Loire ; vu les avis de la chambre consultative des arts et manufactures de Saint-Etienne et du sous-préfet de l'arrondissement, les observations du préfet de la Loire, l'avis de notre directeur général des ponts et chaussées et des mines ; considérant que le commerce et l'industrie retireraient de grands avantages de cet établissement, particulièrement pour le transport de la houille, que fournissent en abondance les contrées qu'il doit traverser ; qu'un chemin de fer destiné au public, est, comme un canal de navigation, un ouvrage d'utilité générale ; qu'ainsi le gouvernement peut conférer aux concessionnaires la faculté d'acquérir les terrains sur lesquels il devra être établi, moyennant une indemnité préalable, et à charge de se conformer aux règles prescrites par la loi du 8 mars 1810 ; considérant cependant que la demande tendant à obtenir l'autorisation d'établir un chemin de fer sur le versant du Rhône n'est présentée que d'une manière conditionnelle, et ne saurait par conséquent être accueillie quant à présent ; notre conseil d'Etat entendu, nous avons ordonné et ordonnons ce qui suit : Art. 1er. — Les sieurs de Lur-Saluces, Boignes, Milleret, Hochet, Bricogne et Beaunier, sous le titre de *Compagnie des chemins de fer*, sont autorisés à établir un chemin de fer de la Loire au *Pont de l'Ane* sur la rivière de Furens, par le territoire houiller de Saint-Etienne ; 2° La compagnie des chemins de fer sera tenue de se conformer à la loi du 8 mars 1810, relative aux expropriations pour cause d'utilité publique. A cet effet, le projet de la direction de ce chemin sera remis au préfet du département qui le transmettra à notre directeur général des ponts et chaussées et des mines avec son avis. Ce projet sera soumis à notre approbation par notre ministre de l'intérieur ; 3° Lorsque la direction du chemin de fer aura été approuvée, la compagnie fera lever le plan terrier indiqué dans l'article 5 de la loi du 8 mars 1810. Les autres formalités prescrites par cette loi seront pareillement observées ; 4° Partout où le chemin de fer coupera des routes royales ou départementales et des chemins vicinaux, la compagnie établira, à ses frais, des moyens sûrs et faciles de traverser ce chemin, soit en dessus, soit en dessous. Les projets à faire pour cet objet seront soumis à l'approbation du directeur général des ponts et chaussées. A défaut par la compagnie d'exécuter les travaux qui auront été jugés nécessaires aux points d'intersection des routes royales, départementales ou vicinales, pour

assurer, ou faciliter la circulation, ces ouvrages seront mis publiquement en adjudication, et, à défaut d'adjudicataires, seront exécutés en régie sous la direction des ingénieurs des ponts et chaussées. La compagnie sera tenue d'en payer la dépense, au vu des états dressés par les ingénieurs, approuvés et rendus exécutoires par le préfet. Il sera pris par le préfet de la Loire les mesures nécessaires pour la conservation ou pour l'établissement des chemins d'exploitation que le passage des chemins de fer à travers les propriétés que la compagnie est autorisée à acquérir, rendra nécessaires ; 5° Dans le cas où le gouvernement autoriserait la construction de routes, ou chemins vicinaux, ou canaux qui couperaient le chemin de fer, toutes dispositions convenables seront faites pour la conservation de ce chemin ; mais les dommages que la compagnie pourrait éprouver pendant l'exécution des travaux à raison de la suspension des transports, ne pourront donner lieu de sa part à aucune demande en indemnité. La compagnie ne pourra pareillement réclamer aucune indemnité, dans le cas où le gouvernement autoriserait par la suite la construction de canaux ou d'autres chemins de fer propres au transport de la houille et autres marchandises, soit de la Loire au Rhône, soit sur tout autre point ; 6° Si, après avoir entrepris le chemin de fer, la compagnie ne le terminait pas entre les deux points ci-dessus désignés, ou, si après l'avoir terminé, elle l'abandonnait et renonçait à le faire valoir, soit par elle-même, soit par d'autres, les terrains acquis par la compagnie pour sa construction, seraient restitués à leurs anciens propriétaires ou à leurs ayants-droit, s'ils l'exigeaient, à charge par eux d'en payer la valeur telle qu'elle serait réglée à l'amiable ou par les tribunaux en cas de contestations. Le délai fixé à la compagnie pour l'établissement du chemin de fer est de cinq ans ; elle perdra le droit de l'établir dans le cas où elle ne l'aurait pas terminé dans ce délai, à moins qu'elle n'en soit empêchée par force majeure dûment constatée ; 7° Pour s'indemniser des frais de construction et d'entretien des dits chemins, des frais d'entretien de ses voitures, et tous autres qu'elle sera dans le cas de faire pour le transport des houilles et marchandises qui lui seront confiées, la compagnie est autorisée à percevoir à perpétuité sur le chemin de fer un droit d'un centime 86 centièmes de centime par mille mètres de distance et par hectolitre de houille et de coak *(sic.)* Le droit sera le même pour le transport de cinquante kilogrammes de matières et de marchandises de toute sorte et par mille mètres de distance. La perception de ce droit se fera sur la remonte comme sur la descente du chemin et par distance de mille mètres parcourus ou à parcourir sur le chemin de fer, sans égard aux fractions ; ainsi, mille mètres entamés se paient comme s'ils avaient été parcourus entièrement. Au moyen du paiement du droit fixé par le présent article, la compagnie du chemin de fer sera tenue d'exécuter constamment, avec exactitude et célérité, et sans pouvoir en aucun cas les refuser, tous les transports qui lui seront confiés, à ses frais et par ses propres moyens. Toutes les contestations qui pourraient naître pour cessation ou retard de transport, seront soumises au conseil de préfecture ; 8° Aussitôt que ce chemin pourra être mis en activité, notre préfet de la Loire soumettra à notre ministre de l'intérieur un projet de réglement qui établira l'ordre de chargement, transport et déchargement des marchandises ; 9° Les terrains qu'occupera le chemin seront imposés comme les terrains occupés par les canaux, conformément à la loi du 5 floréal, an II (25 avril 1803) en déduction du contingent des communes qu'il traversera ; 10° La compagnie du chemin de fer tiendra constamment la présente ordonnance affichée à la porte de ses magasins et bureaux et dans les lieux les plus apparents ; 11° Notre ministre de l'intérieur est chargé de l'exécution de la présente ordonnance.

---

41. — ARCHIVES DES DÉCOUVERTES ET INVENTIONS NOUVELLES. — In-8°. — Paris. — On lit la note ci-dessous dans le volume correspondant à l'année 1823. — CHEMINS. — *Moyens de transporter des fardeaux sur des terrains impraticables, tels que montagnes, marais, sables, etc.; par M. Amagat.* — « Ces moyens consistent à former des chemins artificiels composés de plusieurs fortes pièces de bois réunies bout à bout, et assemblées parallèlement par des traverses. Ces pièces de bois sont ainsi disposées pour recevoir un chariot consistant en un essieu porteur d'une forte pièce de bois frettée, sur laquelle on place la charpente à transporter. En avant de cette pièce de bois est un timon dont l'extrémité est retenue par le moyen d'une corde, à la partie inférieure de la charpente ; aux deux extrémités de l'essieu, sont deux roues de voiture qui reposent sur les deux pièces de bois qui forment le chemin. Pour empêcher ces roues de sortir de l'étroite surface qu'elles doivent parcourir, on a fixé à l'essieu des barres de fer en forme de fourchettes, portant à leurs extrémités inférieures des petites roues horizontales, glissant le long des faces latérales et intérieures des pièces de bois formant chemin. Pour franchir une montagne sur ces chemins artificiels, avec un corps d'arbre monté sur les essieux, on établira un tambour sur lequel sera roulé un câble, de gauche à droite ; ce tambour sera ajusté sur un arbre horizontal, ou sera attaché, par un autre bout, à un autre câble devant s'y rouler de droite à gauche ; la partie inférieure de chaque câble portera un crochet en fer : l'une servira à attacher l'attelage des bêtes de trait, et l'autre à recevoir la pièce de charpente ; de sorte qu'en dirigeant les animaux attelés au câble du tambour, vers la pente de la montagne, pour leur donner plus de force et d'abattage, à mesure qu'ils dévideront le câble du tambour, ils chargeront sur son treuil l'autre câble, et monteront la pièce à sa destination. Pour diminuer le frottement, le collet qui doit porter le treuil, est composé de trois roulettes en cuivre. Lorsqu'il s'agira du transport des petites pièces, comme du douvain, de la latte, etc., on se servira d'une espèce de chariot plat, composé de plusieurs planches assemblées aux deux extrémités par une forte traverse, portant à chacun de ses deux bouts une roulette horizontale. Au milieu de cette traverse, sera fixé un anneau où l'on accrochera l'extrémité inférieure du câble du cabestan horizontal. Des mortaises prati-

quées à chaque bout de la traverse, serviront à recevoir les ridelles du chariot. Dans certains cas, suivant la localité, on pourra remplacer ces rouleaux par des traverses fixes où seront ajustées des roulettes horizontales en fer. Lorsque le premier des fardeaux à transporter sera parvenu sur la crête d'une montagne, par le moyen du tambour, on profitera de son propre poids pour aider à en monter un autre, en les unissant l'un à l'autre, au moyen d'un câble qui aura pour point d'appui une poulie adaptée sur un axe horizontal, de manière que le fardeau montant retiendra celui qui descend, et ce dernier deviendra lui-même une force agissante pour les fardeaux ascendants. Quand les localités le permettront, on pourra établir à des distances convenables, sur divers points du chemin artificiel, un manège consistant en un arbre vertical, sur lequel sera fixée une roue horizontale, en forme de poulie, dont la gorge recevra un câble d'une longueur double de la distance à parcourir. Les deux bouts de ce câble seront attachés ensemble et sa partie inférieure passera dans la gorge d'une poulie verticale qui tiendra le câble tellement tendu, que, quand les bêtes de trait feront tourner le manège, ce câble, se mouvra toujours dans la même direction ; alors, pendant qu'on décrochera le fardeau qui sera parvenu à sa destination, on en accrochera un autre à la partie inférieure du câble, contre la poulie ; et ainsi de suite, sans qu'on soit jamais obligé de s'arrêter que le temps nécessaire pour décrocher et accrocher les fardeaux. Pour soutenir la partie du câble qui descend à vide, tandis que l'autre tire le fardeau, il y aura, de distance en distance, sur le bord du chemin, des poulies ou rouleaux qui la soutiendront et empêcheront le frottement. Lorsque le terrain sera plat et solide, on pourra, au moyen d'un chemin artificiel, de chariots et de deux bêtes de trait seulement, tirer aisément 6.000 pesant, et même plus. »

42. — Brevet d'invention de 15 ans, à Renon (Pierre), horloger, et à Moulinié (William), négociant à Paris, pour une machine à vapeur s'adaptant aux chars de tous genres et aux bateaux de toutes dimensions, dans laquelle la vapeur est engendrée dans un long tuyau ou serpentin exposé de toutes parts à l'action du feu. Le tuyau avait 4 millimètres de diamètre et était tenu au rouge : l'eau qui y était projetée par une pompe se vaporisait immédiatement et la pression était instantanée. C'est le problème que paraît avoir résolu M. Serpollet dont quelques tramways utilisent les appareils très-légers et susceptibles d'une pression instantanée.

1824

43. — Mémoire sur le chemin de fer de Saint-Etienne a la Loire, par Henri Fournel, cité par le *Dictionnaire biographique*, de Dantès (Alfred). — Henri Fournel est aussi connu comme ingénieur des mines que comme saint-simonien.

44. — Chemin de fer de Saint-Etienne a la Loire. — Ordonnance royale du 24 juillet 1824, approuvant les statuts de la société suivant actes des 3 et 4 juin 1824 par devant Mᵉ Maine-Glatigny, notaire, à Paris, entre MM. Boygnes, Milleret, Hochet et Bricogne. Les premiers statuts avaient été consignés dans un acte du 4 novembre 1823. M. Lur-Saluces, le cinquième concessionnaire étant mort, les autres déclarèrent former la société à leurs risques et périls et se porter forts pour leur ex-co-associé. Le capital se composait de 200 actions de 5,000 francs, souscrites : 30 par Boygnes ; 30 par Bricogne aîné ; 30 par Milleret ; 16 par Hochet et 10 par Beaunier, ingénieur, qui devint directeur de la société aux appointements de 4,000 francs par an. MM. Boygnes, Bricogne et Milleret garantissaient le placement des 84 actions restantes. Il était créé 8 actions d'industrie ayant droit à leur part dans les bénéfices, lesquelles étaient attribuées gratuitement à M. Beaunier en rémunération de ses travaux préliminaires.

45. — Ordonnance approuvant le tracé du chemin de fer de Saint-Etienne à Andrezieux (30 juin).

46. — Bulletin des sciences technologiques, 5ᵉ section du *Bulletin universel des sciences et de l'industrie*, publié sous la direction de M. le baron de Férussac. — Notice sur un chemin de fer à construire entre Londres et Edimbourg.

46 *bis*. — Mémoires de l'Académie des sciences. — Deuxième série. — *Application des principes de la dynamique à l'évaluation des avantages respectifs des divers moyens de transport. Mémoire de Girard (P. J.).*

46 *ter.* — Annales de l'industrie nationale et étrangère (voir 37 *bis*). — *Nouvelles routes en fer.* — On va couvrir en fer quelques routes des environs de Londres. Ce nouveau système d'encaissement aura le grand avantage de permettre la circulation des voitures à vapeur que l'on construit en ce moment et d'abréger les chemins de plusieurs milles. Au lieu de tourner les collines, les routes entreprises d'après le nouveau procédé les franchiront en ligne droite.

1825

47. — Etudes d'un chemin de fer de Saint-Etienne a Lyon, par Saint-Chamond, Rive-de-Gier et Givors. — Direction des ponts et chaussées. — Ministère de l'intérieur. — Paris. — 1 vol. in-4°.

48. — Le Moniteur universel. — Dans son numéro du 31 octobre 1825, le *Moniteur universel*, journal officiel du gouvernement, rendit compte en termes enthousiastes de l'inauguration du chemin de fer du comté de Durham, dit de Stockton ou Darlington qui avait eu lieu le 27 septembre. Il y avait deux plans inclinés desservis par des machines fixes, et pour la partie du trajet en plaine, la traction était faite par une

locomotive que le journal appelait un *self-moving-powder*. On s'intéressait alors en France, beaucoup plus que de nos jours, à ce qui se passait en Angleterre, parce qu'entre émigrés et prisonniers sur les fameux pontons, il y avait des milliers de Français qui avaient vécu dans ce pays, qui en parlaient la langue et qui y avaient contracté des habitudes, des amitiés et des relations. *Le Cortège* ou la *Cavalcade*, comme dit le narrateur de la fête, avait parfaitement réussi : 450 personnes avaient envahi les voitures et on avait fait 10 milles à l'heure, arrêts compris. En arrivant à Darlington, le train qui marchait parallèlement à la diligence, traînée par 4 chevaux et portant 16 voyageurs, avait fait assaut de vitesse et avait, en quelques tours de roues, pris une forte avance. L'auteur de l'article décrit la différence existant entre les rails à ornières — *tram-rails*, — et les rails saillants, — *edge-rails*.

—

49. — REVUE BRITANNIQUE. — Du transport par les canaux, les routes à rainures de fer et les voitures à vapeur. — Traduction du *Quarterly Review*. — Numéro de Juillet. — Ce recueil international, — choix d'articles extraits des meilleurs écrits périodiques de la Grande-Bretagne et de l'Amérique, complété par des articles originaux, — fut fondé en 1825, par Saulnier, Coquerel, Dondey-Dupré fils, Raulin, Lafon-Ladébat et Saulnier fils. Amédée Pichot en prit la direction en 1840 et lui donna la performance qu'il a conservée.

—

50. — BULLETIN DE LA SOCIÉTÉ D'ENCOURAGEMENT POUR L'INDUSTRIE NATIONALE. — Nouveau système de routes en fer inventé par M. Palmer (Angleterre). — Brevets anglais. : James, ingénieur à Windsor-Green, voitures à vapeur pour routes ordinaires (15 mai 1824). — James, ingénieur, à Londres, nouveaux chemins de fer (28 février).

—

51. — BULLETIN DES SCIENCES TECHNOLOGIQUES, 5e section du *Bulletin universel des sciences et de l'industrie*, publié sous la direction de M. le baron de Férussac. — Routes en fer en Allemagne. — Route de fer de Leith à Edimbourg. — Les routes de fer et les canaux. — Route de fer de Saint-Etienne à la Loire. — Route de fer de Roanne au Rhône. — Routes à ornières en fer. — Route en fer à Cheshunt.

—

52. — BREVET D'INVENTION DE 10 ANS (5 février) au sieur Malignon (Louis-Charles), pour un système de freins mécaniques.

—

53. — BREVET D'INVENTION DE 15 ANS (10 février), au sieur Cordier, à Paris, pour des améliorations dans la construction des chemins de fer, « Ce nouveau chemin de fer, dit le texte, se compose de poteaux en fonte, en fer et en bois, enfoncés en maçonnerie ou en terre, en saillie de deux pieds et demi plus ou moins au-dessus du sol, portant une barre en fonte, en fer,

ou même en bois, avec traverse en fer, qui doit avoir une pente déterminée et réglée par la nature du sol et celle du chargement » (?)

—

54. — BREVET D'INVENTION DE 15 ANS (10 février), au sieur Fehr (Salomon), de Vicdessos (Ariège), faisant élection de domicile à Auch (Gers), pour des wagons et voitures mécaniques de transport par terre, sans moteur placé sur terre et sans emploi de la vapeur, destiné à remplacer toute sorte de voitures ordinaires servant au transport des personnes et des marchandises. Le conducteur, en manœuvrant le levier d'Archimède, aurait fait marcher la machine roulante.

—

55. — BREVET D'INVENTION ET DE PERFECTIONNEMENT DE 15 ANS (11 avril), au sieur Burstell (Tymothy), ingénieur-mécanicien, à Leyth (Ecosse), pour un appareil mécanique ou locomoteur applicable aux équipages dits à vapeur et pour des perfectionnements dans la construction et dans l'alimentation des chaudières propres à faire la vapeur.

—

56. — BREVET D'INVENTION DE 15 ANS (19 mai), au sieur Chaper (Philippe-Auguste), à Paris, pour un nouveau système de route à voie régulière, propre au service des voitures, qu'elles soient conduites par des chevaux ou par des machines à vapeur. *Rouage* en bois posé sur bitume. — 30 juin, brevet d'addition et de perfectionnement, rouage en pierre. — 31 mars 1826, deuxième addition, rouage en fer. — 31 octobre 1829, troisième addition, lisse horizontale en bois dur.

—

57. — BREVET D'IMPORTATION ET DE PERFECTIONNEMENT DE 5 ANS (19 mai), à James (Williams-Henry), de Windsor-Green (Angleterre), pour un appareil mécanique propre à la construction des voitures, équipages ou roulages, mus par l'impulsion motrice de la vapeur, du gaz ou par l'application particulière des machines disposées à cet effet. La description comporte trois chapitres : « Manière de mettre cette voiture en mouvement, moyen d'arrêter la voiture, moyen de ralentir et d'enrayer. » Le modèle de voiture a du galbe et de l'originalité.

—

58. — BREVET D'INVENTION DE 15 ANS (8 juillet), aux sieurs Manby et Wilson, à Paris, pour l'emploi de laminoirs appropriés à la fabrication des laminoirs des barres de rails. — Ces Anglais avaient leur usine à Saint-Maur.

—

59. — BREVET D'INVENTION DE 15 ANS (15 juillet), à MM. Hanchett, Smith et Gordon, pour un moyen de faire mouvoir les voitures par la vapeur ou autre force motrice avec des points d'appui.

—

60. — BREVET D'INVENTION ET DE PERFECTIONNEMENT DE 10 ANS (28 août), aux sieurs Sargent (Isaac) et Cⁱᵉ, de Paris, pour des routes en fer ou en bois destinées au transport des marchandises et des voyageurs à l'aide de voitures d'une construction particulière, mises en mouvement par des machines à vapeur, hydrauliques ou autres moteurs fixes.

—

61. — Brevet d'invention et de perfectionnement de 10 ans (21 septembre), à Snowder (John-Martel), mécanicien à Londres, faisant élection de domicile à Paris : 1° pour un système de chemin mécanique ; — 2° pour des véhicules propres à transporter des voyageurs et des marchandises ; — 3° pour un nouveau genre de cheval mécanique. — Le tout composant un seul et même système de roulage.

—

62. — Brevet d'invention de 15 ans (1er décembre) au sieur Gauwin (Archange-Constantin), à Paris, pour une chaudière perfectionnée (vaporisation par injections successives).

—

63. — Brevet d'invention de 15 ans (1er décembre), aux sieurs Vernet et Gautier, à Paris, pour une chaudière à vapeur formée avec des cônes.

1826

64. — Considérations générales sur les divers systèmes de transport, par M. P.-S. Girard. — In-8° d'une feuille. — Article publié dans la *Revue encyclopédique*, 1824. — Ingénieur en chef des ponts et chaussées, membre de l'académie des sciences, Girard (1766-1836) avait fait partie de l'expédition scientifique d'Egypte et était ingénieur en chef du canal de l'Ourcq. Il n'est fait dans cet opuscule aucune allusion aux chemins de fer. L'auteur se montre très convaincu du progrès des transports. Il cite comme exemple de l'avantage que le public en retire, ce fait qu'en 1760, il en coûtait 50 livres et 10 jours de temps pour aller de Paris à Lyon, tandis qu'en 1824, on y allait en 66 heures pour 72 francs. Pour Rouen on tardait 3 jours et on payait 15 livres. En 1824, on mettait de 12 à 13 heures et on payait 15 francs. En 1766, il sortait chaque jour de Paris 27 *coches* avec 270 places ; en 1824, il en sortait 300 avec 3.000 places.

—

65. — Des routes a ornières en fer, canaux artificiels, bateaux et autres moyens de transport, par M. Guyot de Fère, éditeur du journal le *Philanthrope*. — In-8°, chez l'auteur. — Paris, rue du Temple, 7. — 1 feuille 1/4. — « Les routes et ornières en fer, dit cet écrivain, sont une invention du xviiie siècle, dont les Anglais se sont emparés, depuis quelques années, avec tant d'ardeur, qu'en moins d'un mois des associations ont fait un fonds de cinq millions pour établir environ mille lieues de ces routes. » Il fait ensuite l'éloge de l'anglais Palmer qui, par économie, vient d'inventer le chemin à un seul rail. « Quoiqu'une ordonnance du 23 février 1823, ajoute-t-il, ait autorisé l'établissement d'un chemin de fer du Pont de l'Ain *(l'Ane)* sur le terri-

toire houiller de Saint-Etienne, et que l'on y travaille activement, on n'est pas encore fixé en France sur le mérite de ce système de transport. » Après une comparaison entre les canaux et les chemins de fer, il donne la préférence à ces derniers, tout en se montrant enthousiaste du projet de Paris port de mer qui était à l'étude, à l'instigation de M. Carnot, selon lui, depuis l'arrêté du 21 vendémiaire an III. Guyot de Fère était un homme à projet. Le *Philanthrope*, dont il publia deux volumes en 1825, était un journal, « consacré à la bienfaisance, à la morale et à la prospérité publique ». A partir du 1er avril 1825, le *Philanthrope*, devait paraître trois fois par mois et le premier numéro de chaque trimestre devait renfermer une lithographie. Le prix d'abonnement était de 8 francs pour trois mois, à Paris, et 8 fr. 25 dans les départements. Cette publication paraît avoir continué pendant une partie de l'année 1826 et avoir reparu en 1828. En 1825, Guyot de Fère donne également : « les *Lettres philanthropiques d'un ancien commerçant*, adressées aux manufacturiers, fabricants, négociants, etc., et contenant des vues utiles, des projets d'amélioration, des documents importants pour le commerce et l'industrie, des détails intéressants sur quelques inventions et perfectionnements et généralement tout ce qui peut intéresser la classe commerçante et industrielle. » 1er cahier, in-8° d'une feuille. — Le cahier 0 fr. 75, et en souscrivant pour six, 0 fr. 60.

—

66. — Traité pratique sur les chemins de fer et sur les voitures destinées a les parcourir ; principes d'après lesquels on peut évaluer leur force, leurs proportions et la dépense annuelle qu'ils nécessitent, etc. etc., orné de planches et contenant beaucoup de tables, par M. Tredgold, ingénieur civil, membre de l'institut des ingénieurs, et traduit de l'anglais par T. Duverne, ancien officier de la marine royale, chevalier de l'ordre de Saint-Louis. — In-8° de 19 feuilles, plus 4 planches. — Paris. — Bachelier. — Cet ouvrage est très bien fait et très intelligemment traduit. « Dans la réalité, dit Duverne dans la préface, c'est la roue qui fait ornière et la voie en fer s'y place, comme en menuiserie une languette se place dans une rainure. Cependant on a construit souvent les barres qui forment les deux côtés de la voie, avec des rebords pour retenir les roues qui, dans ce cas, sont plates comme les roues ordinaires. » Le traducteur rappelle que Mme la Dauphine, duchesse d'Angoulême, dans son voyage à Lyon, a voulu visiter les travaux du chemin de fer de Saint-Etienne et qu'elle s'y est beaucoup intéressée, ce qui lui fait bien augurer de l'appui du gouvernement pour ces entreprises. Il termine par une réclame pour le chemin de fer du Havre à Paris. Voici comment les *Annales de l'industrie nationale et étrangère* annonçaient cet ouvrage : *Traité pratique sur les chemins en fer et sur les voitures destinées à les parcourir.* — Principes d'après lesquels on peut évaluer leur force, leurs proportions et la dépense annuelle qu'ils nécessitent, ainsi que leur produit ; conditions à remplir pour les rendre à la fois utiles, économiques et durables. Théorie des cabriolets à vapeur, des machines stationnaires, et de celles où l'on emploie le gaz, leur effet utile et les frais qu'elles occasionnent, ornée de planches, et contenant beaucoup de tables, par Th. Tredgold, ingénieur civil, membre de l'institut des ingénieurs, traduit de l'anglais par T. Duverne, ancien officier de la marine royale, chevalier de l'ordre de Saint-Louis. — In-8°, 186 pages, avec planches en taille-douce. — Prix 5 fr., franco de port par la poste 6 fr. 50.

—

67. — DE L'ÉTABLISSEMENT D'UN CHEMIN DE FER ENTRE PARIS ET LE HAVRE, mémoire lu à l'académie des sciences, le 1ᵉ mars 1826, par M. Navier, membre de l'Institut. — In-8° 3 feuilles et demie. — C'est là un document très remarquable et dans lequel le célèbre ingénieur, professeur à l'école royale des ponts et chaussées, a montré une véritable prescience du rôle économique et des conditions techniques des chemins de fer. Il paraît que depuis le 4 mars 1825, une compagnie avait déposé une soumission pour la construction d'un chemin de fer de Paris au Havre, dont le tracé admettait les pentes et contre-pentes de la topographie des bouches de la Seine, comme la route royale. La longueur du parcours devait être de 220 kilomètres et le devis de la construction très rationnel s'élevait à 31 millions de francs pour deux voies. Le tarif proposé était de 14 centimes par tonne et par kilomètre du Havre à Paris et de 10 centimes de Paris au Havre. Navier appelait les croisements *tourne-hors* et les machines *loco-motives*. Le prix des transports entre le Havre et Paris était alors, par tonne, en moyenne de 160 francs par le roulage accéléré, 90 francs par le roulage ordinaire, 60 à 70 francs par bateaux à vapeur en fer, 55 à 57 fr. 50 par bateaux à vapeur ordinaires et 45 à 50 francs par bateaux à vapeur du Havre à Rouen et bateaux halés de Rouen à Paris.

—

68. — MÉMOIRE SUR LE CHEMIN DE FER DE SAINT-ÉTIENNE A LYON, par M. Séguin. Paris. — 1 vol. in-4°. — Didot.

—

69. — MÉMOIRE SUR LE CHEMIN DE FER DE SAINT-ÉTIENNE A LYON, par Saint-Chamond, Rive-de-Gier et Givors. Signé : Séguin frères, Ed. Biot et Cⁱᵉ. — In-4°, 28 pages et un plan à 1/10.000. — Paris. — Didot.

—

70. — MERCURE SÉGUSIEN. — Pétition du commerce de Saint-Etienne, au sujet du chemin de fer de Saint-Etienne à Lyon. — In-folio. — Saint-Etienne, au bureau du *Mercure Ségusien* — en faveur de l'établissement de ce nouveau moyen de transport.

—

70 *bis*. — RAPPORT DE LA CHAMBRE DE COMMERCE DE PARIS sur l'approvisionnement de la capitale en charbons. — In-4°, 24 p. — La chambre de commerce demande en termes prolixes que le gouvernement fournisse à l'industrie « des débouchés faciles par canaux ou par chemins de fer. » Elle s'élève aussi

contre la lenteur avec laquelle les travaux publics sont exécutés.

—

71. — PROJET DE CANAL ET DE CHEMIN DE FER pour le transport des pavés à Paris, précédé d'un tableau du progrès de la dépense du pavé de Paris pendant les deux derniers siècles, par Ch.-Jos. Ménard, ingénieur en chef du canal de Saint-Quentin. — In-4°, 2 planches, 3 feuilles. — Paris. — Afin de remplacer le mauvais grès de Fontainebleau par des pavés durs des carrières de l'Yvette, M. Ménard proposait de construire un canal de Chevreuse à Montsouris, au moyen des eaux de l'Yvette et de ses affluents, et de relier l'embarcadère de Chevreuse aux carrières de l'Yvette, de Sceaux-les-Chartreux, Gif et Saint-Paul, au moyen de 12.483 mètres de chemin de fer, dont il évaluait le coût à 477.000 francs avec rails en fonte et 280.000 francs de plus avec rails en fer. La surface entretenue du pavé de Paris, qui était de 771.000 mètres carrés en 1634, s'élevait à 2.925.000 en 1789 et était tombée en 1820 à 2.755.000, par suite de la ruine de la ville durant la période révolutionnaire. La dépense était, en 1636, de 45.000 livres tournois, équivalant à 94.500 francs (0 fr. 122 par mètre); de 627.000 livres, soit 619.500 francs en 1786 (0 fr. 195 par mètre). De 1792 à 1810 il n'y eut pas d'entretien régulier. En 1810, on dépensa 800.000 francs, soit 0 fr. 295 par mètre. Le prix du pavage neuf était, en 1632, de 7 livres par toise carrée (4 fr. 48 le mètre); en 1786, 19 livres 10 sous (5 fr. 13 le mètre), et de 1810 à 1820, 6 fr. 20 le mètre.

—

72. — LES JEUNES INDUSTRIELS, *ou découvertes, expériences, conversations et voyages de Henri et Lucie, par Maria Edgeworth, traduit de l'anglais par Madame Sw. Belloc.* — *4 vol. in-18.* — *Paris.* — *Fortin.* — Les jeunes voyageurs ne voyaient les routes à rainures de fer que sur les haldes d'une mine pour faire circuler les chariots de charbon, mais dans les éditions successives, car ce livre en a eu beaucoup, les protagonistes n'auront pas manqué de voyager eux-mêmes en chemin de fer, peut-être même seront-ils allés de Paris à Saint-Germain.

—

73. — COMPTE RENDU AUX ACTIONNAIRES DU CHEMIN DE FER DE SAINT-ÉTIENNE A LYON, par MM. Séguin frères et E. Biot, gérants. — In-8°, 3 feuilles 3/4. — Paris. — MM. Séguin et Biot rendent compte à leurs actionnaires de la soumission qu'ils ont faite pour la concession du chemin de fer de Saint-Etienne à Lyon, et justifient le tarif de transport et de péage qu'ils ont accepté pour la houille, le fer, les bouteilles et autres marchandises, car il n'était pas encore question de voyageurs. Ils font allusion, dans ce document judicieux, clair et précis, à la construction du chemin de fer de Saint-Étienne à la Loire, alors en train sous la direction de Beaunier, ingénieur des mines. Le chemin de fer de Saint-Étienne à Lyon devait avoir 60 kilomètres, la largeur de la plate-forme était fixée à 6 mètres et le devis, avec rails en fer forgé, était arrêté à 10 millions de francs.

Les frais d'exploitation étaient estimés pour 250.000 tonnes, à 451.750 francs, augmentés de 400.000 fr. pour l'intérêt du capital à 4 0/0. La dépense par tonne et par kilomètre ressortait donc à 5 centimes 67, dont 2,66 pour la rémunération du capital, et le tarif étant de 9 centimes 80, il en résultait sur le papier un gros bénéfice net. Le nombre de voitures employées aux transports entre Lyon et Saint-Étienne était, ramené à un voyage, de 109.875 en 1820 et de 156.447 en 1825. En 1812, il y avait à Saint-Étienne et à Rive-de-Gier, 73 mines de houille en exploitation, produisant 292.377 tonnes; en 1825, l'extraction était de 650.000 tonnes. « Messieurs, disaient les gérants, il nous semble que dans des spéculations de ce genre, les capitalistes, les exécutants et le public sont, à vrai dire, trois parties contractantes dont il faut, pour réussir, reconnaître et combiner les intérêts. » Ils annonçaient que le revenu net serait de 10 0/0, dont 7 0/0 pour les actionnaires et 3 0/0 pour les fondateurs, aux termes des statuts de la société, et ils ajoutaient, avec une foi robuste, que quoique leur prélèvement portât sur la totalité des bénéfices, ils ne l'encaisseraient que quand les actionnaires auraient, par préférence, touché 7 0/0. « Ce n'est pas un sacrifice que nous vous faisons, disaient-ils en terminant, car nous sommes certains d'obtenir les résultats que nous vous promettons. »

---

74. — Chemin de Saint-Etienne a Lyon. — C'est dans le *Moniteur* du 7 février 1826, que la direction générale des ponts et chaussées fit insérer le curieux avis concernant la mise en adjudication de l'entreprise du chemin de fer de Saint-Etienne à Lyon, au rabais sur le prix de quinze centimes par mille kilogrammes et par mille mètres pour le transport des marchandises. L'adjudication devait avoir lieu à Paris le 27 mars, à midi, sous la présidence du ministre de l'intérieur. On pouvait prendre connaissance du cahier des charges à la direction générale des ponts et chaussées, place Vendôme, 19, ou aux préfectures du Rhône et de la Loire. Le cautionnement pour prendre part au concours était de quatre cent mille francs, en espèces ou en valeurs de l'Etat. Le préambule disait que la route de Saint-Etienne à Lyon étant fortement fatiguée par les lourdes voitures de roulage, quelques personnes avaient pensé à y construire un chemin de fer. Il semblait que le gouvernement voulait, par la perspective de la diminution des frais d'entretien de la route, se faire pardonner l'introduction dans nos voies de communication, de chemins de fer dont on ne connaissait encore ni les lois, ni le régime. Le directeur des ponts et chaussées, M. Becquet, était presque l'auteur de l'innovation à laquelle il s'était prêté, et, dans un article du *Moniteur* du 18, il avait soin de faire remarquer la transcendance des transports en matière de commerce et d'industrie : son porteplume insistait sur ce point que la construction des chemins de fer n'indiquait nullement l'adoption de ce moyen de communication, puisque le même jour, 27 mars, avait lieu également à Paris, par une coïncidence voulue, l'adjudication des travaux pour l'amélioration de la navigation de la Haute-Seine. On avait peur des députés qui craignaient que les chemins de fer ne causassent du préjudice aux intérêts créés le long des routes.

---

75. — Ordonnance du roi, du 7 juin, *qui approuve l'adjudication de l'établissement d'un chemin de fer de Saint-Etienne à Lyon.* — « Charles, etc., (Charles X), sur le rapport de notre ministre secrétaire d'Etat au département de l'intérieur; vu l'art. 3 de la loi de finances du 13 juin 1825, qui renouvelle l'autorisation conférée au gouvernement par la loi du 4 mai 1802, d'établir des droits de péage pour subvenir aux frais des ponts, écluses, et autres ouvrages d'art à la charge de l'Etat, des départements et des communes ; vu le procès-verbal de l'adjudication passée le 27 mars dernier, par notre ministre secrétaire d'Etat de l'intérieur, pour l'établissement d'un chemin de fer de Saint-Etienne à Lyon par Saint-Chamond, Rive-de-Gier et Givors ; vu le mémoire imprimé au nom des propriétaires du canal de Givors, lesquels prétendent que le chemin de fer est inutile, et demandent une indemnité dans le cas où l'établissement de ce chemin serait autorisé ; notre conseil d'Etat entendu, nous avons ordonné et ordonnons ce qui suit :

Article premier. — L'adjudication passée le 27 mars dernier, par notre ministre secrétaire d'Etat de l'intérieur, pour l'établissement d'un chemin de fer de Saint-Etienne à Lyon par Saint-Chamond, Rive-de-Gier et Givors, est approuvée. En conséquence, 1° les sieurs Séguin frères, E. Biot et Cⁱᵉ, sont et demeurent définitivement concessionnaires dudit chemin de fer, moyennant le rabais exprimé dans leur soumission, et sous les clauses et conditions énoncées au cahier des charges. — 2. Le cahier des charges, le procès-verbal et la soumission resteront annexés à la présente ordonnance. — 3. Les sieurs Séguin, E. Biot et Cⁱᵉ se conformeront aux dispositions prescrites par la loi du 8 mars 1810, relative aux expropriations pour cause d'utilité publique ; à cet effet, le projet de la direction de ce chemin sera remis au préfet du département qui le transmettra à notre directeur général des ponts et chaussées avec son avis. Ce projet sera soumis à notre approbation par notre ministre secrétaire d'Etat au département de l'intérieur. Lorsque la direction de ce chemin aura été approuvée, les concessionnaires feront lever le plan terrier indiqué dans l'article 5 de la loi du 8 mars 1810, et les autres formalités prescrites par cette loi seront également observées. — 5. Notre ministre de l'intérieur (M. Corbière) est chargé, etc. » (Voir 1831, n° 188.) Cette ordonnance ne fut pas portée au *Bulletin des lois* qui ne la publia qu'en 1831. Ce fut évidemment un lapsus administratif, car jamais le gouvernement du roi n'eut la prétention d'imposer comme obligatoires des préceptes qui n'étaient pas dûment formulés. Seul, l'infâme Directoire qui fut le *genuine* produit de la Révolution française, imagina ce raffinement d'arbitraire et eut l'impudence de mettre à ses arrêtés cette restriction monstrueuse : « Cet arrêté ne sera pas imprimé ». Les voyous ont de ces hardiesses devant lesquelles reculerait un Louis XI, voire même un Tamerlan.

C'est ainsi que Napoléon, qui ne connaissait l'histoire que par les pamphlets révolutionnaires, crut remettre en usage un protocole emprunté à la monarchie, en adoptant l'explétif : « Tel est notre bon plaisir. » Or, il n'y a pas un acte entre les millions de documents existant dans nos archives qui porte cette mention. « *Tel est notre plaisir*, — traduction du *plácet* du droit, — est la seule formule qui ait été employée, formule qui n'implique pas l'arbitraire despotique comme le *tel est notre bon plaisir* de « l'aventurier qui voulut être fameux », comme le disait en 1814 le sénat conservateur.

—

76. — Chemin de fer de Saint-Etienne a la Loire. — Ordonnance royale du 19 avril 1826, autorisant l'émission de 50 actions nouvelles de 5,000 francs chacune. *(Bulletin des lois).*

—

77. — Le Producteur, *journal de l'industrie, des sciences et des beaux-arts*, 1825-1826. — Hebdomadaire. — Petit in-8°. — Forme cinq volumes, dont le dernier n'a que 160 pages. — Un an, 54 francs. Chez Sautelet et Cⁱᵉ, place de la Bourse. — Fondé par Olinde Rodrigues, Bazard, Enfantin, Buchez, Armand Carrel et autres disciples de Saint-Simon. Le quatrième volume (1824), contient deux articles de Dubochet, intitulés : « Les routes à ornières de fer comparées avec les canaux et les routes ordinaires, leurs usages et leurs avantages démontrés », à propos d'un ouvrage anglais sur le même sujet paru à Edimbourg en 1825. — Dans l'Industrie, *discussions morales et politiques*, publiées en 1817 par H. de Saint-Simon, en collaboration avec Augustin Thierry, ce novateur avait en quatre cahiers, formulé l'ensemble des doctrines dont le Producteur était l'exégèse. La production sous toutes les formes, afin de mettre le bien-être à la portée de tout le monde, était la grande préoccupation de l'époque. Aussi Saint-Simon, qui serait aujourd'hui considéré par la démocratie béotienne, comme un dangereux socialiste et anathématisée à ce titre par M. Méline et sa bande, rencontrait un appui bienveillant dans les classes les plus élevées de la société, dans les rangs même de ceux que la grande petite presse de tous les temps accuse de n'avoir que des visées égoïstes et des aspirations pécuniaires. C'est ainsi que l'on trouve les noms suivants en tête de la liste des souscripteurs qui répondirent à l'appel de Saint-Simon, lorsque celui-ci voulut fonder des prix en faveur des meilleurs ouvrages sur les développements possibles de l'industrie : MM. le duc de La Rochefoucault, 1,000 francs ; Flory, 500 ; Périer frères, 1,000 ; Perregaux, 1,000 ; Ternaux, 300 ; Gabriel Delessert, 200 ; Hottinguer, 500 ; André Cottin, 300 ; de Lafayette, 200 ; Ardouin, 300 ; Barillon, 300 ; Davillier, 300 ; Sauty, 200 ; Roy, 150 ; Guérin de Fancin, 300 ; Guiton jeune, 100 ; Hervé, 500 ; Caron, 500 ; Chaptal fils, 200 ; Vassal, 150 ; Bartholdi, 150 ; H. Hentsez, Blanc et Cⁱᵉ, 300 ; duc de Broglie, 200 ; J.-J. Bernard et fils, 150 ; Busonel et Goupy, 150 ; Boucherot et Cⁱᵉ, 150 ; Vital Roux, 150. Que les temps sont changés ! Aujourd'hui, les aristocraties se cotisent pour primer les faussaires et les assassins.

78. — Bulletin de la société d'encouragement pour l'industrie nationale. — *Note sur les machines à vapeur locomotives. — Brevets anglais* : Fisher, Londres, chemins de fer et véhicules employés sur ces chemins (20 avril). — Gurney, chirurgien, Londres, mécanisme pour faire marcher les voitures sur les routes ordinaires et sur les routes en fer (14 mai). — James, ingénieur, Windsor-Green, construction de chemins de fer et de voitures à employer sur ces chemins.

—

79. — Bulletin des sciences technologiques, 5ᵉ section du *Bulletin universel des sciences et de l'industrie*, publié sous la direction de M. le baron de Férussac. — Projet d'un chemin de fer de Paris au Havre. — Projet de chemins de fer pour transporter les pavés de Paris. — Routes en fer en Allemagne. — Analyse du rapport anglais de Charles Sylvestre sur les routes à ornières et les machines mobiles, adressé au comité de la route à ornières projetée entre Londres et Liverpool. — *Description d'une machine* propre à faciliter et à accélérer les transports de terres sur les points éloignés ou élevés, de l'invention de M. Joseph Rotari, traduit de l'italien en russe et publié par *la Société d'économie rurale libre* de Pétersbourg. — In-4° 16 pages avec 4 planches. — Pétersbourg (1823).

—

79 *bis*. — Annales de l'industrie nationale et étrangère — *De la liquidation des marchés à terme de la Bourse de Paris ;* ouvrage contenant des détails sur la méthode des compensations, la circulation et l'endossement des noms, des délégations, la balance générale des feuilles de liquidation, les paiements et les livraisons d'effets publics, etc., etc. ; avec un aperçu sur les fonds publics anglais, faisant connaître la nature et l'état actuel des rentes, 3 p. 100 consolidés, 3 p. 100 réduits, 3 1/2 p. 100, 4 p. 100, annuités à vie, annuités longues, effets de la Banque, fonds de la compagnie de la mer du Sud, fonds de la compagnie des Indes, bons des Indes, billets de l'Echiquier, fonds d'amortissement, etc., suivi de développements sur le mode de liquidation en usage aux Bourses de Londres, d'Amsterdam et de Francfort ; avec des considérations sur l'influence que les marchés à terme en fonds publics doivent exercer sur le crédit en général, et les intérêts commerciaux de chaque pays, par Jacques Bresson. — In-12. — 1826. — Prix 2 fr., franco de port par la poste, 2 fr. 50.

—

80. — Brevet d'invention de 15 ans (20 janvier) au sieur Large (Benoit), à Lyon, pour des chaudières à vapeur perfectionnées.

—

81. — Brevet d'invention de 15 ans (5 mai) au sieur Andrieux (Clément-Joseph), à Paris, pour une force motrice obtenue avec des gaz comprimés.

—

82. — Brevet d'invention de 10 ans (2 juin) au sieur Walker (Georges-Wood), à Paris, pour une

voiture portant avec elle son chemin de fer. « Cette voiture, nommée *locomoteur universel*, porte avec elle un chemin mobile en fer qui, adapté suivant les localités, surmonte facilement toutes les difficultés de terrain, en produisant une grande économie de force. Ce chemin, mobile et factice, consiste en une chaîne sans fin portant des supports, dont les formes peuvent varier, et qui, se déroulant devant les roues par le mouvement desquelles la chaîne est entraînée, forment ainsi successivement un appui pour franchir les obstacles de la route sur laquelle on manœuvre. »

—

83. — Brevet d'invention de 18 ans (16 juin) au sieur Hunter (George), pour une voiture portant elle-même son chemin de fer, se composant d'une roue extérieure, sur laquelle appuie et roule la roue intérieure.

—

84. — Brevet d'importation de 10 ans (4 août) au sieur Thiselton (Charles) de Londres, pour un mécanisme destiné à faire mouvoir les voitures à vapeur sur toutes les routes. « Ce mécanisme consiste dans un ou plusieurs pieds ou bras appelé *bras d'impulsion*, garnis à leur partie supérieure d'un sabot, dont la force ou la longueur peut être réglée à volonté. Ces *bras d'impulsion* agissent successivement contre la surface de la route. A leur partie supérieure, ils réagissent contre la flèche qui unit ensemble l'avant et l'arrière-train de la voiture qui doit recevoir le mouvement sur une route ferrée, pavée ou sur un chemin à rainure de fer, de pierre ou autre. Disposée à sa partie supérieure pour que les bras d'impulsion réagissent contre elle, la flèche roule sur la partie supérieure des bras d'impulsion à chaque coup qu'ils frappent sur la route. »

1827

85. — Lettre sur les chemins de fer. — In-8°, 3 feuilles.— Poussielgue-Rusan.— Lyon.— L'idée des chemins de fer fut très mal accueillie à Lyon, ville mi-partie cléricale, mi-partie révolutionnaire, où tout progrès lèse des intérêts créés. L'entreprise de Saint-Etienne à Lyon y est qualifiée d'insensée dans cette homélie de sacristie commerciale, et ceux qui s'y intéressent sont menacés des colères du clergé, qui aurait voulu laisser sécher sur pied tous les fruits de l'arbre de la science, et qui voyait dans la vapeur, le gaz, et l'électricité au besoin, des manifestations diaboliques de l'esprit satanique, dont il ne pensait pas encore à tirer parti, comme il l'a fait plus tard à Lourdes et ailleurs.

—

86. — Mémoire sur les grandes routes, les chemins de fer et les canaux de navigation, traduit de l'allemand de M. F. de Gerstner, chevalier de l'ordre impérial et royal de Saint-Léopold, professeur impérial et royal de mathématiques transcendantes et de mécanique à l'institut des Etats de Bohême, etc., et précédé d'une introduction par P.-S. Girard, membre de l'Institut. *(Traducteur O. Terquem).* — In-8°. —

20 feuilles 1/2 et 2 planches. — (L'introduction remplit 10 feuilles). — Paris. — Bachelier. — Ce livre avait été publié par Gerstner en 1813 ; mais ce qui y donne de la valeur, c'est la remarquable introduction que Girard y ajouta, et dans laquelle cet ingénieur apporte franchement aux chemins de fer son témoignage contre les canaux. L'œuvre de Gerstner se compose d'une série d'articles également favorables aux chemins de fer, mis en comparaison avec les canaux.

—

87. — Nouveau système de ponts a grande portée ou moyen économique de construire des arches de toute grandeur, par M. Barres du Molard. — Un vol. in-8°. — Paris. — Bachelier. — La construction des chemins de fer a ouvert de nouveaux horizons à la science des ponts, et les ingénieurs français ont été, sans hésitation, à la hauteur de leur nouvelle tâche. Les progrès de cette partie de l'art de bâtir ont été merveilleux depuis soixante-dix ans.

—

88. — Chemin de fer de Saint-Etienne a Lyon. — Ordonnance royale du 7 mars 1827, contresignée Corbière, approuvant les statuts de la société anonyme du chemin de fer de Saint-Etienne à Lyon, constituée pour quatre-vingt-dix-neuf ans « à compter de ce jour, dit le texte, toutefois sans dérogation aux droits des intéressés dans la propriété perpétuelle du chemin de fer, tel qu'elle résulte de notre ordonnance du 7 juin 1826, et sans préjudice des effets en ce qui concerne lesdits intéressés, de leurs conventions pour l'usage de ces droits ». Tous les six mois, la compagnie devait remettre un état de situation aux préfectures de la Seine, du Rhône et de la Loire, aux greffes des tribunaux de commerce de Paris, Lyon et Grenoble, et aux chambres de commerce de Paris et de Lyon. On sait que MM. Séguin et Biot, soumissionnaires, avaient fait sur le tarif de 15 centimes par tonne et par kilomètre un rabais de 52 millièmes, ce qui le réduisait à 0.098. Les 2,000 actions de capital qui avaient droit à un intérêt de 4 0/0 et à 50 0/0 des bénéfices nets et qui étaient chacune de 5000 francs, étaient souscrites comme suit : Séguin frères, 432 ; Edouard Biot, co-gérant, 10 ; comte Alexis de Noailles, aide-de-camp du roi, 35 ; Boulard aîné, ancien notaire, 500 ; Laurent Garcias, propriétaire, 500 ; Humblot-Conté, manufacturier, 20 ; Bodin, banquier à Lyon, 50 ; baron Thénard, 20 ; Palais, ancien agréé à Paris, 40 ; Brisson, inspecteur divisionnaire des ponts et chaussées, 20 ; Jean-Baptiste Biot, 132 ; Boulard jeune, 100 ; Comgnet, agent de change, 16 ; Félix Biot, propriétaire, 20 ; Millière, ancien notaire à Beauvais, 10 ; Armand, ingénieur des ponts et chaussées, 65 ; Samuel Bernard, propriétaire, ancien sous-préfet, 10 ; Roard, de Clichy, manufacturier, 10 ; général vicomte de Rumigny, aide-de-camp du duc d'Orléans, 10. — En représentation de l'apport, il fut créé 400 actions d'industrie dont 340 furent attribuées à MM. Séguin frères et 60 aux fondateurs. MM. Séguin, par l'article 94 des statuts, renoncèrent à percevoir leur part dans la moitié des bénéfices, ainsi qu'il avait été convenu dans les

préliminaires, jusqu'à ce que les actions eussent perçu en sus de l'intérêt de 4 0/0 un dividende de 3 0/0. La société prit le nom de Compagnie des chemins de fer de Saint-Étienne à Givors et à Lyon, mais l'ancienne appellation prévalut et lui fut conservée dans l'ordonnance royale, sans doute par inadvertance. Le conseil d'administration se composait de tous les actionnaires, les uns à titre de définitifs, les autres à titre de suppléants, particuliers ou généraux. MM. Séguin frères, qui furent les promoteurs de l'entreprise, formaient une raison sociale, régulièrement constituée et patentée, domiciliée à Annonay, et composée de MM. Charles Séguin, Marc Séguin l'aîné, Camille Séguin et Paul Séguin, tous ingénieurs et manufacturiers, et d'une intelligence d'élite. Pour faire partie de l'assemblée générale, il fallait être porteur de 5 actions, en propriété ou par représentation. — Un avis du 6 décembre 1827, signé de l'agent général Baronnet, convoquait les actionnaires pour le 20 décembre, au domicile de la société, rue du Bac, 27.

—

89. — BULLETIN DES LOIS (28 mai). — Ordonnance du 27 avril, qui fixe la direction du chemin de fer de Saint-Étienne dans la presqu'île de Perrache, à Lyon.

—

90. — ORDONNANCE DU ROI du 13 juin, autorisant *la ville de Lyon à concéder aux sieurs Séguin frères*, pour 150.000 francs, 283.000 mètres de terrains dans la presqu'île de Perrache, suivant traité du 31 mai 1826, approuvé par le conseil municipal le 16 juin suivant et, de nouveau, le 6 avril 1827. — Cette ordonnance ne fut insérée au BULLETIN DES LOIS que le 1er janvier 1831. (IX, Bulletin O. XXX, no 601.)

—

91. — CONCESSION à la compagnie de Saint-Étienne à Lyon d'un terrain pour une gare de bateaux. (Ordonnance du 13 juin.)

—

92. — CHEMIN DE FER DE SAINT-ÉTIENNE A LA LOIRE. — L'assemblée des actionnaires de cette société eut lieu le 30 janvier, sous la présidence de M. Beaunier. On avait, naturellement, passé les années 1825 et 1826 à chicaner sur l'expropriation avec les 122 propriétaires touchés par le tracé, lesquels avaient opposé, dit le compte rendu, « la plus énergique et la plus aveugle résistance ». En somme, les travaux étaient restés en panne. — In-4°, 8 pages.

—

93. — REVUE BRITANNIQUE. — Le numéro de décembre contenait un curieux dessin représentant une diligence à vapeur inventée par le chimiste anglais Gurney et une description de cet étrange appareil, contenant 25 voyageurs. La chaudière était tubulaire. Le rédacteur de l'article donne pour résolue la question du transport mécanique, soit sur les routes à ornières, soit sur les routes ordinaires. Pour ce qui

est des routes ordinaires, la traction mécanique est toujours un problème à résoudre.

—

93 *bis*. — ANNALES DE L'INDUSTRIE MANUFACTURIÈRE, agricole et commerciale, de la salubrité publique et des beaux-arts. — Répertoire général des brevets d'invention. Recueil de mémoires sur les manufactures, les arts et les métiers ; les travaux des sociétés d'agriculture et autres ; le commerce français et étranger ; les travaux du conseil de salubrité, les hôpitaux, les prisons, l'économie publique ou domestique, et les diverses applications que les administrations peuvent, en général, faire de l'industrie, etc., etc., renfermant la description des expositions publiques faites en France et à l'étranger ; dédiées au Roi, par J.-G.-V. de Moléon, ancien élève de l'Ecole polytechnique, ingénieur en chef des domaines de la Couronne, auteur de plusieurs ouvrages sur l'industrie et l'économie publique, membre de plusieurs sociétés savantes françaises et étrangères, et du jury central de l'exposition de 1823 ; chevalier de l'ordre royal de la Légion d'honneur, etc., etc.— 2 volumes in-8°. — Paris. — Bachelier, 1827. — Article sur le livre de Tredgold.

—

94. — REVUE ENCYCLOPÉDIQUE. — Aperçu historique sur les chemins de fer, par Henry (1827). On trouvera dans cet important recueil, des notices très brèves sur certains chemins de fer, que nous groupons ici quoiqu'elles appartiennent à des années différentes, attendu qu'elles ne nous paraissent pas avoir assez d'importance pour mériter une mention chronologique spéciale aux années correspondantes. — Note sur le chemin de fer de la Loire au *Pont de l'Ane* sur le *Furens* (1826). — Des routes à ornières dans la Grande-Bretagne (1826). — Des projets de grandes routes en fer de Paris au Havre et de Lyon à Arles (1827). — Chemin de fer entre Manchester et Liverpool (1827). — Mémoire sur le chemin de fer de Saint-Etienne à Lyon, par les frères Séguin (1827). — Note sur les chemins de fer et les canaux (1830). — Les chemins de fer en Autriche (1830). — Note sur le chemin de fer de la Loire (1830).

—

95. — BULLETIN DE LA SOCIÉTÉ D'ENCOURAGEMENT POUR L'INDUSTRIE NATIONALE. — Brevet anglais pour des perfectionnements dans la construction des voitures locomotives, à MM. Burstall et Hill, de Leith, Ecosse. — 22 août 1826.

—

95 *bis*. — ANNALES DE L'INDUSTRIE NATIONALE ET ÉTRANGÈRE. — *Chemins de fer*. — « Une entreprise pour le transport des grosses marchandises par des chemins en fer de la nouvelle invention, s'est formée entre Liverpool et Manchester. La distance à parcourir est de 33 milles ; elle sera franchie en quatre ou cinq heures au lieu de trente-six, durée moyenne du transport par eau. Le prix de celui-ci est fixé à environ 5 sch. par tonneau au lieu de 15, taux moyen du frêt actuel. La route prendra près du Princess-

Dock, à Liverpool, et montera environ 3 milles, dans une direction N.-N.-E. jusqu'à New-Walton. De ce dernier point, elle se dirigera à l'est. Parvenue au nord de Knowoley-Park, elle traversera le Coald-Field jusque près de Wostley, et de là ira, à travers le désagréable Rod-Rock, aboutir à l'extrémité occidentale de Water-Street dans Manchester. Le devis estimatif des frais relatifs à la concession, à l'acquisition du terrain et aux travaux de construction, y compris celle des ponts, des machines locales, et, en général, toutes les dépenses concernant cette entreprise, s'élève à la somme de 400,000 livres sterling, que la compagnie se propose de lever au moyen d'un emprunt divisé en actions de 100 livres chacune. »

96. — BULLETIN DES SCIENCES TECHNOLOGIQUES, cinquième section du *Bulletin universel des sciences et de l'industrie*, publié sous la direction de M. le baron de Férussac. — Chemin de fer de Saint-Etienne à Lyon. — Chemin de fer d'Andrézieux à Roanne. — Chemin de fer projeté entre Paris et le Havre. — Traité pratique des chemins de fer, par Tredgold. — Chemins à ornières en fer, par James Anderson. — Chemins de fer en général, par Thomas Gray. — Enrayage des chariots de chemins de fer. — Les chemins de fer et leurs chariots. — Voiture pneumatique. — Voiture destinée à parcourir les chemins de fer. — Voiture à vapeur. — Voiture portant ses ornières. — Construction des voitures pour chemins de fer.

97. — BREVET D'INVENTION DE 5 ANS. (14 décembre) au sieur Chamborédon (Louis-César), à Alais (Gard), pour un moteur mécanique et conservateur de force, à double bielle et double volant pour remplacer tous les moteurs en usage.

1828

98. — ESSAI SUR LES BATEAUX A VAPEUR APPLIQUÉS A LA NAVIGATION INTÉRIEURE ET PARTICULIÈREMENT à celle de la France, etc., par Tourasse et F.-M. Mellet. — In-4°, 32 feuilles et demie avec 8 planches. — Paris. — Malher. — On y trouve un tableau des prix du roulage entre Paris, Anvers, Bruxelles, Bâle et 33 grandes villes de France, prix variant, par tonne et myriamètre, de 4 fr. 45 entre Paris et Saint-Malo, à 2 fr. 46 entre Paris et Bruxelles, 2 fr. 42 entre Paris et Bordeaux, 2 fr. 24 entre Paris et le Havre, et 2 fr. 06 entre Paris et Caen.

99. — ESSAI SUR LA CONSTRUCTION DES ROUTES, DES CANAUX ET LA LÉGISLATION DES TRAVAUX PUBLICS, par J. Cordier, ingénieur des ponts et chaussées. — 2 vol. in-8°. — Paris. — Carilian-Gœury.

100. — CONSIDÉRATIONS SUR LA LÉGISLATION DES TRAVAUX PUBLICS par J. Cordier, ingénieur des ponts et chaussées. — In-8° de 17 feuilles. — Carilian-Gœury.

101. — NOTICE SUR LES CHEMINS DE FER DE SAINT-ÉTIENNE A LA LOIRE ET DE SAINT-ÉTIENNE A LYON, par Edouard Grangez. — In-8°, 1 feuille 1/2. — Paris. — Carilian-Gœury. — Edouard Grangez était un praticien attaché au dépôt des ponts et chaussées, à Paris, — vieille appellation conservée par ce service technique. La notice ci-dessus est la reproduction d'un article publié dans la sixième livraison du *Journal du Génie civil*. C'est un compte rendu favorable aux deux entreprises qu'il vise, intelligemment écrit et sans flagornerie, quoique ce soit évidemment une œuvre de commande. Le chemin de fer de Saint-Étienne à la Loire a son origine dans une communication faite par l'ingénieur en chef des mines, Gallois, à l'Académie des sciences dès 1818. En 1821, MM. Lur-Saluces, Boigne, Milleret, Hochet et Bicogne, ayant à leur tête l'ingénieur des mines Beaunier, demandèrent la concession d'un chemin de fer du Rhône à la Loire, qu'ils réduisirent ensuite à la section de Saint-Étienne (Pont-de-l'Ane sur le Furens) au port d'Andrézieux. Une ordonnance royale du 26 février 1822 leur accorda la concession avec un tarif de 0 fr. 0186 par mille mètres et par hectolitre de houille ou par quintal de 50 kilogrammes de toute autre marchandise. Beaunier s'occupa aussitôt de dresser le projet d'exécution, lequel reçut l'approbation administrative par ordonnance royale du 30 janvier 1824, formalité indispensable en raison des expropriations nécessaires. Commencés en août 1825, les travaux furent terminés en août 1827. La longueur de la ligne était de 21. 286 mètres, y compris les embranchements reliant les exploitations. La pente à racheter était de 140 mètres 71 sur 17.605 mètres. La construction coûta 1.584.000 fr., et l'outillage, comprenant les engins de chargement et de déchargement et les chariots ou wagons, 230.000. Les rails, en fer forgé, pesaient 26 kilogrammes par mètre. « Ils avaient été achetés en 1825, dit Grangez, pour 524.000 fr. et eussent coûté 150.000 fr. en 1828 », en raison des progrès de la métallurgie. Pour l'embranchement de Treuil à Marest, où la pente était de 20 mètres 65 sur 2.249 mètres, on employait des câbles pour retenir les wagons à la descente. La traction était faite par des chevaux. La charge d'un cheval était de 3 wagons portant 30 hectolitres de houille, soit de 2.400 à 2.500 kilogrammes. Le tonnage pouvait être évalué de 100 à 120.000 tonnes et devait s'accroître beaucoup par la construction du chemin d'Andrézieux à Roanne, adjugé le 21 juillet 1828, à MM. Mellet et Henry. (Voir n° 103.)

Le chemin de fer de Saint-Étienne à Lyon (voir n° 75) avait été préféré au canal qui eût nécessité la construction de 74 écluses. Le gouvernement l'avait mis en adjudication sur la base d'une concession à perpétuité et à exécuter à deux voies, en sept ans, le rabais portant sur le péage de 0 fr. 15 par tonne de 1.000 kilogrammes et par kilomètre. Il y eut deux soumissions : MM. Séguin frères et Edouard Biot d'une part, et MM. Bérard et César de Lapanouze d'autre part. MM. Séguin et Biot l'emportèrent avec un rabais de 12 millièmes et furent déclarés adjudicataires par ordonnance royale du 27 mai 1826. La ville de Lyon vit l'affaire avec beaucoup de faveur et la municipalité fit cadeau à la compagnie de terrains d'une vaste étendue, pour son installation, à la presqu'île de Perrache. La longueur de la ligne fut arrêtée à 56.865 mètres, avec pentes de 0.0004, 0.00056, 0.000569 et 0.013446 par mètre. On se décida à employer pour la traction des locomotives de la force de 10 chevaux pouvant remorquer des convois de 20 wagons de 1.000 kilogrammes avec charge utile de 2.000 kilogrammes chacun. Ce résultat ne fut point obtenu. Grangez concluait par ce *sursum corda* adressé à la cantonnade aux actionnaires : « Par un zèle toujours croissant et par un talent dont ils ont déjà donné tant de preuves, les constructeurs parviendront à devancer l'époque fixée par le gouvernement pour l'achèvement de leur entreprise... Lorsque toute la ligne du chemin de fer sera terminée sur un *espace* de 152.350 mètres, et lorsque toutes les communications navigables entreprises par le gouvernement ou exécutées par des compagnies, seront terminées de Paris à Marseille, de l'Océan à la Méditerranée, la France n'aura rien à envier à aucune nation et possédera la ligne intérieure la plus utile et la plus belle, sans doute, de toute l'Europe, par son importance comme par la grandeur de ses travaux ».

—

102. — Rapport du conseil d'administration de la compagnie du chemin de fer de Saint-Étienne a Lyon à l'assemblée générale des actionnaires, le 20 décembre 1827. — In-4° de 5 feuilles et demie, — Paris.

—

103. — Mémoire sur le chemin de fer de la Loire, d'Andrézieux a Roanne, par MM. Mellet et Henry, anciens élèves de l'École polytechnique, concessionnaires de l'entreprise. — In-8°, 5 feuilles et demie, plus une carte, — Paris. — Nous ne voulons pas chicaner de braves gens qui eurent au moins le courage de l'initiative, mais la vérité est que pour des polytechniciens, ils avaient une optique bien erronée. Dans ce mémoire, qui est du mois de juillet 1828, les concessionnaires du chemin de fer en question, présentent ces 80 kilomètres comme une section d'une grande ligne de transports Beaucaire-Paris, par le Rhône entre Beaucaire et Tournon, par chemin de fer entre Tournon-Saint-Etienne-Roanne, et par canal entre Roanne-Digoin-Decize-Auxerre-Paris. Leur devis est la chose la plus chimérique du monde. Prétendant que pour une emprise de 13 mètres, la route de Tarare n'avait coûté pour l'achat du terrain que 2 fr. 66 par mètre, soit en chiffres ronds 2.000 francs l'hectare, ils évaluent le coût de l'expropriation pour une bande de 8 mètres nécessaires à la voie, à 3 francs par mètre courant et, continuant le même sophisme, ils tarifent les terrassements et les travaux d'art à 6 francs, de sorte que la plate-forme devait leur revenir à 15.000 francs par kilomètre. Ils prévoyaient un tunnel ou coupure de 1.200 mètres, mais ils en compensaient la dépense avec celle d'un plan incliné pourvu de treuils que l'on économiserait par cet artifice. Voici du reste, comment ils

charpentaient leur devis pour les 80 kilomètres du tracé :

1° Terrains, terrassements et travaux d'art.	1.200.000
2° Voie (le fer coûtait 0,52 le kilo.)...	4.189.000
3° Plan incliné ou tunnel...........	480.000
4° Frais généraux	800.000
5° Travaux accessoires, magasins, grues, bascules, etc.............	300.000
6° Pont sur la Loire...............	300.000
7° 700 chariots à 700 francs et 30 locomotives à 10.000 francs...	940.000
8° Imprévus......................	820 960
9° Intérêts intercalaires	903.056
Total..	9.933.616

Soit 10 millions. Tout cela est enfantin. Les dépenses d'exploitation sont figurées comme suit :

1° Frais de traction, administration, etc., (un mécanicien et deux aides sont comptés pour 3.000 francs par an)......................	550.000
2° Intérêts du capital à 4 0/0........	400.000
Total......	950.000

Le produit devant être de 1.550.000 francs pour 129.167 tonnes à 0.15 par kilomètre, le bénéfice était donc prévu à 10 0/0. Le *mécompte* fut terrible.

—

104. — Commission mixte des travaux publics. — Cette commission, composée de représentants des grands services civils, militaires et maritimes, fut instituée en 1812, pour donner au besoin son avis sur les travaux publics, dont la transcendance pouvait affecter les grands intérêts du pays (22 décembre 1812). Réorganisée en 1816 (11 septembre), elle le fut de nouveau le 28 septembre 1828. Elle devait se composer : d'un ministre d'État, président ; trois conseillers d'État, deux inspecteurs généraux du génie militaire, un inspecteur général des ponts et chaussées, un inspecteur général des travaux maritimes. L'ordonnance du 21 juin 1841 adjoignait à la commission mixte un officier d'artillerie. Ce rouage sans utilité ne fit que retarder l'expédition des affaires. (Bulletin des lois.)

—

105. — Etat de situation de la *compagnie des chemins de fer de Saint-Etienne à Lyon*, au 31 mars 1828. — In-4°, 4 p. — Lyon.

—

106. — Manuel de la Bourse, par Lamst. — in-18. — Paris. Crochard.

—

107. — Bulletin des lois (12 septembre) (VIII, CCLI, n° 9135). Ordonnance du roi du 27 août *portant approbation de l'adjudication passée pour l'établissement d'un chemin de fer d'Andrézieux à*

Roanne. « Charles, etc., sur le rapport de notre ministre secrétaire d'Etat de l'intérieur ; vu l'article 3 de la loi de finances du 24 juin 1827, et l'article 1er de celle du 17 août 1828, qui renouvellent l'autorisation conférée au gouvernement par la loi du 4 mai 1802, d'établir des droits de péage, pour subvenir aux frais des ponts, écluses, et autres ouvrages d'art à la charge de l'Etat, des départements et des communes ; vu le procès-verbal de l'adjudication passée le 21 juillet dernier par notre ministre de l'intérieur pour l'établissement d'un chemin de fer d'Andrézieux à Roanne ; notre conseil d'Etat entendu, nous avons ordonné et ordonnons ce qui suit : « Article premier. L'adjudication passée le 21 juillet 1828 par notre ministre de l'intérieur, pour l'établissement d'un chemin de fer d'Andrézieux à Roanne, est approuvée. En conséquence, les sieurs Mellet et Henry sont et demeurent définitivement concessionnaires dudit chemin de fer, moyennant le rabais exprimé dans leur soumission et sous les clauses et conditions du cahier des charges. — Art. 2. Le cahier des charges, le procès-verbal d'adjudication et la soumission seront annexés à la présente ordonnance. — Art. 3. Notre ministre secrétaire d'Etat de l'intérieur (vicomte de Martignac) est chargé de l'exécution de la présente ordonnance. »

—

108. Chemin de fer de Liverpool a Manchester. — Le *Moniteur universel* du 7 avril 1828, publie un article très élogieux pronostiquant le grand succès de cette entreprise, en y appliquant des mots extraordinaires tels que *véhicle* pour *véhicule,* — *tonnelle* pour *tunnel,* — *viaduct,* qu'il dérive d'*aqueduc* et autres qui montrent que le censeur royal du journal n'était pas un puriste. L'auteur de cet écrit enfantin signe le *chevalier de Maselet.* Pour bien montrer la puissance des chemins de fer, il raconte que, sur un chemin anglais, un cheval remorque un train de 50 tonnes de charbon, — tonnes anglaises, 1016 kilogrammes, — sur une longueur de 6 milles 3/4, — 10 kilomètres en chiffres ronds, — en 1 h. 41 minutes. « Tels sont et tels doivent être, ajoute-t-il, les prodiges de l'esprit d'association dans la Grande-Bretagne. S'il pouvait être vrai, comme il est peu probable, qu'il ait presque épuisé les éléments de sa prospérité, il n'a encore fait qu'ébaucher la nôtre dans ses trop timides essais. Quel avenir il nous réserve, quand il aura pu suivre sans entrave le mouvement progressif des institutions qui nous régissent, et qui sont devenues une nécessité première de notre existence : elles sont la condition *sine quâ non* et la seule garantie de la sienne. » Félicitons-nous de ce que l'on n'écrive plus ainsi !

—

109. — Bulletin de la société d'encouragement pour l'industrie nationale. — Brevets anglais. Voiture mue par la force de la vapeur, Gurney, Londres, 11 octobre 1827 ; — machine pour remorquer des voitures, Hill, Londres, 15 janvier 1827 ; — machine pour faire marcher des voitures, Horland, Scarborough, 21 décembre; — nouvelle voiture à vapeur, Neville, Londres, 15 janvier.

110. — Journal du génie civil. — Mensuel, par livraisons de 10 à 11 feuilles, in-8°. — Fondé par Alexandre Correard, rue Traversière-Saint-Honoré, 33, avec la collaboration de MM. le baron Dupin, Cordier, Bazaine et autres ingénieurs. — Premier numéro, le 1er septembre 1828. Le premier article inséré est le mémoire de MM. Mellet et Henry sur le chemin de fer d'Andrézieux à Roanne. Le troisième numéro contient un article du chevalier de Maselet, consul de France en Ecosse, sur les *voies de rouage en fer de Stockton à Darlington* dans le comté de Durham, en Angleterre.

—

111. — Bulletin des sciences technologiques, cinquième section du *Bulletin universel des sciences et de l'industrie,* publié sous la direction de M. le baron de Férussac : — Recherches sur les chemins de fer. — Avantage des chemins de fer. — Nouveau système de chemin de fer. — Chemin de fer d'Andrézieux à Roanne. — Appareil locomoteur. — Expériences sur la force des machines à vapeur roulantes. — Voitures à vapeur.

—

111 *bis.* — Recueil industriel, manufacturier, agricole et commercial, de la salubrité publique et des beaux-arts, auquel est réuni le Journal hebdomadaire des arts et métiers de l'Angleterre. — Répertoire général des brevets d'invention, etc... — Dédié au Roi, par J.-G.-V. de Moléon, ancien élève de l'Ecole polytechnique, etc. — 44 volumes in-8°. — Paris. — Bachelier, 1827-1837. — Tome VI, page 122. — Curieux article attribué à un américain sur les railways ou chemins de fer. — Page 286. — Important article sur les voitures mécaniques et les machines locomotives.

—

112. — Brevet d'invention de 10 ans (29 février), aux sieurs Séguin et Cie, de Lyon, pour la construction perfectionnée d'une chaudière à tubes creux. « La vapeur se produisant en raison de la surface de chauffe, on a pensé qu'un moyen simple et tenant le moins d'espace possible, était de faire une chaudière tubulaire. Cette invention se compose donc d'un nombre plus ou moins grand de tubes qui sont traversés par le calorique et ces tubes, entourés d'eau, forment une très grande surface de chauffe. » C'est sous cette forme un peu gauche que cette grande invention, qui du reste était dans l'air et qui avait même été formulée, fit son entrée dans le monde où elle devrait occuper une si grande place.

—

113. — Brevet d'invention de 10 ans (8 mai), au sieur Charbonneau (Pierre-Louis) à Versailles, pour un nouveau système de roues à bandes plates et mobiles s'appliquant à toutes les voitures. « Ce système, dit le texte, peut remplacer utilement toutes les routes en fer, sans occasionner les dépenses énormes qu'elles nécessitent. On peut par son moyen, en improviser sans frais, non seulement sur les grandes routes, mais à travers les plaines labourées,

les sables mouvants et les chemins de traverse dé-gradés et sans pavage ».

—

113 *bis*. — BREVET D'INVENTION DE 15 ANS (28 mars), au sieur Barrès du Molard, à Paris, pour des ponts à grande portée (bois et fer).

—

113 *ter*. — BREVET D'INVENTION DE 15 ANS (25 avril), au sieur Pecqueur (Onésiphore), à Paris, pour un chariot à vapeur.

1829

114. — MACHINES A VAPEUR, aperçu de leur état actuel, sous les points de vue de la mécanique et de l'industrie, pour conduire à la solution accomplie du problème que présentent ces machines, avec un supplément donnant la théorie mathématique rigoureuse des machines à vapeur, fondée sur la nouvelle théorie générale des fluides, par Hoïné Wronski. — In-4°. — Paris. — Jules Didot. — C'est le début dans la science appliquée du prophète du *messianisme* qui depuis 1811 taquinait la muse des mathématiques, au point de vue spéculatif.

—

115. — CONSIDÉRATIONS SUR LES TROIS SYSTÈMES DE COMMUNICATIONS INTÉRIEURES AU MOYEN DES ROUTES, DES CHEMINS DE FER ET DES CANAUX, par M. Nadault de Buffon. — In-8. — Paris. — Roret.

—

116. — MÉMOIRE SUR LES TRAVAUX D'ART, par M. Bayard de la Vingtrie. — 1 vol. in-8°. — Paris. —Bachelier.

—

117. — SUR L'AVANTAGE DE SUBSTITUER DES CHEMINS DE FER D'UNE CONSTRUCTION AMÉLIORÉE A PLUSIEURS CANAUX DE NAVIGATION PROJETÉS EN FRANCE, par Joseph de Baader, chevalier du mérite de la Couronne de Bavière, conseiller des mines et directeur des constructions hydrauliques au service de S. M. le roi de Bavière, membre de l'académie royale des sciences à Munich et de plusieurs autres sociétés savantes, professeur de mécanique appliquée aux arts à l'Université de Munich, membre du comité directeur des sociétés polytechnique et d'agriculture de Bavière. — In-8°, 10 feuilles. — Paris. — Bachelier. — Dédié à M. le vicomte de Martignac, ministre de l'intérieur, cet ouvrage démontre que son éminent auteur avait l'intuition de l'avenir des chemins de fer, dont la supériorité sur les canaux lui paraissait dès lors incontestable. Son but était de détourner le gouvernement français du projet de dépenser 179 millions pour les canaux, dont il énumérait tous les inconvénients, faisant surtout ressortir la scission qu'ils occasionnent entre leurs deux rives, et les zones étendues qu'ils dérobent à l'agriculture. Baader raconte qu'en 1825, on avait entrepris en Allemagne un chemin de fer de Lintz, en Autriche, à Budwéis, en Bohême, abandonné par suite de désaccord entre les

actionnaires et M. de Gerstner, fils de l'ingénieur, qui, le premier et dès 1822, avait révélé à ses compatriotes ce système de communication. On venait d'en commencer un de Prague à Pilsen (54 kilomètres). Ce livre contient un état détaillé des canaux anglais (92 avec 957.337 milles) et des renseignements sur les prix de revient des chemins de fer anglais construits (56.316 francs par kilomètre), des chemins projetés en France de Saint-Etienne à Lyon (103.300 fr.), de Paris au Havre (118.000) et de Prague à Pilsen (21.700). Baader rappelle à M. de Martignac que l'année précédente il lui a fait remettre quelques exemplaires d'une brochure qu'il avait publiée sur cette question et dont celle-ci n'est que le complément.

—

118. — DE L'INFLUENCE DU CHEMIN DE FER DE GRAY A SAINT-DIZIER SUR LES MINES ET LES FORÊTS DE LA CHAMPAGNE ET DE LA LORRAINE, par MM. H. Fournel et M. Mergerin. — In-4°, 2 feuilles. — Paris. (Extrait d'un mémoire inédit). — H. Fournel (1799-1866) est le célèbre saint-simonien, ingénieur en chef au corps des mines et longtemps chef de cet important service en Algérie. Dans ce mince opuscule, cet homme aux visées d'avenir, donnait déjà la mesure de sa capacité. A une réunion des maîtres de forges de la Champagne, tenue à Joinville les 2 et 8 août 1829, l'habile ingénieur avait démontré la nécessité de doter le pays de ce tronçon de voie pour favoriser l'exportation des fers, ainsi que la circulation des minerais et du combustible. Mais les propriétaires de forêts, menacés dans le monopole de fait, dont la loi les faisait jouir pour la vente de leurs produits aux usines autorisées dans la région, mais, disons-nous, les propriétaires de forêts firent une opposition violente à ce projet, et c'est pour les rassurer et les calmer que Fournel rédigea cette brochure dans laquelle il leur démontrait qu'avec la facilité des transports, il y en avait pour tout le monde; de sorte que si le coke de houille venait concurrencer celui de bois, le rayon d'exportation de celui-ci s'allongerait en raison directe de celui d'importation du charbon minéral.

—

119. — PROJET D'ÉTABLISSEMENT DE CHEMIN DE FER ENTRE LONS-LE-SAULNIER ET LOUHANS, DÉPARTEMENT DU JURA, par M. Quillet, ingénieur civil, ancien élève de l'École polytechnique. — In-8°, 1 feuille. — Lons-le-Saulnier.

—

120. — RAPPORT SUR LES TRAVAUX DU CHEMIN DE FER DE LA LOIRE, DEPUIS ROANNE JUSQU'AU CHEMIN DE FER DE SAINT-ETIENNE A ANDRÉZIEUX, par Mellet et Henry. — In-4°, 3 feuilles et plusieurs planches. — Paris. — Bachelier. (Brochure rééditée la même année.)

—

121. — MÉMOIRE SUR LE CHEMIN DE FER DE LA LOIRE, D'ANDRÉZIEUX A ROANNE, par MM. Mellet et Henry, concessionnaires de l'entreprise. — In-8°, 4 feuilles plus une planche. — Paris. — C'est une réédition de

leur premier mémoire adressée au directeur général des ponts et chaussées, dans le but d'obtenir de ce fonctionnaire l'approbation à fin d'exécution et d'expropriation, des travaux dont ils lui remettaient le projet définitif. MM. Mellet et Henry étaient encore dans la période des illusions.

—

122. — Chemin de fer d'Andrézieux a Roanne. — Ordonnance royale du 26 août 1829, approuvant les statuts de la compagnie du chemin de fer de la Loire, pour la concession adjugée le 27 août 1828. — Acte par devant MM. de Lamaze et Péan de Saint-Gilles, notaires à Paris. Capital, 2.000 actions de 5.000 francs souscrites et 400 autres d'industrie, dont 340 attribuées à MM. Mellet et Henry en raison de leur apport et 60 aux fondateurs, ayant droit à la moitié des bénéfices, après prélèvement de 4 0/0 d'intérêt aux actions payantes. Administrateurs et suppléants : MM. de Frénilly, Pasquier, conseiller d'Etat, Amy, président, Ardoin et compagnie, de Montgéry, de Jabal, baron de Coolz, Espivent de la Villeboisnet, comte Paul Hyde de Neuville, d'Arcet, Leduc, de Franchesin, de Montbreton, et le comte d'Anglès.

—

123. — Ordonnance du roi qui autorise *la compagnie du chemin de fer de Saint-Etienne à Lyon à construire un pont fixe sur la Saône, à l'extrémité de la presqu'île de Perrache* (VIII, Bulletin 666 XXXVIII, n° 13.369, 1er février 1830). — La compagnie était autorisée à substituer au pont suspendu compris dans son tracé, à la Mulatière, un pont fixe servant au chemin de fer et au passage de la route royale n° 88 de Lyon à Toulouse. Les chariots (wagons) sur le pont auraient été remorqués par des chevaux dans le cas où les machines auraient pu paraître périlleuses. Le pont devait être en charpente et la jouissance du péage comme pont sur route, était limitée à 50 ans, quoique la concession du chemin de fer fût à perpétuité.

—

124. — Enquête. — L'enquête est une formalité qui a été introduite dans les mœurs administratives, pour tout projet de travaux publics, par l'ordonnance royale du 10 mai 1829. Plus explicite, l'ordonnance royale du 28 février 1831, rendue nécessaire par les nombreux projets de chemins de fer que l'on imaginait de toutes parts et par la popularité que les saint-simoniens avaient donnée à la question des travaux publics, l'ordonnance royale du 28 février 1831, disons-nous, contient textuellement la disposition suivante : « A l'avenir, toute proposition d'ouvrir une route ou un canal, de perfectionner ou de créer la navigation d'un fleuve ou d'une rivière, de construire un chemin de fer, devra être l'objet d'une enquête, produite dans la forme ci-après déterminée. » L'ordonnance du 18 février 1834, portant règlement sur les enquêtes relatives aux travaux publics, dit littéralement : « S'il s'agit d'un canal ou d'un chemin de fer, ou d'une canalisation de rivière, l'avant-projet sera nécessairement accompagné d'un nivellement en longueur et d'un certain nombre de

profils transversaux. » Enfin, l'ordonnance du 15 février 1835 stipule que les pièces de l'avant-projet seront déposées dans chacun des chefs-lieux des départements intéressés. Ce dispositif a été confirmé par l'ordonnance royale du 23 décembre 1838.

—

125. — Rapport du conseil d'administration de la compagnie des chemins de fer de Saint-Etienne a Lyon, lu à l'assemblée générale des actionnaires du 20 décembre 1828 et délibérations prises en cette assemblée. — In-4°. 8 feuilles 1/4. — Paris.

—

126. — Annales des mines. — Ce recueil publie cette année la première édition du travail de MM. Coste et Perdonnet sur les chemins de fer à ornières. (Tome VI, page 161 à 289).

—

127. — Bulletin de la société d'encouragement pour l'industrie nationale : signale le livre de M. B.-H. Nadault, ingénieur des ponts et chaussées, sur les avantages du chemin de fer. — Brevet anglais : nouveaux chemins de fer et manière de les établir, Losh mécanicien, Bentonhouse, Northampton, 18 septembre.

—

128. — Revue de paris. — Fondée en 1829, par M. L. Véron, bien connu plus tard sous le nom de docteur Véron, quoiqu'il n'ait jamais exercé la médecine que mentalement et administrativement, comme attaché pour la liste civile de Charles X, au service du Musée du Louvre. — Novembre et décembre : deux remarquables articles de Stéphane Flachat sur la question des transports par terre et par eau, sans la moindre allusion aux chemins de fer.

—

129. — Bulletin des sciences technologiques, cinquième section du *Bulletin universel des sciences et de l'industrie* publié sous la direction de M. le baron de Férussac. — Chemins à ornières de fer. — Les chemins de fer, par Jackson. — Voitures à vapeur. — Améliorations dans la marche des voitures à vapeur. — Perfectionnements dans la construction des machines à vapeur.

—

129 *bis*. — Recueil industriel, manufacturier, agricole et commercial, dédié au roi, par J.-G.-V. Moléon. — 1828-1837, 44 vol. — Suite des *Annales de l'industrie manufacturière* (voir n° 93 *bis*), publiées par cet ingénieur, en collaboration avec Lenormant. — T. XII, page 180. Description de la *Fusée*, la célèbre locomotive de Robert Stephenson.

—

130. — Journal du génie civil. — Chemin de fer entre Liverpool et Manchester, extrait du deuxième compte rendu aux actionnaires dans leur assemblée générale du 27 mars 1828, par M. le chevalier Maselet, ancien consul de France en Ecosse. — Notices sur les chemins de fer de Saint-Etienne à Lyon et de Saint-Etienne à la Loire, par M. Grangez. — Mémoire sur l'établissement d'un chemin de fer entre la Moldau et le Danube, par de Gerstner. — Halage à vapeur sur les canaux, par M. Ch. Mellet. — Article de M. Nadault sur les routes, les canaux et les chemins de fer. — Collection des pièces relatives au chemin de fer de la Moldau au Danube.

—

130 bis. — L'ORGANISATEUR. — Journal hebdomadaire, — in-4°, de 8 à 24 pages. — 15 août 1829-13 août 1831. — Fondé par Duveyrier, Olinde Rodriguez, Enfantin et quelques autres disciples de Saint-Simon. — On trouve dans le numéro du 19 mars, la proclamation des élections qui avaient eu lieu le 9 mars dans la famille saint-simonienne : M. Emile Paraire y est inscrit au second degré. — L'erreur de nom, — Paraire pour Pereire, — fut rectifiée dans le numéro du 26. — Un an, 25 francs. — On s'abonnait : rue Monsigny, 6 ; à l'*Athénée*, place de la Sorbonne, et salle Taitbout, rue Taitbout. — Imprimeur : Everat, rue du Cadran. — Le n° 2, du 22 août 1829, contient sous le titre : *Des perfectionnements industriels*, un article qui débute ainsi : « Les journaux anglais ont annoncé dernièrement que la voiture à vapeur de M. Gurney avait été assaillie par la population ouvrière des environs de Bath, et que les jours de l'inventeur avaient été mis en danger ». Suit une tirade sur la nécessité d'instruire le peuple et sur les avantages des machines.

—

131. — BREVET D'INVENTION DE 15 ANS du 14 février 1829, au sieur Bertin (Pierre-Isidore) pour un système de voitures dites *pyroballistiques*. — « La voiture *pyroballistique*, dit la description, est soutenue par quatre roues dont deux principales sont centriques par leur portée et excentriques par leur mouvement. Les deux autres servent à diriger la voiture. La proportion des roues principales est de 2 à 1, le levier est donc représenté par 1 contre 4, ce qui allège le poids de 10,000 livres, des deux tiers pour le moteur, et le réduit à 3,333 livres 5 onces 5 gros. A ces roues leviers *homodromes*, est adapté un cric horizontal articulé et disposé dans la proportion de 6 contre 30, ce qui produit un poids réel de 666 livres 10 onces 1 gros, destiné à être mu par la vapeur. La charge de toute la voiture n'est fixée que sur les points où les roues n'ont pas besoin de vaciller ; du reste, elle prend son élan et sa volée à la volonté du conducteur, n'étant point susceptible d'aucun frottement, attendu que la circonférence que l'essieu a à décrire, est garnie de galets. Le cric horizontal donne par son articulation le degré de force ou de vitesse que l'on veut, sans avoir besoin d'une plus grande force motrice par la vapeur. Le cric est armé d'un volant qui s'allonge à volonté et donne une réserve de force de plus ou moins d'étendue, selon les besoins. La machine à vapeur ne consomme par jour que 60 livres de charbon pour faire de 20 à 22 lieues : la consommation de l'eau sera peu considérable. Cette voiture peut monter et descendre à volonté : elle peut tourner sur tous les sens comme

sur un pivot, reculer droit ou en tournant : elle peut en un mot opérer tous les mouvements que l'on fait avec les chevaux. » *Sancta simplicitas.*

—

132. — BREVET D'IMPORTATION DE 15 ANS (30 juin) au sieur Coffin (François), à Boston, pour un nouvel appareil ou chaudière rotative à générer la vapeur, applicable comme puissance motrice et comme producteur de calorique.

—

133. — BREVET D'INVENTION DE 15 ANS (27 juillet) au sieur Renaud de Wilback, à Montpellier, pour des chemins de fer à un seul rail. — 25 mars 1830, brevet d'addition et de perfectionnement. — 13 octobre 1830, 2° brevet d'addition et de perfectionnement. — 4 février 1833, 3° brevet d'addition et de perfectionnement. — 8 mai 1839, 4° brevet d'addition et de perfectionnement. — 18 juin 1840, 5° brevet d'addition et de perfectionnement.

—

134. — BREVET D'IMPORTATION ET DE PERFECTIONNEMENT (25 août) au sieur Gersbner, ingénieur à Vienne (Autriche), faisant élection de domicile à Paris, pour deux espèces de charrettes mécaniques de transport destinées à rouler sur les chemins de fer. Ces charrettes sont munies d'un mécanisme nouveau, leur permettant de décrire des courbes d'un très petit rayon, avec presque autant de facilité que si elles roulaient en ligne droite.

—

135. — BREVET D'INVENTION DE 10 ANS (28 novembre) au sieur Modder (Jules), à Passy, près Paris, pour une voiture remorqueur sur les routes ordinaires, pouvant être mise en mouvement par tous les moyens connus et dans laquelle le poids des hommes ou des animaux est ajouté à leur force musculaire.

1830

136. — HISTOIRE DES MACHINES A VAPEUR DEPUIS LEUR ORIGINE JUSQU'A NOS JOURS, par M. Hachette. — In-8°. — Paris. — Corby. — C'est une histoire très complète de la machine à vapeur, depuis le buste artistique d'Héron d'Alexandrie, en passant par Salomon de Caus, Branca, Hautefeuille, Huygens, Papin, Newcomen, Savery, Watt, jusqu'à la *Fusée*, la locomotive de Stephenson. L'auteur reproduit même la note de D. Tomas Gonzalèz, directeur des archives de Simancas en 1825, présentée par M. de Navarrete, et revendiquant pour l'espagnol Blasco de Garay, en 1543, l'invention de la navigation à vapeur. M. Hachette cite cent soixante-dix précurseurs des grands constructeurs modernes.

—

137. — ECONOMIE INDUSTRIELLE, par C. L. Bergery, ancien élève de l'Ecole polytechnique. — Economie de l'ouvrier. — Economie du fabricant. — 2 vol. in-32. — Metz. — Dans ce curieux ouvrage, Bergery s'occupe des voies de communication en ce qui concerne l'arrivage des matières premières et l'expédition des produits fabriqués, dans l'usine idéale dont il trace le plan, et voici ce qu'il en dit : « *Projets de communication*. — Quant aux voies de communication, vous aurez à choisir entre les canaux, les chemins de fer, les routes à empierrement et, pour ne rien donner au hasard, il convient de faire rédiger, avec détail, par un ingénieur, un projet particulier pour chacune des voies que les localités rendront possibles. Ce projet doit présenter les frais de construction, l'intérêt et l'annuité du capital engagé, les frais d'entretien annuels et les frais de voiture, pour indiquer avec quelque exactitude à combien reviendront les transports. La voie qui donnera la taxe la plus modique sera celle que vous devrez préférer ». Naïve recommandation.

—

138. — Guide des chauffeurs et des propriétaires de machines a vapeur, par MM. Grouvelle et Jaunez, ingénieurs civils. — 1 vol. in-8°. — Paris. — Mahler et Cⁱᵉ. — Ouvrage donnant le niveau exact des connaissances usuelles à cette époque. L'atlas de dix planches qui devait accompagner ce volume, paraît n'avoir été publié qu'en 1840 avec la seconde édition.

—

139. — Vade-mecum du mécanicien, traduit de l'anglais de Brunton, par M. Maiseau, revu par M. Charles Albert, mécanicien.— 1 vol. in-8°.— Paris.— Renard. — Ouvrage de pacotille sans valeur, même à l'époque où il a paru.

—

140. — De la nécessité d'encourager les associations et de les appeler a l'exécution des travaux publics; projets de loi et d'ordonnance, présentés dans ce but par M. J. Cordier. — 1 vol. in-8°. — Paris. — Carilian Gœury. — L'ingénieur-député, empêché par la suspension des séances, de produire ses plans à la tribune, les communiquait au public par la large voie de l'imprimerie. Les associations que visait M. Cordier, étaient celles qui devaient exécuter principalement les canaux et les routes de fer, car la question des transports en vue de l'approvisionnement et des débouchés, était l'objet de la préoccupation générale. Dans une note de la préface, l'auteur dit que les revenus de la France, déduction faite des impôts de tout genre, s'élevaient à 6.400.000.000 de francs, soit 29 centimes par tête et par jour, et il ajoute : « Ainsi, près de la moitié de la population est condamnée à la nourriture la plus grossière ». Ce calcul est complètement faux. Le revenu n'est pas appréciable sous cette forme dans un pays où les trois cinquièmes de la population empruntent leur nourriture aux produits directs de la terre. On peut très bien déjeuner avec des *cèpes* qui ne représentent aucune valeur *statistique*.

—

141. — Complément de la nouvelle théorie mathématique des machines a vapeur, par Hoïné Wronski. — In-4°. — Paris. — Jules Didot.

142. — Essai des moyens de créer la richesse dans les départements méridionaux de la france, par Emile Bères, du Gers.— 1 vol. in-8°. — Paris. — Librairie classique. — Dans cet intéressant écrit, l'auteur, demandant des moyens de transport pour faciliter les débouchés, se prononce avec énergie pour les canaux, tout en confessant que cette préférence peut paraître archaïque et déplacée au moment où les Anglais abandonnent les canaux pour les chemins de fer. « Par l'exploitation de leurs mines, dit-il, les Anglais peuvent largement suffire à leurs besoins, mais encore à une grande exportation ; les Français, au contraire, ne se suffisent pas encore : la production du fer chez nous est inférieure à la consommation. Si plus tard cette industrie grandit et se développe, eh bien ! nous imiterons les Anglais, mais aujourd'hui que nous avons plus de bras que de fer, faisons des canaux ». Recommandant l'établissement de sucreries agricoles, Bères s'exprime en ces termes : « Un point bien important est que les chefs de ces nouvelles industries s'étudient à la connaître avant de la pratiquer. Nos concitoyens doivent imiter ces seigneurs polonais (?), nouvellement venus à Paris pour apprendre à monter une sucrerie. Non contents de voir, ils ont voulu faire, travailler, manipuler. Ils arrivaient bien à l'atelier en riche tilbury, mais, une fois là, ils savaient tout quitter pour la modeste blouse de l'ouvrier ; et ce n'était que le soir, alors que finissait le travail, *la journée*, qu'ils redevenaient hommes du monde ». Ni *vero*, ni *ben trovato*.

—

143. — Des fonds publics français et étrangers et des opérations de la Bourse de Paris, par Jacques Bresson.— In-18.— Paris. — 1830. — L'auteur donne des renseignements sur les valeurs principales cotées à la Bourse de Paris depuis la *Rente* jusqu'aux actions de l'*Opéra-Comique*, et consacre une longue notice aux *actions de la Compagnie du Chemin de fer de la Loire*, dont le siège était à Paris, rue Godot-de-Mauroy, 22. « Le chemin de fer de la Loire, dit le vieux financier qui fut le Nestor de la coulisse, d'une longueur à lui seul de 18 lieues (Andrézieux à Roanne), s'ajoutant à deux autres, celui de Saint-Etienne à Andrézieux déjà construit et en activité, et celui de Lyon à Saint-Etienne, dont les travaux touchent à leur fin et dont la partie comprise entre Rive-de-Gier et Givors sera mise en perception dans quelques mois, ces trois chemins de fer présenteront une longueur non interrompue de 37 lieues de développement et formeront un monument d'autant plus remarquable qu'il sera le plus important qui existe encore en ce genre, même en Angleterre, et par la longueur et par la grandeur, la hardiesse et la variété des ouvrages. »

—

144. — Mémoire sur les chemins a ornières, par MM. Léon Coste, ancien élève de l'Ecole polytechnique, ingénieur au corps royal des mines, et Auguste Perdonnet, ancien élève de l'Ecole polytechnique et de l'école des mines. In-8°, 12 feuilles et demie. — 3 planches. — Paris. — Bachelier. — « Ce

mot *ornières*, disent les auteurs en forme de préface, entraîne ordinairement l'idée de *creux*. Dans ce cas cependant, nous entendons par *ornières* des espèces de guides *creux* ou *saillants* que suivent les roues des chariots. Cette dénomination de routes à *ornières* est employée par le plus grand nombre des personnes qui s'occupent de cette nouvelle espèce de voies de communication. C'est pourquoi nous l'avons adoptée; nous n'avons pas d'ailleurs trouvé de terme qui nous parut remplacer convenablement le nom d'*ornières*. » Cet ouvrage est, à proprement parler, une description des chemins de fer anglais que les deux ingénieurs avaient visités en 1828. Ils reconnaissent que l'on a renoncé à l'emploi des rails creux et racontent leurs impressions sur les machines anglaises la *Fusée*, la *Nouveauté*, la *Sans-Pareille*, la *Cyclopède* et la *Persévérante* qui prirent part au concours de Liverpool pour le prix de 500 livres. Voici comment MM. Coste et Perdonnet s'expriment au sujet du chemin de fer des mines de Saint-Etienne à Lyon, alors en construction partielle : « Il est probable que l'on placera des machines à vapeur au sommet des principales pentes et que l'on disposera des treuils de manière à pouvoir faire usage de la force de la pesanteur. Quant au moteur qui sera employé dans les parties de niveau, il n'y a absolument rien de décidé à cet égard ». Ces assertions étaient inexactes, M. Séguin avait déjà fait choix de la locomotive.

———

145. — Considérations sur les chemins de fer, par M. J. Cordier. In-8° de 16 feuilles. — Paris. — Carilian-Gœury. — Bonnes idées, bien déduites. Les ingénieurs français n'ont du reste pas *boudé* dans cette circonstance et, dès le commencement, ils ont eu l'intuition de la révolution qui allait s'opérer dans les transports, devenus le sang artériel des peuples.

———

146. — Considérations sur les chemins de fer de Liverpool a Manchester, par J. Cordier, ingénieur des ponts et chaussées. — In-8° de 16 feuilles et 3 planches. — Paris. — Carilian-Gœury. (Voir n° 145).

———

147. — Sur les canaux et les chemins de fer, par M. J.-Ch. Herpin, docteur en médecine, professeur de sciences physiques, membre des sociétés d'encouragement, d'économie domestique et industrielle. — In-8°, 2 feuilles. — Paris. — Bachelier (extrait de la *Revue encyclopédique*). — C'est une froide dissertation, sans commencement, ni fin. « Nous conclurons, dit cet officieux, que l'usage des bateaux à vapeur sur les canaux présente beaucoup de difficultés et peu d'avantages et que, dans un grand nombre de cas, les chemins de fer et les machines à vapeur locomotives remplaceront heureusement les canaux actuels... Il est difficile de dire dès à présent le terme où s'arrêtera le génie de l'homme, secondé par une puissance qu'il peut multiplier, transporter et modifier à son gré et de prévoir les applications nombreuses et utiles que l'on fera, dans la suite, d'un moteur que l'on regarde, avec raison, comme une des merveilles du monde. » L'auteur décrit ensuite le fameux concours de machines organisé par la compagnie du chemin de fer de Liverpool à Manchester. Voici comment il raconte les péripéties des épreuves de la *Nouveauté* : « Comme la vapeur vint à fuir par un petit tuyau, on s'arrêta pour le réparer. L'épreuve fut renvoyée à un autre jour. Lorsque les réparations furent faites, la *Nouveauté* se remit en route et fit plusieurs tournées pour l'agrément des spectateurs. A la place d'un chariot de roulage, on substitua une grande diligence dans laquelle montèrent plus de quarante amateurs. La machine courut avec une vitesse d'une lieue en six minutes, et quoique les personnes qui étaient dans la voiture pussent à peine distinguer les objets extérieurs, tant ils fuyaient rapidement, son mouvement était si doux et si régulier que l'on pouvait y lire et même y écrire. Mais le mastic avec lequel on avait garni les joints de la chaudière étant venu à se fondre, on suspendit l'épreuve ». Cette question des joints fut une grande difficulté pour l'emploi des machines à haute pression, et la célèbre rotative de Pecqueur échoua, en 1842, pour ce vulgaire motif.

———

148. — Considérations sur l'introduction des machines dans les arts industriels, *et sur les moyens de donner du travail aux classes ouvrières*, par Auguste Delaveleye. — In-4°. — Paris. — Ce publiciste, qui professait des idées jacobines, caressait dès lors l'idée sur laquelle il devait revenir plus tard, d'ouvrir de vastes chantiers de construction sur une ligne de chemin de fer qui eût traversé la France du nord au sud. M. Delaveleye se demande ce que deviendront les ouvriers que les machines vont laisser sans ouvrage et il ne semble pas soupçonner que l'accroissement de la consommation compensera le supplément de production, en même temps que naîtront de nouveaux besoins et que se créeront de nouveaux moyens d'y satisfaire. Le machinisme, loin d'avoir laissé des bras inoccupés, a renchéri la main-d'œuvre et n'est même pas parvenu à déplacer une industrie. Ainsi Mulhouse, en dépit de la géographie, est restée une cité ouvrière de premier ordre, avec les machines qui mangent du charbon, comme au temps où on n'y connaissait que le travail manuel des ouvriers qui mangeaient de la choucroute.

———

149. — Essai sur les moyens de multiplier les chemins de fer en France et de diminuer les moyens des grandes routes, par C. T. Brard. — In-8°, 2 feuilles. — Strasbourg. — Brard, homme connu comme minéralogiste et philanthrope, — il n'y avait pas encore de sociologues assermentés, — a voulu, dit-il « mettre la construction des chemins de fer à la portée des ouvriers d'une intelligence ordinaire. » C'était une étrange préoccupation, car l'ouvrier qui roule sa brouette en vue d'un remblai de chemin de fer, n'a pas besoin de plus de science que celui qui travaille à un chemin vicinal. La science de l'ingénieur était seule mise en réquisition et peut-être faut-il plus de science réelle et pratique pour faire une route où l'on a à lutter contre la sujétion du budget, que pour lancer à tout prix une voie ferrée pour laquelle on peut, à force de dépenses, sauver toutes les difficultés, les viaducs étant d'un emploi rare même sur les routes nationales et tout le réseau français ne renfermant, à cette époque, aucune voie souterraine, — la percée du Lioran à la sortie de Murat, sur la route d'Aurillac, n'ayant été ouverte qu'en 1850.

—

149 *bis*. — Traité théorique et pratique de l'art de batir, par Jean Rondelet, architecte, membre de l'Institut. — Paris. — Edition 1830. — 8 vol. in-4°. — Ouvrage classique, tenu au courant de la science moderne.

—

150. — Rapport du conseil d'administration du chemin de fer de la Loire, d'Andrézieux a Roanne, présenté à l'assemblée générale des actionnaires le 15 décembre 1829. — In-4°. — Paris.

—

151. — Procès-verbal de l'assemblée générale des actionnaires de la compagnie des chemins de fer de la Loire. — In-8°, 2 feuilles — Paris.

—

152. — Inspection du chemin de fer de la Loire, par le baron Charles Dupin. — In-8°, 2 feuilles. — Paris. — Daté du 24 octobre 1830, cet écrit est le récit d'une inspection des travaux de la ligne en construction faite au mois de septembre de la même année, à la demande des actionnaires et du conseil d'administration de la Compagnie. L'éminent économiste s'y montre très optimiste, sans cependant paraître impressionné par l'ouverture du chemin de fer de Liverpool à Manchester qui venait d'inaugurer le transport des voyageurs, auquel on n'avait pas encore osé appliquer la traction à vapeur.

—

153. — Chemin de fer de la Loire. — Le *Moniteur universel* du 3 avril 1830 publie une réclame remplie d'inexactitude sur le chemin de fer de la Loire, d'Andrézieux à Roanne, concession Mellet-Henry. « Il paraît, dit le journal officiel, que l'on s'occupe en ce moment de prolonger et de compléter la belle ligne de communication dont fait partie le chemin de fer de la Loire. Déjà les études préparatoires pour un chemin de fer et un canal entre Roanne et Digoin sont très avancées et, si nous sommes bien informés, une compagnie de banquiers de Paris vient d'offrir au ministre de l'intérieur de se charger de toutes les dépenses de construction d'un chemin de fer entre ces deux villes. L'administration, protectrice éclairée de toutes les entreprises utiles, prendra sans doute un intérêt au projet qui doit *opérer une influence* si salutaire sur l'avenir des chemins de fer qui font partie de la grande communication de Marseille à Paris. La prospérité publique est intéressée à son exécution, parce que la lacune dont il s'agit priverait à jamais le canal latéral à la Loire, des produits naturels ou fabriqués de Saint-Etienne et du midi de la France. » Quel style !

154. — Rapport fait au conseil d'administration par les gérants du chemin de fer de Saint-Etienne a Lyon, sur l'état et la marche des travaux, du 20 octobre 1829. — In-4°, 3 feuilles 1/2. — Lyon.

—

155. — Rapport a l'assemblée générale des actionnaires de la compagnie des chemins de fer de Saint-Etienne a Lyon, du 21 décembre 1829, par la commission nommée par l'assemblée générale des actionnaires du 21 décembre 1828, suivi d'observations explicatives par le conseil d'administration et les gérants. — In-4°, 12 feuilles. — Paris. — Ce document, très intéressant au point de vue de l'histoire financière et industrielle, dénote une incontestable tension de rapports entre la gérance et les actionnaires dont la commission, constituée dans un but de contrôle étroit et mesquin, était animée de dispositions hostiles. Les frères Séguin, qui étaient des hommes de génie, étaient mal compris par ces capitalistes à bourse plate, semi-hobereaux, semi-boutiquiers, et ressemblaient à des chevaux de course que l'on aurait couplés avec des rosses. Le conseil d'administration représentant les actionnaires, il est certain que ces commissaires de police sociale étaient une superfétation. Ceux-ci étaient trois, MM. le comte de Tournon, le vicomte d'Abancourt, président de chambre à la Cour des comptes et Jannon. Leur mission consistait surtout à chercher noise à la gérance sur des minuties et des arguties bureaucratiques. Ainsi, ils ne voulaient pas que l'on comprît dans les recettes le produit de la vente du vieux matériel, dont le montant devait être considéré, suivant eux, comme une *minoration* de dépense. Les frais de constitution de la société s'étaient élevés à 13.919 francs 40, dont 13.275,95 pour les honoraires des deux notaires, MM. Beaudesson et Defresne, qui en avaient réclamé 25.000 de ce chef, mais avec lesquels on avait transigé. Les autres dépenses sociales n'étaient montées, en près de deux ans, qu'à 9.178 francs et les commissions et frais de correspondance payés aux banquiers Caccia à Paris et Bodin à Lyon, à 7.917. Le compte de l'entreprise ou de la construction, totalisait 2.732.070 francs, dont 54.614,47 pour frais de voyage et 13.496,06 pour la nourriture et l'entretien des chevaux postés sur la ligne pour le service du personnel. Ces chapitres furent l'objet de critiques amères, atteignant aussi les procédés des gérants auxquels on reprochait de toujours toucher des sommes rondes sans fractions. « Il ne saurait être convenable, disaient les commissaires, d'appliquer à la comptabilité d'une grande compagnie, l'abandon d'ailleurs si louable des mœurs de famille. » Ils auraient désiré aussi que les chevaux fussent loués à l'heure et se plaignaient de la façon dont les gérants transigeaient souvent, au sujet des acquisitions de terrains, sacrifiant tout à la hâte d'en finir, ce en quoi ils avaient raison, car, en attendant, les intérêts du capital couraient. « Les gérants veulent faire vite, ajoutaient ces censeurs, le conseil d'administration veut faire bien », c'est-à-dire économiquement. La commission tout entière s'indigna aussi de ce que l'on avait payé au *sieur Stephenson* 12.500 francs d'honoraires sans reçu. Ce *sieur Stephenson*, c'était

l'illustre ingénieur anglais qui était venu aider de ses conseils ses jeunes confrères français. Ce document chagrin est accompagné d'un rapport sur l'état des travaux et la marche de l'entreprise par MM. Humblot-Conté et Bodin, membres du conseil d'administration, chargés de cette mission par une délibération en date du 19 août 1829. On y trouve l'attachant compte rendu des essais faits aux chantiers de Perrache, les 7 et 12 novembre 1829, de la locomotive que MM. Séguin venaient de construire en y appliquant le tirage forcé au moyen d'un ventilateur engrenant sur l'essieu moteur. Ces grands mécaniciens avaient eu l'idée de cet artifice en raison du poids (9,000 kilogrammes) et de la hauteur démesurée du tuyau de cheminée, de la machine locomotive que Stephenson leur avait vendue, locomotive qui ne pouvait passer sous les ponts des routes de terre. On avait construit à Perrache, une voie de 140 mètres de longueur, en courbe de 500 mètres de rayon et sur une pente de 0,016 par mètre. Six wagons du poids de 1,000 kilogrammes chacun et chargés de 2,000 kilogrammes de fer, furent remorqués à la vitesse de 2 mètres par seconde. Mais le 12, on n'obtint pas les mêmes résultats en présence des commissaires et M. Humblot-Conté dit que pour leur faire honneur, on avait tellement graissé que la graisse débordait et que les roues patinaient sans avancer. On essuya la graisse et on arriva à mouvoir 17 tonnes et demie. La machine Séguin ne pesait que 6,000 kilogrammes et ne coûtait que 12.000 francs, tandis que les machines Stephenson en coûtaient 14.000. Les commissaires calculaient qu'en tenant compte des descentes, les machines pourraient marcher à raison de 4 mètres à la seconde et faire 88 kilomètres par jour. Tout le matériel de la compagnie se composait de 100 wagons employés aux terrassements, des ferrures de 300 wagons et de 6 machines, une Stephenson à Perrache, une autre à Arras, chez Halette, une machine Séguin en marche et 3 en construction. Or on calculait que pour satisfaire au trafic de 300 000 tonnes, il fallait 45 machines et 500 wagons. Les observations des gérants aux méchancetés de la commission sont empreintes d'une certaine aigreur, mêlée de timidité, car dès lors ils ne se faisaient plus d'illusions sur les difficultés de l'entreprise. L'assemblée générale, à laquelle les gérants n'assistaient pas, était présidée par M. Boulard aîné, député, comme le plus fort actionnaire, assisté comme secrétaires, de M. de Garcias, membre du conseil d'administration et de M. Baronnet, agent général de la compagnie, auquel on adjoignit M. Joseph de Noirville comme scrutateur. 42 actionnaires, représentant 1.433 actions et 79 votes, étaient présents. M. Biot père, l'illustre membre de l'Institut, vint lire le mémoire de MM. Humblot-Conté et Bodin. On nomma comme membres de la commission de contrôle le vicomte d'Abancourt, réélu, le comte Florian de Kergorlay, pair de France, et M. Parent, ancien avocat au conseil d'Etat et à la Cour de cassation. D'autres voix s'égarèrent sur MM. Jannon, de Tournon, Thénard et Duleau.

156. — ATTRIBUTION ADMINISTRATIVE. — L'ordonnance du 19 octobre 1830 sur le service des ponts et chaussées, en créant dans le conseil général, deux commissions, dites respectivement des routes et de la navigation, donne à celle des routes la connaissance des chemins de fer et de tout ce qui s'y rattache. L'ordonnance du 6 juin 1832 sur l'organisation des ponts-et chaussées et des mines dit à son tour : « Le conseil général des ponts et chaussées, donnera son avis sur toutes les affaires qui sont renvoyées à son examen par le directeur général de l'administration des ponts et chaussées... Il sera consulté sur tous les projets généraux des routes, de navigation naturelle et artificielle, de chemins de fer, de grands ports, etc. »

———

157. — EXAMEN DU RAPPORT FAIT PAR M. LE BARON HÉLY-D'OISSEL A LA COMMISSION DES ROUTES ET CANAUX *(de la Chambre des députés)*, relativement aux moyens de diminuer les dépenses occasionnées par l'acquisition des terrains destinés aux travaux publics, par M. Ch. Delalleau, avocat. — In-8°. — Paris. — Chez l'auteur, rue de Condé, n° 1. — Cette brochure, de 102 pages, dont les six dernières sont numérotées par erreur 49, 50, 51, 52, 53, 54, contient le rapport de M. d'Hély-d'Oissel, au nom de la commission composée de MM. Lainé, Dode de la Brunerie, d'Escayrac, Lamendé et le rapporteur. Elle renferme en outre des extraits des écrits suivants, sur la même matière : *Des routes et canaux*, par le baron d'Haussez ; — *Des améliorations à introduire dans les ponts et chaussées*, par M. Vallée ; — *Solution des questions posées dans le rapport de M. le baron Pasquier (Chambre des pairs, même sujet)*, par M. Levaillant de Bovent ; — *Renseignements sur le service des ponts et chaussées en France et dans les Pays-Bas*, par M. N.-R.-D. Lemoyne, ingénieur des ponts et chaussées.

———

158. — CHEMIN DE FER DU BASSIN *houiller du département des Bouches-du-Rhône à Marseille.* — In-12. — Marseille. — Feyssat.

———

159. — APPROBATION DU TRACÉ DU CHEMIN DE FER D'ANDRÉZIEUX A ROANNE. Conditions diverses (ordonnance du 21 mars).

———

160. — ORDONNANCE DU ROI du 5 décembre (BULLETIN DES LOIS, 1er janvier 1831), relative *au tarif de la gare et du chemin de fer de la presqu'île Perrache à Lyon.* — La gare est la gare d'eau que MM. Séguin s'étaient engagés à établir à Perrache sur les terrains que la ville leur avait cédés ; nous n'avons pas à nous en occuper. Le chemin de fer était le raccordement qui devait relier les quais de la Saône à la ligne de Saint-Etienne, raccordement auquel on déclara applicable le tarif du tronçon principal.

———

161. — BULLETIN DES SCIENCES TECHNOLOGIQUES, cinquième section du *Bulletin universel des sciences et de l'industrie*, publié sous la direction du baron de

Férussac.— Les chemins de fer, au point de vue économique, par Arnd (allemand).— Avantages des chemins de fer, par Baader. — Chemins à ornières, par Coste et Perdonnet. — Expériences des voitures Winan sur les routes en fer de Baltimore et de l'Ohio. — Mémoire sur les chemins de fer, par Jackson.

—

162. — Journal du génie civil. — Considérations sur les locomotives, par M. Auguste Perdonnet. — De la jonction du chemin de fer de la Loire avec celui d'Andrézieux. — Histoire du chemin de fer de Darlington. — Inspection du chemin de fer de la Loire, par le baron Charles Dupin.

—

163. — Encyclopédie moderne, par M. Courtin. — In-8°. — Paris. — Vol. 20e. — Routes (chemin de fer, génie civil).— Article concis et lumineux de Perdonnet.

—

164. — Revue britannique. — Routes à rainures et voitures à vapeur en Angleterre (janvier) ; — Routes à rainures et machines locomotrices (mars et avril) ; — Routes en fer suspendues (juillet).

—

164 bis.— Recueil industriel, manufacturier, agricole et commercial (voir n° 129 bis).— T. XV. — Mémoire sur les routes à ornières et les machines locomotives employées en Angleterre, traduit du *Quarterly review*. — T. XVI. — Remarquable dissertation sur les locomotives, signée A. B. L'auteur y développe incidemment cette idée très juste que la richesse d'un peuple provient de l'abondance de ses produits et non pas de l'abondance des métaux précieux qu'il possède.

—

165. — Bulletin de la société d'encouragement pour l'industrie nationale. — La société met au concours pour 1835, un prix de 3.000 francs pour l'application du système des chemins de fer aux nivellements irréguliers des routes ordinaires. Pas d'explication à cause de l'*heure avancée* (29 décembre 1830). Evidemment il faut entendre par là l'application des chemins de fer aux routes ordinaires, ce qui apparut tout d'abord comme devant être l'avenir des voies ferrées, considérées uniquement comme un système de chaussée.— Brevet anglais : moyen de diminuer le frottement dans les voitures circulant sur des chemins de fer, Wimans, fabricant d'instruments de musique, à Londres — 28 mai.

—

166. — Brevet d'importation de 10 ans (3 février), au sieur Cochaux, à Liège, pour un appareil empêchant l'explosion des machines à vapeur.

—

167. — Brevet d'importation de 10 ans (25 février), au sieur Cochaux fils, à Liège, pour des roues applicables aux locomotives sur routes ordinaires.

168. — Brevet d'invention de 15 ans (25 mars), aux sieurs Séguin et Cie, à Lyon, pour des perfectionnements aux chaudières à vapeur.

—

169. — Brevet d'importation de 10 ans (25 mars), au sieur de Neuville (André), à Bordeaux, pour un système propre aux voitures, bateaux, machines et aux chemins de fer.

—

170. — Brevet d'invention de 10 ans (18 mai), au sieur Lacordaire (Jean-Auguste-Claude-Maxime), pour un nouveau système de chemins à ornières saillantes en fer ou en bois, applicable à de grandes communications. « Ce système, dit le texte, se compose de longrines de 2 mètres de longueur, portant une bande de fer sur leur arête intérieure ; ces longrines, espacées de 1 mètre 20, sont réunies bout à bout dans le sens de leur longueur, sur des traverses inférieures et dans le sens de leur épaisseur, elles sont maintenues par les mêmes traverses dans lesquelles elles sont encastrées. »

—

171. — Brevet d'invention de 15 ans (21 mai), au sieur Polonceau (Antoine-Rémi), à Paris, pour un système de ponts. — Ce système, très connu par les hommes de l'art, est celui des arcs à grande portée en bois, en fonte ou en fer, placés en quelque sorte en batterie et offrant des conditions de sécurité parfaite quand l'arc est en bois ou en fer forgé. Le même ingénieur a attaché son nom à un système de fermes métalliques.

—

172. — Brevet d'invention et d'importation de 15 ans (31 mai), au sieur Viney (James), colonel d'artillerie à Londres, faisant élection de domicile à Paris, pour un nouveau générateur à vapeur, applicable à la navigation, aux voitures à vapeur, aussi bien qu'aux moteurs à l'usage des manufactures et d'autres usines. L'eau était contenue dans des tubes coniques qui plongeaient dans le feu.

—

173. — Brevet d'invention de 10 ans (30 juin), au sieur Baron, à Paris, pour une machine appelée *mécanique universelle pedibus*, mise en action par les pieds d'un homme assis qui fait tourner des engrenages et destinée à servir de moteur en remplacement des chevaux et de la vapeur.

—

174. — Brevet d'invention de 15 ans (30 juin), au sieur Révillon (Thomas), à Paris, pour un moteur consistant en deux cylindres ou deux cones taillés en hélice et placés chacun dans un cylindre creux. — 21 mai 1832, brevet d'addition et de perfectionnement.

—

175. — Brevet d'invention de 15 ans (19 août), au sieur Galy-Cazalat, à Versailles, pour des perfectionnements aux moteurs à vapeur — 31 janvier 1831, brevet d'addition et de perfectionnement. — 22 juin 1832, 2ᵉ brevet d'addition et de perfectionnement.

1831

176. — Des machines, de leur influence sur la prospérité de la nation et le bien-être des ouvriers. — Paris. — In-32. — David. — Cet opuscule anonyme, parait être de Charles Dupin, car le spirituel économiste y est cité complaisamment comme étant l'homme de confiance des ouvriers, ce qui, de la part de ce grand érudit, était plutôt une prétention. Quoi qu'il en soit, on y lit un éloge bien senti et bien mérité de la machine qui augmente surtout le bien-être des classes inférieures, car l'aristocratie a toujours pu se procurer tous les caprices du luxe en y mettant le prix. En énumérant les avantages du machinisme, l'auteur a soin de rappeler que les moteurs mécaniques remplacent avantageusement les chevaux pour la traction.

—

177. — Eléments d'une nouvelle législation des chemins vicinaux, grandes routes, chemins de fer, rivières et canaux, par Emile Bères, du Gers. — Ouvrage couronné le 31 août 1831 par la société d'Agriculture, Sciences et Arts de Châlons-sur-Marne. — Paris. — In-8º. — Carilian-Gœury. — Ce sont des projets de loi et décrets auxquels il ne manque plus que le *fiat*. Arrivé au titre VII, *des chemins de fer*, le législateur putatif remplace le dispositif par les lignes suivantes : « *Nota.* La matière de ce titre, repose sur les mêmes principes que celle des canaux, nous le réservons pour notre seconde partie. » Cette seconde partie n'a jamais été publiée.

—

178. — Nécessité et moyen d'occuper les ouvriers qui manquent d'ouvrage en France. — Mémoire présenté au roi et aux Chambres, par Auguste de Laveleye et Ajasson de Grandsagne. — Paris, 1831. — In-8º. — Les auteurs de ce mémorandum commencent par établir que la révolution de Juillet a été plus sociale que politique et qu'elle est devenue le protêt de la faim, car les travailleurs sont sans ouvrage et les affaires ne reprennent pas. Ils se moquent même très spirituellement des gobe-mouches qui prétendaient que la *stagnation* était due au *procès des ministres*. De là découle la nécessité d'occuper tous ces bras pour remplir toutes ces bouches. Énumérant les chantiers divers que l'on pourrait ouvrir, ces deux publicistes se prononcent pour les chemins de fer, comme occupant une plus grande variété de manouvriers que les canaux et comme répondant mieux aux préoccupations de l'époque. En conséquence, férus de l'idée, alors ambiante, du transit, ils projettent, la règle et le tire-ligne à la main, un trait d'union entre la mer du Nord et la Méditerranée, au moyen d'un chemin de fer d'Anvers à Marseille, par Rocroy, Dijon, Lyon, Valence, Avignon et Aix. Cette part une fois faite à l'utopie, MM. Ajasson et Laveleye, manifestent des idées assez justes sur les chemins de fer dont ils évaluent le

coût, pour l'infrastructure seulement, de 85.000 francs pour les petites lignes à 189.000 pour les grandes, par lieue de poste. Du reste, ils ne se cachent pas que si l'Etat entreprend ce travail, les ressources de l'emprunt seront vite épuisées et, pour les rendre inépuisables, ils sortent la fameuse lettre de Napoléon au ministre Cretet, du 16 novembre 1807, dans laquelle le souverain détaillait son étrange conception de vendre à des compagnies financières les travaux exécutés, afin d'en consacrer la ristourne à de nouveaux travaux et ainsi de suite. Cette conception simpliste comporte trois desiderata qui ressemblent au *merle blanc* des enfants : travaux toujours rémunérateurs, entreprises toujours en haleine et capitaux toujours en quête d'emploi. Trois utopies pour une.

—

179. — Des chemins de fer considérés comme voies de communication et particulièrement du chemin de fer projeté de Paris a Orléans, en concurrence avec le canal d'Essonne. — In-8º, 2 feuilles. Paris. — C'est l'œuvre d'un sot qui était intéressé dans la construction du canal de Corbeil à Orléans par la vallée de l'Essonne, lequel canal aurait eu 150 kilomètres de développement, soit 67 de moins que le parcours par les canaux en exploitation, que les bateaux mettaient 15 à 17 jours à remonter ou à descendre. Le transport par terre de Paris à Orléans coûtait 50 francs par tonne, ajoute l'auteur de ce factum. C'est une exagération, car on ne cotait que ce prix pour le roulage de Paris à Angoulême. Cet écrivain, évidemment atteint de myopie, se déclarait profondément convaincu « que les chemins de fer ne vont pas à l'état actuel de la France et que particulièrement celui de Paris à Orléans serait une ruine pour ses propres actionnaires ». Il terminait sa diatribe en ces termes : « il résulte de l'avant-projet des intéressés que les localités de Paris à Orléans ne sont nullement propres à l'établissement d'un chemin de fer, et que cette entreprise se trouverait placée dans les circonstances les plus déplorables pour ses actionnaires, sans présenter, en compensation, aucun avantage ni au commerce ni à l'industrie. » On ne saurait déraisonner plus complètement.

—

180. — Avis aux capitalistes ou considérations sur un nouveau système de chemins de fer et de chemins pavés, et sur l'application qu'on peut en faire pour diminuer considérablement l'entretien des routes, par E. Cousin, architecte. — In-8º, 1 feuille. — Paris. — Amyot. — La brochure porte cette épigraphe en anglais : *speculations improve with economy*, la spéculation aime l'économie. L'auteur, très partisan des chemins de fer, mêle quelques niaiseries à son juste sentiment de la valeur de la nouvelle industrie. Il fait un devis comparatif d'un chemin de fer dans le département de la Seine revenant pour la voie à 55 fr. 40 par mètre et de celui d'Alais campé sur la route d'Alais à Mende, qui n'a coûté que 9 francs ; il propose un système de fer méplat posé de champ sur des dés en pierre, ne revenant qu'à 9 francs. C'est la pose adoptée dans les mines et les chantiers, mais ce n'est bon que pour des voies provisoires sur lesquelles on pousse les wagons à la main. Il voudrait que l'Etat abandonnât les accotements des routes aux entreprises pour en faire leur plateforme. Enfin, il termine par ses offres de service aux soumissionnaires de chemins de fer. « Il n'exigerait, dit-il, pour tout salaire que ses déboursés reconnus absolument indispensables pour exécuter les opérations préparatoires et le travail de cabinet, et s'engagerait, en outre, à remettre toutes les pièces du projet entre les mains des soumissionnaires dans un délai fixé... Il justifierait aux personnes qui s'adresseraient à lui, de plusieurs certificats de capacité. » En bas du dernier feuillet, on lit : *s'adresser à...* En somme, c'est un prospectus.

—

181. — GRANDE-BRETAGNE. — CHEMIN DE FER DE LIVERPOOL A MANCHESTER. — Notice historique par M. Henri Booth. — In-8°, 6 feuilles. — Paris. — Carilian-Gœury. (Extrait des *Annales des ponts et chaussées*). — M. H. Booth était le secrétaire-trésorier de la compagnie du chemin de fer de Liverpool à Manchester, par conséquent bien à même d'entreprendre le récit de cette épopée industrielle qui eut un triple succès, financier, technique et moral. Ce livre est à lire par tous ceux qui veulent connaître l'origine de cette industrie : il a du reste été écrit avant l'ouverture de la ligne à l'exploitation, dans l'été de 1830 : tout était terminé, mais les directeurs hésitaient à mettre en marche. La dépense avait été, avec les parachèvements, de 820,000 livres, dont 28,435, 6 shillings 1 denier pour les frais du *bill* au parlement. En France, il en eût coûté quelques francs de papier timbré, ce qui n'empêchait pas les critiques d'accuser notre administration d'être moins libérale que celle de nos voisins. En revanche, les frais d'annonces ou de publicité ne montaient qu'à 352 livres 1 shilling 4 deniers. Booth raconte que pour se rendre compte de la vitesse, on forma un train du poids de 33 tonnes composé de six wagons pesant 7 tonnes et chargés de 20 de pierres, d'un train d'approvisionnement (tender), avec 6 personnes, 3 tonnes, et de 2 voitures avec 20 personnes, 3 tonnes. On fit ainsi, avec la *Fusée* pour locomotive, 29 milles anglais en 2 h. 25, en s'arrêtant deux fois pour prendre de l'eau. La vitesse réelle avait donné de 7 à 25 milles, suivant le profil de la route.

—

182. — GRANDE-BRETAGNE. — MOUVEMENTS COMMERCIAUX SUR LES CHEMINS DE FER, AVEC LA VAPEUR POUR FORCE MOTRICE, traduit de l'anglais par H. G. E. — In-8°, 5 feuilles. — Paris. — Carilian-Gœury. (Extrait des *Annales des ponts et chaussées.)*

—

183. — DESCRIPTION RAISONNÉE ET VUES PITTORESQUES DU CHEMIN DE FER DE LIVERPOOL A MANCHESTER, publiées par P. Moreau, constructeur, d'après son examen sur les lieux, les renseignements fournis par M. Stephenson, ingénieur, et les documents tirés des ouvrages derniers de M. Wood, etc., mis en ordre par Auguste Notré. — In-4°, de 12 feuilles 3/4, plus 12 planches. — Paris. — Carilian-Gœury. — C'est le premier ouvrage aux prétentions pittoresques publié sur les chemins de fer. Toute l'*illustration* consiste cependant en une couverture lithographiée représentant la gare de Liverpool. On voit des wagons à voyageurs qui sont faits comme les *jardinières* en usage dans les villes d'eaux et dans quelques localités, l'été, pour les tramways. M. Moreau se montre très enthousiaste de son pèlerinage et raconte les péripéties légales de l'entreprise en Angleterre où l'opinion publique française se figure, à tort, que l'initiative privée a la bride sur le cou. Conçu en 1822 et présenté à la Chambre des communes, en 1824, le projet échoua, à cause de l'opposition des propriétaires de canaux. Repris en 1825, avec l'appui d'un de ces grands seigneurs, le *bill* fut voté par les deux Chambres, et les travaux commencèrent le 30 juin 1826. L'ouverture de la ligne eut lieu le 15 septembre 1830. Le devis montait à 400,000 livres, on en dépensa 820,000.

—

184. — PROCÈS-VERBAL DE L'ASSEMBLÉE GÉNÉRALE DES ACTIONNAIRES DE LA COMPAGNIE DES CHEMINS DE FER DE LA LOIRE. — In-8°, 3 feuilles 1/4. — Paris.

—

185. — RAPPORT FAIT A L'ASSEMBLÉE GÉNÉRALE DES ACTIONNAIRES DE LA COMPAGNIE DU CHEMIN DE FER DE SAINT-ETIENNE A LYON du 26 février 1831, et compte rendu de l'assemblée du 21 décembre 1830. — In-4°, 5 feuilles. — Paris. — C'est l'aveu inévitable de l'insuffisance des premiers devis, insuffisance organique qui s'était accrue de la nécessité où MM. Séguin s'étaient trouvés de tout inventer pour réussir. Les gérants avaient confessé dans la précédente assemblée qu'ils avaient reconnu dès 1827 que le capital social était inférieur aux besoins. Dans la pratique, il y avait eu de gros mécomptes et la construction de deux *coupures* (tunnels), alors inconnues dans les chemins de fer, avait occasionné un surcroît de dépenses très sensible, les mineurs de Saint-Etienne s'étant montrés impropres à ce travail. En résumé, on avait dépensé au 31 décembre 1830, 9,346.372 francs pour la construction, et il en fallait encore 2.900.000 pour terminer. La commission mixte (actionnaires et administrateurs) nommée dans l'assemblée de 1830 pour chercher un moyen de sortir d'embarras, se composait de MM. le vicomte d'Abancourt, Boulard, Humblot-Conté, Parent, Jannon et Binet ; elle concluait à un emprunt qui fut voté.

—

186. — MÉMOIRE POUR LA VILLE DE RIVE-DE-GIER et dans l'intérêt de tout l'arrondissement de Saint-Etienne contre la demande en augmentation de péage faite par la Société anonyme du chemin de fer de Saint-Etienne à Lyon. — In-4°, 22 p. — Lyon. — Ayné.

—

187. — BULLETIN DES LOIS (1er octobre). *Ordonnance du roi du 16 septembre, relative aux droits*

de transport .sur le chemin de fer de Saint-Etienne à Lyon. — Tarif porté jusqu'au 31 décembre 1841, de 0,098 par tonne et par kilomètre, à 0,12 à la remonte de Givors à Rive-de-Gier, et à 0,13 à la remonte de Rive-de-Gier à Saint-Etienne.

—

188. — Idées sur les réformes écomomiques, commerciales et financières applicables a la France. — In-8°. — Paris. — Everat. — Indique la nécessité de construire une route de fer du Havre à Strasbourg par Paris, qui produirait 12 0/0 au capital, et à l'Etat un revenu net de 4 millions, avec lequel celui-ci pourrait aider les compagnies qui auraient entrepris des routes à rainures de fer dans des directions moins avantageuses. (Cet écrit paraît être de M. Blum, banquier à Paris.)

—

189. — Bulletin des lois (IX, Bulletin O. CVII, n° 3006). *Ordonnance du roi* (Charles X) *qui approuve l'adjudication de l'établissement d'un chemin de fer de Saint-Etienne à Lyon.* — Omise à sa date et à son tour en 1826 (voir n° 75).

—

190. — Ordonnance du 30 janvier concédant au sieur Mignot et Cie le droit d'établir une gare d'eau à Givors pour l'embarquement et le débarquement des objets voiturés par le chemin·de fer de Saint-Etienne à Lyon. — Les bateaux payeront, comme droit de stationnement, un demi-centime par mètre carré et par vingt-quatre heures, mesurage fait par la plus grande largeur et la plus grande longueur. Les marchandises déposées de la gare sur les quais ou sur le chemin de fer et *vice versa*, payeront 75 centimes par tonne de 1.000 kil., droit réduit à 50 pour la houille et les marchandises brutes embarquées directement des chemins de fer dans la gare.

—

191. — Ordonnance du 8 avril attribuant aux tribunaux le soin de régler les indemnités réclamées par un propriétaire de mines, à raison de la cessation de son exploitation causée par les travaux ou la projection d'un chemin de fer.

—

192. — Projet d'établissement d'un chemin de fer entre Lons-le-Saulnier et Louhans, département du Jura, par A. Quilbet, ingénieur civil, ancien élève de l'Ecole polytechnique. — In-8°, 1 feuille. — Lons-le-Saulnier. — C'est une affaire toute locale, car il ne s'agit que de faire communiquer une région avec la Seille, affluent de la Saône. M. Quilhet commence par rappeler sa précédente brochure qui eut peu de succès parmi ses compatriotes, nullement soucieux d'aventures financières. Le chemin destiné à voiturer 37,400 tonnes à la descente et 6.200 à la remonte, devait avoir de 30 à 32 kilomètres, avec une différence de niveau de 63 mètres. Le devis s'élevait à un million avec deux locomotives, comptées avec leur installation hydraulique pour 40.000 francs. Les frais d'exploitation étaient évalués

à 77.000 francs y compris 40.000 francs pour l'intérêt à 4 0/0 du capital, et le produit à 149.175 francs, d'où un bénéfice de 77.000, soit 7 1/5 0/0. L'auteur invoque l'amour du bien public pour trouver le million nécessaire. La brochure porte la date du 25 novembre 1831.

—

193. — Note sur le chemin de fer de Paris a Orléans par Versailles et Rambouillet. — 1 vol in-8°. — Paris. — Dupuy.

—

194. — D'un chemin de fer de Paris a Orléans, par Versailles et Rambouillet, avec un nouveau système de routes et de voitures, publié par la compagnie Testu. — In-4°, 4 feuilles plus 3 planches. — Paris. — (Le siège de la compagnie est à Paris, rue de Choiseul n° 12, où l'on prend connaissance des plans, devis, ainsi que des modèles du nouveau système de route). — L'auteur, très enthousiaste des chemins de fer, se réclame de l'opinion de Saulnier, le préfet du Loiret, très épris également des voies ferrées. « Nous offrons, dit-il, un digne concours et une belle récompense ; l'homme d'Etat, le spéculateur et le capitaliste, ami de son pays, sont également intéressés à nous répondre ». Testu, ancien officier supérieur, inventeur des *diligences à trois compartiments*, avait imaginé une voie à rail central à gorge, serré entre deux roues horizontales, telle que l'ingénieur anglais Fell l'a appliquée pour l'entreprise Brassey, en 1867, de Saint-Michel-de-Maurienne (France) à Suse (Italie) au passage du Mont-Cenis par Modane, Lanslebourg et la Grande-Croix. Le système Testu était prématuré, en raison du prix élevé du métal. Au Mont-Cenis, les machines fonctionnèrent très mal, même après les perfectionnements successifs apportés aux grossiers engins anglais par les ateliers Cail et Gouin respectivement. Le devis très fantaisiste de la ligne de Paris à Orléans était établi, pour 145 kilomètres avec le système ordinaire, à 15.945.864 francs, et à 14.740.000 avec le nouveau, léger avantage qui ne compensait pas le danger d'essuyer les plâtres de l'invention Testu et de substituer, comme mode de traction, la pression horizontale à la pression verticale, dans laquelle le poids agit comme facteur spontané. Le mémoire fait ressortir avec justesse les avantages des chemins de fer en raison de la vitesse. Le trafic entre Paris et Orléans est évalué par canaux à 240.000 tonnes, avec 40.000 cueillies sur le parcours, et par roulage, à 80.000 d'Orléans à Paris et à 40,000 de Paris à Orléans. Le transport par canal coûtait 24 fr. 95 par tonne et durait de quinze à dix-sept jours ; par roulage, 35 francs, et durait de quatre à cinq journées. Par chemin de fer, il ne devait plus coûter que 12 fr. 60 et ne durer que six heures. Par le canal projeté dans la vallée d'Essonne, la durée eut été de trois jours et le coût de 13 fr. 95. Afin d'être agréable aux voyageurs, le point terminus devait être aux *Champs-Elysées* à Paris. Le mouvement existant dès lors entre Paris et Versailles était représenté par les chiffres suivants follement exagérés : voitures accélérées et parisiennes, 1.400.000 voyageurs ; cou-

cous, 252.000 ; voituriers, 54.000. Quant aux voyageurs entre Paris et Orléans, on en comptait 29.000. Voici comment on établissait les recettes futures de l'entreprise :

1° 1.137.333 voyageurs, Versailles-Paris et *vice versa*, à 0 fr. 75..............Fr.   853.000 »

2° 19.167 voyageurs, Orléans-Paris (aller et retour), à 0 fr. 05 par kilomètre.....................Fr.   180.595 »

3° 200.000 tonnes de marchandises, à 12 fr. 60....................Fr.   2.520.000 »

     Total.................... 3.553.395 »

Voici maintenant le budget *simplex* des dépenses annuelles :

1° Frais d'exploitation........Fr.   505.595 »

2° Intérêt du capital à 5 0/0....Fr.   737.600 »

     Total.................. 1.243.195 »

Bénéfice net..................... 2.111.000 »

Le capital était divisé en 2.948 actions de capital de 5.000 francs chacune et 1.474 de jouissance ayant droit à un tiers des bénéfices nets. On voit que ces calculs cotoyaient la filouterie. L'acte de société avait été rédigé par devant Mes Riant et Aumont, notaires à Paris, place de la Bourse, 13, et rue Saint-Denis, 247, respectivement.

—

195. — Mémoire pour MM. Mellet et Henry, *directeurs de la compagnie du chemin de fer de la Loire, appelants, contre M. le marquis de Talaru, pair de France, intimé par H. Perras, avocat. — In-4°, 57 p., avec un plan parcellaire des propriétés de M. de Talaru. — Lyon. — Louis Perrin.*

—

196. — Appendice *pour MM. Mellet et Henry, contre M. de Talaru. — In-4°, 27 avril 1831. — Lyon.* — Il y a là un joli tableau de l'âpreté au gain que montrait l'aristocratie agrarienne, toujours prête à crier contre l'avaricieuse pingrerie de la bourgeoisie industrieuse et commerçante. Les fils des preux profitaient de l'occasion pour se faire payer cher des lopins de terre qui le plus souvent étaient comme les *écus de la boulangère.*

—

197. — Plan et profil du chemin de fer de la Loire *dressés par les concessionnaires-directeurs Mellet et Henry. — In-folio. — Lithographie. — Roanne.*

—

198. — Ordonnance royale du 2 juin acceptant la soumission des sieurs Pierre-Dominique Martin et Jean Gimat, pour l'exécution d'un chemin de fer de Toulouse (quai du Canal) à Montauban et prescrivant la mise en adjudication au rabais de cette ligne. Le rabais devait porter sur le droit maximum de 13 centimes de transport, par tonne et par kilomètre à la descente, c'est-à-dire de Toulouse au Tarn, et de 15 centimes à la remonte du Tarn à Toulouse. — Cahier des charges : 16 articles. — 200.000 francs de cautionnement.

—

199. — Annuaire historique universel, *par C.-L. Lesur. — 1 vol. in-8. — Paris. — Thoinier Desplaces. (1818-1861).* — Ce fut en 1818 que Lesur commença cette excellente publication dans laquelle on trouve l'histoire de chaque année. Les chemins de fer y sont traités au point de vue législatif, anecdotique, commercial et financier, depuis leur apparition au Parlement en 1831. Ce livre, qui ne le cède en rien au *Registar* anglais, eut le plus grand succès sous la Restauration, où il fallut, pour certaines années en faire un second tirage ; il décrut sous Louis-Philippe et finit par mourir sous l'Empire, sans que depuis on ait pu le ressusciter. Cela tient à la différence d'état social sous les divers régimes qui se sont succédé en France depuis 1818. Les aristocraties, par cela même qu'elles se réclament du temps qui pour beaucoup de familles est leur unique illustration, les aristocraties, disons-nous, regardent dans le passé et aiment à se souvenir, ce qui fait qu'elles s'entourent de témoignages chronologiques et historiques dans lesquels elles se mirent avec complaisance. Cet instinct s'atténue dans la bourgeoisie qui répudie volontiers ses origines et qui ne date que du jour. Dans les démocraties qui n'ont ni passé, ni avenir, ni présent, l'histoire n'importe à personne. Il y a même des conjonctures telles qu'on voudrait l'oublier, car ses constatations offusquent et font rougir. Certes les souvenirs du 4 Septembre, du siège de Paris, de la commune, du Panama, du boulangisme, du nationalisme et de l'antisémitisme, ne sont pas de ceux auxquels on puisse appliquer le dicton : *reminiscere juvat.* Ce sont au contraire des cauchemars auxquels on voudrait se soustraire : on ne saurait donc rechercher ce qui contribue à les rappeler. Depuis Hugues-Capet jusqu'à Louis XVI, l'histoire de France est une épopée qui va en *crescendo* vers l'apogée : depuis la Révolution, c'est la dégringolade absolue et relative, car nos frontières ont reculé et la France a cessé d'être la Reine des nations, *Regina gentium.* A quoi bon donc des annuaires qui soient un perpétuel memento de notre amoindrissement ? C'est un verre de l'eau du Léthé qu'il faut boire chaque matin pour faire passer le scandale de la veille.

—

200. — Annales des ponts et chaussées. — *Premier semestre. — Emmery (H.-C.).* — Chemin de fer de Liverpool à Manchester ; notice historique traduite de M. H. Booth. — *Emmery (H.-C.).* Mouvements commerciaux sur les chemins de fer avec la vapeur pour force motrice. Détail estimatif des frais de transport sur un chemin de fer : 1° au moyen de machines locomotives ; 2° avec un système général de machines fixes ; extrait d'un rapport de MM. Walker et Rastrick. — *Emmery (H.-C.).* Comparaison des machines fixes et des machines locomotives mises en mouvement par la vapeur sur les chemins de fer, en réponse au rapport de M. James Walker ; extrait des rapports de M. G. Stephenson, par MM. R. Stephenson et J. Locke ; traduction. — *Deuxième semestre.* — *Emmery (H.-C.).* — Machines locomotives à vapeur. Relation détaillée des faits recueillis lors du concours d'octobre 1829 sur le chemin de fer de Liverpool à Manchester ; traduction d'une brochure de MM. R. Stephenson et Locke.

—

201. — Recueil industriel, manufacturier, agricole et commercial (voir n° 129 *bis*). T. XVII. — *Avantages des chemins de fer.* — T. XXII. — Description du brevet d'invention accordé à M. Robert Stephenson, de Newcastle, pour le perfectionnement des essieux et des parties qui forment les supports au centre des roues des voitures destinées à parcourir les chemins de fer. Le perfectionnement consiste à fixer deux roues d'une manière très solide au bout d'un long essieu rond et creux, dans l'intérieur duquel se trouve un second essieu non creux et qui, s'étendant dans toute la longueur de l'essieu creux, le dépasse de chaque côté d'une quantité suffisante pour que les extrémités de cet essieu solide supportent tout le poids de la voiture, tandis que l'essieu creux tourne autour de lui, en obéissant au mouvement des roues qui sont solidement fixées à ses deux bouts : *quandoque bonus dormitat Homerus.* — Moyens propres à assurer les roues des voitures sur les chemins de fer, c'est-à-dire à les empêcher de patiner. Emploi de la résine en poudre projetée par une trémie placée à l'avant. C'est la sablière qui a été perfectionnée il y a 40 ans, par Paquin, ingénieur en chef du matériel de la compagnie de Madrid à Saragosse et à Alicante.

—

202. — Mémorial encyclopédique et progressif des connaissances humaines ou Annales des sciences, des lettres et des beaux-arts ; de l'industrie, des manufactures et des métiers ; de la géographie ; des voyages et de l'histoire ; formant le *complément de l'Encyclopédie portative* et une *Revue mensuelle des découvertes* et acquisitions de l'esprit humain, rédigé avec l'assistance et les avis du haut conseil de perfectionnement de l'Union encyclopédique pour la propagation des connaissances utiles sous la direction de M. C. Bailly de Merlieux, directeur de l'Union encyclopédique, avocat à la Cour royale de Paris, etc. — N° 1, 1er janvier 1831. — Ce curieux journal qui ne dura que neuf mois, contient dans son numéro d'avril un article sur les chemins de fer anglais.

—

203. — Almanach et annuaire du batiment, par Fr. Sageret. — 23e année de la publication. — In-32. — Paris, au bureau de l'*Almanach du bâtiment*, rue Sainte-Marguerite-Saint-Germain, n° 32. — Cette gracieuse et intéressante publication contient une chronique précieuse à consulter des travaux de Paris et de la banlieue. Parlant des constructions de maisons de campagne que M. Achille Guillaume venait

d'entreprendre dans le parc du château de Bellevue, le chroniqueur s'exprime en ces termes : « Les abords de Bellevue sont facilités par le voisinage de Sèvres, où les voitures de Versailles passent à toute heure du jour. Mais ce charmant village réunira bientôt au charme de la campagne, tous les avantages d'un faubourg de Paris, si, comme on l'assure, une compagnie fortement appuyée par le gouvernement, s'occupe d'établir de Paris à Orléans et à Tours, en passant par Bellevue, Versailles et la Beauce, un chemin de fer à l'instar de celui qui conduit de Manchester à Liverpool. Des voitures à vapeur porteront les voyageurs à Bellevue en 20 minutes et en 35 minutes à Versailles. Ce projet doit recevoir en 1831 le commencement de son exécution ».

—

204. — Globe. — *Le Globe*, fondé en 1824, porta jusqu'au 26 décembre 1830, le sous-titre de « *Journal philosophique, politique et littéraire* ». On s'y occupait de métaphysique politique et nul n'y soupçonna ce que les chemins de fer seraient un jour. A cette époque, ce journal devint la propriété de l'association des disciples de Saint-Simon et après s'être appelé *Le Globe* tout court, du 27 décembre 1830 au 17 janvier 1831, il reçut la qualification d'*organe de la doctrine de Saint-Simon* qu'il conserva jusqu'à sa disparition, le 20 avril 1832. Les rédacteurs de cette feuille qui prit dès lors la tête du mouvement économique, moins en raison de la qualité intrinsèque de la doctrine que de la valeur des hommes qui y apportaient l'appui de leur talent, les rédacteurs de cette feuille, disons-nous, étaient, suivant la liste qui en fut publiée dans le numéro du 11 janvier 1831 : MM. Michel Chevalier, Pierre Cazeaux, E. Barrault, P.-M. Laurent, A. Transon, E. Charton, Baude, Claire Bazard, Cécile Fournel, H. Fournel, G. d'Eichtal, C. Duveyrier, H. Carnot, Hoart, P. Leroux, T. Reynaud, A. Saint-Chéron, Lambert, Emile Pereire, Isaac Pereire, Fuster, Robinet, Preto, Buchez, Bonnet, et accidentellement Decourdemanche. Ce fut là que MM. Pereire commencèrent en 1831 la brillante campagne en faveur des chemins de fer qui devait plus tard populariser leur nom. Nous reproduisons l'article suivant qui donne des détails intéressants sur les chemins de fer, à la date du 24 février 1832 et qui nous paraît être de M. I. Pereire : — *Sur l'état des travaux publics.* — « Après la révolution de Juillet, on créa un ministère du commerce et des travaux publics, et la direction en fut confiée à M. d'Argout : c'était détruire l'effet d'une bonne mesure par une mauvaise. On applaudit généralement à la création d'un ministère spécialement industriel, parce qu'on crut y voir l'intention de s'occuper activement des intérêts des travailleurs, et de leur donner rang de bourgeoisie dans l'Etat. Mais élever à ce ministère M. d'Argout, qui, outre le tort d'avoir été partisan déclaré de la Restauration et d'avoir prôné ses principes, avait celui d'être tout à fait ignorant en matière d'industrie, c'était rappeler durement aux travailleurs que l'heure de leur émancipation n'était pas venue ; c'était, par un déplorable retour vers le passé, pratiquer à rebours le principe

de classement suivant la capacité. Aussi, depuis la création de ce nouveau ministère, n'avons-nous fait que marcher de crises en crises vers des catastrophes industrielles toujours plus terribles. C'était pourtant une belle mission que de relever notre industrie languissante et découragée, nos manufactures écrasées par suite de la concurrence étrangère. Cette mission, l'administration de M. d'Argout ne pouvait pas la comprendre. Par son indécision, par son défaut de principes fixes et arrêtés, par sa fatale indifférence, elle a *aggravé* le mal qu'elle devait détruire, et découragé tous ceux qui sollicitaient comme une faveur d'employer à de grands travaux leur fortune et leurs talents. Telle a même été son impuissance ou plutôt sa maladresse, qu'alors qu'elle a voulu faire quelques tentatives, elle a semblé prendre ses précautions pour qu'elles restassent sans résultat, comme si une fatalité présidait à tous ses actes. En voici quelques exemples entre mille : Le canal des Pyrénées exige des dépenses énormes de construction que les produits ne pourront jamais couvrir. Le ministère ne manque pas d'appuyer de toute sa sollicitude cette entreprise, la plus mauvaise peut-être de toutes celles qui sont projetées, et d'en provoquer la concession par une *loi*. Mais l'opération eût-elle été excellente, les conditions imposées au concessionnaire en eussent rendu la réalisation impossible. Une première adjudication d'un chemin de fer de Toulouse à Montauban est restée sans résultat, par suite des clauses inexécutables du cahier des charges. Alors l'administration s'empresse d'accorder cette entreprise *sans nouvelle adjudication, sans concurrence, et par simple ordonnance royale;* son imprévoyance est si grande qu'elle ne fixe aucun délai pour le versement du cautionnement; en sorte qu'elle ne s'est réservé aucun moyen d'exiger l'exécution de cette entreprise. Le pont de la rue des Saints-Pères devait nécessairement être un *pont fixe,* l'opinion publique et le conseil des ponts et chaussées s'étaient formellement prononcés ; mais ni le public ni le conseil n'ont été écoutés, et le ministère a adjugé un *pont suspendu.* Enfin, forcé de céder à l'opinion générale, il a rompu cette adjudication et accordé un *pont fixe sans nouvelle adjudication et sans concurrence,* à la compagnie qui le construit en ce moment. Pendant ce temps, l'hiver, qui n'obéit pas aux caprices ministériels, est arrivé, et le pont ne sera pas fait cette année. Un procès a été intenté par le premier adjudicataire. Un grand nombre de compagnies avaient proposé un chemin de fer de Paris à Orléans ; ballottées pendant deux ans au gré de l'incertitude ministérielle, elles ont fini par se désorganiser. Le ministre n'a pas manqué de saisir ce moment pour ordonner une adjudication publique. Faut-il s'étonner qu'elle soit restée sans résultat ? Au commencement de 1831, une compagnie soumit le projet et les plans d'un chemin de fer de Paris à Pontoise, avec prolongement jusqu'à la mer; et c'est seulement le 10 octobre suivant que le ministère se décide à adjuger simplement un chemin de fer de Paris à Pontoise. Deux compagnies étaient en concurrence; l'une et l'autre annoncèrent dans les journaux que le chemin borné à la partie de Pontoise,

ne pouvant offrir d'avantages ni au public ni aux capitalistes, et que le cahier des charges contenant des clauses inexécutables, elles ne se présenteraient pas à l'adjudication qui, effectivement, eut lieu sans résultat. Le ministre supprime alors les clauses vicieuses, ajoute la faculté de prolonger le chemin jusqu'à la mer dans le délai d'un an, et fixe au 5 novembre une adjudication publique sur les bases nouvelles. Une seule compagnie se présente et est déclarée adjudicataire; puis, lorsque cette compagnie a fait des dépenses considérables, que les maîtres de forges et les entrepreneurs de tout genre se sont entendus avec elle, le ministre, tout surpris d'avoir fait quelque chose, en éprouve bientôt des remords. Pour fixer ses incertitudes, il s'adresse au conseil d'Etat, qui, en semblable matière, est par sa composition et son inexpérience un fort mauvais juge. Sur son avis, donné à une majorité de quatorze voix contre onze, et sous l'influence d'intérêts particuliers très actifs et qui ont su s'y faire jour, le ministre annule l'adjudication. Des milliers d'ouvriers qui allaient avoir des travaux cet hiver, sont sans pain et Son Excellence répond froidement : *Il se présentera d'autres compagnies.* Enfin, un Américain, constructeur aux Etats-Unis d'un chemin de fer dont les actions ont doublé de valeur, est venu offrir au ministre plusieurs millions et ses talents, en sollicitant son appui pour plusieurs grands travaux qu'il offrait d'exécuter en France. N'ayant pu se faire comprendre, il est retourné reporter dans sa patrie son industrie et ses capitaux. Nous devons le dire en notre âme et conscience, si l'administration de M. Becquey se montra somnolente, jamais elle ne fit preuve d'une telle incapacité. En suivant de pareils errements, on ne fera que compromettre de plus en plus la fortune et, par conséquent, la tranquillité publiques. Il n'est personne qui ne souffre de l'état de choses actuel. Le gouvernement sera-t-il longtemps encore à comprendre que la première chose à faire pour améliorer notre commerce et notre industrie, consiste à mettre à la tête des affaires des hommes qui savent ce que c'est que le commerce et l'industrie ? Les avertissements du passé seront-ils toujours perdus pour lui, et faudra-t-il, pour le faire sortir de sa funeste léthargie, lui répéter encore : Bristol, Lyon ? »

---

205. — Revue britannique. — Moyen de ménager le combustible des machines à vapeur (mars).— Produit du chemin de fer de Manchester à Liverpool (octobre et décembre 1833).

---

206. — Revue encyclopédique. — *Article signé* List *sur les avantages d'une route à ornières du Havre à Strasbourg, par Paris* (avril).

---

207. — Bulletin des sciences technologiques : cinquième section du *Bulletin universel des sciences et de l'industrie,* publié sous la direction du baron de Férussac.— Les chemins de fer, par Wood ; — les chemins de fer, par Coste et Perdonnet ; — nouveau

moyen de tourner dans les circuits des chemins de
fer ; — nouveaux chariots de chemins de fer ; — chemin de fer d'Epinac, par Blum ; — chemin de fer de
Manchester à Liverpool ; — chemins de fer de Paris
à Orléans, — de Paris à Pontoise, — de Roanne à
Digoin, — de Saint-Etienne à Lyon ; — chemin de
fer entre la Moldau et le Danube.

—

208. — Bulletin de la société d'encouragement
pour l'industrie nationale. — Brevets anglais :
Bramley et Parker, ingénieurs, Mousley-Priory, Surrey, 4 novembre 1830, perfectionnements à la construction des machines locomotives pour chemins de
fer et autres. — Hanson, Plumblier, Hudders-Field,
York, 31 août, perfectionnements aux voitures locomotives.— Rawe et Boase, Londres, 19 juillet, perfectionnement dans la construction des voitures à vapeur.

—

209. — Ordonnance déterminant une partie du
tracé du chemin de fer de Saint-Etienne à Lyon
(27 avril).

—

210. — Brevet d'invention de 10 ans (19 mai), au
sieur Clare (Jean-Claude), à Sedan, pour un moteur
hydro-atmosphérique (air et vapeur).

1832

211.— Mémoire sur un procédé d'injections propres
à prévenir les filtrations sous les fondations des ouvrages hydrauliques, par Ch. Bérigny, inspecteur-
général des ponts et chaussées. — 1 vol. in-8°. —
Paris. — Carilian-Gœury. — Ce système ingénieux
consistait à injecter dans les fondations où on remarque des fissures, de l'argile délayée qui remplit
les interstices et les soustrait aux ravages de l'eau.
M. Bérigny qui a créé cet habile artifice et qui en a
obtenu d'excellents résultats, entre, à ce sujet, dans
des détails si précis que l'on se sent l'envie d'user
du procédé. C'est une des pratiques les plus astu-
cieuses que nous connaissions, laissant bien loin
les lits de sable incompressible encaissés entre les
parois du sol naturel, usités quelquefois pour asseoir
les fondations dans des terrains fluents.

—

212. — Exposé sur l'état actuel des houillères du
bassin de Rive-de-Gier et sur les moyens d'en prévenir la ruine, adressé aux exploitants de la contrée.
— In-4°. — Rive-de-Gier. — Cet écrit anonyme est
daté du 13 mars et tend à convaincre les exploitants
de la nécessité d'agir en commun pour tout et particulièrement pour ce qui concerne les traités à intervenir avec les compagnies de chemins de fer. Nous
y apprenons un détail singulier : il paraît qu'autrefois les actionnaires des diverses mines de la
région recevaient en nature leur part du produit de
la mine dont ils acquittaient en argent mensuellement, pour leur part, la feuille de frais. Chacun
d'eux était donc commerçant pour son compte et

réalisait ses existences au mieux de ses convenances,
ce qui donnait au marché un notable caractère
d'incohérence. Cet usage patriarcal ne disparut que
sous la Restauration.

—

212 *bis.* — Les chemins de fer, vaudeville-revue,
composé à la mécanique, avec des couplets faits à la
vapeur, par E. Arago et M. Alhoy, représenté pour la
première fois sur le théâtre national du Vaudeville,
le 31 décembre 1832. — In-8°. — Paris. — Barba. —
C'est une revue de l'année. *Chauchaud*, qui revient
d'Angleterre, enthousiasmé des chemins de fer,
chante le couplet suivant, sur l'air de la *Colonne :*

> Grâce à la nouvelle voiture,
> Quand un convive sonnera
> Pour commander une friture,
> De l'Océan le poisson sortira :
> En un quart d'heure, à Paris, il viendra.
> Sans s'informer des trésors de la Halle,
> Chacun se met à table, et le garçon
> S'en va, pendant qu'on débouche un flacon,
> Chercher des huîtres à Cancale !

Rêvant d'exporter la civilisation, de Vaugirard aux
Pyramides, il s'endort et se croit dans les *îles ré-
trogrades* où a lieu le défilé de toutes les nouveautés
de l'année. Parmi les princes de la mode, évoqués
par les auteurs, figure le fameux *Petit manteau
bleu*, Edme Champion, qui faisait de la bienfaisance pratique, et comme Chauchaud lui dit : « Vous
devez être membre de cinquante ou soixante académies de bienfaisance », il réplique par ce couplet
dont nombre de sociologues contemporains peuvent
faire leur profit :

> Air de *Renaud*
> Je n'entre pas dans ces sociétés
> Qu'un vain orgueil nomme philanthropiques,
> Dont les apôtres sont vantés
> Dans maints discours académiques.
> Du malheureux je soulage les maux
> Et comme lui, modeste, je préfère
> Un souvenir dans son humble prière
> A deux pages dans les journaux.

Chauchaud se réveille et *Roulant*, son futur gendre lui dit que pendant son sommeil, « lui, a marché » et qu'il a pris « des actions dans les chemins
de fer qui conduiront à Saint-Germain en 1840 ! »

—

213. — Nouveau système de voies de communication par chemins de fer et par canaux. — In-4°. —
1/2 feuille. — Paris.

—

214. — Tromperies des belles promesses du " Moniteur " sur les chemins de fer, les canaux et les
routes. — In-8°. — 1/2 feuille. — Paris. — Le *Moniteur* est mis en cause par métonymie pour le gouvernement dont ce journal était l'organe officiel. L'auteur semble en vouloir autant à l'industrie des
chemins de fer en général, qu'au cabinet qu'il
appelle du 13 mars, et qui n'était autre que le
ministère Casimir Périer, dans lequel le comté d'Argout avait le portefeuille des travaux publics que
l'on venait de détacher de l'intérieur. L'auteur en

voulait également à la *Restauration*, à laquelle il reprochait d'avoir commencé des canaux sans les terminer, comme si les *Comédiens de quinze ans* lui en eussent donné le temps. « Pour faire un bon chemin de fer, disait ce *canotier* rageur, il faut quatre choses : un terrain plat ou un travail très coûteux pour racheter les différences de niveau ; — un isolement presque complet des routes et du passage des piétons ; — une stabilité inébranlable du sol et des dés en maçonnerie pour l'assurer ; — enfin des bandes de fer presque inflexibles posées sur ces dés ». L'auteur terminait par cette grosse bêtise : « Quel produit espère-t-on des chemins de fer projetés entre Paris, Strasbourg, Bordeaux, dans des contrées infertiles, peu habitées, sans mines ou charbon, où les transports sur les routes et par la mer ou les rivières, se font et se feront à très bas prix, à mesure que les canaux entrepris s'achèveront ? » M. Emile Pereire disait à ce sujet dans le *National* du 12 septembre 1832 : — « *Chemins de fer, canaux et routes.*— On lit dans le *Moniteur* de ce matin : « Les chemins de fer paraissent destinés à exercer une grande influence sur les progrès de notre civilisation et de notre industrie. Un moyen aussi fécond de prospérité ne pouvait échapper à la sollicitude du gouvernement. Mais ces vastes opérations veulent être abordées avec quelque réserve, et l'administration ne doit pas ouvrir témérairement une carrière sans en avoir à l'avance mesuré et signalé l'étendue. La prudence impose ici deux conditions importantes, il faut rechercher, d'une part, quel peut être le maximum de la dépense, et, d'autre part quel sera le minimum de produits sur lequel on peut raisonnablement compter. Munie de ces deux éléments, l'administration pourra provoquer l'intervention des compagnies et appeler à son aide l'esprit d'association qui seul peut, en définitive, réaliser ces immenses entreprises. L'Etat ne doit pas songer à se charger lui-même des travaux : c'est à l'intérêt particulier qu'il faut en remettre le soin. C'est des efforts de l'intérêt particulier qu'on peut attendre le succès. Mais il est du devoir de l'administration publique d'éclairer la marche des compagnies et de réunir, dès ce moment, une partie des matériaux qui plus tard pourront servir de base aux spéculations des capitalistes. Déjà une commission d'ingénieurs a reçu la mission de préparer un plan d'études pour arriver en peu de temps à la rédaction du projet général du système de chemins de fer, qui, partant de la capitale, aboutiraient : A Rouen et au Havre ; à Lille avec embranchement sur Calais, Dunkerque et Valenciennes ; à Strasbourg, avec embranchement sur Metz ; à Lyon et Marseille, avec embranchement sur Grenoble ; à Bordeaux ; à Tours et à Nantes. Lorsque ce plan sera concerté, les différentes parties dont il doit se composer seront distribuées entre les ingénieurs des départements que ces nouvelles communications seraient destinées à traverser et l'administration parviendra sans doute, dans un délai assez court, à déterminer les dispositions principales des différents tracés, et l'évaluation suffisamment approximative des dépenses à faire sur chaque ligne. En même temps que la question d'art sera ainsi livrée aux recherches et aux méditations des ingénieurs, la question économique ne sera pas négligée ; des enquêtes s'ouvriront sur toutes les lignes et dans tous les départements qu'elles doivent parcourir ; les chambres de commerce seront appelées à exprimer leur avis ; MM. les préfets auront la mission de recueillir tous les documents statistiques propres à faire connaître les masses de transports que les nouvelles communications pourraient s'approprier, et à déterminer les éléments et le taux des tarifs à concéder. Cette double instruction, sous le rapport de l'art et sous le point de vue économique, fournira les matériaux d'un travail général qui sans doute ne sera pas indigne d'intérêt et de confiance, et qui, livré à la publicité, offrira des bases aux compagnies qui voudront concourir à entreprendre les travaux à leurs risques et périls. La nature de ces entreprises permettra de les morceler et de les diviser en un assez grand nombre de concessions qui auront des conditions communes, et qui pourront être telles qu'elles ne soient pas inaccessibles à des compagnies formées de propriétaires et de capitalistes des localités. L'esprit d'association sera ainsi éveillé, excité sur tous les points du royaume, et les capitaux de toutes les parties de la France pourront trouver un moyen d'emploi et de placement. Nous n'avons pas besoin d'ajouter que l'administration ne songe nullement à enchaîner les compagnies dans les conditions étroites d'un devis rigoureux, elle n'interviendra que pour déterminer les conditions générales de l'entreprise ; et quant aux détails des travaux, les concessionnaires jouiront de toute la liberté compatible avec les intérêts publics et ceux des tiers. Mais une condition première du succès de ces opérations, c'est de pouvoir obtenir, à moins de frais et avec moins de lenteur que par le passé, la possession des terrains qui doivent servir d'emplacement aux travaux. Le ministre du commerce et des travaux publics s'occupe de préparer un projet de loi sur l'expropriation pour cause d'utilité publique : la matière offre les plus grandes difficultés. Peut-être conviendrait-il d'adopter, en France, un système analogue à celui qui se pratique en Angleterre, et de remettre à une sorte de jury le jugement de ces questions. Ce serait alors, pour ainsi dire, à l'arbitrage du pays même que l'on confierait l'évaluation des terrains qu'il faudrait occuper ; et, en suivant cette marche, il ne serait pas impossible d'affranchir l'instruction des affaires, d'une partie des formes lentes et multipliées qu'exigent les procédures judiciaires. L'innovation serait grande, mais les débats des Chambres en fixeraient le sort. La grande question des chemins de fer ne détourne pas l'attention du gouvernement de la question non moins importante des canaux. On croit, trop légèrement peut-être, que l'ouverture des chemins de fer diminuera l'utilité des voies navigables ; ces deux genres de communications ont, chacun, des avantages distincts ; et, suivant les localités et les besoins, l'un doit l'emporter sur l'autre. Il ne faut pas oublier que les canaux ne sont pas seulement des voies de transport. Ils servent encore au desséchement et à l'irrigation : et, à ces deux égards, ils sont appelés à rendre des services auxquels les chemins de fer resteront toujours étrangers. D'ailleurs les canaux commencés ont été l'objet de transactions dont l'effet doit s'accomplir. Le gouvernement a contracté l'obligation d'achever les travaux : un engagement de cette nature est sacré. L'intérêt du pays et celui du crédit public concourent donc ici l'un et l'autre pour accélérer le terme des entreprises. Le ministre du commerce et des travaux publics prépare, dans cette vue, un projet de loi. Enfin, les voies de terre, qui sont de tous les lieux et qui seront de tous les temps, quel que soit le nombre des entreprises de chemins de fer et de canaux, occupent très vivement les soins de l'administration. Les routes sont écrasées par les énormes chargements de voitures. Le ministre du commerce et des travaux publics réunit, sur la police du roulage, tous les éléments d'une loi nouvelle, qui comprendra les dispositions éparses aujourd'hui dans une foule de lois et de règlements. Il recherche aussi les moyens d'obtenir une plus égale répartition des fonds alloués pour l'entretien des routes, mais ce travail doit être de longue haleine : il existe une foule de renseignements qu'on ne peut recueillir, coordonner et comparer qu'avec le temps. C'est en cherchant à développer et à réaliser ces utiles pensées que le gouvernement répond aux éternels détracteurs qui l'accusent de négliger les intérêts matériels du pays. » — Le *Moniteur* annonce aujourd'hui que la sollicitude de l'administration est éveillée sur l'utilité des chemins de fer, sur la nécessité de terminer les canaux entrepris par le gouvernement et sur l'importance des routes de terre que la législation actuelle sur le roulage laisse détériorer. « Déjà, dit-il, une commission d'ingénieurs a reçu la mission de préparer un plan d'études pour arriver en peu de temps à la rédaction du projet général d'un système de chemins de fer qui, partant de la capitale, aboutiraient à Rouen et au Havre ; à Lille avec embranchement sur Calais, Dunkerque et Valenciennes ; à Strasbourg avec embranchement sur Metz ; à Lyon et Marseille avec embranchement sur Grenoble ; à Bordeaux ; à Tours et à Nantes. » Il est fort heureux que Messieurs du ministère se soient avisés de trouver bonnes, utiles, nécessaires, les choses que l'opposition leur a conseillé de faire depuis deux ans ; mais ce qu'on se peut difficilement expliquer, c'est qu'à cette occasion le rédacteur officiel ait trouvé le moyen de lancer une tirade contre les *éternels détracteurs qui accusent* le gouvernement de négliger les intérêts matériels. Il semble qu'alors qu'on tente ou qu'on feint d'entrer dans la voie que ces éternels détracteurs ont frayée, le moment est mal choisi pour leur prodiguer l'injure. Ardents promoteurs des mesures qui auront pour résultat de procurer du travail aux classes laborieuses, ce n'est point nous qui chercherons à susciter des entraves. Dans la grande question des communications par canaux, par chemins de fer et par routes, comme dans celle de la législation sur les grains, notre langage sera toujours conforme à nos principes : améliorer l'état du pays, améliorer la condition de tous les hommes qui concourent à la formation des richesses sociales, telle est, sous le rapport industriel, notre politique et nous n'y serons point infidèles. Les déclamations du ministère, sur un sujet qui en comportait aussi peu, ne prouvent donc qu'une chose : c'est qu'il est au fond moins préoccupé de certains intérêts matériels que de la nécessité de conjurer l'orage qui gronde sur sa tête, et que l'ouverture prochaine de la session menace de faire éclater. C'est purement et simplement à l'effet qu'on vise ; l'intérêt public n'est ici qu'un prétexte ; lorsque l'effet aura été produit, lorsque les niais auront donné dans le piège, il en sera ensuite de ces grandes promesses, comme il en a été de toutes celles du juste-milieu. Quelques circulaires seront adressées aux préfets et aux chambres de commerce ; elles iront grossir les cartons administratifs ; quelques projets de loi pourront suivre ; mais s'ils ne vont point tomber dans un oubli complet au palais du Luxembourg, et que, par aventure, ils puissent sortir sains et saufs, boiteux ou mutilés, de l'officine législative, il n'en sera ni plus ni moins pour cela ; les lenteurs de l'administration, et çà et là quelques ressorts de l'intrigue paralyseront tout, gâteront tout ; témoin l'entrepôt de Paris, dont une loi a autorisé la construction depuis le 27 février, et qui n'a pu être commencé, dans l'ignorance où l'on se trouve encore, *au moment actuel, du lieu où on le placera*. « En même temps, dit le *Moniteur*, que la question d'art sera ainsi livrée aux recherches et aux méditations des ingénieurs, la question économique ne sera pas négligée : des enquêtes s'ouvriront sur toutes les lignes, et dans tous les départements qu'elles doivent parcourir. Les chambres de commerce seront appelées à exprimer leur avis ; MM. les préfets auront la mission de recueillir tous les documents statistiques propres à faire connaître les masses de transports que les nouvelles communications pourront s'approprier et à déterminer les éléments et le taux des tarifs à concéder... » Malheur à nos routes, malheur à nos chemins de fer en espérance, s'ils ont besoin, avant d'être entrepris ou améliorés, de passer par cette filière, par ce dédale inextricable ! Pour donner une idée de ces examens, de ces enquêtes, de ces avis des chambres de commerce, nous dirons quelques mots sur ce qui se passe chaque jour sous nos yeux. Vingt à vingt-cinq individus ont à Paris le privilège exclusif de remplir toutes les commissions publiques ; la plupart de ces noms se retrouvent partout, à la chambre du commerce, au tribunal de commerce, au conseil supérieur de commerce, au conseil de la Banque, dans la commission de salubrité pour le choléra et dans celles de l'entrepôt, dans les grades élevés de la garde nationale, au conseil de discipline, au conseil départemental *faisant fonctions de conseil municipal*, etc., etc... Ces messieurs, dont un certain nombre possèdent des connaissances positives, ont en outre leurs affaires privées ; quelques-uns sont membres de la Chambre des députés ; mais, auraient-ils tous, sans exception, le mérite le plus incontestable, peuvent-ils tout soigner, tout examiner, tout connaître ? C'est de ce vaste système de concentration et d'exclusion en même temps que naissent ces interminables examens qui paralysent l'essor de l'industrie, qui suspendent l'élan des capitaux. Les trois projets suivants sont annoncés par le ministère : 1° sur l'expropriation pour cause d'utilité publique (on se rappelle qu'un semblable projet, présenté dans la dernière session, n'a même pas eu l'honneur d'un simple rapport de commission) ; 2° sur l'achèvement des canaux entrepris en 1822 à l'aide de la plus singulière combinaison financière ; 3° enfin sur le roulage. Ce dernier a pour but de soulager les routes actuelles des énormes fardeaux qu'on leur fait supporter. Si le ministère veut sincèrement que ces lois soient promptement et consciencieusement élaborées, il faut qu'il les soumette préablement à l'examen libre du public ; il faut que, lorsque les Chambres en seront saisies, la presse et les députés ne soient pas pris au dépourvu. Que le *Moniteur* nous fasse donc connaître ces projets, et qu'une discussion sérieuse précède les discussions législatives ; alors le travail des commissions des deux Chambres sera abrégé, et les députés qui sont encore dans leurs foyers, pourront recueillir les observations des électeurs sur des questions qui touchent de si près aux intérêts généraux du pays. C'est ainsi que nous entendons le gouvernement représentatif. Ces promesses du ministère nous rappellent celles que M. le ministre des finances fit à la Chambre des députés, le 19 août 1831, dans son exposé des motifs du budget de 1832. « Nous ne croyons pas, disait-il, pouvoir proposer, pour 1832, des modifications dans nos impôts. *Ce n'est pas que nous regardions notre système d'impôts comme à l'abri de toute critique, et comme n'étant pas susceptible de recevoir d'utiles perfectionnements ; mais l'année, messieurs, est déjà fort avancée* (au mois d'août) ; toute discussion sur des changements dans l'assiette des contributions entraînerait de longs délais, et empêcherait le vote du budget en temps utile. *Le moindre retard nous condamnerait à subir encore en 1832, le fâcheux régime des douzièmes provisoires. C'est au budget de 1833,* sur lequel le retour de l'ordre habituel des affaires vous appellera à délibérer dans peu de mois, *que tous les projets d'innovations pourront trouver place...* » Qu'est-il résulté de toutes ces protestations, de ces atermoiements ? Qu'a-t-on fait pour éviter le *fâcheux régime du provisoire ?* Dans trois mois nous touchons à l'année 1833, il n'y a point de budget pour cet exercice. Que dis-je, le budget n'est seulement pas établi ; car le gouvernement vient d'ordonner une enquête dans le but de préparer les réformes qu'il se propose d'apporter dans l'impôt du sel ; dans trois mois nous touchons à l'année 1833, et on ne songe point encore à convoquer les Chambres !... Sur qui doit donc porter la responsabilité de tous ces retards ? La session ne pouvait-elle pas être ouverte depuis deux mois ? Ne pouvait-on point saisir les Chambres des réformes que nos impôts réclament, et introduire dans nos finances un plus grand ordre, une marche plus régulière ? Quoi qu'il en soit, que le ministère publie ou ne publie point ses projets à l'avance, nous devons notre avis, sur ces questions vitales pour l'avenir industriel du pays. » — La même question est reprise par M. E. Pereire dans le *National* du 23 septembre 1832 : — « *Des réformes financières du juste-milieu.* — Lors de la première publication du gouvernement sur les grands travaux publics,

nous avons prévu qu'il n'y avait rien de sérieux dans les déclamations et les promesses officielles ; nous avions sommé le *Moniteur* de nous faire connaître à l'avance les projets ministériels sur cette importante matière, afin que, de la discussion et de l'examen de tous, il pût résulter **un accord** préalable sur des questions qui **intéressent si vivement** le pays ; il a gardé un silence prudent, nous en connaissons aujourd'hui les motifs. « Il est facile, dit-il, de poser un principe, d'énoncer une généralité, mais il ne l'est pas d'en faire ensuite l'application, et ce n'est qu'alors qu'on met la main à l'œuvre qu'on aperçoit toutes les difficultés de la matière... » Peut-on assurer son impuissance avec plus d'ingéniosité ? Une loi sur l'expropriation pour cause d'utilité publique avait été présentée dans la dernière session ; la Chambre des pairs n'a pas daigné s'en occuper. Qu'a fait l'administration depuis cette époque ? de quelles lumières a-t-elle cherché à s'entourer ? C'est donc uniquement au moment de la convocation des Chambres qu'elle a songé qu'un nouveau projet était utile ? Voilà pour le principe, pour la généralité ; mais les détails, l'application, qui donc s'en chargera ? Espérons qu'une lumière inattendue viendra enfin éclairer les économistes du juste-milieu. Le ministère annonce également que le conseil supérieur du commerce est saisi de l'examen de diverses questions de douanes : « Ces combinaisons sont délicates, dit encore le rédacteur officiel ; la limite précise à laquelle la taxe doit s'arrêter, pour ne pas nuire à la production nationale, est difficile à poser...» Toujours le même vague, la même incertitude dans les mêmes promesses du pouvoir ; toujours des généralités, mais jamais des bases claires, précises, appréciables pour tous. Sans nous entourer de ces précautions oratoires, que le sujet ne comporte en aucune façon, nous avons dit, il y a peu de jours, les réformes financières qui nous paraissent les plus urgentes ; il faut, disions-nous, reviser la législation des fers et celle des céréales ; il faut abaisser les tarifs de douanes sur les matières premières et notamment sur les sucres, les cotons, les cafés, les laines. Voilà pour le commerce extérieur. Quant aux encouragements à donner au commerce intérieur, à l'agriculture, nous avons également réclamé l'entière suppression des impôts des boissons, du sel, et nous avons fourni les moyens de suppléer au déficit que cette suppression occasionnerait dans les recettes ; c'est là le véritable terrain, c'est là la seule base de toutes les réformes vraiment utiles au pays ; le reste ne sera qu'un insignifiant replâtrage, en un mot qu'une œuvre de juste-milieu. En terminant son article, le *Moniteur* fait cet aveu précieux : « Dans l'état actuel des choses il est à peu près impossible d'assigner un terme précis, soit à la dépense, soit à la durée d'une grande entreprise. » Comment concilier ce doute qui repose, du reste, sur une juste appréciation des difficultés des grandes entreprises de canaux et chemins de fer, avec ces paroles qu'on lit dans le même article : « L'administration n'entend pas, nous le répétons encore, se charger elle-même des travaux ; elle ne veut qu'ouvrir la carrière aux associations qui consentiront à la parcourir... » Ainsi l'administration se bornera à employer leurs capitaux dans les travaux dont nul ne peut assigner à l'avance, la dépense, la durée, et surtout les produits. Nous pensions que cette vieille utopie des économistes de l'école du dernier siècle resterait reléguée dans les livres abstraits où elle a été produite. Le pouvoir s'en fait aujourd'hui le champion ; cela est, en effet, très commode et dispense à la fois de lumières et de responsabilité réelle ; cela tient même lieu de bon vouloir. Cependant on peut signaler facilement les conséquences de cette théorie, dont le moindre défaut est l'impossibilité de toute application ; dans la dernière session, deux grandes entreprises ont été concédées à des compagnies particulières : le canal des Pyrénées et le canal latéral à la Garonne ; où sont les capitaux que ces compagnies ont pu réunir ? où sont les travaux qu'elles ont entrepris ? »

—

214 *bis*. — VUES POLITIQUES ET PRATIQUES SUR LES TRAVAUX PUBLICS EN FRANCE, par Lamé et Clapeyron, ingénieurs des mines, et par Stéphane et Eugène Flachat, ingénieurs civils. — Un volume in-8°. — Paris. — Paulin. — Voici comment M. Emile Pereire, qui était alors un des principaux rédacteurs du *National*, rendait compte dans ce journal de cet important ouvrage : — « *Economie sociale : des chemins de fer et des canaux* (premier article). 22 septembre 1832. — « C'est au moment où le commerce languit, où l'industrie est dans un état de torpeur qui accroît incessamment le malaise de la société tout entière, que la voix des économistes est plus facilement entendue et que les avis qu'elle n'a cessé de prodiguer sont enfin écoutés; les temps prospères sont trop souvent des époques de routine; le besoin s'ingénie, invente, cherche. Cédant enfin à l'impulsion générale, le gouvernement a daigné nous apprendre que sa sollicitude à cet égard n'était point endormie ; une publication récente du *Moniteur* nous a initiés aux grands secrets du cabinet. Nous sommes donc assurés aujourd'hui d'avoir bientôt des enquêtes commencées sur les chemins de fer et sur les canaux. Quant à un prompt développement de travaux, quant à une prompte réalisation d'un grand système de communications, c'est une autre affaire ; les préfets et les chambres de commerce y mettront bon ordre; et si les hommes compétents, qui n'ont accès ni dans l'administration, ni dans les hautes commissions commerciales, ne s'en occupent point activement, il s'écoulera probablement des années, avant que seulement les études préliminaires, avant que les recherches statistiques soient terminées. Si l'avenir industriel du pays n'avait d'autres ressources que celles que pourraient lui offrir les stériles encouragements de nos gouvernants actuels, force serait de nous armer de patience, et d'attendre du temps, comme on dit, un soulagement à la souffrance générale; heureusement que l'opinion et le bon sens du public ne se laissent point guider par les capacités ministérielles. La publication de l'ouvrage qui fait l'objet de cet article en est une vérification évidente. Au moment où le pouvoir, à qui la conservation et le développement des intérêts généraux devaient être confiés, n'a que

des aperçus vagues et des déclamations amères à lancer dans le domaine public, à l'occasion d'un nouveau système de communications, voici venir quatre ingénieurs, MM. Lamé, Clapeyron, Stéphane et Eugène Flachat, avec un travail complet sur cette importante matière. Cet ouvrage soulève une question grave et qui renverse de prime abord tout le système ministériel. Selon le *Moniteur*, la construction des chemins de fer dépend uniquement « de l'intervention des compagnies et de l'esprit d'association qui *seul* peut, en définitive, réaliser ces immenses entreprises. L'Etat ne doit point songer à se charger lui-même des travaux : c'est à l'intérêt particulier qu'il faut en remettre le soin ». MM. Lamé, Clapeyron et Flachat établissent, au contraire, que l'exécution, non seulement des chemins de fer, mais encore celle des canaux, des fermes-modèles, des grands défrichements, tels que ceux des landes de Gascogne, de Bretagne, de Champagne, de Sologne, etc., ne peut s'effectuer qu'à l'aide de l'intervention du gouvernement. Cette opinion est basée sur des calculs positifs, qui sont de nature à jeter un grand jour sur la question. Deux systèmes de communications artificielles sont actuellement en présence : les canaux et les chemins de fer. L'engouement des chemins de fer a entièrement détourné l'attention des canaux ; l'examen superficiel du public leur a attribué une telle importance, que l'existence de tous les canaux, achevés ou commencés, a été mise en question ; c'est là un des effets inévitables de la nouveauté; rien n'est cependant plus contraire à une exacte appréciation des avantages respectifs de ces deux modes de transport. L'expérience a démontré et les travaux scientifiques ont établi : 1° que les chemins de fer avaient la propriété particulière de procurer une communication *très rapide*, et par conséquent favorable, premièrement au transport des hommes, secondement à celui des marchandises, qui ont une grande valeur sous un faible volume; 2° que les canaux étaient plus spécialement destinés à transporter les marchandises encombrantes, lesquelles, par leur faible valeur, n'exigent point une grande accélération dans la durée du trajet. On conçoit facilement que plus les chargements que l'on fait supporter aux rainures en fer sont lourds, plus ils sont fréquents, et plus grande est la détérioration des chariots et des rainures, plus considérables sont les frais d'entretien de ces moyens de transport; le même inconvénient ne se rencontre point sur les canaux : quelle que soit la charge des bateaux, quelle que soit la quantité des transports, l'état du canal n'en reçoit aucune altération : les frais d'entretien restent les mêmes. De là une des causes de l'économie relative qu'ils présentent sur les routes de terre et sur les routes de fer. Il s'ensuit dès lors qu'ils ne s'excluent point réciproquement, et qu'au contraire ils peuvent simultanément être appliqués avec avantage, lorsque les difficultés du terrain n'y apportent point des obstacles. La démonstration de cette pensée, dont nous nous bornons à donner le résumé, est très développée dans l'ouvrage dont nous nous occupons. Une question non moins importante y est également traitée : c'est, d'une part, l'examen des dépenses qu'occasionne, en général, la construction des chemins de fer, et, d'autre part, l'établissement de leurs produits. Cet examen est grave, et, au moment où de grands capitaux sont peut-être à la veille d'être consacrés à ces entreprises, il peut servir de guide aux capitalistes et aux entrepreneurs. Les grandes entreprises sont, en général, peu étudiées par ceux qui les commanditent ; la raison en est simple : la fortune et le savoir sont rarement réunis dans le même individu ; le commanditaire est, en général, incompétent. De là les illusions faciles qu'on peut se faire sur les chances et les résultats des grands travaux publics ; dans l'établissement des dépenses et des produits, on est assez facilement entraîné à partir de points extrêmes. On ignore, par exemple, qu'il y a deux espèces de chemins de fer : 1° ceux dont la construction est *économique* et pour laquelle on a laissé subsister les fortes pentes, afin d'éviter les frais de déblais et de remblais des terres, circonstance qui nécessite l'emploi de *machines fixes* ou de chevaux de halage, moyen qui est coûteux et lent ; ainsi l'économie que l'on a obtenue dans les frais de premier établissement se trouve plus tard successivement compensée par un excédent dans la dépense journalière, excédent qui est souvent considérable ; 2° ceux qui, soit par la situation naturelle du terrain, soit surtout par les grandes dépenses de nivellement que leur construction a nécessitées, permettent l'emploi constant des machines locomotives, et offrent par conséquent l'avantage d'un transport plus rapide et moins dispendieux. Dans cette hypothèse, on retrouve dans l'économie de tous les jours l'excédent des dépenses que la construction première a occasionnées. « Pour que les machines locomotives, disent les auteurs de l'ouvrage qui nous occupe, puissent parcourir un chemin de fer dans toute son étendue, il faut remplir certaines conditions qui sont aujourd'hui déterminées par l'expérience du chemin de fer de Manchester à Liverpool : « 1° les pentes n'y doivent pas dépasser un centième ; 2° les plans inclinés qui ont cette pente ne doivent pas avoir plus de 2,500 mètres de long ; 3° le plan qui précède un tel plan incliné doit avoir une pente beaucoup plus faible, afin que les machines locomotives puissent être lancées sur ce plan avec une vitesse supérieure à la vitesse moyenne, et qu'elles puissent gravir le plan incliné au moyen de ce surcroît de force. L'on comprend très bien que cette condition doit, en général, entraîner à des frais considérables de terrassement. C'est ce qui explique l'énorme dépense du chemin de fer de Manchester à Liverpool, dépense *double* de celui de Saint-Etienne à Lyon, et presque *quintuple* de celui d'Andrézieux à Roanne ». C'est en ne tenant pas compte de ces différences importantes, qu'on est conduit à appliquer le produit *net* du chemin de Liverpool à Manchester, à la dépense qu'un chemin semblable à celui d'Andrézieux à Roanne aurait pu occasionner, et qu'on arrive à trouver un revenu ridiculement exagéré. Les grandes lignes de chemins de fer que le gouvernement prétend faire étudier, ne peuvent être construites que suivant le système du chemin de Manchester à Liverpool ; c'est une condition essentielle de leur durée et de la vitesse qu'il faut en obtenir ; dans cette pensée,

il est très problématique que les produits puissent couvrir la dépense ; c'est ce que MM. du ministère ignorent complètement, et ce qui leur a fait se décharger sur l'intérêt particulier du soin de procurer à l'industrie et à la civilisation ces puissants auxiliaires ; c'est aussi ce qui a engagé MM. Lamé, Clapeyron et Flachat à réclamer pour ces travaux la participation du gouvernement. Il y a, entre l'opinion émise à cet égard par ces ingénieurs habiles et consciencieux et celle du *Moniteur*, toute la différence qui existe entre l'appréciation d'un savant et celle d'un amateur dans quoi que ce soit. Dans un prochain article nous discuterons le système de participation financière que ces messieurs indiquent au gouvernement et nous exposerons d'autres questions importantes que leur ouvrage a soulevées.—E. P. »—

« *Économie sociale des voitures à vapeur, des chemins de fer et des canaux* (deuxième article).— 21 octobre 1832. — Lorsqu'une invention est produite, lorsqu'un procédé nouveau vient à être connu, on est facilement entraîné à s'en exagérer les avantages ; puis, au moment de la réalisation, un prompt découragement succède à une trop facile illusion et dépasse souvent à son tour les limites de la réalité. De là vient cette sorte d'opposition qu'on signale entre la théorie et la pratique ; de là ces défiances invincibles qui éloignent en général les praticiens des théoriciens, les capitalistes des savants. Est-ce aux hommes de la science ou bien aux hommes de l'industrie que ces défiances peuvent être reprochées. Ils n'en sont, à vrai dire, ni les uns ni les autres exclusivement responsables ; les industriels étudient trop peu, et les savants ne pratiquent pas assez. Telle est, selon nous, la véritable origine de cette opposition, et des fautes et des pertes qui en résultent. Ces observations nous sont suggérées par le débat que soulève aujourd'hui la grande question des communications. Lorsqu'en 1821 ou 1822, on conçut un vaste système de canalisation, on pensa que la navigation artificielle allait absorber tous les transports par terre et par eau ; lorsqu'ensuite vinrent les chemins de fer, on ne songea plus aux canaux, les chemins de fer semblèrent destinés à remplacer les fleuves, les routes de terre et les canaux ; mais c'est peu, et au moment où l'on s'occupe d'appliquer sur une large échelle les procédés merveilleux du transport par la vapeur sur les routes à ornières de fer, voici venir un procédé nouveau qui, au dire de ses inventeurs, va renverser et les voitures ordinaires, et les canaux, et les chemins de fer. C'est ce qui paraît du moins formellement résulter d'une note que nous avons récemment publiée sur les *nouvelles voitures à vapeur*, lesquelles, si l'on en juge par les expériences qu'on dit avoir été faites en Angleterre, *pourront franchir toutes les montagnes, quand bien même ces dernières décriraient avec le sol un angle de 10 degrés, et parcourir avec un chargement complet environ trois lieues et demie, et même cinq lieues à l'heure.* Cette vitesse pourra être obtenue sur nos routes de terre *bonnes ou mauvaises,* leur état de conservation étant *indifférent pour la rapidité de la marche.* Puisqu'on s'était mis en frais d'aussi magnifiques promesses, on devait tout aussi bien affirmer de prime-abord que ces nouveaux véhicules franchiraient indifféremment les champs labourés et les bruyères, les fossés et les ravins. Il est utile cependant de réduire à leur juste valeur ces prétentions ambitieuses. Depuis longtemps on songe à substituer la force de la vapeur à celle des chevaux pour le transport des marchandises et des voyageurs sur les routes ordinaires ; ce problème important de mécanique a déjà trouvé des solutions : depuis plusieurs années on voit sur les routes d'Angleterre, et presque dans les rues de Londres, des voitures, mues avec une grande rapidité par l'action seule de la vapeur, qui évitent avec facilité les obstacles que leur offrent à chaque pas les rues populeuses d'une grande cité. Le nouveau perfectionnement qu'on signale dans la note qui nous a été communiquée, consiste en partie dans l'élasticité des roues, *élasticité qui leur permet*, dit-on, *de s'aplatir sur le sol de manière à produire un frottement qui s'étend sur 10 à 12 pouces de leur circonférence*. Si l'on devait juger du mérite de cette invention par la cause à laquelle on l'attribue, on en reconnaîtrait la vanité : car les premiers rudiments de la physique nous apprennent que l'étendue des surfaces frottantes n'a point d'action sur le frottement, lequel dépend uniquement de la pression. Du reste, ces roues flexibles sont loin d'être une invention nouvelle, on en a fait l'essai sur les chemins de fer, et on a été forcé de les abandonner ; il paraît douteux qu'elles puissent résister longtemps à l'action d'une force de 50 chevaux et aux chocs qu'elles éprouveraient en rencontrant, avec une rapidité de 14 ou 15 milles (5 ou 6 lieues) à l'heure, les obstacles contre lesquels se brisent trop souvent avec une moins grande accélération de vitesse, les appareils bien plus légers de nos diligences actuelles. Les machines locomotives des chemins de fer sont suspendues avec un soin minutieux, et les accidents qu'elles éprouvent sur les surfaces unies des rails, font mal augurer de la durée qu'on peut attendre des appareils nouveaux mis en mouvement sur la surface de nos routes. Dans les questions de mécanique pratique, ce qu'il est essentiel de considérer avant tout, ce n'est point seulement la difficulté vaincue, mais la constance des phénomènes et l'*économie* qui résultent des nouveaux procédés. L'invention sera utile s'il en résulte une meilleure distribution de la force motrice, et si la construction des nouvelles voitures satisfait à des conditions de solidité et d'élasticité plus grandes que les voitures actuelles. Ces perfectionnements ne peuvent donc exclure en aucune façon l'emploi des chemins de fer : car l'avantage qui, sur ces chemins, résulte des rainures, n'est point seulement de permettre d'effectuer des transports rapides au moyen de machines à vapeur : par l'uniformité de leur surface, ils évitent une énorme perte de force. La plupart des chemins de fer établis aux Etats-Unis sont uniquement destinés à être servis par les chevaux. Les difficultés de traction se compliquent, et de la nature des plans inclinés des routes et de leur mode de construction ; il résulte, par exemple, d'expériences faites avec soin, que, *sur un plan horizontal*, une voiture chargée de 16,000 kilogrammes, peut être traînée

par *deux chevaux*, sur une route en fonte de première fusion ; si la route est en pavés dallés très unis, il faut *dix chevaux* ; sur des pavés de grès parfaitement entretenus, il en faut *douze* ; sur une en cailloutis en très bon état, il en faut *quatorze* ; enfin, il faut *soixante chevaux* pour traîner le même fardeau sur un terrain naturel, terre crayeuse et siliceuse. Les accidents de terrain changent encore ces rapports et augmentent les frais de traction ; sur les chemins de fer, pour vaincre les pentes et contrepentes les plus légères, la force de la machine locomotrice doit être *double* de celle qu'il serait nécessaire d'employer sur un plan parfaitement horizontal ; lorsque la pente excède six pieds par lieue (0 m. 0045 par mètre), cette *force double* ne suffit point. On voit dès lors que si les *nouvelles voitures à vapeur* présentent un perfectionnement réel (chose que nous ne sommes point en mesure de nier ni d'affirmer), elles pourront toujours être appliquées avec un avantage infiniment plus grand sur les routes en fer que sur les routes en terre, *bonnes ou mauvaises*, comme on l'a prétendu. Bien que ces observations nous aient un instant détourné du but que nous nous sommes proposé, qui est de continuer l'examen du travail de MM. Lamé, Clapeyron et Flachat, nous avons cru utile de les consigner ici parce qu'elles serviront à prévenir des erreurs qui pourraient entraîner de graves inconvénients ; elles ne sont point du reste sans relation avec les matières qui sont traitées dans l'ouvrage qui nous occupe. Un des points saillants de ces vues sur les travaux publics est la lucidité avec laquelle on y tient compte des avantages respectifs des chemins de fer et des canaux. Ainsi que nous l'avons dit dans notre précédent article, l'engouement des chemins de fer a fait entièrement négliger les canaux ; en Angleterre, comme en France, on pensa que les avantages qui résultaient des nouvelles routes étaient tels que tous les autres modes de transport devenaient superflus. L'expérience dissipe chaque jour cette erreur, mais elle est tellement accréditée que, tout récemment encore, le *Journal des Débats* l'a prise pour base de la plus étrange discussion d'économie politique. « Inévitablement, dit ce journal, un moyen de transport si économique (les chemins de fer), sous le triple rapport de la célérité, de la commodité et du bas prix, ne tardera pas à faire abandonner tous les autres ou du moins à en diminuer la pratique dans une énorme proportion. *Donc*, la presque totalité des 120 mille chevaux et des 25 à 30 mille hommes actuellement occupés par le roulage sur les chaussées pavées, et un plus ou moins grand nombre de ceux qu'occupent la navigation fluviale et le halage le long des canaux, le service des postes et des messageries, auront à chercher fortune ailleurs..... » De semblables craintes sont par trop chimériques ; les chemins de fer ont des avantages qui leur sont propres, mais ils n'excluent point ceux qu'on peut attendre encore des routes de terre, ni ceux qu'offriront, en tous les temps, les canaux et les fleuves ; la navigation absorbera toujours les transports les plus lourds : les combustibles, les matériaux, les métaux et en général les matières premières encombrantes ; tandis que les chemins de fer étant plus particulièrement avantageux sous le rapport de la *rapidité* que sous celui de l'*économie*, seront naturellement employés au transport des hommes et des produits bruts ou manufacturés d'une grande valeur. Quoi qu'il en soit, on n'établit point en un jour un système général de communications : cinq grandes lignes de chemins de fer vont être étudiées ; elles devront mettre Paris en rapport avec Rouen et le Havre, Lyon et Marseille, Lille et Valenciennes, Strasbourg et Metz, Bordeaux et Nantes. En supposant (supposition bien gratuite à la vérité) une grande promptitude dans l'exécution des travaux, il s'écoulera tout au moins cinq grandes années avant que ces routes puissent être livrées à la circulation. Ce délai indispensable permet d'introduire successivement des habitudes nouvelles, il facilite la transition entre l'ancien système et le nouveau, et il permet d'éviter ces chocs brusques qui, en troublant des existences privées, portent une grave atteinte à la richesse publique ; il ne faut point, en outre, perdre de vue que ces lignes ne représentent qu'un développement de 700 à 800 lieues, et que, par conséquent, elles ne peuvent suppléer à nos 8.000 lieues de routes royales, à nos 6.000 lieues de routes départementales, à nos chemins communaux et vicinaux, à nos 1.900 lieues de rivières navigables et à nos 800 lieues de canaux ; on peut affirmer, au contraire, que lorsqu'elles seront entièrement terminées, l'activité nouvelle qui se manifestera sur les lignes intermédiaires suffira pour employer utilement les forces et les capitaux que l'établissement des machines locomotives aura déplacés. Pénétrés de cette pensée que *toute richesse provient uniquement du travail*, et que dès lors l'art du gouvernement, la politique, en un mot, doit avoir principalement pour objet d'activer, de régler le développement du travail, MM. Lamé, Clapeyron et Flachat ont tracé un plan général des travaux publics ; ce plan ne consiste point dans de vagues indications ; d'importantes améliorations y sont, au contraire, discutées, approfondies ; les perfectionnements de la Seine, le canal latéral à la Garonne et le canal latéral au Rhône sont particulièrement l'objet d'un sérieux examen ; l'étude qu'ils ont été dans le cas de faire des docks ou entrepôts anglais leur permet de les décrire avec une grande exactitude, et sous ce seul rapport leur travail a un mérite de circonstance. Leur système de communications est une combinaison de chemins de fer et de canaux, qu'ils approprient aux diverses localités et aux divers emplois auxquels on les destine. Afin de mettre nos lecteurs dans le cas d'apprécier les avantages respectifs des deux modes de transport par canaux et par chemins de fer, nous avons dressé à l'aide des calculs de MM. Lamé, Clapeyron et Flachat, le tableau comparatif suivant :

NAVIGATION ARTIFICIELLE

	Par kilomètre	Par lieue de 4000 mètres
Frais moyens de construction d'un canal de grande section......Fr.	125.000 »	500.000 »
Frais moyens de construction d'un canal de petite section.........	65.000 »	260.000 »
Fret sur un canal de grande section par 1.000 kilogrammes (un tonneau).......	0 fr. 015	0 fr. 06
Fret sur un canal de petite section par 1.000 kilogrammes (un tonneau).................	0 fr. 02	0 fr. 08

(Dans ce fret ne sont pas compris les intérêts de la valeur du canal, les bénéfices de l'entreprise, ni les frais d'entretien, lesquels sont d'autant moins élevés que la quantité des transports est plus considérable.)

CHEMINS DE FER

	Par kilomètre	Par lieue de 4000 mètres
Frais de construction d'un chemin de fer de premier ordre à *deux voies*..............Fr.	160.000 »	640.000 »
Frais de construction d'un chemin de fer de deuxième ordre à *deux voies*.................	80.000 »	320.000 »
Frais de construction d'un chemin de fer de deuxième ordre à *une voie*.................	45.000 »	180.000 »
Frais de traction sur un chemin de premier ordre, par machines locomotives ; par tonne de 1.000 kilogrammes.....	0 fr. 023 à 0 fr. 047	0 fr. 090 à 0 fr. 189
Nombres ronds......		0 f. 10 à 0 f. 20
Frais de traction sur un chemin de second ordre, servi dant tout son parcours par des chevaux ; par tonne de 1.000 kilogrammes.....	0 fr. 08 à 0 fr. 12	0 fr. 32 à 0 fr. 48

(C'est le prix du combustible qui établit les différences que nous signalons ; comme pour les canaux, dans ces frais de traction ne sont point compris les intérêts, les bénéfices, ni les frais d'entretien).

ROUTES DE TERRE ORDINAIRES

	Par kilomètre	Par lieue de 4000 mètres
Les frais de roulage coûtent moyennement par 1.000 kilogrammes.	0 fr. 25	1 fr. »

NAVIGATION FLUVIALE

	Par kilomètre	Par lieue de 4000 mètres
Le fret pour la remonte de la Seine coûte moyennement par 1.000 kilogrammes..........	0 fr. 0514	0 fr. 20

En comparant ces divers modes de transport, on acquiert la certitude : 1° que les chemins de premier et de deuxième ordre présentent de grandes économies relativement aux routes de terre ; 2° que la Seine qui, malgré son mauvais entretien, est le fleuve qui présente à la navigation les moins grandes difficultés, est plus économique que les chemins de fer ; 3° que les canaux présentent un mode de transport infiniment plus avantageux que les trois autres. On conçoit que, dans ces comparaisons, on n'a tenu compte que du prix du transport ; quant à l'avantage de la *rapidité*, il est tellement en faveur des chemins de fer, qu'aucun système de communication ne peut, sous ce rapport, leur être comparé. Voici maintenant le résumé de leur plan : Les chemins de fer à machines locomotives sont les premiers travaux qu'ils indiquent ; ces puissants véhicules étant spécialement destinés à rapprocher les distances qui divisent les principaux centres de population, ils considèrent avec raison leur prompt établissement comme une des conditions essentielles du développement de l'industrie, et comme un des principaux éléments des progrès des lumières et de la civilisation. Les lignes qu'ils tracent sont à peu près les mêmes que celles que le gouvernement prétend faire étudier ; une communication directe entre Lyon et Bordeaux, et une ligne parallèle à la frontière du Nord pour la défense du territoire, y sont ajoutées ; cet ensemble de chemins de fer de premier ordre présente un développement de 3.500 kilomètres qui, à 160.000 francs par kilomètre, nécessite une dépense de 560.000.000 de francs. Pour compléter leur système de communications, ils développent ensuite leur plan de navigation intérieure ; les améliorations de la Seine, le confectionnement des canaux maritimes de Bordeaux et de Nantes, l'établissement d'un canal latéral au Rhône, d'un canal de la Seine au Rhin (de Paris à Strasbourg), celui d'un canal d'Angoulême à Bordeaux, de Nantes à Angoulême, le canal de Briare à Nantes, celui des Landes, le canal latéral à la Garonne, la jonction de la Saône à la Meuse et à la Moselle, le canal latéral à la Saône de Gray à Châlon, le canal de Bouc à Marseille, celui de Paris à Angers, le canal de Paris à Montereau, puis de Montereau à Auxerre, etc., etc., sont les principaux travaux qu'ils signalent.

Ces travaux comprennent 4.200 kilomètres de canaux de grande section dont la dépense s'élève à................Fr.   578.000.000

Ils y ajoutent 3.700 kilomètres environ de canaux de petite section ou de chemins de fer de second ordre ; les canaux de petite section devant être principalement établis dans les contrées bien arrosées et peu accidentées ; les chemins de fer de second ordre devant être préférés dans les pays de montagne, et notamment dans la partie centrale de la France, aux sommités des bassins de la Loire, de la Garonne et du Rhône ; ces travaux coûteraient............   261.000.000

A reporter   839.000.000

Report   839.000.000

Comme auxiliaires indispensables de ces nouvelles communications, ils indiquent la construction de docks ou bassins éclusés, avec entrepôts à Marseille, Bordeaux, Nantes, le Havre et Rouen ; ils en évaluent la dépense à....................   50.000.000

L'achèvement des canaux entrepris en 1821 et 1822 figure dans leur programme pour....................   100.000.000

La distribution d'eau dans Paris et les principales villes de France, pour....................   50.000.000

Diverses améliorations dans les ports....................   40.000.000

Construction de divers ponts.......   50.000.000

Établissement de fermes modèles.   80.000.000

Assainissement et culture des landes de Gascogne....................   43.000.000

Assainissement et culture des landes de Bretagne, de Champagne, de Sologne, dessèchement de marais, etc.   70.000.000

Canal de Provence...............   30.000.000

Irrigations et plantations de la Camargue....................   13.000.000

Canaux d'irrigation dans le Midi de la France....................   25.000.000

Recherches, ouvertures et exploitation de mines et d'établissements métallurgiques....................   50.000.000

1.440.000.000

En y joignant la dépense pour les chemins de fer de premier ordre (voir ci-dessus)................Fr.   560.000.000

On obtient une dépense totale de....................Fr.   2.000.000.000

Ce chiffre peut paraître effrayant de prime-abord ; mais il est bon d'ajouter que ces deux milliards ne pourraient être employés que dans l'espace de dix années, car les grands travaux qu'ils représentent, ne pourraient être effectués dans un plus bref délai : c'est donc seulement une dépense annuelle de 200 millions. Voici maintenant la combinaison financière à l'aide de laquelle MM. Lamé, Clapeyron et Flachat pensent qu'on pourrait obtenir un semblable développement de travail. L'État payerait aux *compagnies concessionnaires* un intérêt de 5 p. 100 des capitaux employés pendant les années nécessaires pour l'achèvement complet des travaux ; puis, et à partir du jour où les entrepreneurs entreraient en jouissance, l'État garantirait aux capitaux employés un produit net annuel de 5 p. 100 pendant une moyenne de huit ans, c'est-à-dire que si l'entreprise produisait 3 p. 100, le Trésor aurait 2 p. 100 à bonifier. Afin d'effectuer ces paiements sans accroître sensiblement la masse des impôts, on délivrerait des inscriptions de rente 3 p. 100 au fur et à mesure de l'échéance des intérêts ; après l'expiration des huit dernières années, c'est-à-dire après dix-huit ans, la subvention devrait entièrement cesser, et, à partir de cette époque, l'État aurait droit au partage des produits nets qui excéderaient 8 p. 100. Nous n'essayerons point de suivre les auteurs de ce plan dans les développements dont ils l'accompagnent ; d'après les tableaux qu'ils y ont joints, le gouvernement aurait successivement à verser, *dans l'espace de dix-huit années*, un capital de 647 millions représenté par une émission de 25 millions de rente 3 p. 100 : leur argumentation se résume ensuite dans cette question que nous livrons aux méditations des hommes qui se préoccupent du bonheur de notre patrie : « Deux milliards de travaux publics exécutés sur le sol de la France, en dix ans, augmenteraient-ils les revenus publics de 25 millions en dix-huit ans ? » Quand nous considérons qu'il ne s'agit de rien moins que d'établir quatorze cents lieues de chemins de fer et quinze cents lieues de nouveaux canaux ; que de perfectionner le lit de nos fleuves ; que de défricher 7 millions d'hectares de terres incultes ; que de dessécher des marais, etc., etc., nous n'hésitons point à nous prononcer pour l'affirmative, persuadés que nous sommes de nous trouver bien au-dessous de la vérité. Pour donner la mesure des améliorations qui seraient produites par un semblable développement de travaux, nous nous bornerons à citer le calcul d'un ingénieur distingué, M. Favier, sur le canal du Centre : ce canal, dont l'étendue est de 30 lieues, a accru la valeur annuelle des productions agricoles et industrielles de la France de 4.944.000 francs, soit 42.965 francs par chaque kilomètre ou 171.860 francs par lieue, sans y comprendre le péage. Or, *pour les quinze cents lieues de canaux seulement*, l'accroissement du revenu serait de 256 millions. L'exécution de ce vaste ensemble de travaux serait donc, pour la nation tout entière, un véritable bienfait. Est-ce, pour nos gouvernants actuels, un motif assez puissant pour en hâter la réalisation ?... Nous ne voulons pas être taxé d'injustice ; mais qu'on songe au drame qui, depuis six mois, se joue à la Cour ; que l'on considère les petites intrigues qui se croisent, les petites ambitions qui se heurtent, les mauvaises passions qui s'agitent, et qu'on réponde ensuite avec impartialité. Quoi qu'il en soit, persuadés que nous sommes que les bons principes survivront aux hommes qui s'efforcent de les étouffer, nous continuerons infatigablement l'examen de ces questions, que nous tenons pour les plus importantes de la politique moderne ; ce sera pour nous le meilleur argument à opposer à ceux qui nous accusent de vouloir tout désorganiser. Après avoir loué sans restriction l'ouvrage de MM. Lamé, Clapeyron et Flachat, nous croyons devoir critiquer leur plan financier. Nous sommes, comme eux, d'avis que l'intervention effective du pouvoir, quel qu'il soit, est indispensable si l'on veut arriver à quelque chose de complet dans cette direction ; mais nous différons d'opinion sur le mode d'intervention qu'ils ont proposé. Nous pensons que la combinaison au moyen de laquelle l'État s'engagerait : 1° à payer aux compagnies concessionnaires une prime de 5 p. 100 pendant la durée des travaux ; 2° à leur garantir ensuite pendant huit ans un revenu de 5 p. 100, n'atteindrait point entièrement le but qu'on veut atteindre, et qu'elle ne concilierait point assez les intérêts des contribuables avec ceux des compagnies

concessionnaires. D'après le système de MM. Lamé, Clapeyron et Flachat, pour obtenir 2 milliards de travaux, l'État aurait émis, en dix-huit ans, 25 millions de rente 3 p. 100 représentant une somme de 647 millions, soit environ le tiers de l'ensemble de la dépense. Au lieu de verser ces 647 millions sous forme de primes, nous croyons, nous, que le Trésor devrait intervenir comme commanditaire dans les entreprises où son concours serait utile, *jusqu'à concurrence de cette somme*. La concession de chacune de ces entreprises ne devrait être accordée qu'à la compagnie qui réclamerait du Trésor public la participation la plus faible. Cette participation varierait à peu près entre le quart et la moitié des capitaux nécessaires ; les versements devraient être effectués par le Trésor et par les autres actionnaires aux époques déterminées et dans la proportion de leur intérêt respectif. Il serait stipulé que le Trésor ne participerait à la répartition des bénéfices qu'après qu'un intérêt de *cinq pour cent* aurait été payé, sur les premiers produits nets, aux capitaux employés par les actionnaires ou par les entrepreneurs concessionnaires. D'après ce système, il faudrait que les capitaux employés dans l'ensemble de ces entreprises, ne produisissent que 3 à 3 1/2 p. 100, pour que l'État ne retirât aucun revenu des sommes qu'il y aurait versées. Or, rien n'est moins présumable. Ainsi que nous venons de le dire, l'ensemble des travaux à exécuter dans l'espace de dix années par des compagnies particulières, mais sous la surveillance de la direction des ponts et chaussées, serait de *deux milliards*, et la participation de l'État à titre de commandite serait égale au *tiers* environ de la dépense totale, soit 666.666.666 francs ou 66.666.666 francs par an. Pour obtenir cette dernière somme, il suffirait dès lors d'une émission de 2.500.000 francs de rente 3 p. 100 au prix moyen de 80 francs. Il faudrait désespérer de l'avenir financier et industriel de la France pour ne point penser que ce prix moyen sera atteint dans les dix années qui vont suivre. En 1826, le 3 p. 100 est tombé au-dessous de 60 francs, en 1829, il avait dépassé 85 francs ; cette amélioration dans les conditions générales du prêt à intérêt, avait été produite *malgré* les fautes du pouvoir alors existant et par la seule influence du *développement du travail*. Notre combinaison aurait cet avantage qu'elle faciliterait et accélérerait la formation des compagnies exécutantes, en leur offrant la disponibilité d'une première commandite importante ; les chances de succès leur seraient en outre suffisamment garanties par le privilège que l'État leur accorderait sur les premiers produits. En 1831 et 1832, le service le plus improductif, celui de la guerre, a absorbé 700 millions ; le milliard des émigrés a été acquitté en cinq ans ; la France paie, bon an mal an, un budget de 12 à 13 cents millions, bien qu'on ne lui donne en retour que les jongleries de la Conférence, et tous les désastres industriels qui résultent de l'incertitude de la question belge... et on se refuserait à souscrire à une émission annuelle de 2 millions et demi de rente, lorsqu'il s'agit de développer 2 milliards de travaux, d'ouvrir des débouchés aux produits de l'agriculture et de l'industrie, de créer enfin le plus beau système de communications !... Nous avons été, depuis deux ans, spectateurs de telles turpitudes, que celle-ci ne nous surprendrait point. — E. P. »

—

215. — Considérations générales sur les chemins de fer et l'esprit d'association, par M.-S. Girard. — Paris. — In-8°.

—

215 *bis*. — Essai sur les moyens de faire cesser la détresse de la fabrique, par E. Beaune. — In-8°. — Lyon. — Baron. — L'auteur expose la nécessité de transformer l'industrie de la soierie et d'y appliquer les procédés mécaniques. Parlant des miracles industriels accomplis par la vapeur dans la région, Beaune continue : « Ces prodiges, si rapidement opérés, s'accroîtront bientôt encore au moyen de deux chemins de fer, bientôt terminés, qui aboutiront, l'un au Rhône, l'autre au canal de Bourgogne..... Ces résultats seront dus aux machines à vapeur et aux chemins de fer qui sont aussi d'ingénieuses machines de transport ».

—

216. — Manuel de la Bourse, par L.-M. Sédillot. — In-32. — Paris. — Librairie encyclopédique. — Cet élégant volume de 350 pages contient une notice sur le chemin de fer de Saint-Etienne à Lyon, suivie de cet avis : « On peut s'adresser à MM. Séguin frères et Edouard Biot (les gérants), à Lyon, et à Paris, au domicile de la société, rue du Bac, n° 26 ».

—

217. — De l'administration des constructions en général, considérées comme ouvrages d'art et comme propriétés, ou exposition des principes qui constituent le système administratif spécial de toutes constructions publiques ou particulières, etc., par F.-L.-L. Desar, architecte. — In-8°. — Paris. — Carilian-Gœury. — Dans cet intéressant ouvrage, Desar est amené à s'occuper des chemins de fer dont il pressent le rôle. « Des compagnies de capitalistes, dit-il, entreprennent par spéculation, avec l'autorisation du gouvernement, de grands ouvrages d'utilité publique, dont ils retirent des péages et autres droits..... On a parlé d'un canal de Paris à la mer, de routes en fer sur plusieurs points, etc. » Et il ajoute en note : « Une des productions de l'art des constructions qui occupent le plus en ce moment l'attention publique, étant l'invention ou plutôt l'application en grand, encore assez nouvelle, des chemins de fer, nous avons pensé qu'il ne serait pas sans intérêt de donner sur ces chemins une notice ». Cette notice vient, en effet, sous forme d'appendice : c'est une mille et unième version de l'histoire du chemin de fer de Liverpool à Manchester. L'organisation des travaux publics était alors un problème à l'ordre du jour et le *National*, dont M. Emile Pereire avait fait en quelque sorte le journal officiel de la physiocratie pratique, y consacrait un remarquable article dans le numéro du 6 octobre 1832 : — « *Des concessions et des adjudications en matière de travaux publics.* — Si les deux arti-

cles du *Moniteur* (voir n° 214), répétés, commentés à l'envi par la presse ministérielle, et qu'une portion du public semble accueillir avec faveur, doivent être désormais considérés comme le programme industriel de toute autorité appelée à nous régir, les observations que nous a inspirées ce manifeste, sont loin d'être suffisantes, la matière est grave, et plus d'une fois nous aurons lieu d'y revenir. Car, enfin, abandonner une question, ce n'est pas la résoudre, esquiver une difficulté n'est pas la vaincre ; et c'est là cependant tout ce que se propose l'administration à en croire son organe officiel. Suivant le système actuellement en faveur auprès de certaines personnes, les maximes qui doivent régler la conduite d'un gouvernement en matière de travaux publics peuvent se résumer ainsi : l'administration ne doit rien faire par elle-même, comme étant avant tout inappliquée, incapable, indifférente, etc. ; elle le dit elle-même, et il faut bien l'en croire : elle doit tout concéder à des compagnies particulières, car, encore un coup, elle doit laisser tout faire à l'intérêt privé et s'en remettre absolument du soin du bien-être public au bon sens public. Tel est aujourd'hui le langage de l'administration elle-même, et n'y a-t-il pas lieu de s'en étonner ? Contradiction étrange ! le mot de centralisation est sans cesse dans votre bouche ; vous ne sauriez laisser de place et d'action à la moindre liberté locale ; tout monopole est sacré à vos yeux ; celui même de la loterie, il ne faut pas cesser de le défendre ; et ce monopole si honorable des travaux publics, ce domaine si glorieux des entreprises utiles au pays, à l'humanité, vous pouvez, vous devez l'abandonner à qui veut le prendre, sans résistance et même sans regret ! En vérité, un pouvoir qui se juge ainsi lui-même, n'appelle-t-il pas le peuple à le juger encore plus sévèrement ? Eh bien ! hâtons-nous de le dire, cette lâche désertion des chefs suprêmes du pouvoir, quoique justifiée par l'assentiment peu éclairé d'une portion du public, ne produira aucun des effets que l'on suppose : les difficultés de la question ne sont point là où on veut les placer. Quelques éclaircissements deviennent nécessaires. En 1821 et 1822, des lois importantes sur les canaux furent décrétées ; des emprunts considérables furent conclus ; et c'est cette opération, encore mal comprise aujourd'hui, qui influe d'une manière si déplorable sur la disposition des esprits. On n'a cessé de reprocher à M. de Villèle de s'être obstinément refusé à traiter, pour la confection de ces canaux, avec les compagnies particulières ; eh bien, ce reproche est injuste, car il est positif qu'aucune compagnie ne se présenta aux adjudications que le gouvernement avait indiquées et qu'il encourageait de tous ses efforts. Le *Moniteur* du temps en fait foi, et la discussion qui eut lieu devant les Chambres, en 1822, ne laisse aucun doute à cet égard. Mais, s'écrie-t-on de toutes parts, les ingénieurs n'avaient demandé pour l'exécution de ces travaux que 123 millions et ils en coûteront plus de 200. Quelle incapacité ! Ce reproche est mieux fondé, et doit surtout être imputé à la direction des ponts et chaussées. En présentant les devis, auxquels eux-mêmes n'ajoutaient pas sans doute une confiance bien entière, les chefs de cette administration auraient dû avertir et les Chambres et le public que ces études de canalisation, que ces devis de toute nature, leur avaient été demandés un peu à l'improviste, et que, reposant sur des travaux consciencieux sans doute, mais en général assez anciens, ils méritaient d'être rédigés avec un soin nouveau. En se réservant quelque latitude, on se serait épargné une responsabilité bien pesante. Quoi qu'il en soit, si l'on veut considérer les choses sous leur aspect véritable, cette inexactitude primitive des devis semblera d'autant moins déplorable qu'elle n'a pas entraîné une exagération réelle de la dépense. Les ingénieurs avaient évalué trop bas le montant de leurs entreprises, mais ils ne les ont pas exécutées à trop haut prix. Voici quelques chiffres sur lesquels il est permis de compter. Les douze canaux décrétés par les lois de 1821 et 1822, présentent une longueur de 2.145 kilomètres, ou 535 lieues de 2.000 toises. Si l'on veut y comprendre d'anciens travaux pour une somme de 40 millions de francs, et en admettant les évaluations les plus exagérées, ils devront coûter 270 millions, ce qui établit un prix moyen de 125,000 francs par kilomètre. Or, ce que l'on sait des canaux récemment exécutés en Angleterre présente un résultat tout à fait semblable, parce qu'il faut tenir compte, dans cette comparaison, et des proportions plus grandes de nos canaux, et des immenses difficultés que présente le système rare et inégal de nos eaux courantes. Qui voudra dire que la confection de ces 500 lieues de lignes navigables, que la réunion de nos provinces par leur centre, que la jonction prompte et assurée des principaux bassins qui partagent le sol français, que tant de débouchés ouverts en même temps, à l'agriculture, au commerce et à l'industrie, ne soient pas des résultats immenses, prêts à payer avec usure à la civilisation et au pays tout ce qu'ils ont pu leur coûter ? Car, il faut bien le dire, c'est sous ce rapport seulement que doit être envisagée la grande question des canaux. Vouloir les transformer en affaires de finances ordinaires, en objets de spéculations, attendre de leur produit des bénéfices considérables, des produits supérieurs ou même comparables aux placements de capitaux ordinaires, c'est une grave erreur, quoiqu'elle soit assez commune. Citons-en quelques exemples remarquables : Le canal du Languedoc a coûté plus de 34 millions de francs de notre monnaie, et ne rapporte que 1.500.000 francs. Le canal du Centre, de la Loire à la Saône, a coûté 10 millions de francs et ne rapportait, en 1817, que 220.000 francs. Le canal de Saint-Quentin, qui a coûté 12 millions, a été concédé pour vingt-sept ans, après adjudication publique, à M. Honorez, qui s'est chargé de faire à ce canal des augmentations et des réparations évaluées au plus à 4 millions de francs. En supposant que ces fonds soient placés à 10 p. 1.000, on voit que cela représenterait 2 1/2 p. 100 des 16.000.000, prix définitif du canal. Les canaux de Saint-Denis et de Saint-Martin ne rapportent, à la compagnie qui les a exécutés, que l'intérêt ordinaire et cela parce que l'Etat et la ville ont fait abandon des immenses travaux antérieurement exécutés pour le canal de l'Ourcq. Tel est l'état véritable des choses ; qui cependant regretterait les sommes employées à ces belles entre-

prises ? qui voudrait ne pas voir la Méditerranée unie à l'Océan, la Saône à la Loire, et le bassin de la Seine à celui de la Somme et de l'Escaut ? Il n'est donc pas permis de dire qu'il faut tout laisser faire aux compagnies, puisque si le gouvernement ne provoque pas leur action, soit par des subventions ou des avances considérables, soit par des avantages tout autres que ceux que l'on est disposé à leur accorder aujourd'hui, ces compagnies ne se présenteront pas. Ou bien, si elles obtiennent quelque concession, elles n'exécuteront rien, comme cela a lieu pour le canal latéral de l'Essonne, pour le canal des Pyrénées, pour le canal latéral à la Garonne, qui, malheureusement, ne semblent pas de si tôt prêts à être mis en voie d'exécution. Non, il faut bien le dire, le bénéfice des canaux n'est pas en eux-mêmes, dans les produits directs qu'ils procurent, dans le péage et les autres droits qui leur sont attribués ; il est dans la plus-value qu'ils donnent aux terrains qu'ils arrosent ou dessèchent tour à tour, aux richesses minérales ou végétales qu'ils permettent d'exploiter, au travail qu'ils créent ou qu'ils attirent. Les hommes les plus instruits en ce genre, nos ingénieurs les plus célèbres, Gauthey, Brisson, Dutens, ne cherchent pas à présenter d'autres calculs, d'autres espérances que sous ce rapport. « S'il faut reconnaître, dit l'un d'eux, que la presque totalité des travaux publics ne pourrait d'ici longtemps s'exécuter dans la seule vue des bénéfices qu'une association de concessionnaires aurait lieu d'en attendre, ne devient-il pas indispensable que l'Etat prenne part dans la dépense, en considérant comme un dédommagement convenable de ses avances, d'abord l'accroissement de la richesse publique, dont le fisc retire sa part, et, en seconde ligne, la diminution des frais d'entretien des voies de communication ». Ce que nous venons de dire des canaux, s'applique également aux chemins de fer, qui éveillent, en ce moment d'une manière si vive l'attention publique. Dans ce vaste système de voies de communication, que présentent nos ingénieurs et dont les devis ne s'élèvent pas à moins de deux milliards, plus d'un chemin de fer deviendra indispensable sans être essentiellement productif, et l'intervention de la société par l'entremise des gouvernements, qui en doivent retirer les avantages les plus considérables, ne sera pas moins nécessaire que l'action des spéculations particulières par l'entremise des compagnies. Puis maintenant, admirez les contradictions grossières où tombe cette opinion peu éclairée qui ne cesse de réclamer avec la même énergie des concessions universelles et des adjudications publiques. Vous ne voulez pas que rien s'exécute autrement que par l'intérêt privé, que par voie de compagnies. Le souci des études, des projets, des travaux préliminaires, vous ne voulez plus que le gouvernement en soit chargé, vous l'abandonnez à qui veut le prendre ; soyez alors d'accord avec vous-mêmes, et souffrez que celui qui a eu la peine en reçoive la juste récompense. Or, dans votre malencontreux système d'adjudication, que faites-vous autre chose, si ce n'est d'éteindre, d'amortir absolument le ressort de cet intérêt privé, que d'écarter toute spéculation ? Où trouverez-vous des hommes qui se livrent aux études, aux recherches, aux dépensés même qu'exige toute entreprise non encore explorée, s'ils n'ont toute confiance que les bénéfices qu'ils entrevoient, ne sauraient leur échapper ? Vous obligerez, dites-vous, l'adjudicataire définitif à indemniser l'inventeur. Mais faut-il vous apprendre que tout ne s'indemnise pas, ne se règle pas à prix d'argent ? Les spéculations de ce genre n'ont pas seulement leur source dans l'amour des richesses, et la récompense de *l'artiste*, même alors qu'il devient industriel, est surtout dans la jouissance de son œuvre et la gloire du succès. Ce n'est pas ainsi que la France et l'Etat se conduisirent envers le célèbre auteur du canal du Midi. Convaincus de la grandeur et de l'utilité de ses projets, Louis XIV et les Etats du Languedoc, outre qu'ils se chargeaient des acquisitions de terrains et des indemnités de tout genre, fournirent les trois quarts de la dépense ; et cependant on abandonna à Riquet, à titre de concession perpétuelle, le revenu du canal en entier. Qui a jamais songé à blâmer Louis XIV de cette sage munificence ? Mais, suivant votre système, Riquet eût été dépossédé de son œuvre par le premier financier venu, ou bien, comme il est de mode en ce moment-ci, il eût reçu un pot de vin. Sans invoquer un exemple aussi mémorable, exposons une combinaison tout à fait ordinaire et que le système rend en quelque sorte inévitable. Après de long et pénibles efforts, un ingénieur, pauvre et isolé, homme de sens et de mérite, a tout préparé pour l'exécution d'un travail qui doit lui rapporter honneur et profit. Il est même parvenu à réunir tous les capitaux nécessaires ; la veille de l'adjudication, un intrigant vient lui dire : « Si vous ne voulez pas qu'il y ait enchère sur vos offres, payez-moi tant, ou bien je vais déposer le cautionnement, ce qui est la seule condition que la loi exige ». Que faire en une perplexité aussi cruelle, renoncer à son entreprise, ou bien se soumettre, et grever sa fortune naissante au profit d'un fripon que la loi autorise et même encourage ? Ainsi, on doit bien le voir, nous repoussons absolument ce système d'adjudication appliqué aux travaux d'utilité publique, comme injuste, immoral, destructif de toute émulation et de toute industrie. Nous ne demandons pas que l'administration abandonne son autorité sur les concessions dont elle doit être seule arbitre. Lorsqu'une entreprise de canal est reconnue utile (et laquelle ne l'est pas), il faut qu'elle provoque la formation d'une compagnie. Il faut qu'elle accorde à cette compagnie toute rémunération d'honneur et de profit qui sera jugée compatible avec les intérêts généraux de la société, qu'elle subventionne même les entreprises dont le revenu direct ne suffirait pas à la création d'une compagnie. Enfin, qu'elle prenne hardiment elle-même l'initiative dans des travaux d'une utilité incontestable, et ne craigne pas de demander à la société des sacrifices que l'intérêt privé ne peut pas faire. Ce n'est point là ce que disent les charlatans ministériels qui, au risque de sacrifier les vrais intérêts du pays, aiment mieux caresser certaines opinions et s'accommoder avec elles que de les combattre : mais tel ne doit pas être le langage de ceux qui veulent avant tout voir *s'épandre à pleins bords* le travail, l'aisance générale et la civilisation. »

218. — Procès complet des saint-simoniens avec les portraits des accusés. — In-8º. — Paris. — Werrée. — Cette scène judiciaire occupa deux audiences de la cour d'assises (27 et 28 août 1832). Dans la première audience, Michel Chevalier, l'un des comparants, fit lire par le *frère Daguet* un mémorandum dans lequel il est indiqué que les saint-simoniens poursuivent, en dehors de tous les partis, un but politique consistant « à construire des chemins de fer, à creuser des canaux, à défricher les landes, le tout sans augmenter les impôts ».

—

219. — La science de l'ingénieur divisée en trois parties, par J.-R. Delaistre, ingénieur pensionné ; revue et augmentée par M. Laguerenne, ingénieur en chef des ponts et chaussées. — 2 vol. in-4º et 1 vol. de figures. — Paris. — Mazet. — 2ᵉ édition. (La première édition, de Delaistre seul, est de 1825). — C'est un ouvrage très remarquable et fait avec autant de compétence que de conscience. Un chapitre tout entier est consacré aux chemins de fer. « On a établi, en France, dit l'auteur, un chemin de fer aux mines de charbon de Mont-Cenis (Saône-et-Loire) pour conduire les charbons aux fonderies du Creusot, mais ce chemin a été fabriqué à trop grand frais, ce qui a empêché de l'imiter ailleurs ».

—

220. — Causes du malaise industriel et commercial de la France et moyens d'y remédier par Emile Bères, du Gers, ouvrage couronné à l'unanimité en 1832 par la *Société industrielle de Mulhouse*. — In-8º, — Paris. — Paulin. — Bères accuse la Restauration d'avoir encouragé l'agiotage, et il rappelle les bizarres spéculations auxquelles se livrèrent à cette époque les fils des preux. Nous y trouvons ce détail sur la *maison de Moret (?)* qui ne fut pas un hommage à la Renaissance, mais une simple réclame. « C'est ainsi, dit l'auteur, que l'on projette d'élever une ville renouvelée du moyen-âge (?), qu'on la baptise du nom de *François premier* et que pour ne pas la faire mentir à son surnom, on court au loin enlever à grands frais les restes d'une maison empreinte de la physionomie du quinzième siècle. » Un chapitre tout entier est consacré à la nécessité de construire des chemins de fer. Bères gourmande l'apathie des Français qui ne s'empressent pas de couvrir la France de voies ferrées auxquelles « l'application de la vapeur aux chariots, comme force locomotrice, a ajouté, dit-il, beaucoup de mérite. »

—

221. — Ministère des travaux publics. — Exposé des motifs et projets de loi relatifs aux chemins de fer de 1832 à 1851. Collection de documents.

—

222. — Situation de la compagnie du chemin de fer de Saint-Etienne à Lyon et résultats probables de cette entreprise par Alph. Peyret. — In-8º, 94 p. — Saint-Etienne. — Boyer. — Le *Recueil industriel* de Moléon accordait à cet écrit la mention suivante : *Situation du chemin de fer de Saint-Étienne à*

Lyon au commencement de 1832, et résultats probables de cette entreprise ; par M. Alph. Peyret, membre de la Société industrielle de Saint-Etienne (extrait des Bulletins de cette Société) : « Après avoir lu le mémoire de l'auteur, nous partageons son opinion. Elle est énoncée dans ses conclusions, dont voici en peu de mots le résumé : « L'entreprise de ce chemin en fer est excellente, et rien ne justifie la baisse qu'ont éprouvée cependant les actions. A Manchester et Liverpool, où des appels de fonds continuels ont plus que doublé le capital primitif, longtemps avant la fin des travaux, les actions se vendaient avec une prime de 60 à 80 0/0 parce que dès lors on savait apprécier les revenus et les charges. Si les prévisions n'ont pas été trompées, il en sera de même pour l'entreprise de ce chemin, qui ne fera de mal à personne, et qui sera avantageuse et au public qui en jouira et aux capitalistes qui ont eu le bon esprit d'entrer dans cette honorable et patriotique spéculation. » Ce compte rendu est très bien ; c'est un modèle de clarté, et c'est ainsi qu'il faut écrire pour des actionnaires qui ont intérêt à se rendre compte des plus petits détails, tant sous le rapport des avantages que sous le rapport des inconvénients. En pareille matière, ce ne sont pas les belles phrases qui entraînent la conviction, mais bien des calculs précis, des conséquences rigoureuses et une logique consciencieuse. Tout cela se trouve dans le rapport de M. Peyret.

—

223. — Chemin de fer du Havre a Marseille, de Strasbourg et Bale a Nantes, demandé en concession par J. Blum. — In-8°, 1/2 feuille. — Paris.

—

224. — Chemin de fer du Havre ou de Dieppe a Marseille, par Paris, et de Strasbourg a Nantes, demandé en concession par J.-S. Blum. — In-8°, 2 feuilles 1/2. — Paris (ne se vend pas). — Epigraphe : *Quod nunc ratio est, impetus ante fuit*. M. Blum est un enthousiaste et il s'exprime sur les chemins de fer avec le lyrisme encore en usage dans les banquets d'inauguration. Il a deviné la phraséologie officielle des toasts administratifs. Qualifiant son projet de *gigantesque*, il ajoute : « mais digne d'une grande nation qui veut être aussi grande dans la paix qu'elle fut redoutable sur les champs de bataille, qui ne veut pas enfin faire trembler ses voisins, mais qui est jalouse de conquérir leur affection en leur tendant une main amie ». Le *concetto* serait accompagné aujourd'hui de la *Marseillaise* en faux bourdon, bien que ce soit un chant de haine *misoxénique*. Cet excellent Français n'avait pas l'esprit bien net. C'est ainsi qu'il raconte que de Paris à Châlon-sur-Saône, — route très fréquentée, dit-il, — pour un parcours de cent lieues, il en coûte, par *cent* kilogrammes, — par canaux, fleuves et rivières, 50 francs et de six à huit semaines, — par le roulage ordinaire, 100 francs et de 12 à 14 jours — et par le roulage accéléré, 200 francs et de 7 à 8 jours. M. Blum a confondu le quintal avec la tonne, ou s'est laissé tromper par un commissionnaire. La vérité est que suivant les saisons et la concurrence, le roulage coûtait de 8 à 16 centimes par tonne et par kilomètre, en temps ordinaire. L'auteur signale l'importance stratégique des voies ferrées pour la marche en avant et en arrière, et il ajoute : « en cas d'invasion, le chemin de fer devient une longue redoute ». Enfin, il conclut en adjurant les patriotes de donner 200 millions pour les chemins de fer. Cet écrit est daté du 30 mars 1832.

—

225. — Notice sur le chemin de fer de Lyon a Marseille, par la société soumissionnaire Delorme et Cie. — In-4°, 2 feuilles. — Paris. — Il est impossible de se figurer quelque chose de plus naïf que ce mémorandum présenté par Delorme et Cie à l'appui de leur demande en concession. Cependant, l'homme qui donnait son nom à la raison sociale, était un des plus grands entrepreneurs de bâtisses de Paris, le constructeur du passage Delorme, entre la rue de Rivoli et la rue Saint-Honoré. Le devis présenté par les soumissionnaires est un enfantillage chiffré. Le fer était compté à 0,35 le kilogramme et le poids des rails était fixé à 20 kil. par mètre courant. Voici du reste, les prévisions du mémoire :

Par mètre		
Voie.................Fr.	28	»
Coussinets en fonte.......	6	»
Dés en pierre et pose.....	8	»
Terrassements : 20^{m3} à 0,80	16	»
Travaux d'art.............	10	»
Terrains : 14^m à 0,50......	7	»
Total.......	75	»

lesquels multipliés par la longueur présumée de 336.000 mètres donnaient un total de 25.200.000 fr., auxquels ces étranges ingénieurs ajoutaient, pour frais imprévus, 2.800.000 francs, afin d'obtenir un total de 28 millions. Il n'était question ni de matériel roulant, ni de matériel de traction, ni des installations indispensables, ni du tarif des voyageurs, quoique dès lors la grande vitesse fut l'objet principal de ces nouvelles voies de communication. En revanche, les soumissionnaires proposaient divers tarifs pour le transport des marchandises : 0 fr. 10, 0.12 1/4, 0.14, 0.18 par tonne et par kilomètre de Lyon à Marseille, et respectivement 0.12 ½, 0.14, 0.16 et 0.22 de Marseille à Lyon. Le tonnage était estimé à 32.000 tonnes entre Marseille et Lyon et à 15.000 entre Lyon et Marseille. Les soumissionnaires annonçaient un train de voyageurs par jour dans chaque sens, faisant le trajet en 9 heures, et ils ajoutaient que dans un but philanthropique, ils attacheraient à chaque train de marchandises une voiture à voyageurs, de sorte que l'on aurait des trains à toute heure. Ils ne manquaient pas, non plus, de se lancer dans des prolégomènes stratégiques et ils terminaient par ces mots : « ... enfin, il est une autre considération fort importante pour le bien de l'humanité et que nous tenons pour ce motif à invoquer, c'est celle d'alimenter avec rapidité 40 départements, alors qu'une disette de céréales s'y ferait sentir, et que les ports de la Méditerranée et de la Mer Noire en enverraient en abondance dans celui de Marseille ».

225 *bis*. — Le National, cet important journal politique qui fut le grand propagateur de l'idée républicaine en France, car il réconcilia la bourgeoisie qui est tout, avec une forme de gouvernement que la Convention et le Directoire avaient avilie, consacrait alors beaucoup de place aux réformes et améliorations matérielles dont M. Emile Pereire avait en quelque sorte l'intendance dans cette feuille dogmatique. La traction à vapeur sur route appelait alors l'attention au même titre que les voies ferrées; et voici les deux notes que nous y trouvons à ce sujet en 1832 : — « *Voitures à vapeur*. — 19 septembre. — Les expériences récentes faites en Angleterre ne laissent plus aucun doute sur la possibilité d'appliquer l'usage de la vapeur aux voitures roulant sur les routes ordinaires ; les résultats satisfaisants qui ont été obtenus, ont décidé le Parlement, après le rapport de la commission d'enquête nommée dans son sein, non seulement à baisser les prix des barrières en faveur des nouvelles voitures, mais encore à décider qu'il n'y aurait pas lieu à construire le chemin de fer de Londres à Birmingham, dont l'établissement lui avait été proposé. Le commerce de Londres attend de grands résultats de cette innovation, qui promet à la fois économie de temps et de frais de transport. Une compagnie doit exploiter les principales routes de l'Angleterre, au moyen *de voitures de roulage à vapeur*. On apprendra sans doute avec plaisir que la France ne tardera pas à jouir des mêmes avantages ; une compagnie qui a pris un brevet d'importation, se forme à Paris dans le même but, et ne tardera pas à être constituée définitivement ; sa mise en activité aura lieu au printemps prochain. Si, comme il faut l'espérer, l'habileté des administrateurs répond aux moyens d'exécution, cette vaste entreprise a devant elle un long avenir de prospérité. Nous donnerons incessamment de plus amples détails, et nous tiendrons nos lecteurs au courant des expériences qui seront faites sur nos routes de France. — *Les nouvelles voitures à vapeur*. — 3 octobre. — En parlant, dans notre numéro du 19 septembre, des expériences qui ont été faites en Angleterre pour appliquer l'usage de la vapeur aux voitures roulant sur les routes ordinaires, nous avons dit que le succès de cette expérience avait décidé le Parlement britannique à prendre deux décisions importantes et dignes de fixer l'attention publique en France, dans un moment où l'on s'occupe des travaux préliminaires pour l'établissement de chemins de fer. Nous allons donner à nos lecteurs quelques détails sur le nouveau procédé de construction de ces voitures, ainsi que sur les expériences auxquelles elles ont été soumises, en attendant la publication complète que se propose de faire la compagnie propriétaire du brevet d'importation. La solution d'un problème qui, depuis un grand nombre d'années, à été le but constant des travaux des meilleurs ingénieurs de l'Angleterre, ne peut manquer d'intéresser tous ceux qui désirent la prospérité de notre pays. C'est à un ingénieur de Birmingham que l'on doit le procédé qui rend les routes ordinaires accessibles aux voitures à vapeur. La difficulté était grande ; elle ne consistait pas seulement à donner une force impulsive à une machine d'une grande dimension, mais bien encore à lui faire franchir les obstacles naturels que présente l'état de nos routes. Les roues ordinaires se refusant, par leur solidité, à étendre leur point d'appui, on a imaginé de construire une roue en fer qui fût élastique et capable de s'aplatir à son point de contact avec le sol, de manière à produire un frottement qui pût s'étendre à une longueur de 10 à 12 pouces de sa circonférence. On conçoit dès lors facilement que, si sur les routes à rainures, la machine à vapeur locomotive peut, avec le simple frottement de quelques lignes de surface de roue, remorquer un chargement de 30 ou 40 tonneaux, les voitures nouvelles pourront avec une force de 50 chevaux et leur immense point d'appui, franchir tous les obstacles, surtout lorsqu'elles n'auront à porter ou remorquer que 8 à 10.000 kilogrammes. Il a été constaté, par des expériences réitérées, que les voitures établies avec le nouveau procédé pourront franchir toutes les montagnes, quand bien même ces dernières décriraient avec le sol un angle de 40 degrés (ce qui n'existe pas en France), et parcourir avec un chargement complet, environ 10 milles anglais à l'heure, terme moyen ; on a porté la vitesse à 14 ou 15 milles (il faut environ 3 milles pour la lieue de poste en France). L'avantage inappréciable de cette invention, c'est que l'état de nos routes, bon ou mauvais, est indifférent pour la rapidité de la marche ; il ne faut, pour vaincre les difficultés, qu'une force motrice calculée sur la résistance ; or, comme une force de 15 à 20 chevaux est suffisante sur les terrains unis et sur les bonnes routes, on aura la ressource d'émettre une force plus considérable encore dans les cas difficiles. D'un autre côté, on n'a point à craindre un bris de machines par un choc violent dans une marche aussi rapide, ou en tombant dans les fondrières des mauvaises routes ; les rayons de la roue formant ressort, la machine se trouve ainsi suspendue ; les secousses étant amorties, empêchent une détérioration que l'unité d'un chemin de fer ne peut même éviter aux voitures locomotives. Ces voitures sont montées sur trois roues ; deux à l'arrière, de huit pieds de diamètre, sont mues par l'appareil à vapeur, elles donnent l'impulsion ; la roue de devant, de cinq pieds de diamètre seulement, sert à donner la direction ; les jantes ont neuf pouces de large. Au moyen d'un mécanisme fort simple, le conducteur de la machine, placé à l'avant, dirige la marche et donne le degré de vitesse qu'il juge convenable, pouvant arrêter court, même dans les descentes les plus rapides, et au besoin faire remonter la machine à reculons. Le mouvement de chaque roue est indépendant ; on peut les faire fonctionner simultanément en sens inverse l'une de l'autre. Enfin, nous dirons que les frais de combustible et d'entretien seront tels qu'il sera permis à la nouvelle compagnie de faire une diminution notable sur les prix actuels de transport. C'est avec ces immenses avantages d'une marche rapide et d'un tarif modéré que la nouvelle entreprise va s'offrir au commerce. Ce sera une concurrence redoutable pour les établissements de messageries et de roulages existants ; mais, comme cette concurrence ne peut tourner, un définitive, qu'au profit des intérêts généraux, nous désirons avec d'autant plus de raison qu'elle ait lieu, que nous sommes encore

bien éloignés du degré de perfectionnement atteint chez nos voisins dans ces deux branches d'industrie. »

—

226. — ETUDES DE CHEMINS DE FER. — Le 11 septembre 1832, le ministre du commerce et des travaux publics, comte d'Argout, institua une commission chargée de « rédiger un plan d'études pour arriver en peu de temps à la rédaction d'un projet général d'études d'un système de chemin de fer qui, partant de la capitale, aboutirait :

    1° à Rouen et au Havre ;

    2° à Lille avec embranchement sur Calais, Dunkerque et Valenciennes ;

    3° à Strasbourg avec embranchement sur Metz ;

    4° à Lyon et à Marseille avec embranchement sur Grenoble ;

    5° à Bordeaux ;

    6° à Tours et à Nantes.

« L'Etat, ajoutait une note officieuse, ne doit pas songer à se charger d'exécuter les travaux : c'est à l'intérêt particulier qu'il faut en remettre le soin ».

—

227. — MÉMOIRE SUR LA DIRECTION que doit suivre l'extrémité méridionale du chemin de fer de Paris à Marseille, par M. H. de Villeneuve. — In-8°, avec carte. — Marseille.

—

228. — CHEMIN DE FER DE BORDEAUX A L'ADOUR. — M. Gimet fils, de Bordeaux, ayant proposé de construire un chemin de fer de Bordeaux par la Teste, à Saubusse sur l'Adour, le projet fut mis à l'étude dans la Gironde et dans les Landes, où on exigea que le train passât par Dax. *(Journal des Landes.)*

—

229. — CHEMIN DE FER DE PARIS A ORLÉANS. — Le préfet du Loiret avait nommé une commission chargée d'informer sur un projet de chemin de fer de Paris à Orléans, commission qui se réunit le 5 juillet et émit un avis favorable.

—

230. — PROJET D'UN CHEMIN DE FER DE MONTBRISON A MONTROND, se rattachant à la ligne de Roanne à Lyon, traversant Saint-Etienne. — In-8°, 17 pages et 1 tableau. — Montbrison. — Cheminel. — Signé : Ildefonse Rater.

—

231. — EXAMEN D'UN ÉCRIT SIGNÉ *Ildefonse Rater, maire de Montbrison, ancien député, et intitulé : Projet d'un chemin de fer de Montbrison à Montrond, se rattachant à la ligne de Roanne à Lyon, traversant Saint-Etienne,* par M. Augustin de Meaux. — In-8°, 20 pages. — Montbrison. — Cheminel.

—

232. — PLAN DE LA JONCTION DU CHEMIN DE LA LOIRE AVEC CELUI DE SAINT-ETIENNE A ANDRÉZIEUX. — Une feuille. — Paris. — Desmodryl.

233. — CHEMIN DE FER DE LYON A BOURG. — MM. Mellet et Henry, concessionnaires du chemin d'Andrézieux à Roanne, avaient entrepris bruyamment les études de cette ligne. Le *Courrier de Lyon* ayant dit qu'ils y avaient renoncé, les deux ingénieurs s'empressèrent de démentir cette reculade.

—

234. — CHEMIN DE FER DE LANDRECIES A SAINT-QUENTIN. — Le génie militaire ayant mis des obstacles à la construction de la voie d'eau de jonction entre la Sambre, l'Oise, l'Escaut et le canal de Saint-Quentin, le préfet de l'Aisne fut aussitôt saisi d'une demande de concession du chemin de fer de Landrecies à Saint-Quentin. On estimait la dépense à 3 millions et le produit à 685.000 fr. ! *Errare humanum est.*

—

235. — CHEMIN DE FER DE PARIS A ROUEN. — Arrêté du 15 juillet du préfet du département de la Seine-Inférieure, instituant une commission pour examiner l'avant-projet du chemin de fer de Paris à Rouen — 122 kilomètres environ — par Saint-Denis, Enghien, Ermont, Pierrelaye, Pontoise, Gisors, Étrépagny, la vallée de Robec ou celle de Darnetal et Rouen. Prix du roulage, suivant la note officielle : ordinaire, 30 à 35 francs la tonne ; — accéléré, 55 à 60 ; — messageries, 80 à 150 ; — bateaux, 10 à 16. — Tarif proposé par les demandeurs en concession : 24.40 de Rouen à Paris et 18.30 de Paris à Rouen. — Devis : 14.500.000 francs. — Durée du voyage : marchandises, sept à huit heures; — voyageurs, de trois à trois heures et demie. — Tonnage reconnu : 348.800 tonnes à la remonte et 285.500 à la descente. On supposait que le chemin de fer en prendrait 200.000. Abaissement du tarif à 7 fr. 50 dans le cas où le trafic serait de 400.000 tonnes.

—

236. — CHEMIN DE FER DE LA LOIRE. — Le *Courrier français*, après avoir mentionné avec admiration dans son numéro du 28 août, les chemins de fer de Saint-Etienne à Lyon et de Lyon à la Loire, se sentait pris d'enthousiasme pour celui d'Andrézieux à Roanne, dont son correspondant avait parcouru un palier « dans un train remorqué par une locomotive à la vitesse d'une lieue en cinq minutes, montre en main, en compagnie de 80 personnes et de dix wagons de houille ». Le journaliste s'émerveillait devant deux tunnels de 125 mètres chacun et devant un remblai de 21 mètres, hauteur inusitée sur les chemins vicinaux qu'il était habitué à parcourir, et il ajoute : « On propose de rattacher Marseille à cette ligne par un chemin embranchant à Givors et continuant de Roanne à Nevers, Orléans et Paris. Marseille serait ainsi à vingt-quatre heures de Paris et Lyon à dix-huit ou dix-neuf. » C'était l'ancien projet de Samuel Blum, retour de province.

—

237. — CHEMIN DE FER DE SAINT-ETIENNE A LYON. — Le *Courrier de Lyon* du 10 août 1832 contient une description très chaleureuse des travaux de ce chemin de fer. De Lyon à Givors, la pente était de 0.0007, — de Givors à Rive-de-Gier, 0.006, — de Rive-de-Gier à Saint-Etienne, 0.01378. De Saint-Etienne à Rive-de-Gier, les trains devaient descendre seuls. Le tunnel de Terre-Noire, de 1,505 mètres de longueur, n'avait coûté que 1.006.000 francs. Le parcours était réglé sur le papier comme suit : Saint-Etienne à Saint-Chamond, 30 minutes ; Saint-Chamond à Rive-de-Gier, 30 minutes ; Rive-de-Gier à Givors, 45 minutes ; Givors à Lyon, 45 minutes. De Lyon à Saint-Etienne, à la remonte, on comptait mettre de 4 à 5 heures.

—

237 *bis*. — CHEMIN DE FER DE PARIS A ROANNE, ou complément de la ligne de Paris à Lyon. — « Tel est le titre d'une brochure où se trouve un rapport rédigé par MM. Mellet et Henry, anciens élèves de l'Ecole polytechnique, concessionnaires directeurs des chemins de fer de la Loire. Il a pour but de présenter l'examen des avantages qu'offre cette entreprise projetée, et d'engager le comité à procéder immédiatement à la constitution de la société. Si l'espace nous le permet, nous donnerons l'analyse de ce rapport. » Cette notice est extraite du *Recueil Industriel* de Moléon. La brochure en question n'est indiquée nulle part ailleurs.

—

238. — CHEMIN DE FER DE LIVERPOOL A MANCHESTER. — La *Revue Britannique* donne les renseignements suivants sur l'exploitation de cette ligne qui préoccupait beaucoup les Français, pendant le deuxième semestre de 1831 : — recettes : 1.642.500 fr., — dépenses : 884.000, — revenu net : 758.500. — Le port des marchandises, qui coûtait autrefois 19 francs la tonne anglaise, était descendu à 12 francs, et les places de voyageurs avaient baissé de 17 fr. 50 à 6 fr. 25, — avantages énormes pour le public et bonne affaire pour les actionnaires. — De son côté, l'*Estafette du Havre* donne les mêmes détails pour le premier semestre de 1832 : voyageurs, 174.000 ; marchandises, 87.000 tonnes ; — recettes, 74.706 livres sterling ; — dépenses, 48.658 ; — produit net, 28.648.

—

239. — ANNALES DES PONTS ET CHAUSSÉES. — *Premier semestre*. — Chemin de fer entre Whistable et Canterbury, traduction de l'anglais, par Letellier. — *Deuxième semestre*. — Chemin de fer d'Andrézieux à Roanne, essai d'une machine à vapeur.

—

239 *bis*. — ANNALES DES MINES. — D'un système de roues mi-fixes applicables aux chemins de fer à courbes d'un petit rayon, par E. Marsais. — Vol. 1.

—

240. — REVUE ENCYCLOPÉDIQUE. — *Chemin de fer de Gray à Verdun*, par Henri Fournel (janvier).

—

241. — JOURNAL DE LA VOIRIE. — Mensuel. — Paris. — In-8°. — 12 francs. — Ce journal reproduit *in*

extenso le jugement du tribunal de première instance de Lyon qui avait déclaré les entreprises de chemins de fer exemptes de l'impôt du dixième sur les places de voyageurs, et l'arrêt de la Cour royale de Lyon qui infirma ce jugement sage et logique, puisque l'impôt du dixième correspond aux frais d'entretien des routes utilisées par les diligences et les voiturins. La Cour de cassation confirma la doctrine fallacieuse de la Cour de Lyon : des lois postérieures ont légalisé cet impôt inique, dont le caractère est purement fiscal, sans impliquer la rémunération d'aucun service rendu par l'Etat.

—

242. — BULLETIN DE LA SOCIÉTÉ D'ENCOURAGEMENT POUR L'INDUSTRIE NATIONALE. — Rapport de M. Charles Mallet sur les dispositions imaginées par M. Laignel pour faciliter le mouvement des chariots sur les chemins de fer (courbes de petit rayon) approuvé en assemblée générale le 27 juin. — Médaille d'or de deuxième classe offerte à M. Laignel. — Insertion du mémoire de M. Laignel qui conclut à l'établissement, au moyen de son système, de chemins de fer sur les routes et dans les rues des villes. — Dans la séance du 4 novembre de cette grande académie industrielle, M. Palange père remet une traduction partielle d'un ouvrage anglais sur les chemins de fer ; — M. Laignel demande que l'on nomme des commissaires pour examiner son système dont le modèle fonctionne rue Picpus, n° 6 ; — le président annonce que le chemin de fer de Saint-Etienne à Lyon est terminé et que l'on y *employera des chevaux et des locomotives* et rapporte enfin que MM. Lamé et Clapeyron ont fait un projet du chemin de *Tivoli à la montagne du Pecq*, d'où des voitures monteront les voyageurs à Saint-Germain. — Dans la séance du 26 décembre, présidée par le baron Thénard, le conseil général déclare clos le concours ouvert « sur l'application du système des chemins de fer aux nivellements irréguliers des routes ordinaires, appelé aussi « des perfectionnements des chemins de fer ».

—

242 *bis*. — RECUEIL INDUSTRIEL, MANUFACTURIER, AGRICOLE ET COMMERCIAL, etc. (Voir n° 129 *bis*). — T. XXIII. — Brevet d'invention accordé à Jonas Feirlambe, de l'Etat de Délaware, pour des améliorations dans la construction des chemins de fer (7 juillet 1832). — Cette amélioration était l'invention des *plaques tournantes*, dont un critique rabaissait le mérite, en disant que ce qu'il fallait, c'était faire tourner tout un train à la fois ! — T. XXIV. — Description des diligences à vapeur de Gurney, tirage forcé au moyen de la vapeur après sa sortie des cylindres moteurs. — Chemin de fer de Paris à Saint-Germain. Demande de concession. Enquête ouverte à l'Hôtel de Ville de Paris.

—

243. — DE LA LOCALITÉ CONVENABLE A L'ENTREPOT DE PARIS, par rapport à l'économie du transport et à la navigation de la Seine-Maritime. — In-4°. — Rouen. — L'auteur anonyme de cet écrit, se prononce pour le

Clos Saint-Lazare, à Paris, relié par un chemin de fer à la gare maritime de Saint-Ouen et au port Saint-Nicolas à Paris. Il suppose que la capitale, desservie par son fleuve et touchant aux frontières de l'Est par les chemins de fer, doit devenir le centre des relations commerciales de toute l'Europe centrale avec les deux Amériques.

—

244. — Observations présentées dans l'intérêt du commerce et de la Ville de Paris sur les divers emplacements proposés pour l'entrepôt, signé L···. — In-4°. — Paris. — Fain. — L'auteur, qui se donne pour désintéressé dans la question, repousse tous les emplacements proposés pour établir l'entrepôt, Grenelle, Gros-Caillou, les Invalides, l'Enclos du Temple, le Grenier d'abondance, l'Entrepôt des vins, les Bons-Hommes, les Petits-Pères, le quartier François Ier, le Bassin de Saint-Ouen et le Port du Marais : il n'admet à concourir que les terrains de Tivoli, reliés au port de la Villette par un chemin de fer, et le Clos Saint-Lazare relié à son tour à Saint-Ouen par un chemin de fer et à la Villette par une voie d'eau qui existait déjà sous forme d'aqueduc ouvert. Il donne la préférence au Clos Saint-Lazare.

—

245. — Formation de l'entrepot général du commerce de la Ville de Paris par A.-S.-M. Bonneville, manufacturier de produits chimiques. — In-4°. — Paris. — Renard. — Dans un style comiquement ampoulé, l'auteur combat le projet de relier l'entrepôt futur par des chemins de fer aux ports de Saint-Ouen et Saint-Nicolas et demande qu'on établisse deux magasins généraux, l'un à la *place des Marais* et l'autre au *quai Bourdon*, dans l'intérêt des concessionnaires du canal Saint-Martin, qui paraît lui tenir fortement à cœur.

—

246. — Brevet d'invention de 15 ans (17 mai) au sieur Leo Chuster, à Manchester, pour un système de construction de chemins de fer au moyen de voies ondulées pour transporter les déblais.

—

246 bis. — Brevet d'invention de 15 ans (14 novembre) aux sieurs Don et Ragon, pour une chaudière tubulaire.

—

247. — Brevet d'importation de 15 ans (3 décembre) au sieur Starling-Berson, à Londres, pour un procédé propre à préserver le bois de la pourriture sèche. Bain dans une dissolution de deutoxyde de mercure, au *vingtième*. Durée du bain, d'un jour à 14, suivant la nature du bois.

1833

248. — Sur les moyens de favoriser l'exécution des travaux publics, par Alphonse Cerfbeer. — In-8°. — Paris. — Paulin. — Dans cet écrit, l'auteur démontre la convenance, pour le gouvernement, d'accorder une garantie d'intérêt de 5 0/0 sur une somme de 500 millions à employer en canaux et en chemins de fer, et il ajoute que cette garantie serait illusoire, attendu que des lignes bien choisies, dotées de tarifs rémunérateurs, produiront évidemment plus de 5 0/0 du capital qui y sera employé. L'idée a fait son chemin.

—

249. — Mémoire sur différentes questions d'économie publique relatives a l'établissement des voies de communication, par M. Courtois, ingénieur des ponts et chaussées. — In-8°. — Paris. — Carilian-Gœury. — Au milieu du tohu-bohu général, l'auteur voulait substituer des règles fixes à l'arbitraire suivant lequel on décide s'il convient de construire, entre deux points que l'on veut relier, une route, un canal ou un chemin de fer. M. Courtois examine la question au point de vue arithmétique et il arrive à poser comme axiomes économiques, les deux paradoxes suivants : « Lorsqu'une route, un chemin de fer et un canal présentent autant d'avantages, la route est à préférer. — Lorsqu'une route, un chemin de fer et un canal présentent autant d'avantages pour une même dépense, le canal est à préférer ». Heureusement que le corps entier des ponts et chaussées n'était pas imbu de cette perversion mathématique.

—

250. — Notice sur les voitures a vapeur employées en Angleterre sur les routes ordinaires, par M. Marq, ingénieur des ponts et chaussées. — In-8°. — Paris. — Carilian-Gœury. — C'est un écrit très intéressant résumant sur cette question les données de la science qui n'a pas fait un pas de plus, car le rapport entre la force du tirage et le poids transporté est invariablement comme 1 est à 240 sur une voie ferrée, et comme 1 est à 16 sur une voie empierrée, sans compter l'inconvénient qu'il y a à demander à une mécanique des efforts inégaux que la moindre ornière ou le plus petit caillou, inopportunément placé, transforme aussitôt en un choc destructeur. Or, les machines redoutent les chocs au point de ne pas supporter le plus léger *grippage*, lequel n'est cependant qu'un choc bénin.

—

251. — Traité de la possession et des actions possessives et pétitoires, par F.-P. Garnier, avocat aux conseils du roi. — In-8°. — Paris. — L'auteur y signale par intuition les nouvelles servitudes que les chemins de fer allaient apporter à la propriété urbaine et rurale, et les définit sommairement. Cet ouvrage très compétent eut plusieurs éditions.

—

252. — Tables des surfaces de déblai et de remblai pour gabarits de 6 mètres de largeur, par M. Fourier, ingénieur en chef des ponts et chaussées. — In-8°. — Angers.

—

253. — Instruction sur les routes, les chemins de fer, les canaux et les rivières, suivie de notes sur les transports et d'une statistique des principaux canaux et chemins de fer, et des routes carrossables construites dans les Alpes et les Apennins, à l'usage de *l'école d'application du corps royal d'état-major.* — In-8º, 10 feuilles et demie, plus deux planches. — Paris. — Anselin. — L'auteur de ces leçons de traction est le chef de bataillon du génie Augoyat (Antoine-Marie), que toute une génération de généraux a eu comme *professeur de fortification* à *l'École d'application d'état-major.* C'est un livre très sagement pensé et écrit, où le savant militaire examine tous les moyens de transport connus et donne la supériorité aux chemins de fer qu'il est allé étudier en Angleterre. Sans se prononcer sur la valeur stratégique des voies ferrées, il prévoit l'usage qui peut en être fait, soit pour l'attaque, soit pour la défense. Evidemment, ce puissant moyen de concentration rapide se prête à tout, mais à la condition de ne pas être employé sur le théâtre même de la guerre, car en ce cas toute la symétrie d'un mouvement de corps d'armée est à la merci d'un parti ennemi qui a fait sauter un pont ou un tunnel, et la confusion qui en naît, est en raison directe de l'importance de la concentration que l'on se proposait.

—

254. — DES MACHINES ET DE LEURS RÉSULTATS. — Un vol. in-18, traduit de l'anglais par M. LHUILLIER DE L'ETANG. — Chez Paulin, libraire, place de la Bourse. — Nous empruntons au *National* du 30 août 1833 le compte rendu suivant dû à M. Emile Pereire : « L'introduction des machines dans l'industrie, la substitution du travail mécanique au travail humain, est l'événement le plus grave de notre époque. Comment doit s'opérer cette transition ? Comment concilier l'intérêt général des consommateurs avec l'intérêt privé des producteurs ? Tel est le problème difficile qui préoccupe les hommes d'Etat, les économistes, les législateurs ; sa solution pratique est encore attendue. Si l'on calcule les souffrances, les dures épreuves que, par suite de ce grand conflit, l'humanité est appelée à traverser, par les souffrances qu'ont déjà éprouvées les populations ouvrières qui ont vu les moteurs inanimés remplacer le travail de leurs bras, quel triste avenir se présente, que de déchirements, que d'angoisses ! L'Angleterre, qui nous a devancés dans cette carrière, nous offre une série d'expériences, de précédents utiles à consulter : de fréquentes révoltes, des actes de dévastation ont signalé la première apparition des métiers dans les districts manufacturiers. La taxe des pauvres n'a qu'imparfaitement remédié aux envahissements de la mécanique ; les émigrations et les hôpitaux ont comblé quelques lacunes ; les privations les plus dures, les travaux les plus pénibles ont fait le reste. C'est un bien triste contraste que d'étudier, d'un côté, les conquêtes de l'homme sur la nature extérieure, que de le voir s'approprier tous les éléments, et, nouveau Prométhée, continuer incessamment l'œuvre de la création ! et de voir, d'un autre côté, ces merveilles de la production agir comme des fléaux sur le sort des travailleurs ! L'ouvrage dont nous allons faire l'analyse nous ramène à cette réflexion douloureuse. Ce travail, à vrai dire, ne justifie qu'imparfaitement son titre : *Des machines et*

de leurs résultats. Les résultats dont il est question sont surtout les prodiges que réalisent ces nouveaux agents de production. Ce n'est qu'une des faces de la grande question, la face brillante, le beau côté du tableau que présente en ce moment l'industrie anglaise, avec ses millions de métiers, avec ses forêts de vaisseaux, avec ses docks, ses canaux, ses entrepôts magnifiques, avec ses mines fécondes et ses innombrables hauts fourneaux, mais aussi avec sa population affamée, avec ses hôpitaux encombrés, avec ses hustings menaçants. Quoi qu'il en soit, l'auteur de cet ouvrage, tout en laissant, presque sans la traiter, cette seconde partie de la question, n'a pu la dissimuler complètement. Chacun se rappelle ces immenses processions d'ouvriers en haillons, briseurs de machines, et ces formidables meetings de Manchester où 100,000 voix répondaient par leurs acclamations à cette interpellation énergique : *Comment se fait-il que nous, qui produisons tout, nous manquions de tout ?* Ils réclamaient, là aussi, une augmentation de salaire, comme l'ont fait, en 1833, les ouvriers d'Anzin, et, en 1831, ceux de Lyon. C'est à la suite d'une de ces grandes démonstrations populaires que le gouvernement anglais institua, en 1827, un comité composé de membres de la Chambre des communes pour examiner s'il serait utile d'encourager les émigrations d'ouvriers privés de travail. Cette enquête a servi de point de départ à la *Société pour la propagation des connaissances utiles, de Londres,* pour faire adresser aux ouvriers l'ouvrage qui nous occupe, afin de diminuer leur antipathie contre les machines en leur faisant connaître tout le profit que leur classe en retire (1). Ce livre, ainsi que l'indique le but dans lequel il est écrit, est un fort bon plaidoyer en faveur de la mécanique ; en même temps qu'il renferme des renseignements fort curieux, fort instructifs sur l'industrie manufacturière, il donne une haute idée de la puissance que l'homme acquiert lorsqu'il sait manier les grands leviers que la nature et l'art lui fournissent. La fabrication du fer, qui est un des principaux éléments de la prospérité de la Grande-Bretagne, y est analysée et présentée sous une forme facile à comprendre, par les hommes les plus étrangers à l'industrie. « Un ou deux faits, y est-il dit, démontreront l'importance des machines dans les ouvrages de fer. En 1778, tout le fer qui fut confectionné pendant le courant de l'année ne s'élevait pas à

---

(1) Le 18 août 1830, la *Société d'instruction élémentaire de Paris* proposa également un prix de 500 francs pour le meilleur mémoire « sur l'utilité des machines, non seulement pour les hommes en général, mais particulièrement pour les ouvriers dont la profession emploie ces appareils ». Les tentatives de bris de machines que firent les ouvriers à la suite de la révolution de Juillet, ont inspiré la pensée de ce concours ; sur 27 mémoires présentés, trois ont été accueillis et se sont partagé le prix de 500 francs : Mme Elisabeth Celnard a reçu le premier prix de 300 francs ; M. Turck, docteur en médecine de Nancy, a reçu le second de 100 francs, et M. Bérenger, ouvrier en horlogerie à Paris, le troisième de 100 francs également. Ces trois mémoires ont été imprimés et distribués aux frais de la *Société d'instruction élémentaire.*

70.000 tonneaux et on en importa en barres, de Suède et de Russie, 77.000 autres tonneaux, qui furent nécessairement payés avec le travail de l'Angleterre ; à présent, la quantité de fer que l'on fabrique annuellement en Angleterre n'est pas moindre de 600.000 tonneaux. La quantité qu'on en fait par an, s'est accrue de neuf fois la même somme dans l'espace de moins d'un demi-siècle. » Pour produire une semblable quantité de fer, toutes les forces réunies de l'Angleterre, livrées à leurs propres ressources, seraient insuffisantes ; aussi a-t-on pu établir, dans les vingt dernières années, autant de tuyaux pour fournir de l'eau et de la lumière aux habitants de Londres, qu'il en aurait suffi pour occuper le monde entier pendant un siècle, sans machines. Indépendamment de l'établissement de ces tuyaux, il faut songer aux forces qui sont employées à extraire le charbon des mines et à le convertir en gaz ; l'eau, qui circule dans ces conduits souterrains, ne s'est pas trouvée, non plus, à la portée des habitants de Londres, car l'eau de la Tamise est malsaine, et, par cela même, impropre aux usages domestiques. « Un homme, ingénieux et hardi, dit l'auteur de l'ouvrage que nous examinons, entreprit, sous le règne de Jacques Ier, d'amener, pour l'approvisionnement de Londres, une rivière d'eau pure en la détournant de plus de 38 milles de son cours naturel. Il persévéra dans cette entreprise immense, nonobstant toutes les difficultés qu'il rencontra, jusqu'à ce qu'il eût enfin réalisé ce grand bienfait, qui consistait à amener l'eau saine à la porte de chaque particulier. Aujourd'hui, la nouvelle rivière, ouvrage de Hugh-Middleton, fournit 30 millions de gallons d'eau par jour (150 millions de pintes) ; et, bien que l'homme qui, dans le principe, conçut ce projet, ait été ruiné par cette entreprise, tel est l'empressement des particuliers à jouir de cet avantage, qu'une action de la compagnie de la nouvelle rivière qui, d'abord, se vendait 100 livres sterl. (2,500 francs), vaut aujourd'hui 1,500 livres sterl. (37,500 francs). La fabrication du coton a été, comme on sait, perfectionnée au plus haut point, en Angleterre et en Ecosse ; elle réprésente, actuellement, une valeur de plus de *neuf cents millions* de francs par an, sur lesquels, en défalquant le prix de la matière première, il y a 756 millions de richesses nouvelles produites *annuellement* par le travail des manufactures ; 1.400.000 individus, le onzième environ de la population d'Angleterre et d'Ecosse, vivent de cette fabrication. « On a calculé, en 1825, est-il dit dans cet ouvrage, que si l'on employait à la filature du coton une force équivalente à celle de 20.000 chevaux, et que la force de chaque cheval produisît, à l'aide des mécaniques, autant de fil que 1.066 personnes en pourraient faire à la main, si ce calcul est exact, et nous n'avons nul motif d'en douter, les mécaniques à filer, dans le Lancastre seul, ont donné, en 1825, une quantité telle de fil que, pour la produire à la quenouille et au fuseau, il eût fallu *vingt-un millions trois cent vingt mille personnes.* » Les voyageurs qui vont admirer les pyramides, les conquérants et les poètes qui vont invoquer leur majestueuse antiquité, ne songent pas toujours aux efforts humains qui ont été si improductivement employés à leur construc-

tion ; l'écrivain anglais a pris soin d'en instruire les ouvriers : « Un auteur grec (Hérodote), leur dit-il, nous apprend que la construction de la grande pyramide occupa 100.000 hommes pendant vingt ans, non compris les ouvriers employés à tailler les pierres et à les transporter sur le lieu où la pyramide fut bâtie. Hérodote parle de cet ouvrage comme d'un tourment pour le peuple ; et nul doute que le travail nécessaire à l'érection de masses incroyables de pierres, assez immenses pour employer 100.000 hommes pendant vingt ans, ce qui équivaut à 2 millions d'hommes par an, doit avoir été bien tourmentant pour ces peuples, privés qu'ils étaient de l'assistance des machines, ou secondés tout au plus par des machines très imparfaites. On a calculé que toutes les machines à vapeur de l'Angleterre, mises en activité par 30.000 hommes, extrairaient la même quantité de pierres des carrières et les élèveraient à la même hauteur que la grande pyramide dans le court espace de temps de *dix-huit heures.* Les habitants de l'Egypte ont gémi vingt ans sous ces travaux énormes. Les ouvriers gémissaient parce que de rudes tâches leur étaient imposées, et le reste du peuple gémissait parce qu'il avait à payer les ouvriers. » Les bornes d'un article ne nous permettent pas de présenter une analyse complète de tous les faits et rapprochements curieux que ce petit livre renferme. Au reste, nul ne peut nier les avantages des machines ; les perfectionnements qu'elles réalisent chaque jour sous nos yeux sont de la dernière évidence ; pour peu qu'on ait vécu et qu'on reporte ses souvenirs en arrière de quelques années, on peut mesurer les progrès de tout genre qui ont été réalisés. Chacun est aujourd'hui mieux nourri, mieux vêtu, mieux logé pour la même quantité de travail qu'autrefois. Si l'on remonte à deux ou trois siècles, on n'aura pas de peine à comprendre que les grands seigneurs d'alors avaient à leur disposition moins de ce que les Anglais appellent *confortable* que le plus mince bourgeois d'aujourd'hui. « Avant l'intervention de la première mécanique pour faire les bas, en 1599, par William Lee (nous revenons encore à notre petit livre), il n'y avait que les riches qui faisaient usage de ce genre de chaussure ; on se servait de houseaux faits par les tailleurs, ou bien l'on entourait ses jambes, de toile. William Lee fit une paire de bas au métier en présence de Jacques Ier ; mais tels étaient les préjugés de cette époque, qu'il ne put obtenir aucun encouragement pour son invention. On s'opposa à l'application de sa découverte, sous prétexte qu'elle priverait les hommes laborieux de leurs moyens d'existence. Il se rendit en France, où il n'eut pas plus de succès, et il mourut enfin de chagrin. » Après sa mort, son invention fut successivement appliquée ; aussi la noblesse anglaise put-elle porter journellement des bas, ce qu'elle ne faisait, il y a deux siècles, que lorsqu'elle allait à la Cour. Malgré cette invention, il paraît que les bas furent, pendant longtemps, fort rares à la Cour britannique. Stow, écrivain anglais, rapporte une lettre qu'écrivait Jacques Ier, lorsqu'il n'était encore que roi d'Ecosse, qui pourra faire juger quelle importance on attachait alors à la possession de ces objets. Dans cette lettre, adressée au comte de Mar, le roi prie ce seigneur de vouloir bien lui prêter sa paire de bas de soie pour le jour où l'ambassadeur d'Espagne doit lui être présenté : « Vous serez sûr au moins, ajoute ce prince avec une touchante candeur, que votre roi ne paraîtra pas comme un gueux devant des étrangers ! » Ainsi que nous l'avons dit tout à l'heure, cette publication de la *Société philanthropique de Londres* est un plaidoyer en faveur des machines adressé aux hommes qui, en 1830, menaçaient encore de les briser. L'auteur n'a cependant pas pu éviter de traiter la question la plus embarrassante de ce grand problème social : « L'introduction d'une nouvelle machine, dit-il, est toujours suivie de grands inconvénients temporaires. Qui peut en douter ? Qui peut nier que ce ne soit un mal très grand que de voir l'honnête industrie d'un ouvrier envahie soudainement par une puissance contre laquelle il ne peut lutter. Dès le moment où la mécanique se met en concurrence avec le travail de l'homme, les salaires du travail commencent à descendre au niveau des frais de la production de la machine. » Les questions adressées à ce sujet, lors de l'enquête anglaise de 1827, à M. Turner, ministre de Wilmlowe, démontrent comment la concurrence de l'homme avec les machines se soutient jusqu'à ce que l'ouvrier ait trouvé de nouveaux moyens d'occupation, moyens créés généralement par les machines elles-mêmes. « *Question.* Combien y a-t-il de temps que le métier à bras à tisser a été établi dans votre paroisse ? *Réponse.* Je ne puis répondre avec une grande précision ; mais je croirais assez qu'il y a trente ans qu'il fait la principale occupation de nos habitants, occupation à laquelle ils se sont livrés tous, tant qu'ils étaient, dans chaque famille ; car ils avaient autant d'ouvrage que les métiers qu'ils établissaient leur permettaient d'en faire. *Q.* L'intervention des métiers-puissance (powder) ou métiers-mécanique n'a-t-elle pas supprimé l'usage des métiers à bras ? *R.* Sans le moindre doute ; et elle aurait supprimé ces métiers beaucoup plus vite encore qu'elle ne l'a fait, si les tisserands au métier à bras n'avaient pas pu se soumettre *à une réduction de salaire. Q.* Mais, en se soumettant à une réduction, ils ont consenti à des salaires qui ne suffisaient pas pour subvenir à tous leurs besoins et ils ont recours à la taxe de la paroisse pour le reste de leur entretien ? *R.* Oui, et, par le fait, la concurrence entre le métier à bras et le métier mécanique se soutient au moyen de la taxe des pauvres. Nous voyons maintenant, ajoute l'avocat des machines, de la manière la plus évidente, que la société, lorsque de tels changements se présentent, fait intervenir une puissance factice pour prévenir la ruine immédiate qui résulterait de ces changements. La société suspend la chute de l'ouvrier qu'ils déplacent. Il n'y a nul doute qu'il est du devoir de la société d'intervenir d'une manière ou d'une autre, pour éviter qu'un bienfait général ne devienne une malédiction particulière. La seule question est de savoir de quelle manière cette intervention aura lieu... » C'est en effet là la question capitale. Lorsque cet ouvrage fut publié, lord Brougham présidait et était le membre le plus influent de la société au nom de laquelle il a été écrit. Il n'était à cette époque (1830), ni lord, ni grand chancelier ; il sentait alors la nécessité de remédier aux souffrances des classes inférieures. Ministre avec lord Althorp, il a contribué depuis à faire révoquer le vote de la Chambre des communes qui annulait le droit sur la drèche. Ce sont là de ces inconséquences, de ces retours, dont bon nombre des ministres français, qui se sont succédé au pouvoir depuis 1830, nous ont fourni de nombreux exemples (1). Quoi qu'il en soit, plus l'on approfondira ces questions, plus on comprendra que la chose importante aujourd'hui est d'abolir toutes les taxes sur les objets de consommation, afin de pouvoir élever relativement le taux des salaires. Les simples réponses du ministre de Wilmslawe tracent la marche qu'a dû suivre l'Angleterre pour arriver à la taxe des pauvres. Cette taxe est un mal, sans doute ; un mal qu'on doit s'efforcer de prévenir ; mais, dans la situation politique et industrielle, il était inévitable ; toutes les déclamations que des hommes superficiels font chaque jour à ce sujet sont sans fondement : c'était une question de vie ou de mort, ou pour l'aristocratie anglaise, ou pour les ouvriers. Il fallait ou abolir les taxes indirectes qui forment la presque totalité du revenu anglais, et reporter ces taxes sur la propriété (déjà grevée par les charges de guerre), puis modifier largement la législation des céréales ; ou bien organiser une aumône légale, inscrire au budget des communes, des rentes au profit des travailleurs. On a choisi ce dernier parti, il n'y en avait pas alors d'autre à prendre. Mais le mal empire chaque jour, et de nouveaux palliatifs seront bientôt nécessaires ; ce sera le signal de la réforme financière qui est aussi urgente en Angleterre que chez nous. En France, le moment est opportun, non seulement pour modifier profondément toutes nos lois fiscales, mais encore pour activer l'établissement des machines, en ayant soin de faire coïncider cette révolution industrielle, soit avec la colonisation d'Alger, soit avec une vaste organisation de travaux publics, capables de fournir une occupation lucrative aux ouvriers qui en manqueront. Il faut se hâter, car lorsque toutes les nations s'identifient avec tous les perfectionnements, nous ne pouvons, sans préjudice pour l'avenir industriel et commercial de notre pays, rester seuls en arrière. Les peuples qui restent stationnaires sont bientôt dépassés ; puis les positions perdues sont difficiles à reprendre. Nos hommes d'Etat font grand bruit aujourd'hui du développement des intérêts matériels ; ils y poussent en aveugles ; ignorants du but et des moyens, ils n'ont d'autre objet en vue

---

(1) Les principaux membres de la société anglaise pour la *propagation des connaissances utiles*, sont lord Brougham, grand chancelier, président; lord John Russell, vice-président; William Tooke, trésorier; lord Althorp, lord Ashley, W. B. Baring, Wm. Grawford, J. C. Hobhouse, Z. Macaulay, sir H. Parnell, T. Spring Rice, Doct. A. T. Thomson, H. Vaburton, etc. ; il est facile de voir, par cette nomenclature de personnages influents dans le gouvernement ou dans les Chambres, combien il est plus facile et plus commun de faire de cette philanthropie banale, du genre de celle dont nous avons été assourdis en France durant les dix dernières années de la Restauration, que d'entrer franchement dans la pratique des améliorations populaires.

que de détourner les esprits du développement politique dont tous les Etats européens sont travaillés ;
ils ne devraient pas oublier qu'aux progrès qui s'ef-
fectuent dans l'ordre matériel, doivent toujours correspondre des progrès politiques ou moraux, de
même qu'aux révolutions morales ou politiques, correspondent toujours des révolutions dans l'ordre
matériel. Dans l'organisation des sociétés tout se lie
et s'enchaîne : alors que Guttemberg inventait l'imprimerie en 1440, alors que Colomb découvrait l'Amérique en 1492, Copernic et Luther (1) venaient au
monde et détachaient chacun une des pierres angu-
laires de l'édifice social que Charlemagne et Grégoire VII avaient fondé. C'est aussi au moment où
Voltaire, Rousseau, et les encyclopédistes achevaient
cette immense démolition et préparaient la nuit du
4 août 1789, qui devait affranchir les travailleurs du
joug de la féodalité et amener l'abolition définitive
de l'esclavage, que Watt et Arkwright (2) donnaient au
monde les instruments les plus puissants et les plus
propres en même temps à compléter cet affranchis-
sement, en permettant désormais aux hommes de
consacrer leur activité à des travaux de moins en
moins pénibles et où les ressources de l'intelligence
pourraient être de plus en plus utilisées. La révolution politique et la révolution industrielle sont déjà
fort avancées en France ; en Angleterre, la révolution
industrielle a seule acquis un énorme développement,
l'autre commence. Dans une semblable occurrence,
nous devons savoir tirer parti de notre position :
qu'on se hâte donc ! E. P. »

---

254 *bis*. — Traité sur l'économie des machines et
des manufactures, par Ch. Babbage, professeur à
l'Université de Cambridge, membre de la Société
royale de Londres et de diverses académies. Traduit
de l'anglais sur la 3ᵉ édition par Ed. Biot, membre
de la société d'encouragement pour l'industrie natio-
niale. — In-8. — Paris. — Bachelier. — C'est une
des lectures des plus attrayantes que l'on puisse faire.
M. Babbage y décrit tous les emplois de la vapeur en
Angleterre en 1829, constatés par lui au cours d'un
voyage qu'il fit pour trouver un mécanicien qui con-
sentit à se charger de la fabrication d'une machine
à calculer, de son invention. On est frappé des merveilleux services que l'on demandait dès lors à ce
moteur inépuisable. L'auteur se montre très enthousiaste de l'application de la vapeur à la traction et,
même dans ce cas, de la mise en fonction de la détente de l'air comprimé par la vapeur. Il décrit aussi
avec force détails, un appareil ingénieux pour la
transmission des dépêches au moyen d'un wagonnet
pendu à un câble sans fin se mouvant dans une
gorge fixée sur des poteaux. La traduction de M. Biot
est très élégamment faite et donne même de la valeur à l'original. Cette publication n'a jamais eu un
grand succès ; elle mérite cependant d'être considérée

comme classique et ferait une meilleure impression
sur les jeunes gens que les compilations pédantesques
des professeurs. M. Babbage raconte *de visu* les ge-
nèses auxquelles il a assisté, et c'est ce qui donne à
son livre un puissant intérêt.

---

255. — Mémoire sur l'entrepot de Paris, par M. Odilon
Barrot, membre de la Chambre des députés, suivi de
notes de la compagnie soumissionnaire de l'entrepôt
sur les terrains de Tivoli, unis au port de Saint-Ouen
par un chemin de fer. — In-8°, 3 feuilles un quart,
plus un plan. — Paris. — Ce document est écrit avec
le style poncif et empesé, — vulgairement pompier,
— qui caractérisait ce personnage haut monté sur
ses ergots, que Berryer cloua un jour à propos du
pillage de Notre-Dame, de l'Archevêché et de Saint-
Germain-l'Auxerrois, en lui disant : « Je vous con-
nais, autrefois vous vous appeliez Péthion. » Les terrains de Tivoli, propriété du suédois Hagermann,
ancien entrepreneur des réverbères de la Ville de
Paris, lequel les avait acquis du banquier Greffulhe,
étaient ceux où se sont élevés la gare Saint-Lazare et
le quartier de l'Europe. La question de l'entrepôt de
Paris était très controversée et la concession de ce
service public était disputée par diverses compagnies
dont une avait pris pour avocat l'ancien préfet de la
Seine. M. Odilon Barrot n'hésitait pas à qualifier de
gigantesque le projet de relier cet entrepôt à la
gare d'eau de Saint-Ouen au moyen d'un tunnel qui
est encore à faire et qui pourtant ferait gagner des
millions aux consommateurs parisiens. Il plaidait
donc les circonstances atténuantes pour cet excès
d'audace : « Mais, disait-il en forme d'objection de
l'avocat du diable, ces machines locomotives qui
font dix lieues à l'heure ?... Mais ce souterrain par
lequel on arrivera à Tivoli ?... Mais les dépenses de
cette construction ? » Et il répondait qu'il ne serait
pas plus difficile au paysan de la Seine de se garer
de la locomotive qu'à celui de la Loire, qui savait
l'éviter, que le tunnel avait pour but de préserver
l'habitant des Batignolles du contact et du voisinage
des locomotives, et enfin que le souterrain, ouvert
dans un terrain sûr et solide, coûterait beaucoup
moins que celui du canal de Saint-Quentin, percé au
siècle précédent par l'ingénieur Laurent.— Voici comment dans le *National* du 23 janvier 1833, M. Emile
Pereire expliquait la question : « *De l'interminable
discussion de l'entrepôt.*— Depuis huit ans le commerce de Paris réclame un entrepôt pour ses denrées coloniales ; depuis un an la loi a fait droit à ses
réclamations, et cependant on ignore encore où l'entrepôt sera situé, comment et à quelles conditions
il sera établi. Le soin avec lequel on exclut de la
Chambre élective, des collèges électoraux, des conseils généraux et municipaux les capacités qui ne
peuvent exhiber un certificat du percepteur des contributions, explique une semblable incurie. Du reste,
le conseil général de Paris, faisant fonctions de conseil municipal, est nommé par le roi ; c'est le bon
plaisir qui donne à la Ville ses tuteurs, ses édiles,
nous en voyons les résultats. Une kyrielle de rapports, de contre-rapports, tout l'attirail administratif, en un mot, a passé par là : c'était beaucoup plus

---

(1) Copernic est né en 1473, Luther en 1483.
(2) C'est en 1769 que Richard Arkwright, barbier
de Preston, inventa le mécanisme principal de la machine à filer le coton ; Watt mettait en activité, en
1778, les premières machines à vapeur.

qu'il n'en fallait pour rendre la question insoluble, les difficultés inextricables... Voilà bientôt un an que nous sommes accablés d'un déluge de prospectus, de plans, de mémoires, de notes officieuses : c'est le Gros-Caillou qui déclame contre Tivoli, le canal contre la gare de Saint-Ouen, les Champs-Elysées contre Grenelle, les Batignolles contre la Villette, etc., etc., et c'est toujours pour l'intérêt général que chacun s'agite, que chacun pétitionne, imprime, intrigue, cabale... Afin de n'être point suspectés de partialité, nous avons gardé un silence complet sur toutes ces réclamations intéressées ; mais comme, d'après ce qu'on nous affirme, le conseil général doit résoudre définitivement la question vers la fin de la présente semaine, nous croyons devoir en dire quelques mots : on fera de nos avis l'usage qu'on croira convenable. La loi du 27 février 1832 n'a rien prévu ; les *lumières* de l'ex-ministre du commerce, comme celles de la Chambre des députés, n'ont rien résolu ; de là les difficultés que cette question a soulevées. Cette loi a prescrit deux choses : le conseil municipal pourra autoriser la construction aux frais de la Ville, ou en faire la concession temporaire à une compagnie particulière avec concurrence et publicité. Etablir un entrepôt de denrées coloniales aux frais de la Ville, c'est un non sens après l'école qui a été faite sur l'entrepôt des vins. En faire l'objet d'une adjudication, c'est ne rien dire, car il faut commencer par indiquer la localité la plus convenable pour un semblable établissement, ce choix devant précéder la concession. Indiquer la localité est donc la première question à résoudre ; c'est là plus urgente et en même temps la plus difficile et la plus délicate ; car il y a là un *monopole* à accorder, et c'est après ce monopole que chacun court, c'est ce privilège qu'on se dispute. Or comme, même au sein du conseil municipal, il doit se trouver des propriétaires ayant leurs intérêts personnels ou de famille dans divers quartiers de la capitale, là comme ailleurs on n'empêchera point le *primo mihi* d'intervenir et de brouiller toutes les discussions. Si donc on n'écarte pas cet obstacle, le commerce court grande chance d'être sacrifié à des intérêts de coterie. Le Gros-Caillou plaide pour son quartier, M. Dupin, le statisticien, lui prête l'appui de ses chiffres ; il prouve que cette partie de la rive gauche du fleuve se dépeuple chaque jour, et il voudrait contraindre les locataires à y revenir ; c'est très naturel, chacun prêche pour son saint ; les propriétaires n'aiment pas les maisons vides, surtout quand elles leur appartiennent. La place des Marais voudrait accroître la circulation des bateaux dans le canal Saint-Martin, par la raison : 1° que le trajet des bateaux produit un péage ; 2° qu'on vendrait et qu'on louerait mieux les propriétés riveraines du canal, si l'entrepôt y attirait le commerce. Tivoli a des raisons aussi péremptoires à alléguer ; il y a de belles places et de belles rues pavées, tirées au cordeau, mais non bâties pour la plupart ; l'entrepôt y appellerait des acquéreurs et des constructeurs ; donc vous concevez... Mais le commerce, qui s'en occupe ? qui plaide pour lui ? le conseil municipal ? Plaisanterie que tout cela, il a bien d'autres choses en tête. On nous a donné hier communication d'une proposition nouvelle faite par la compagnie de Tivoli ; cette compagnie s'engage à céder gratuitement à la Ville de Paris : 1° 16.000 toises d'un terrain *intrà muros* sur la lisière du boulevard extérieur, entre les barrières Monceaux et de Clichy ; ce terrain est actuellement disponible, la cession est régulière ; 2° les bassins, le canal et les quais de la gare Saint-Ouen ; 3° les bâtiments de l'entrepôt ; 4° le chemin de fer qui sera établi entre l'entrepôt et la gare. La compagnie s'oblige à cet effet à construire, exclusivement à ses frais, le chemin de fer et l'entrepôt, et n'en réclame que l'usufruit pendant un certain nombre d'années ; elle offre en outre un cautionnement d'un million pour la garantie de ses engagements. Quelque avantageuses que ces propositions puissent paraître de prime abord, il ne faut point cependant se faire illusion ; on ne peut en apprécier l'importance que lorsqu'on aura déterminé *la quotité des tarifs* et *la durée de la jouissance* ; ce sont là, après le choix de la localité, les deux points culminants de la question qui, en d'autres termes, peut se résumer ainsi : quels seront les bénéfices de l'entrepôt ? Pendant combien d'années en jouira-t-on ? Il est clair qu'en cumulant une réserve à l'aide des bénéfices annuels, une compagnie peut facilement s'indemniser de toutes ses dépenses et retrouver le capital dont elle semblerait faire l'abandon ; chacun sait qu'une réserve annuelle de 1 p. 100, avec l'intérêt composé à 5 p. 100, reproduit entièrement le capital au bout de trente-sept ans environ ; la fantasmagorie des chiffres ne peut désormais faire illusion qu'à ceux qui ne se donnent pas la peine de réfléchir. La partie essentielle de la proposition n'est donc pas là ; elle consiste en ce qui suit : La compagnie, après avoir pris les engagements dont il vient d'être parlé, abandonne la condition du monopole ; le conseil municipal pourra, s'il accepte ses propositions, autoriser la construction d'un second entrepôt, soit au Gros-Caillou, soit à la place des Marais, pourvu que les tarifs, la durée de la concession et l'importance du cautionnement soient identiques pour les deux entrepôts. Cette proposition tranche net bien des difficultés ; si elle n'est point une solution, elle ouvre une voie pour y arriver. Dans notre opinion, on ne peut point l'accepter dans sa forme ; mais on doit s'en servir, car elle peut offrir au commerce une garantie contre les séductions de l'intérêt privé. Il est clair que toutes les localités n'ont point des avantages égaux : La place des Marais est voisine du canal, mais elle met de côté la grande navigation ; les bateaux normands, par lesquels s'effectue aujourd'hui une partie importante des transports de Rouen à Paris, ont 26 à 27 pieds de largeur, et les écluses du canal n'ont que 24 pieds de dimension ; le Gros-Caillou est sur les bords de la Seine, mais son bassin n'est pas creusé, et cette partie de la rivière est ensablée et a besoin d'être draguée ; Tivoli n'est point sur les bords de la Seine, ni sur ceux du canal ; mais une communication avec la gare Saint-Ouen permettrait aux bateaux de toutes les dimensions de faire le service des transports pour l'entrepôt, et éviterait, relativement au Gros-Caillou, une navigation de 5 à 6 lieues et le passage de plusieurs ponts. Tels sont les inconvénients et les avantages respectifs de ces trois localités, les seules dont on s'occupe aujourd'hui. S'il était possible d'établir, avec un tarif uniforme, trois entrepôts provisoires, un dans chacune de ces trois localités, on pourrait faire une expérience et voir où le commerce se porterait, c'est-à-dire là où il trouverait les plus grandes économies ; mais cela n'est pas possible : l'entrepôt de Paris ne peut pas être établi dans un hangar, comme quelques bons bourgeois de la Chambre des députés et du conseil municipal l'avaient pensé dans l'origine. Dans une semblable occurence, le seul parti à prendre nous paraît être celui-ci ; le conseil municipal devrait commencer : 1° par fixer irrévocablement la durée de la concession : cinquante ans, par exemple ; 2° il devrait établir un tarif provisoire, lequel réglerait invariablement le *rapport* nécessaire entre les droits de magasinage et les frais des diverses manutentions : ce tarif devrait être assez élevé pour servir de *mise à prix*. Cela fait, les trois localités devraient être appelées à concourir, par soumissions cachetées, à une adjudication *au rabais* sur cette *mise à prix* ; un cautionnement provisoire devrait être préalablement déposé par chaque concurrent pour servir de garantie à ces soumissions. La compagnie qui aurait fixé le tarif le plus bas aurait le droit d'établir l'entrepôt ; elle jouirait gratuitement de l'exercice des douanes. La compagnie qui, après celle-ci, aurait consenti au rabais le plus fort, aurait, *pendant un an*, la faculté d'établir un second entrepôt, aux mêmes clauses et conditions que la première compagnie, sauf les frais de douanes qui seraient à sa charge. Ce délai expiré, la troisième compagnie aurait trois mois pour profiter de la faculté offerte à la seconde compagnie. Enfin, ces deux délais expirés, le monopole exclusif de l'entrepôt serait irrévocablement acquis à la première compagnie. La faculté que nous proposons de laisser aux deux compagnies vaincues dans le concours d'établir, l'une ou l'autre, un entrepôt aux mêmes conditions, sauf un surcroît de dépense annuelle de 20 à 25.000 francs pour les frais de douanes, a pour but de mettre à couvert les intérêts du commerce. L'entrepôt est purement et simplement une question d'économie, mais pour le commerce, l'économie ne consiste pas seulement dans l'intérêt des droits de douane, ni dans la dépense de magasinage et des manutentions, elle doit consister en outre dans le bas prix des transports dont on ne peut pas priver les marchandises qui arriveront dans l'entrepôt. Si donc il se faisait que la localité triomphante n'offrît point cette dernière économie, il serait loisible à celle des deux autres localités qui aurait la certitude de présenter cet avantage, de livrer un second entrepôt au commerce. Si 20 à 25.000 francs de frais annuels étaient un obstacle, ce serait une preuve que l'économie des transports annuels ne serait point égale à cette faible somme ; on ne serait point dès lors autorisé à prétendre que l'intérêt général aurait été sacrifié. C'est là, nous le répétons, le seul moyen de mettre à couvert tous les intérêts, de faire taire toutes les réclamations absurdes ; c'est le mètre commun auquel on pourra juger les calculs et les prétentions dont nous sommes assourdis depuis un an. En suivant une semblable marche, le conseil

pourra se tirer d'embarras sans engager gravement sa responsabilité et sans compromettre l'avenir de l'entrepôt, auquel se rattache si étroitement le développement de l'industrie parisienne. En un mot, l'entrepôt doit profiter de la concurrence des propriétaires de maisons, de terrains, de canaux et de gares ; mais il ne faut pas perdre de vue que l'entrepôt n'a pas pour but de mettre en valeur des propriétés, mais de procurer au commerce les plus grandes facilités possibles. »

———

256. — MÉMOIRE CONTRE LE CHEMIN DE FER DE MARSEILLE A LYON ET L'EXPORTATION DES SOIES GRÈGES, par F.-N. Bourget, de Lyon. — In-8°. — 1 feuille 1/4. — Paris. — Béchet. — Cette brochure est toute imprégnée de l'esprit de réaction et de routine que M. Méline et les hobereaux qui *jacobinent* avec lui, ont remis en honneur depuis dix ans. Cela nous rappelle les fureurs des *hidalgos* du *Vierzo*, en Espagne, sous Charles III, qui ne voulaient pas que le roi fît construire la route de la Corogne, sous prétexte que la facilité d'envoyer les truites du Sil à Madrid, en ferait hausser le prix à Ponferrada. M. Bourget ne voulait pas de chemins de fer du tout, et moins qu'ailleurs, entre Marseille et Lyon. « Il y a, dit-il, suivant Chaptal, 260,000 chevaux occupés aux transports en France, dont 40,000 sur la route de Lyon à Marseille. Les 40,000 chevaux produisent 110 millions de francs par an, dont 10 vont aux voituriers, 60 aux récoltants qui vendent leurs denrées aux voituriers et 40 aux ouvriers charrons, bourreliers, employés et commissionnaires de roulage. Le chemin de fer portera la même quantité de marchandises pour 36 millions de francs, d'où perte sèche de 74 millions, qui ne profitera pas aux consommateurs. Cent mille personnes seront ainsi ruinées. » Cependant, prévoyant que les chemins de fer l'emporteront sur lui, il désirait que l'Etat en construisît pour son compte 750 lieues, au moyen d'un emprunt de 300 millions. Il énumère les bénéfices que le Trésor en retirerait et prétend que la Compagnie de Saint-Etienne à Lyon, qui payait le mètre de rails 60 francs en 1825, ne le payait déjà plus que 22. (Il faut sans doute entendre, par là, le mètre de voie, faisant 2 mètres de rails, ce qui à 26 kil. par mètre linéaire, fait ressortir le fer à 424 francs la tonne). M. Bourget avait contre les capitalistes la haine qui anime les mélinistes et il leur reprochait amèrement de rechercher les bonnes affaires et de ne pas se laisser guider par la philanthropie. Finalement, il les adjurait, s'ils avaient en vue le bien public, de construire un chemin de fer de Nantes à Brest, après avoir achevé celui de Paris à Orléans et celui de Nantes à Orléans. Le bon apôtre s'en référait à un prétendu aphorisme de Charles X, lequel, à propos « de la compagnie anonyme de 50 millions qui voulut, en 1825, s'emparer de toute l'industrie en France », aurait dit : « J'aime mieux cent francs dans les mains d'un million de mes sujets, que cent millions dans les mains d'un seul financier, parce qu'avec un métier et cent francs d'avance, un homme fait vivre honorablement sa femme et quatre enfants, tandis que cent millions devenus la proie

du financier, ne profiteraient qu'à une seule famille ». Je m'inscris en faux contre cette anecdote pour le fond et pour la forme. Charles X savait mieux que personne ce que vaut l'argent en masse. S'il n'y avait pas de gros réservoirs de capitaux, l'humanité resterait stationnaire, confite dans l'impuissance et la médiocrité. Sur la question des soies grèges, notre auteur montrait la même mesquinerie caractéristique. « Ils n'en ont pas en Angleterre », disait-il avant le chantre du vin de France, et il ne voulait pas que les Anglais eussent des soies des Cévennes qu'ils eussent moulinées à leur usage, afin de donner à leurs tissus de soie la qualité de ceux de Lyon. « La main-d'œuvre est aussi vile dans un pays que dans l'autre, et les 4 schellings 1/2 que gagne une ouvrière anglaise par semaine, font pendant aux vingt sous que gagne une dévideuse à Saint-Etienne et à Lyon. Exporter des soies grèges, c'est comme si on exportait le raisin de Bordeaux pour aller le cuver à Londres, » ajoutait M. Bourget, et il terminait par cette invite : « Voilà la vérité que j'ai cru devoir exposer ; je laisse aux ministres le soin d'en faire l'application ». Peine perdue : les ministres ne firent aucun cas de ce *mane, thecel, pharès* — économique.

—

257. — CONSIDÉRATIONS SUR L'ESSOR A DONNER EN FRANCE AUX CHEMINS DE FER, AVANTAGES QU'ILS PRÉSENTENT, suivies des détails des dépenses et produits du chemin de fer de Liverpool à Manchester, depuis son ouverture, par A. Andelle, ancien courtier de commerce à Paris. — In-4°, 4 feuilles 1/2. — Paris. — Andelle paraît avoir été d'accord avec J. Blum qui poursuivait la concession d'un chemin de fer du Havre à Marseille (voir n° 259) : il ressentait pour l'industrie nouvelle un enthousiasme de bon aloi, et c'est avec une véritable ferveur qu'il allait chercher des exemples en Angleterre pour allumer le zèle avaricieux de ses compatriotes, en leur prouvant qu'il y avait beaucoup à gagner, tout en participant à une œuvre patriotique. Par une transition insensible, le chemin de fer était devenu une voie à voyageurs et les imaginations commençaient à s'échauffer. Or, comme il suffisait d'une feuille de papier timbré de 35 centimes pour se faire aspirant concessionnaire, les constructeurs de chemins de fer avaient pris la suite des affaires des *inventeurs de gaz inflammable* qui, sous le Directoire, tenaient le haut du pavé des initiatives hardies. L'auteur de cette brochure rapporte que le chemin de fer de Liverpool à Manchester avait produit, pour le premier semestre de 1832, 1.905.023 francs, dont 1.021.140 pour les voyageurs, avec une dépense de 1.189.793, comprenant 120.000 francs pour les intérêts de la dette. Du 30 janvier 1831 au 30 juin 1832, soit pendant dix-sept mois, les bénéfices nets de l'entreprise avaient atteint 2.946.201 francs, soit 14 0/0 du capital des 20 millions formant le fonds social. On avait, pendant ce laps de temps, transporté 619.600 voyageurs et 221.542 tonnes de marchandises. La preuve de la vitalité de la nouvelle industrie était faite pour l'Angleterre, comme elle le fut pour la France après le succès du chemin de fer de Saint-Germain en 1837.

258. — AVANT-PROJET DU CHEMIN DE FER DE NANTES A ORLÉANS, PAR LA VALLÉE DE LA LOIRE, et considérations à l'appui du nouveau système d'exécution par coopération mutuelle, publié par la compagnie soumissionnaire. — In-4°, 4 feuilles 1/2, plus 1 carte. — Paris. — (Le siège de la Société est provisoirement rue Chantereine, n° 24). — La rue Chantereine, — *Cantaranas*, reine, grenouille, — ainsi nommée à cause des marais sur lesquels elle avait été remblayée, avait reçu sous l'Empire le nom de rue de la *Victoire* qu'elle avait perdu en 1814 et qu'elle reprit en 1851, en honneur de Napoléon. Avec ses économies de la première campagne d'Italie, Bonaparte avait acheté 180.000 francs l'ancien hôtel bâti par Ledoux pour le marquis de Condorcet, et acquis révolutionnairement par Julie Carreau, la femme de Talma, hôtel qui portait le n° 52. Ce fut là qu'il mit la dernière main à la conspiration avec les généraux dans la matinée du 18 Brumaire an VIII, et où le civil Cornudet lui apporta le décret du Conseil des Anciens l'investissant des fonctions de bourreau de la République et de la liberté. Le 52 était à peu près où se trouve aujourd'hui la maison Belloir, — attendu que la rue de la Victoire s'arrêtait aux murs de l'hôtel Thélusson avant l'actuelle rue Laffitte. Les chevaux des conjurés furent logés pendant la nuit du 17 au 18 Brumaire dans les bâtiments qui devinrent plus tard un bureau de nourrices, emplacement sur lequel s'élève aujourd'hui l'hôtel du *Crédit Mobilier espagnol*, au n° 69. Le projet que nous allons analyser est très remarquable à tous les points de vue. Il est l'œuvre de MM. Jacques Galbrun, de Tours (Paris, rue Saint-Denis, 12), et Maurice Steineau (Paris, rue Chantereine, 24), autorisés, par ordonnance royale du 31 juillet 1833, à faire les études de cette ligne, car les opérations sur le terrain impliquant le passage sur les propriétés privées, l'autorisation préalable était indispensable. La nécessité, soit d'améliorer la navigation de la Loire par un canal latéral, soit de construire un chemin de fer de Nantes à Orléans, avait été indiquée par Dutens dans ses *Mémoires sur les Canaux*, et par l'ingénieur Jousselin dans la séance du conseil général des ponts et chaussées du 2 novembre 1824. Un spéculateur, Laisné de Villeévêque, avait fait rédiger un projet de canal latéral de Nantes à Orléans, par l'ingénieur Surville. Pour 305.284 mètres, dont 11.588 en lit de rivière, le devis montait à 31 millions 625.000 francs. En dehors de la navigation, le roulage transportait 45.000 tonnes entre Nantes, Orléans et Paris. Nos auteurs comprenaient l'avenir des chemins de fer et supposaient que leur ligne serait continuée, d'un côté jusqu'à Paris, et de l'autre jusqu'à Bordeaux et Bayonne. Ils étaient très soutenus par Saulnier, journaliste, devenu préfet du Loiret, et très fervent des nouvelles voies de transport. Dans un banquet, car dès lors on *toastait* à l'anglaise, ce fonctionnaire s'était exprimé en ces termes : « C'est par les grandes routes que la civilisation s'avance, que ne fera-t-elle pas par les chemins de fer ? Bientôt toutes les habitudes se nivelleraient par la multiplicité et la promptitude des communications. Les idiomes et jusqu'aux accents des provinces disparaîtraient ». Telle est, en effet, la théorie, mais, dans

la pratique, il n'en a rien été encore. Les peuples même qui subissaient le joug de la langue française, l'ont secoué et n'ont mis à profit les leçons de l'expérience acquise dans ces communications fréquentes, que pour se créer une littérature nationale. MM. Galbrun et Steineau n'avaient pas oublié, dans leur projet, les avantages militaires des chemins de fer. Le devis de la ligne de Nantes à Orléans, rédigé à vol d'oiseau, s'élevait à 31.500.000 francs, ainsi répartis :

1° Acquisitions de terrains....Fr.	1.381.600 »
2° Terrassements.................	3.140.000 »
3° Rails à 28 francs le mètre (*de voie*)...................	8.792.000 »
4° Coussinets	1.695.611 »
5° Dés en pierre dure (pour asseoir les rails).................	1.884.000 »
6° Travaux d'art.................	8.750.000 »
7° 30 locomotives à 18.000 francs.	540.000 »
8° 80 wagons à voyageurs à 3.000 f.	240.000 »
9° 840 wagons à marchandises à 500 francs.................	420.000 »
10° Frais imprévus...............	3.102.777 »
11° Frais d'administration........	1.550.000 »
Total...............	31.500.000 »

C'est un peu enfantin. Dans l'estimation des produits, les pròspecteurs avaient pris pour bases le tonnage maritime de la Basse-Loire qui était de 1.301.960 tonnes, celui du roulage qui s'élevait à à 52.832 et enfin le nombre des places offertes aux voyageurs dans les services Paris-Orléans-Nantes, soit 157.680 par an. C'est ainsi qu'ils mettaient en ligne les chiffres suivants :

1° Produit du tonnage par eau..Fr.	8.759.321 »
2° Produit du roulage.............	1.220.739 »
3° Transport des bestiaux pour les marchés de Sceaux et Poissy..	3.464.866 »
4° Produit des voyageurs.........	3.182.054 »
Total...............	16.646.980 »
A déduire pour frais d'exploitation, y compris 1.575.000 francs pour l'intérêt du capital à 5 0/0.......	6.676.284 »
Bénéfice net........	10.170.796 »

soit 30 0/0 du capital. La naïveté dégénérait ici en niaiserie et en erreurs matérielles de calcul, à moins qu'il n'y ait une faute d'impression, car il y en a d'autres, et M. Galbrun est appelé *Jacqueau* pour Jacques. Mais là où la simplicité des auteurs du projet devient épique, c'est quand ils développent, avec l'aplomb d'un sociologue de profession, leur plan de coopération mutuelle, lequel consistait à payer les propriétaires de terrains en actions de l'entreprise. S'autorisant d'une boutade d'un allemand nommé List qui, dans un toast aux Etats-Unis, avait dit que les chemins de fer étaient la synthèse du travail, car il y avait vu employer de la main-d'œuvre, du bois, du fer, de la pierre, mais pas une seule once d'or ou d'argent, MM. Galbrun et Steineau, mus de « sentiments philanthropiques » et désireux d'inculquer aux ouvriers des « principes d'ordre et d'économie », se proposaient de les payer partie en numéraire

ayant cours et valeur et partie en coupons d'actions, sans toutefois que cette condition fut obligatoire pour les travailleurs. C'est bien le cas de clore cette exposition par le populaire : je te crois. L'acte de société avait été rédigé et parmi les adhérents, on citait : MM. A. de la Pinsonnière, député d'Indre-et-Loire ; — P.-F. Dubois, député de la Loire-Inférieure ; — Mauguin, député de la Côte-d'Or ; — M. Koreff, conseiller d'Etat du roi de Prusse *(médecin charlatan)*; — le baron Prosper Desazars ; — le comte de Felletan ; — Brunton, architecte et administrateur de la compagnie du gaz ; — Huguenot, propriétaire. Le *National*, dans son numéro du 4 novembre 1833, insérait la note suivante de M. Emile Pereire sur le chemin de fer de Nantes : « chemins de fer. — Le *Breton* publie un avis du préfet de la Loire-Inférieure annonçant que l'avant-projet d'un chemin de fer de Nantes à Orléans, contenant le tracé général de la ligne des travaux, les dispositions principales des ouvrages les plus importants et l'appréciation sommaire des dépenses montant à 31.500,000 francs, ainsi que le tarif des droits demandés par la compagnie soumissionnaire, est déposé aux bureaux de la préfecture. Voici, d'après ce journal, le tracé de ce chemin. La direction du chemin de fer aux abords d'Orléans n'a pu être déterminée, puisqu'elle dépendra de la traversée de la Loire pour se raccorder avec le chemin de fer qui, de Paris, doit aboutir à cette ville. Entre Orléans et l'extrémité ouest de l'île de Bréhémont (Indre-et-Loire), le chemin de fer se maintiendra sur la rive gauche du fleuve, en passant par Saint-Mesmin, Saint-Dié (près Vienne, faubourg de Blois), Candé, Mosne, Amboise, Montlouis et Tours. Après avoir franchi la Loire, le chemin de fer se continue sur la rive droite, passe derrière Chouzé, Villebernier, traverse la route royale de Bordeaux à Rouen, passe entre les plaines-marais de l'Anthion et Saint-Martin, les Rosiers, Saint-Mathurin et Sorges. Près de ce dernier point on a indiqué une branche secondaire, tracée presque latéralement à la route royale de Briare à Angers, destinée à mettre cette ville en communication avec la ligne principale du chemin projeté. A partir de Sorges, la branche principale traverse la Loire une troisième fois, à peu de distance des Ponts-de-Cé et du port de Juigné (Maine-et-Loire); elle se dirige ensuite par la rive gauche, et, après avoir passé près de Rochefort, Châlonne, Montjan, Saint-Florent, Liré-Champtoceaux, la Varenne, la Praudière, Basse-Goulaine, arrive à Pirmil et Pont-Rousseau (faubourg de Nantes), en passant au pied du nouvel hospice Saint-Jacques. Nous ne sommes nullement en état de discuter cet avant-projet et nous tenons pour excellentes les dispositions qu'il renferme; mais il nous semble qu'on se hâte singulièrement de faire des projets et des tracés de ce genre. Toutes les localités du monde peuvent recevoir un chemin de fer; mais quelle chance de succès a-t-il si c'est une compagnie qui l'entreprend? Quelle certitude d'utilité possède-t-il, si c'est aux dépens du public qu'il doit s'exécuter ? Double question qu'il faut étudier avec soin et résoudre avec maturité avant de mettre la pioche à la main et d'enfouir d'énormes capitaux en terrassements. Et n'est-ce pas le lieu de rappeler l'exemple mémorable du fameux canal maritime de Paris au Havre ? Quel engouement n'a pas inspiré cette entreprise si vantée, et sur laquelle les enquêtes les plus savantes ne permettaient ni doute ni inquiétude ? Nous voyons cependant qu'il faut considérer comme une chose fort heureuse que l'exécution en ait été ajournée. Le prix du fret, qui devait, il y a huit ans, procurer un juste intérêt aux actionnaires, est tombé de près de moitié depuis cette époque; là Seine, améliorée à peu de frais sur quelques points, peut suffire à toutes les exigences de la civilisation : l'excellent ouvrage qu'ont publié, il y a un an, MM. Clapeyron et Flachat, en fait foi. L'admirable canal n'eût été qu'un immense désordre. Tâchons que la leçon nous serve, et si nos expériences politiques nous profitent si peu, qu'il n'en soit pas de même de nos expériences industrielles, lesquelles ne sont pas moins ruineuses. »

---

259. — Du chemin de fer du Havre a Marseille par la vallée de la Marne, par Henri Fournel. — Première publication. — In-8°, 2 feuilles. — Chez l'auteur, rue Chanoinesse, 2 (Cloître Notre-Dame). — Epigraphe : Une question bien posée, est à moitié résolue. Après avoir rendu hommage au ministre des travaux publics, M. Thiers, qui avait demandé un crédit pour l'étude de cette ligne, l'éminent ingénieur entreprend la défense de ce tracé qui était aussi celui de Blum, dont il paraît être l'ami, et qui se confondait avec la section de Gray à Saint-Dizier, dont il s'était précédemment occupé (n° 118). Le projet Blum avait pour auteur Bonnet, ingénieur des ponts et chaussées, qui dirigeait alors la construction du chemin de fer d'Epinac. « C'est ici, disait Fournel, le lieu de déclarer que pour moi la question est purement industrielle. Je laisse de côté toutes les considérations que le génie militaire, placé au point de vue des batailles rangées qui se donneront, pourrait faire valoir en faveur de l'attaque ou de la défense; car, à mes yeux, de pareilles considérations sont devenues moins que secondaires. Chaque jour les chances de guerre s'affaiblissent. Nous ne sommes plus exposés à l'invasion, parce que nous ne rêvons plus la conquête ». Selon ce philosophe, les armées plus nombreuses que jamais, ne seront plus employées qu'aux travaux publics. « Les manœuvres et le maniement des armes, continue ce rêveur humanitaire, considérés comme gymnastique, seront exécutés dans une rare perfection, et si jamais de nouveaux barbares, envieux de nos richesses et de notre prospérité, concevaient la pensée de nous les ravir, le souverain de ce peuple vraiment grand, n'aurait qu'à froncer le sourcil pour que ses ennemis soient anéantis », Fournel terminait ainsi cette exhortation: « Il est de la plus haute importance que la ligne du Havre à Marseille, par Châlons-sur-Marne, Gray, Saint-Dizier et la Marne, soit étudiée avec attention et que toute la sollicitude du gouvernement pour les intérêts généraux de la France, soit portée vers ce tracé. Je ne dis pas encore : *adoptez*, — je dis : examinez. — Paris, ce 20 juin 1833 ». — Voici comment un ami de Fournel, Emile Pereire, s'exprimait au sujet de cet ouvrage dans le *National* du 1er août 1833, pour reprendre la question de fonds dans le numéro du 6 septembre : « *Du chemin de fer du Havre à Marseille.* — Depuis qu'il est arrêté que le gouvernement fera étudier, entre autres chemins de fer, celui du Havre à Marseille par Paris et Lyon, un conflit s'est élevé entre les localités qui peuvent prétendre raisonnablement ou déraisonnablement au voisinage de cette importante voie de communication. Du Havre à Paris et de Marseille à Lyon, il n'y a pas de contestation : on n'aura qu'à suivre les vallées de la Seine et du Rhône; mais de Paris à Lyon, quatre directions sont en présence : 1° la Loire ; 2° la Seine en remontant vers Dijon ; 3° la Seine et l'Yonne en remontant vers Auxerre, et 4° la Marne que l'on remonterait jusqu'à Saint-Dizier, pour de là joindre Gray et descendre la Saône. M. H. Fournel, ex-directeur du Creusot, ingénieur des mines, dans un travail récemment publié, tout en reconnaissant que la question doit rester indécise jusqu'à l'achèvement des études ordonnées par la loi des travaux publics, s'est fait le champion de la Marne. Il serait à souhaiter que chacune des autres directions constituât ainsi un représentant qui descendrait dans la lice pour soutenir loyalement et publiquement, envers et contre tous, les mérites de sa vallée. Ce serait établir une enquête devant le pays. Le débat serait plus intéressant que ceux de la Chambre des députés, car les gens compétents y auraient la parole, tandis qu'au Palais-Bourbon, ce sont les avocats qui font de l'architecture et des auteurs tragiques ou comiques qui devisent sur l'expropriation et les fonds secrets. M. Fournel a commencé son dire en faveur de la Marne par une brochure courte, mais bien remplie, riche de faits et de rapprochements curieux. Il énumère les titres de la vallée; il les trouve : 1° dans les services que le chemin, ainsi tracé, rendrait au commerce entre le Nord et le Midi, en établissant un lien entre la vallée de la Meuse et celle du Rhône, et aux usines à fer de la Champagne et de la Lorraine, provinces qui, à elles seules, renferment le quart des fourneaux en activité sur toute l'étendue de la France; 2° dans l'économie qui en résulterait pour l'établissement du chemin de fer de Paris à Strasbourg, dont 60 lieues (de Paris à Saint-Dizier) seraient ainsi construites ; 3° dans la longueur du tracé, qui ne diffère que de 12 lieues 1/2 du tracé par la vallée de la Loire. Tout cela est bel et bien ; mais lorsque chacune des localités aura ainsi fait valoir ses titres, qui peut dire qu'en vertu des admirables propriétés du gouvernement représentatif, tel que les doctrinaires le comprennent, le choix de la direction définitive n'aura pas lieu la veille de quelque vote des Chambres en vue de s'assurer les voix de MM. tels et tels, qui auraient mis leur boule blanche à ce prix ? Par ses études, par ses travaux antérieurs, M. Fournel est porté plus spécialement à envisager l'avenir et les intérêts de l'industrie des fers. Il s'en faut pourtant qu'il ne tienne aucun compte des intérêts des autres industries, et surtout de celles des vins. Grâce aux dispositions des lois de douanes de 1821 et 1822, les départements vinicoles, c'est-à-dire une très grande partie de l'agriculture française, ont été sacrifiés à quelques monopoleurs, en bien petit nombre ; car, on

ne saurait trop le remarquer, malgré tous les efforts faits par les hommes du privilège pour embrouiller la question, les maîtres de forges sont réellement désintéressés dans l'affaire des droits sur les fers étrangers. Tout cet inique système de prohibitions ou de droits énormes, supérieurs à la valeur même du fer sur les marchés étrangers, ne profite qu'aux propriétaires de forêts, c'est-à-dire à une poignée de grands propriétaires, la plupart légitimistes ou membres de la Chambre haute, pour lesquels M. de Saint-Cricq professe la plus touchante sympathie. M. Fournel, tout forgeron qu'il est, ne laisse pas que de se montrer préoccupé du remède à apporter aux souffrances des vignerons et des propriétaires de vignes, ce qui donne à son récit un caractère de conscience et de franchise que nous désirons voir imité par ceux qui se chargeront de faire valoir les mérites des autres directions. » — Dans le *National* du 6 septembre 1833, M. Emile -Pereire revenait sur ce sujet en ces termes : « *Chemin de fer du Havre à Marseille. De l'intervention du gouvernement. De l'intervention des compagnies financières.*— Les Chambres ont voté 500.000 francs pour l'étude du chemin de fer du Havre à Marseille ; des ingénieurs en chef ont été choisis pour diriger cette étude ; des ingénieurs ordinaires sont déjà sur les lieux ; ils dressent leurs plans, ils font leurs nivellements. Lorsque cette étude sera terminée et qu'il s'agira de mettre la main à l'œuvre, qui fournira les capitaux, qui exécutera les travaux : l'État ou les particuliers ? Telle est la question dont la presse s'est emparée, et que le *Journal des Débats* et le *Constitutionnel* ont traitée contradictoirement. Selon le *Journal des Débats*, l'exécution doit appartenir à l'État ; selon le *Constitutionnel*, au contraire, ce sont les compagnies qui doivent exécuter, mais avec des subsides du gouvernement. Ils diffèrent, conséquemment, du plus au moins : les *Débats* veulent une intervention complète ; le *Constitutionnel* n'admet qu'une quasi-intervention. Il résulte de là que l'opinion de ces deux journaux est que toute grande entreprise de travaux publics, abandonnée aux seules ressources de l'intérêt privé, est impossible en France. Nous sommes, en cela, de leur avis. Les doctrines du *laissez faire* ont eu, pendant longtemps, une grande influence sur la direction des travaux d'utilité publique. On a tant répété que le gouvernement devait *laisser faire*, qu'en résultat, *on n'a rien fait*, ou, tout au moins, on a fort peu fait. Confondant les travaux publics avec l'industrie particulière, on est arrivé à ériger en principe, qu'un travail quelconque n'était exécutable qu'à la condition de produire un revenu égal à l'intérêt des capitaux qu'on pourrait y consacrer. Dans une telle occurence, la fonction du gouvernement devait être fort simple ; comme on avait établi qu'il ne devait jamais être entrepreneur, il s'ensuivait que le pouvoir n'avait qu'à se croiser les bras et à attendre que les capitalistes voulussent bien exécuter pour leur compte des routes, des canaux, des chemins de fer. Quels ont été les résultats de cette doctrine ? Depuis dix ans qu'on attend les canaux et les chemins de fer que l'esprit d'association devait enfanter, qu'a-t-on fait ? quelques bouts de chemins de fer, deux ou trois canaux jetés sur le papier : l'esprit d'association n'a rien produit, et tout ce que peuvent dire à sa

décharge ses prôneurs exclusifs, c'est que les circonstances politiques n'ont pas encouragé les particuliers aux entreprises d'intérêt général. Mais, pour que l'intervention des compagnies financières dans les travaux publics fût efficace, il faudrait deux choses : la première, que nos financiers fussent des hommes éclairés et compétents dans ces matières ; la seconde, qu'il y eût en France des capitaux accumulés en quantité suffisante pour de semblables emplois ; ce qui devrait faire supposer l'établissement préalable d'un grand système de banques départementales, comme en Angleterre et aux États-Unis. Ces deux conditions n'existent point. Jusqu'à ce jour, il n'a été exécuté qu'une si faible quantité de travaux publics, que l'éducation des capitalistes est encore à faire à cet égard. Quelle que soit donc l'habileté de nos ingénieurs, les coffres-forts leur seront fermés tant qu'ils ne pourront signaler aux financiers des expériences et des succès incontestables réalisés en France. On a beau faire des discours et des livres sur l'esprit d'association, on ne changera rien à ces dispositions. Il n'entre point ici dans notre pensée de dire qu'il n'existe point, en France, des *capitaux disponibles* pour améliorer nos communications ; nous pensons tout à fait le contraire ; en d'autres termes, notre opinion est qu'il y a, actuellement, en France, des *forces* suffisantes pour exécuter de grands et même de très grands travaux publics, sans laisser en souffrance d'autres travaux également utiles. Le problème à résoudre consiste uniquement à trouver un levier quelconque, capable de diriger ces *forces* ou ces *capitaux* (ces deux termes se correspondent) vers nos routes, nos canaux, nos chemins de fer, si tant est que l'on veuille, en France, de bonnes routes, des canaux et des chemins de fer. Nos opinions sont rarement celles du *Journal des Débats*; cependant, lorsqu'il vient sanctionner les principes que nous n'avons cessé de soutenir depuis deux ans, on doit être peu surpris de nous voir de son avis. Nous pensons comme lui que de grands travaux publics, et en particulier le chemin de fer du Havre à Marseille, doivent être exécutés par l'État. Nous ne partageons peut-être pas sa confiance, ni dans la capacité des ministres ordonnateurs de ces travaux, ni dans celle du personnel entier des ponts et chaussées ; mais, en toute chose, il faut juger par comparaison. Or, les inconvénients qui pourraient résulter de l'intervention de l'État ne nous paraissent pas pouvoir être corrigés par le système opposé, ni par le système mixte du *Constitutionnel*. En abandonnant absolument la construction des chemins de fer à l'intérêt privé, on aura bien çà et là quelques communications partielles ; mais il faudra, pour longtemps, renoncer à voir s'établir un système complet sur une large échelle. En prenant un *milieu* entre ces deux systèmes, c'est-à-dire en faisant intervenir simultanément l'État et les particuliers, on arrive à joindre à l'arbitraire administratif toutes les servitudes de l'intérêt privé, et, de plus, l'on retombe dans toutes les incertitudes que présente la formation des compagnies financières. Selon le *Constitutionnel*, dès que le gouvernement garantirait aux capitalistes, pendant dix ou douze années, un *minimum* d'intérêt, les capitaux ne se feraient point attendre ; c'est là une hypothèse gratuite. Un préjugé a cours aujourd'hui dans le monde financier. « Il faut, dit-on, que les capitaux engagés dans les entreprises particulières présentent, en expectative, un revenu de 10 p. 100; sans cela on ne veut pas courir les chances ». Cette disposition des esprits est telle que les entrepreneurs ne manquent jamais de s'y conformer dans leurs prospectus; il nous en est récemment tombé un sous les yeux dans lequel on promettait un dividende de 17 p. 100, et même plus. L'intérêt que l'État pourrait garantir, en adoptant le système du *Constitutionnel*, ne pourrait pas dépasser 5 p. 100; or, cela ne serait point un appât assez fort. Du reste, nous avons déjà eu occasion de réfuter ce mode d'intervention : nous persistons à le trouver mauvais, et nous nous appuyons de ce raisonnement bien simple : « Si l'entreprise ainsi garantie vient à prospérer, les capitalistes seuls ont tous les profits; si, au contraire, elle présente des pertes, l'État seul les supporte ». Il faut avouer qu'il y aurait là, de la part de l'Etat, plus que de l'abnégation. Avant d'entrer plus avant dans cette discussion, il faudrait, ce nous semble, en poser les bases; c'est en spécialisant qu'on éclaircit les idées. Puisqu'il s'agit du chemin de fer du Havre à Marseille, examinons d'abord quelle en serait la dépense. Il y a, comme on sait, pour la construction d'un chemin de fer, deux natures de dépenses : les dépenses ordinaires et les dépenses extraordinaires. Les premières sont à peu près exactement *proportionnelles à la longueur;* les autres dépendent des accidents du terrain; ce sont les travaux d'art, souterrains, ponts, tranchées, etc. Le tracé qui nous paraît le plus convenable est celui qui, du Havre, passerait par Rouen, Paris, Saint-Dizier, Gray, Chalon-sur-Saône, Lyon et Marseille. Cette ligne présente un parcours de 300 lieues. Voici les gros chiffres du devis estimatif d'un chemin de fer servi par des machines locomotives, et construit à double voie sur un semblable développement.

Dépenses ordinaires.

Indemnités pour achat de terrain : 1.500 hectares à 8.000 fr. l'un (soit 2.735 fr. l'arpent). Fr. 12.000.000

Terrassements *ordinaires*, à 20 francs le mètre courant, soit 80.000 francs par lieue 24.000.000

Dés en pierre de 2 à 3 mètres cubes, à 16 francs le mètre, y compris la pose, soit 64.000 francs par lieue 19.000.000

Fers et fontes pour les rails et coussinets, à 20 francs le mètre courant, soit 80.000 francs par lieue (le fer et la fonte étant achetés en Angleterre) (1) . . . 24.000.000

Matériel de transport et machines locomotives 18.000.000

Total 93.000.000

(1) Si le fer était acheté en France, cet article du devis coûterait 40 millions et demi, à raison de 135 mille francs par lieue; il ne serait juste dans aucun cas de faire cadeau de 16 millions et demi à nos maîtres de forges et à nos propriétaires de forêts; d'autant mieux qu'en faisant une semblable commande en Angleterre, le gouvernement pourrait stipuler quelques réductions de tarif en faveur de nos vins et de nos eaux-de-vie.

Report . . 93.000.000

Dépenses extraordinaires.

Travaux d'art, tels que souterrains, ponts, terrassements extraordinaires, tranchées, etc. . . . . . . Fr. 57.000.000

Total de la dépense pour 300 lieues de chemin de fer (1) 150.000.000

Après avoir consacré deux articles à discuter si l'État doit ou ne doit pas intervenir dans les grands travaux publics, le *Constitutionnel* fait cette singulière question dans un troisième article : « Qui songe « aujourd'hui à exécuter ces chemins de fer de « 380 lieues de long et du prix de plusieurs centaines « de millions ? Quel intérêt peut en ce moment présenter au public la question de savoir si une telle « entreprise est du domaine de l'association ou doit « être exécutée par le gouvernement ? » Mais, en vérité, s'il était positif que personne ne songeât à les exécuter, pourquoi les Chambres auraient-elles voté (avec l'approbation du *Constitutionnel*) cinq cent mille francs pour les faire ? « Le moment « d'exécuter les grandes lignes de chemins de fer « n'est pas encore venu, dit le *Constitutionnel*, et « cependant leur étude est dès aujourd'hui du plus « haut intérêt ». Oui, certes, si l'on attendait que les capitaux que doit fournir *l'esprit d'association*, fussent disponibles pour mettre à profit les coûteuses études que l'on fait actuellement, nos ingénieurs auraient tout le temps de voyager, soit en Angleterre, soit partout ailleurs pour perfectionner leur éducation pratique. C'est précisément parce que nous sommes parfaitement convaincus que les capitalistes ne fourniront jamais 150 millions pour le chemin de fer du

(1) Ces 150 millions représentent une dépense moyenne de 500.000 francs par lieue. *Le Constitutionnel* prétend que la construction d'un chemin de fer servi par machines locomotives coûterait 12 à 1.500.000 francs par lieue. Cette évaluation est trop vague pour que nous puissions l'admettre. Les dépenses ordinaires, telles que nous les avons établies, nous paraissent peu susceptibles d'être contestées. Les dépenses extraordinaires ne peuvent être évaluées avec la même exactitude ; néanmoins, nous les avons établies assez largement. MM. Lamé et Clapeyron, dans leur dernier ouvrage : *Vues politiques et pratiques sur les Travaux publics*, f° 314, ont porté la dépense moyenne des grands chemins de fer à 160 francs par mètre courant, c'est 640.000 francs par lieue; ils ont statué sur des fers, des fontes et des machines achetés en France, tandis que nous avons pensé qu'on devrait les acheter en Angleterre; cette différence, jointe à l'économie sur l'achat des terrains résultant de la loi d'expropriation récemment votée, rend notre appréciation à peu près équivalente à celle de MM. Lamé et Clapeyron qui, du reste, nous inspire une entière confiance. Il faut également tenir compte des dispositions particulières du tracé du chemin de fer du Havre à Marseille; en longeant les vallées de quatre fleuves, il doit nécessairement rencontrer un terrain moins tourmenté. M. Ch. Dupin, développant le 8 juin dernier à la Chambre des députés un projet de chemin de fer de Paris à Roanne, portait la dépense à 42 millions pour 105 lieues, c'est-à-dire 400.000 francs par lieue; il est vrai que fort souvent les calculs de M. Ch. Dupin sont un peu trop aventurés.

Havre à Marseille, que nous nous croyons d'autant plus fondés à prétendre que l'État seul doit exécuter ce grand ouvrage ; car avec le crédit dont il dispose, comme représentant de la grande association française, un emprunt de 150 millions, réalisable en trois ans, est pour lui très facile. Mais, nous demandera-t-on, les Chambres y consentiront-elles ? Pourra-t-on engager les députés des Pyrénées, de la Gironde, de la Charente, de la Loire-Inférieure, à voter des subsides pour améliorer les communications des départements riverains de la Seine, de la Marne, de la Saône et du Rhône ? Nous ne nous dissimulons point que là gît toute la question, et bien qu'on pût établir aisément qu'un chemin de fer destiné à unir la Méditerranée à l'Océan et à la mer du Nord, à nous assurer le transit du commerce de l'Angleterre et de l'Europe septentrionale, devrait être considéré comme une œuvre éminemment utile à la France entière, nous savons que la Chambre des députés est trop imprégnée de l'esprit étroit de localité pour être déterminée par de semblables considérations. Cette difficulté peut toutefois être levée ; il ne faut point se dissimuler que les vingt départements que le chemin de fer du Havre à Marseille doit traverser ou côtoyer, seront les premiers favorisés par l'établissement de cette nouvelle voie de communication ; il est donc de rigoureuse équité de leur réclamer spécialement les premiers sacrifices. Pour cela faire, il suffirait *d'ajouter dix centimes additionnels à leur contribution foncière et des patentes ;* le produit de cette légère surtaxe couvrirait les intérêts de la dépense entière du chemin de fer ainsi qu'il résulte du tableau ci-joint : DÉPARTEMENTS INTÉRESSÉS A L'ÉTABLISSEMENT DU CHEMIN DE FER DU HAVRE A MARSEILLE. — Seine-Inférieure, — Eure, — Seine-et-Oise, — Seine, — Seine-et-Marne, — Aisne, — Marne, — Haute-Marne, — Haute-Saône, — Côte-d'Or, — Saône-et-Loire, — Ain, — Rhône, — Isère, — Loire, — Drôme, — Ardèche, — Gard, — Vaucluse, — Bouches-du-Rhône :

Contribution foncière :

En principal . . . . . Fr.	47.041.859	»
Principal et centimes additionnels réunis	64.457.722	»-
Contribution des patentes . . .	11.299.778	»

Accroissements d'impôts par département :

Sur le foncier . . . . . . .Fr.	4.704.185	»
Sur les patentes.	1.429.977	»
Total	6.134.162	»

Population	8.479.464

Ainsi, 10 centimes additionnels sur le principal de la contribution foncière produiraient....................Fr. 4.704.185 »
10 centimes additionnels sur les patentes produiraient. .... 1.429.977 »

                                        6.134.162 »

L'intérêt à 4 p. 100 l'an d'un emprunt de 150 millions serait de..Fr. 6.000.000 »

Le tableau qui précède indique dans quelle proportion et pour quelle nature de contribution chaque département serait grevé ; il indique également, et c'est un fait digne de remarque, que, par leur importance agricole et commerciale, ces vingt départements occupent le premier rang parmi tous les départements français ; quelques chiffres achèveront de le prouver.

La contribution foncière en principal et en centimes additionnels de toute la France s'élève à (1).........Fr.   211.906.154 »
La contribution des patentes s'élève également pour toute la France à (2).................... 28.178.805 »

Les vingt départements compris dans le tableau ci-dessus payant 64.457.722 francs d'impôt foncier et 14.299.778 francs pour les patentes, ils acquittent conséquemment à eux seuls, à peu près le *tiers* de l'ensemble de l'impôt foncier et plus de la *moitié* de celui des patentes. Leur contribution foncière s'élève moyennement à 3.222.800 francs, tandis que, pour chacun des 66 autres départements, elle n'est que de 2.234.000 francs ; ils acquittent chacun en moyenne 1.408.940 francs pour l'impôt des patentes, tandis que les 66 autres ne payent que 210.288 francs chacun pour le même impôt ; enfin leur population s'élève, en moyenne, à 423.973 habitants par département, tandis que la population moyenne de chaque département du reste de la France n'est que de 364.870 habitants. Ces chiffres démontrent d'une manière incontestable l'utilité première du chemin de fer du Havre à Marseille, et ils tracent en même temps la ligne qu'il doit suivre. Les conseils généraux de ces vingt départements devraient, avant le vote des Chambres, être appelés à donner leur avis sur cette mesure ; leur adhésion ne saurait être douteuse, car l'accroissement d'impôt serait loin d'être onéreux pour eux, eu égard aux avantages qu'ils en retireraient : alors que l'État leur réclamerait, d'un côté, 6 millions par an, il leur verserait, d'un autre côté, en achats de terrains et de matériaux, ainsi qu'en prix de main-d'œuvre une somme de 110 millions en trois années, c'est-à-dire 37 millions par an (3). Lorsqu'en 1837 les travaux seraient

____

(1) Ce chiffre de 211.906.154 francs, ainsi que ceux du tableau ci-dessus ne représentent que *le principal et les centimes additionnels généraux* de la contribution foncière ; cette somme est augmentée des centimes additionnels pour dépenses départementales et communales, montant ensemble à 33.605.000 francs, de façon que la totalité de la contribution foncière s'élèvera, en 1834, à 245.511.154 francs. Ainsi, comme les 10 centimes additionnels pour le chemin du Havre à Marseille ne porteraient que sur le principal, il s'ensuivrait, par exemple, que *chaque cote foncière de 200 fr. ne subirait qu'une surtaxe de 12 fr. 60,* les autres dans la même proportion.

(2) Cette somme est le produit total des patentes en 1831 ; cet impôt figure au budget de 1834 pour 29.818.500 francs. On fait actuellement un nouveau recensement qui, selon toute apparence, en élèvera le chiffre. Aussi, dans le tableau ci-dessus, n'avons-nous pas fait de distinction entre le principal et les centimes additionnels.

(3) Nous ne mentionnons ici que les travaux de maçonnerie et de terrassement, puisque le fer et les machines seraient achetés en Angleterre.

terminés, la plus-value des établissements agricoles et industriels de tous genres qui se trouveraient sur la ligne du chemin de fer viendrait, en outre, indemniser les contribuables des taxes dont ils auraient été grevés. Nous devons rappeler ici ce que nous avons déjà dit dans le *National* : selon les calculs de M. Favier, ingénieur, la confection du canal du Centre, dont l'étendue est de 30 lieues, a accru la valeur annuelle des productions agricoles et manufacturières des contrées qu'il baigne, de près de 5 millions, soit 170.000 francs par lieue, sans y comprendre le péage du canal. Or, en supposant que l'établissement du chemin de fer du Havre à Marseille réalise seulement une plus-value *annuelle* de 100.000 francs par lieue (1), il en résultera un nouveau revenu de 30 millions pour les départements qu'il traversera. Une surtaxe de 6 millions produisant un accroissement de revenu de 30 millions réaliserait la théorie de M. Rémusat sur l'impôt considéré comme bon placement. Indépendamment de ces avantages, l'Etat percevra le produit des transports qui seront effectués, et il pourra, en outre, obtenir une grande économie sur ses frais de poste. Les profits annuels du chemin de fer de Liverpool à Manchester s'élèvent à 8 p. 100 du capital engagé, malgré toutes les expériences que cette compagnie a dû faire dans les premières années de la mise en activité du chemin, expériences qui éviteront bien des tâtonnements ruineux aux entreprises qui se fonderont par la suite. Nous n'évaluerons toutefois qu'à 5 p. 100 seulement les produits nets du chemin de fer du Havre à Marseille; d'après cette base, ce sera un revenu annuel pour le Trésor de...............Fr.   7.500.000   »

Une ligne de chemin de fer de 300 lieues traversant la France entière permettrait de réaliser une économie considérable sur le transport des dépêches qui coûte 13 millions par an; supposons seulement une économie de..................   2.500.000   »

Puis, si l'on veut apprécier l'accroissement : 1º du produit de la taxe des lettres, résultant d'un service trois fois plus rapide et pouvant effectuer plusieurs départs par jour; 2º du revenu de l'enregistrement, du timbre, des douanes et des sels résultant d'un plus grand développement de travail et de plus grandes facilités commerciales, on pourra sans exagération espérer une plus-value annuelle de (2)........   25.000.000   »

Bénéfice annuel pour l'Etat
à partir de 1837.....Fr.   35.000.000   »

Ainsi donc, une dépense de 150 millions faite à propos, avec le concours des contribuables et de l'Etat, produirait aux premiers un accroissement de revenu net de 24 millions et ferait entrer dans les coffres du Trésor une somme annuelle de 35 millions. Dans ces évaluations, nous n'avons statué que sur les revenus des premières années, car si l'on songe à la rapidité avec laquelle toutes les améliorations matérielles se développent et agissent favorablement en France, on sera en droit d'attendre des résultats infiniment plus avantageux dans un temps qui peut n'être pas éloigné. Nous avons déjà signalé l'accroissement de 124 millions qui, dans l'espace de quinze années, avait été réalisé sur trois branches du revenu public; nous avons encore à citer un autre fait (tout à fait de circonstance lorsqu'il s'agit de voies de communication) pour montrer l'heureuse influence de la paix et du travail sur la prospérité publique. Les établissements de messageries de Paris sont, comme on sait, parvenus à réaliser une plus grande vitesse (1) et une forte réduction dans les prix de transport (2). Voici ce qui en est résulté : En 1789 ces messageries parcouraient par jour 385 lieues de poste; en 1810, 1800; en 1815, 3000; en 1827, 8000; Ces faits donnent la mesure de ce qu'on pourrait attendre d'un grand système de communication dont le chemin de fer du Havre à Marseille serait la base et le point de départ. En résultat, les améliorations qu'on est en droit d'attendre de ce travail sont trop importantes, intéressent trop la France entière, pour qu'on puisse les abandonner au caprice du *laissez faire* individuel. Quelque défiance que l'on puisse avoir de ceux qui nous gouvernent, quelque incapacité qu'on veuille supposer à un grand nombre d'ingénieurs influents des ponts et chaussées, ils en sauront toujours plus sur de semblables matières que nos capitalistes. Un chemin de fer destiné à mettre en communication les trois premières villes manufacturières de France : Paris, Lyon et Rouen, destiné à rapprocher les deux ports les plus importants du royaume : Marseille et le Havre; un chemin qui doit unir la Seine à la Marne, à la Saône, à la Loire, au Rhône; qui doit préparer la jonction de ces fleuves avec la Meuse, la Moselle et le Rhin; un chemin,

années une somme égale au prix des constructions ; nous avons pris la même base. Nous ferons remarquer que les seuls impôts dont nous venons de parler se sont accrus dans l'espace de quinze années dans la proportion suivante :

	En 1817	En 1832
Postes y compris les frais d'exploitation.............Fr.	24.000.000	34.157.485
Enregistrement, timbre, etc., y compris les frais de perception..	166.000.000	220.220.682
Douanes et sels y compris, etc....	100.000.000	159.693.597
	290.000.000	414.071.764

Cette augmentation de 124 millions a été réalisée sans aggravation de taxes.

(1) En 1789, on parcourait 15 lieues en vingt-quatre heures; en 1810, 30 lieues; en 1815, 40 lieues; en 1827, 57 lieues et demie.

(2) En 1789, chaque voyageur transporté par ces messageries payait 1 franc par lieue; en 1815, 75 centimes par lieue; en 1827, 55 centimes par lieue. (Voir le *Mémoire des messageries à la Chambre des pairs*.)

(1) La Champagne et la Lorraine renferment 127 hauts-fourneaux, soit le quart des hauts-fourneaux en activité dans toute la France ; ces hauts-fourneaux manquent de combustible : le chemin de fer leur permettrait de s'approvisionner à Saint-Etienne. (Voir le travail de M. H. Fournel).

(2) Selon Dupont de Nemours et M. Huerne de Pommeuse, l'augmentation d'impôts produite par l'établissement du canal du Languedoc a produit en six

enfin, qui doit traverser les riches contrées de la Normandie, de la Champagne, de la Lorraine, de la Franche-Comté, de la Bourgogne et de la Provence, un tel chemin, disons-nous, ne peut pas et ne doit pas être l'œuvre de l'intérêt privé. Si la centralisation peut avoir des effets utiles, c'est surtout lorsqu'il s'agit de grands travaux, pour l'exécution desquels il faut une volonté ferme, un plan arrêté d'avance, une impulsion unitaire. C'est un des éléments de notre puissance que cette unité, que cette homogénéité établies par la Révolution de 1789 sur toute la surface du territoire français ! Que l'on jette les yeux sur cette Allemagne morcelée en trente-six petites principautés, ayant chacune, comme nos anciennes provinces, leurs lois, leurs usages particuliers, leurs petites lignes de douanes et leurs impôts divers ; comment concevoir et exécuter là un grand travail ? Le système des travaux publics par compagnies financières aurait précisément pour effet de morceler de nouveau la France de 1789 et de 1830 en petites principautés, exploitées par de nouveaux fermiers généraux. Chaque compagnie aurait son système, c'est-à-dire son chaos inextricable (1). Les travaux publics ne sont point des œuvres éphémères qui se doivent apprécier avec les préoccupations et les antipathies du moment. Quand il s'agit d'engager l'avenir du pays et que l'intérêt de tous se trouve en présence de l'intérêt privé de quelques-uns, nous ne saurions hésiter. Si nous avons aujourd'hui de tristes gouvernants et des administrateurs inhabiles, qu'on se tranquillise : alors qu'on aura oublié jusqu'à leurs noms, les chemins de fer resteront encore et formeront un jour, avec les canaux et les postes, une des branches importantes du revenu public. Il ne faut donc point déshériter la nation des avantages qu'elle en pourra retirer ! E. P. »

---

260. — RAPPORT FAIT LE 16 DÉCEMBRE 1832 A L'ASSEMBLÉE GÉNÉRALE DES ACTIONNAIRES DU CHEMIN DE FER DE LA LOIRE, par le comte de Moges, capitaine de vaisseau, nommé commissaire pour l'inspection annuelle des travaux. — In-8°, 3 feuilles. — Paris.

261. — RAPPORT PRÉSENTÉ A L'ASSEMBLÉE GÉNÉRALE DES ACTIONNAIRES DU CHEMIN DE FER DE LA LOIRE DU 5 JUILLET 1833, précédé de l'extrait du procès-verbal et suivi des comptes du produit et du mouvement des fonds au 30 avril 1833. — In-4°, 6 feuilles. — Paris.

---

262. — CONSIDÉRATIONS SUR UN CHEMIN DE FER DE PARIS A LYON PAR LA BOURGOGNE ET DE PARIS A L'OCÉAN

PAR DIEPPE, suivies de quelques observations sur l'intervention du gouvernement dans les travaux d'utilité publique, par Hyacinthe Bruchet. — In-8°, 2 feuilles et demie. — Paris (ne se vend pas). — Cette publication fut reproduite un mois après sous le même titre et dans le même format, mais avec 3 feuilles 1/4 et indication du domicile de l'auteur, rue Laffitte, 5, à Paris.

---

263. — CHEMIN DE FER DE LIVERPOOL A MANCHESTER. — Deuxième semestre de 1832 : Recettes : 80.001 livres sterling ; — dépenses : 48.278 ; — produit net : 33.623. — On annonçait le prochain achèvement du tunnel qui devait conduire cette voie au cœur même de la grande cité commerciale et industrielle.

---

264. — ROULAGE A VAPEUR. — Le *Moniteur universel* du 21 septembre 1833 raconte qu'il vient de se fonder à Londres une entreprise de roulage à vapeur sur route qui va venir s'établir en France. Le rêve de tous les commissionnaires de roulage, était de trouver un système de libre parcours à prix de revient très réduit, qui leur permit de perpétuer le parasitisme qu'ils représentaient aux dépens des rouliers, du commerce et des consommateurs.

---

265. — EXPROPRIATION. — Loi du 7 juillet 1833. — Il y avait longtemps que le corps des ponts et chaussées réclamait la modification de la loi de 1810 sur l'expropriation pour cause d'utilité publique, qui entravait l'exercice de ce nouveau droit social, issu des théories jacobines, quoique quelque peu contraire à la *Déclaration des droits de l'homme*. La poussée qui se produisit à l'occasion de la construction des chemins de fer, vint saisir l'opinion de cette question d'ordre purement administratif en apparence. Le droit de concession par l'Etat devenait en quelque sorte illusoire entre les mains de compagnies qui se voyaient obligées d'en passer par les exigences des propriétaires. Présenté à la Chambre des Pairs le 29 avril 1832, le projet fit trois fois la navette entre le Luxembourg et le Palais-Bourbon, car ce n'était qu'avec la plus grande répugnance que l'on faisait une loi qui, si elle eût existé en Prusse, eût économisé à l'histoire anecdotique l'épisode du meunier *Sans-Souci*. La loi en question qui a été abrogée en 1841, contenait un article 3 en vertu duquel la faculté d'accorder le bénéfice de la déclaration d'utilité publique par ordonnance royale, était limité aux tracés, — routes, canaux, chemins de fer, — qui avaient moins de 20 kilomètres de projection horizontale. Afin de bien préciser quelle était l'opinion des gens éclairés sur ce point délicat de législation, nous allons reproduire un des articles publiés sur la matière par M. Emile Péreire, dans le *National*, de l'entreprise Paulin, dont il était alors le collaborateur assidu, sous la direction d'Armand Carrel, qui l'avait connu sur les confins du *Globe*. A la date du 31 janvier 1833, nous trouvons l'article suivant qui résume parfaitement la question : « *De l'expropriation pour cause d'utilité publique.* — La discussion

---

(1) Les chemins de fer exécutés en France occupent la ligne de Lyon à Roanne, en passant par Saint-Etienne et Andrézieux ; sur une distance de 39 lieues, il y a trois compagnies, et par conséquent trois chemins différents établis dans des conditions telles qu'ils ne peuvent pas être consacrés à un même système de transport. Dans le système que nous concevons, les quatre ou cinq grandes lignes de chemins de fer devraient être successivement exécutées par l'Etat ; les lignes secondaires, les chemins d'embranchement pourraient être entrepris par les compagnies particulières.

de la loi d'expropriation commence demain ; il est à craindre que, comme on l'a vu l'an dernier à l'occasion de la loi des céréales, le ministère, et c'est tout dire, ne se montre dans cette circonstance plus libéral que la Chambre des députés. Un semblable résultat nous étonnera peu ; les forces vives du parti monarchique consistent dans un esprit étroit de conservation exclusive, dans le *statu quo* égoïste des classes privilégiées ; dès lors tout ce qui pourra déranger cet équilibre devra nécessairement diviser les cohortes ministérielles ; on ne peut donc attendre une bonne loi d'expropriation d'une Chambre de députés propriétaires, élue par des électeurs propriétaires : tout arbre doit porter ses fruits, et les représentants du monopole doivent être fidèles à leur origine. Aussi nous attendons-nous à entendre demain quelques élégies sentimentales sur les douceurs du foyer domestique, sur le respect dû au toit paternel, sur les souvenirs, sur les traditions de la famille, et nous serions fort surpris si les députés du centre ne nous donnaient quelques éditions revues, corrigées et prodigieusement augmentées de l'histoire du meunier *Sans-Souci* ; si quelques-unes des notabilités de clocher dont la Chambre fourmille, ne venaient parler de leur Postdam et invoquer les *juges de Berlin*... Quoi qu'on dise et qu'on fasse, les intérêts particuliers passent toujours avant les intérêts généraux ; les hommes d'un caractère élevé, d'un véritable désintéressement sont seuls exempts de semblables considérations, et par le temps qui court, ces hommes-là sont rares. Nous n'avons pas intention de discuter aujourd'hui la longue série d'articles dont la loi a été chargée, nous en suivrons les détails avec la discussion ; nous nous proposons uniquement pour but de poser quelques principes généraux qui doivent, selon nous, dominer la discussion. L'utilité des grands travaux publics, des chemins de fer, des canaux, des routes de grande et petite section, des chemins communaux, etc., n'est pas contestée ; c'est un des moyens les plus efficaces de donner à la richesse agricole, industrielle et commerciale, tous les développements qu'elle comporte ; sans loi d'expropriation, ces grands travaux sont aujourd'hui inexécutables ; sous la royauté ancienne et jusqu'à la moitié du dernier siècle, l'Etat s'emparait *sans indemnité* des terrains nécessaires pour la construction des routes ; Louis XIV n'aurait pu sans cela établir son grand et beau système de routes royales ; mais à notre époque les grandes choses ne sont point de mise ; on fait de beaux projets, le *Moniteur* les publie, mais autant en emporte le vent ; la réalité seule reste, triste et mesquine, réduite aux proportions exiguës de la chicane. La loi du 8 mars 1810, qui régit actuellement les expropriations publiques, est un sac à procès ; les gens d'affaires sont parvenus à accumuler les difficultés à un point tel que, fort souvent, on ne peut parvenir à entrer en possession des terrains expropriés qu'après en avoir payé dix ou douze fois la valeur, nonobstant les frais judiciaires, qui en avaient préalablement quintuplé le prix. On a vu même, et c'est là un des plus grands inconvénients de cette loi, les formalités de la procédure faire durer quatre ou cinq ans des procès d'expropriation,

et, dans cet intervalle, les travaux commencés se détérioraient ou même étaient forcément abandonnés. Cela a eu lieu dans plusieurs localités, et notamment à l'occasion de la route départementale de Bordeaux à Saint-Macaire. Le nouveau projet a pour objet de faire disparaître quelques inconvénients graves de l'ancienne loi ; il introduit même un bon principe dans notre législation civile, celui de l'intervention du jury dans la fixation des indemnités ; mais, comme on peut mal user du meilleur principe, nous n'attendons que peu de résultats de la nouvelle loi, car tout dépendra de la formation des jurys, et nous ne voyons point de suffisantes garanties pour l'intérêt général dans la manière dont le projet ministériel les compose. D'après le rapport de M. Martin (du Nord), la commission de la Chambre n'a point suffisamment compris l'importance de la célérité ; sa défiance des ponts et chaussées est trop grande, ses velléités propriétaires trop intenses. Il ne faut pas perdre de vue que, puisque le gouvernement veut abandonner à des sociétés particulières l'exécution des grands travaux publics, il faut rendre facile la formation de ces sociétés. Point de sociétés anonymes ou en commandite sans capitaux ; point de capitaux sans probabilité de bénéfices, sans sécurité de bénéfices. Les capitaux mobiliers proviennent, en général, de l'industrie ; or, quand on compare la simplicité de notre législation commerciale avec le dédale inextricable de notre législation civile, on doit être effrayé des obstacles que rencontreront les entrepreneurs pour réunir des capitalistes. On peut donc affirmer que nous n'aurons une véritable loi d'expropriation, ce qui, en d'autres termes, revient à dire que nous n'aurons un grand développement de travaux publics, que lorsque notre système hypothécaire sera revisé, que lorsque notre code de procédure civile sera profondément modifié. La propriété en France est encore régie par les coutumes de la féodalité ; c'est un reliquat du moyen âge ; il faudra rendre la propriété facilement mobilisable et transmissible, ou sinon, renoncer à faire refluer vers l'agriculture les ressources du crédit dont elle est dépourvue et qui, depuis vingt à vingt-cinq ans, ont si puissamment contribué à développer notre industrie commerciale et manufacturière. Dans la question des expropriations, on doit, nous le répétons, s'attacher à simplifier les formalités ; il faut donner à la propriété toutes les garanties désirables ; mais il ne faut point livrer au caprice et au mauvais vouloir des propriétaires les intérêts publics, lorsqu'ils sont représentés soit par l'administration des ponts et chaussées, soit par des compagnies exécutantes. M. le rapporteur signale une lacune dans la loi ; il rappelle les dispositions des ordonnances des 10 mai 1829 et 28 février 1831, lesquelles fixent les formalités des enquêtes pour constater l'utilité générale des projets ; nous pensons que les dispositions de ces deux ordonnances ne doivent être recueillies dans la loi qu'avec une grande réserve, car elles n'ont encore produit aucun résultat satisfaisant ; elles ne semblent avoir eu pour effet que d'apporter des retards inutiles dans l'examen des plans présentés à l'administration. Les chambres de commerce, les commissions officieuses nommées par les préfets pour apprécier l'utilité des avant-projets de routes, canaux ou chemins de fer, sont en général composées d'hommes incompétents dans la matière ; sauf quelques hommes consciencieux, ce sont ou des gens indifférents, ou bien des individus dont l'entreprise nouvelle favorise ou froisse les intérêts ; les indifférents laissent faire, les autres approuvent quand même, ou blâment sans rime ni raison. Souvent ces commissions ne comprennent pas la mission dont on les charge : au lieu d'examiner l'utilité publique des travaux, c'est l'utilité particulière des compagnies exécutantes qu'elles se croient appelées à débattre ; ce sont les produits des entreprises, les dépenses qu'elles occasionneront, qu'elles cherchent à apprécier ; de là les lenteurs qui n'ont pour effet que de jeter le découragement dans l'esprit des ingénieurs et des capitalistes qui veulent consacrer leur temps et leurs capitaux à ce genre d'industrie. Lorsqu'un plan de travaux aura été définitivement examiné et approuvé par le corps des ponts et chaussées, lorsque l'utilité générale aura été constatée et qu'il ne s'agira que de statuer sur l'application parcellaire du tracé, la loi devra établir deux divisions importantes dans la classification des formalités à accomplir pour les expropriations ; car, on ne peut confondre les formalités qui devront précéder la dépossession d'une propriété bâtie, avec celles qui seront exigées pour les propriétés non bâties, telles que champs labourables, prairies, vignes, bois, terres incultes, etc. On peut concevoir les précautions conservatrices, lorsqu'il s'agit de fixer la valeur d'un immeuble bâti qu'on doit mettre à terre ; mais la même réserve ne saurait être observée relativement aux autres propriétés. La marche à suivre, lorsqu'il s'agit de ces dernières, doit être simplifiée ; dès que l'utilité a été définitivement constatée, l'administration des ponts et chaussées, ou les compagnies exécutantes doivent être mises en possession, et ce, nonobstant toutes les contestations sur la fixation de l'indemnité ; néanmoins l'administration ou les compagnies doivent être *préalablement* assujetties à un dépôt provisoire égal à la valeur des propriétés les plus chères de la même localité ; les baux et les contrats déposés chez les notaires du lieu pourront servir de base à l'appréciation de l'importance du dépôt : cette disposition rendra les contestations et les procès moins fréquents.

« On sait que le tracé d'un canal ou d'un chemin de fer est, la plupart du temps, impératif. Pour les canaux, la nature du sol, la direction des eaux ; pour les chemins de fer, la nécessité des lignes droites, des nivellements ou des courbes à grand rayon, nécessitent des précautions que des ingénieurs peuvent seuls apprécier. Les chicanes et l'intervention des propriétaires, dans une opération si importante, doivent être, sinon entièrement écartées, du moins considérablement atténuées. Par exemple, dès que le tracé d'un chemin ou d'un canal présentera une ligne parfaitement droite sur un développement de 5000 ou 6000 mètres, il devra suffire de faire légalement constater l'utilité d'expropriation des deux *points extrêmes*, pour entraîner la constatation de l'utilité *des points intermédiaires*. Dans une telle étendue de terrain (une lieue et demie), il peut se rencontrer 600 ou 800 parcelles appartenant à un nombre égal de propriétaires, et s'il fallait un jugement pour chacun d'eux, ce serait à n'en plus finir. Il est urgent également que toutes les formalités judiciaires relatives à l'expropriation et même l'acquisition amiable des terrains nécessaires à des travaux d'utilité publique, soient entièrement affranchies de tout ce qu se résume en un impôt dans les droits d'enregistrement, de timbre, d'hypothèques, etc. Si le gouvernement n'aide point de ses deniers, bien qu'il devrait le faire, de semblables entreprises, il ne doit point, tout au moins, les rendre plus coûteuses par les exigences du fisc. Il ne faut pas se dissimuler que la base des évaluations est la chose la plus difficile à déterminer. M. Hély d'Oissel, dans un rapport rédigé en 1829, au nom de la commission des routes et canaux, indiquait la contribution foncière comme élément à la fixation d'un maximum ; il ne se dissimulait point cependant que l'inégalité de la répartition de cet impôt devait rendre, dans bien des cas, cette base ou trop favorable ou trop onéreuse. Dans un travail récent de la *Revue encyclopédique*, la même question est discutée ; on y signale la nécessité d'appeler annuellement tous les propriétaires dans toutes les mairies à faire des déclarations tendant à réclamer des dégrèvements ou des augmentations d'impôts. Ces déclarations faites dans tous les cas et partout, même là où il n'y aurait pas de travaux à exécuter, et, par conséquent, pas d'expropriation à craindre, pourraient éclairer les jurés. Ces précautions sont bonnes pour les propriétés bâties ; mais elles sont évidemment insuffisantes lorsqu'il s'agit des propriétés non bâties, c'est-à-dire dans le plus grand nombre des cas ; car, pour ces dernières, ce n'est point l'immeuble entier qu'on exproprie, ce sont, au contraire, des parcelles de terre, lesquelles ont fort souvent une valeur différente à de très courtes distances les unes des autres, suivant la qualité du sol d'abord, et ensuite suivant le genre des cultures. L'impôt étant établi sur l'ensemble d'une propriété ne peut donc servir de base à une évaluation parcellaire. On pourrait obvier à cet inconvénient en faisant fixer tous les deux ans, par le conseil municipal de chaque commune, auquel seraient appelés les notables et les vingt ou trente principaux imposés qui n'en feraient point partie, une sorte de tarif d'évaluation de toutes les terres dans la commune, en les distinguant en terres labourables, bois, vignes, prés, terres incultes, etc., et en les classant dans ces catégories en quatre ou cinq divisions indiquant chacune une qualité différente. Ces évaluations seraient affichées, et chaque propriétaire aurait le droit de consigner ses observations sur un registre déposé pendant un mois à la mairie ; après cette enquête, le conseil municipal, avec les mêmes adjonctions, serait de nouveau assemblé, et, après avoir examiné les diverses objections, on fixerait l'évaluation officielle en l'accompagnant de termes de comparaison clairement désignés. C'est sur un semblable travail qu'on pourrait puiser les bases du cadastre et celles de l'expropriation ; on aurait par là le double avantage de rendre les indemnités plus faciles à établir et de répartir plus équitablement l'impôt. Les propriétaires placés dans la double alternative, ou de courir la chance d'être expropriés à des conditions onéreuses, ou de payer un impôt trop considérable, se feraient de la sincérité une loi, et comprendraient qu'en définitive la vérité est le meilleur de tous les calculs. » Dans un article du 2 octobre 1833, M. E. Pereire signalait une des défectuosités de la loi : « *Chemins de fer.* — Plusieurs entreprises de chemins de fer sont momentanément suspendues, par suite de l'introduction du mot *embranchement* dans la dernière loi d'expropriation. Les projets dont on s'est le plus occupé dans ces derniers temps sont les suivants : les chemins de fer de Paris à Versailles, de Paris à Saint-Germain, de Paris à Pontoise, de Paris à Saint-Denis. Les études du chemin de fer de Versailles n'ont pas été approuvées par le conseil général des ponts et chaussées, le projet a été rejeté. Le chemin de Saint-Germain a été approuvé ; les enquêtes sont terminées ; les plans sont admis. Le chemin de Pontoise s'organise sur d'anciennes études faites en 1830, lorsqu'une adjudication, qui n'a pas eu de suites, a été faite par l'administration. Le petit chemin de Saint-Denis arrive en dernier lieu ; les enquêtes spéciales ne sont point encore faites. Ces quatre projets sont donc tous indistinctement ajournés jusqu'à la session prochaine, car si la loi peut entraver une entreprise, elle les entrave toutes ; il n'y a pas de *tour de faveur* possible. Ce délai, quelque fâcheux qu'il soit, pourra permettre de mûrir les projets, et donnera aux capitalistes le temps de s'éclairer sur la question si controversée aujourd'hui des chemins de fer. Il est utile, à cette occasion, de faire remarquer que les entreprises de chemins de fer ne peuvent pas être considérées comme des spéculations ordinaires dont le succès dépend de l'activité, de la célérité, de l'adresse des entrepreneurs. On ne décide point une question d'art comme on dispute un prix au Champ-de-Mars, c'est-à-dire à la course. Bien des projets de chemins de fer se sont annoncés comme devant être la tête ou du chemin de Paris à Rouen, ou celui de Paris à Orléans. Le tracé qui sera définitivement adopté pour ces grandes lignes, n'est cependant pas arrêté, puisque l'administration fait faire aujourd'hui les études qui s'y rapportent. Les anciens soumissionnaires du chemin de fer de Paris à Pontoise avaient fait une réserve à cet égard, et c'est par ce motif que leur soumission a été annulée. Le chemin de Paris à Saint-Denis pourrait avoir la même prétention, il pourrait même débouter celui de Paris à Pontoise, car celui-ci doit passer aussi par Saint-Denis. Il est donc important que le public se tienne en garde à cet égard contre de trop faciles illusions ; la question du tracé de Paris à Rouen, de Paris à Calais, de Paris à Orléans, doit rester entière, et ne doit point dépendre d'un bout de chemin qu'on aurait exécuté pour se rendre maître d'une grande affaire. C'est par ces motifs, nous le répétons, que le délai rendu indispensable par la loi d'expropriation pourra être utile ; il permettra à la législature d'intervenir dans ces questions importantes, et de mettre fin au système des adjudications pour la concession des travaux publics. En Angleterre, tous les travaux sont directement concédés par une loi spéciale ; on n'y connaît pas le système absurde des loteries qu'on décore du nom d'adjudications, et qui n'ont d'autre but que de donner au premier agioteur venu le droit de ravir à des hommes honorables le fruit de leur labeur, de leurs études. Aussi s'exécute-t-il en Angleterre de grands et d'utiles travaux. »

—

266. — CHEMIN DE FER DE MONTBRISON A MONTROND. — Une loi du 24 avril 1830 autorise le gouvernement à concéder à un sieur Cherblanc un chemin de fer de Montbrison à Montrond en utilisant pour ce court trajet l'accotement de la route départementale n° 1 de Lyon à Montbrison, sauf à s'entendre directement avec le concessionnaire du pont de Montrond sur la Loire pour passer le fleuve. La question était de peu d'importance, mais cependant l'affaire rencontra une certaine opposition à la Chambre et le rapporteur, M. Baude, dut monter plusieurs fois à la tribune pour défendre cette utilisation du domaine public qui, si elle eût été généralisée, eût avancé de 50 ans en France la solution du problème des transports à bon marché. Ce travail était de peu d'importance, car le devis ne montait qu'à 300.000 francs. Cependant M. Cherblanc rencontra des difficultés pour réunir cette pitoyable somme, et ce ne fut qu'en 1835 qu'il parvint à constituer une société anonyme (ordonnance du 18 février 1835) sur la base de 50.000 francs de subvention de l'Etat, 25.000 de la ville de Montbrison et de 175 actions de mille francs. Mais les actionnaires s'abstinrent de verser, la chose en demeura là et les voituriers restèrent maîtres du champ de bataille. *Le National*, inspiré par Emile Pereire, disait à ce sujet dans le n° du 16 mars 1833 : « *Chemin de fer de Montrond à Montbrison.* — La brusque et absurde destitution de M. Baude nous a empêchés d'examiner le rapport qu'il a été chargé de faire à la Chambre des députés sur le chemin de fer de Montrond à Montbrison ; néanmoins, au moment où la discussion de ce projet va s'ouvrir, il ne nous est pas permis de ne pas dire notre opinion sur les résultats de ce travail. Le gouvernement avait proposé d'accorder à la compagnie concessionnaire de ce chemin le privilège d'effectuer tous les transports moyennant un tarif déterminé par la loi comprenant les frais de traction et les droits de passage. La commission s'est prononcée pour le principe de la libre circulation, c'est-à-dire que la liberté du parcours serait donnée à quiconque se présenterait avec des voitures mues par des chevaux, ou par des machines à vapeur, à la charge seulement de payer à la compagnie un droit de passage contradictoirement débattu. Cette proposition est inadmissible, l'expérience de l'Angleterre y est tout à fait contraire. La commission a pensé pouvoir parer aux nombreux inconvénients qu'entraînerait la lutte de moteurs si divers et de forces si variées sur des voies dont on ne peut sortir, en demandant au gouvernement une loi de police du roulage sur les chemins de fer et leurs machines locomotives ; c'est bénévolement se créer une double difficulté. Lorsqu'on a tant de peine à faire une loi passable pour nos routes ordinaires, où nos voitures peuvent se croiser avec toutes les facilités possibles, on ne peut comprendre la possibilité d'en faire une sur un genre de transports à peine pratique, même en Angleterre, et dont il n'y a pas encore d'applications en France. L'adoption du principe proposé par la commission rendrait impossible la formation des compagnies exécutantes : la condition essentielle d'un chemin de fer, c'est la vitesse ; or, cet avantage serait détruit du jour où les entrepreneurs ne pourraient point exclusivement diriger l'action des moteurs. »

—

267. — MATÉRIEL DES CHEMINS DE FER. — Arrêté du 15 septembre 1833, du ministre du commerce et des travaux publics, instituant une commission composée de MM. de Kermaingant, inspecteur des ponts et chaussées, Clapeyron et Fénéon, ingénieurs des mines, et Garelle, ingénieur des ponts et chaussées, commission chargée d'aller étudier le matériel des chemins de fer sur les diverses lignes déjà en exploitation dans le bassin de la Loire.

—

268. — CHEMINS DE FER EN SEINE-ET-OISE. — Arrêté du 11 septembre 1833 du préfet de Seine-et-Oise, autorisant MM. Defontaine, Vallée, Marius et Polonceau, ingénieurs désignés à cet effet par le ministre du commerce et des travaux publics, en exécution de la loi du 17 juin 1833, à pénétrer dans les propriétés particulières pour faire les études du chemin de fer de Paris à Rouen, au Havre et à Dieppe, — de Paris à Lille et Calais, — de Paris à Strasbourg, — de Paris à Lyon par la vallée de la Seine, — de Paris à Orléans et d'Orléans à Rouen. — Règlement des dommages par la préfecture.

—

269. — CHEMIN DE FER DE BOURG A LYON. — MM. Mellet et Henry avaient étudié cette ligne et confectionné un projet, quelque peu fantaisiste, duquel il résultait que ce chemin coûterait 2 millions de francs et en produirait au bas mot 345.000. Il se forma une *commission* de gens de bonne volonté intéressés dans cette affaire, qui se réunit à Lyon les 27 et 28 novembre 1833, chez le notaire Casati, sous la présidence de M. Perrier, président du tribunal civil de Trévoux, et la vice-présidence de M. de Virieux, Casati faisant fonctions de secrétaire. Après de longs pourparlers, on convint que MM. Mellet et consorts se chargeraient à forfait de la construction, pour la somme de 1.900.000 francs en espèces et 250 actions d'industrie de la société à créer, ayant droit à la moitié des bénéfices, après un prélèvement de 5 0/0 d'intérêt pour les actions de capital. Les trois signataires se chargèrent de faire le nécessaire pour obtenir la concession et *lever* des fonds.

—

270. — CHEMIN DE FER DE LA LOIRE. — Le *Journal des Débats* du 21 avril 1833 raconte que MM. Mellet et Henry ont reçu une locomotive de chez Murray et Ferton, — deux constructeurs en renom de la Grande-Bretagne, — et que cette locomotive avait pu remorquer 15.000 kilogrammes, y compris son propre poids, sur une pente de 0,045 et à une vitesse de

2 kilomètres en 6 minutes, soit 20 à l'heure. « La question est résolue, ajoutait le grand officieux : il n'est plus besoin de machine fixe, si les locomotives peuvent monter les rampes sans autre inconvénient que celui de s'alléger. » — Ordonnance du 21 juillet approuvant le raccordement à la Quérillière des chemins de Saint-Etienne à la Loire et d'Andrézieux à Roanne, de sorte que les trains pourraient se rendre de Saint-Etienne à Roanne sans rompre charge.

—

271. — ETUDES DE CHEMINS DE FER. — La loi du 27 juin 1833 qui ouvrait au gouvernement un crédit de cent millions pour les travaux publics, à prendre sur les fonds des caisses d'épargne, consacra une somme de 500.000 francs à l'étude du futur réseau français. Le directeur général des ponts et chaussées avait été frappé de l'incohérence et de l'imperfection des projets présentés par les particuliers, à son administration, et il avait eu l'idée de préparer un plan d'ensemble pour concréter ces volitions désordonnées. M. Thiers, qui voulut illustrer par un acte sensationnel son passage au ministère du commerce et des travaux publics, fit bon accueil à cette initiative. Déposé à la Chambre des députés, le projet de loi fut renvoyé à une commission dont le rapporteur était M. de Bérigny, ingénieur, député de la Seine-Inférieure. La commission spécifia dans sa rédaction que l'on étudierait de préférence une ligne du Havre à Marseille, avec embranchement sur Dieppe. Cette disposition fut combattue par deux députés qui voulaient, chacun pour son arrondissement, un lopin d'études, MM. Ranc, de la Gironde, et Jousselin, du Loiret. M. Jousselin n'aurait pas voulu de crédits du tout, attendu, disait-il, que la confection de ces projets rentrait dans les attributions ordinaires des ingénieurs des ponts et chaussées, qui, s'ils ne faisaient pas ces choses-là, n'avaient pas leur raison d'être. Ce qui se détache de la discussion, c'est que la construction d'une ligne de cette dimension, apparaissait comme un desideratum féérique. Finalement la loi fut votée, mais sans aucune désignation de trajet déterminé. Ce fut le seul moyen de satisfaire tout le monde en ne satisfaisant personne. A la Chambre des pairs, la loi fut très combattue également par le comte Molé, qui accusa M. Thiers de vouloir engager subrepticement l'Etat dans la construction des chemins de fer et qui affirma que, bons pour les voyageurs, ces moyens de transport ne servaient pas pour les marchandises encombrantes, attendu que de Saint-Etienne à Paris, le coût du transport d'une tonne de houille serait de 50 francs, tandis que la valeur de la marchandise en vente ne dépasserait pas 33 francs. Hâtons-nous de dire que la direction des ponts et chaussées fit le meilleur usage possible de ce crédit et jeta dès lors la base du réseau français dont le succès a justifié la conception, car c'est certainement celui qui a été le plus rationnellement établi et le mieux approprié aux besoins du pays et aux convenances du trafic, ainsi que le prouve le cours élevé auquel les actions sont parvenues, après avoir traversé les horribles crises de 1848-1851 et de 1870-1871.

272. — CHEMIN DE FER DE PARIS A ROANNE. — MM. Charles Dupin, député de la Seine, Ardailler, du Loiret, Dutut de Tracy, de l'Allier, et Lachèze fils, de la Loire, déposèrent le 6 juin 1833 à la Chambre des députés une proposition de loi tendant à accorder la concession du chemin de fer de Paris à Roanne, à MM. François Lefort, Henry, Mellet et Cie, concession à perpétuité, avec cautionnement d'un million, à constituer dans le délai d'un an. En vain M. Dupin prononça-t-il dans cette occasion un discours dans lequel il prenait des licences avec la vérité sur les succès commerciaux et financiers de MM. Henry et Mellet, au chemin, fortement poussif, d'Andrézieux à Roanne. Cette proposition, combattue par MM. Baude, ingénieur et député de la Loire, et Humann, ministre des finances, fut repoussée par provision sans prise en considération. *(Moniteur universel.)*

—

273. — CHEMIN DE FER D'ALAIS A BEAUCAIRE. — MM. Talabot, Veaute, Abric et Mourier ayant sollicité la concession du chemin de fer d'Alais à Beaucaire, le projet fut mis à l'enquête dès le 5 septembre 1832 et l'adjudication fut fixée au 11 mai 1833. L'enquête fut marquée de dires contradictoires et de prétentions diverses de la part des communes, ainsi que de l'opposition d'un nommé Durand, qui avait fait faire les études d'un canal dans la même direction. Le rabais devait porter sur les tarifs respectifs de 0 fr. 10 par tonne et par kilomètre pour la houille, et pour les autres marchandises de 0 fr. 15 à la descente et 0 fr. 17 à la remonte. La concession était à perpétuité. Le gouvernement déposa le 5 juin 1833 un projet de loi *ad hoc*, rapporté le 17 par Mallet, député de la Seine-Inférieure, et voté après une courte escarmouche dans laquelle il fut fait allusion à l'indemnité réclamée par le sieur Durand. Votée le 18 juin, la loi fut portée à la Chambre des pairs qui la ratifia sans discussion dès le 24 du même mois. *(Bulletin des lois.)*

—

274. — JOURNAL DES CONNAISSANCES UTILES. — *Le Journal des Connaissances utiles* qui fut une des plus étonnantes conceptions de M. Emile de Girardin publia, en 1833, sur les chemins de fer, un article très remarquable de Stéphane Flachat, le célèbre ingénieur qui fut le collaborateur de M. Emile Pereire au chemin de fer de Paris à Saint-Germain. On y trouve également le schéma d'un chemin de fer portatif à deux rails pour l'agriculture, analogue au système Decauville, et celui d'un chemin monorail pour les brouettes. En 1834, un article anonyme, dépassant le but comme M. de Girardin le faisait souvent, indique la nécessité d'imaginer un chemin de fer dans lequel la locomotive porterait ses rails avec elle. Ce dispositif enfantin qui exclut l'idée de vitesse, a été tenté et réalisé sans succès par divers mécaniciens, et on a vu en 1852 circuler une machine de route qui portait avec elle ses *patins* ou ses *socques*, machine qui fut détruite dans l'incendie des ateliers Lasson aux Buttes Chaumont.

275. — CHEMIN DE FER D'ANVERS A LA FRONTIÈRE PRUSSIENNE. — *Le Journal du Commerce* du 2 juillet 1833 annonce que la commission belge a décidé la construction d'un chemin de fer à la frontière du côté de la Prusse, afin de mettre à profit le transit pour l'Allemagne. On avait d'abord voulu faire d'Ostende le port d'attache, mais on y avait renoncé. Les travaux de construction devaient être exécutés par l'Etat, et le journaliste faisait le raisonnement suivant : le chemin coûtera 25 millions ; en admettant qu'il ne donne aucun produit, les intérêts monteront à 1.250.000 francs ; c'est une charge de 34 centimes par habitant qui ne mérite pas qu'on s'y arrête, en vue des grands avantages que l'Etat en retirera. C'est avec des raisonnements de cette force que l'on mène les finances publiques à tombeau ouvert, *more contemporaneo*.

—

276. — FORMATION D'UNE SOCIÉTÉ POUR UN CHEMIN DE FER ENTRE PARIS ET LYON, PAR TROYES ET DIJON, avec embranchement de Saint-Jean-de-Losne à Gray, par Arnollet, ingénieur des ponts et chaussées en retraite. — Dijon. — In-8°. — Carier.

—

277. — BULLETIN DE LA SOCIÉTÉ D'ENCOURAGEMENT POUR L'INDUSTRIE NATIONALE. — On ne peut rendre compte, cette année, du concours sur les chemins de fer, parce que M. Alexis de Noailles, chargé du rapport, avait emporté le dossier, et qu'étant tombé malade, il l'avait renvoyé trop tard pour être examiné en temps utile par un suppléant.

—

278. — BULLETIN DES LOIS. — *Ordonnance* autorisant le raccordement du chemin de fer de Saint-Etienne à Andrézieux avec celui d'Andrézieux à Roanne, tarif pour la partie commune (22 juillet).

—

279. — ANNALES DES PONTS ET CHAUSSÉES. — Premier semestre : Renseignements sur les chemins de fer anglais, par M. Letellier. — Notice sur les voitures à vapeur employées en Angleterre sur les routes ordinaires, par M. Mary. — Deuxième semestre : Notice sur le tunnel de la Tamise, par P.-D. Bazaine.

—

280. — MONITEUR INDUSTRIEL. — En juillet 1833, parut à Paris *le Locataire*, journal des locataires, annonçant les appartements vacants, dont la lecture montre que les loyers étaient alors relativement plus chers qu'aujourd'hui, car un bel appartement rue Saint-Georges, y est coté 15.000 francs ; seules, les boutiques paraissent à bon marché. En mars 1834, *le Locataire* devint *la Gazette des Travaux publics*, laquelle, dès le mois de juillet, appela à elle *l'Edile de Paris*, publication anémique. Le journal était décadaire et se présentait comme l'organe de M. Jacques Laffitte. Il avait trois bureaux d'abonnement : rue Montesquieu, n° 6, au bazar Montesquieu, — 1, place de la Bourse, — et rue Laffitte, 17, hôtel Laffitte. — Son titre était alors le suivant : (Edile Français), JOURNAL DES TRAVAUX PUBLICS, *des beaux-arts, du commerce et de la propriété.* On y reconnaît, à la première ligne, le ton ampoulé de l'homme qui mettait sur ses cartes en 1814 « le chevalier Laffitte » et qui appelait sans rire le ministre de la guerre « un guerrier ». Cette emphase était, du reste, mêlée de beaucoup de bon sens, car si la littérature de M. Laffitte était trop empreinte de périodes à la Mirabeau, on ne saurait méconnaître sa science un peu sceptique des affaires et l'intuition qu'il eut, de l'avenir, sans avoir su toutefois y enrailer le char de sa fortune. Le *Journal des Travaux publics* s'occupait de tout et en particulier des chemins de fer qui étaient la grande marotte de l'époque. Dans le numéro du 20 septembre 1834, nous trouvons mentionnée une résolution du conseil général de l'Yonne, au sujet des études du chemin de fer de Paris à Lyon. Au mois d'octobre, ce sont des articles *ex cathedra* sur le chemin de fer de Versailles et sur le chemin de fer de *Paris à Londres.* Au mois de novembre, le journal « *la Propriété* » fusionna avec *le Journal des Travaux publics.* En 1835, lors de la loi sur le chemin de fer de Saint-Germain, M. Laffitte, qui avait le caractère taquiné par ses mécomptes politiques et financiers, fit combattre avec beaucoup d'aigreur le projet de concession, sous le prétexte que rien ne pressait, qu'il fallait attendre et réfléchir : c'est la politique consuétudinaire des gens qui n'osent pas faire d'objections de fond et qui cachent leur mauvais vouloir, sous le prétexte apparent de la nécessité de s'instruire. Une fois la loi votée, ce journal se contenta de lever les yeux au ciel et appela à la rescousse le *Mercure Ségusien* de Saint-Étienne, qui recevait les inspirations de MM. Séguin, lesquels, justement fiers de leur multiple initiative dans l'industrie nouvelle, voyaient avec peine les perfectionnements que d'autres allaient y apporter, en y donnant un tour moins exclusif. Par une singulière coïncidence, le *Journal des Travaux publics* publia, à la même époque, un très curieux article de J.-T. Parisot sur les chemins de fer pneumatiques. On y lit aussi un intéressant article de Jobard, l'"exégète belge, sur les chemins de fer anglais. Mais une crise intérieure se préparait. — Le 30 juin, le *Journal des Travaux publics* annonça qu'il devenait le MONITEUR INDUSTRIEL, *journal des travaux publics, des beaux-arts, du commerce et de la propriété.* Il se formait, à cet effet, une nouvelle société au capital de 200.000 francs, en 400 actions de 500 francs. Le journal devait paraître désormais trois fois par semaine. Le devis des dépenses présenté aux actionnaires, s'élevait à 85.491 francs par an, et les prévisions de recettes *certaines* à 90.400, — le reste devant constituer le bénéfice. — Le premier numéro de la transformation parut le 19 juillet avec des modifications dans le titre qui était exactement : MONITEUR INDUSTRIEL, POLITIQUE ET LITTÉRAIRE, — *travaux publics, agriculture, beaux-arts, commerce, propriété, législation.* — Un an : 36 francs. — Bazar Montesquieu, rue Montesquieu, 6. Il n'y était plus question de la rue et de l'hôtel Laffitte, quoique la note du journal restât la même et que celui-ci conti_

nuât à donner le *la Laffitteur.* Cette combinaison rata et, après une éclipse, le MONITEUR INDUSTRIEL ressuscita le 20 décembre 1835 sous ce lemme : « SOCIÉTÉ UNIVERSELLE D'UTILITÉ PUBLIQUE (?). — MONITEUR INDUSTRIEL, *journal progressif (?), travaux publics, agriculture, beaux-arts, commerce, législation, propriété.* — Paraissant deux fois par semaine. — Cercle et administration : place Dauphine, 17. — On y donnait une longue liste de collaborateurs, parmi lesquels nous citerons : MM. Biot, Polonceau, le comte de Laborde, Charles Lucas et autres politiciens et académiciens. — La *Société universelle d'utilité publique* avait pour président le comte Aymé de la Rochefoucauld, et entre les protecteurs mystiques de cette association, nous trouvons le roi Louis-Philippe, le prince d'Orléans, le prince Henri de Prusse, le prince Louis-Napoléon Bonaparte, — le futur Napoléon III, — et une foule de menus souverains allemands en qualité de comparses. L'affaire n'en marcha pas mieux pour cela et le numéro du 7 juillet portait en tête une déclaration d'un M. Filleau, annonçant *urbi et orbi* qu'il avait acheté le journal « avec l'intention et les moyens de lui donner une impulsion forte et soutenue ». M. Filleau renforça son titre avec les mots : « *manufactures, — finances* », et transporta son domicile rue Caumartin, 33. Le MONITEUR INDUSTRIEL continua à naviguer dans les eaux du célèbre banquier, qui avait joué un rôle si important dans la révolution de 1830 et qui était toujours prêt, comme il le disait lui-même, à aller décrocher de la panoplie où il l'avait pendu, le fusil de 1830 qu'il n'avait pourtant épaulé qu'en imagination. L'inauguration du chemin de fer de Saint-Germain lui arracha un cri de commisération pour les actionnaires!! Mais ce qui l'horripilait, c'était la pensée que M. Émile Pereire avait choisi le meilleur emplacement de Paris pour y établir une gare à laquelle d'autres lignes allaient être obligées de payer tribut. Le MONITEUR INDUSTRIEL a continué à paraître jusqu'à la guerre de 1870. C'était devenu avec M. Chédieu un des remparts du protectionnisme. Le *Moniteur industriel* actuel (27e année, directeur : J. de Meetis), n'a rien à voir avec cette généalogie.

—

281. — JOURNAL DE L'INDUSTRIE DU FER. — *Recueil d'application des métaux aux constructions de toute espèce.* — Mensuel : 10 francs par an. — In-8° — Paris, rue Chantereine, 12. — Ce journal, dont le prospectus seul a paru, devait être l'organe d'une association et d'une sorte de cercle sidérurgiques, où l'on aurait réuni tous les renseignements et tous les modèles nécessaires aux maîtres de forges, afin que ceux-ci pussent mettre leur production en état de rivaliser avec les usines anglaises. « Une collection de modèles de formes nouvelles pour fer en barre, dit le prospectus, ajoutant à celles déjà existantes en France, toutes celles qui ont paru chaque jour en Angleterre, tels que le fer à vitrage, les diverses sortes de rails, etc., doit entrer en première ligne dans la collection des modèles de l'association... L'importance d'une semblable collection n'a pas besoin d'être démontrée. Nous n'en citerons qu'un

exemple récent : c'est à l'importation du modèle de fer à vitrage qu'a été due l'exécution de la voûte vitrée de la *galerie d'Orléans* au Palais-Royal. » Le premier numéro annoncé pour le 1er mars, devait donner des renseignements sur les voitures à vapeur pour routes ordinaires et sur les toitures en tôle cylindrée.

—

282. — MONITEUR DES VILLES ET DES CAMPAGNES. — Ce journal mensuel, fondé en 1833, « indiquant à chaque français ses devoirs dans l'ordre de la religion, de la famille et de la société, ses droits comme citoyen et les moyens d'améliorer sa fortune », avait pour correspondants tous les curés de France, chargés de recevoir les abonnements. Avec le non-sens caractéristique de toutes les publications catholiques, celle-ci se montra hostile aux chemins de fer. Dans le 4e numéro (avril 1833), nous lisons au cours d'un article du comte Achille de Jouffroy, sur l'agriculture, les réflexions suivantes à propos des chemins de fer, réflexions qui forment un curieux contraste avec la clairvoyance des publicistes de l'école saint-simonienne : « On s'occupe en ce moment d'une loi sur l'expropriation forcée pour cause d'utilité publique, dans le but de favoriser les compagnies industrielles qui se proposeraient d'ouvrir des routes, des canaux et des chemins de fer. Mais ces compagnies ne peuvent avoir de succès que sur les lignes, peu nombreuses, où un péage sur les transports de marchandises pourra représenter l'intérêt des capitaux et les frais d'entretien. Or, ces lignes sont déjà parcourues par des voies de communication moins parfaites, à la vérité, que celles qu'on propose, mais desservant les mêmes portions de territoire. Ainsi, un chemin de fer du Havre à Paris, par exemple, pourra faciliter et accélérer les opérations commerciales ; mais le territoire entre ces deux villes, déjà sillonné par d'anciennes communications, ne recevra de la nouvelle, presqu'aucune amélioration. Et les compagnies qui se hasarderaient à exécuter de ces travaux gigantesques, hors des lignes de communication déjà établies, pourraient, tout en contribuant à fertiliser un sol aujourd'hui livré à l'isolement, y rencontrer pour elles-mêmes une cause de ruine. Il ne faut donc pas espérer que le gouvernement ni les compagnies industrielles puissent procurer au sol de la France les moyens de communication dont il a si grand besoin. » On ne saurait être plus inepte.

—

283. — LE RÉPUBLICAIN. — *Journal d'observation des sciences sociales et revues politiques.* — Mensuel : 6 francs. — Paris. — Mie, rue Joquelet, 9. — Avril et mai — Voici comment dans un article de doctrine, ce journal grincheux appréciait l'intervention du gouvernement dans la question des chemins de fer : « Les travaux du ministère du commerce sur les chemins de fer ont été frappés de stérilité et à peine s'il en a été question à la Chambre. Parce que ces travaux, fruit hypocrite d'une bureaucratie qui veut avoir l'air de s'occuper de quelque chose d'utile, auraient pu être aussi bien préparés par un

commis intelligent chez les turcs et les russes et tout aussi bien appropriés aux faits qu'ils l'étaient chez nous. On a eu l'air en s'occupant d'une telle matière, de vouloir lutter avec les saints-simoniens, qui, avant d'expirer, ont légué au monde un tracé de chemins de fer entre toutes les grandes communications du globe, dont plusieurs s'établiront peut-être un jour, sans qu'on eût pour cela besoin de leur travail, pas plus que nous ne manquerons de celui de M. d'Argout, pour la France : tout se fera quand les peuples auront enfin conquis la faculté de pouvoir s'occuper eux-mêmes de leurs affaires, sans le secours de directeurs spirituels ou bureaucrates. » Que de divagations ! et quel galimatias !

—

284. — REVUE MENSUELLE D'ÉCONOMIE POLITIQUE, *publiée par Théodore Fix.* — In-8°. — Paris, rue du Vieux-Colombier. — D'une intervention utile du gouvernement dans les travaux publics, et particulièrement dans l'établissement des chemins de fer et des canaux. Subvention ou garantie d'intérêt (août)

—

285. — FRANCE LITTÉRAIRE. — Cette revue, fondée en 1831, contient dans le tome VIII, correspondant au mois d'août 1833, un curieux article d'A. Blanqui sur l'importance de l'économie politique, dans lequel le célèbre économiste fait un ardent plaidoyer en faveur des chemins de fer. « Saint-Etienne et Lyon, dit-il, sont unis par une route à rainures, et pour vous le dire en passant, cette nouvelle voie est devenue la source d'une foule de procès imprévus qui soulèvent des questions du plus haut intérêt, et qui exigeront peut-être une législation spéciale pour les chemins de fer. »

—

286. — BULLETIN DE LA SOCIÉTÉ INDUSTRIELLE DE MULHOUSE. — Aperçu d'un projet de chemin de fer entre Saarbruck et Strasbourg, communiqué à la société dans ses séances des 16 décembre 1833 et 29 janvier 1834, par M. Bazaine, ingénieur des ponts et chaussées, membre honoraire. — Rapport du comité de commerce fait par M. Ferdinand Koechlin sur l'aperçu de ce projet de chemin de fer. Le rapporteur conclut à ce que la plus grande publicité soit donnée au projet, afin de le populariser et de le faire connaître aux capitalistes.

—

286 *bis*. — RECUEIL INDUSTRIEL, MANUFACTURIER, AGRICOLE ET COMMERCIAL, etc. — (Voir n° 129 *bis*) T. XXV. — Description du brevet accordé au docteur W.-H. Churet, de Birmingham, pour une voiture à vapeur propre au transport des voyageurs et des marchandises (9 août 1832). — Brevet accordé à Samuel Hobday, de Birmingham, pour perfectionnements aux appareils à vapeur pour bateaux et chemins de fer. Roues à vapeur (24 mai 1831). — T. XXX. — Voiture à vapeur construite à Bruxelles par Dietz. — Extrait d'un mémoire de M. Taillepied de la Garenne, explicatif des procédés pour lesquels il a obtenu un

brevet ayant pour objet de remplacer par un cheval les machines à vapeur employées comme locomotrices, cheval marchant sur un plan incliné comme les chiens de tournebroche.

—

287. — Spectateur militaire.— Ce journal contient dans son numéro de juillet, une appréciation du livre du chef de bataillon du génie Augoyat, sur *les routes, les chemins de fer, les canaux et les rivières*, dont la seconde édition venait de paraître (voir n° 253). — Augoyat faisait partie de la rédaction du journal et était probablement lui-même l'auteur de cette réclame : « La seconde partie *(du livre)*, dit la note, traite des *chemins de fer*. On s'est borné à faire connaître la forme des *rails*, la manière de les assembler et le principe sur lequel repose l'emploi des machines à vapeur locomotives. La vitesse de dix lieues à l'heure avec laquelle nos voitures peuvent parcourir les chemins de fer qui sont en ligne droite et qui ont peu d'inclinaison, est un fait extrêmement remarquable. La rapidité des communications est un besoin impérieux dans les sociétés modernes, elle est décisive dans les opérations militaires, et l'on oublierait un intérêt essentiel si l'on ne rattachait pas à la défense du territoire, le tracé des grandes lignes de chemins de fer projetées en France. »

—

288. — Brevet d'invention de 15 ans (18 mars) au sieur Arnollet (Pierre), à Dijon, pour un système de construction de wagons.

—

289. — Brevet d'invention de 15 ans (21 avril) au sieur Burdin, ingénieur des mines à Paris, pour une nouvelle machine locomotive sur les routes ordinaires dont le va-et-vient du piston se trouve transformé en un mouvement progressif ou alternatif à l'aide de plans plus ou moins inclinés suivant la pente du chemin à parcourir. — Complément : 1° machine à vapeur ; — 2° train mobile avec ornière directrice qui consiste en un chemin de fer concomitant.

—

290. — Brevet d'invention de 15 ans (15 mai) au sieur Sardat, à Grenoble, pour un système de chemin de fer applicable à toutes les routes droites ou en pente. « Je dis, écrit l'inventeur, que toutes les routes qui existent actuellement en France, peuvent servir pour les chemins de fer, n'importe leur degré d'inclinaison. Il n'est plus nécessaire d'en tracer sur un plan presque horizontal, ni de percer des montagnes, il n'est même pas nécessaire d'avoir deux ornières en fer, une seule peut suffire, et voici le moyen que j'ai inventé dans ce but ».

—

291. — Brevet d'invention de 15 ans (17 mai) au sieur Holl (Edouard), à Dartford (Angleterre), pour une machine à vapeur agissant avec la vapeur dilatée.

292. — Brevet d'invention de 15 ans (14 juin) au sieur Moineau (Auguste), à Paris, pour un moteur propre à tout.

—

293. — Brevet d'invention de 15 ans (22 juin) au sieur Gombert aîné (J.-B.), à Darnetal (Seine-Inférieure), pour un moteur par pression atmosphérique.

—

294. — Brevet d'invention de 10 ans (30 juin) au sieur Vergniais (Jean-Louis), à Lyon, pour un moteur universel.

—

295. — Brevet d'invention de 15 ans (19 août) au sieur Barker (Arthur), à Paris, pour des perfectionnements dans la fabrication des rails.

—

296. — Brevet d'invention de 15 ans (28 octobre) au sieur Piot (J.-B. Félix), pour des procédés à l'usage des chemins de fer à une seule ornière, soit pour la confection des rails et points d'appui, soit pour l'établissement de voitures simples courant sur une ornière.

—

297. — Brevet d'invention de 15 ans (4 novembre) au sieur Galy-Cazalat, à Paris, pour une machine à vapeur marchant sur route ordinaire.

—

298. — Brevet d'invention de 10 ans (16 novembre) aux sieurs Hamond et Renaud de Wilback, à Montpellier, pour des chaudières de locomotives sur route ordinaire.

—

299. — Brevet d'invention de 10 ans (20 novembre) au sieur Colladon (Daniel), à Paris, pour des chaudières à vapeur et des appareils de sûreté.

1834

300. — De l'avenir industriel de la France *ou rayon de bon sens sur quelques grandes questions d'économie politique*, par C.-J.-A. Mathieu (de Dombasle). — In-8°. — Paris. — Huzard.

—

301. — Des intérêts respectifs du midi et du nord de la France dans les questions de douanes, etc., par C.-J.-A. Mathieu (de Dombasle). — In-8°. — Paris. — Huzard. — Nous rapprochons ces deux opuscules du célèbre Bridoison lorrain, parce qu'ils ont une commune conclusion, le prétentieux agronome de Roville ayant tiré deux moutures du même sac. M. Mathieu félicite l'Allemagne de ne pas avoir de chemins de fer, annonce à heure fixe la déconfiture de l'Angleterre, et pronostique que vers l'an 1955, le budget français pourra bien s'élever à 2 milliards. *Et sic de cœteris.*

302. — Les voitures et les routes, par Caïman Duverger. — In-8°. — Paris. — Carilian-Gœury. — Étude magistrale et sobre des questions de transport, avec des réflexions très judicieuses sur les chemins de fer.

—

303. — De l'abolition des droits de douane sur les houilles étrangères en faveur des dix départements du nord, par Auguste Lamothe, propriétaire des mines de Grosménil, en Auvergne. — In-8°. — Clermont-Ferrand. — Vaissière et Perol. — La brochure est suivie d'une *pétition à la Chambre des députés des exploiteurs de mines et marchands de charbon de terre du Puy-de-Dôme et de la Haute-Loire* (Auvergne) pour demander la suppression des droits de navigation de la Loire et de l'Allier, et le maintien des droits de douane sur les houilles étrangères. Ce document est corroboré par une délibération du conseil général de la Haute-Loire et par un certificat de l'ingénieur des mines de l'arrondissement, M. Baudin. L'auteur est protectionniste et qualifie d'*étroit* le système de la liberté commerciale. En dehors de cette anomalie, il raisonne juste et voici ce qu'il dit des chemins de fer : « Les canaux ne répondent qu'imparfaitement aux besoins de l'industrie, parce que notre pays ne peut en comporter que de petites dimensions. Dès lors, les chemins de fer à grandes voies auront toujours la préférence, soit par leur célérité, soit par leur économie. Partout où ce mode de circulation s'établira, le pays ne tardera pas à changer de face et verra accourir à lui de nombreux établissements industriels, surtout quand ils trouveront en abondance les matières premières, à côté du moyen de transporter au loin les produits ouvrés ou manufacturés ».

—

304. — Traité des chemins de toute espèce, comprenant les grandes routes, chemins de halage, vicinaux et particuliers, arbres et fossés qui les bordent, les rues et places publiques, par F.-X.-P. Garnier, avocat aux conseils du roi et à la Cour de cassation. — Un vol. in-8°. — Paris. — « Il y a, en outre, dit l'auteur dans des *observations préliminaires*, des moyens de communication appelés chemins de fer qui ont été introduits en 1823, dont la nature n'est pas encore bien déterminée, mais qui doivent être assimilés aux autres voies ».

—

305. — Leçons faites sur les chemins de fer a l'École des ponts et chaussées en 1833-1834, par M. Minard, professeur. — In-4°, 11 feuilles, plus 8 planches. — Paris. — Carilian-Gœury. — Ces leçons qui furent les premières faites spécialement sur les chemins de fer à notre grande école du génie civil, ont incontestablement vieilli, mais elles sont restées classiques et rudimentaires. Examinant la question de la vitesse des voies ferrées, l'illustre professeur dit que sur le chemin de Liverpool à Manchester on faisait 9 lieues à l'heure, mais sans dire de quelles lieues il s'agit. Il raconte que, personnellement, il a observé une vitesse de 10m30 par se-

conde sur un parcours de 19.000 mètres, de 13m30 sur 5.600 mètres, de 16m70 sur 4.000 mètres, de 17m70 sur 400 mètres et de 20 mètres sur un parcours de 400 mètres, à la descente sur un plan incliné. « On dit, ajoute-t-il, qu'une machine seule a fait en 15 minutes, 24.000 mètres, soit 27 mètres par seconde ou 24 lieues à l'heure, la plus grande vitesse possible (96 kilomètres à l'heure). » Il cite M. Poussin (voir n° 315), lequel prétend avoir vu aux États-Unis un convoi marcher pendant 13 minutes à 26m90 par seconde. M. Minard observe, avec raison, que ces grandes vitesses ne sont applicables qu'aux trains de voyageurs et seraient trop coûteuses pour les marchandises.

—

306. — Traité pratique des chemins de fer, traduit de l'ouvrage anglais (2e édition) de Nich Wood, avec des notes et des additions, par F. de Montricher et E. de Franqueville, ingénieurs des ponts et chaussées, et H. de Ruolz. — In-4°, 40 feuilles, plus un atlas d'une demi-feuille et 14 planches. — Paris. — Carilian-Gœury. — Ce livre est fort bien fait et peut encore être utilement consulté. Les ingénieurs français et l'ingénieur Henry de Ruolz ont donné, par leurs additions, une grande et durable valeur à l'ouvrage, assez plat, du praticien anglais. On cite dans ce livre le rail Vignolles qui n'avait pas encore la section transversale que l'actif ingénieur d'outre-Manche lui a donnée depuis, mais qui était déjà supérieur au rail Stéphenson, car le double champignon n'était pas encore connu et n'aurait pas eu sa raison d'être, vu le prix élevé du fer laminé.

—

307. — De la supériorité des chemins de béton sur les chemins de fer, par F. Thomassin, capitaine d'artillerie, chevalier de la Légion d'honneur. — In-8°, 3 feuilles 3/4. — Strasbourg. — L'idée très judicieuse de M. Thomassin, consistait à faire circuler librement des voitures à vapeur sur des surfaces bétonnées : il est certain que le béton n'eût pas offert une suffisante résistance et qu'il eût fallu ferrer la voie. En ce cas, comme la surface de frottement eût été plus considérable, la traction fut devenue plus coûteuse et l'on eût, comme perfectionnement, inventé les chemins à rails. Quant à la circulation dans l'intérieur des villes, elle s'accommoderait mieux d'aires parfaitement dressées que des rails déformés des tramways. La crise de circulation individuelle ou d'automobilisme que nous subissons, remet ces questions sur le tapis. M. Thomassin se livrait à d'ingénieux calculs pour prouver que le chemin de fer de Paris à Strasbourg coûterait 70.493.400 francs et que la traction y reviendrait à 0.07 par quintal métrique et par lieue (sans dire quelle lieue, celle de 4 ou celle de 5 kilomètres ?), tandis qu'une route bétonnée ne coûterait que 10.488.200 francs, la traction y revenant à 0.01 par quintal métrique et par lieue. Il évaluait le transport par charrette à 0.083. M. Thomassin voulait construire une voie pour transporter le charbon de Saarbruck à Strasbourg : il estimait le coût d'un chemin de fer à 10.272.000 francs et les frais de transport à 0.07 par quintal et par

lieue ; l'établissement d'un service à vapeur sur route ordinaire, à 1.755.000 francs, avec transport à 0.06, et l'établissement d'une route bétonnée à 1.710.000 francs, avec transport à 0.03. Enfin, selon lui, par canal, le transport eût coûté 0.05. Il est vrai que dans le prix de revient, le capitaine fait figurer l'intérêt et l'amortissement du capital. De toutes façons, ces données sont erronées.

—

308. — Travaux des ponts et chaussées. Clauses et conditions générales imposées aux entrepreneurs. — In-8° d'une feuille. — Paris. — 25 août 1833. — Ce code draconien est toujours en vigueur, mais comme il n'y a pas de droit contre le droit, c'est l'État qui en est le mauvais marchand, quand l'entrepreneur est décidé à se faire rendre justice. De là viennent les procès scandaleux dont la Chambre et le Sénat votent religieusement les *impenses*, sans songer à exiger enfin du ministre une responsabilité pécuniaire, la seule qui soit efficace.

—

309. — Considérations sur la question des chemins de fer, en réponse a un article du Journal des Débats du 28 octobre 1833, par L.-S.-X. Delacour. — In-8°. 2 feuilles. — Paris. — L'auteur de cette brochure parait avoir été l'avocat de M. Blum, qui prétendait à la concession du chemin de fer du Havre à Marseille, et qui faisait en ce moment construire le chemin de fer des houillères d'Epinac. — L'article du *Journal des Débats* prévoyait que les chemins de fer allaient donner lieu à une dépense de plus de quatre milliards, déplorait les mauvais effets que ce déluge de papier multicolore aurait sur le crédit public et, redoutant l'influence des futures compagnies ainsi que la tyrannie que celles-ci pouvaient exercer dans l'industrie des transports, demandait que l'État construisît les chemins de fer au moyen d'emprunts *ad hoc* et les exploitât. C'était du reste l'opinion personnelle de Louis-Philippe qui, suivant les anciennes traditions de la monarchie, considérait les communications comme un droit régalien et critiquait la liberté des messageries et du roulage. Delacour défendait le principe des concessions.

—

310. — Des chemins de fer considérés comme spéculations financières, par M. Surville, ingénieur des ponts et chaussées. — In-8°, 5 feuilles. — Paris. — Cet ingénieur, intéressé lui-même dans diverses demandes en concession, combattait cependant ce système de voies de transport et de communication, car en 1834 la question des voyageurs était résolue. C'est sans rire qu'il écrivait : « Les chemins de fer ne conviennent qu'à une certaine nature de transports... Dans l'état actuel de la France, les chemins de fer ne peuvent devenir productifs qu'à l'aide de tarifs très élevés, ce qui en exclurait la presque totalité des marchandises et même une partie des voyageurs ». En outre, M. Surville croit le service de nuit très difficile et il indique, comme devant concurrencer les chemins de fer, les voitures à vapeur qui fonctionnent déjà entre Londres et Paddington et qui

fonctionneront bientôt en France ! Finalement, il propose un tarif de 0.22 par tonne et par kilomètre pour les marchandises et de 0.12 pour les voyageurs. On sent, du reste, que cette argumentation a surtout pour but de décourager les concurrents. L'auteur conclut à l'impossibilité de faire les chemins de fer sans concession à perpétuité et garantie d'intérêt de 4 % du capital avec amortissement prévu. Il veut que les intérêts soient payés pendant la construction, afin d'attirer les petits capitalistes qui ne peuvent pas rester un jour sans percevoir les fruits de leurs modestes épargnes.

—

311. — De la locomotion sur les routes en fer. — Nouveau système de construction des plans inclinés des routes en fer et sur un mode de tracé général de ces routes sous le rapport de leurs inclinaisons, par M. Surville. — In-8°, 6 feuilles et demie. — Paris. — Carilian-Gœury. — C'est un ouvrage très remarquable d'intuition d'une science qui n'existait pas encore. On peut y puiser aujourd'hui des enseignements utiles. Ingénieur des ponts et chaussées, vulgarisateur attrayant et écrivain distingué, Surville a une véritable prescience des rapports de la traction et de la construction. Il se prononce, dès lors, pour la possibilité de réduire à 200 mètres le rayon des courbes, hiératiquement fixé à 1.200 mètres. Il s'occupe du système Laignel (voir n° 321) qui réduisait les courbes à un rayon de 25 mètres et qui avait reçu pour ce sophisme technique, une médaille de la *Société d'encouragement*. Notre auteur signalait trois obstacles à la diminution du rayon de courbe : « 1° la différence de longueur entre deux rails concentriques ; — 2° la nécessité d'atténuer la déviation dans la partie de la courbe occupée par le convoi, ainsi que la décomposition de force motrice qui en résulte ; — 3° la nécessité d'éviter le frottement latéral qui se développe dans les courbes par la force centrifuge en raison directe de la vitesse du convoi, et inverse du rayon de courbure de la ligne de raccordement. » Or, Laignel n'obviait qu'au premier desideratum et cela avec un ralentissement de vitesse.

—

312. — Manuel du constructeur de chemins de fer, *ou essai sur les principes généraux de l'art de construire les chemins de fer*, par M. Ed. Biot. — In-18,8 feuilles 1/2 plus 2 planches. — Paris. — Roret. — C'est un livre excellent que l'on lit avec plaisir, car il est rempli de choses judicieuses. Edouard Biot, sinologue éminent, fils de l'illustre membre de l'académie des sciences, était le co-gérant de la compagnie de Saint-Etienne à Lyon. L'ouvrage est divisé en trois parties : 1° Matériel fixe et roulant ; — 2° Traction et moteurs ; — 3° Dépenses de construction et d'entretien, avantages principaux des chemins de fer.

—

313. — Du tarif a l'entrée en France des fontes et des fers, par M. F. Cabrol, ancien élève de l'École polytechnique. — In-8°. — Paris. — Crapelet. — L'auteur est protectionniste et, loin de croire que

pour faciliter la construction des chemins de fer il faille réduire les droits, il était plutôt d'avis de décréter la prohibition, persuadé que l'activité de la consommation intérieure suffirait à stimuler la concurrence et qu'il en serait du fer comme de la soude, dont le prix s'est affaissé tout seul de cent francs à neuf francs le quintal, de 1802 à 1830. M. Cabrol fut plus tard directeur de Decazeville.

—

314. — Mémoire tendant a prouver la nécessité de diminuer le droit sur les fers, par M. Hallette. — In-4°. — Arras. — Le célèbre mécanicien qui joua un rôle si important dans l'industrie française de 1820 à 1840, démontre dans cet écrit la nécessité de diminuer, voire même de supprimer les droits d'entrée sur les fontes et les fers, car la cherté anormale de ce métal qui, pour l'agriculture seule, représentait une gabelle de 28 millions de francs par an, était un obstacle insurmontable à la construction des chemins de fer. Les rails coûtaient à cette époque, sous vergue, en Angleterre, 175 francs la tonne. En ajoutant 25 francs pour le frêt et les autres frais, on arrivait à peine à 200 francs, soit 20 francs le quintal métrique. Or, le prix courant des fers français variait suivant la qualité et l'échantillon, de 55 francs à 37 fr. 50, soit en moyenne 47 francs. Nos chemins de fer supportaient donc, de ce chef seul, une plus-value de frais d'établissement de 35.000 francs par kilomètre.

—

315. — Travaux d'améliorations intérieures projetés ou exécutés par le gouvernement général des Etats-Unis d'Amérique, de 1824 a 1831, par G^me Tell Poussin. — In-4°, 49 feuilles et demie, plus 1 atlas in-folio et 10 planches. — Paris. — Anselin. — Dans ce livre, M. Poussin, officier du génie au service des Etats-Unis, décrit le chemin de fer de Philadelphie à Columbo, et le premier pont en bois construit par M. Town, système qui devait prendre une place si considérable dans la construction des voies ferrées aux Etats-Unis, en utilisant d'une façon rudimentaire une matière toujours abondante sur place, le bois, au moyen de poutres faites avec des croix de Saint-André, suivant le système des arbalétriers et tirants armés créé par les charpentiers français dès le XVI' siècle. Dans le *National* du 2 avril 1835, M. Emile Pereire qui déjà demandeur en concession, agréé, du chemin de fer de Paris à Saint-Germain, allait renoncer au journalisme et qui était dès lors une autorité dans ces questions, rendait compte en ces termes du livre de M. Poussin : — « Les Américains ont compris de bonne heure toute l'importance des travaux publics et des banques ; ils ont compris que, pour activer la production, il fallait développer des moyens de circulation pour les produits comme pour les capitaux ; c'est sur cette donnée que se sont fondés les établissements de crédit qui couvrent leurs villes et leurs bourgs à peine habités ; que se sont exécutées les voies de communication qui sillonnent leur vaste territoire, qui unissent leurs immenses fleuves, qui coupent leurs forêts vierges et leurs monts escarpés ; que s'est formée enfin cette marine qui s'élève rivale des marines les plus puissantes de l'ancien monde. La promptitude avec laquelle toutes ces merveilles d'une civilisation avancée se sont créées dans la même période où un peuple né d'hier constituait sa liberté, ses institutions, et était obligé de conquérir, de défendre et de défricher son territoire, tout cela sera longtemps difficile à comprendre parmi nous. C'est pour nous expliquer ces grands résultats, pour nous faciliter les moyens d'atteindre au même but, que M. le major Poussin a publié l'important ouvrage que nous allons essayer d'analyser. M. le major Poussin est un de ces jeunes Français qui, à la suite des derniers désastres de l'Empire, furent obligés de chercher une seconde patrie dans la patrie de Washington. En raison des études spéciales qu'il avait faites, il fut bientôt appelé à rendre à son pays d'adoption les services que les réactions politiques ne lui permettaient plus de rendre à la France ; il fit partie, avec le général Bernard, et sous sa direction, de la commission des travaux publics qui avait été chargée par le gouvernement fédéral d'organiser un vaste système de défense du territoire, et de le combiner avec des voies de communications intérieures destinées à assurer les rapports commerciaux entre les divers Etats de l'Union, même en cas de blocus des côtes. M. Poussin ne raconte donc pas seulement ce qu'il a vu et étudié, il parle d'une manière approfondie des travaux auxquels il a participé, et qu'il a contribué à organiser. Son travail a jeté un jour tout nouveau sur le système suivi aux Etats-Unis pour activer ce développement de travaux dont les rapports isolés sont venus nous surprendre. Ceux qui se reportaient par le souvenir à la France féodale, divisée en provinces ayant chacune son administration distincte, ses usages, ses intérêts, ses douanes, ses impôts particuliers, ne pouvaient point comprendre la simultanéité des travaux accomplis par les Etats fédératifs de l'Amérique du Nord. On ne concevait pas que de l'anarchie et de la lutte des intérêts rivaux, souvent hostiles, des diverses localités de l'Union, put résulter un ensemble, une coordination d'efforts dans un but, dans un intérêt commun. Cet accord s'est cependant réalisé, il a porté ses fruits ; M. le major Poussin nous en fait connaître et la cause et les effets. « La Constitution, dit M. Poussin, avait prévu la nécessité de s'occuper des moyens de défense et de protection du pays, ainsi que des besoins du service des postes. Il paraissait donc naturel de faire rentrer dans le même système tout ce qui pouvait tendre à établir des rapports plus directs entre les habitants d'une contrée et ceux d'une autre, tout ce qui favorisait les rapports industriels, la navigation intérieure, le commerce, l'encouragement des manufactures et des fabriques, etc. Ce fut sous l'heureuse influence de cette interprétation libérale qu'en 1824, le système des fortifications permanentes étant très avancé dans son exécution, une commission fut créée et chargée de donner de l'ensemble et de l'unité aux immenses travaux d'entreprise qui, sur tous les points de l'Union, venaient revendiquer la main protectrice du gouvernement, du moins quant aux levées des plans et aux études des avant-projets. « Cette commission, ajoute M. Poussin, embrassa

« dans son premier travail une enquête générale sur
« tous les canaux praticables ou que réclamaient les
« intérêts locaux, depuis la baie de Boston jusqu'au
« golfe du Mexique... Ce grand travail, qui occupa
« la commission pendant plusieurs années, a servi
« de base et de cadre principal auquel sont venues
« se rattacher toutes les entreprises qui, depuis, se
« sont développées dans une proportion qui ne trouve
« de mesure que dans la prospérité même de l'Union,
« et qui ne peut se comparer avec celle d'aucun pays. »
Ce fait, que nous avons tenu à emprunter textuellement à l'ouvrage de M. le major Poussin, expliquera
comment, dans un pays divisé en vingt-quatre États
fédératifs, la Constitution la plus démocratique a
fourni les moyens d'imprimer à des travaux des plus
importants une direction unitaire, d'après un plan
général et systématique ; travaux que les gouvernements absolus et aristocratiques, malgré le pouvoir
discrétionnaire dont ils disposent, n'égaleront jamais
sans doute. « Par suite du même esprit libéral, dit
« encore M. le major Poussin, le gouvernement in-
« tervint dans ces travaux et avança des fonds assez
« considérables à plusieurs compagnies, pour en ac-
« tiver l'exécution et leur imprimer le cachet que
« réclamaient leur importance et leur généralité. Ces
« fonds furent le plus souvent avancés pour un
« nombre équivalent d'actions, dont le gouverne-
« ment devint propriétaire... Dans d'autres circons-
« tances, des terres du domaine de l'État furent
« aliénées pour subvenir aux dépenses de construc-
« tions nécessitées par l'établissement de communi-
« cations à travers les contrées de cette vaste répu-
« blique. » Indépendamment de ce système d'intervention du gouvernement national dans les travaux
d'utilité publique, les États les plus avancés de
l'Union ont créé un *fonds des améliorations intérieures* pour encourager les travaux qui intéressent
chaque État en particulier ; ces fonds sont administrés et répartis par un comité choisi dans le sein de
chaque législature. C'est par le levier puissant de
l'association, de l'association prise dans ce qu'elle a
de plus vaste, de plus complet, dans la centralisation
des forces vives, du crédit et des lumières du pays,
de l'association qui, dirigée et appliquée par un gouvernement national, rend tout possible et facile ;
c'est, disons-nous, à l'aide de cette réunion d'efforts
communs que les Américains ont changé de fond en
comble, en quelques années, la face de leur sol.
Quand il n'aurait fait que mettre en saillie cette vérité utile, sans laquelle rien de grand ne peut être
entrepris, M. le major Poussin nous aurait rendu un
service signalé. Mais M. Poussin a voulu joindre la
démonstration au principe ; la partie la plus importante de son ouvrage contient la description la plus
fidèle, la plus complète, tant sous le rapport de l'art
que sous le rapport statistique, commercial et politique, des travaux exécutés dans l'Union américaine.
L'esprit général du système qui a présidé à ces travaux a d'abord été le devoir d'assurer, même en cas
de guerre, les communications entre toutes les parties du territoire ; puis la nécessité de favoriser le
commerce intérieur, l'esprit d'entreprise, les défrichements, de soutenir la concurrence des Anglais
dans le Canada, afin de resserrer les liens qu'il était

urgent d'établir entre le centre de la grande fédé-
ration et les États conquis ou cédés, tels que la
Louisiane, les Florides, etc. Pour bien apprécier l'importance de ces travaux, il faut se rendre compte de
l'aspect général de cet immense territoire : bornés à
l'Est et au Sud par l'océan Atlantique et le golfe du
Mexique, les États-Unis présentent un développement
de côtes de 1.340 lieues. A l'extrémité Nord, d'immenses lacs, espèces de mers intérieures, arrosent
le pays, alimentent des fleuves et des rivières sans
nombre, séparant le territoire de l'Union des propriétés anglaises dans le Haut et Bas-Canada, et des
peuplades encore sauvages, indépendantes du gouvernement fédéral. La frontière de terre de l'Ouest
touche à la République du Mexique et s'étend jusqu'à
l'océan Pacifique. Au Centre, les monts Alléghanys
séparent les États de l'Est de ceux de l'Ouest. L'ensemble de ce territoire présente une superficie de
2.037.165 milles anglais carrés. Pour vaincre les
obstacles naturels que présentait la chaîne des Alléghanys, et pour mettre les États de l'Ouest en communication avec ceux de l'Est, et, par conséquent,
avec l'Océan, un canal et un chemin de fer ont été
entrepris. Le canal unit la Chesapeake à l'Ohio entre
Washington, siège du gouvernement central, et
Pittsburg. « Il a été commencé, dit M. le major
« Poussin, aux frais d'une compagnie dont le gou-
« vernement général, les États de Virginie, de Mary-
« land et de Pensylvanie, les corporations des trois
« villes de Washington, Alexandrie et Georgetown, et
« quelques particuliers sont actionnaires ». Le chemin de fer de Baltimore à l'Ohio est destiné à compléter ce système de communication. Le canal de la
Chesapeake à l'Ohio unira l'Atlantique avec le golfe
du Mexique, par le Mississipi, dans lequel l'Ohio verse
ses eaux. Cette ligne de navigation traversera les
États du Centre, de l'Ouest et du Sud. Dans la partie
Est, elle est continuée au moyen d'un canal qui
réunit la Chesapeake à la Délawarre. Cette voie artificielle assure les communications directes par eau
entre Washington et Philadelphie, sans qu'il soit besoin de sortir des baies et de côtoyer l'Océan. Un
troisième canal de la Délawarre au Rariton continue
cette ligne parallèle à la côte et unit les deux plus
grands centres de l'Union, Philadelphie et New-York.
Déjà, entre ces deux villes, un chemin de fer de
34 lieues permet de franchir cette distance en six
ou sept heures. Un chemin de fer de la Providence
à Boston complète cette ligne de communication ; la
distance de cette dernière ville à Washington est
parcourue, partie par les chemins de fer, partie par
eau, en 27 heures, en traversant Philadelphie et
New-York, et la distance n'est pas moindre de
166 lieues ! La réunion de l'Atlantique au golfe du
Mexique, par le Mississipi et l'Ohio, est assurée, nonobstant le canal de la Chesapeake à l'Ohio, par le
canal de Pensylvanie et par un chemin de fer. On
communique de Philadelphie à Pittsburg, sur l'Ohio,
par une ligne de navigation d'environ 140 lieues,
franchissant une somme de pentes et de contre-
pentes égale à 539 mètres (1.060 pieds) et par un
chemin de fer de 59 kilomètres franchissant 784 mètres (2.443 pieds) de pentes et contre-pentes. L'État
de Pensylvanie a dépensé, jusqu'à l'année 1833,

195 millions de francs en travaux d'améliorations. « Cet Etat aura bientôt, dit M. le major Poussin, « 282 lieues de canaux et de chemins de fer termi- « nés » ; sa population est de 1.342.000 âmes. Le chemin de fer de Pensylvanie à Columbia est entièrement construit aux frais de l'Etat de Pensylvanie : son étendue est de 29 lieues et demie, les rails ont été retirés d'Angleterre (1). Les bornes d'un article de journal ne nous permettant pas d'indiquer, même d'une manière sommaire, tous les travaux dont M. le major Poussin a rendu compte avec une exactitude et un soin remarquables, nous allons essayer de donner une idée des deux entreprises les plus importantes qui ont été exécutées dans les Etats-Unis. Nous avons parlé tout à l'heure des lacs immenses qui baignent les frontières nord de l'Union, à l'extrémité de la chaîne des Alléghanys. Le lac Erié, l'un d'eux, reçoit les eaux du lac Supérieur, du lac Michigan et du lac Huron ; puis il verse les siennes dans le lac Ontario, où le fleuve Saint-Laurent prend sa source. Le lac Erié est situé sur un plateau élevé de 100 mètres au-dessus du lac Ontario. Cette différence de niveau produit la chute du Niagara. Les rivages des lacs, sans y comprendre ceux du lac Supérieur, présentent un développement de 720 lieues, entourés de plus de 20 millions d'hectares de bonnes terres. C'est ce foyer d'une immense production qu'il fallait mettre en communication d'une part avec le golfe du Mexique, par la vallée de l'Ohio et celle du Mississipi, et d'autre part avec l'Atlantique par la vallée de l'Hudson. Ce travail était d'autant plus urgent pour les Etats-Unis que les Anglais, étant maîtres de la partie nord des lacs qui baignent le Haut-Canada, et du cours du fleuve Saint-Laurent, auraient eu le monopole du commerce que la fertilité de ces rivages devait développer. Les travaux de cette double communication ont été entrepris aux frais des deux Etats. Le canal de l'Ohio, qui unit la rivière de ce nom au lac Erié, a été exécuté aux frais de l'Etat de l'Ohio ; il a un développement de 125 lieues. Commencé en 1825 il a été achevé en sept années, et dans cette période le même Etat a exécuté 145 lieues de canaux. Le grand canal de New-York présentait de plus grandes difficultés, soit en raison de la nature du terrain, soit à cause des pentes qu'il fallait racheter. Son développement depuis Buffalo, sur le lac Erié jusqu'à Albany, ville située sur l'Hudson, au point où la marée du fleuve se fait encore sentir, est de 144 lieues environ. Ce travail ordonné par la législature de l'Etat de New-York, et entrepris à ses frais, dut comprendre en outre le canal Champlain qui devait réunir le lac de ce nom avec l'Hudson, au même point d'Albany. De cette manière les bateaux qui descendaient du lac Erié vers l'Hudson, arrivés à Albany, pouvaient à leur choix, ou remonter vers le Nord jusqu'au lac Champlain, ou descendre vers l'Océan à New-York. Le lac Champlain, dans l'Etat de Vermont, est entouré d'immenses forêts qui fournissent les plus

beaux bois de construction ; les mines de fer qui existent sur ses bords, et la richesse de la production de cette contrée, rendaient très importante pour New-York cette seconde communication artificielle, dont l'étendue est de 25 lieues. Aussi le *grand canal*, d'Albany au lac Erié, et le canal Champlain, ont-ils fait l'objet d'une seule et même entreprise, exécutée entièrement aux frais de l'Etat de New-York. Les travaux furent commencés le 4 juillet 1817. Les dépenses avaient été évaluées :

Pour le grand canal au lac Erié, à... Fr.   26.762.520
Pour le canal Champlain, à.........Fr.   4.720.820

Ensemble........Fr.   31.483.349

« Elles se sont élevées en réalité :

Pour le grand canal, à............Fr.   37.486.898
Pour le canal Champlain, à.........Fr.   13.048.037

Ensemble.. .....Fr.   50.534.935

« En 1819, toute la section du milieu du grand canal fut terminée ; en 1822, la dette contractée par l'Etat de New-York pour subvenir aux fonds des canaux Erié et Champlain, s'élevait à 23 millions ; 46 lieues et demie de canal furent livrées à la navigation, et produisirent, depuis avril jusqu'à décembre, un revenu de 327.363 francs. En 1824, l'Etat avait emprunté, pour cette grande entreprise, 40 millions, et le revenu sur 112 lieues terminées s'élevait à 2.222.000 francs ; près de dix mille bateaux avaient passé, cette année, à la jonction du canal Erié avec le canal Champlain. Enfin, en 1825, après 8 années de travail, l'entreprise fut entièrement terminée. A cette époque, on estima que le revenu annuel s'élèverait à 5 millions, et que la dette pourrait être entièrement liquidée en dix années. Toutes ces prévisions ont été dépassées.

Pour l'année 1832, le revenu s'élevait à Fr.   10.153.443
Les dépenses d'entretien et d'administration, à........................Fr.   4.007.835

Le revenu net, à... Fr.   6.145.578

« L'accroissement rapide du revenu a décidé, en 1833, les commissaires proposés par la législature pour surveiller cette entreprise, à réduire de 20 0/0 les tarifs. En 1834, on a fait une nouvelle réduction de 15 0/0, et malgré cette double réduction, le développement commercial a été tel, que le péage s'est accru d'un million et demi par an, relativement à l'année précédente. La population de l'Etat de New-York, qui, en 1820, ne dépassait pas 1.372.812 habitants, avait atteint, lors du dernier recensement, en 1830, 1.918.608. Elle doit dépasser aujourd'hui le chiffre de 2.400.000 habitants. L'achèvement du grand canal et la construction du canal de l'Ohio ont complété la grande ligne de navigation intérieure qui met en communication New-York avec la Nouvelle-Orléans, l'océan Atlantique avec le golfe du Mexique, et qui, ainsi que le dit M. le major Poussin, convertit la partie la plus importante des Etats-Unis

_____

(1) Ils ont été payés, en Angleterre, 17 francs les 100 kilogs ; ils reviennent, rendus en Amérique, à 26 fr. 85 les 100 kilogs. Les mêmes fers coûtent en France de 35 à 40 francs.

en une île immense. Le développement général de cette grande ligne se subdivise ainsi :

De l'Océan à New-York..............	32 kilom.
De New-York à Buffalo, sur le lac Erié	724 —
De Buffalo, sur le lac Erié, au canal de l'Ohio.......................	274 —
Le canal de l'Ohio..................	498 —
La rivière de l'Ohio................	885 —
Le Mississipi, depuis le confluent de l'Ohio jusqu'à l'embouchure, dans le golfe du Mexique..............	1.609 —
Distance totale	4.022 kilom.

« Ainsi, au moyen de deux canaux construits en huit années, on a complété une ligne de navigation de 4.022 kilom., c'est-à-dire de plus de 1.000 lieues, qui traverse tout le territoire des Etats-Unis, du Nord-Est au Sud-Ouest, et qui tourne la chaîne des monts Alléghanys. Et, après cela, on voit chez nous des hommes d'Etat reculer, effrayés, devant la dépense nécessaire pour mettre en communication l'Océan et la Méditerranée, au moyen du chemin de fer du Havre à Marseille ! Il est vrai de dire qu'aux Etats-Unis, il existe un véritable esprit national, qui fait que chacun cherche et trouve son bien-être particulier dans le bien-être général. D'ailleurs, l'expropriation pour cause d'utilité publique ne présente pas les mêmes difficultés qu'en France. Elle est même, dans la plupart des cas, inutile ; car les propriétaires américains, comprenant toute l'importance des voies de communication, cèdent leurs terres à bas prix. Pour le grand canal de New-York, on a fait mieux encore : un grand nombre de propriétaires ont offert et donné gratuitement une forte quantité de terres d'une grande valeur sur la ligne parcourue. On doit ajouter en outre que l'acte de concession a donné aux commissaires le droit de prélever 1.355.000 francs de taxes *(assessment)* sur les terres avoisinant le canal à une distance de 25 milles, et cela pour indemnité de la plus-value que le canal devait donner à ces terres. C'est donc avec raison que M. le major Poussin fait remarquer que « chez ce peuple sage, les efforts des individus « se coordonnent heureusement et forment un en- « semble auquel ils doivent leur caractère d'union. » L'ouvrage de M. le major Poussin est écrit avec une telle simplicité, avec une exactitude si scrupuleuse, avec si peu de prétention pour lui-même, qu'on se surprend, en le lisant, à oublier l'auteur, absorbé qu'on est par les merveilles de l'art qu'il décrit. Ceux qui voudront connaître les travaux publics des Etats-Unis devront lire le livre de M. Poussin. Les députés, qui seront bientôt appelés à statuer sur des lois de cette nature, y trouveront des résumés d'actes législatifs du gouvernement américain qui pourront leur servir de guide. Il est seulement à regretter que M. le major Poussin n'ait pas complété son ouvrage en faisant un exposé spécial du système de concession des travaux publics lorsqu'ils sont exécutés par les compagnies particulières ; son expérience sur cette matière eût été fort utile pour les travaux qui se préparent en France. Mais cette lacune peut facilement se réparer. Au surplus, M. le

major Poussin a atteint et dépassé le but qu'il s'est proposé et qu'il expose en ces termes dans l'introduction de son livre : « Je serai satisfait, dit-il, si, « en remplissant ma tâche d'une manière purement « spéciale et dans les rapports avec l'art de l'ingé- « nieur, je puis offrir à mes collègues de France « quelques documents intéressants sur des travaux « d'art, et à la France une nouvelle preuve que ses « fils, dans quelque pays que le sort les jette, se rap- « pellent toujours avec orgueil qu'un devoir sacré « pour eux, c'est d'honorer le nom français.—E. P. »

—

316. — Réflexions sur le droit d'entrée des fers étrangers, par un propriétaire de forges, ancien député, membre du conseil général.— In-8°, 1 feuille 1/4. — Imprimerie de Sainte-Agathe. — Besançon.

—

317. — De l'abolition des droits de douane, sur les houilles étrangères, en faveur des dix départements du Nord, et des effets de cette mesure sur l'avenir industriel du reste de la France, par Auguste Lamothe. — In-8°, 4 feuilles. — Imprimerie de Vaissière. — Clermont. — Ces questions préoccupaient alors beaucoup l'opinion. Voici ce que M. E. Pereire en disait dans le *National* du 16 décembre 1833 : — « *Pourquoi l'on ne peut réduire les droits sur les fers et sur les houilles. (Clôture des réunions des conseils supérieurs d'industrie).*— Le conseil général des manufactures, composé en grande partie de maîtres de forges, sur la proposition de M. Bérard, a proposé de réduire le droit sur les fers de 1 franc par an pendant cinq ans, puis de suspendre ensuite, pendant cinq ans, toute réduction au tarif, qui est de 27 fr. 50 par 100 kilogrammes sur un produit qui se vend en France 27 à 30 fr. les 100 kilogrammes. On voit, de prime abord, à quel point nos maîtres de forges et nos propriétaires de bois se sont *sacrifiés ;* à moins que les Anglais ne consentent à nous livrer leur fer pour rien, il sera impossible d'en importer ; car le droit d'entrée sera à peu près égal au prix de ce métal en France. Après une semblable solution, les conseils généraux ont terminé hier leurs réunions générales ; ils vont délibérer chacun séparément ; ils formuleront leurs vœux sur la réforme des tarifs, et ils auront à résoudre les questions suivantes : « 1° L'industrie particulière doit-elle être seule chargée de l'établissement de ce système de communications ? 2° Le gouvernement doit-il seul, au contraire, prendre à sa charge cette immense entreprise ? 3° Ou bien, enfin, doit-on adopter un système mixte qui ne ferait intervenir le gouvernement que pour accorder des subventions à des compagnies adjudicataires ? Le ministre a ajouté que déjà, sous la haute surveillance de l'administration, des ingénieurs ont commencé les études générales de chemins de fer, pour lesquelles les Chambres ont voté, l'année dernière, 500.000 francs. » Le *Journal des Débats*, rendant compte de cette dernière réunion, ajoute : « A la fin de la séance, M. le duc Decazes, président du conseil d'agriculture (le *Journal des Débats* aurait dû ajouter : fondateur de la Société des mines et forges de *Decazeville*

[Aveyron], dont les actions perdent aujourd'hui 50 p. 100, malgré ou à cause du droit sur les fers et les houilles), M. Decazes a pris la parole au nom des trois conseils, qui l'avaient choisi pour interprète de leurs sentiments, et a remercié M. le ministre du commerce de l'habileté rare, de la grande activité et des lumières qu'il avait apportées dans ces longues et difficiles discussions. Il n'y a qu'une voix, en effet, sur la manière sage et lumineuse dont M. Thiers a su *dominer* et conduire la délibération des conseils sans la violenter. Il n'a voulu toutefois accepter leurs remerciments et leurs éloges que pour les reporter, a-t-il dit, au gouvernement du roi, et au ROI LUI-MÊME, dont il n'a fait que suivre les inspirations et la vive sollicitude pour des intérêts, qui sont devenus aujourd'hui les plus importants à reconnaître, à étudier et à garantir par de bonnes lois. » Quels sont les intérêts qui peuvent exciter une si vive sollicitude ? ceux du commerce ou bien ceux des propriétaires de bois, qui ont presque seuls profité des tarifs élevés sur les fers et sur les houilles ? A la dotation de 12 millions de la liste civile, on a joint 62.000 hectares de bois ; il y a dans l'ancien domaine privé du roi 40,000 hectares de bois ; les propriétés du duc d'Aumale et d'autres membres de la famille comprennent 80.000 hectares de bois ; l'apanage d'Orléans se compose de la forêt d'Orléans, de la forêt de Montargis, de la forêt de Bruadam, de la forêt de Dourdan, de la forêt de Villers-Cotterets, de la forêt de Toucy-Folambray, de la forêt de Saint-Gobain, de la forêt de la Ferre et de Marle, de la forêt de l'Aigle, etc., formant ensemble 58.000 hectares, soit, pour grand total, 240.000 hectares de bois représentant 150 lieues carrées, indépendamment des étangs, des cours d'eau, des fourneaux, forges et bâtiments d'exploitation d'une valeur immense ; nous avons même oublié, je crois, la forêt de Breteuil. Le *Constitutionnel*, le *Temps*, le *Courrier français*, le *Journal du Commerce*, se sont élevés contre la coalition des maîtres de forges et des propriétaires de bois qui s'opposent à une forte réduction du tarif sur les fers et les houilles, et M. Thiers de leur répondre : « Je n'ai fait que suivre les inspirations et la vive sollicitude du roi pour des intérêts qui sont *aujourd'hui* les plus *importants* à reconnaître, à étudier et à garantir par *de bonnes lois*. » Oh ! les bonnes lois ! Elles sont bonnes, en effet, pour ceux qui disposent de l'usufruit de 150 lieues carrées de bois ! Il faut convenir que si M. Thiers fait preuve de bonne volonté comme courtisan, il n'a pas encore acquis le tact nécessaire pour ne louer son auguste maître que sur des faits avouables. La petite flagornerie de M. Thiers se réduit à ceci : « Le roi est l'homme de France le plus intéressé au maintien du système actuel des douanes, et, en cette qualité, il a bien voulu m'inspirer de défendre ce système contre les intérêts du pays. Vos intérêts de propriétaires de bois et de maîtres de forges sont ceux du roi ; en conséquence, ce n'est pas à moi que vous devez de la reconnaissance, c'est au roi qui m'a inspiré, et dont j'exécute les ordres. » Voilà un serviteur bien dévoué et un bien habile ministre ! Que deviendrait M. Thiers si les inspirations de son roi venaient jamais à lui manquer ; s'il était condamné à être le

Pitt d'un autre George III. — Le *Journal du Commerce*, examinant le mode d'indemnité que nous avons proposé d'adopter pour affranchir, le plus promptement possible, toutes nos industries des charges que leur imposent les droits sur les fers, les houilles, les bestiaux et les laines, nous fait cette objection : « Le *National* calcule que la réduction qu'il propose enlèverait aux divers intéressés un revenu annuel de plus de 60 millions. Ce ne serait donc pas 100 ou 150 millions, mais un capital de 1.200 millions qu'il faudrait distribuer en indemnités. Mais à qui distribuera-t-on l'indemnité ? dans quelle proportion sera-t-elle répartie ? Le maître de forges prétendra que toute l'indemnité du fer lui revient et le *propriétaire de bois* dira, de son côté, que toute la diminution du droit pèsera sur le prix du bois. Même débat entre l'éleveur de bestiaux et le *propriétaire herbager*. Bien plus, tous les propriétaires fonciers réclameraient une part, car ils prétendront, avec quelque raison, que la dépréciation des terres à pâturages, des fourrages, des grains, causée par la baisse des bestiaux, influerait sur la valeur de toutes leurs propriétés. La répartition de l'indemnité serait donc inexécutable ? » Le *Journal du Commerce* n'a pas lu notre article avec assez d'attention ; car nous n'y proposons nulle part d'accorder une indemnité aux propriétaires de bois, ni aux propriétaires herbagers : nous avons parlé seulement des maîtres de forges et des éleveurs de bestiaux. En un mot nous nous sommes proposé pour but d'indemniser *l'industrie* de la fabrication du fer et de l'éducation des bestiaux, et non point de conserver intact le revenu des propriétaires. Nous savions fort bien qu'un revenu de 60 millions, capitalisé à 5 p. 100, formait une somme de 1.200 millions, et nous n'avions pas besoin que le *Journal du Commerce* prît la peine de nous l'apprendre ; mais, nous le répétons, ce n'est point un revenu basé sur un monopole que nous avons voulu conserver ; c'est seulement une industrie qui occupe un grand nombre de bras, et qui se trouve engagée par des baux plus ou moins longs. C'est enfin une transaction que nous avons proposée, car il ne faut pas perdre de vue que les intérêts liés à notre système actuel de douanes sont fort puissants et mieux représentés que ceux dont nous sommes les organes. L'indemnité que nous avons proposée avait donc pour objet de conserver du travail aux ouvriers, d'une part, et, d'autre part, de servir de transition jusqu'au moment où, les anciens baux étant expirés, les maîtres de forges et les éleveurs de bestiaux pourraient en contracter de nouveaux à des conditions plus équitables. Le *Journal du Commerce*, qui, d'ordinaire, n'a pas de très vives sympathies pour les grands propriétaires, et qui a souvent pris la défense des industriels, ne doit pas trouver cela fort surprenant. Nos théories à cet égard ne sont pas nouvelles ; nous disions, il y a peu de jours *(National* du 10 décembre) : « Le droit de propriété, celui qui résulte d'un travail présent ou passé doit être sacré ; mais il n'en saurait être de même des bénéfices de ce droit, qui résultent d'une combinaison de douanes ou d'impôts, et qui se prélèvent comme supplément de fermage ou de revenu sur la masse de la nation : ces bénéfices-là sont injustes et doivent être successivement abolis. » La répartition de l'indemnité serait dès lors bien simple : on sait ce que produisent les hauts fourneaux et les mines de houille ; on peut avoir également une statistique des bestiaux par tête et par espèce ; il serait donc facile de trouver la base d'une répartition proportionnelle, en tenant compte des localités. Les propriétaires de forêts ou de pâturages qui seraient en même temps maîtres de forges ou éleveurs de bestiaux n'auraient pas droit à l'indemnité, à titre de propriétaires fonciers, mais en leur qualité de chefs de travaux qui emploient un grand nombre de bras. L'indemnité aurait surtout pour objet de préserver la population ouvrière engagée dans ces diverses industries de la misère qui naîtrait d'une cessation brusque de travaux ; elle ne ferait que passer par les mains des mineurs et maîtres de forges pour se distribuer en salaire entre leurs ouvriers pendant la crise plus ou moins profonde qui suivrait la destruction du système protecteur. Le *Journal du Commerce* prétend que « l'on ne peut les assimiler aux colons des Antilles françaises. Le Parlement accorde à ceux-ci une indemnité de 500 millions pour les indemniser de la perte de la propriété de leurs esclaves ; et l'on ne demande à nos privilégiés que le sacrifice d'un monopole qui ne leur a rien coûté. » Cette distinction est exacte en tant qu'elle s'applique aux propriétaires du fonds ; elle cesse de l'être quand il s'agit des chefs d'industrie. Du reste, si le *Journal du Commerce* trouve une combinaison préférable à la nôtre pour arriver à une réforme efficace de nos tarifs de douanes, nous sommes prêts à l'adopter ; mais il doit voir combien sont chimériques, depuis dix ans, les espérances des hommes qui n'ont eu à opposer aux monopoles que des arguments et des doléances. Notre opinion ne saurait faire obstacle à aucun des moyens de réforme que proposerait le *Journal du Commerce*. Nous pensons avec lui que les bénéfices probables que peut se promettre une industrie fondée sur le monopole ne sont pas pour elle une propriété, et que l'Etat, en détruisant le monopole, peut détruire cette propriété sans indemnité préalable. »

—

318. — Route en fer dite du Nord, de Paris a Lille, desservant Calais. — Avant-projet. — Août 1831. — Nº 1. — In-4º, 5 feuilles. — Paris. — L'auteur de cette brochure parle de tout cela comme si c'était arrivé et rédige le devis le plus problématique du monde sur des données absolument chimériques. C'est ainsi que, sans avoir jamais pris le moindre profil en long ou en travers, il donne effrontément un total de 21.520.349 francs 20 centimes. L'acte de société de cette compagnie abstraite était du 20 août 1831, par devant maîtres Alphonse Noël et Bertin, notaires royaux, place du Louvre, 22, et rue Saint-Marc-Feydeau, 14, respectivement. Le capital social devait se composer de 5.105 actions de cinq mille francs, ayant droit à l'intérêt de 6 0/0 et à la moitié des bénéfices, dont l'autre partie devait être réservée aux fondateurs, lesquels cependant n'apportaient rien du tout. Le fondateur qui ne se nomme

pas, souscrivait 3 actions de 5,000 francs et chacun des 49 adhérents à l'acte de société en faisait autant. Parmi ces hommes de bonne volonté, on ne cite nominativement que MM. le baron Carrion de Sandrans, sous-intendant militaire, — Drouot, adjoint au maire du 3º arrondissement de Paris, — Billig, ancien magistrat, — Regnoult, propriétaire, — Noël père, président du bureau des maçons de Paris, — et Cartier. Les autres étaient compris dans un vaste *et cætera*.

—

319. — Chemin de fer de Paris a Versailles par Neuilly, Saint-Cloud et Ville-d'Avray. — In-4º, une feuille et demie. — Paris. — Ce projet s'autorisait des idées de Louis-Philippe qui voulait relier par une voie ferrée les résidences royales des Tuileries, de Neuilly, de Saint-Cloud et de Versailles et il avait reçu l'approbation de la municipalité de Versailles. Il ne manquait plus que l'autorisation législative et les capitaux pour « ouvrir cette rue nouvelle » de Paris à Versailles. Le tracé qui n'avait pas été rapporté sur le terrain, ni peut-être même sur la carte, partait à Versailles de la *Place d'Armes*, centre de l'industrie des *coucous*, et, par la *Butte de Picardie*, gagnait les *Fausses-Reposes* pour longer les *Etangs de Ville-d'Avray*, traverser le *Parc de Saint-Cloud*, en sortir par la *Porte Jaune*, toucher *Suresnes*, *Puteaux*, franchir la *Seine*, longer le *Bois-de-Boulogne*, côtoyer *Sablonville*, passer en tunnel sous *Chaillot* et déboucher au *Cours-la-Reine*, à l'*Allée des Veuves*, en face le *Pont de la Concorde*. Le devis était établi en bloc à 6 millions. Les frais annuels étaient évalués à 654.500 francs, dont 300.000 pour les intérêts du capital à 5 p. 100. Quant aux recettes, en voici le détail :

1º 540.000 voyageurs en semaine, de Paris à Versailles, et *vice versa*, à 1 franc... Fr.	540.000 »
2º 325.000 voyageurs du dimanche, à 1 fr. 25..................... Fr.	416.250 »
3º 60.000 voyageurs en semaine, de Paris à Saint-Cloud, à 0 fr. 50.... Fr.	30.000 »
4º 52.000 voyageurs du dimanche, à 0 fr. 75..................... Fr.	39.000 »
5º 144.000 voyageurs intermédiaires, à 0 fr. 50..................... Fr.	72.000 »
Total............... Fr.	1.097.250 »

L'addition porte 1.006.000 et fait ressortir un bénéfice net de 454.500 francs. Il n'est pas question de transport de bagages ni de marchandises. On pouvait prendre des renseignements sur l'entreprise et s'y intéresser pécuniairement en s'adressant à : MM. Anquetin et Philippe, boulevard Saint-Martin, 17 ; — J. Chedeville, rue du 29-Juillet, 7 ; — Lombard, notaire, rue du Marché-Saint-Honoré, 11, — et Richard, rue Berthier, 21, à Versailles.

—

320. — Chemin de fer d'Alais a Beaucaire. — In-folio, une feuille. — (L'acte de société est déposé chez M. Cahouet, notaire, rue des Filles-Saint-Thomas, 13). — Paris.

321. — CHEMIN DE FER D'AMIENS A BOULOGNE. — Au mois d'octobre, la Chambre de commerce d'Abbeville vota une récompense de 1.000 francs à l'auteur du meilleur projet de chemin de fer d'Amiens à Boulogne par Abbeville. Les Chambres de commerce de Boulogne et d'Amiens en firent autant. Les conseils municipaux d'Amiens, Beauvais, Boulogne et Montreuil suivirent cet exemple. Voilà qui prouve que dans la pratique toutes ces corporations pouvaient se mettre d'accord, à condition que ce fût pour le bon motif. Donc, les lois d'hier sur les fédérations municipales et la correspondance des chambres de commerce, sont des superfétations nuisibles comme tout ce qui ne sert à rien.

—

322. — CHEMIN DE FER LAIGNEL. — Le 23 octobre, la commission, désignée à cet effet par la direction générale des ponts et chaussées, assiste aux essais du système Laignel qui devait tourner avec facilité dans des courbes de 10 mètres de rayon.

—

323. — CHEMIN DE FER DU COURS-LA-REINE. — Un Monsieur Daniel, de la Cité (?), fut autorisé, au mois d'avril, à établir dans une des contre-allées du Cours-la-Reine un *chemin de fer en bois* « pour y faire des essais de locomoteurs nouveaux » de son invention. Dès le 7 mai, le *Moniteur* annonçait que l'on construisait pour cela, rue François Ier, des voitures qui rouleraient sur cette voie avec une grande vitesse.

—

324. — CHEMIN DE FER DE LA GARE DE GRENELLE A L'ENTREPÔT DE L'ILE AUX CYGNES. — Paris. — On commença les travaux de cette voie de service, pour le transport des marbres de l'Etat, le 10 février 1834.

—

325. — CHEMIN DE FER DE HAMBOURG A LUBECK. — Les journaux du Havre présentèrent cette ligne comme intéressant beaucoup la France, attendu que le Havre étant relié par bateaux à vapeur à Hambourg, il n'y avait plus qu'à construire le chemin de fer du Havre à Paris pour que les voyageurs de Paris à Saint-Pétersbourg, Hambourg, Copenhague et Stockolm, passassent par le Havre, en enrichissant les hôteliers et les commissionnaires de cette ville.

—

326. — PONT DU CHEMIN DE FER A LA MULATIÈRE. — Lyon. — Brunet.

—

327. — MINISTÈRE DU COMMERCE ET DES TRAVAUX PUBLICS. — RAPPORT AU CONSEIL GÉNÉRAL DES MANUFACTURES, SUR L'INTERVENTION DU GOUVERNEMENT DANS L'EXÉCUTION DES CHEMINS DE FER, par Léon Talabot, rapporteur. — In-4o, 28 pages. — Paris. — Imprimerie Royale.

—

328. — PÉTITION PRÉSENTÉE A LA CHAMBRE DES PAIRS, dans la session de 1834, par les habitants de dix départements, contre le projet de chemin de fer de Chalon-sur-Saône à Marseille. — In-4o, 14 pages. — Lyon. — Barret.

—

329. — RAPPORT FAIT A L'ASSEMBLÉE GÉNÉRALE DE LA COMPAGNIE DU CHEMIN DE FER DE LA LOIRE POUR LA RÉCEPTION DE CE CHEMIN. — In-8o, 60 pages. — Paris. — Guiraudet.

—

330. — CHEMIN DE FER DE LA LOIRE. — *Conseil d'administration. — Exposition faite à MM. les actionnaires.* — In-4o, 4 pages. — Paris. — Guiraudet.

—

331. — CATALOGUE DES PRODUITS DE L'INDUSTRIE FRANÇAISE ADMIS A L'EXPOSITION PUBLIQUE SUR LA PLACE DE LA CONCORDE EN 1834. — In-8o. — Paris. — Pichon. — Laignel, à Paris, rue Chanoinesse, 12, modèles et portions de chemins de fer. — Boigues et fils, à Fourchambault (Nièvre), essieux pour wagons et machines locomotives. — Piot, à Paris, 1, rue de Choiseul, modèles de chemins de fer. — Cette exposition était appréciée en termes assez déplaisants dans un article du *National* (6 mai) que nous reproduisons à continuation : — « *Exposition des produits de l'industrie française. — Introduction.* — L'exposition de 1834 s'ouvre, il faut en convenir, sous d'assez sombres auspices ; cette grande fête de l'industrie, préparée depuis sept années, et qui semblait devoir emprunter du moins une nouvelle pompe de la puissance aujourd'hui sans rivale de ses patrons, retentit encore du bruit du canon qui saccageait, il y a quelques jours, la cité la plus industrieuse de France, et des magnifiques salons où elle se tient, on peut presque entendre la voix d'un soldat sommant les Chambres, au nom de l'Etat en danger, d'ajouter 60.000 baïonnettes aux 300.000 qui ne suffisent plus aux nécessités de la guerre civile. Cependant, les salons sont remplis d'une foule avide de curiosité et d'impressions : Lyon sanglante et mitraillée, les prisons encombrées à Paris et dans la province, les homicides prévisions du ministre-soldat, rien de tout cela ne saurait la préoccuper, elle veut se livrer tout entière, non pas à une passion profonde, mais à une simple distraction. A demain les affaires, et si la circonstance l'exige, nous reprendrons le fusil pour nous égorger encore les uns les autres. Inexplicable nation ! sans prévoyance et prête à tout événement ; irréfléchie et d'un jugement exquis ; bienveillante et faisant couler sans remords le sang humain ; mobile, vaniteuse et formidable aux rois de l'Europe stupéfaits du spectacle qu'on leur offre depuis quatre ans ! Suivons-la donc sur cette place célèbre par bien d'autres spectacles, parlons aussi de ce qui l'occupe si nous voulons être écoutés. Depuis que nous avons des expositions je ne sache pas que l'on se soit encore sérieusement avisé de mettre en doute leur utilité ; sur ce chapitre, nous suivons un thème tout fait. L'exposition, c'est un moyen d'émulation, un excitant qui agit au moins sur une certaine fraction des concurrents. Soit ; si cette émulation mène à bien ; si cet excitant n'est pas factice ; s'il n'engendre pas la ruse et la tricherie chez les uns, des efforts mal calculés chez les autres ; si la rivalité et les jalousies qu'elle fomente, n'engagent pas, contre leurs propres intérêts, la majeure partie des exposants dans des dépenses qui n'ont d'autre objet pour eux que de n'y pas laisser paraître seuls leurs rivaux. Nos voisins les Anglais, qui prennent l'industrie bien autrement à cœur que nous, et qui en ont sondé toutes les voies actuelles, ont-ils jamais songé à s'administrer de pareils stimulants ? Disons le mot vrai, notre exposition n'est qu'une parade préconisée de bonne foi, sans doute, par ceux qui l'ont imaginée, mais à coup sûr à peine sérieuse aujourd'hui pour le public et pour les exposants eux-mêmes. Le pouvoir y tient et y tiendra cependant, même avec la conviction que c'est une ruineuse futilité, et nous l'en excuserions peut-être s'il en faisait personnellement les frais : nous y verrions un moyen de distraction analogue à celui qu'offrit aux Parisiens, l'an dernier, le fameux vaisseau du quai d'Orsay ; nous n'insisterions pas pour qu'il se privât de cette légère ressource, car il n'est pas naturellement fécond en réalisations attrayantes ; sa nature prosaïque et suffisante, ses théories rebattues et vides de conséquences, n'ont rien qui puisse toucher un peuple qui veut avant tout du mouvement et de l'action. Il ne reste plus aux impuissants du jour, qu'un fond d'intérêt épuisé, et, n'était l'opposition qu'ils rencontrent, ils seraient ennuyeux à faire émigrer la nation. Je proposerais donc, pour que les choses fussent faites en conscience, que le pouvoir, je parle de ceux qui l'exercent réellement, qui délibèrent et décident de l'intérêt public, que le pouvoir payât de sa bourse les constructions et les frais de médailles au lieu d'en charger le budget de l'Etat ; qu'il indemnisât les exposants obligés de faire des frais de fabrication, de transport, et d'exposition dans le seul intérêt de n'y pas laisser le champ libre à leurs rivaux ; qu'il fût tenu de fournir des capitaux à ceux qui ont fait, pour la circonstance, un effort méritoire supérieur à leurs moyens, et qu'ils ne pourront soutenir ; et qu'enfin il achetât pour son propre usage tous les produits avortés et de mauvais goût qu'enfantent ses provocations surexcitantes ; alors nous serions de bonne composition sur les félicitations qu'il s'adresse naturellement à lui-même en cette occasion ; et nous ne le mettrions pas au défi de nous indiquer un seul produit ayant de l'avenir qui soit dû originairement à l'émulation qu'il prétend développer ; de nous montrer enfin, dans les résultats les plus brillants dont il se vante, autre chose qu'une production anticipée, et souvent, par cela même, privée de plusieurs des perfections qu'elle eût acquises avec le temps. L'auteur de cet article parle ici en toute assurance, parce qu'il parle en connaissance de cause, avec la pratique de la fabrication et de la manutention, avec des informations exactes, et au besoin il en appellerait au jugement de tout fabricant sincère. Singuliers industriels que nous sommes, nous prodiguons notre temps et notre argent en représentations industrielles, et nous n'avons pas un seul journal d'industrie accrédité et répandu pour enregistrer et vulgariser les productions nouvelles que chaque jour amène avec lui ; il nous faut attendre sept années que l'exposition s'ouvre, et le moment venu, il nous faut faire nous-mêmes, devant un public ignorant et moqueur, l'éloge de notre œuvre, jusqu'à ce qu'enfin un jury surchargé de travail, et pouvant à peine apporter quelques quarts d'heure d'examen où souvent il faudrait des journées de réflexion et d'épreuves, décide officiellement du mérite et distribue solennellement les prix. Quelques bons journaux d'industrie ne feraient point autant de bruit, j'en conviens ; mais à mon sens, ils auraient une bien autre portée ; là on ne vous jette pas les produits à la figure sans vous rendre compte de leur légitimité, de leur nature et de leur usage, ou bien la controverse ne tarde pas à y mettre ordre, et la fraude ne s'y glisse pas impunément ; là, l'examen peut être muri et réellement consciencieux ; dans un journal on n'est point limité à des termes de comparaison fournis par les œuvres du moment, on n'est point enfermé non plus dans le cercle étroit d'une industrie nationale ; les travaux du genre humain tout entier y sont explorés. Un journal ne se borne point à décrire les produits du travail, il remonte aux phénomènes et aux lois génératrices ; il traduit les sciences dans la langue du praticien, il signale les découvertes qui mènent à de nouvelles inventions, il indique les transformations à opérer, les besoins à satisfaire, etc., etc. Je ne puis tout dire ; mais, en résumé, sous quelque rapport que l'on compare l'action d'un journal bien fait et répandu, avec l'influence de nos expositions, l'avantage reste au premier. Eh bien ! qu'un homme reconnu compétent demande à Messieurs du budget de prendre quelques centimes par franc sur les frais de l'exposition pour lui fournir les moyens de fonder un journal semblable ; qu'il se présente comme un homme loyal et éclairé qui entend remplir sa mission en conscience, on rira de lui. Il s'agit bien de cela en effet ; est-ce que la monarchie a quelque chose à y gagner ? Apportez-nous, mon ami, de bonnes variations sur le thème à l'ordre du jour, sur les dangers dont l'industrie est menacée par les anarchistes, sur les bienfaits que l'industrie doit recueillir de la forme et du personnel du pouvoir actuel, et l'on saura vous procurer les moyens de publicité ; les subventions n'y manqueront pas. En tout cela, le pouvoir est beaucoup plus conséquent qu'on ne le pense, c'est en vain qu'il a la fatuité d'être illogique, apparemment pour nous rassurer un peu, il suit les lois de son propre esprit qui lui dit que tout mouvement, tout progrès est destructeur en même temps que créateur, et que les attributs de la monarchie, et la monarchie elle-même, doivent inévitablement se perdre dans un ordre nouveau. L'immuabilité même ne lui semble pas une sauvegarde contre les symptômes qui surgissent de toutes parts, il recule à pas de loup dans le passé, et les anxiétés même de cette rétrogradation ne font qu'en accroître le désir. Tout ce qui ne mène pas là est indifférent ou mauvais. L'industrie comme tout le reste, est jugée au point de vue de la conservation des formes et du personnel de la monarchie héréditaire ; jetez Lyon dans le Rhône s'il le faut pour rester maître du terrain : est-ce le bon sens ou la logique qui écrit cet ordre impitoyable ? A mesure que l'éducation de la nouvelle monarchie se fait, elle dégage les éléments qui s'harmonisent avec ses besoins, et ceux qui sont destinés à lui faire obstacle, et elle ne peut méconnaître que le plus alarmant de ceux-ci, c'est l'industrie en ses progrès. Quelles sont les villes qui réclament des préférences, qui veulent du nouveau ? Précisément celles dont l'industrie est la plus développée, Lyon et Saint-Etienne sans rivales en Europe. Que d'autres industries, que d'autres villes, s'élèvent à la même puissance, et vous y verrez naître les mêmes phénomènes, parce que le fait industriel y aura débordé le principe politique. Prenons quelques exemples. On a parlé tout d'abord de chemins de fer à établir ; on a levé des plans ; mais la réflexion de chaque jour refroidit cette première ardeur ; on entrevoit qu'il y a sous ce beau projet une foule d'embarras, dont le premier doit être une attaque inévitable contre les privilèges des maîtres de forges, attaque qui constituera non plus une lutte rationnelle, mais une lutte d'intérêts, une lutte politique. Or, les maîtres de forges, qu'est-ce, sinon le pouvoir lui-même ou ses plus solides appuis ? Envisageons les effets du progrès dans un autre ordre de faits, dans l'agriculture. Il n'y a aucune impossibilité à faire produire à la France, en blé et en bestiaux, le double de sa production actuelle. Eh bien ! admettez seulement qu'elle l'augmente d'un cinquième en quelques années, et vous verrez incontinent l'agriculture demander, dans son intérêt, des changements qu'on ne pourra lui concéder sans déranger l'ordre de la monarchie ; l'agriculture à son tour s'insurgera, et la banlieue reviendra ce qu'elle fut en 89, ultra-clubiste et jacobine impitoyable aux dynasties, jusqu'à la mort. Que chacun donc suive ses propres voies jusqu'au bout ; notre tâche, à nous, c'est d'y faire pénétrer la lumière, d'y confondre toutes les hypocrisies. L'exposition sera elle-même à peine un mal lorsque le public la verra ce qu'elle est en réalité, et nous ne nous ferons plus scrupule de l'examiner en détail, d'y distribuer l'éloge ou le blâme, suivant notre conscience et notre connaissance des matières ».

332. — Ordonnance autorisant le concessionnaire des carrières du Long-Rocher, dans la forêt de Fontainebleau, à établir un chemin de fer, de ces carrières au canal du Loing (16 octobre).

333. — Ordonnance réglant les conditions d'occupation de l'accotement de la route départementale n° 1 de Montbrison à Montrond, pour l'établissement du chemin de fer de Montbrison à Montrond (15.540 mètres). — Très sagement rédigée (16 novembre).

334. — Chemin de fer monorail. — MM. Picot ou Piot et Rouen furent autorisés à essayer au mois de septembre, dans le bois de Vincennes entre Saint-Mandé et Charenton, un système de chemin de fer à rail central avec galets d'équilibre roulant sur deux rails latéraux. Le premier essai eut lieu le 20 septembre et fut fécond en mécomptes. Cependant, on annonça que l'on répèterait l'expérience le mardi et le dimanche jusqu'au 15 octobre. Le *Moniteur* disait : « C'est un chemin de fer comme chacun peut en faire dans son jardin pour y voiturer ses enfants dans une carriole d'osier ». Cependant, ce journal engage ses lecteurs à aller y voir et reproduit même une réclame chaleureuse empruntée à une feuille dont il ne donne pas le nom, ce qui permet de supposer qu'il s'agissait d'une réclame à titre onéreux. Deux jours après, la palinodie était complète et le système Piot et Rouen paraissait propre à être pris en considération.

335. — Chemin de fer de Paris a Versailles. — Mise à l'enquête du 11 septembre au 12 octobre du chemin de fer de Paris à Versailles, Champs-Elysées, Chaillot, Bois-de-Boulogne, Neuilly, Saint-Cloud, Ville-d'Avray, bois de Fausses-Reposes, butte de Picardie à Versailles, en face du Carrousel. — La commission chargée de résumer l'enquête devait se réunir le 17 octobre sous la présidence de M. de Jouvenel, député. (Arrêté du préfet de Seine-et-Oise.)

336. — Courrier de Lyon. — Ce journal publie dans son numéro du 18 octobre une lettre datée ainsi : Egypte, 10 septembre. — M. Despraud, — le correspondant, — raconte que MM. Galloway, Thibaldi et Cie, d'Alexandrie, viennent de se charger de l'exécution du chemin de fer du Caire à Suez, qui a été étudié par M. Galloway, ingénieur attaché au pacha. Ce chemin de fer doit rendre le canal inutile, dit le journal.

336 *bis*. — Chemins de fer en France et en Angleterre. — Dans le *National* de 1834, 23 janvier, M. Emile Pereire consacrait l'article suivant à cette importante question : « Une commission avait été nommée par les conseils généraux d'agriculture, du commerce et des manufactures, à l'effet d'examiner les questions suivantes, relatives aux chemins de fer : 1° L'industrie particulière doit-elle être seule chargée de leur établissement ? 2° Le gouvernement seul doit-il, au contraire, exécuter ces grands travaux ? 3° A défaut de l'un ou l'autre système, le gouvernement doit-il intervenir pour hâter, par des subventions, l'exécution de ces entreprises d'utilité publique ? Cette commission a présenté, dans la séance de clôture du conseil d'agriculture, un rapport de M. Talabot, l'un de ses membres, dont les conclusions n'ont pu être discutées, mais que le conseil a recommandées à l'attention du gouvernement. Nous ignorons encore quel en est le sens ; l'impression du rapport ayant été ordonnée, nous pourrons bientôt en juger. Ces questions sont fort graves ; de leur solution doit dépendre l'établissement plus ou moins prompt des communications nouvelles qui sont appelées à exercer une si grande influence sur l'avenir de notre industrie, sur le développement de notre civilisation. M. Gautier, sous-gouverneur de la Banque de France,

vient de publier sur ce sujet, dans un recueil fort intéressant, *La Gironde*, qui paraît mensuellement à Bordeaux, un article assez étendu, que nous allons examiner. M. Gautier ne partage pas l'engouement général pour les chemins de fer ; il trouve que leur établissement est très coûteux, leur service très cher, leur succès très problématique. Les grandes lignes de Paris à Bordeaux, à Lyon, à Marseille et à Strasbourg, que le gouvernement fait étudier, lui paraissent d'une exécution impossible ; la seule ligne de Paris au Havre lui semble offrir quelques chances favorables. Partant de cette donnée, il pose en principe que « c'est à l'industrie elle-même qu'on s'en remettra du soin d'établir des chemins de fer là où ils auront un aliment suffisant, et, par conséquent, là où ils seront possibles et utiles. Intervenir, ajoute-t-il, dans ces entreprises, autrement qu'en leur assurant la protection due à tout projet qui favorise l'intérêt public en même temps que l'intérêt privé, ce serait, pour le gouvernement, s'exposer à de cruels mécomptes, et encourir, sous plus d'un rapport, une grave responsabilité. » Certes, nous ne saurions conseiller, dès notre début dans les entreprises nouvelles, d'établir cinq à six cents lieues de chemins de fer ; ce n'est pas ordinairement ainsi que l'on procède : on va du simple au composé ; on fait des essais partiels avant de fonder un système général. Nous ne pensons pas, toutefois, qu'on puisse admettre dans toute leur rigueur les conclusions de M. Gautier. On le doit d'autant moins que M. Gautier est parti d'une fausse base ; que les calculs et les renseignements sur lesquels il s'est appuyé manquent d'exactitude, et que, par conséquent, les conclusions qu'il en a pu tirer ne sauraient être justes. M. Gautier a pris pour points de comparaison le chemin de fer établi entre Liverpool et Manchester, et le chemin qu'on pourrait établir entre Paris et Bordeaux. Selon lui, le chemin de fer de Liverpool *a dix lieues* d'étendue, et il a coûté 26.478.000 francs, c'est-à-dire 2.647.800 francs par lieue. La distance de Paris à Bordeaux étant de 160 lieues, la dépense d'un chemin entre ces deux villes serait de 423 millions de francs. Nous commencerons à rectifier l'évaluation de la distance du chemin de Liverpool à Manchester. M. Gautier a mal apprécié la mesure itinéraire d'Angleterre ; il a supposé que trois *milles* anglais formaient une lieue de France ; c'est une erreur : cinq *milles* font deux lieues (1). Le chemin de Liverpool à Manchester étant de trente et un *milles*, a, par conséquent, une étendue de douze lieues et demie (2). Cette erreur, très importante sans doute, puisqu'elle augmente de 25 0/0 toutes les évaluations de M. Gautier, n'est cependant pas la plus forte de celles qu'il a commises : en établissant le coût *moyen* des chemins de fer sur la dépense totale de celui de Liverpool à Manchester, sans tenir compte des éléments dont cette dépense était com-

posée, il a dû nécessairement arriver à des résultats dont il lui sera facile de reconnaître l'inexactitude. Afin de faire apprécier la valeur de cette observation, nous allons reproduire et analyser le *compte des dépenses du chemin de fer de Liverpool à Manchester*.

DÉPENSES PROPORTIONNELLES A LA LONGUEUR

Achat des terrains............Fr.	2.653.121
Terrassements	6.353.658
Dés en pierre, etc..................	517.120
Pose et construction de la chaussée .	518.834
Rails en fer et supports en fonte....	1.711.382
Frais de clôture...................	332.000
	12.086.115

AUTRES DÉPENSES

Travaux d'art, souterrain, ponts, etc...........Fr.	4.027.740	
Etablissements aux points de chargement et de déchargement............	1.769.757	8.434.885
Matériel de transport...	705.373	
Etudes, tracés, frais généraux................	1.932.015	

Total des dépenses effectuées jusqu'au 31 mai 1830 (1).................. Fr. 20.521.000

« Dans les dépenses proportionnelles à la longueur, qui doivent principalement servir de base à l'évaluation d'un chemin de Paris à Bordeaux, il y a, premièrement, l'achat des terrains et les terrassements, qui ne présenteront point en France des dépenses aussi considérables ; secondement, les quatre articles réunis des dés en pierre, de la construction de la chaussée, des rails et des frais de clôture, lesquels présentent une dépense totale de 3.079.336 fr., c'est-à-dire 246.340 francs par lieue. Vainement prétendrait-on que le prix du fer, en France, établirait une grande différence sur cette partie de la dépense; le fer employé au chemin de Liverpool a coûté moyennement 12 liv. st. 10 s. par tonne, c'est-à-dire 30 fr. 75 par 100 kilogrammes ; le même fer coûterait en France 35 à 40 francs, et, en le faisant venir d'Angleterre, sans droits, pour cet emploi spécial, comme cela doit être, il ne coûterait aujourd'hui, les frais de transport y compris, que 18 à 20 francs par 100 kilogrammes. Les autres dépenses montant à 8.434.885 francs ne peuvent, dans aucun cas, être proportionnelles à la longueur d'un chemin de Paris à Bordeaux. Dans ces dépenses sont comprises celles des points de chargement et de déchargement aux extrémités du chemin, ainsi que le matériel de transport. Ces frais ne s'accroissent point en raison directe de la distance. Il y a de plus les études et les frais généraux qui, pour être dans le même rapport en France, devraient s'élever, pour le chemin de Paris à Bordeaux, à 25 millions. Or, les ingénieurs français ne sont pas si chèrement payés, et il est bon d'ajouter encore que, dans cette dépense, 711.000 francs représentent *les frais nécessités par les actes du Parlement*. Dans les travaux d'art, il y a d'abord, et ce ne sont point des dépenses ordinai-

---

(1) Voici le rapport exact : un *mille* égale 1609 mètres et 4000 mètres forment une lieue de France ; une lieue égale donc 2 *milles* 486/1000.

(2) M. Gautier prétend encore que le chemin de Londres à Birmingham n'aura pas 30 lieues. L'étendue de ce chemin est de 112 *milles* 1/2, ce qui représente 45 lieues.

---

(1) Voir les *Annales des ponts et chaussées*, 1ʳᵉ année, 1ᵉʳ cahier, janvier et février 1831, page 92.

res, soixante-trois ponts qui ont coûté 2 millions et demi (1), puis une galerie souterraine qui traverse la ville entière de Liverpool pour mettre le chemin en communication avec les bassins de la douane et du port. Depuis que le chemin a été livré à la circulation, les établissements aux points d'arrivée ont été insuffisants pour le mouvement des marchandises ; divers embranchements ont été établis, et une nouvelle galerie sous la ville de Liverpool a été entreprise pour conduire les voyageurs dans le centre de la cité *(Hay-Market)*. Ces nouveaux travaux ont donné lieu à un nouvel emprunt de 5 millions de francs (200.000 liv. sterl., acte du Parlement du 23 mai 1832.) De manière que la dépense totale du chemin de Liverpool à Manchester, de ses embranchements et de tous les établissements qui en dépendent, s'élève à 25.521.000 francs, ce qui ne prouve pas, ainsi que nous venons de l'établir, qu'en divisant cette somme par le nombre de lieues qui séparent Liverpool de Manchester, on obtienne le coût exact d'une lieue de chemin de fer. On reste plutôt au-dessus qu'au-dessous de la vérité en évaluant à 600.000 francs par lieue, la dépense moyenne des chemins de fer en France ; les 160 lieues de Paris à Bordeaux coûteraient donc tout au plus 100 millions (2)

---

(1) Sur ces soixante-trois ponts, il y en a un à neuf arches, un à quatre arches, deux à deux arches et cinquante-neuf à une arche. Indépendamment de ces travaux, il y a le dessèchement d'un marais, la tranchée du mont Olive, etc. On conçoit l'utilité de ces grands travaux pour le chemin de fer de Liverpool à Manchester, car lorsqu'on a à établir une ligne de communication entre deux points aussi rapprochés, il n'est pas possible de s'éloigner beaucoup de la ligne droite ; on a peu de latitude dans le choix des points de partage qu'il faut franchir. Aussi, dans le chemin de Liverpool n'a-t-on pas balancé à faire de longues tranchées ou à traverser des vallées sur des ponts hardis pour éviter les longs développements des lignes de niveau que suivent les canaux ouverts entre ces deux lignes. Entre deux points aussi éloignés, au contraire, que Bordeaux et Paris, il n'est pas douteux que la hauteur des points élevés à franchir ne croissant pas proportionnellement à la distance, on n'ait mille chances de trouver dans la configuration du terrain, dans la direction des vallées et des lignes de faîte, les moyens d'éviter, sur la plus grande partie du trajet, les difficultés que les ingénieurs anglais n'ont levées qu'avec de grandes dépenses.

(2) Il faut quinze arpents par lieue de chemin de fer. Les terrains du chemin d'Andrézieux à Roanne ont coûté, avant la loi d'expropriation, 26.240 francs par lieue. En portant, malgré ce précédent, la même dépense à 40.000 francs, c'est plus de 2.600 francs par arpent, ci............................Fr.   40.000
Dés en pierre, établissement de la chaussée, rails en fer, supports en fonte, clôtures, etc., comme à Liverpool, bien que les salaires soient moins élevés en France, ci.......Fr.   246.340

Total..........Fr.   286.340

Il y a donc pour les terrassements et les travaux d'art, par lieue moyenne.......Fr.   313.660

Total..........Fr.   600.000

A ce compte, les terrassements et les travaux d'art coûteraient 50 millions pour le chemin de Paris à Bordeaux.

---

en y comprenant le matériel de transport et les établissements aux points d'arrivée et de départ. Cela diffère des 423 millions supposés nécessaires par M. Gautier. M. Gautier s'est trompé dans l'appréciation qu'il a faite des produits nets du chemin de fer de Liverpool à Manchester ; il les évalue à 6 0/0 par an. Or, on lit au bas du compte dont il a extrait quelques détails, que le dividende *semestriel* est de 4 liv. st. 2 d. par action de 100 liv. st., ce qui établit un revenu net annuel de 8 4/5 p. 100. Voici d'ailleurs le relevé général des recettes et des dépenses du chemin de Manchester à Liverpool pendant l'année 1832, tel que nous l'avons résumé sur les états officiels de la compagnie.

TRANSPORTS ET PRODUITS

	Tonneaux	Fr.
Marchandises diverses...	159.443	1.699.874 29
Charbon (loyer du chemin seulement)...............	69.396	425.711 25
356.945 voyageurs...............		2.095.759 88
Produits bruts.........		3.921.345 42

DÉPENSES

	Fr.
Frais pour le matériel du transport des marchandises.	594.650 80
— — charbons..	1.350 29
— — voyageurs.	271.471 53
Frais des machines à vap^r locomotiv.	585.378 45
Entretien, réparations du chemin de fer et frais généraux d'administration.	499.989 21
Taxes et *intérêts d'emprunts effectués en dehors du fonds social* (1)..	439.572 62
Dépenses.................	2.392.442 60
Produits nets...........	1.528.932 82

« Pour rendre plus sensible la différence qu'il y a entre un chemin de fer de Paris à Bordeaux et le chemin de fer de Liverpool à Manchester, M. Gautier suppose que le transport annuel entre Bordeaux et Paris est de 14.000 tonneaux de marchandises et de 22.000 voyageurs. Il y a ici une omission que M. Gautier sera certainement le premier à reconnaître, car nous savons que, s'il s'est trompé, c'est de fort bonne foi : M. Gautier compte seulement les marchandises qui vont *directement* par le roulage de Paris à Bordeaux et *vice versa*, et il ne songe point à celles qui sont transportées des divers points intermédiaires de cette longue ligne, d'Angoulême, Poitiers, Tours, Blois, Orléans, Etampes, etc. Le même oubli existe quant au transport des voyageurs : il prend pour base le service des deux grandes messageries qui vont de Paris à Bordeaux, la malle et quelques chaises de poste, et il néglige le service particulier de ville à ville, et surtout le service de Paris à Orléans. C'est tout comme si en évaluant les transports de Paris au Havre, on faisait

---

(1) Les dépenses qui ont été faites après l'ouverture du chemin n'ont pas donné lieu à une nouvelle émission d'actions ; on les a payées à l'aide d'emprunts hypothécaires dont l'intérêt se prélève sur les produits *bruts*. M. Gautier a fait double emploi en les déduisant ensuite du produit *net*.

abstraction des rapports directs entre Rouen et Paris (1). Les erreurs commises par M. Gautier, homme fort éclairé, prouvent combien l'on connaît peu encore les chemins de fer et les services qu'on peut en attendre. On ne saurait, par exemple, tirer aucune conclusion juste, relativement au transport des marchandises, du tarif de Liverpool à Manchester ; car il faut que le péage, pour un trajet de douze lieues et demie, indemnise, non seulement des intérêts des dépenses considérables faites aux extrémités du chemin, mais en outre dédommage la compagnie des frais de chargement et de déchargement. Ce n'est qu'en observant attentivement le mécanisme de ces entreprises qu'on peut en apprécier les ressources. Quand on veut établir des calculs sur les produits des chemins de fer, il faut tenir compte de cette distinction : plus un chemin de fer est long, plus les frais de transport *des marchandises* doivent être relativement bas, et cela principalement parce que tous les frais relatifs aux chargements et déchargements se répartissent sur un parcours plus étendu ; c'est tout le contraire, quant au transport *des voyageurs ;* lorsque le trajet est court, les voyages sont plus fréquents, les voitures plus constamment pleines, et, par conséquent, le même matériel fait un service plus productif. Du reste, il n'est pas exact de dire que le transport par chemins de fer est *deux fois plus cher* que le transport par le roulage de Paris à Bordeaux : sur le chemin de fer de Liverpool à Manchester, il y a plusieurs prix pour le transport des marchandises : les cotons, les laines et les produits manufacturés payent 10 sh., soit 12 fr. 50 par tonneau ; les sucres, les blés, les farines, les bois de teinture et de charpente, les fer, etc., ne payent que 6 sh. (7 fr. 50) ; les charbons ne sont pas transportés par les voitures ni avec les machines de la compagnie, ils n'acquittent, en conséquence, qu'un droit de passage (2). En prenant pour base le prix du transport des sucres sur le chemin de fer de Liverpool, on arrive à cette conclusion que le transport de Paris à Bordeaux coûterait 96 francs pour 640 kilomètres (soit 60 centimes par lieue), prix, qui, loin d'excéder, n'atteindrait pas celui du roulage de Bordeaux qui est de 100 à 120 francs et qui, il faut le dire encore, est un des moins élevés de toutes les routes de France. Mais de ce que le prix du transport des marchandises ordinaires est de 60 centimes par lieue et par tonneau sur le chemin de fer de Liverpool à Manchester, il ne s'ensuit pas qu'on ne puisse en France l'établir au-

dessous (1). Sur un chemin de fer de la longueur de celui de Paris à Bordeaux on pourrait opérer le transport des marchandises chères à 60 centimes par lieue et celui des marchandises lourdes à 35 cent. Ce dernier tarif formerait pour les 160 lieues de Paris à Bordeaux une dépense de 56 francs par 1.000 kilom. On pourrait, à ces conditions, transporter les 65.000 tonneaux de vin et les 12.000 tonneaux d'eau-de-vie qui arrivent de la Gironde et de la Charente par la voie de mer à Rouen et qui remontent ensuite la Seine jusqu'à Paris (2) ; on pourrait transporter encore les bestiaux du Limousin et du Poitou, les blés de la Beauce, les fers du Berry, et les 30.000 tonneaux de produits divers qui de la Haute et Basse-Loire, transitent à Orléans pour Paris. Avant de terminer ces observations, nous reviendrons encore sur le relevé des recettes et des dépenses annuelles du chemin de fer de Liverpool à Manchester dont nous venons de donner le relevé. On y voit que, d'une part, le transport des marchandises et des charbons a produit brut 1.825.585 fr. 54, et que, d'autre part, toutes les dépenses d'exploitation (les taxes et les intérêts exceptés) se sont élevées à 1.952.839 fr. 98, c'est-à-dire que ces deux sommes se balancent à peu près et que, par conséquent, le transport des voyageurs forme le produit net, et représente les intérêts des dépenses fondamentales, ainsi que le bénéfice de l'entreprise ; en partant de cet aperçu général pour apprécier les avantages de l'établissement d'un vaste système de chemins de fer en France, on arriverait à des résultats qui n'ont point encore été envisagés sous ce point de vue. La masse des transports de marchandises par terre est beaucoup plus considérable en France qu'en Angleterre ; les transports de denrées coloniales et de produits manufacturés qui proviennent d'un commerce et d'une industrie plus développés, sont incontestablement plus importants en Angleterre ; mais ces produits envisagés sous le rapport du *poids*, sont très faibles relativement à la masse des consommations d'un pays ; les blés, les boissons, les combustibles, les matériaux et les matières premières de

---

(1) Les frais de traction coûtent à la compagnie du chemin de fer de Liverpool à Manchester 6 d. 1/2 par tonne et par mille, c'est-à-dire 18 centimes par 1000 kilogrammes et par lieue ; l'excédent du péage est destiné à couvrir les frais généraux, l'entretien du matériel, les intérêts et les profits des actionnaires.

(2) Voici la dépense occasionnée par le transport par mer d'un tonneau de vin d'une valeur moyenne de 200 francs :

Fret de Bordeaux à Rouen 22 à 30 fr., prix moyen....Fr.	26
Arrimage et courtage maritime.........................	3
Frais de transit à Rouen.............................	4
Fret de Rouen à Paris................................	15
Mise à terre et menus frais..........................	2
Assurance 1 1/2 p. 100...............................	3
Coulage 2 p. 100....................................	4
Intérêts de trois mois pour la durée du voyage........	3
Frais de transport d'un tonneau de vin de 200 fr...... Fr.	60

Un tonneau d'eau-de-vie valant 900 francs environ, l'assurance, le coulage, la perte d'intérêts (le coulage à 1 p. 100 seulement) augmentent la dépense de 26 fr. par tonneau. Chaque tonneau d'eau-de-vie coûte donc 86 francs de transport.

---

(1) Aux deux voitures qui vont directement de Paris à Bordeaux, et qui transportent 22,000 voyageurs par an, il faut y ajouter pour Tours et Orléans seulement :

2 voitures de Tours à 13 places... 18.980 voyageurs par an.
5 — d'Orléans à 15 et 17 places 57.070 — —

Si l'on comptait les transports intermédiaires, on serait surpris du nombre auquel on arriverait.

(2) C'est par erreur que M. Gautier a supposé dans son article que ce droit qui est de 1 fr. 77 représentait les frais de transport ; ce serait seulement 14 centimes par lieue, ce qui n'est pas possible, ainsi qu'on le verra plus bas ; du reste, cette hypothèse de M. Gautier renversait tous ses calculs sur la cherté du transport par les chemins de fer.

toute espèce, consommés en France, sont et doivent être plus considérables qu'en Angleterre, en raison de la différence de population et du système alimentaire ; de plus, notre situation géographique, ainsi que l'a fait observer avec raison M. Gautier, fait que nos côtes sont plus éloignées du centre, et que nos voies navigables ne peuvent être comparées à celles de l'Angleterre. Il est vrai de dire toutefois que les produits d'une faible valeur ne comportent pas toujours un long transport et un transport coûteux ; néanmoins, comme en France les salaires sont beaucoup moins élevés qu'en Angleterre, les frais sur les chemins de fer seront toujours moins grands chez nous que dans ce pays, compensation faite même de la différence du prix du charbon. Nos chemins de fer effectueront donc des transports plus considérables en poids que ceux des chemins de fer anglais. En admettant que, comme à Liverpool et Manchester, ces transports pussent à peu près couvrir les dépenses annuelles, et que les voyageurs dussent former le *produit net* destiné à couvrir les intérêts et les produits des premiers frais d'établissement, voici les bases sur lesquelles on pourrait évaluer ces profits ; nous rappelons que nous raisonnons toujours dans l'hypothèse d'un système général de transports par chemins de fer.

Les messageries qui desservent les grandes lignes de France sont établies pour un transport régulier de voyageurs produisant annuellement..........Fr.	50.570.241
De plus, 8355 voitures publiques en service irrégulier sont établies pour contenir 31.700 places, qui, à raison d'un parcours moyen de 10 lieues par jour et de 40 centimes par voyageur et par lieue (prix moyen sur les routes de France), peuvent produire annuellement	46.387.740
Produit annuel de la totalité des places dans les voitures publiques (1).....	96.957.984
En déduisant un tiers pour les places présumées vides, ainsi que le fait l'administration, d'après la loi du 17 juillet 1819 (évaluation du reste fort large)	32.319.327
On obtient un produit, pour les voyageurs seulement, de..................	64.638.654
A quoi il faut ajouter le produit des places dans les malles-postes...........	2.279.374
Total du produit annuel des voyageurs par voitures publiques..............	66.918.028

« Dans ces 67 millions ne sont pas compris les voyages qui s'opèrent par des voitures particulières. En admettant que les chemins de fer ne pourraient desservir que la moitié des lignes aujourd'hui parcourues par ces voitures (les malles-postes ne parcourent que 949 lieues), et sans tenir compte de l'accroissement de produits qui résulterait d'un transport plus économique et trois fois plus rapide, on pourrait compter sur un produit annuel de 33 millions et demi. Ce revenu est suffisant pour payer l'intérêt de mille à onze cents lieues de chemins de fer, c'est-à-dire d'une dépense de 6 à 700 millions de francs (1). Il y aurait en outre pour l'État une économie de 8 millions sur les 10 millions qu'il paye annuellement pour le transport des dépêches et de 7 à 8 millions sur l'entretien des routes. Lorsqu'on établit donc que les chemins de fer sont et doivent être plus productifs en Angleterre qu'en France, on apprécie mal les éléments de leur succès respectif : les voyages sont beaucoup plus fréquents en France qu'en Angleterre, parce que les frais en sont moindres (2), en raison surtout du bas prix des salaires et des fourrages, puis parce que, depuis 1789, la classe moyenne s'est considérablement accrue en France et a acquis une importance qu'elle n'a pas en Angleterre, où, à part les grands propriétaires et les riches capitalistes, la grande masse de la nation se compose de prolétaires que la misère rend forcément sédentaires, où tout au moins empêche de voyager en voiture. Plus on observe donc l'état respectif de la France et de l'Angleterre, plus on reste convaincu que ce qui nous manque, ce sont des hommes capables de tirer parti des ressources de notre pays. Nous avons été successivement gouvernés par des militaires et par des avocats, par l'épée et par la robe ; lorsque nous le serons par des industriels, par des hommes de travail, la France sera plus puissante et plus riche. Pour nous résumer, nous devons dire de nouveau que nous n'avons eu en vue que de présenter très sommairement les résultats généraux d'un grand système de chemins de fer. Nous n'en croyons pas l'exécution immédiate possible ; car un semblable travail doit être effectué parallèlement avec une réforme dans notre système de banques, dans nos lois de douanes, dans notre régime hypothécaire, dans l'assiette de nos impôts. Tout se tient, tout s'enchaîne ; pour réaliser de grandes améliorations dans une des branches de l'activité publique, il ne faut pas laisser toutes les autres stationnaires. Après avoir, ainsi que nous venons de le faire, cherché à établir que le succès des grandes lignes de chemins de fer en France n'était pas aussi chimérique que M. Gautier l'avait pensé, il nous reste à examiner la question de savoir si le gouvernement ne doit pas intervenir pour hâter

---

(1) Ces chiffres se rapportent à l'année 1829 ; ceux de 1832 et 1833 ne sont point officiellement connus. En 1830 et 1831, il y avait quelques réductions qui étaient le résultat des événements politiques. Le service irrégulier se subdivise ainsi :

3.306 voitures à	2 places..............		6.612 places.
3.534 —	4 —	....	14.136 —
966 —	6 —	....	5.796 —
165 —	8 —	....	1.320 —
384 —	9 —	et au-dessus..	3.840 —
8.355 voitures			31.704 places.

(Voir le Compte de l'administration des finances de 1830, p. 509 et 510.)

(1) On a vu plus haut que tous les frais d'entretien et de transport seraient payés par les marchandises.

(2) Le prix du transport en France est de 30 à 50 centimes par voyageur et par lieue. (Voir les publications des messageries, à l'occasion de la loi du roulage.) En Angleterre, il est de 75 centimes à 1 fr. 25 par voyageur et par lieue : il est vrai de dire qu'en France, la vitesse est moindre, et que plus on va vite plus on dépense pour le même espace parcouru.

l'exécution de ces entreprises qui, sans son concours, seraient pendant longtemps impossibles ; ce sera le sujet d'un autre article. — E. P. »

337. — Chemin de fer de Lyon a Marseille. — Le *Constitutionnel* (de Paris) se faisait écrire de Valence le 25 août, que l'on travaillait aux études du chemin de fer de Lyon à Marseille, avec deux variantes : Arles à Marseille (place Pentagone), et Aix à Marseille.

338. — Moniteur universel. — Ce journal raconte que le 22 septembre, dans la matinée, les boulevards, les Champs-Elysées et l'avenue de Neuilly se remplirent de curieux venus pour voir fonctionner les omnibus à vapeur de MM. Dietz et Hermann, qui devaient aller à Saint-Germain. Mais on attendit en vain. Le train de plaisir resta confiné à la barrière du Trône, au *Marché aux fourrages*, jusqu'à ce que sur le rapport de l'ingénieur des mines du département, M. Tremery, le préfet de police lui eut donné son *exeat*. La machine pesait 16.000 livres, le tender avec eau et charbon 6.000, les deux omnibus 7.600 et les 55 voyageurs, que l'on devait transporter, 6.875. En tout, 34.475 livres ou 17.237 kil. 500. — La première mention faite des chemins de fer dans le journal officiel, sous une forme officieuse, a eu lieu en 1825, sous cette rubrique : *Chemins de fer:* détails sur l'ouverture de celui qui a été pratiqué dans le comté de Durham, page 1480. — *1826.* — *Concours pour l'établissement d'un chemin de fer de Saint-Etienne à Lyon par Rive-de-Gier et Givors*, p. 152. — Détails sur les travaux relatifs à ce chemin, 158. — Article concernant les chemins de fer et les canaux, 318. — *1827.* — *Chemins de fer de Saint-Etienne à Lyon (Société des).* — Autorisation donnée à cette Société, p. 427. — Statuts de cette Société, 432 *bis*. — Avis par l'assemblée générale annuelle de ses actionnaires, 4618. — *1828.* — *Chemin à rouages de fer entre Liverpool et Manchester :* Extrait du deuxième compte rendu aux actionnaires dans les assemblées générales du 27 mars 1828, page 1428. — *1830.* — *Chemin de fer de la Loire*, notice sur cette nouvelle entreprise, p. 371. — *Chemin de fer de Saint-Etienne à Lyon*, avis aux actionnaires, p. 344. — *1832.* — *Chemins de fer :* détails sur ces chemins Angleterre, p. 672 ; — en France, 1590. — Projet d'un chemin de fer de Paris à Rouen, 1614. — Lettre sur les chemins de fer du Rhône et de la Loire, 1646. — Projet général d'un système de chemin de fer, 1693. — Projet d'un chemin de fer de la Garonne à l'Adour, à Soubusse, 1697 ; — de Paris à Orléans, *ibid.* ; — de Loudrieux à Saint-Quentin, *ibid.*; — de Lyon à Bourg, *ibid.* — Extrait du rapport aux actionnaires du chemin de fer entre Liverpool et Manchester, p. 1731. — Détails sur le chemin de fer de Londres à Liverpool, 1906. — *1833.* — Recettes du chemin de fer de Liverpool à Manchester, p. 287. — Expérience d'une machine locomotive faite sur le chemin de fer de la Loire, 1143. — Projet de loi pour l'établissement d'un chemin de fer d'Alais à Beaucaire par Nîmes, 1606. — Rapport sur le projet d'un chemin de fer d'Anvers à la Prusse, 1798. — Approbation par ordonnance du chemin de fer de la Loire, 1918. — Une commission est chargée de faire des expériences sur les chemins de fer comme agent mécaniques, 2099. — Etudes des chemins de fer, 2176. — Réunion de la commission du chemin de fer de Bourg à Lyon, 2411. — *1834.* — Chemins de fer. — Réflexions d'un journal de Rouen sur les avantages d'un chemin de fer de Paris au Havre, p. 151. — Premiers travaux de chemins de fer à établir entre la gare de Grenelle et l'entrepôt de l'île aux Cygnes, 271. — Etablissement d'un chemin de fer sur bois dans une des contre-allées du *Cours-la-Reine* aux *Champs-Elysées* à Paris, 1155. — Extrait d'une lettre sur les chemins de fer en Amérique, 1438. — Essai d'une machine locomotive sur le chemin de fer en pente entre Paris et Saint-Etienne à Lyon, 1465. — Travaux du chemin de fer d'Alais à Beaucaire, 1543. — Etude de celui projeté de Paris à Bordeaux par Versailles et Orléans, 1567. — De celui projeté de Calais à Paris, 1562. — Travaux de celui de Montpellier à Cette, *ibid.* — Etude de celui projeté d'Arras à Cologne, 1768. — De celui projeté entre Lyon et Marseille, *ibid.* — Expérience publique au bois de Vincennes d'un chemin de fer nouveau modèle, 1855. — Détails sur cette expérience, 1865. — Seconde épreuve au même lieu, 1891. — Projet d'un chemin de fer de Paris à Versailles, soumis à une enquête, 1903. — Le conseil municipal d'Abbeville (Somme), vote une somme de 1.000 francs pour la meilleure étude de chemin de fer d'Amiens à Boulogne par Abbeville, 1847. — Lettre concernant un projet de jonction de la mer Rouge à la Méditerranée par un chemin de fer, 1959. — Epreuve d'un chemin de fer tournant faite aux Champs-Elysées, 1991.

339. — Mercure Ségusien. — Ce journal de Saint-Etienne rapporte, dans son numéro du 23 juin, les résultats donnés par la machine *la Jaksone* (the Jackson) sur le chemin de fer de Roanne, laquelle avait marché à grande vitesse sur une rampe de 0.014. Le journal exprime l'espoir qu'au vu de cette expérience, on va généraliser l'emploi des locomotives.

340. — Chemin de fer d'Alais a Beaucaire. — Un rapport de l'ingénieur annonce qu'à la date du 13 juillet on travaillait avec activité.

341. — Chemins de fer américains. — Les chemins de fer des Etats-Unis préoccupaient beaucoup la France à cette époque. Dans les *Débats* du 15 juin, on trouve une curieuse lettre de New-York sur la monomanie des chemins de fer qui s'était emparée des esprits. Le *Rail-Road* y était devenu une sorte d'obsession nationale. Il y avait un grand nombre de journaux spéciaux que l'on se disputait littéralement. L'engouement fut beaucoup plus caractéristique qu'en Europe et digne d'un pays où tout a les proportions des raisins de Chanaan.

342. — Diligences a vapeur. — Le *Moniteur* du 23 juin 1834, annonçait que MM. Laffitte et Caillard, les populaires gérants d'une des deux grandes entreprises de messageries en France, allaient lancer incessamment des diligences à vapeur, qu'ils auraient voulu étrenner à Longchamp, mais qui à cette époque n'étaient pas terminées. Elles ne le furent jamais. MM. Laffitte et Caillard, comme les Messageries royales, furent en pourparlers avec 500 inventeurs, mais ils ne trouvèrent jamais un engin dont ils pussent tirer commercialement partie. Tous les modèles qu'ils firent établir, ont été détruits.

—

343. — Chemin de fer de Montpellier a Cette. — Le *Journal des Débats* annonce au mois de juillet 1834, qu'il se forme une société à Montpellier pour faire le tracé des études et plans du chemin de fer qui doit relier cette ville à celle de Cette, son port naturel.

—

344. — Chemin de fer d'Anvers a Cologne. — La *Quotidienne* annonce que ce chemin de fer, qui préoccupait tant les Français à cause du transit de l'Allemagne, allait être mis en chantier. Le parcours de 173 kilomètres devait coûter 16.500.000 francs. On calculait que les transports s'y feraient en un jour à raison de 24 francs par tonne, tandis que par les canaux il en coûtait 28 francs par tonne et de 9 à 11 jours de voyage.

—

345. — Journal du Loir-et-Cher. — Ce journal annonce, à la date du 11 juillet, que l'on travaille activement aux études du chemin de fer de Paris à Bordeaux, qui sera construit soit par l'Etat, soit par une compagnie, ce qui est préférable. De Paris à Tours, le train passe par Versailles, Rambouillet, les plaines de la Beauce, Orléans, Blois, Chouzy, Montlouis, Tours. Le travail se poursuit sous la direction de M. Polonceau, ingénieur à Versailles.

—

346. — Chemin de fer de Calais a Paris par Lille. — Le *Moniteur* du 17 juillet annonce que le dernier jalon des études de cette ligne a été planté le 12, vers une heure de l'après-midi, au pont Thierry. Les opérations sur le terrain ont été faites par MM. Ch. Isaac et Pouilly, ingénieurs.

—

347. — Magasin pittoresque. — Mode particulier de construction du chemin de fer d'Alais (sur routes). — Chemin de fer d'Andrézieux à Roanne. — Sommes dépensées pour sa construction. — Son parcours. — Chemin de fer de Saint-Etienne à la Loire : ce qu'il a coûté. — Chemin de fer de Saint-Etienne à Lyon : viaduc de Voiron; entrée d'un des tunnels; parcours; dépenses. — Origine : les chemins de fer, nature des rails, leur disposition. —

Chemins de fer en France : notice sur les chemins de fer construits ou projetés en 1833. — Locomotives.

—

348. — Bulletin de la Société d'encouragement pour l'industrie nationale. — Mémoire de M. Théodore Olivier sur les chemins de fer, déposé le 22 mars 1833, lu le 7 septembre 1834 et inséré dans le *Bulletin* de septembre. — Résumé de l'état de la question et proposition d'un système de voies et de voitures plus satisfaisant suivant l'auteur. — Rapport du comte Alexis de Noailles sur le concours de 1832, comparaison des systèmes de chemins de fer de MM. Palmer, Wilback et Brard, ce dernier ayant dès lors imaginé un véritable tramway. M. de Noailles conclut à ce qu'aucun des concurrents ne mérite le prix, qui est retiré. Cependant on concéda à M. Brard, ingénieur des mines, une médaille d'or de deuxième classe pour ses chemins de fer économiques, dont il a exécuté un spécimen dans le département du Gard.

—

349. — Annales des ponts et chaussées. — Premier semestre : extrait des observations sur les canaux et chemins de fer, lues à la Société centrale d'agriculture le 7 mai 1834, par Hucrne de Pommeuse. — Chemin de fer de Liverpool à Manchester, extrait du compte rendu par les directeurs, par M. Mary. — Deuxième semestre : Extrait de l'enquête faite par une commission de la Chambre des pairs d'Angleterre sur le chemin de fer de Londres à Birmingham, traduction de l'anglais, par M. Mary. — Chemin de fer de Liverpool à Manchester ; règlement à suivre par les mécaniciens, conducteurs, surveillants et autres agents de la compagnie. — Note sur le mouvement uniforme des wagons dans les parties des chemins de fer qui sont tracées en lignes courbes, par M. Navier. — Machines; frein dynamométrique; extrait d'un mémoire de M. Morin ayant pour titre : *Compte rendu d'une mission dans les fonderies d'artillerie, dont le but était d'étudier et de comparer les effets des moteurs qui y sont employés*, par M. Lefébure de Fourcy (Eugène). — Description des machines à épurer et trier le gravier employées dans le département du Haut-Rhin, par M. P.-D. Bazaine.

—

350. — Revue britannique. — Les chemins de fer, les routes ordinaires et les voitures à vapeur. — Les chemins de fer aux Etats-Unis (juillet). — Les chemins de fer et leur influence sur l'accroissement de la valeur des propriétés rurales (novembre).

—

351. — Le Journal des sciences militaires. — C'est dans le numéro du mois de juin 1834 de cet important recueil, fondé en 1824, que pour la première fois on y imprima la locution chemin de fer à propos de la deuxième édition de l'instruction communiquée en 1833 à l'école d'état-major sur les routes et chemins de fer. Du reste, l'auteur du

compte rendu attachait si peu d'importance aux chemins de fer, qu'il ne les mentionnait que dans le titre, sans se demander de quoi il s'agissait. La première édition de ces instructions, en 1827, avait passé inaperçue pour les vieux de la vieille du journal de J. Corréard.

—

351 *bis*. — " Le Globe ", *journal des connaissances universelles.* — Décembre 1833 - Octobre 1835. — 21 numéros. — In-8°. — Mensuel. — 32 p. — 6 francs par an. — On lit dans le numéro d'octobre 1834 : « *Illusions optiques sur les chemins de fer.* — Quand on voyage sur le chemin de fer de Liverpool à Manchester en faisant 12 à 15 milles (20 à 25 kilom. environ) à l'heure, les barres en fer qui forment le chemin, les accotements, la route entière et tous les objets qui s'y trouvent, offrent la même apparence que celle remarquée quand on voyage dans une voiture ordinaire, c'est-à-dire qu'ils semblent se mouvoir avec la même vitesse que le spectateur et dans une direction opposée à celle où la voiture avance. Quand la vitesse augmente et est portée à 24 ou 30 milles (38 à 48 kilomètres environ) à l'heure, les barres et autres objets ne paraissent plus aller en sens opposé du mouvement, mais bien dans le même sens que le spectateur et avec la même vitesse. Cette illusion ne peut-elle pas s'expliquer ainsi ? Quand la vitesse est modérée, les diverses parties et les inégalités de la route, que l'œil aperçoit distinctement les unes après les autres, induisent facilement en erreur le spectateur, qui se croit immobile. Il n'en est plus de même quand la vitesse augmente et que la rapidité est portée au point que l'œil n'a plus le temps de saisir séparément chacun des accidents de la route ; alors l'impression qu'ils laissent dans l'organe subsiste encore quand l'œil passe de l'un à l'autre, ou plutôt les fait paraître continus, et c'est cette continuité qui fait croire au spectateur que cette route et ses inégalités se meuvent avec la même vitesse que la voiture qui le transporte. » Cette publication, qui n'a pas laissé de sillon lumineux, faisait concurrence au *Journal des Connaissances utiles* de Girardin. Mais le directeur Toucas, professeur d'arithmétique, n'avait pas la science de la mise en scène et de la réclame que possédait son rival.

—

352. — Revue républicaine. — Mensuel. — 160 pag. — 40 francs. — Paris. — Rue du Croissant, 16. — Directeur : André Marchais. — Collaborateurs : Louis Blanc, Marrast, Courcelles-Seneuil, Cormenin et l'apocalyptique Godéfroy Cavaignac (avril 1834-juillet 1836). C'est un recueil de paradoxes débités de la meilleure foi du monde. Tout commence à la Révolution et tout sort de la République, mâtinée d'Empire. Dans un article sur les *Arts et l'Industrie au XIXe siècle*, Alexandre Decamp se plaignait de ce que l'on parlât beaucoup des chemins de fer sans en construire une seule lieue et reprochait aigrement à Louis-Philippe de n'avoir pas couvert d'or et d'honneurs la machine à vapeur routière que M. Dietz avait envoyée à l'Exposition de 1834, prenant ainsi

les devants sur les exhibitions contemporaines d'*automobiles, motocycles* et autres joujoux locomoteurs.

●

—

353. — Principes d'une alliance politique *ayant pour but de mettre fin à la lutte du gouvernement contre les partis et d'opposer à l'esprit révolutionnaire l'institution du progrès social.* — In-8°. — Paris. — Everat. — L'auteur qui était un homme éclairé, quoique dynastique, indique comme points cardinaux du *modus vivendi* régénérateur à établir, l'établissement de grandes lignes de chemins de fer et la diminution graduelle du tarif dse douanes. *Amen !*

—

354. — Revue commerciale européenne. — Mensuel. — In-8°. — Paris. — Rue du Sentier, 12. — Par une société de négociants et de savants. — 24 francs. — Mars-juillet. — Dans le numéro d'avril, on trouve un article intéressant emprunté à un journal anglais sur les freins pour plans inclinés et les chemins de fer à un rail.

—

354 *bis*. — Gironde. — Revue mensuelle. — Bordeaux. — Article de M. Gauthier, sous-gouverneur de la Banque de France, contre les chemins de fer qu'il trouve sans utilité et dont la construction doit être abandonnée à l'industrie privée, sans doute en vertu de l'axiome : *de minimis non curat prœtor.* — (Numéro de janvier.)

—

355. — Le protecteur (20 numéros du 25 janvier au 7 juillet). — Hebdomadaire après avoir été bi-mensuel. — Le n° du 1er mars est répété avec la date du 8, et il est probable que les n°⁵ 11, 12, 13, 14, 15, 16, 17, 18 et 19, n'ont jamais paru. — Ce journal était l'organe de la *Société d'encouragement des sciences, des arts et de l'industrie nationale*, laquelle ajouta à son nom celui de *parormétrique* « ce qui signifie, disait un avis, propre à encourager ». Plus tard, elle prit la qualification de *Société centrale d'encouragement*. Les membres de cette prétendue association étaient le duc de Choiseul, le comte de Laborde, le duc de Montmorency, le marquis de Dreux-Brézé, diverses autres grandes utilités sociales, et un M. Lambert Coucutsaute. Le bureau se tenait « rue Neuve-Vivienne, à l'angle du boulevard Montmartre ». L'affaire ne réussit pas. Nous y lisons dans le n° du 1er mars, qu'il y avait en Angleterre des locomotives faisant 40 milles, — 64 kilomètres à l'heure, — et que l'on ferait incessamment 100 milles, ou 160 kilomètres.

—

356. — Encyclopédie progressive, par Mlle M. Forgame. — 2 vol. in-32. — Paris. — Gaume. — L'auteur n'ignore pas les chemins de fer et signale à ses lecteurs « la route de Lyon à Saint-Etienne desservie par des voitures à vapeur dont la vélocité est prodigieuse. »

357. — Revue du progrès social. — Mensuel. — 40 francs.— Paris, rue de Provence, 8. — Directeur: Jules Lechevalier.—Ce journal représentait la conception du progrès chez le bourgeois dynastique, et faisait une guerre acharnée aux républicains. MM. Ballanche, V. Hugo et A. de Lamartine y écrivaient, mais on ne trouve dans ce cénacle *guizotin* aucun nom libéral que celui de Guéroult, qui s'y occupa incidemment des chemins de fer. Nous y rencontrons un rapport au roi, de M. Guizot, sur l'application de la loi du 28 juin 1833, relative à l'instruction primaire, où nous lisons que pour éclairer la jeunesse française, on avait distribué comme livres élémentaires en 1833, 20.000 exemplaires du *nouveau-testament*, 20.000 d'*histoires tirées de l'écriture sainte*, 66.668 d'un ouvrage dit *premier livre de lecture*, 5.000 des *souvenirs de Moïse Mendelshon*, 500 du *rapport de M. Cousin sur l'instruction française en Allemagne*, 1.000 dito en *Prusse*, 2.000 de l'*almanach des campagnes*, 1.000 du *cours de morale par Montézon*, et 60 du *cours de technologie par Francœur*.

—

358. — La France industrielle, *exposition permanente des produits des arts et de l'industrie française dans les 86 départements*.—Mensuel.— In-8°. — 6 francs. — Paris. — Rue des Grands-Augustins, 20. — (Avril 1834-mars 1836). — Le n° 1 contient un article de E. Biot sur les chemins de fer qui paraît aujourd'hui bien banal. On y trouve sur le même sujet des articles mieux faits et plus saillants de Roux-Ferrand, Blanqui aîné et Desessarts. Les numéros d'octobre, novembre et décembre 1834, sont remplacés par la publication des documents officiels relatifs à l'enquête commerciale que le gouvernement venait de réaliser avec le concours des chambres de commerce et des chambres consultatives des arts-et-métiers, document très complet et très instructif. Ce journal devait en 1836 devenir hebdomadaire, in-4°, au prix de 16 francs pour les anciens abonnés, 20 francs pour les nouveaux, et 12 francs pour les anciens abonnés qui se contenteraient d'être servis une seule fois par mois des numéros hebdomadaires. C'était le 1er avril que cette transformation devait avoir lieu, ce qui explique son insuccès. — Cette publication était placée « sous le patronage des 500 premières notabilités industrielles de la France », sans désignation nominative. Le programme était signé : Charles Malo. On y lit des articles du baron Silvestre et de MM. Randoing, Blanqui aîné et Mathieu de Dombasles. Le volume de 1835-1836, contient des articles de Blanqui, de Payen, de Paulet, de Doudsot, Boucher de Perthes, Monteil, Bonafoux, Greterin, Baude et Landrecet. Les chemins de fer y sont traités par Blanqui. Un article de Roux-Ferrand est intitulé : Grand procès des chemins de fer contre les carrosses avec cette épigraphe : *adhuc sub judice lis est*. La cause est entendue et jugée aujourd'hui.

—

359. — Revue européenne (1834-1835). — Mensuel. —In-8°. — Paris. — Rue des Saints-Pères, 69. —

Cette revue catholique qui avait succédé au *Correspondant*, ne daigna pas s'occuper des chemins de fer dont elle ne pressentait pas l'influence sur les pèlerinages. Cependant, dans le numéro de septembre 1834, nous lisons ce qui suit dans un article signé A. M. sur l'*Exposition de l'industrie :* « Avant de quitter cette salle (n° 1), qui n'inspire que des idées sérieuses et solides, je dois faire remarquer ce qu'il y a, sans contredit, de plus imposant. Deux modèles de chemins de fer assez distants les uns des autres et de différentes compositions, sont placés là dans d'étroites limites. Assez d'économistes ont parlé de leur utilité, je ne veux donc pas essayer de la faire comprendre. Cependant, ce qui se trouve à l'Exposition, est trop maigre pour en faire connaître toute la portée, et le gouvernement aurait dû penser que la vapeur est peut-être le seul point important qui pose entre nous et l'Angleterre cette distance qui diminue chaque jour. Le premier de ces deux chemins est ordinaire ; quant au second, il diffère complètement de ceux connus jusqu'ici. Il n'a qu'une ornière principale et deux secondaires. La première s'élève au-dessus du chemin et coupe, pour ainsi dire, la voiture dans toute sa longueur jusqu'à la moitié de sa hauteur, les deux autres sont placées sur les bas côtés, de sorte qu'il est de toute impossibilité à la voiture d'évoluer à droite ou à gauche, de même qu'elle ne peut verser. Attendons les conséquences d'une pareille invention, et espérons qu'un jour la France sera traversée en tous sens par des chemins de cette nature... »

—

360. — Recueil industriel, manufacturier, agricole et commercial, etc. (voir n° 129 *bis*), 2e série. — T. I. — Article signé A. B. sur les chemins de fer, les routes ordinaires et les voitures à vapeur, remorqueurs ou porteurs. — Article sur le projet de M. Thiers de traiter avec sir Charles Dunce, propriétaire de la voiture à vapeur de Londres à Greenwich, pour organiser des services analogues en France. Projet peu sérieux et qui venait accolé à une annonce de fauteuils et de canapés à vapeur, en vente chez Gille, passage Boufflers, dit Bazar de l'industrie, au coin de la rue de Choiseul et du boulevard des Italiens, démoli en 1881 pour la construction du Crédit lyonnais. — Notice sur le chemin de fer des mines d'Epinac, par J.-S. Blum, qui fut un des chauds partisans des chemins de fer, et qui avait demandé la concession du Havre à Marseille.

—

360 *bis*. — Annales de la Société polytechnique pratique. — (2e année). — « *Chemin de fer de Paris à Versailles*. — MM. Vergier et Bayard ont exposé il y a quelque temps, à l'Hôtel de Ville, le projet de ce chemin, qui doit partir de la place de la Concorde, suivre le cours de la Seine, passer sous la butte de Chaillot, traverser le bois de Boulogne, couper la Seine à Neuilly, au-dessus du pont, suivre derrière Puteaux, Suresnes et Saint-Cloud, le dessous de la partie du Parc, traverser Ville-d'Avray et aboutir à la place d'Armes, à Versailles. — Le chemin de fer serait d'environ 10.000 toises où

19.875 mètres. Il est utile de remarquer que la route actuelle mesure 18.000 mètres ; elle n'est donc pas notablement plus courte que celle dont l'établissement est en question. Il coûterait à établir, avec les accessoires, 6 millions ; la recette annuelle serait de 976.500 francs ; la dépense, 1° de 325.500 francs ; 2° l'intérêt des fonds, 300.000 francs ; total, 625.500 fr. ; bénéfice, 351.000 francs. Le tarif, pour une personne, de Paris à Versailles, jours ordinaires, 1 franc ; dimanches, 1 franc 25. Pour Saint-Cloud, 50 centimes et 75 centimes. — *Route en fer de Paris à Poissy devant desservir Saint-Cloud, Versailles et Saint-Germain.* — Une société de capitalistes vient de se réunir à MM. Surville, ingénieur des ponts et chaussées, et Guillaume, architecte, pour exécuter un projet de route en fer de Paris à Poissy, qui desservira en même temps Saint-Cloud, Versailles et Saint-Germain, et qui ouvrira immédiatement des relations entre ces villes, tant pour la circulation des voyageurs que pour celle des marchandises. Ce projet, qui serait évidemment plus avantageux pour Versailles que ceux qui ont été présentés jusqu'à ce jour, doit le devenir bien plus encore par l'application d'un nouveau système de construction dû à M. Surville (qui, pendant longtemps, a été chargé du service des ponts et chaussées dans l'arrondissement de Versailles), système au moyen duquel il prétend affranchir les pentes inclinées des routes en fer de tous les dangers qui les accompagnent, et procurer à ces entreprises des économies considérables de construction et d'exploitation que l'on ne pourrait pas réaliser avec les moyens ordinaires. Du reste, ce nouveau système de construction se réduit, si nous avons été bien informés, à une modification extrêmement simple et fort peu coûteuse dans l'exécution des plans inclinés, laquelle permet de supprimer les machines fixes et les câbles remorqueurs, qui sont la principale cause des accidents auxquels ces routes sont exposées. Une annonce officielle de la production de ce nouveau projet a été faite à l'honorable député, M. de Jouvencel, président de la commission d'enquête nommée pour examiner le projet qui est actuellement en instance, et l'on y a joint un mémoire critique de cette dernière entreprise, dans lequel on prétend établir, d'après les dispositions de ce projet: 1° qu'à moins de subir des pertes énormes, la compagnie de cette entreprise ne pourra pas transporter en moins d'*une heure* les voyageurs qui se rendront de Paris à Versailles ; 2° que dans le parcours de Versailles à Paris, les transports seront continuellement exposés à des *événements funestes*, en descendant la pente rapide de *huit millimètres sept dixièmes par mètre*, qui se trouvera exister dans cette route en fer sur près de trois lieues consécutives de longueur ; 3° que la route en fer projetée, ne pouvant servir, de l'aveu même de ses auteurs, pour le transport des marchandises, sa construction entraverait probablement pour longtemps l'avenir progressif et industriel de Versailles, en absorbant le transport des voyageurs, seule ressource qui peut déterminer dans ces localités la construction d'une route propre à la fois aux relations individuelles et commerciales ; 4° enfin, que ce projet, tel qu'il est calculé, suffirait à peine pour couvrir les frais de son entretien et de son exploitation, et non seulement ne produirait aucun intérêt pour les actionnaires, mais encore leur serait probablement onéreux par les appels de fonds qu'il rendrait nécessaires chaque année pour couvrir les déficits de l'entreprise. De là, résulterait évidemment l'abandon de la route en fer, ce qui rendrait inutiles les sacrifices exigés des propriétaires dans l'intérêt public pour l'établissement de cette voie de communication, ou bien il faudrait consentir à une augmentation du tarif qui porterait les frais des transports à un taux aussi élevé que celui des voitures actuelles, ce qui ferait disparaître la plus grande partie des avantages que l'on doit espérer de cette route. Nous n'anticiperons pas sur la vérification de ces assertions importantes que feront, sans aucun doute, avec beaucoup de soin, la commission d'enquête et MM. les préfets de la Seine et de Seine-et-Oise, auxquels ce mémoire a été adressé par les auteurs du nouveau projet. Nous attendrons également la publication que M. Surville doit faire incessamment de son nouveau système de construction des plans inclinés des routes en fer, pour en rendre compte et et en apprécier la portée. Nous formons des vœux sincères, dans l'intérêt de l'art et dans celui des communications publiques, pour que l'expérience confirme les espérances que le nom et les talents connus de M. Surville nous font concevoir, au sujet du perfectionnement qu'il va proposer. »

—

361. — Revue mensuelle d'économie politique. — Article d'Emile Bères sur les chemins en béton du capitaine Thomassin, pour la traction à vapeur. — (Décembre).

—

362. — Brevet d'invention de 15 ans (20 janvier), au sieur Perpigna (Antoine), pour certaines dispositions mécaniques s'appliquant aux remorqueurs ou locomoteurs à vapeur, marchant sur les routes ordinaires et à l'aide desquelles on leur imprime un mouvement progressif et rapide sur les terrains plats et on leur fait gravir les plans inclinés avec la plus grande facilité et sans augmenter la pression de la vapeur.

—

363. — Brevet d'invention de 5 ans, (3 mars) au sieur Thomas (Charles), de Rouen, pour un nouveau système de tunnel. — Tube en fer placé au fond des fleuves ou rivières pour en faciliter le passage aux voitures et aux piétons.

—

364. — Brevet d'invention de 15 ans (15 juin), à Mlle Gervais (Elisabeth), pour un système de mouvement perpétuel.

—

365. — Brevet d'invention de 5 ans (30 juin), au sieur Haquet (Pierre-Charles), à Paris, pour un système de voiture et de mât pouvant servir à toute espèce de voiture. On peut placer plusieurs mâts, mais

les essais n'ont été faits qu'avec 2 mâts et quelques vergues. En Chine, on met une voile aux brouettes et aux voitures à bras, mais la Chine est forcément le pays des chinoiseries. Dans une des îles du Cap Vert, il existe une saline desservie par un petit chemin de fer dont les wagons portent des voiles.

———

366. — Brevet d'importation de 10 ans (30 juin), au sieur Mignon fils (Théophile), pour des supports en fer pour les rails.

———

367. — Brevet d'invention de 15 ans (10 juillet), au sieur Hainsselin (Pierre-Nicolas), à Paris, pour un moteur chimico-physique liquide, inflammable, (air, eau et feu). — Chauffage à l'esprit de vin, dépense : 1 fr. 20 par cheval et par journée de dix heures.

———

368. — Brevet d'importation de 15 ans (20 septembre), au sieur Hosking (W.), à Londres, pour un mode de perfectionnement ou combinaison de modes et d'appareils pour communiquer et transmettre ou étendre la force mouvante au moyen de voitures ou de chariots poussés sur des chemins ou routes en fer ou au moyen de vaisseaux ou de barques sur les canaux. — (Rail-route pneumatique). — 30 septembre 1836, addition et perfectionnement. — (35 pages in-4° de description).

———

369. — Brevet d'invention de 15 ans (3 octobre), au sieur Ridy de la Greneraye, dit Surville (Eugène-Auguste-Georges-Louis), ingénieur des ponts et chaussées, pour une nouvelle disposition des jantes des roues des machines locomotives et des rails de fer — pour la locomotion sur les plans inclinés. « En résumé, l'invention que l'on vient de décrire, écrit M. Surville, consiste à disposer les roues des machines locomotives et les rails des plans inclinés sur les chemins de fer, de manière à donner au frottement des machines locomotives une énergie suffisante pour faire remonter au convoi le plan incliné du chemin de fer, en transmettant une plus grande partie de la force de la machine à la traction des convois ».

———

370. — Brevet d'invention de 15 ans (24 novembre), au sieur Edwards (Henri), à Paris, pour une nouvelle soupape à détente pour la distribution de la vapeur dans les machines à vapeur.

1835

371. — Nouveau procédé pour fabriquer les fontes et les fers en barres, par A. Guényveau. — In-8°, 10 feuilles. — Paris. — Bachelier. — Ce sidérurgiste s'occupait de l'emploi du combustible cru pour le traitement métallurgique du minerai de fer. Ebelman résolut parfaitement le problème, mais c'est sans utilité, car la cokisation se fait toujours avant que le carbone du combustible puisse se combiner avec les oxydes métalliques. Or, que l'élimination se fasse avant ou pendant, c'est absolument la même chose. Les recherches sur la fonte, le puddlage et le laminage, telles que celles que Guényveau avait entreprises, eurent toutefois pour résultat de faire en quelques années baisser le fer de 70 0/0, résultat qui rendit rémunératrice et possible la construction des chemins de fer, que le haut prix du métal eut forcément retardée.

———

372. — Proposition de nouveaux rails pour les chemins de fer, par M. Dausse. — In-8°, 1 feuille 1/4 plus 1 tableau. — Paris. — Carilian-Gœury. — Cet ingénieur des ponts et chaussées qui avait travaillé avec Navier aux études de la ligne de Paris à Strasbourg, a écrit cette brochure pour recommander le rail Alais, qui n'était autre que ce que l'on a appelé, 20 ans plus tard, le fer *Zorès*, lequel a eu une grande vogue, aujourd'hui épuisée, pour la construction des planchers en fer. M. Dausse a reconnu plus tard que ce rail avait déjà été employé à la Nouvelle-Orléans, et reproduit dans le livre anglais de Word, traduit en français par Mellet. C'était une réminiscence de l'inventeur. M. Dausse date sa proposition révolutionnaire du 29 juillet 1835.

———

373. — Notice sur les chemins de fer de l'Amérique du Nord. — In-8°, 1/2 feuille. — (Extrait de la *Revue d'Edimbourg.*) — Article sans valeur. Il y est dit qu'il y a aux Etats-Unis 46 chemins de fer en exploitation et 137 en projet ou en construction, mais comme la longueur n'en est pas indiquée, c'est un renseignement vague. « Au cours de nos recherches, dit l'auteur de ce travail, qui est une simple improvisation, et ayant eu à lire plus de mille pages de rapports pour trois ou quatre exercices, nous avons été étonnés du *patriotisme* et de la franchise de nos compatriotes (?) transatlantiques. » Ce verbiage veut dire que les compagnies américaines donnaient sur leur trafic et leurs dépenses, des détails que leurs congénères anglaises tenaient aussi secrets que possible, afin de ne pas éveiller la concurrence ou de ne pas semer la défiance sur le marché des valeurs.

———

374. — Tableaux de la locomotion sur les chemins de fer indiquant pour une position moyenne de la France, les frais de traction calculés dans toutes les hypothèses de forces motrices, de vitesses, de pentes du chemin et de résistance des frottements jusqu'à la pente de 50 millimètres par mètre, précédés d'une notice explicative sur la formation de ces tableaux et des diverses applications desdits tableaux et des principes de leur rédaction, aux questions les plus importantes qui peuvent encore être agitées concernant l'établissement des chemins de fer et particulièrement de la grande ligne de Marseille au Havre, par M. Arnollet. — In-4°, 7 feuilles 1/2. — Paris. — Carilian-Gœury. — C'est un travail très bien fait et qui pourrait encore être consulté en matière de traction, car les mathématiques ne vieillissent pas. M. Arnollet disait, avec raison, que du Havre à Mar-

seille, on pouvait communiquer par canaux et rivières, mais que pas une tonne de marchandise n'avait jamais pris ce chemin. Il insistait sur la nécessité de s'assurer par des voies ferrées le transit anglais en raison de la construction prochaine du chemin de fer de Suez à Alexandrie. Selon cet ingénieur, le navire ne pourra jamais concurrencer le chemin de fer. C'est une erreur, et on a vu prendre à Paris même de la marchandise pour Marseille et l'y expédier en passant par le port anglais de New-Haven. On va encore de Bordeaux à Paris *via* Pauillac et Rouen à meilleur marché que *via* Labastide et Ivry.

—

375. — Traité théorique et pratique des machines locomotrices. Ouvrage destiné à faire connaître le mode de construction, le jeu de ces machines et leur emploi pour le transport des fardeaux, et suivi d'un appendice contenant l'exposé de la dépense de ces machines pour le halage des fardeaux sur les chemins de fer, par le chevalier F. N. Guyonneau de Pambour.— In-°, 27 feuilles plus 4 planches.— Paris. — Bachelier. — Ce livre a été longtemps classique dans les chemins de fer et il valait la réputation dont il a joui. Nous ne dirons pas qu'il n'a pas vieilli, mais ce que l'on peut affirmer, c'est qu'un chef de section et un mécanicien peuvent encore tirer du profit de ses excellentes leçons, basées sur une connaissance approfondie des lois immuables de la mécanique qui régissent l'infra et la super-structure des chemins de fer, ainsi que la construction, l'emploi et l'entretien de leur matériel roulant.

—

376. — Note sur la comparaison des avantages respectifs de diverses lignes de chemins de fer et sur l'emploi des machines locomotrices, par M. Navier. — In-8°, 4 feuilles. — Paris. — Carilian-Gœury.— (Extrait des *Annales des ponts et chaussées.)* — C'est une partie du cours professé à l'Ecole des ponts et chaussées par l'illustre ingénieur. Il y développe avec la clarté de méthode et la sûreté de jugement qui caractérisaient son enseignement, les sept points suivants : 1° Notions générales relatives à l'établissement des chemins de fer ; 2° Eléments principaux de comparaison des diverses lignes de chemins de fer ; 3° Détermination de la quantité d'action nécessaire pour opérer le transport d'un convoi sur une ligne de chemin de fer donnée ; 4° Détermination du poids d'un convoi qui peut être traîné sur une ligne de chemin de fer donnée par une machine locomotive de force donnée ; 5° Examen du mouvement uniforme du convoi sur les diverses parties ascendantes ou descendantes qui font partie de la ligne ; 6° Examen du mouvement du convoi lors du passage d'une pente à une autre ; 7° Résumé, évaluation comparative de la dépense du transport sur diverses lignes de chemins de fer.

—

377. — Revue des questions les plus importantes sur l'établissement des chemins de fer en France et

PROPOSITION D'UN RÈGLEMENT POUR LE CONCOURS GÉNÉRAL DES PROJETS ET LES CONCESSIONS DIVERSES DE CES ENTREPRISES AUX AUTEURS DES PROJETS ADOPTÉS. — In-4°, 4 feuilles 1/2. — Paris. — Delaunay. — L'auteur se plaint de ce que le gouvernement n'avait pas de vues d'ensemble sur la question des chemins de fer. Son style est un peu boursouflé, et ses reproches sont immérités, car il s'agissait d'un fait nouveau sur lequel on n'était pas d'accord, beaucoup croyant, comme Mme de Sévigné pour le *café* et pour *Racine*, que l'engouement ne durerait pas. On ne savait en effet comment le canaliser et ces hésitations étaient fort à leur place. « Après tant et de si tristes perturbations à ce sujet, disait ce censeur incommode, telles que j'aurais voulu qu'il me fût permis pour les peindre, d'emprunter de Santeuil, son sublime *Stupete gentes;* ayons aussi enfin notre époque de chemins de fer et sachons effacer par sa grandeur l'humiliation de notre passé. » Cette chute mêlée du souvenir du poète des *antiennes*, était au moins imprévue.

—

378. — Ce que doivent être les chemins de fer en France et tableaux de la locomotion sur les chemins de fer, précédés d'une notice explicative sur leur formation et de diverses applications desdits tableaux et des principes de leur rédaction aux questions les plus importantes qui peuvent encore être agitées concernant l'établissement des chemins de fer et particulièrement de la grande ligne de Marseille au Havre, par M. Arnollet. — In-4°, 16 feuilles 1/2. — Paris. — Carilian-Gœury. — Dans cet ouvrage, déjà publié sous un titre plus prolixe (voir n° 374), cet actif ingénieur s'exprimait ainsi : « On s'occupe depuis longtemps en France de la question des chemins de fer et cependant on pourrait dire que cette question y est encore presque neuve, car, par exemple, si un capitaliste, ayant quelque disposition à employer ses fonds dans ce genre de spéculation, veut se demander quels peuvent être les frais de traction sur le chemin dont on lui présente le projet et quelle probabilité de succès offre l'entreprise, ou connaître jusqu'à quel point, en vue de la concurrence, il pourra être prudent de descendre sa soumission ; s'il veut savoir de plus, quelle vitesse sera la plus avantageuse d'après la disposition des lieux, « il aura beau consulter les nombreux volumes qui ont été écrits sur les chemins de fer, l'obscurité naîtra de leur abondance même ». En conséquence, M. Arnollet venait combler cette lacune. L'éminent promoteur de la ligne du Havre à Marseille, sur la carte, voyait les choses par le petit côté et assimilait trop les chemins de fer au roulage, rigoureusement astreint à la puissance du collier et au prix de l'avoine. Il ne se rendait compte ni du rôle social des nouvelles voies de transport, ni du secret de leur exploitation qui gît dans l'abondance du trafic et non point dans les frais de traction, car qu'un train coûte 1 franc ou 5 francs par kilomètre, c'est tout un, puisqu'il peut suivant que le trafic abonde, en produire 500 ou s'abaisser en dessous du coût matériel de la traction, suivant qu'il roule dans la banlieue de Paris ou dans les steppes de la Mongolie.

379. — Voitures a vapeur sur routes ordinaires. — In-4°, 1 feuille. — Signé : Galy-Cazalat et Menjaud, anciens élèves de l'Ecole polytechnique. — Paris. — Ces deux précurseurs de l'automobilisme contemporain, étaient entrés dans une grande colère contre le *Journal des Débats* qui, dans un article du 5 mars 1835, avait émis des doutes judicieux sur la convenance et l'utilité de l'application de la vapeur à la traction sur les routes ordinaires ; cette indignation visait le *National* qui, dans un article du 9 mars, avait inséré une réclame en faveur d'une machine de route qu'un certain M. Aéda avait « apportée d'Angleterre à Paris en passant par la Belgique ». C'était surtout au *National* que MM. Galy-Cazalat et Menjaud en voulaient, car ce journal avait donné comme résolu le problème de la traction à vapeur sur routes ordinaires, sans tenir compte de la machine que les deux polytechniciens avaient construite et qui leur paraissait infiniment supérieure aux *sabots* anglais.

—

380. — Rapport sur la voiture a vapeur de M. Leroy. — In-8°, 3/4 de feuille. — Nantes.

—

381. — Dictionnaire des travaux publics civils, militaires et maritimes, considérés dans leurs rapports avec la législation, l'administration et la jurisprudence, par le chevalier Tarbé de Vauxclairs, conseiller d'Etat, inspecteur général des ponts et chaussées. — 1 vol. in-4°. — Paris. — Carilian-Gœury. — Très intéressant ouvrage, reflétant exactement les connaissances du corps des ponts et chaussées à cette époque. L'article *chemins de fer* est rédigé avec un sens administratif et une étroitesse de jugement essentiellement bureaucratiques. C'est, avec l'article *wagon*, très court et très vague, la double mention qui s'y rapporte à l'industrie nouvelle, appelée à donner une si notable prépondérance à la science de l'ingénieur, devenu le véritable roi de l'époque et pris par les dramaturges comme la cheville ouvrière de la grande école du *bon sens*, remplaçant avantageusement comme *épouseur*, *le colonel du Gymnase* relégué dès lors au magasin des accessoires démodés.

—

382. — Inventions et découvertes depuis la création du monde jusqu'a nos jours, par Fabien. — In-32. — Paris. — *Librairie normale de Paul Dupont et Cie*. — Comme beaucoup de publications de cette maison, où l'on confondait l'imagination avec l'administration, celle-ci a un caractère de niaiserie bien prononcé. Parmi les *inventions* et *découvertes*, l'auteur fait figurer la *guillotine* et l'*éloquence parlementaire*. Les chemins de fer et les voitures à vapeur y ont leurs chapitres respectifs. « Pour donner une idée des avantages que recueillera le commerce de l'établissement des chemins de fer, raconte ce recueil de devises de mirlitons, nous dirons qu'il est certain qu'un seul cheval peut transporter sur ces routes un poids sept fois plus fort que celui qu'il traînerait sur une route ordinaire. »

383. — La clef de l'industrie et des sciences qui se rattachent aux arts industriels, ou table générale par ordre alphabétique des matières, de ce que contiennent de relatif à l'industrie : 1° L'établissement du Conservatoire des arts et métiers; 2° Les brevets d'invention, de perfectionnement et d'importation délivrés en France ; 3° 138 ouvrages périodiques et autres, français et anglais, par J.-R. Armonville, ex-secrétaire général du Conservatoire des arts et métiers. — 3 vol. in-8°. — Paris. — Hazard. — L'auteur cite au sujet des *Routes à ornières en fer* : — les *Annales des découvertes et inventions nouvelles*, — la *Bibliothèque britannique devenue la Bibliothèque universelle des sciences*, — la *Revue encyclopédique* — et le *Bulletin des sciences technologiques*. — Il y a dans ce livre une idée pratique, mais elle a été mal développée. Il est certain que dans l'état actuel des sciences, une recherche consciencieuse des sources serait une publication d'un grand intérêt, car elle allongerait en moyenne de deux ans la vie de tous ceux qui s'occupent d'une science quelconque.

—

384. — Nouveaux rails pour les chemins de fer, par M. Dausse. — In-8°. — Paris. (Voir n° 372).

—

385. — Tables pour le calcul des déblais et des remblais, par G.-G. Coriolis, professeur à l'Ecole des ponts et chaussées. — In-4°. — Direction générale des ponts et chaussées. — Autographie.

—

386. — Dictionnaire de l'industrie manufacturière, commerciale et agricole. Ouvrage accompagné d'un grand nombre de figures intercalées dans le texte, par MM. A. Baudrimont, Blanqui aîné, V. Bois, Boquillon, A. Chevalier, Colladon, Coriolis, d'Arcet, P. Desormeaux, Despretz, H. Gaultier de Claubry, Gourlier, Perdonnet, Sainte-Preuve, Soulange-Bodin, Trébuchet, J.-B. Viollet, etc... — L'ouvrage aura 15 volumes in-8° de 43 feuilles. — J.-B. Baillière. — De 1833 à 1842. — L'article *chemins de fer* (T. III), est parfaitement fait; il est signé Auguste Perdonnet, l'ingénieur qui fut un des initiateurs de cette grande industrie.

—

386 bis. — Travaux d'améliorations intérieures projetés ou exécutés par le gouvernement général des Etats-Unis d'Amérique de 1824 à 1831, par Guillaume-Tell Poussin, ex-major au corps du génie américain. — Un vol. in-4° avec atlas. — Carilian-Gœury, libraire, quai des Augustins, n° 41.

—

387. — Chemins de fer, courbes a très petits rayons (système Laignel). — In-8°, 5 feuilles 1/8 plus une planche. — Paris, rue Chanoinesse, 12.

—

388. — Documents sur les courbes du système Laignel, par M. Laignel. — Paris. — 6 fascicules.

389. — Courbes a très petits rayons système Laignel, par Th. Ollivier. — Paris. — In-4°.

—

390. — Nouveaux systèmes de machines a vapeur fondés sur la découverte des vraies lois des forces mécaniques, par Hoëné Wronski. — Introduction philosophique contenant le programme industriel et l'établissement scientifique des nouvelles lois physiques. — In-4°, 10 feuilles. — Paris. — Jules Didot. — Il est difficile de trouver rien de plus magistralement imprimé que cette longue aberration d'esprit d'un homme qui avait trouvé moyen d'imposer un *connubium* incohérent à l'algèbre et au mysticisme. Jules Didot qui, en désaccord avec son illustre famille, venait de monter l'*imprimerie normale* de la rue d'Enfer, en a fait les honneurs à l'inventeur du *Messianisme* et de tant d'autres excentricités comico-mathématiques, par sympathie ou amabilité, car le savant polonais ne devait pas prodiguer l'or. Hoëné Wronski, dans ce document, se plaint des misères que lui ont successivement fait endurer l'*Académie des sciences* de Paris et le *Bureau des longitudes* de Londres. Au milieu de ses écarts de *technic-algorithmique*, le poète transcendant ne dédaignait pas l'affaire : il s'était fait fort de construire une machine à vapeur routière et il en avait proposé le brevet, encore à prendre, à la *Compagnie des messageries nationales*, dont la gérance avait, à la date du 3 octobre 1833, signé avec lui un contrat en vertu duquel, on lui assurait une redevance journalière de mille francs pendant la durée quincennale de son brevet, à la condition que son système réussît et que la compagnie eût deux mille postes ainsi desservies. Or, ces 5.500.000 francs, valeur au jour, équivalaient à la somme *messianique* de quatre millions, dont Wronski se disait créancier. Mais les allures fantaisistes et bibliques du mathématicien avaient mis en éveil l'administration des messageries, qui ne voulut pas faire les avances nécessaires pour construire un modèle. Une société formée avec MM. Lazare Augé et Petit-Dossaris afin de constituer une compagnie française de machines à vapeur, n'eut pas plus de succès, et le possesseur de ces trésors imaginaires, continua à compter des millions algébriques sur le grabat que lui laissait la commisération de son propriétaire, avivée par le commissaire de police de la rue Papillon.

—

391. — Avant-projet dés chemins de fer proposés entre Paris et Poissy, passant par Saint-Germain, — Paris et Saint-Cloud, — Paris et Versailles, — Versailles et Poissy, passant par Saint-Germain, par J.-F. Weber. — In-8°, 7 feuilles 1/2. — Paris. — Cet écrit est une sorte de sommation adressée à M. Legrand, ingénieur des ponts et chaussées, directeur au ministère des travaux publics, qui tenait tous les aspirants soumissionnaires sous le coup d'un *quos ego* sans appel. M. Weber, qui était ingénieur, avait rédigé un projet nominal dans lequel il n'y avait rien de certain, car il ne savait même pas au juste d'où sa ligne partirait, ni où elle aboutirait, ni absolument rien de ce que l'auteur d'un avant-projet doit formuler comme base distinctive et caractéristique de son plan. Ainsi il ne précisait pas si son terminus serait à la place Louis XV ou à la rue Castellane sur l'emplacement de l'hôtel Greffulhe, ou à la rue des Grésillons, en contact avec la rue du Rocher et la rue de la Pépinière, avec embranchement à la rue du Mont-Blanc (Chaussée d'Antin) par les rues Basse-du-Rempart et à la place de Rivoli (Pyramides), au pied du pavillon Marsan, par les fossés de la place Louis XV et la terrasse des Feuillants. Du reste, il affirmait aussitôt l'inutilité de ces embranchements ou raccords, attendu que, comme la traction s'y ferait avec des chevaux, on arriverait plus vite à pied, en fiacre ou en omnibus. A Versailles, la ligne devait s'arrêter ou à l'angle du *boulevard de la Reine* et du *boulevard du Roi*, ou au *boulevard de la Reine* en face du *bassin du Dragon*, ce qui prouve que M. Weber ne se rendait pas compte des installations que comporte une gare de chemin de fer. Dans le cas où on serait parti de la place Louis XV, on devait entrer en tunnel au *pied de la terrasse du jardin du général Bonnemain*, désignation aussi insuffisante que celle de ce paysan qui, écrivant à son fils, mettait : « dans la maison où il y a un tas de neige à la porte. » Le devis oscillait suivant les tracés, entre 11 et 15 millions, comprenant dans ce dernier cas, la réfection de la *machine de Marly*, en prévision de l'augmentation de population qui allait se produire dans la région. On aurait *trifurqué à Chante-Coq*, au-dessus de Puteaux : pour Saint-Germain par Rueil, Bougival, Port-Marly, Côte Saint-Léger, Saint-Germain-Saint-Louis, — pour Saint-Cloud, — pour Versailles par Rocquencourt ; — de Versailles, on allait à Saint-Nom-la-Bretèche, à Saint-Germain et à Poissy, marché aux bestiaux. Le tarif des marchandises devait se tenir entre 0.07 et 0.22 par tonne et par kilomètre. Quant aux voyageurs, le prix des places était fixé ainsi qu'il suit : Paris-Versailles ou Saint-Germain, 1 fr. 25 ; Paris-Poissy, 1 fr. 70 ; Versailles-Saint-Germain, 1 franc ; Versailles-Poissy, 1 fr. 45. Les applications intercalaires eussent sans doute été proportionnelles, mais il n'en est pas question.

—

392. — Observations sur le chemin de fer de Paris a Saint-Germain, influence que le projet peut avoir sur la construction des chemins de fer en France. — In-8°, 1/2 feuille. — Paris. — Signé : Delacour. — L'auteur de cet écrit signe : « De Lacour, propriétaire en Seine-et-Oise ». Au milieu de tous les faiseurs de l'époque qui parlaient de profiler un chemin de fer de 500 kilomètres, comme de prendre une glace à Tortoni, et qui se disputaient en imagination un réseau chimérique, la façon raisonnée, pesée et mesurée dont l'affaire de Paris à Saint-Germain avait été implantée, avait causé une vive émotion, car aussitôt l'opinion publique et le gouvernement avaient résolu de faire de cette entreprise, la pierre de touche de toutes les autres. Après s'être montré très enthousiaste de l'industrie des voies ferrées, De

Lacour continuait en ces termes : « Jusqu'à présent, on a beaucoup parlé de chemins de fer en France, aujourd'hui le moment est venu d'en construire, car l'esprit public est tout disposé à accueillir ces entreprises et les capitalistes n'attendent pour concourir à leur exécution, qu'une connaissance plus complète des avantages qu'ils doivent retirer de l'exploitation de ces chemins de fer. » Or, le chemin de Paris à Saint-Germain ayant été choisi pour faire cette démonstration, De Lacour tient à s'inscrire en faux contre le résultat de cette épreuve, attendu que le chemin de Paris au Pecq ne transportera — ni marchandises, à cause des doubles frais de transbordement que rien ne saurait compenser pour un parcours si court, — ni voyageurs, à cause de la difficulté d'organiser un service de nuit et de la côte de Saint-Germain, aussi dure à monter en été qu'à descendre en hiver avec le verglas consuétudinaire. Il croit donc que l'on fera difficilement une recette de 500.000 francs qui couvrira à peine les frais, de sorte que le capital de 4 millions restera improductif. Cependant le bon apôtre ne veut pas la mort du pécheur et si on l'en pressait bien, il pourrait peut-être tout arranger. « C'est pourquoi, ajoute-t-il, nous ne balançons pas à publier ces observations que les circonstances actuelles peuvent rendre utiles. Elles feront connaître, en effet, et mettront à même d'apprécier les motifs qui nous ont convaincus malgré l'opinion émise par les soumissionnaires du chemin de fer de Paris à Saint-Germain et malgré l'autorité que la moralité reconnue de chacun d'eux donne à leurs assertions, erreurs qu'il est très important de relever dans les circonstances actuelles. » L'auteur a vécu assez pour se convaincre que l'erreur, c'était lui qui la commettait. L'épreuve a réussi : l'industrie des chemins de fer a été fondée sur cette base et formée à cette école qui a créé toute une génération de directeurs, d'ingénieurs, de facteurs, de mécaniciens, de chauffeurs, d'aiguilleurs, d'hommes d'équipe et de... voyageurs.

—

393. — Observations sur le projet de chemin de fer entre Paris et Saint-Germain. — In-4°, 1 feuille 1/2. — Paris. — Signé : Rigaux, ancien élève de l'Ecole polytechnique. — Comme M. Delacour, M. Rigaux, qui semble avoir des intérêts dans la même entreprise, n'est pas content. Il se plaint de ce que l'on ait fait de l'entreprise de Paris à Saint-Germain, le prototype des chemins de fer sur lequel le ministère des travaux publics allait jouer sa première partie, au triple point de vue de la construction, de l'exploitation et de la responsabilité financière, car comme la nouvelle ligne ne fut pas subventionnée, elle devait démontrer si on pouvait se passer de la participation de l'Etat. Le gouvernement, en effet, ne pouvait pas semer la faillite autour de lui, et il n'aurait pas pu moralement autoriser des entreprises qui même en trouvant à point les capitaux nécessaires, eussent sombré en arrivant au port. Entre autres platitudes, M. Rigaux disait à propos du tracé Paris-Tivoli à Saint-Germain : « Il faut tenir compte du passage dans un souterrain (tunnel des Batignolles) de 1.158 mètres où les courants d'air froid pourront être fort incommodes. Le passage ne s'effectuera pas avec rapidité, attendu qu'il ne peut avoir lieu par les machines locomotives, les gaz et les cendres fines, dégagés de la combustion du coke, le rendraient impraticable. »

—

394. — Journal des Débats (23 avril 1835.) — « La sage lenteur qui a été mise à l'étude des chemins de fer en France, et à l'appropriation de ces moyens de transports prompts et économiques, va porter d'heureux fruits. L'expérience acquise et les essais, souvent très coûteux, qui ont été tentés en Angleterre et au-delà de l'Atlantique, nous permettent de nous prémunir contre les écueils toujours inévitables, lorsqu'il s'agit de faire une application en grand d'un procédé nouveau. Les premiers chemins de fer exécutés en France se sont ressentis de l'imperfection qui s'attache nécessairement aux premières expérimentations. L'engouement universel avec lequel on a accueilli chez nous, il y a trois ans, les projets d'études des chemins de fer, a dû rendre l'administration très réservée dans la direction qu'elle était appelée à donner à ce grand mouvement d'amélioration intérieure. Ce n'est pas seulement sous le rapport de l'art et des intérêts du moment que ses investigations ont dû porter, elle a eu, en outre, à concilier les intérêts de l'avenir, l'économie des tracés (en prenant le mot économie dans le sens le plus large), enfin et surtout à faire concorder les lignes partielles avec les grandes voies qui devaient successivement rattacher les centres de population, d'industrie et de commerce. L'obligation dans laquelle on s'est trouvé dans un pays comme le nôtre, où les intérêts des localités se croisent et s'entrechoquent, de tenir une balance exacte entre toutes les prétentions rivales, a dû augmenter la réserve de l'administration ; et ce n'est pas sans avoir consulté longtemps les usages et les précédents fournis par les travaux exécutés ou autorisés en Angleterre et aux Etats-Unis, qu'elle a pu arrêter les conditions qui pouvaient concilier les devoirs et la juste indépendance des compagnies avec les intérêts généraux, pour la conservation desquels on doit être plus difficile en France qu'aux Etats-Unis ; car dans ce pays, il n'existe pas encore, comme chez nous, quatorze mille lieues de routes de terre, royales ou départementales, livrées gratuitement au public et dirigées par le pouvoir central. Tout en étant préoccupée de la nécessité de plus en plus grande de seconder l'esprit d'association et de faciliter la formation des compagnies exécutantes, l'administration ne pouvait pas se départir de cette haute tutelle, de cette vue d'utilité publique qui commandait de ne pas sacrifier à des spéculations particulières, à des nécessités passagères, l'économie d'une conception générale, unitaire, sans laquelle les travaux qui paraissent le plus utiles dans un moment donné, sont exposés à être rendus infructueux dans un temps plus ou moins éloigné par d'autres travaux plus complets, plus liés, plus coor-

donnés avec l'ensemble d'un vaste système. En un mot, et c'est ce qu'il ne faut pas perdre de vue, l'administration a bien désiré mettre, si nous pouvons nous exprimer ainsi, les compagnies au bout de ses bras, mais elle n'a pu le faire qu'à la condition de les guider dans l'intérêt bien entendu du pays tout entier et avec la préoccupation d'éviter des pertes de forces, de capitaux, pertes qui finissent toujours par rejaillir, directement ou indirectement, sur la masse de la nation. Les deux projets de chemins de fer qui ont été présentés aux Chambres par le ministre de l'intérieur, et pour lesquels deux commissions ont été nommées, paraissent concilier ce double point de vue. Le chemin de fer de Paris au Havre, avec embranchement, par Rouen et Dieppe, étudié aux frais de l'Etat, et destiné à faire partie de la grande ligne qui unira l'Océan à la Méditerranée, se rattachait d'une manière trop étroite aux intérêts politiques et commerciaux du pays, dans le présent et dans l'avenir, pour qu'on ne mît pas le plus grand soin à déterminer la ligne qui devait former le grand arbre, le tronc principal où de nombreuses branches viendront se rattacher au fur et à mesure des besoins des localités. C'est dans ce but que l'Etat a offert son concours. Il sera actionnaire aux mêmes conditions que les capitalistes ordinaires, seulement il ne percevra ses intérêts ou ses bénéfices que lorsque ces derniers seront assurés de 5 0/0 par an. Le double avantage offert au public, par des études complètes et par une subvention, ne permettait pas d'adopter, pour la ligne de Paris au Havre, le système de concession des travaux publics constamment pratiqué en Angleterre et aux Etats-Unis, et conseillé par les organes des opinions les plus opposées, c'est-à-dire la concession directe. Le tracé de Paris au Havre étant la propriété du gouvernement, puisqu'il avait été établi avec les fonds du Trésor, et que le Trésor devait fournir des subsides, devait être mis au concours. C'était, eu égard aux préjugés reçus, le mode de concession le plus compatible avec les garanties qui doivent entourer toute aliénation d'une propriété publique. Mais ce même principe du respect de la propriété qui commande de ménager la propriété privée à l'égal de la propriété commune, commandait d'adopter, quant aux projets présentés, étudiés par des compagnies particulières, un mode de concession différent. On en a déjà fait l'essai pour diverses entreprises, et notamment pour le canal d'Arcachon et pour la navigation de la Scarpe ; c'est le mode de concession directe qui est réclamé pour deux projets, le canal latéral à la Garonne et le chemin de fer de Paris à Saint-Germain. Ces deux entreprises doivent être exécutées, sans subvention de l'Etat, par deux compagnies particulières. Nous reproduisons plus bas les parties essentielles de l'exposé des motifs du chemin de fer de Saint-Germain, qui prouveront que, quelle que soit l'urgence de l'établissement autour de la capitale de nombreuses lignes de chemins de fer destinées à partir de ce grand centre pour rayonner sur toute la surface de notre territoire, l'administration devait, avant tout, consulter tous les intérêts par des enquêtes publiques et en réclamant l'avis des corps constitués. Le cahier des charges de cette entreprise, dressé par les soins du directeur des ponts et chaussées, et qui a été distribué à la Chambre des députés, est rédigé avec le plus grand soin ; les conditions, soit dans l'intérêt du public, soit dans celui de l'Etat, sont le meilleur résumé possible des cahiers des charges précédemment établis en Angleterre, aux Etats-Unis et en France. Nous avons reproduit dernièrement l'extrait d'un ouvrage du major Poussin qui a si bien secondé le général Bernard dans les magnifiques travaux qu'il a dirigés aux Etats-Unis ; on y a vu que, dans ce pays, la législature des Etats particuliers se bornait à déterminer les conditions générales et les garanties imposées aux compagnies ; c'est ainsi qu'elle ordonnait la concession sans adjudication, la fixation d'un capital minimum, le délai pour le commencement des travaux, les formes de l'expropriation, la durée de la concession, et qu'elle imposait l'obligation de clore le chemin afin d'éviter les accidents, de transporter les produits agricoles à un tarif très bas, enfin de conserver les propriétés publiques traversées. Toutes ces conditions se trouvent reprodüites avec les clauses les plus sages dans le cahier des charges soumis aux Chambres. De plus, l'administration y a joint : 1° La fixation d'un tarif maximum pour les marchandises de toute espèce et pour les voyageurs ; 2° L'obligation de recevoir tous embranchements, et de permettre le libre parcours des chemins aux machines et aux wagons de toutes les entreprises qui seraient appelées à jouir de cette communauté ; 3° Une description des travaux d'art à exécuter, et la détermination de toutes les conditions de durée et de solidité nécessaires pour une entreprise de cette nature. Nous avons insisté sur ces détails parce que ce cahier des charges est destiné à servir de modèle à ceux des entreprises qui se formeront ultérieurement. Déjà, dans les bureaux de la Chambre, des commissions spéciales ont été nommées pour examiner les divers projets présentés par le ministre de l'intérieur. Le chemin de fer de Paris au Havre a particulièrement fixé l'attention des députés. On a généralement compris l'importance de cette ligne qui, en tant que commencement de celle qui se continuera sur le Rhin et sur les Bouches-du-Rhône, sera le premier anneau de la grande chaîne qui doit relier de nouveau toutes les parties de l'ancien monde. Lorsque le chemin de fer de Paris au Havre sera terminé, et au moyen des bateaux à vapeur qui traversent déjà la Baltique et la mer du Nord et de ceux qui vont bientôt sillonner la Méditerranée et le Bosphore, le voyageur parti de Saint-Pétersbourg pourra traverser Lubeck, Hambourg, Le Havre, Paris, Lyon, Marseille, toucher à Livourne, au territoire de Rome, à Naples, à la riche Sicile, aux îles Ioniennes, à Athènes, à Smyrne, puis arriver à Constantinople, le seizième jour de cet immense voyage ! C'est donc avec raison que l'application de la vapeur aux chemins de fer et à la navigation, n'est pas seulement considérée comme une heureuse révolution industrielle ; c'est encore l'événement qui, dans notre époque, aura la plus haute influence sur le développement de la politique et de la civilisation. Voici les parties les plus importantes de l'exposé des motifs, etc., etc. »

394 *bis*. — Le National (3 avril 1835). — « Le ministre de l'Intérieur a présenté aujourd'hui à la Chambre des députés plusieurs projets de loi sur les travaux publics. Le premier et le plus important est celui d'un chemin de fer de Paris au Havre par Saint-Denis, Pontoise et Givors, avec embranchements sur Rouen et Dieppe. Les études préparatoires et les évaluations de dépense ont été faites par l'administration des ponts et chaussées, au moyen des 500.000 francs qui ont été votés dans ce but en 1833. Le développement total du chemin de fer, en y comprenant les embranchements de Rouen et de Dieppe, sera de 74 lieues ; la dépense s'élèvera à 60 millions, ce qui représente environ 800.000 francs par lieue. Le ministre propose de mettre cette entreprise en adjudication et demande à être autorisé à souscrire, au nom du gouvernement, pour un cinquième de la dépense, en limitant cette souscription à 12 millions. Le second projet a pour but d'accorder les fonds qui ont été réclamés depuis longtemps par les conseils généraux et par la presse, pour l'amélioration du lit de nos rivières. Les allocations paraissent insuffisantes ; la Seine, qui, par l'importance des départements qu'elle parcourt, devrait se trouver en première ligne dans ce projet, ne s'y trouve seulement pas nommée. Nous reviendrons sur cette question importante. Le ministre a proposé ensuite un projet de loi de concession directe d'un chemin de fer de Paris à Saint-Germain, qui doit être exécuté, sans subvention de l'Etat, aux frais d'une compagnie particulière et conformément aux plans qu'elle a présentés et fait approuver par l'administration des ponts et chaussées. Enfin, et indépendamment de quelques projets d'intérêt local, M. Thiers a présenté un projet de règlement pour les bateaux à vapeur administrés par des compagnies particulières. Nous examinerons ces divers projets ; nous aurons à réfuter les principes économiques développés par M. Thiers sur la réforme commerciale. C'est se méprendre étrangement sur l'importance des chemins de fer, que de penser que leur exécution suffira pour concilier les intérêts que l'existence du système protecteur met aujourd'hui en lutte. Les voies de communication sont sans doute d'une grande utilité, sous le rapport commercial et industriel comme sous le rapport politique ; les chemins de fer facilitent la circulation ; ils sont, ainsi que les banques, un grand élément de prospérité pour les Etats : l'exemple de l'Angleterre et des Etats-Unis le prouve assez, du reste. Mais dans ces deux pays, on n'a pas cru qu'ils pussent dispenser de réformer les tarifs de douanes, qui élèvent entre les Etats des barrières presque infranchissables. Les doctrines de M. Thiers auraient purement et simplement pour résultat d'ajouter un privilège nouveau à celui dont jouissent les industries protégées par le fisc, en leur fournissant de nouveaux moyens de transport, sans accorder au pays les réductions de tarifs qu'il réclame. »

—

395. — Observations sur les conclusions de la commission nommée par la Chambre des députés pour le projet de loi relatif au chemin de fer de Saint-Germain, par Achille Guillaume. — In-8°, 3 feuilles 1/4. Paris. — M. Guillaume était un ingénieur qui, lui-même, était aspirant soumissionnaire. Dans cette brochure, il se plaint amèrement de l'indécision du gouvernement qui ne sait pas encore de quel côté prendre les chemins de fer et qui loin de profiter du projet déjà mûri du chemin de Paris à Saint-Germain, pour formuler des conditions générales, techniques, administratives et financières, en fait l'objet d'un projet de loi spécial et exceptionnel qui ne sera pas appliqué ailleurs et qui, par conséquent, ne servira pas de règle à laquelle on puisse s'assujettir pour s'orienter dans le dédale des plans, des systèmes, des procédures et des propositions. M. Guillaume cite avec admiration une boutade prudhomesque d'un colonel-député, M. Lamy, qui dans une occasion s'était exprimé en ces termes : « ce qui a été dit et fait partout, ce qui a été dit et fait par tout le monde, doit nécessairement renfermer un grand fonds de bon sens et de vérité et il faut y regarder de bien près avant de se résoudre à penser autrement que tout le monde, à penser et à agir autrement que tout le monde a agi ». C'est le culte de Sainte-Routine : le caporalisme dogmatique.

—

396. — Chemin de fer de Paris a Saint-Germain. — In-4°, 1/2 feuille. — Paris.

—

397. — Chemin de fer de Paris a Saint-Germain. — Dans la séance de la Chambre des députés, le 2 avril 1835, M. Thiers, comme ministre de l'intérieur, ayant les ponts et chaussées dans son département, apporta à la Chambre divers projets de travaux publics, développés et commentés dans un long discours emphatique qui commençait ainsi : « Le soin que le gouvernement avait à apporter au maintien de l'ordre public, au milieu des orages d'une révolution, ne l'a pas distrait du soin tout aussi important de la prospérité matérielle du pays. Les deux projets de loi que nous vous apportons aujourd'hui sur les chemins de fer et sur l'amélioration des cours de nos rivières, en seront, nous l'espérons, la preuve évidente ». Le premier projet par ordre de présentation avait trait au chemin de fer de « Paris au Havre et à Rouen (sic) », par Gisors, avec embranchement sur Pontoise et Dieppe. La concession devait être pour 99 ans ; le cautionnement, un trentième du devis estimé à 60 millions. L'Etat devait fournir le cinquième du capital nécessaire, soit un maximum de 12 millions, somme pour laquelle il lui serait attribué des actions différées n'entrant en participation dans les bénéfices qu'après un prélèvement par préciput de 5 0/0 d'intérêt pour les actions des particuliers. Deux représentants de l'Etat, désignés respectivement par les ministres de l'intérieur et des finances, devaient être membres de droit du conseil d'administration de la société. Venaient ensuite les projets maritimes. et en dernier lieu celui en vertu duquel le gouvernement était autorisé à concéder directement, sans adjudication, le chemin de fer de Paris à Saint-Germain. « Messieurs, dit le ministre, une compagnie représentée par M. Emile Péreire, a offert d'établir

à ses frais, moyennant la concession d'un péage, un chemin de fer de Paris à Saint-Germain-en-Laye. » Suivait la description du projet dont le devis s'élevait à 3.900.000 francs, y compris 234.243 pour achat de terrains. M. Thiers traitait l'affaire avec une certaine légèreté et ne semblait pas, à l'encontre du directeur général des ponts et chaussées, M. Legrand, se rendre compte de la transcendance de cette ligne qui allait tirer les chemins de fer de l'obscurité des mines et des trajets départementaux, pour y donner droit de cité dans Paris et faire servir en même temps ce tronçon d'école financière, commerciale et technique dans laquelle on allait en quelque sorte mûrir la question des chemins de fer dont la construction et l'exploitation encore ténébreuses, n'avaient pas été mises en lumière par les essais incohérents du groupe de la Loire. Le projet avait déjà subi la formalité de l'enquête à Paris et à Versailles. Dans le chef-lieu de Seine-et-Oise, l'opposition était venue du conseil général dont la majorité redoutait l'effet moral de la facilité des communications sur les cultivateurs. Il y avait dans cette assemblée quelques hobereaux qui craignaient de voir s'effondrer la prépondérance que leur donnaient leurs rapports avec Paris et qui mettaient à profit les difficultés des transports pour accaparer dans de bonnes conditions les produits du pays. A Paris, la chambre de commerce se montra très favorable à cette vulgarisation de la nouvelle industrie qui venait de naître, et il n'y eut à l'enquête qu'un dire contradictoire, provenant de M. Marc Jadot, architecte, lequel se prétendait lésé dans ses droits de priorité, parce qu'il avait vaguement conçu sur une carte un projet de chemin de fer de Paris à Rouen, partant, sur le papier, des terrains de Tivoli. Le rapport de la commission d'enquête fut tout en faveur de l'affaire. La Chambre nomma le 8, dans ses bureaux, une commission pour chacune des lignes proposées : celle de Saint-Germain se composait de MM. Fulchiron, Lamy, Kœchlin, François Delessert, Pons, de Ladoucette, Peyret-Lallier, Panis et Bonafous. M. Lamy fut nommé rapporteur et, dès le 13 mai, il déposait un rapport conforme dans lequel la question de la concession directe était supérieurement traitée. « Nous ne sommes plus comme au temps de Louis XIV, disait l'honorable député de la Dordogne, contraints de tout attendre de l'intervention exclusive du Trésor » et il partait de là pour exalter la puissance de l'association et de l'initiative privée. Il ajoutait que l'on ne pouvait même pas reprocher à ce projet de s'arrêter au pied de Saint-Germain, attendu que c'était d'accord avec les habitants, désireux d'exploiter les services d'omnibus et de voitures publiques et aussi parce que du Pecq on pensait prolonger la ligne vers Poissy. M. Lamy insistait beaucoup sur la limitation de la durée de la concession à 99 ans et vantait les dispositions rigoureuses du cahier des charges au profit de l'Etat, dispositions qui formèrent dorénavant jurisprudence, car dès lors les chemins de fer sortirent de l'âge héroïque pour entrer dans la période historique, positive et administrative. Au sujet du double principe de l'exécution et de l'exploitation des voies ferrées par des entreprises particulières et de la concession par adjudication, le rapporteur ci-

tait l'avis concomitant d'une commission du conseil des manufactures composée de MM. le marquis de Louvois, Boignes, Bérard, Javel, Preiré-Nezieux, le comte de Saint-Cricq et Talabot. L'affaire venait à l'ordre du jour du samedi 16 mai, mais elle dut céder le pas à d'autres projets. Il y avait dans la commission une minorité composée de MM. le baron de Ladoucette, Peyret-Lallier et Pons, qui avait présenté un amendement à l'effet de mettre l'affaire en adjudication sur le projet que le gouvernement choisirait entre tous ceux qui pourraient être présentés. Le 30 mai, après un nouvel effort des dissidents, le président Dupin ouvrit le débat et le baron de Ladoucette prit la parole au nom de la minorité de la commission. M. Joubert parla ensuite et, à la demande de M. Alexandre Gouin, la discussion fut renvoyée après la fin de celle du budget qui était pendante. Enfin le 6 juin, le débat recommença. M. Pons, député de Vaucluse, apporta une éloquence provinciale dans cette question parisienne en apparence, mais en réalité d'une transcendance nationale, car il s'agissait de voir enfin si les voies ferrées pourraient s'acclimater chez nous ailleurs que dans la poussière des houillères. La majorité impatiente écouta de mauvaise humeur et fit un bon accueil à M. Fulchiron qui vint réduire à néant l'argumentation de sous-préfecture du préopinant. M. d'Harcourt, qui perdit là une belle occasion de se taire, accourut à l'appui de M. Pons. M. Guy, maire de Saint-Germain, prit alors la parole, exposant que les plus intéressés dans cette entreprise qui ne coûtait rien à l'Etat, c'étaient les habitants de Saint-Germain lesquels se déclaraient satisfaits. M. Peyret-Lallier, l'un des trois opposants, s'empara de la tribune à son tour et répéta les mêmes sophismes que ses amis. Alors M. Fremicourt, député de Saint-Denis, avec la tactique habituelle des gens qui ont peur de se compromettre, demanda l'ajournement indéfini, sous prétexte qu'une affaire qui attendait depuis si longtemps, pouvait sans inconvénient attendre quelques mois de plus. Enfin le commissaire du roi, M. Legrand, directeur des ponts et chaussées, remit les choses au point. Il expliqua avec beaucoup de verve que le projet de M. Pereire était déjà le résultat d'une sélection, attendu que le conseil des ponts et chaussées l'avait choisi de préférence à trois autres, dont l'un avait été classé comme inutile et dangereux, le second comme gigantesque, celui de Weber, et le troisième, celui de M. Rigaux, comme vicié par les erreurs les plus graves. Celui de M. Pereire était sorti triomphalement des quatorze épreuves ou formalités préliminaires qui lui avaient été imposées dans les départements de la Seine et de Seine-et-Oise et il n'y avait rien à y ajouter ni à en retrancher. M. Mauguin prétendit que le tunnel des Batignolles était inutile et que M. Polonceau avait donné le moyen de l'éviter en partant de la rue d'Anjou et en passant par Monceau. « Je parle contre mon intérêt, ajouta le député bonapartiste, car si le projet Pereire se réalise, j'ai beaucoup à y gagner ». M. Legrand expliqua que le projet Polonceau était inacceptable et après quelques mots du rapporteur dont le commissaire du roi avait victorieusement fait la besogne, on alla aux voix. Le premier article qui était toute la loi, puisqu'il portait acceptation de la proposition Pereire, fut adopté et M. Lherbette intervint alors pour demander que les fers et les fontes dont l'entreprise aurait besoin, entrassent en franchise. Il s'ensuivit une protestation des protectionnistes. M. Anisson-Duperron, député du Havre, voulut opérer une transaction et proposa que les droits fussent réduits à 25 0/0. Ces deux adoucissements au droit commun qui eussent constitué une subvention indirecte, furent repoussés, et le projet ratifié sans changement par 224 voix sur 266 votants. Le cautionnement se trouvait porté de 200.000 à 300.000 francs. Le 18, M. Thiers apporta le projet à la Chambre des pairs et en fit précéder le dépôt, d'une courte et chaleureuse allocution. Dans la séance du lendemain, M. Pasquier nomma la commission chargée d'en faire le rapport, commission composée de MM. le baron Bernard, Besson, Bertin de Vaux, le comte Dutaillis, Humblot-Conté, le comte Morand, le comte de Saint-Cricq et le comte de Turenne. Le comte de Germiny qui fit le rapport, le déposa le samedi 27. M. Humblot-Conté qui se proposait de le combattre, demanda l'ajournement de la discussion au jeudi 1er juillet, toutefois M. Pasquier la mit à l'ordre du jour du lundi et elle fut votée sans opposition après un discours de M. Legrand ; mais, datée de Neuilly le 9 juillet, elle ne fut promulguée que le 17, en même temps que celle de la concession du canal latéral à la Garonne, dont les destinées changeantes devaient, moins de 20 ans plus tard, tomber sous la direction féconde de MM. Pereire qui en firent le collaborateur du chemin de fer du Midi entre Bordeaux et Toulouse.

—

398.— Bulletin des lois.— 16 juillet (IX, Bull. CL. n° 348). — *Loi du 9 juillet relative au chemin de fer de Paris à Saint-Germain.* — Louis-Philippe, etc. — Article premier. L'offre faite par le sieur Emile Pereire d'exécuter à ses frais, risques et périls, un chemin de fer de Paris à Saint-Germain, est acceptée. — Art. 2. Toutes les clauses et conditions, soit à la charge de l'Etat, soit à la charge du sieur Emile Pereire, arrêtées sous les dates des 20 mars et 12 mai 1835, par le ministre secrétaire d'Etat de l'intérieur, et acceptées sous la date des mêmes jours par le dit sieur Emile Pereire, recevront leur pleine et entière exécution. Le cahier de ces clauses et conditions restera annexé à la présente loi. — Art. 3. Si les travaux ne sont pas commencés dans le délai d'une année, à partir de la promulgation de la présente loi, le sieur Emile Pereire, par ce seul fait et sans qu'il y ait lieu à aucune mise en demeure ni notification quelconque, sera déchu de plein droit de la concession du chemin de fer. — Art. 4. Si les travaux commencés ne sont pas achevés dans le délai de 4 ans, le concessionnaire, après avoir été mis en demeure, encourra la déchéance, et il sera pourvu à la continuation et à l'achèvement des travaux, par le moyen d'une adjudication nouvelle, ainsi qu'il est réglé au cahier des charges.— Art. 5. Si le chemin de fer, une fois terminé, n'est pas constamment entretenu en bon état, il y sera pourvu d'office, à la diligence de l'administration et aux frais du concessionnaire. Le montant des avances faites sera recouvré

par des rôles que le préfet du département rendra exécutoires. — *Cahier des charges pour l'établissement d'un chemin de fer de Paris à Saint-Germain.* Article premier. La Compagnie s'engage à exécuter à ses frais, risques et périls, et à terminer dans le délai de quatre années au plus tard, à dater de la promulgation de la loi qui ratifiera, s'il y a lieu, la concession, ou plus tôt si faire se peut, tous les travaux nécessaires à l'établissement et à la confection d'un chemin de fer de Paris à Saint-Germain, et de manière que ce chemin soit praticable dans toutes ses parties, à l'expiration du délai ci-dessus fixé. — Art. 2. Le chemin partira de l'intérieur de Paris et d'un point pris à droite ou à gauche de la rue Saint-Lazare. Il passera souterrainement sous les terrains de Tivoli, sous l'aqueduc de ceinture, le mur d'enceinte et la portion bâtie de la commune des Batignolles. Il se dirigera ensuite sur Asnières et traversera la Seine en amont du pont d'Asnières, de là et par la garenne de Colombes, il suivra un tracé qui le rapprochera de nouveau de la Seine, qu'il traversera une seconde fois en aval du pont de Chatou ; de ce point, et par le bois du Vésinet, il viendra aboutir au nouveau pont du Pecq, sur la rive droite de la Seine. Le niveau des rails du chemin de fer, à l'entrée du souterrain vers la rue Saint-Lazare, se trouvera à $16^m,61$ en contre-bas du repère n° 258 du nivellement de la Ville de Paris, incrusté sur le regard de l'aqueduc de ceinture de la barrière de Monceau. La pente maximum du chemin de fer ne dépassera pas trois millimètres par mètre.— Art. 3. Dans le délai de six mois au plus, à dater de l'homologation de la concession, la compagnie devra soumettre à l'approbation de l'administration supérieure, rapporté sur un plan de 5 millimètres par mètre, le plan définitif du chemin de fer de Paris à Saint-Germain, d'après les indications de l'article précédent. Elle indiquera sur ce plan la position et le tracé des gares de stationnement et d'évitement, ainsi que des lieux de chargement et de déchargement. Au même plan, devra être joint un profil en long suivant l'axe du chemin de fer et un devis explicatif comprenant la description des ouvrages. En cours d'exécution, la compagnie aura la faculté de proposer les modifications qu'elle pourrait juger utile d'introduire ; mais ces modifications ne pourront être exécutées que moyennant l'approbation préalable et le consentement formel de l'administration supérieure.—Art. 4. Le chemin de fer aura deux voies au moins sur tout son développement.— Art. 5. La distance entre les bords intérieurs des rails ne pourra être moindre d'un mètre quarante-quatre centimètres (1^m44), et celle comprise entre les faces extérieures des rails ne pourra être de plus d'un mètre cinquante-six centimètres (1^m56). L'écartement intérieur compris entre les rails de chaque voie, ne sera pas moins d'un mètre quatre-vingts centimètres (1^m80), excepté au passage des souterrains et des ponts, où cette dimension pourra être réduite à un mètre quarante-quatre centimètres (1^m44). — Art. 6. Les alignements devront se rattacher suivant des courbes dont le rayon minimum est fixé à huit cents mètres (800^m) et dans le cas de ce rayon minimum, les raccordements devront, autant que possible, s'opérer sur des paliers horizontaux.

La compagnie aura la faculté de proposer aux dispositions de cet article, comme à celles de l'article précédent, les modifications dont l'expérience pourra indiquer l'utilité et les convenances ; mais ces modifications ne pourront être exécutées que moyennant l'approbation préalable et le consentement formel de l'administration supérieure. — Art. 7. Il sera pratiqué au moins cinq gares entre Paris et Saint-Germain, indépendamment de celles qui seront nécessairement établies aux points de départ et d'arrivée. Ces gares seront placées en dehors des voies et alternativement pour chaque voie. Leur longueur, raccordement compris, sera de deux cents mètres au moins ; leur emplacement et leur surface seront ultérieurement déterminés de concert entre la compagnie et l'administration. — Art. 8. A moins d'obstacles locaux dont l'appréciation appartiendra à l'administration, le chemin de fer, à la rencontre des routes royales ou départementales, devra passer soit en dessus, soit en dessous de ces routes. Les croisements de niveau seront tolérés pour les chemins vicinaux, ruraux et particuliers. — Art. 9. Lorsque le chemin de fer devra passer au-dessus d'une route royale ou départementale, l'ouverture du pont ne sera pas moindre de huit mètres (8ᵐ) dont six pour le passage des voitures et deux pour les trottoirs. La hauteur sous-clef, à partir de la chaussée de la route, sera de six mètres (6ᵐ) au moins ; la largeur entre les parapets sera de sept mètres (7ᵐ) et la hauteur de ces mêmes parapets de un mètre trente centimètres au moins (1ᵐ30). — Art. 10. Lorsque le chemin de fer devra passer au-dessous d'une route royale ou départementale, ou d'un chemin vicinal, la largeur entre les parapets du pont qui supportera la route ou le chemin sera fixée au moins à huit mètres (8ᵐ) pour une route royale, à sept mètres (7ᵐ) pour une route départementale et à six mètres (6ᵐ) pour un chemin vicinal. — Art. 11. Lorsque le chemin de fer traversera une rivière, un canal ou un cours d'eau, le pont aura la largeur de voie et la hauteur de parapets fixées à l'article 9. Quant à l'ouverture du débouché et à la hauteur sous-clef au-dessus des eaux, elles seront déterminées par l'administration dans chaque cas particulier suivant les circonstances locales. — Art. 12. Les ponts à construire à la rencontre des routes royales ou départementales, et des rivières ou canaux de navigation et de flottage, seront en maçonnerie ou en fer. — Art. 13. S'il y a lieu de déplacer les routes existantes, la déclivité des pentes ou rampes sur les nouvelles directions ne pourra pas excéder quatre centimètres par mètre pour les routes royales et départementales et cinq centimètres pour les chemins vicinaux. — Art. 14. Les ponts à construire à la rencontre des routes royales et départementales et des rivières ou canaux de navigation et de flottage, ainsi que les déplacements des routes royales et départementales, ne pourront être entrepris qu'en vertu de projets approuvés par l'administration supérieure. Le préfet du département, sur l'avis de l'ingénieur en chef des ponts et chaussées, et après les enquêtes d'usage, pourra autoriser le déplacement des chemins vicinaux et la construction des ponts à la rencontre de ces chemins et des cours d'eau non navigables ni flottables. — Art. 15. Dans le cas où des chemins vicinaux, ruraux

ou particuliers, seraient traversés à leur niveau par le chemin de fer, les rails ne pourront être élevés au-dessus ou abaissés au-dessous de la surface de ces chemins de plus de 3 centimètres (0ᵐ03) ; les rails et le chemin de fer devront en outre être disposés de manière à ce qu'il n'en résulte aucun obstacle à la circulation. Des barrières seront tenues fermées de chaque côté du chemin, partout où cette mesure sera jugée nécessaire par l'administration. Un gardien payé par la compagnie sera constamment préposé à la garde de ces barrières. — Art. 16. La compagnie sera tenue de rétablir et d'assurer à ses frais l'écoulement de toutes les eaux dont le cours serait arrêté, suspendu ou modifié par les travaux dépendant de l'entreprise. Les aqueducs qui seront construits à cet effet sur les routes royales ou départementales, seront en maçonnerie ou en fer. — Art. 17. A la rencontre des rivières flottables ou navigables, la compagnie sera tenue de prendre toutes les mesures et de payer tous les frais nécessaires pour que le service de la navigation et du flottage n'éprouve ni interruption ni entrave pendant l'exécution des travaux et pour que ce service puisse se faire et se continuer après leur achèvement, comme il avait lieu avant l'entreprise. La même condition est expressément obligatoire, pour la compagnie, à la rencontre des routes royales et départementales et autres chemins publics. A cet effet, des routes et ponts provisionnels seront construits par les soins et aux frais de la compagnie partout où cela sera jugé nécessaire. Avant que les communications existantes puissent être interceptées, les ingénieurs des localités devront reconnaître et constater si les travaux provisoires présentent une solidité suffisante, et s'ils peuvent assurer le service de la circulation. Un délai sera fixé pour la fixation et la durée de ces travaux provisoires. — Art. 18. Les souterrains destinés au passage du chemin de fer, auront, pour deux voies, sept mètres de largeur (7ᵐ) entre les pieds droits au niveau des rails et six mètres (6ᵐ) de hauteur sous-clef, à partir de la surface du chemin. La distance verticale entre l'intrados et le dessus des rails extérieurs de chaque voie, sera au moins de quatre mètres trente centimètres (4ᵐ30). Si les terrains dans lesquels les souterrains seront ouverts, présentaient des chances d'éboulement ou de filtration, la compagnie sera tenue de prévenir ou d'arrêter ce danger par des ouvrages solides et imperméables. Aucun ouvrage provisoire ne sera toléré au delà de six mois de durée. — Art. 19. Les puits d'aérage ou de construction des souterrains, ne pourront avoir leur ouverture sur aucune voie publique, et là où ils seront ouverts, ils seront entourés d'une margelle en maçonnerie de deux mètres (2ᵐ) de hauteur. — Art. 20. Le chemin de fer sera clôturé et séparé des propriétés particulières par des murs, ou des haies, ou des poteaux avec lisses, ou des fossés avec levées en terre. Les barrières fermant communications particulières, s'ouvriront sur les terres et non sur le chemin de fer. — Art. 21. Tous les terrains destinés à servir d'emplacement au chemin et à toutes ses dépendances, telles que gares de croisement et de stationnement, ainsi qu'au rétablissement des communications déplacées ou interrompues et des nouveaux lits des cours d'eau, seront achetés et payés par la compagnie. La compagnie est substituée aux droits, comme elle est soumise à toutes les obligations qui dérivent pour l'administration de la loi du 7 juillet 1833. *(Expropriation)*.—Art. 22. L'entreprise étant d'utilité publique, la compagnie est investie de tous les droits que les lois et règlements confèrent à l'administration elle-même pour les travaux de l'Etat : elle pourra en conséquence se procurer, par les mêmes voies, les matériaux de remblai et d'empierrement nécessaires à la construction et à l'entretien du chemin de fer ; elle jouira tant pour l'entretien que pour le transport et le dépôt des terres et matériaux, des privilèges accordés par les mêmes lois et règlements aux entrepreneurs de travaux publics, à la charge par elle d'indemniser à l'amiable les propriétaires des terrains endommagés, ou, en cas de non accord, d'après les règlements accordés par le conseil de préfecture, sauf recours au conseil d'Etat, sans que, dans aucun cas, elle puisse exercer de recours à cet égard contre l'administration.—Art. 23. Les indemnités pour occupation temporaire ou détérioration de terrains, pour chômage, modification ou destruction d'usines, pour tout dommage quelconque résultant des travaux, seront supportées et payées par la compagnie.— Art. 24. Pendant la durée des travaux qu'elle exécutera d'ailleurs par des moyens et des agents de son choix, la compagnie sera soumise au contrôle et à la surveillance de l'administration. Ce contrôle et cette surveillance ne s'exerceront pas sur les détails particuliers de l'exécution des ouvrages : ils auront pour objet d'empêcher la compagnie de s'écarter des dispositions qui lui sont prescrites par le présent cahier des charges.—Art. 25. A mesure que les travaux seront terminés sur des parties de chemin de fer, de manière que ces parties puissent être livrées à la circulation, il sera procédé à leur réception, par un ou plusieurs commissaires que l'administration désignera. Le procès-verbal du ou des commissaires délégués ne sera valable qu'après homologation par l'administration supérieure. Après cette homologation, la compagnie pourra mettre en service les dites parties de chemin de fer et y percevoir les droits de péage et de transport ci-après déterminés. Toutefois ces réceptions partielles ne seront définitives que par la réception générale et définitive du chemin de fer.—Art. 26. Après l'achèvement total des travaux, la compagnie fera faire, à ses frais, un bornage contradictoire et un plan cadastral de toutes les parties du chemin et de ses dépendances ; elle fera dresser également à ses frais, et contradictoirement avec l'administration, un état descriptif des ponts, aqueducs et autres ouvrages d'art qui auront été établis conformément aux conditions du présent cahier des charges. Une expédition dûment certifiée des procès-verbaux de bornage, du plan cadastral et de l'état descriptif, sera déposée, aux frais de la compagnie, dans les archives de l'administration des ponts et chaussées. — Art. 27. Le chemin de fer et toutes ses dépendances seront constamment entretenus en bon état et de manière que la circulation soit toujours facile et sûre. L'état du chemin et de ses dépendances sera reconnu annuellement et plus souvent en cas d'urgence ou d'accident, par un ou plusieurs commissaires que désignera l'administration. Les frais d'entretien et ceux de réparations soit ordinaires soit extraordinaires, resteront entièrement à la charge de la compagnie. Pour ce qui concerne cet entretien et ces réparations, la compagnie demeure soumise au contrôle et à la surveillance de l'administration. — Art. 28. Les frais de visite, de surveillance et de réception des travaux seront supportés par la compagnie, les frais seront réglés par le directeur général des ponts et chaussées et des mines, sur la proposition du préfet du département et la compagnie sera tenue d'en verser le montant dans la caisse du receveur général pour être versé à qui de droit. En cas de non versement dans le délai fixé, le préfet rendra un rôle exécutoire et le montant en sera recouvré comme en matière de contributions publiques.— Art. 29. La compagnie ne pourra commencer aucuns travaux, ni poursuivre aucune expropriation, si, au préalable, elle n'a justifié valablement, par devant l'administration, de la constitution d'un fonds social montant à trois millions au moins et de la réalisation en espèces d'une somme égale au cinquième de cette somme. Si dans le délai d'une année à partir de l'homologation de la présente concession, la compagnie ne s'est pas mise en mesure de commencer les travaux conformément aux dispositions du paragraphe précédent, et si elle ne les a pas effectivement commencés, elle sera déchue de plein droit de la concession du chemin de fer, par ce seul fait, et sans qu'il y ait lieu à aucune mise en demeure ni ratification quelconque. Les plans généraux et particuliers, les devis estimatifs, les nivellements, profils, sondes et autres résultats d'opérations, rédigés ou recueillis aux frais et par les soins de la compagnie, deviendront la propriété du gouvernement. Moyennant la remise et l'abandon de ces divers documents et pendant le délai seulement laissé par le second paragraphe du présent article pour l'ouverture des travaux, la compagnie pourra réclamer et obtiendra la restitution du cautionnement déposé pour garantie de sa soumission. Les travaux une fois commencés, le cautionnement ne sera rendu que par cinquième et à mesure que la compagnie aura exécuté des travaux, ou justifiera par des actes authentiques, avoir acquis et payé des terrains sur la ligne du chemin de fer pour des sommes doubles au moins de celles dont elle réclamera la restitution.— Art. 30. Faute par la compagnie d'avoir entièrement exécuté et terminé les travaux du chemin de fer dans les délais fixés par l'article 1er ; faute aussi par elle d'avoir rempli les diverses obligations qui lui sont imposées par le présent cahier des charges, elle encourra la déchéance et il sera pourvu, s'il y a lieu, à la continuation et à l'achèvement des travaux, par le moyen d'une adjudication qu'on ouvrira sur les clauses du présent cahier des charges, et sur une mise à prix des ouvrages déjà construits, des matériaux approvisionnés, des terrains achetés, des portions du chemin déjà mises en exploitation, et, s'il y a lieu, de la partie non encore restituée du cautionnement. Cette adjudication sera dévolue à celui des nouveaux soumissionnaires qui offrira la plus forte somme pour les objets compris dans la mise à prix. Les soumissions pourront être inférieures à la mise à prix. La compagnie évincée recevra de la nouvelle compagnie concessionnaire, la valeur que la nouvelle adjudication aura ainsi déterminée pour les dits objets. Si l'adjudication ou vente, comme il vient d'être dit, n'amène aucun résultat, une seconde adjudication sera tentée sur les mêmes bases après un délai de six mois et si cette seconde tentative reste sans résultat, la compagnie sera définitivement déchue de tous droits à la présente concession, excepté cependant pour les portions de chemin de fer déjà mises en exploitation, dont elle conservera la jouissance jusqu'au terme fixé par l'article 33, à la charge par elle, sur les parties non terminées, de remplir, pour les terrains qu'il ne sera pas reconnu utile de conserver à la voie publique, les prescriptions des articles 60 et suivants de la loi du 7 juillet 1833, d'enlever tous les matériaux, engins, machines, etc.; enfin de faire disparaître toute cause de préjudice résultant des travaux exécutés pour les territoires sur lesquels ils seraient situés, Si dans un délai qui sera fixé par l'administration. elle n'a pas satisfait à toutes ces obligations, elle y sera contrainte par toutes les voies de droit. Les précédentes stipulations ne sont point applicables au cas où le retard ou la cessation des travaux proviendraient de force majeure régulièrement constituée. — Art. 31. La contribution foncière sera établie en raison de la surface des terrains occupés par le chemin de fer et ses dépendances ; la cote en sera calculée, comme pour les canaux, conformément à la loi du 25 avril 1803, dans la proportion assignée aux terres de meilleure qualité. Les bâtiments et magasins dépendant de l'exploitation du chemin de fer seront assimilés aux propriétés bâties dans la localité. — Art. 32. L'administration arrêtera de concert avec la compagnie, ou du moins après l'avoir entendue, les mesures et les dispositions nécessaires pour assurer la police, la sûreté, l'usage et la conservation du chemin de fer et des ouvrages qui en dépendent. Toutes les dépenses qu'entraînera l'exécution de ces mesures et de ces dispositions resteront à la charge de la compagnie. La compagnie est autorisée à faire, sous l'approbation de l'administration, les règlements qu'elle jugera utiles pour le service et l'exploitation du chemin. Les règlements dont il s'agit dans les deux paragraphes précédents seront obligatoires pour la compagnie et pour toutes celles qui obtiendront ultérieurement l'autorisation d'établir des lignes de chemins de fer d'embranchement ou de prolongement, et en général pour toutes les personnes qui emprunteraient l'usage du chemin de fer. — Art. 33. Pour indemniser la compagnie des travaux et dépenses qu'elle s'engage à faire par le présent cahier des charges, et sous la condition expresse qu'elle en remplira exactement toutes les obligations, le gouvernement lui concède pendant le laps de quatre-vingt-dix-neuf ans à dater de l'homologation de la présente concession, l'autorisation de percevoir les droits de péage et les prix de transport ci-après déterminés. Il est expressément entendu que les prix de transport ne seront dus à la compagnie qu'autant qu'elle effectuerait elle-même ce transport à ses frais et par ses propres moyens. La perception aura lieu par kilomètre, sans égard aux fractions de distance : ainsi un kilomètre entamé sera payé comme

s'il avait été parcouru ; néanmoins pour toute distance parcourue moindre de six kilomètres, le droit sera perçu pour six kilomètres entiers. Le poids du tonneau ou de la tonne est de 1000 kilogrammes. Les fractions de poids ne seront comptés que par quart de tonne : ainsi tout poids compris entre un quart et une demi-tonne, paiera comme une demi-tonne ; tout poids compris entre une demi-tonne et trois quarts de tonne, paiera comme trois quarts de tonne, etc.

TARIF PAR TÊTE ET PAR KILOMÈTRE	Péage	Prix de Transport	Total
Voyageurs (non compris le dixième du prix des placés dû au Trésor public)............	» 05	» 025	» 075
Bestiaux : bœuf, vache, taureau, transportés par voitures..	» 06	» 04	» 10
Cheval, mulet, bête de trait.	» 04	» 02	» 06
Veau et porc..............	» 01	» 01	» 02
Mouton, brebis, chèvre......	» 01	» 0075	» 0175
Par tonne de houille et par kilomètre..................	» 05	» 03	» 08
Marchandises par tonne et par kilomètre :			
1re CLASSE : Pierre à chaux et à plâtre, moellons, meulières, cailloux, sable, argile, tuile, briques, ardoises, fumier et engrais, pavés et matériaux de toute espèce pour la construction et la réparation des routes........	» 07	» 05	» 12
2e CLASSE : Blés, grains, farines, chaux et plâtres, minerais, coke, charbon de bois, bois à brûler (dit de corde), perches, chevrons, planches, madriers, bois de charpentes, marbre en bloc, pierres-de-taille, bitume, fonte brute, fer en barres ou en feuilles, plomb en saumons ...	» 09	» 05	» 14
3e CLASSE : Fontes moulées, fer et plomb ouvrés, cuivre et autres métaux ouvrés ou non, vinaigres, vins, boissons et spiritueux, huiles, cotons et autres lainages, bois de menuiserie, de teinture et autres bois exotiques, sucre, café, drogues, épiceries, denrées coloniales, objets manufacturés.........	» 10	» 06	» 16
Objets divers :			
Voitures sur plate-forme ...	» 18	» 10	» 28
Machine locomotive avec ou sans chariot, soit qu'elle remorque un convoi ou qu'elle soit remorquée elle-même	» 18		
Et par tonne de son poids réel.............	» »	» 06	
Chaque wagon ou chariot ou voiture destinée au transport sur le chemin de fer et y passant à vide	» 08	» 04	» 12

Les mêmes wagons ou voitures payeront comme voitures à vide, indépendamment du prix qui serait dû pour leur chargement, toutes les fois que ce chargement ne sera pas d'une tonne au moins. — Art. 34. Les denrées, marchandises, effets, animaux et autres objets non désignés dans le tarif précédent, seront rangés, pour le tarif à percevoir, dans les classes avec lesquelles ils auraient le plus d'analogie. — Art. 35. Les droits de péage et les prix de transport déterminés au tarif précédent ne seront point applicables : 1° A toute masse indivisible pesant plus de trois mille kilogrammes ; 2° A toute voiture pesant, avec son chargement, plus de quatre mille kilogrammes. — Néanmoins la compagnie ne pourra se refuser, ni à transporter les masses indivisibles pesant de trois à cinq mille kilogrammes, ni à laisser circuler toute voiture qui, avec son chargement, pèserait de quatre à huit mille kilogrammes, mais les droits de péage et les frais de transport, seront augmentés de moitié. La compagnie ne pourra être contrainte à transporter les masses indivisibles pesant plus de cinq mille kilogrammes, ni à laisser circuler les voitures qui, chargement compris, peseraient plus de huit mille kilogrammes. — Art. 36. Les prix de transport déterminés au tarif précédent ne sont point applicables : 1° Aux denrées et objets qui, sous le volume d'un mètre cube, ne pèsent pas deux cents kilogrammes ; 2° A l'or et à l'argent, soit en lingots, soit monnayés ou travaillés, au plaqué d'or ou d'argent, au mercure et au platine ainsi qu'aux bijoux, pierres précieuses et autres valeurs ; 3° Et en général à tout paquet ou colis pesant isolément moins de deux cent cinquante kilogrammes, à moins que ces paquets ou colis ne fassent partie d'envois pesant ensemble une demi-tonne et au delà, d'objets expédiés à ou par une même personne et d'une même nature, quoique emballés à part, tels que sucres, cafés, etc. — Dans les trois cas ci-dessus spécifiés, les frais de transport seront librement débattus avec la compagnie. — Art. 37. Au moyen de la perception des droits et des prix réglés ainsi qu'il vient d'être dit, et sauf les exceptions stipulées ci-dessus, la compagnie contracte l'obligation d'exécuter constamment avec soin, exactitude et célérité, à ses frais et par ses propres moyens, le transport des voyageurs, bestiaux, denrées, marchandises et matières quelconques qui lui sont confiées. — Art. 38. Les agents et gardes que la compagnie établira, soit pour opérer la perception des droits, soit pour la surveillance et la police du chemin et des ouvrages qui en dépendent, pourront être assermentés et seront, dans ce cas, assimilés aux gardes champêtres. — Art. 39. A l'époque fixée pour l'expiration de la présente concession, et par le fait seul de son expiration, le gouvernement sera subrogé à tous les droits de la compagnie dans la propriété des terrains et des ouvrages désignés au plan cadastral mentionné dans l'article 26. Il entrera immédiatement en jouissance du chemin de fer, de toutes ses dépendances et de tous ses produits. La compagnie sera tenue de remettre en bon état d'entretien le chemin de fer, les ouvrages qui le composent et ses dépendances, tels que gares, lieux de chargement et de déchargement, établissements aux points de départ et d'arrivée, mai-

sons de gardes et de surveillants, bureaux de perception, machines fixes, et en général tous autres objets immobiliers qui n'auront pas pour destination distincte et spéciale le service des transports. Dans les cinq dernières années qui précèderont le terme de la concession, le gouvernement aura le droit de mettre saisie-arrêt sur les revenus du chemin de fer, et de les employer à rétablir en bon état le chemin et toutes ses dépendances, si la compagnie ne se mettait pas en mesure de satisfaire pleinement et entièrement à cette obligation. Quant aux objets mobiliers, tels que machines locomotives, wagons, chariots, voitures, matériaux, combustibles et approvisionnements de tout genre et objets immobiliers non compris dans l'énumération précédente, la compagnie en conservera la propriété, si mieux elle n'aime les céder à l'Etat, qui sera tenu, dans ce cas, de les reprendre à dire d'experts. — Art. 40. Dans le cas où le gouvernement ordonnerait ou autoriserait la construction de routes royales, départementales ou vicinales, de canaux ou de chemins de fer qui traverseraient le chemin projeté, la compagnie ne pourra mettre obstacle à ces traversées ; mais toutes dispositions seront prises pour qu'il n'en résulte aucun obstacle à la construction ou au service du chemin de fer, ni aucuns frais particuliers pour la compagnie. — Art. 41. Toute exécution ou toute autorisation ultérieure de route, de canal, de chemin de fer, de travaux de navigation dans la contrée où est situé le chemin de fer projeté, ou dans toute autre contrée voisine ou éloignée, ne pourra donner ouverture à aucune demande en indemnité de la part de la compagnie. — Art. 42. Le gouvernement se réserve expressément le droit d'accorder de nouvelles concessions de chemin de fer s'embranchant sur le chemin de fer de Paris à Saint-Germain ou qui seraient établies en prolongement du même chemin. La compagnie du chemin de fer de Paris à Saint-Germain ne pourra mettre aucun obstacle à ces embranchements ou prolongements, ni réclamer à l'occasion de leur établissement, aucune indemnité quelconque, pourvu qu'il n'en résulte aucun obstacle à la circulation, ni aucuns frais particuliers pour la compagnie. Les compagnies concessionnaires des chemins de fer d'embranchement ou en prolongement, auront la faculté, moyennant les tarifs ci-dessus déterminés, et l'observation des règlements de police et de service établis ou à établir, de faire circuler leurs voitures, wagons et machines sur le chemin de fer de Paris à Saint-Germain. Cette faculté sera réciproque pour ce dernier chemin à l'égard des dits embranchements et prolongements. — Art. 43. Si le chemin de fer doit s'étendre sur des terrains qui renferment des carrières ou des travaux souterrainement, il ne pourra être livré à la circulation avant que les excavations qui pourraient en compromettre la solidité, aient été remblayées ou consolidées. L'administration déterminera la nature et l'étendue des travaux qu'il conviendra d'entreprendre à cet effet, et qui seront d'ailleurs exécutés par les soins et aux frais de la compagnie du chemin de fer. — Art. 44. Si le gouvernement avait besoin de diriger des troupes et un matériel militaire sur l'un des points desservis par la ligne du chemin de fer, la compagnie serait tenue de mettre immédiatement à sa disposition, aux prix déterminés par le tarif, les moyens de transport établis pour l'exploitation du chemin de fer. — Art. 45. La compagnie sera tenue de désigner l'un de ses membres, pour recevoir les notifications ou les significations qu'il y aurait lieu de lui adresser. Le membre désigné fera élection de domicile à Paris. En cas de non désignation de l'un des membres de la compagnie, ou de non élection de domicile par le membre désigné, toute signification ou notification adressée à la compagnie collectivement, sera valable lorsqu'elle sera faite au secrétariat général de la préfecture de la Seine. — Art. 46. Les contestations qui s'élèveraient entre la compagnie concessionnaire et l'administration au sujet de l'exécution ou de l'interprétation des clauses du présent cahier des charges, seront jugées administrativement par le conseil de préfecture du département de la Seine, sauf recours au conseil d'Etat. — Art. 47. Le présent cahier de charges ne sera passible que du droit fixe d'un franc. — Art. 48. La concession ne sera valable et définitive qu'après l'homologation de la loi. — *Clauses supplémentaires ajoutées au cahier des charges approuvé le 20 mars 1835 par le ministre de l'intérieur et accepté le même jour par le concessionnaire :* 1° Il est expressément stipulé que la compagnie, dans les modifications qu'elle est autorisée à proposer, en vertu du second paragraphe de l'article 3, ne pourra ni s'écarter du tracé général, ni excéder le maximum de pente indiqué dans l'article 2 ; 2° Les fossés qui serviront de clôture au chemin de fer auront au moins un mètre de profondeur à partir de leurs bords relevés ; 3° Dans l'article 24 du cahier des charges, les mots « *ne s'exerceront pas sur les détails particuliers de l'exécution des ouvrages, ils* » seront supprimés ; 4° Les ponts à construire sur la Seine pourront être construits avec travées en bois et piles et culées en maçonnerie ; mais il sera donné à ces piles et culées l'épaisseur nécessaire pour qu'il soit possible ultérieurement de substituer aux travées en bois, soit des travées de fer, soit des arches en maçonnerie ; 5° Indépendamment des conditions stipulées à l'article 29, la compagnie avant de pouvoir mettre la main à l'œuvre, sera tenue de porter à trois cent mille francs le cautionnement de deux cent mille francs qu'elle a déjà déposé pour première garantie de sa soumission. Ce complément de cautionnement aura lieu soit en numéraire, soit en rentes sur l'Etat, soit en autres effets du Trésor, avec transfert, au nom de la caisse des dépôts et consignations, de celles de ces valeurs qui seraient nominatives ou à ordre ; 6° Dans le cas de déchéance prévue par le second paragraphe de l'article 29, et par dérogation spéciale au troisième paragraphe de ce même article, la moitié du cautionnement déposé par la compagnie deviendra la propriété du gouvernement et restera acquise au Trésor public ; l'autre moitié seulement sera restituée moyennant la remise et l'abandon à l'Etat des plans généraux et particuliers, des devis estimatifs, nivellements, profils, sondes et autres résultats d'opération, rédigés ou recueillis aux frais et par les soins de la compagnie. Les travaux une fois commencés, le cautionnement ne sera rendu que par cinquième,

ainsi qu'il est stipulé au dernier paragraphe du dit article 29 ; néanmoins, le dernier cinquième ne sera remis qu'après l'achèvement des travaux ; 7° Le troisième paragraphe de l'article 33, sera modifié ainsi qu'il suit : « le poids du tonneau ou de la tonne est de mille kilogrammes, les fractions de poids ne seront comptés que par dixième de tonne, ainsi tout poids compris entre cent et deux cents kilogrammes paiera comme pour deux cents kilogrammes, etc. » ; 8° Les quatrième et cinquième paragraphes de l'article 39, seront modifiés ainsi qu'il suit : « et en général tout paquet ou colis pesant isolément moins de cent kilogrammes, à moins que ces paquets ou colis ne fassent partie d'envois pesant ensemble plus de deux cents kilogrammes ou au-delà, d'objets expédiés à ou par une même personne et d'une même nature, quoique emballés à part, tels que sucres, cafés, etc. ». Dans les trois cas ci-dessus spécifiés, les prix de transport seront librement débattus avec la compagnie. Néanmoins au-dessus de cent kilogrammes et quelle que soit la distance parcourue, le prix de transport d'un colis ne pourra être taxé à moins de quarante centimes (0 fr. 40) ; 9° Chaque voyageur pourra porter avec lui un bagage dont le poids n'excédera pas quinze kilogrammes, sans être tenu pour le port de ce bagage, à aucun supplément pour le prix de sa place ; 10° Les frais accessoires non mentionnés au tarif, tels que ceux de chargement, de déchargement et d'entrepôt dans les gares et magasins de la compagnie, seront fixés par un règlement qui sera soumis à l'approbation de l'administration supérieure.

———

398 *bis.* — Bulletin des lois. — O. IX, 2ᵐᵉ section, CLXX, n° 9017 (4 novembre-17 décembre). — *Ordonnance du roi* portant autorisation de la société anonyme formée pour l'exploitation du chemin de fer de Paris à Saint-Germain. — Article premier. La société anonyme formée pour l'établissement et l'exploitation du chemin de fer de Paris à Saint-Germain, par acte passé le 2 novembre 1835, par devant Fould et son collègue, notaires à Paris, est autorisée. Sont approuvés les statuts contenus au dit acte, lequel restera annexé à la présente ordonnance. — Art. 2. La dite société est soumise aux clauses et conditions imposées au sieur Emile Pereire par la loi du 9 juillet 1835 et par le cahier des charges y annexé. — Art. 3. Nous nous réservons de révoquer cette autorisation en cas de violation ou de non exécution des statuts approuvés sans préjudice des droits des tiers. — Art. 4. La société sera tenue de remettre tous les six mois, un extrait de son état de situation au ministère du commerce, aux préfets des départements de la Seine et de Seine-et-Oise, au greffe du tribunal de commerce et à la chambre de commerce de Paris. — Art. 5. Notre ministre du commerce (M. Duchatel) est chargé, etc... — Titre premier. De la formation de la Société. — Article premier. Il est formé entre les comparants et tous ceux qui sont et seront actionnaires, et qui par cela seul seront censés adhérer aux présents statuts, une société anonyme, sauf l'approbation du gouvernement, pour la construction et l'exploitation du chemin de fer de Paris à Saint-Germain,

de toutes ses dépendances et des embranchements qui seront demandés par la compagnie et concédés par le gouvernement. La société est établie sous la dénomination de *Société anonyme du chemin de fer de Paris à Saint-Germain*. Le siège de la société est fixé à Paris. — Art. 2. La société commencera le jour de la date de l'ordonnance royale approbative des présents statuts, et elle durera jusqu'à la fin des quatre-vingt-dix-neuf ans, terme de la concession, c'est-à-dire jusqu'au 5 juillet 1934. — Titre II. Fonds social. — Art. 3. Le fonds social se compose : 1° des droits concédés par la loi du 9 juillet 1835 à M. Emile Pereire qui déclare en faire l'apport à la société, ainsi que de tous les plans, projets et documents y relatifs ; 2° d'une somme de six millions de francs, représentée par douze mille actions de cinq cents francs chacune. — Art. 4. Dix mille actions sont dès à présent souscrites comme il suit :

MM. de Rothschild frères 2,350 actions montant à 1.175.000
Louis d'Eichthal et fils. 2,350 — — 1.175.000
Jean Ch. Davillier et Cⁱᵉ. 2,350 — — 1.175.000
Thurneyssen et Cⁱᵉ .... 2,350 — — 1.175.000
Emile Pereire........ 600 — — 300.000
Total 10,000 — Fr. 5.000.000

Les deux mille actions restantes seront émises par le conseil d'administration pour le compte de la société au fur et à mesure de ses besoins. Elles ne pourront être émises que par le ministère d'un agent de change et dans aucun cas pour une valeur inférieure à cinq cents francs. — Art. 5. Le versement du montant des souscriptions aura lieu comme suit : un cinquième comptant, un cinquième le quinze octobre mil huit cent trente-cinq, un cinquième le quinze janvier mil huit cent trente-six, un cinquième le quinze avril mil huit cent trente-six, un cinquième le quinze juin mil huit cent trente-six. Sur les premiers versements il sera prélevé une somme de trois cent mille francs pour former le cautionnement mentionné au cahier des charges sus-énoncé. Et par suite le cautionnement provisoire fourni par MM. Louis d'Eichthal et fils et Thurneyssen et Cⁱᵉ, devenant libre, leur sera immédiatement rendu. Jusqu'à ce que la totalité de la souscription ait été versée, il ne sera délivré que des promesses d'actions nominatives, dont le transfert ne pourra s'effectuer sans l'approbation préalable du conseil d'administration. Les versements seront effectués à la caisse de la société. — Art. 6. A défaut de versement aux époques indiquées, les promesses d'actions seront vendues à la Bourse par le ministère d'un agent de change, à la diligence du conseil d'administration sur duplicata pour compte du porteur retardataire et il lui sera tenu compte de la plus-value, s'il y en a, après déduction de l'intérêt du retard et des frais. Les actionnaires ne seront engagés que jusqu'à concurrence du capital de leurs actions ; tout autre appel de fonds est interdit. — Titre III. Des actions et coupons de fondation. — Art. 7. Les actions seront au porteur ; elles pourront être déposées au bureau de la compagnie dans une caisse à trois clefs et seront représentées, dans ce cas, entre les mains du porteur par un certificat de dépôt nominatif. Le transfert dudit certificat devra être certifié par un agent de change. — Art. 8. Les actions sont numérotées de un à douze mille, elles sont extraites d'un registre à souche et signées par deux administrateurs et le directeur. — Art. 9. Les actions sont indivisibles : les propriétaires indivis d'actions sont tenus de se faire représenter par une seule personne. — Art. 10. Il sera délivré à M. Emile Pereire ou à ses ayants droit, pour représenter l'apport qu'il a fait sur l'article 3, un titre de fondation divisé en deux mille coupons numérotés de un à deux mille, détachés d'un registre à souche et signés par deux administrateurs et le directeur. Cette délivrance ne se fera qu'à l'époque où l'entreprise aura donné lieu à une répartition de l'excédent des bénéfices nets, après le prélèvement des vingt-cinq francs par action conformément à l'article 12 ci-après. Les coupons de fondation devront porter l'inscription suivante : *Société anonyme du chemin de fer de Paris à Saint-Germain, coupon de fondation donnant droit à un deux millième de la part attribuée à M. Emile Pereire, dans les bénéfices nets, pour représenter l'apport fait par lui des droits résultant de la loi du 9 juillet 1835 et de ses plans et travaux.* — Titre IV. De la répartition des produits et bénéfices. — Art. 11. L'excédent des produits sur les charges annuelles de l'entreprise, constituera les bénéfices nets. Les charges sont : les frais d'administration, d'exploitation et d'entretien, les réparations ordinaires et extraordinaires du chemin de fer et de ses dépendances, les intérêts et l'amortissement des emprunts qui n'auraient pas été prélevés sur le fonds de réserve. — Art. 12. Les bénéfices nets seront entièrement distribués entre les actionnaires jusqu'à concurrence de vingt-cinq francs par action, sans recours d'une année sur l'autre et sauf la retenue éventuelle prévue par le paragraphe 1 de l'article 13. Cette distribution opérée, l'excédent des bénéfices nets sera réparti comme il suit : moitié aux actionnaires, un quart aux deux mille coupons de fondation, attribués par l'article 10 ci-dessus, à M. Emile Pereire pour représenter l'apport fait par lui des droits résultant de la loi du 9 juillet 1835 et de ses plans et travaux, un quart au compte de la réserve destinée à pourvoir aux dépenses nécessaires pour les embranchements, travaux d'amélioration et de développement jugés utiles à la prospérité de l'entreprise, les intérêts et l'amortissement des emprunts et toutes les dépenses imprévues. — Art. 13. Le versement dans la réserve devra être égal au moins à demi pour cent par an du capital des actions émises. Dans le cas où ce minimum ne serait pas atteint, soit par les bénéfices disponibles des premières années, soit par ceux des années suivantes, il sera opéré une retenue proportionnelle sur le dividende de vingt-cinq francs attribué aux actionnaires par l'article 12. Les sommes qui en vertu du dernier paragraphe de l'article 12 auront été affectées à la réserve dans les premières années de la mise en activité du chemin, viendront en diminution du minimum exigé par les années suivantes si les bénéfices disponibles n'étaient pas suffisants pour le former. Il sera procédé à une distribution de la réserve, toutes les fois qu'il y aura en caisse un fonds suffisant pour distribuer cent francs par action, et en laissant intacte une somme de cinq cent mille francs, nécessaire pour parer aux éventualités spécifiées dans les paragraphes précédents. — Art. 14. A mesure des distributions de la réserve prescrites par le dernier paragraphe de l'article 13, le dividende stipulé au n° 1 de l'article 12 sera réduit de cinq francs par chaque cent francs distribués.— Art. 15. Lorsque les distributions ci-dessus seront montées à cinq cents francs par actions, le dividende stipulé au n° 1 de l'article 12 cessera absolument, le tout sans préjudice de la répartition énoncée au n° 2 du même article, laquelle continuera jusqu'à l'expiration de la société. Après qu'il aura été distribué sur le fonds de réserve cinq cents francs par action, comme il vient d'être dit, ce fonds de réserve continuera à s'accroître jusqu'à concurrence d'un million de francs. L'excédent sera distribué aux ayants droit dans la proportion suivante : deux tiers aux porteurs d'actions de capital, un tiers aux deux mille coupons de fondation accordés à M. Emile Pereire.— Titre V. Du conseil d'administration. — Art. 16. La société est administrée par un conseil composé de sept membres, qui ont le titre d'administrateurs. Les administrateurs doivent être propriétaires en leur nom personnel, chacun de cinquante actions inaliénables pendant la durée de leurs fonctions. Les fonctions d'administrateurs sont gratuites.— Art. 17. Les administrateurs sont nommés par l'assemblée générale, leurs fonctions dureront trois années; ils peuvent être réélus. Le remplacement s'opérera de la manière suivante : à l'assemblée générale qui suivra celle où on aura organisé le conseil d'administration, conformément à l'article 18 ci-après ; le sort indiquera deux membres qui devront sortir ; les deux autres sortiront l'année suivante et les trois derniers l'année qui viendra ensuite. Il en sera toujours ainsi dans les années subséquentes, de manière à ce que la durée des fonctions des administrateurs soit constamment de trois années. L'assemblée générale remplacera ceux qui viendraient à décéder ou à donner leur démission, et ceux nommés en remplacement ne seront en exercice que pendant le temps qui resterait à courir à leurs prédécesseurs.— Art. 18. Par exception à l'article 16 et jusqu'à la première assemblée générale qui aura lieu après l'achèvement des travaux et au plus tard le 1er mars 1838, dans laquelle le conseil d'administration devra être organisé conformément à l'article 16, la société sera provisoirement administrée par les quatre membres ci-après désignés comme fondateurs de la société : MM. le Baron James de Rothschild, Auguste Thurneyssen, Sanson Davillier, Adolphe d'Eichthal. Ils devront conserver deux cents actions chacun pendant toute la durée de cette administration provisoire. Ils pourvoieront eux-mêmes au remplacement de ceux d'entre eux qui viendraient à décéder ou à donner leur démission, sauf confirmation par la première assemblée générale. Leurs remplaçants seront soumis à l'obligation stipulée par le paragraphe 2 du présent article. — Art. 19. Le conseil d'administration nomme parmi ses membres un président. La durée des fonctions du président est d'une année. Il peut être réélu. — Art. 20. Le conseil d'administration se réunit au domicile de la société toutes les

fois qu'il le juge nécessaire, mais au moins une fois par mois ; les délibérations pour être valables doivent être prises à la majorité des membres présents, dont le nombre ne peut être moindre de trois; les délibérations sont inscrites sur un registre à ce désigné et signées du président, d'un administrateur de service et du directeur. — Art. 21. Le conseil d'administration est investi des droits les plus étendus que la loi accorde aux mandataires; il approuve les marchés, autorise, effectue et ratifie les achats de terrains et matériaux, machines, etc.; il fait les règlements de régence intérieure et extérieure de l'entreprise, détermine l'emploi des fonds restés libres, il autorise la vente des terrains et bâtiments qui deviennent inutiles. Il règle l'emploi de la réserve conformément aux présents statuts, il détermine provisoirement les modifications à apporter au tarif, les transactions y relatives et le mode d'en opérer la perception ; il propose à l'assemblée générale les embranchements à établir. Il nomme tous les agents et employés de la compagnie et les révoque, à l'exception du directeur. Il fixe leurs traitements et salaires. Il traite, transige, compromet sur tous les intérêts de la compagnie ; il ordonne les actions et poursuites qui doivent être exercées devant les tribunaux à la requête de la société, poursuite et diligence du directeur. Les pouvoirs donnés par le conseil sont signés par un administrateur et par le directeur.— Art. 22. L'un des administrateurs devra toujours signer, conjointement avec le directeur, la correspondance, les marchés, les actes judiciaires, les contrats d'achats et de ventes, les transferts de ventes, d'actions, les engagements de la compagnie et toutes les quittances et décharges qui seraient nécessaires. — Titre VI. Du directeur et des ingénieurs. — Art. 23. Le directeur est nommé par le conseil d'administration ; il ne peut être révoqué que par l'assemblée générale, à la majorité de deux tiers des actions émises. Il reçoit un traitement. Il doit être propriétaire de cent actions jusqu'à la mise en activité du chemin de fer sur toute la ligne ; et, après cette époque, de cinquante actions seulement, lesquelles seront inaliénables pendant toute la durée de ses fonctions ; à l'effet de quoi, elles seront déposées pendant tout ce temps dans la caisse à trois clefs de la société. — Art. 24. Les administrateurs désignés par les présents statuts nomment M. Emile Pereire directeur. En cette qualité, il lui est alloué pour tout le temps qu'il sera en fonctions, un traitement fixe de douze mille francs par an, qui commence à courir à partir du 10 juin dernier, et dont le paiement doit être effectué de mois en mois. — Art. 25. Le directeur agit au nom de la compagnie ; il est chargé de l'exécution des délibérations et arrêtés du conseil d'administration. Il a droit de présence et voix consultative au conseil d'administration. Il conduit le travail de bureau. Il propose la nomination, révocation ou destitution des employés ou agents de la compagnie. Il signe conjointement avec l'administrateur de service. En cas d'absence ou de maladie, il est remplacé provisoirement par un administrateur délégué à cet effet par le conseil d'administration. En cas de partage entre les administrateurs et jusqu'au jour où le conseil d'administration sera définitivement constitué conformément à l'article 18, il aura voix délibérative dans le conseil. — Art. 26. Le conseil d'administration confie l'exécution des travaux d'art et des machines à MM. Emile Clapeyron, ingénieur des mines, et Stéphane Flachat, ingénieur civil. Il leur adjoint spécialement pour la partie des machines, M. Gabriel Lamé, ingénieur des mines, professeur à l'Ecole polytechnique. Sauf le cas de révocation, les fonctions des ingénieurs dureront jusqu'à l'achèvement du chemin. A cette époque, le conseil d'administration déterminera le personnel nécessaire pour les travaux d'entretien et autres travaux utiles.— Titre VII De l'assemblée générale. — Art. 27. L'assemblée générale représente l'universalité des actionnaires et porteurs de coupons de fondation ; ses décisions sont obligatoires pour tous, même pour les absents ; elle se réunit tous les ans au siège de la société, le 1er mars, à dater de l'époque indiquée par l'article 18 pour la première assemblée générale. Si le 1er mars tombait un jour férié, l'assemblée sera de plein droit remise au lendemain. Les assemblées générales peuvent être extraordinairement convoquées sur une décision du conseil d'administration pour tout objet spécial et d'urgence que la convocation devra mentionner. Dans tous les cas, les convocations doivent être annoncées au moins un mois d'avance par insertions dans les journaux désignés par le tribunal de commerce de Paris pour les publications légales. — Art. 28. L'assemblée générale est composée des porteurs de quarante actions de capital ou de quarante coupons de fondation ; chaque membre a une voix pour quarante actions ou quarante coupons, sans que jamais le nombre total d'actions ou de coupons possédés par un seul individu puisse donner droit à plus de cinq voix. Un porteur de certificat nominatif d'actions déposées, ne peut être représenté que par un autre actionnaire porteur d'un mandat authentique ; il ne peut soit comme mandataire, soit par lui-même, accumuler plus de cinq voix. Pour être admis, il faut déposer dix jours à l'avance, ses titres contre récépissé au bureau de la compagnie. L'assemblée délibère à la pluralité des membres présents, excepté dans le cas où une majorité spéciale est requise par les présents statuts. — Art. 29. L'assemblée n'est valablement constituée que si le nombre des actions et coupons qui y sont représentés, dépasse la moitié du chiffre total des actions et coupons réunis ; dans le cas contraire, elle est ajournée. Une seconde assemblée sera convoquée, avec de nouveaux avis, à quinze jours d'intervalle ; les porteurs de vingt actions de capital ou de vingt coupons de fondation y seront admis et auront droit de vote ; dans ce cas seulement, chaque membre aura une voix pour vingt actions ou vingt coupons, sans que jamais un seul individu puisse avoir plus de cinq voix. Cette seconde assemblée sera valablement constituée quel que soit le nombre d'actions et de coupons qui y sont représentés, pourvu toutefois que le nombre d'actions y soit au moins triple de celui des coupons de fondation. Si le nombre des coupons de fondation dépassait cette proportion, les porteurs de ces coupons ne seraient admis à voter que dans l'ordre de l'inscription de dépôt exigé par le troisième paragraphe de l'article 28, et seulement jusqu'à concurrence du tiers des actions présentes. Cette assemblée ne pourra connaître que des objets mis à l'ordre du jour de la première assemblée. Pour le cas de modification aux statuts, le nombre des actions ou coupons qui seront représentés dans l'assemblée, devra être des deux tiers du chiffre total des actions et coupons réunis. La décision ne pourra être prise qu'aux deux tiers des voix présentes. L'assemblée générale vote au scrutin secret. — Art. 30. L'assemblée générale sera présidée par le président du conseil d'administration, qui désignera le secrétaire ; les deux membres présents les plus âgés seront scrutateurs. Les délibérations de l'assemblée générale sont inscrites sur un livre spécial et sont signées par les membres du bureau. — Art. 31. L'assemblée générale entend les comptes arrêtés au 31 décembre de chaque année. Elle nomme et révoque les administrateurs et le directeur. Elle prononce sur les modifications à apporter aux statuts, sauf l'approbation de l'autorité, et sur la dissolution anticipée de la société. Elle statue sur toutes les questions qui lui seront soumises par le conseil d'administration. Dans le cas où il serait nécessaire de recourir à un emprunt, l'assemblée générale devra délibérer à la majorité des voix présentes et sous la condition exceptionnelle que les votants réunis justifieront de la propriété des deux tiers du fonds social.— Art. 32. Si les comptes rendus ne sont pas approuvés, séance tenante, l'assemblée désignera parmi ses membres, trois commissaires pour les examiner. Ils feront leur rapport à l'assemblée générale qui doit être extraordinairement convoquée dans les deux mois.— Titre VIII. De la liquidation. — Art. 33. La société sera dissoute dans les cas suivants : 1o à l'expiration du terme fixé pour sa durée ; 2o si l'assemblée générale reconnaît que les pertes se sont élevées aux trois quarts du capital social ; 3o si la dissolution est demandée par un nombre d'actionnaires représentant la moitié plus une des actions de capital, et si elle est votée par l'assemblée générale, à la majorité indiquée par le paragraphe 4 de l'article 29.— Art. 34. Au terme naturel de la société, la liquidation sera faite par les soins du conseil d'administration et du directeur. Dans les autres cas, l'assemblée générale qui constatera si le cas de liquidation forcée est arrivé, déterminera le mode à suivre pour opérer cette liquidation. Dans tous les cas, le produit de la liquidation sera réparti entre toutes les actions jusqu'à concurrence de leur valeur nominale, moins les sommes distribuées aux termes du dernier paragraphe de l'article 13. S'il y a excédent, il sera réparti dans la proportion de deux tiers aux actions, et d'un tiers aux titres de fondation créés en faveur du concessionnaire ; dans tous les cas, les bénéfices loyalement distribués, suivant inventaire légalement établi, ne seront point sujets à rapport. — Art. 35. Toutes les contestations seront jugées par des arbitres, juges amiables compositeurs, qui seront commis par le tribunal de commerce de Paris, à la requête de la partie la plus diligente. Quel que soit le nombre des parties contendantes, il ne pourra y avoir plus de trois arbitres. Les arbitres élus seront dispensés d'employer les formalités et délais de la procédure ; ils jugeront sur les mémoires et déclarations qui devront leur être remis de part et d'autre dans le mois de leur constitution. Leurs jugements seront souverains, sans appel ni recours en cassation. Tout actionnaire dissident sera tenu d'élire domicile à Paris dans la huitaine du jour où une difficulté aura été soulevée par ou contre lui, et à défaut de cette élection de domicile, elle sera de plein droit au siège de la société à Paris et toutes significations lui seront régulièrement faites à ce domicile. Pour l'exécution des présentes, les comparants élisent domicile, chacun en sa demeure susindiquée. — Dont acte, etc.

—

399. — MONITEUR UNIVERSEL. — Dès le 26 octobre, ce journal annonçait que le directeur de la compagnie de Saint-Germain renonçant à se prévaloir des délais impartis par la loi de concession, avait déposé les plans définitifs d'exécution entre Paris et la Seine, c'est-à-dire entre la gare de la place de la Madeleine et la limite fluviale de la commune de Clichy. Le point *terminus* était, en effet, l'angle de la place de la Madeleine et de la rue Tronchet, du côté du marché que l'on venait d'établir entre la rue Castellane et la place. La voie se trouvait à la hauteur d'un premier étage élevé, traversait la rue Castellane, la rue Neuve-des-Mathurins dont elle enlevait l'hôtel portant le numéro 66, franchissait la rue Saint-Nicolas-d'Antin, coupait le chantier de bois de chauffage, portant le numéro 99 de la rue Saint-Lazare et rejoignait au bout du passage Bony, les terrains de Tivoli. L'étage inférieur de ce viaduc devait former une élégante galerie couverte avec boutiques des deux côtés. — TABLES DU *Moniteur Universel* : CHEMINS DE FER. — Effets d'une exploitation de mine sur le chemin de fer de Saint-Etienne à Lyon, p. 138. — Ouverture du chemin de fer de Kingston à Dublin, en Irlande, p. 211. — Indication de ceux actuellement parcourus, ou en construction, en France, p. 269. — Construction de deux embranchements sur la route de Valenciennes à Mons, p. 455. — Préparatifs pour l'inauguration de celui de Bruxelles à Malines, p. 831. — Enquête sur celui de Paris à Poissy, par Saint-Denis, p. 1013. — Fête pour l'ouverture du chemin de fer de Bruxelles à Malines, en Belgique, p. 1115. — Ouverture de nouveaux chemins d'embranchement sur celui de Malines, p. 1385. — Etablissement d'un chemin de fer entre Corinthe et Athènes, en Grèce, p. 1385. — Prospectus d'un chemin de fer projeté entre Amsterdam et Rotterdam, p. 1584. — Détails sur l'assemblée générale du comité pour le chemin de fer de Leipsick à Dresde, p. 1590. — Autorisation donnée pour l'étude d'un chemin de fer de Valenciennes à Lille, Roubaix et Tourcoing, p. 1670. — Renseignements sur divers projets de chemins de fer pour l'Allemagne, p. 1697. — Loi relative à l'établissement de celui de Paris à Saint-Germain en Laye, p. 1715. — Souscription à Londres pour le chemin de fer de la Loire, p. 1715. — Ouverture du chemin de fer de la Providence à Boston (Etats-Unis), et célérité des chariots qui le parcourent, p. 1725. —

Renseignements sur ceux projetés en Hainaut et à Montbrison, p. 2140. — Nouveau système proposé par M. Fournet, ingénieur des mines de la Grand-Croix, p. 2149. — Travail du chemin de fer de la gare de Grenelle à l'entrepôt de l'île des Cygnes, à Paris, p. 2151. — Fin du travail préparatoire du chemin de fer de Paris à Rouen, et nomination d'une commission chargée de donner son avis, p. 2151. — Accident arrivé sur celui de Bruxelles à Malines, p. 2179. — Enquêtes ordonnées sur quatre projets de chemins de fer de Paris à Tours, à Orléans, au Havre et à Rouen, p. 2207. — Détail des travaux du chemin de fer de Paris à Saint-Germain, p. 2263. — Ouverture et circulation de celui d'Epinac au canal de Bourgogne, p. 2264. — Enquête publique sur le chemin de fer de Londres à Birmingham, p. 2310. — Discussion relative au projet du chemin de fer de Paris à Tours, p. 2317. — Réflexions d'un journal sur les chemins de fer, p. 2320. — Etude de celui projeté de Paris à Amiens, p. 2341. — Emploi de l'armée au travail de celui de Paris à Saint-Germain, p. 2353. — Avis de la chambre de commerce d'Orléans sur les deux études de chemins de fer projetés de cette ville à celle de Paris, p. 2382 et 2385. — Etablissement d'un chemin de fer dans une carrière à plâtre à Triel (Seine-et-Oise), p. 2387. — Réflexions d'un journal sur les chantiers ouverts par la compagnie du chemin de fer de Paris à Saint-Germain, p. 2491.

—

400. — COURRIER FRANÇAIS. — Dans son numéro du 17 novembre, ce journal rendait compte de l'ouverture des chantiers de la compagnie de Saint-Germain, à Asnières, pour la construction du pont, avec le concours d'ouvriers militaires. Par ordre du général commandant la division dûment autorisé par le ministre de la guerre, le colonel Gibon, commandant le 41e de ligne en garnison à Courbevoie, avait mis ses hommes à la disposition de la compagnie qui en avait embauché vingt-cinq sous les ordres d'un caporal et d'un sergent pour le chantier d'Asnières où ils travaillaient avec les ouvriers civils. Les soldats étaient librement enrôlés à cet effet et recevaient un salaire de 1 fr. 25 par jour pour huit heures de travail, plus un verre d'eau-de-vie à 10 heures du matin. La nourriture était l'ordinaire de la compagnie, apporté du quartier ; le caporal touchait 1 fr. 50 et le sergent, 2 francs. On devait élever la journée à 1 fr. 50 pour les hommes pendant l'été, en raison de l'augmentation des heures de travail, suivant l'usage de Paris. La compagnie devait fournir aux soldats leur tenue de travail, composée d'un bonnet de police en drap, un pantalon et une blouse de toile, que chacun devait laver le samedi soir. Voici quel était l'emploi de la solde : 45 centimes à la masse dont 25 centimes pour les chaussures, 5 centimes pour les hommes de corvée, et 20 centimes pour la dispense de service, 40 centimes en un versement à la Caisse d'épargne au nom des soldats et 40 centimes comme argent de poche. Les ouvriers civils étaient payés à 1 fr. 75 et à 2 francs. La compagnie n'avait donc pas d'avantage à employer des militaires dont le rendement, vicié

par les habitudes de fainéantise du quartier, était moindre que celui des civils. Mais c'était répondre aux incitations du gouvernement et à une préoccupation de l'opinion que de se prêter à cette expérience.

—

401. — EXTRA-MUROS. — Cet organe de la banlieue décrit, dans son numéro du 15 décembre, l'activité qui règne sur les chantiers de la compagnie de Saint-Germain. Il évalue à 160 le nombre des militaires employés et dit qu'il y en aura bientôt 700. Le même journal rapporte que le vendredi 11, les propriétaires de Clichy dont les terrains sont touchés par le tracé de la ligne, se sont réunis à la mairie et ont décidé d'autoriser M. Emile Pereire à occuper les parcelles destinées à être expropriées, sans attendre l'accomplissement des formalités légales.

—

402. — JOURNAL DES DÉBATS. — (12 décembre). — « Nous recevons de la compagnie du chemin de fer de Paris à Saint-Germain, une lettre de réclamation ou plutôt d'explication, et nous nous faisons un plaisir de l'insérer, puisqu'elle semble avoir pour but de répondre beaucoup plus aux propriétaires des environs de la Madeleine qu'aux réflexions mêmes dont nous avons accompagné leurs doléances un peu trop vives. Du reste, l'on remarquera peut-être que la compagnie combat assez légèrement, et par des raisons dont il ne nous serait pas difficile de montrer le côté faible, les deux principales objections que nous avons faites : elles portaient d'abord sur le bruit que produiront nécessairement, au niveau du premier étage des maisons riveraines, les convois entraînés rapidement au-dessus d'arcades essentiellement résonnantes ; elles portaient encore sur l'inconvénient qu'il y aura, pour les rues traversées dans le sens de leur largeur, à se voir ainsi coupées et interrompues, non pas au niveau du pavé, mais dans l'air, mais à l'œil, par des arcades qui, si légères et si élégantes qu'on les imagine, ne présenteront jamais un aspect gracieux. Au reste, nous n'ignorons pas que ce sont là des inconvénients inévitables, dès qu'un *rail-way* pénètre dans l'enceinte d'une ville : dut-il même s'arrêter dans les faubourgs, il y coupera toujours quelques rues transversalement, et sera toujours dans le cas de s'y diriger parallèlement à une certaine ligne de maisons :

« Au rédacteur,

« Monsieur,

« Vous avez ouvert votre journal d'hier à des réclamations contre l'établissement à la place de la Madeleine, du point de départ du chemin de fer de Paris à Saint-Germain, réclamations qui ont été jugées et repoussées, il y a quinze jours, par l'autorité à qui elles avaient été soumises. Vous les avez enregistrées avec une réserve dont la compagnie du chemin de fer vous remercie. Au lieu de vous faire l'écho des réclamants, vous avez appelé la discussion sur une question qui touche de près aux embellissements de Paris, à sa prospérité même. Sans prétendre encom-

brer vos colonnes de cette discussion, je vous prie d'y accueillir quelques faits propres, ce me semble, à rassurer ceux des propriétaires du quartier qui croiraient avoir lieu de s'alarmer, et à dissiper les doutes que vous-même avez exprimés.

« A Paris où les chemins de fer sont peu connus encore, il est excusable de s'en exagérer les inconvénients. Cependant les sept ou huit propriétaires (dont plusieurs sont intéressés dans le marché de la Madeleine, qu'ils proclament sans façon un marché modèle), signataires de la note rédigée par M. Chaix-d'Est-Ange, nous paraissent aller au delà du raisonnable ; ils prétendent que nous allons rendre impossible la circulation dans le quartier. Une commission, instituée par M. le préfet de la Seine, en vertu de la loi d'expropriation, et présidée par lui, nous a prescrit à cet égard des conditions auxquelles nous étions d'avance disposés à accéder. Là où nous traverserons des rues, ce sera sur des arches largement ouvertes, légères, élégantes, toutes en fonte de fer. Pour éviter tout concours de wagons et charrettes aux abords de l'église de la Madeleine, nous arrêterons le transport des marchandises au carrefour de Tivoli, c'est-à-dire, à deux mille trois cents pieds de la place ; et les locomotives destinées au transport des voyageurs n'en approcheront au plus qu'à cinq cents pieds.

« A l'égard du bruit, nous consentons, conformément à l'avis de la même commission, à ne pas laisser établir des ateliers à marteau plus près de la Madeleine qu'à l'angle de la rue Saint-Nicolas, c'est-à-dire à onze cents pieds. Il importe de remarquer que c'est là le seul bruit incommode que puisse occasionner le chemin de fer. Le mouvement des locomotives et des voitures sur les rails est beaucoup moins bruyant que celui d'une charrette sur le pavé, à plus forte raison que celui d'une diligence.

« La commission a formellement reconnu que les mesures par elle indiquées ou consenties par la compagnie, et dont nous venons de reproduire les plus importantes, sont « de nature à détruire les craintes » des propriétaires. Elle ajoute « que les objections des réclamants tenaient en partie à ce qu'ils ne s'étaient pas rendu compte des conditions auxquelles l'établissement d'un chemin de fer est soumis.

« Ainsi, en ce qui concerne les propriétaires, nous ne détruirons aucun des avantages que possède le quartier de la Madeleine ; nous lui apportons le voisinage du premier chemin de fer établi à Paris, d'une voie de communication facile, sûre et commode avec l'extérieur, ce qui ne peut qu'accroître la valeur des terrains et des maisons.

« Les réclamants ont cru pouvoir grossir leurs griefs, fort mal fondés, à notre avis, d'intérêt privé, d'autres griefs d'intérêt public. Ces messieurs, qui érigent leur marché en merveille, prétendent que notre chemin de fer doit *souiller* et *déshonorer* les abords de la Madeleine. Sans avoir du penchant pour des constructions ambitieuses, la compagnie est résolue à concilier les principes d'économie qu'elle a dû se prescrire dans l'intérêt de ses actionnaires, avec les exigences du goût et de l'art, avec ce qu'impose le voisinage du plus beau monument de Paris. Dès le

11 novembre, elle avait pris l'initiative sur ce sujet en écrivant à M. Huvé, architecte de la Madeleine, une lettre où elle exposait à quelle distance de l'édifice, elle comptait arrêter ses machines, les allumer et tenir des dépôts de charbon. Cette lettre se terminait par ces mots : « Du reste, afin qu'on ne « puisse pas craindre que nous voulions éluder les « dispositions que nous venons de vous exposer, « nous prendrons l'initiative, auprès de la direction « des ponts et chaussées, d'une proposition tendant « à nous imposer la condition de couvrir soit par un « vitrage, soit par des constructions, la partie de « notre chemin comprise entre la rue de Castellane « et la place ; on sera ainsi certain que les machines « ne pourront jamais y pénétrer, ou bien que, si « nous les y laissons entrer, elles ne pourraient ja- « mais nuire qu'à nos propres établissements. »

« A cette lettre, M. Huvé répondit, le 13 novembre, par cette autre qui concluait ainsi :

« La lettre que vous m'avez fait l'honneur de « m'adresser, Messieurs, par les explications et les « détails qu'elle contient, a dû modifier mon opinion « et réduire mes réclamations à leur juste valeur, « et je ne doute pas que l'autorité, qui sera chargée « de juger en dernier ressort, n'apprécie ces expli- « cations avec l'intérêt que doit inspirer une entre- « prise aussi honorable. »

« En outre, la compagnie avait accédé préalablement à l'avis de la commission instituée par le préfet de la Seine, portant que « pour conserver au quartier « son caractère architectural, la compagnie serait « tenue de mettre les façades de ses bâtiments, sur « la place de la Madeleine et sur la rue Tronchet, en « harmonie avec les façades des maisons voisines. »

« Jusqu'à présent, personne n'avait prétendu que le chemin de fer de Liverpool à Manchester souillait et déshonorait aucune de ces deux villes. Il était généralement admis qu'il les embellissait ; et cependant ce chemin pénètre au centre de Liverpool. Il semblait aussi universellement reconnu que le chemin de Londres à Greenwich, qui arrive jusqu'au pont de Londres, en traversant une cinquantaine de rues, au lieu de déparer la capitale de l'Angleterre, en était l'un des ornements. Quant au chemin de fer de Saint-Germain, la compagnie est, dès aujourd'hui, en mesure de prouver par la production de ses plans que ses constructions sur la place de la Madeleine seront plus en harmonie avec la majesté de l'édifice que les plus belles maisons déjà construites sur la place, y compris le marché-modèle de ses adversaires.

« L'un des plus grands reproches qu'on faisait à notre chemin de fer avant et pendant la discussion de la loi, c'est que notre point de départ se trouvait trop loin du centre de Paris. Maintenant que nous nous sommes résignés à de grands sacrifices pour nous rapprocher de ce centre, nous rencontrons l'intérêt privé, qui, sous le masque de l'intérêt général, s'efforce de nous empêcher de passer. La position de notre compagnie est vraiment singulière.

« La commission, nommée par le préfet de la Seine, n'a pas jugé la question de légalité sous le même point de vue que vous. En lisant attentivement notre cahier des charges (art. 3) et les clauses supplé-

mentaires (art. 1er), on doit, ce me semble, rester convaincu que l'administration supérieure est seule compétente en matière de tracé, que seule elle est gardienne des clauses et conditions qu'elle a arrêtées, dont elle seule peut apprécier la portée et connaître le véritable sens.

« Le directeur du chemin de fer
de Saint-Germain,
EMILE PEREIRE. »

403. — CHEMIN DE FER DE PARIS AU HAVRE ET A ROUEN, PAR GISORS, AVEC EMBRANCHEMENT SUR PONTOISE ET SUR DIEPPE. — Le 2 avril 1835, M. Thiers, comme ministre de l'intérieur, ayant la direction des ponts et chaussées dans son département, présenta, à la Chambre des députés, un projet de loi tendant à autoriser le gouvernement à concéder le chemin de fer ci-dessus désigné, en opposition avec le tracé par la vallée de la Seine. Dans l'exposé des motifs, le ministre protectionniste faisant allusion au problème de la liberté commerciale, disait que la « question de douane était tout entière dans les voies de communication, et non pas dans la question des tarifs. » D'après cette théorie, le bon marché tiendrait surtout aux transports ; ce n'est vrai que conditionnellement et relativement, car, dans les ports de mer eux-mêmes, la marchandise, si elle est astreinte à un droit élevé, y sera toujours chère. M. Thiers se montrait très sceptique à l'égard des compagnies qu'il ne croyait capables d'exécuter que les petits trajets à circulation très intense, l'Etat seul ayant une surface et un crédit suffisants pour exécuter les grands parcours, nécessitant de très gros capitaux et offrant des espaces stériles. Il critiquait aussi le principe des subventions ou des garanties d'intérêt, et se prononçait avec une certaine méfiance pour le système bâtard qu'il avait imaginé et dont il venait proposer au Parlement une première application. Le procédé consistait à faire souscrire par l'Etat une partie du capital social des compagnies, en actions différées qui ne toucheraient leur part aliquote de bénéfices, que quand les autres auraient perçu par préférence un intérêt de 5 0/0. C'était la combinaison la plus sotte et la plus enfantine que l'on pût trouver. Dans l'espèce, le devis de la ligne de 74 lieues qu'il s'agissait d'établir, montait à 60 millions, la part de l'Etat était fixée au cinquième, c'est-à-dire à 12 millions et le ministre ajoutait que peut-être ainsi on arriverait à un résultat, car il persistait dans ses convictions sur l'impuissance radicale des compagnies, même dans ces conditions. Le projet qui n'aboutit pas, ne fut même pas discuté.

---

404. — OPPOSITION AU CHEMIN DE FER DE PARIS A LA MER PAR GISORS, formée par la compagnie soumissionnaire du chemin de fer par la vallée de la Seine, Rouen et Dieppe. — In-4°, 4 feuilles. — Paris. — Banalités sans intérêt, inspirées par le désappointement de gens qui n'étaient pas plus en mesure que leurs concurrents de faire un kilomètre de voie ferrée et qui étaient surtout furieux de la préférence donnée par le gouvernement au projet de chemin de fer de

Paris à Saint-Germain, destiné à devenir tête de ligne du réseau de la vallée de la Seine, parce que cette décision coupait court à l'agio sur les terrains, nécessaires pour l'installation de la station de Paris.

---

405. — Moniteur universel (voir n° 403). — Dans la séance des bureaux du 8 avril, la Chambre nomma la commission chargée de faire un rapport sur le projet de concession du chemin de fer de Paris au Havre, déposé le 2 du même mois. La commission se composait de MM. Parant, Lamy, Aroux, Duvergier de Hauranne, Ganneron, Teste, Arago, Barbet et Mallet. — Il n'y eut pas de rapport, le projet fut abandonné.

---

406. — Notice sur un chemin de fer de Paris a Versailles proposé en 1825, par Devilliers, inspecteur divisionnaire des ponts et chaussées. — In-8°, 1 feuille un quart, plus un plan. — Paris. — Carilian-Gœury. — Le projet de cet ingénieur était compliqué, car il comprenait une ligne à fleur de terre, desservie par des chevaux, un plan incliné desservi par une machine à vapeur fixe et un tunnel de 3,300 mètres sous le seuil de Porchefontaine. M. Devilliers avait eu le mérite de ne se préoccuper que des voyageurs à une époque où on n'y pensait pas, cinq ans avant le chemin de fer de Liverpool à Manchester. Son tracé partait du « quai d'Orsay au pied du pont Louis XVI, desservait le port et la ville de Grenelle, la place d'Issy, le clos des Moulineaux, le coteau de Meudon, le carrefour de l'Oursine, Virollay, Porchefontaine, l'avenue de Paris et la place d'Armes à Versailles », le tout pour quatre millions. Le produit était estimé à 800,000 francs, et la dépense annuelle à 580.000, y compris l'intérêt à 5 0/0 et l'amortissement du capital en quarante-neuf ans. Le bénéfice net était ainsi évalué à 220,000 francs. Cet ingénieur raconte que, vers 1740, un sieur Crozet (le navigateur?) avait proposé de faire un canal de Versailles à Sèvres, oubliant qu'il n'y avait pas d'eau à Versailles et qu'entre la partie basse de la place d'Armes et la cote moyenne de la Seine au pont de Sèvres, il y a 363 pieds de différence de niveau. Ce Crozet, le navigateur, était sans doute le célèbre financier, père de la duchesse de Choiseul.

---

407. — Enquête sur les deux projets de chemin de Paris a Orléans, supplément au rapport du projet dressé par la compagnie Lemoyne et Delchet. — In-4°, 4 feuilles, plus un plan. — Paris. — Soumissionnaires putatifs de la ligne de Paris à Orléans qu'ils eussent été bien embarrassés de construire, si on leur en eût donné la concession, MM. Lemoyne et Delchet protestaient contre le droit que le gouvernement, défiant des prétendues études qu'on lui présentait, s'était arrogé d'en faire faire pour son compte, sans reconnaître aux demandeurs en concession le droit de priorité dont jouit l'inventeur pour les concessions de mines. Dans l'espèce, la direction des ponts et chaussées n'avait pas été satisfaite de l'œuvre de ses agents et avait repoussé un projet de

l'ingénieur Polonceau, pour en commander un second à M. Defontaine. Les auteurs de la brochure avaient voulu tirer parti de cette confusion pour glisser leur personnalité et faire reconnaître les prétendus droits qu'ils croyaient avoir acquis, en présentant un devis incohérent, inexécutable, — fait de chic, comme on dirait aujourd'hui, — et impropre à résoudre le problème économique qui découlait de l'inconnu technique de ces exploitations sans précédent, et sans repère dans le présent ni projection visible et tangible dans l'avenir.

---

408. — Rapport fait a la commission d'enquête du chemin de fer de Saint-Etienne a Lyon, par M. Smith. Avis de la commission. — In-4°, 6 feuilles. — Paris. — La commission dont il est question était administrative. Elle se composait de MM. Sers, préfet de la Loire à Montbrison, Parron, sous-préfet de Saint-Etienne, Terme, ancien procureur du roi, Peyret, maire de Saint-Etienne et député de l'arrondissement, Hippolyte Roget, ancien maire de Saint-Etienne, président de la chambre de commerce, Delseriez, ingénieur en chef des mines, directeur de l'école des mineurs, et E. Smith, procureur du roi à Saint-Etienne. Il s'agissait de donner une interprétation équitable de l'article 6 du cahier des charges, suivant lequel la compagnie devait mettre à la disposition des exploitants tous les wagons dont ceux-ci avaient besoin. Or, l'entreprise n'avait pas le matériel nécessaire et il en résultait des plaintes très légitimes. En outre, le cahier des charges n'avait pas prévu le transport des voyageurs, et cependant il s'en faisait un trafic considérable à un tarif absolument capricieux. Quoique verbeux et saturé de réticences bureaucratiques, le travail de M. Smith est très curieux. On s'y prend à douter de l'efficacité de la liberté en matière économique, car après tout, ce qui se passait dans le réseau incohérent de la Loire, n'était que la liberté résultant de l'absence de prévision des cahiers des charges, rédigés à une époque où on ne soupçonnait en aucune façon l'importance future d'une industrie si vivace, qu'une fois installée, elle devenait immédiatement envahissante, se faisant dans la vie des peuples la place prépondérante qu'elle y occupe aujourd'hui.

---

409. — Chemin de fer de Poissy. — Par arrêté du préfet de la Seine, une enquête fut ouverte, du 2 mai au 2 juin, à la sous-préfecture de Saint-Denis sur le chemin de fer de Paris à Poissy par Tivoli, les Batignolles, Monceau, Clichy, Saint-Ouen, Saint-Denis, Epinay.

---

410. — Route en fer dite du Nord, de Paris a Lille, desservant Calais et Valenciennes. — Statuts. 1834. — In-4°, 2 feuilles et 1/2. — Paris. — Réédition de l'acte de société déjà publié. — Le seul changement que l'on constate, consiste à déclarer que Cartier père est l'auteur du projet et que MM. Jourdans de Saint-Sauveur, Beau, Ribot, Serdi, ingénieur, et Regnauld recevront pour les avances

faites antérieurement en vue de la confection du projet, une somme de 140.000 francs. « Les produits de l'exploitation devant être de 7.765.980 francs, et les dépenses de 4.409.850, y compris l'intérêt à 6 0/0 et l'amortissement, le dividende à distribuer sera de 3.356.130, soit 328 fr. 70 à chacune des 10,210 actions, mais on ne distribuera que 250 francs et le reste sera porté à la réserve. » C'était ou naïf ou criminel que de s'exprimer ainsi; peut-être les deux à la fois.

—

411. — Notion sommaire sur l'établissement de la route en fer de Paris a Lille, desservant Calais et Valenciennes. — No 3. — In-4°. 1 feuille et 1/2. — Paris.

—

412. — Chemins de fer de la région du Nord. — L'*Echo de la Frontière* qui paraissait à Valenciennes, annonçait dans son numéro du 3 juin que M. Marc Jadot, maire du Pecq, venait d'obtenir l'autorisation de faire les études d'un chemin de fer de Lille à Valenciennes, Roubaix et Tourcoing. D'autre part à Lille, le comte de Rouvray et M. Dosne, le receveur général, beau-père futur de M. Thiers, avaient formé, suivant la même feuille, une société pour la construction du chemin de fer de Lille à la frontière belge et, d'accord avec MM. Laffitte et Méchin, ils négociaient une entente en vue de la construction du chemin de fer de Bruxelles à Paris, qui aurait rapproché cette ancienne préfecture française de sa métropole naturelle.

—

413. — Etude du chemin de fer *(deuxième ligne)*, *chemin entre Paris, Valenciennes, Lille, Dunkerque, Calais et Boulogne. — Plan et cartes. — Paris. — Desportes.*

—

414. — Bulletin des Lois. — Deux ordonnances du 24 octobre 1835, concèdent à la *Compagnie des mines d'Anzin*, un chemin de fer du hameau de Saint-Waast à Denain sur l'Escaut et un autre d'Abscon à Denain dans le même but, c'est-à-dire pour amener les charbons au port d'embarquement sur le fleuve. Par suite d'une étrange restriction, la concession en question n'est faite que pour 99 ans, quoique la propriété des mines soit sans limitation dans le temps, mais il est dit que quand l'Etat deviendra propriétaire de ces chemins, à l'expiration des concessions, il ne pourra y appliquer qu'un tarif de péage ou de transport équivalant aux frais d'entretien et d'exploitation, afin d'éviter que le taux du transport pût devenir un impôt. Une ordonnance du 17 août 1836, rectifia celle du 24 octobre, en ce sens que l'on avait oublié de faire figurer les bestiaux sur le tarif de Saint-Waast à Denain.

—

415. — Chemin de fer de Montbrison. — Préfecture de la Loire. — Annonce de l'adjudication pour le 12 février du chemin de Montrond à Montbrison. — Cautionnement . 15,000 francs à doubler après l'adjudication. — Rien ne sert de courir. Ce ne fut que près de 30 ans après que les habitants de Montbrison reçurent satisfaction. — L'adjudication n'ayant pas trouvé d'amateurs, une commission fut chargée de faire un choix entre trois projets, présentés par MM. Serager, Tobaco et Bourboulon. Le projet Serager, employant l'accottement de la route, fut choisi; le parcours jusqu'à la Gronette était de 14,466 mètres.

—

416. — Chemins de fer français. — Au 1er février 1835, le réseau français, concédé ou projeté, se composait, suivant un état officiel, des lignes suivantes : 1° Saint-Etienne à la Loire, 21 k. 500 m.; — 2° Saint-Etienne à Lyon, 60 k.; — 3° Andrézieux à Roanne, 68 k.; — 4° Alais à Beaucaire, 70 k.; — 5° Epinac au canal de Bourgogne, 28 k.; — 6° Paris à Orléans, 145 k.; — 7° Paris à Pontoise, 28 k.; — 8° Paris au Havre et à Dieppe; — 9° Paris à Calais; — 10° Paris à Lyon; — 11° Toulouse à Montauban, 52 kilomètres.

—

417. — Echo de la Frontière. — Ce journal de Valenciennes annonçait qu'en Belgique, tous les propriétaires de mines du bassin de Mons s'empressaient de relier leurs exploitations aux canaux par des chemins de fer qui, en plusieurs endroits, coupaient la route de Bruxelles à Jemmapes.

—

418. — Chemins de fer belges. — Les journaux français s'occupèrent beaucoup de l'ouverture de la section de Malines du chemin de fer d'Anvers à Cologne qui menaçait notre commerce de transit. L'inauguration eut lieu le 5 mai avec beaucoup de pompe. On disposait de trois locomotives, *La Flèche*, l'*Eléphant* et la *Stephenson*, que le célèbre ingénieur-constructeur montait lui-même.

—

419. — Chemin de fer d'Amsterdam a Rotterdam. — La *Gazette de France* annonçait que l'ingénieur hollandais Brade venait de rédiger un projet de chemin de fer d'Amsterdam à Rotterdam dont la construction allait commencer incessamment.

—

420. — Gazette d'Augsbourg. — Ce journal, dans son numéro du 20 mars, annonçait qu'un Français venait de demander la concession du chemin de fer de Corinthe à Athènes.

—

421. — Omnibus a vapeur. — Le *Journal des Débats* du 26 septembre nous apprend que M. Dietz, le constructeur qui s'occupait de la traction mécanique sur les routes ordinaires, dans le but naïf d'éviter la dépense d'une voie spéciale et de ses rails, le *Journal des Débats* du 26 septembre, disons-nous, nous apprend que le 25, M. Dietz, dûment autorisé par le préfet de police, était parti de ses ateliers situés aux *Champs-Elysées*, près du *Pont des In-*

valides, à midi, avec deux omnibus portant 46 personnes et était arrivé à Versailles, place Dauphine, à 1 h. 12 minutes.

—

422. — ANNALES DES PONTS ET CHAUSSÉES. — *Premier semestre :* Note sur la comparaison des avantages respectifs des diverses lignes de chemins de fer et sur l'emploi des machines locomotives, par M. Navier. — Addition à la note précédente, par le même. — Notice sur les chemins de fer de l'Amérique du Nord (traduction de l'anglais), par M. Mary. — Chemin de fer du port de Cherbourg construit pour le **transport des pierres de la montagne du Roule**, depuis les carrières jusqu'au bassin du Commerce, par M. Virla.

—

423. — JOURNAL DE LA SOCIÉTÉ D'ENCOURAGEMENT POUR LE COMMERCE NATIONAL. — Mensuel. — 20 francs. — (huit numéros de décembre 1835 à juin 1836). — (Compris dans le répertoire universel du commerce et de la navigation). — Aux bureaux de la Société, 6, rue Saint-Marc, Paris. — La société avait pour but d'encourager le commerce « en lui donnant des lumières », comme le disait, à la séance d'installation du 27 décembre, le marquis de Sainte-Croix qui la présidait ; cette association se composait d'une multitude de gens considérables tels que le duc de Doudeauville, le marquis de Larochefoucauld-Liancourt, le duc de Broglie, le duc de Liancourt, l'amiral Duperré et autres. Il n'y manquait que les *courtauds* de boutique, gent indispensable pour faire aller le commerce, lequel consiste à savoir acheter à bon marché, vendre cher, auner et peser à son avantage. Nous trouvons dans la collection du journal en question d'excellents articles sur la nécessité de diminuer les droits de douane sur les rails et une opportune description du chemin de fer de Paris à Versailles (rive droite). Le marquis de Sainte-Croix, aïeul du jeune homme qui donna un coup de poing à Gambetta à la gare Saint-Lazare, était un planteur de la Martinique qui professait des idées libérales.

—

424. — LE MONDE PÉRIODIQUE OU RECUEIL UNIVERSEL DE LA PRESSE DE PARIS ET DES DÉPARTEMENTS, philosophique, politique et littéraire, sous la direction de M. Firbach. — Place de la Bourse, 1, Paris. — On trouve dans le numéro-volume de février 1835, qui fut le second et dernier, un article emprunté au *National* et signé Saigey, sur les locomotives pour routes ordinaires, leurs antécédents et leurs précédents, avec un récit du *Journal des Débats*, des hauts faits de la machine routière que M. d'Asda avait amenée d'Angleterre à Paris par Anvers, afin de dissimuler son origine anglaise qui l'eût rendue impopulaire.

—

425. — REVUE MENSUEL D'ÉCONOMIE POLITIQUE. — Note sur l'ouvrage allemand de Camphausen au sujet du chemin de fer d'Anvers à Cologne et de l'avenir des chemins de fer en général.

425 *bis*. — ANNALES DE LA SOCIÉTÉ POLYTECHNIQUE. — Roues de voitures et de chemins de fer avec boîtes détruisant le frottement : système Bustinat.

—

426. — NOUVELLE MINERVE. — Revue politique (1835-1838) fondée par M. J. Laffitte pour *ramener le gouvernement de Louis-Philippe aux principes de la révolution de Juillet*. Hebdomadaire : 32 p. Collaborateurs : Odilon Barrot, Adolphe Crémieux, etc. Quelques biographes parlent de la collaboration de MM. E. et I. Pereire, mais nous n'en avons vu aucune trace. — Un an : 50 fr. — Paris. — Hôtel Laffitte, rue Laffitte, 19 (depuis 27). — Dans le numéro d'octobre 1835 il y a un article signé : *un Allemand*, dans lequel Paris est indiqué comme centre du réseau européen, ce qui, suivant l'auteur, devait mettre fin aux guerres et aux révolutions. — En 1837, on y lit un article sur le même sujet de l'ingénieur Billaudel, le gendre de Deschamps dont il fut le collaborateur pour le pont de Bordeaux, et une note anonyme assez plate sur le chemin de fer de Paris à Bruxelles. Billaudel disait dans son article, thème d'une brochure (voir n° 592) spéciale : « Les chemins de fer renouvelleront la société, mais pour cela il faut que la société les comprenne ». Nous signalerons aussi en 1836 un article contre les lois de douane, en préparation, dont l'auteur disait avec raison : « Si nous voulons des chemins de fer, il faut laisser aux entreprises le moyen de se procurer des rails en les faisant venir de l'étranger ». Ce à quoi le gouvernement répondait : « Logique, que me veux-tu ? »

—

426 *bis*. — RECUEIL INDUSTRIEL, MANUFACTURIER, AGRICOLE ET COMMERCIAL. (Voir n° 129 *bis*). Analyse bien sentie du manuel du constructeur de chemins de fer, de Biot.

—

427. — MAGASIN PITTORESQUE. — Chemin de fer de Londres à Birmingham, enquête faite au sujet de sa construction par un commissaire de la Chambre haute. — Convoi de wagons. — Viaduc traversé par un convoi. — Chemin à double voie, croisières. — Manque de locomotives : frais de construction. — Tunnels. — Ponts. — Souterrains. — Wagons. — Enquête anglaise sur les inconvénients des chemins de fer.

—

428. — REVUE BRITANNIQUE. — Application du mercure aux machines locomotrices (juin). — Etat actuel des chemins de fer (octobre).

—

429. — LE SPECTATEUR MILITAIRE. — De l'appropriation des chemins de fer portatifs à l'emploi des troupes dans les travaux de terrasse, par J. Baude, député de la Loire (août). Très curieux et très judicieux article, d'un homme compétent, bien intentionné et ami de tous les progrès.

430. — FRANCE DÉPARTEMENTALE. — REVUE DE LA PROVINCE. — Décentralisation. — Littérature. — Science.—Philosophie.—Beaux-Arts.—Industrie. — 10 francs par an pour toute la France. — Cahier mensuel. — Un volume par an. —Paris, rue Monsigny, 2. — Directeur : Victor Herbin. — Entreprise de décentralisation littéraire et intellectuelle. — Comité d'examen des articles : général Bernard, de Choiseul-Praslin, Alexandre de Laborde, Arago, Darras (J.-B.), Constant Prevost, Victor Hugo, de Lamartine, Ch. Nodier, A. Chenavard, Delaroche, Henriquel-Dupont. L'année 1835 contient 21 articles sur les chemins de fer; l'année 1836, sous la direction de Nestor Urbain en contient 20; l'année 1837, 32; l'année 1838, 31 et l'année 1839, 11.

—

431. — ECHO DE ROUEN. — Ce journal publia dans son numéro du 25 septembre l'avis du préfet de la Seine-Inférieure relatif à l'ouverture de l'enquête sur e projet de chemin de fer de Rouen au Havre, Paris et Dieppe, dont le devis s'élevait à la somme de 13 millions. La commission départementale, nommée pour résumer l'enquête, se composait de tous les dignitaires électoraux et administratifs de la région : MM. Rondeaux, conseiller général; Lemaistre, maire du Havre; Barbet, maire de Rouen; Bérard-Binet, Anisson-Duperron, Victor Grandin, le célèbre manufacturier; Lefort-Henri, Quenouille, Fauquet-Pouchet, Roulleaux, Lemarchand et Curmer.

—

432. — CHEMIN DE FER DE TRIEL. — Le *Constitutionnel* annonce la mise en marche d'un petit chemin à 0,43 de pente par mètre, destiné à conduire le plâtre, de la carrière à l'usine de Triel et aux berges de la Seine. Cette petite voie qui existe encore, avait été construite par M. Higonet, architecte à Paris et ingénieux ingénieur de la plâtrerie de Triel.

—

433. — GARDE NATIONAL DU LOIRET (LE). — Ce journal annonçait le 24 novembre que la commission d'enquête, chargée d'informer au sujet du chemin de fer de Paris à Tours, avait écarté le projet Defontaine pour choisir le projet Surville, que le conseil des ponts et chaussées avait repoussé pour lui préférer celui de Defontaine, lequel finalement fut exécuté avec quelques modifications de détail.

—

434. —ECHO DU NORD. — Ce journal fait savoir, à la date du 15 novembre, que M. Vallée, ingénieur en chef des ponts et chaussées, a été chargé des études du chemin de fer de Paris à Lille par Amiens.

—

435. — PRESSE (LA). —Le journal de M. de Girardin annonce ainsi l'ouverture du chemin de fer d'Epinac au canal de Bourgogne. « La belle houille d'Epinac arrivera au canal au port d'Ouche; des bateaux attendaient dans ce port; on est occupé du chargement de ces houilles qui arriveront à Paris vers la fin du mois prochain ». Cela rappelle les belles réclames du *Figaro* en faveur du Panama, alors que M. de Lesseps était Dieu et que la presse à la ligne était son prophète.

—

436. — BULLETIN DE LA SOCIÉTÉ D'ENCOURAGEMENT POUR L'INDUSTRIE NATIONALE. — Brevets anglais : Douglas, Londres (29 mars 1834), principe de mouvement applicable aux machines locomotives; Hick, Bolton (25 janvier), locomoteurs pour chemins de fer et machines à vapeur correspondantes; Hire, Bolton (8 octobre), machines locomotives; Millichap, Birmingham (10 novembre), voitures et machines locomotives; Pinkus, Londres (1er mars), système de locomotion des voitures sur les chemins de fer; Whiteside, Air (10 novembre), roues et machines pour chemins de fer. Insertions dans le *Bulletin* : rapport de M. Vauvilliers, sur les routes en béton; de M. Thomassin, sur les voitures à vapeur. Rapport de M. Olivier sur un wagon à glace brisée pour chemin de fer, de M. Jacquemont. Rapport de M. Olivier sur le système Laignel, haute satisfaction. Description des perfectionnements apportés aux locomotives par M. Stephenson. Description de nouveaux supports pour chemins de fer par M. Stephenson. Programme d'un prix pour l'étude d'un chemin de fer d'Amiens à Boulogne par Abbeville; fixation du prix à 5,000 francs. Mémoire de M. Brard sur les chemins de fer sur routes.

—

437. — ANNUAIRE DU DÉPARTEMENT DE L'OISE. — Curieux article de M. Bineau, le futur ministre, alors ingénieur des mines en résidence à Beauvais, sur la construction d'un chemin de fer de Beauvais à Montataire-sur-l'Oise, par la vallée du Thérain, comparée à celle d'un canal (2,090,000 francs pour le chemin de fer et 2,142,000 pour le canal).

—

438. — TEMPS (LE). —Dans son numéro du 8 novembre, ce journal dit que la question du chemin de fer de Versailles à Tours est très difficile à résoudre, à cause de celle de Paris à Versailles qui y est forcément liée. C'était une opinion saugrenue, ainsi que l'expérience l'a démontré.

—

439. — NATIONAL (11 juillet 1835). — « La Chambre de commerce de Paris, chargée par l'ordonnance royale sur les enquêtes préalables en matière de travaux publics, d'examiner le projet de chemin de fer de Paris à Poissy, présenté par M. Riant, ancien notaire, vient de déclarer, à l'unanimité, qu'il n'y avait pas utilité publique à ce qu'il fut autorisé. Ce chemin, qui devait passer par les Batignolles, Saint-Denis, Epinay, Argenteuil, Houilles, Maisons et la forêt de Saint-Germain, aurait eu un développement de huit lieues et demie; le tarif annexé à la soumission aurait porté le prix des places et les frais de transport des marchandises à un taux beaucoup plus élevé qu'ils ne sont actuellement par la route ordinaire et par eau. La chambre de commerce a déclaré en même temps qu'il serait éminemment

utile qu'un chemin de fer mieux tracé, et avec un tarif mieux combiné, fut promptement exécuté entre Paris et Poissy. »

—

440. — MERCURE SÉGUSIEN. — Le journal stéphanois racontait, dans son numéro du 20 septembre, que l'Académie de Lyon, désireuse de concilier la sécurité des voyages avec les avantages de la locomotion mécanique, demandait aux inventeurs de combiner un chemin de fer *à la papa*, dans lequel on pût s'embarquer sans crainte et sans faire, au préalable, son testament. A cet appel, M. Fournet, élève de « la grande école de Saint-Etienne, ingénieur des mines du Gard », s'était empressé de répondre en proposant un système de son cru, déjà employé par lui « dans les détours du sombre labyrinthe des mines » dit romantiquement le *Mercure*.

—

441. — CHEMIN DE FER DE LA GARE DE GRENELLE A L'ILE DES CYGNES. — *Le Moniteur* du 28 septembre annonce que ce chemin établi dans la contre-allée du quai d'Orsay à Paris, fonctionne entre le pont de Grenelle et l'Entrepôt. Pour ne pas interrompre la circulation au pont d'Iéna, on a creusé dans la culée un passage souterrain. C'est ce que l'on a fait dernièrement pour le chemin des *Moulineaux* à la *gare des Invalides. Nil novi sub sole.*

—

442. — JOURNAUX BELGES. — La presse belge s'occupait beaucoup, au mois de juin 1835, des chemins de fer allemands, au sujet desquels un ancien consul des Etats-Unis, M. List, faisait une propagande active, se rendant dans toutes les villes importantes pour y provoquer des réunions et y chauffer l'opinion. Cet officieux était même arrivé à réunir à Leipsick une sorte de congrès en vue de discourir sur les moyens de resserrer, au moyen de voies ferrées, les liens un peu lâches de la famille germanique. En Prusse, on montrait une grande animation à ce sujet et le gouvernement semblait disposé à accaparer la direction de cette unification périphérique, en faisant converger toutes les lignes vers Berlin, où on avait souscrit, en deux jours, le capital du chemin de fer de Magdeburg, montant à 14,884,400 francs. En Autriche, M. de Metternich paraissait s'attacher avant tout à l'application stratégique des voies ferrées, et le premier chemin de fer qu'il avait ordonné d'étudier, croisait l'arlequinade territoriale qui forme le lot de la Maison d'Autriche dans le monde, de Lemberg, la cité Sarmate, à Trieste, la cité italienne, en passant par Vienne, la cité allemande.

—

443. — ARRÊTÉ DU DIRECTEUR GÉNÉRAL DES PONTS ET CHAUSSÉES ET DES MINES créant un bureau des chemins de fer et de la police du roulage (11 septembre).

—

444. — TRACÉ DU CHEMIN DE FER D'ALAIS A BEAUCAIRE. — (*Ordonnance royale du 19 octobre*).

—

445. — VUE DU CHEMIN DE FER DE LYON *à Saint-Etienne. — Lith. — Engelman. — Mulhausen.*

—

446. — BREVET D'INVENTION DE 10 ANS (6 février) au sieur *Dietz (Charles)*, à Paris, pour une voiture à vapeur dite *remorqueur.* — (6 novembre 1840), brevet d'addition et de perfectionnement. — (2 septembre 1841), deuxième brevet d'addition et de perfectionnement.

—

447. — BREVET D'INVENTION DE 5 ANS (23 avril) au sieur *Filleul* (François), à Rennes, pour un moteur perpétuel.

—

448. — BREVET D'INVENTION DE 15 ANS (4 mai) au sieur *Flourens (François-Eugène)*, à Paris, pour des perfectionnements apportés aux machines à vapeur locomotives destinées au transport des voyageurs et des marchandises sur les chemins de fer. — Machine à six roues couplées.

—

449. — BREVET D'IMPORTATION DE 15 ANS (15 mai) au sieur *Bodmer (Jules-François)*, à Bolter-le-Moor, Lancashire, pour des perfectionnements dans la construction des chemins de fer et des machines locomotives et autres. — (30 juin), brevet d'addition et de perfectionnement.

—

450. — BREVET D'INVENTION DE 15 ANS (11 juin) au sieur *Alais (Benoit)* à Feurs (Loire) pour un système de rails en fer (U renversé).

—

451. — BREVET D'INVENTION DE 15 ANS (30 juin) aux sieurs *Pauwells et Cie*, à Paris, pour un moteur à levier applicable aux machines à vapeur. « Par suite de l'application du nouveau mécanisme, une machine de 20 chevaux acquiert une puissance de 120, et, par suite de cette invention, la machine à vapeur n'est plus qu'un agent secondaire qui prête et unit sa force à une autre machine plus puissante qu'elle ». Pauwells qui déraisonnait ainsi, était pourtant un praticien anglais dont les fêtes, dans son bel hôtel du Faubourg-Poissonnière, faisaient courir tout Paris, anxieux de voir du gaz dans une maison particulière éclairer de vrais gens du monde.

—

452. — BREVET D'INVENTION DE 5 ANS (30 juin au sieur *Roussel (Jules-Raymond)*, pour un moteur destiné à faire mouvoir les voitures sans chevaux ni vapeur.

—

453. — BREVET D'INVENTION DE 10 ANS (10 juillet) au sieur *Quennesson (Louis-Joseph)*, à Saint-Quentin, pour un perfectionnement aux machines à vapeur.

454. — Brevet d'invention de 15 ans (23 juillet) au sieur *Laignel (Benjamin)*, à Paris, pour des perfectionnements à la construction des chemins de fer. Diminution du rayon des courbes au moyen de la mobilité des roues sur leurs essieux.

—

455. — Brevet d'invention de 10 ans (10 juillet) aux sieurs *Ricard et Béraud*, à Lyon, pour des objets de bâtiment en verre blanc et de couleur.

—

456. — Brevet d'invention de 15 ans (24 juillet) au sieur *Hoëné-Wronski*, à Paris, pour le système *dynamogénique* de machines à vapeur.

—

457. — Brevet d'importation de 15 ans (14 août) au sieur *Marion de la Brillantais*, pour un système de machines à vapeur de Cramer.

—

458. — Brevet d'invention de 10 ans (2 octobre) au sieur *Méliot (Charles)*, à Chinon, pour un moteur remplaçant la vapeur.

—

459. — Brevet d'invention de 10 ans (10 novembre) au sieur *Coignet (Robert)*, à Vincennes, pour un appareil de terrassement.

—

460. — Brevet d'invention de 5 ans (15 décembre) au sieur *Marchal (Désiré)*, à Bruxelles, pour un chemin de fer portatif.

1836

461. — Petit dictionnaire des découvertes et inventions, par C. Cortambert. — 1 vol. in-32. — Paris. — *Bibliothèque d'éducation.* — On y trouve un article concis sur les chemins de fer. « Ces admirables routes, dit l'auteur, qu'il ne faut pas confondre avec les routes *ferrées*, c'est-à-dire revêtues d'un simple cailloutage, sont d'une invention toute récente qui doit faire faire de grands pas à la civilisation ». On appelait *ferrées*, dans l'argot des ponts et chaussées, les routes *empierrées* avec des cailloux, par opposition aux routes *pavées*.

—

462. — Considérations sur les fontes et fers et modifications a apporter aux droits existants, par J.-B. Mirio, ancien marchand de fer. — In-8°. Paris. — Delaunay. — « L'agriculture, la mécanique, la quincaillerie, les constructions de maisons et de navires, les ponts suspendus et les chemins de fer souffrent ou ne prennent pas toute l'extension qu'ils pourraient acquérir, si ce précieux métal était d'un prix moins élevé »; ainsi s'exprime l'auteur qui, étant parfaitement au courant de la question, affirme que les maîtres de forges, ayant tous plus de commandes qu'ils ne pouvaient en exécuter, ne cherchaient à réaliser aucun progrès dans la voie du bon marché, tandis qu'en Angleterre le fer était descendu à 4 livres la tonne de 1,016 kil. Pour stimuler la production, M. Mirio, esprit éclairé et judicieux, demandait donc que les droits de douanes qui variaient de 22 à 44 fr. par 100 kil., suivant les échantillons, fussent abaissés à 16 fr. sur les fers anglais et à 10 sur les fers de Suède, lesquels étaient recherchés pour la cémentation et devaient être considérés comme une matière nécessaire à l'industrie française. Les fers de Suède furent longtemps l'occasion de vives controverses, car il y avait en France des qualités similaires. C'était donc surtout un thème, et comme les fers de cette nature se fabriquaient dans les petits établissements appartenant à l'aristocratie terrienne, la question était à l'ordre du jour dans tous les salons. On rapportait à cette occasion un joli mot de M. James de Rothschild. Comme, dès lors, c'était la mode de voir partout dans la personne du célèbre argentier, une sorte de *Deus ex machina*, un de ses visiteurs lui demanda un jour : « Monsieur le baron, que pensez-vous des fers de Suède? — Des fers de Suède! répondit le banquier, je vais le demander à mon secrétaire, et se tournant vers celui-ci, il continua : « Dites, Lefèvre, que pensons-nous des fers de Suède? »

—

463. — Manuel des placements industriels, par A.-C. Sala. — In-12, 13 feuilles 1/16. — Paris. — Rue de Louvois, 2. — Ce petit volume parfaitement imprimé, est très intéressant. On y trouve des renseignements sur 77 affaires industrielles dont les titres se négociaient sur la place de Paris et étaient mentionnés dans le *Cours général des valeurs industrielles*, bi-mensuel, que le populaire Jacques Bresson publiait à l'appui de son cours quotidien de la Bourse, rue Notre-Dame-des-Victoires, 16. Ce catalogue des valeurs mobilières du temps comprend des banques, la *Compagnie des glaces de Saint-Gobain*, qui venait comme antiquité après le *Canal du Midi*, des canaux, des assurances, des voitures, des omnibus, des bateaux à vapeur, des eaux, des entreprises de gaz, des mines, des déssèchements, des entreprises agricoles, des papeteries, des journaux, des entrepôts, des marchés, 5 chemins de fer et une entreprise de voitures à vapeur. Les chemins de fer étaient :

1° Le chemin de Saint-Etienne à la Loire, le doyen des voies ferrées, société fondée en 1824, 21 juillet, au capital de 1,750,000 fr., en 350 actions de 5,000 francs, avec siège social à Saint-Etienne. L'exploitation avait été en déficit jusqu'en 1832. Pour 1835, on avait pu répartir 4 1/2 0/0, et les actions se négociaient au-dessus du pair. Les membres du conseil d'administration étaient : MM. Hochet, président; Le Boigues, La Ville le Roux, Ch. Maillard et Lamy;

2° Le chemin de fer de Saint-Etienne à Lyon, société formée le 7 mars 1827, au capital de 11 millions, en 2,200 actions de 5,000 francs, avec siège social à Paris, rue du Bac, 26. L'apport de la concession était représenté par 400 actions d'industrie ayant droit à la moitié des bénéfices. Mais les gérants avaient renoncé pour 30 ans à cet avantage spécial, jusqu'à ce que le dividende annuel, au profit des actions de capital, fut de 3 0/0 en sus de l'intérêt statutaire de 4 0/0. Cette ligne avait 58 kilomètres de parcours et couvrait à peine ses frais. Cependant on était en progrès et le premier semestre de l'année 1835 avait fourni 207,203 tonnes de marchandises et 82,318 voyageurs contre 158,705 et 72,008 respectivement pendant la période correspondante de l'exercice 1834. Les actions perdaient 12 0/0. Le conseil d'administration était composé de MM. Humblot-Conté, président; Boulard aîné, baron Thénard, vicomte d'Abancourt, Garcias, Jannon, Armand (?), Charles Séguin et Edouard Biot;

3° Le chemin de fer de la Loire (Andrézieux à Roanne), société fondée le 27 août 1828, au capital de 10 millions, en 2,000 actions de 5,000 francs, avec siège social à Paris, rue Godot-de-Mauroy, n° 22. Il y avait 400 actions d'apport ou d'industrie ayant droit à la moitié des bénéfices, après prélèvement de 4 0/0 pour les intérêts des actions de capital. Le produit de 40,000 francs par mois suffisait à peine à couvrir les frais et à payer les intérêts des emprunts. Les actions se négociaient avec perte et difficilement. Le conseil d'administration se composait de MM. Michelot, de Balsac, de Latena, de Bourdeille, de Cools, Hyde de Neuville, pour les actions de capital, et pour les actions d'industrie de MM. Le Duc, de Montbreton et Casimir Bonjour.

Les deux autres chemins de fer étaient celui des houillères d'Epinac, dont il n'y avait rien à dire, et celui de Saint-Germain qui était en construction. La compagnie de voitures à vapeur était une entreprise de remorqueurs à vapeur, sur routes ordinaires, entre Paris et Versailles. Le capital social était de 300,000 francs en 300 actions de 1,000 francs dont 150 d'apport. Domicile, rue Godot-de-Mauroy, 5. Il était dit que l'on se réservait d'établir un service sur Saint-Germain. On sent là une velléité comminatoire à l'égard d'une société solvable. Le fondateur était M. Dietz, constructeur de machines et grand abstracteur de quintessences mécaniques.

—

464. — Mémoire qui a obtenu le prix sur la question suivante proposée en 1835 par l'Académie des sciences, belles-lettres et arts de Lyon : « Quelles sont les modifications à faire soit dans la confection des voitures employées sur les chemins de fer, soit dans la disposition des rails, pour diminuer les frottements et permettre de parcourir sans danger les courbes d'un petit rayon avec une grande vitesse », par M. Alexandre Fournet, ingénieur civil, à Rive-de-Gier. — In-4°, 3 feuilles. — Lyon.

—

465. — Mémoire sur les modifications *à apporter dans le matériel fixe et roulant des chemins de fer*, par M. Fournet, ingénieur. — In-8°. — Saint-Etienne. — L'auteur préconise l'emploi des artifices qui lui avaient réussi dans les mines du Gard, où il était employé. (Voir n° 440).

466. — Traité d'expropriation d'utilité publique, par Ch. de Lalleau, 2° édition, entièrement revue d'après les lois des 30 mars 1831 et 7 juillet 1833 et les ordonnances et règlements postérieurs. — In-8°, 41 feuilles 3/4. — Paris. — Gobelet. — Ce livre comprend les commentaires de la loi du 7 juillet 1833 ; — des ordonnances royales des 18 novembre 1833, 18 février 1834 et 15 juin 1835 ; — de la loi du 10 mars 1835, — des ordonnances des 22 mars 1835 et 13 août 1835, — ainsi que de la loi du 30 juin 1831 sur les expropriations rapides dans un but stratégique. « Au moment, disait l'auteur, où la France s'occupe avec ardeur de l'amélioration de ses communications intérieures ; lorsque partout on veut créer des chemins de fer, des canaux, des ponts, des routes nouvelles, lorsqu'il n'est pas peut-être un arrondissement dans lequel ou l'on n'exécute ou l'on ne projette au moins quelques travaux, l'examen approfondi des principes qui régissent l'expropriation publique est une nécessité pour les administrateurs, les magistrats, les ingénieurs et les jurisconsultes ». La loi de 1833 avait, par son article 3, compris les chemins de fer dans les travaux d'utilité publique parmi lesquels, dès 1822, le gouvernement de Louis XVIII les avait classés par assimilation aux canaux, suivant l'interprétation donnée au ministre Corbière par le conseil général des ponts et chaussées. Il eut été plus simple de les assimiler à des routes, mais les canaux étaient à la mode et les chemins de fer n'en étaient que la monnaie à cette époque ; les propriétaires étaient très hostiles aux expropriations et, plus d'une fois, il fallut que la troupe protégeât les ingénieurs contre les hobereaux et les curés qui poussaient les paysans à se révolter contre la loi. Plus tard, quand on vit les compagnies de chemins de fer, pressées de gagner du temps, payer les terrains au-delà de leur valeur, ce fut le contraire. Tout le monde voulait être exproprié et il se forma des associations puissantes de spéculateurs qui achetaient des terrains et obligeaient les compagnies, dont quelquefois ils étaient les directeurs, à y passer leurs tracés. C'est ainsi qu'une expropriation valait un héritage. Ce genre de chantage a coûté, depuis 60 ans, près d'un milliard de *trop payé* dans les travaux de chemins de fer et de voirie urbaine, car les ponts et chaussées pour les routes ont su se garder de cette surenchère et faire bénéficier l'administration de sa réputation de pingrerie. On s'estimait trop heureux avec l'Etat de recevoir quelque chose et on ne cherchait pas à faire mousser l'indemnité.

—

467. — Quelques idées sur les encouragements a accorder aux compagnies concessionnaires de grandes lignes de chemins de fer et autres travaux d'utilité publique. — In-4°, 6 feuilles. — Paris. — Signé : François Bartholony. — L'auteur rappelle que dès 1827, il avait, en participation avec le comte César de Lapanouse, fait étudier par M. Navier, la ligne de Paris au Havre, mais que les études ne lui avaient pas paru probantes. Plus tard, avec le même César de Lapanouse, Ad. de la Hante, receveur général du Rhône, le baron Michel de Saint-Albin, receveur général de la Moselle, B. Paccard, Dufour et Cⁱᵉ, ban-

quiers, M. François Bartholony avait, conjointement avec son frère, soumissionné la même ligne, mais il y avait renoncé, ainsi que ses associés, en raison de l'incertitude et des tâtonnements de l'administration. L'éminent financier trouvait insuffisant le projet que le gouvernement avait déposé à la Chambre pour encourager les compagnies, car jusqu'alors toutes les initiatives avaient échoué. En conséquence, il formulait avec une réelle *maestria* les conditions auxquelles les entreprises et l'Etat devaient s'assujettir. Il demandait donc : « 1° que les concessions fussent accordées par traités particuliers approuvés par une loi, sans adjudication, ni concours; 2° que l'Etat garantit un minimum d'intérêt; 3° que les frais d'enregistrement des actes concernant les compagnies, fussent fixés à un franc et que celles-ci n'eussent à supporter que l'impôt foncier; 4° que les compagnies fussent autorisées à se livrer des terrains expropriés en déposant le montant de l'indemnité réclamée; 5° que les compagnies pussent faire entrer leur matériel en franchise, si elles avaient intérêt à l'importer; 6° que l'armée fût employée aux travaux publics; 7° qu'en cas de non-exécution partielle des travaux d'une ligne, la section en retard put seule être frappée de déchéance; 8° que les rapports des ponts et chaussées avec les compagnies fussent nettement définis et qu'on laissât aux entreprises le plus de liberté possible. » Tout cela était très raisonnable. Les événements ont justifié les prévisions de l'exigeant censeur de l'administration.

—

468. — Chemins de fer américains. — Historique de leur construction, prix de revient et produit, mode d'administration adopté, résumé de la législation qui les régit faisant suite aux travaux d'amélioration intérieure, par Guillaume Tell Poussin. — In-4°, 36 feuilles 1/2, plus sept planches et une carte. — Paris. — Carilian-Gœury. — Ancien major du génie dans l'armée des Etats-Unis et aide-de-camp du général Bernard, Guillaume Tell Poussin était un *américomane* comme nous en avons tous connu. Son livre est du reste intéressant et bien fait, quoique les détails technologiques y occupent une trop grande place. D'après les calculs de cet écrivain, les Etats-Unis avaient alors 1,410 kilomètres de chemins de fer en exploitation et 913 en construction. C'étaient du reste des voies de toutes les dimensions, sur déz en pierre, lit de béton, traverses et longuerines en bois et avec rails dont le poids variait de 4 kilogrammes 1/2 à 20 kilogrammes. Des chemins de fer au-dessous de 12 kilogrammes ne sont pas de vrais chemins de fer, car ils ne peuvent supporter ni une machine de 6,000 kilogrammes, ni une vitesse de 15 kilomètres. Il y a donc beaucoup de fantasmagorie dans cet inventaire des voies de communication de l'Amérique du Nord.

—

469. — Considérations générales sur l'établissement des chemins de fer, par M. Henry, architecte, — In-8°, 1 feuille 3/4, plus une planche. — Boulogne-sur-Mer. — Très enthousiaste des chemins de fer, cet écrivain voulait que Paris devint le centre des communications continentales et Boulogne le point de passage du commerce anglais en transit pour les cinq parties du monde. M. Henry donne une carte indiquant le schéma terrestre et maritime de ses rêves, et comme vignette un colis portant pour adresse de roulage : « Londres à Calcutta, par Paris et l'Egypte ». Nous avons fourni 40 ans plus tard une autre formule : « Londres à Bombay, par Paris, Madrid, Tarifa, Ceuta, Alger, Alexandrie. » C'est là l'itinéraire commercial de l'avenir. Mais quand il sera réalisé, l'Angleterre aura perdu le sceptre du commerce et ne sera plus qu'un coin péninsulaire du globe terrestre, car, suivant la ligne la plus courte, tous les pays communiqueront entre eux sans l'intermédiaire des docks de Londres.

—

470. — Des Chemins de fer, par X... — In-8°, 2 feuilles. — Paris.

—

471. — Des chemins de fer : *1° influence qu'ils doivent exercer sur les intérêts de l'agriculture, de l'industrie et du commerce; — 2° conseils aux petits capitalistes; — 3° à qui les chemins de fer doivent-ils appartenir ?* — In-8°, 1 feuille 1 2. — Paris. — Delaunay.

—

472. — Nouveau système de communication par rail ou cable de suspension. — In-4°, 1/2 feuille. — Strasbourg. — Signé : Louis Schertz.

—

473. — Pétition adressée a MM. les membres de la chambre des pairs et de la chambre des députés. — *Chemins de fer.* — Réclamation. — Demande d'enquête immédiate. — In-4°, 3 feuilles. — Paris.

—

474. — Du chemin de fer projeté de Paris a Poissy, desservant Saint-Cloud, Versailles et Saint-Germain. Description et étude du système de locomotion appliqué à ce chemin de fer. Discussion et décision du conseil général des ponts et chaussées à l'égard du chemin de fer proposé dans ces localités, par MM. Surville et Guillaume. — In-4°, 12 feuilles. — Carilian-Gœury. — MM. Surville et Guillaume qui enfonçaient volontiers les portes ouvertes, prétendaient avoir inventé pour cette ligne, qui devait partir de la place de la Concorde, un nouveau système de rail et de traction. Leur innovation consistait à établir dans le tracé, des rampes de 0,02 par mètre qu'ils appelaient plans inclinés et à les franchir au moyen de machines de renfort mordant sur des rails à auge construits de façon à ce que l'on n'eût pas à redouter, à la descente, l'effet centrifuge d'une vitesse accélérée. La commission qui avait eu à juger cet artifice, l'avait condamné à l'unanimité de ses membres, MM. Devilliers, Polonceau, Navier, Defontaine et Tarbé fils. Les ponts et chaussées insistaient avec raison sur le perfectionnement des tracés. Il y a eu longtemps à Etampes, sur la ligne d'Orléans, une machine de secours qui remorquait les trains jusqu'au sommet du plateau. La puissance de vaporisation dont on dispose aujourd'hui a rendu tous ces sous-procédés inutiles et oiseux.

—

475. — Chemin de fer de Poissy. — Un arrêté du préfet de Seine-et-Oise prescrit une enquête sur le projet de chemin de fer de Poissy.

—

476. — Chemin de fer de Saint-Germain (Loi et statuts). — 1835. — In-8°, 3 feuilles. — Paris, rue de Tivoli, 16.

—

477. — Chemin de fer de Saint-Germain. — Le *Temps* du 9 janvier note l'activité avec laquelle sont poussés les travaux. 500 ouvriers y sont occupés. La tranchée de la place de l'Europe a 20 mètres de profondeur, car on creuse à ciel ouvert cette partie du tracé souterrain. Le journal exprime l'espoir de voir résoudre favorablement la question de la gare de la Madeleine. — Le *Journal de la Banlieue* disait le 29 janvier que ces travaux feraient la fortune de Monceau et des Batignolles où on n'avait jamais vu ni tant de monde, ni tant d'animation. Cette feuille demandait que l'administration tranchât favorablement la question de la gare de la Madeleine, laquelle comportait trois haltes entre son extrémité et la rue Saint-Lazare. — La *Gazette des Tribunaux* du 9 mars annonce que le tribunal de première instance de la Seine a prononcé le 8, sous la présidence de M. de Belleyme, l'expropriation des terrains nécessaires au passage de la voie pour les deux sections de la rue de la Paix à la rue Notre-Dame aux Batignolles et de la rue Notre-Dame à la limite de la commune vers Paris. — Le *Moniteur universel* exprime l'espoir que la facilité pour les Parisiens, grâce au chemin de fer, de vaquer à leurs affaires, tout en habitant loin de la ville, va développer le goût et les habitudes de la villégiature et donner une valeur considérable aux terrains propres à bâtir, situés dans les localités si bien desservies par cette ligne. — Le *National* annonce le 17 avril que l'on a posé, le 16, les cintres ou charpentes du tunnel de Tivoli. Le 26 avril, le même journal exprime l'espoir que les difficultés qui ont surgi à l'occasion de la gare de la Madeleine, seront bientôt aplanies. Le 9 mai, un accident eut lieu au déblai de Tivoli. Trois ouvriers furent pris dans un éboulement : deux, — Leroy et Stephan, — purent être sauvés; le troisième, nommé Chevance, fut tué. — Le *Droit*. — Ce journal reproduit un jugement du 23 mai, rendu par M. de Belleyme, président du tribunal de première instance, prononçant l'expropriation de onze parcelles sises aux Batignolles; Me Laboissière, avoué, occupait pour la compagnie, et Me Baud, avocat, portait la parole. Les demandes des propriétaires s'élevaient à 106,444 fr., les offres de la compagnie à 17,238 et le jury alloua 24,427 fr. Le 30, un autre jugement fut rendu dans les mêmes conditions. Les propriétaires demandaient 130,000 fr., la compagnie en offrait 36,700 et le jury en alloua

42,486. Un propriétaire qui demandait 27,000 fr. l'arpent, fut réduit à 6,000. Un autre qui réclamait 36,000 francs, fut réduit à 9,000 francs, et se trouva si satisfait qu'il offrit à la compagnie de lui vendre séance tenante un autre hectare au même prix, offre qui fut immédiatement acceptée. — *Un arrêté préfectoral* du 28 mai modifie le tracé dans la partie comprise entre la rue de Stockholm à Paris et la limite de la commune des Batignolles. — La *Presse* du 2 juin rapporte que la veille MM. Dupin aîné, président de la Chambre, T. Duchatel, Odier, Piscatory, Vivien, de Laborde, Bignon, de Rambuteau, préfet de la Seine, et vingt-cinq députés, qui s'étaient joints aux premiers, ont visité les travaux du chemin de fer entre Asnières et Tivoli et qu'ils ont été émerveillés de l'activité qu'on y déploie : de 600 à 700 soldats y sont occupés. — *Journal de Paris*. — Le numéro du 16 juin de ce journal donne des renseignements très détaillés sur l'état des travaux où 1,200 ouvriers étaient employés, car on avait attaqué toutes les sections et on montait les échafaudages du pont de Bezons. Le tunnel de la place de l'Europe était terminé sur une « longueur de 95 pas ». — Le *Journal des Débats* du 3 août dit que les auberges de Monceau et des Batignolles regorgent de monde, attendu qu'elles se remplissent de curieux qui vont voir les travaux et qui se réunissent aux 500 ouvriers de cette section pour faire de la dépense.— Le *Moniteur* du 19 août constate que, malgré la moisson, il y a 1,400 ouvriers sur les chantiers. « A Asnières, dit le journaliste, on nous a montré un grand tas de rails de belle fabrication, que l'on nous a dit venir de Decazeville. Ces rails soumis aux mêmes épreuves que ceux d'Angleterre, ont donné des résultats aussi bons ». On déplore seulement que, de la place de l'Europe à la Madeleine, les travaux n'avancent pas en raison des difficultés que font certains propriétaires du quartier. — Le *Constitutionnel* du 24 septembre annonce que le tunnel, auquel tous les Parisiens s'intéressaient, a déjà 200 pas. Faisant ressortir le développement que prend la bâtisse dans la zone des Batignolles, le journal ajoute : « Paris s'étend comme un géant de l'Est à l'Ouest, de Charenton à Clichy ». Le 26 octobre, on pose une *baleine* montée sur rails en aval des remblais de Clichy, afin de faciliter la décharge des wagons, et c'est un spectacle auquel les Parisiens courent avec empressement. Le 8 novembre, les journaux s'étonnaient de voir les travaux continuer malgré le froid. On espère que la ligne pourra être ouverte au mois d'avril. A Saint-Germain, l'activité est grande aussi et on bâtit dans les quartiers de Noailles et de la Terrasse, en vue de l'affluence de locataires que doit donner le futur voisinage de Paris. — Le 7 décembre, bonne nouvelle des travaux et des tunnels. S'il y a du retard, il proviendra des difficultés suscitées par les ennemis de l'entreprise, au sujet de la gare de la Madeleine.

—

478. — Chemin de fer de Paris a Saint-Germain. — Gare de départ et d'arrivée des voyageurs de la rue Saint-Lazare a la place de la Madeleine. — In-4°, 2 feuilles. — Paris. — Publication de la compagnie.

479. — Observations contre la demande de la compagnie du chemin de fer de Paris a Saint-Germain. — In-4°, 2 feuilles 1/4. — Paris. — L'auteur de cette diatribe était M. Teste. — Il s'était formé un syndicat de propriétaires du quartier de la Madeleine qui, au nom de toutes les routines et de tous les préjugés, s'opposaient au prestigieux et coûteux projet de la compagnie concessionnaire du chemin de fer de Paris à Saint-Germain, laquelle au lieu de faire sa gare en bordure de la rue Saint-Lazare dans les terrains de Tivoli, proposait de l'avancer de quatre hectomètres pour la porter à la place de la Madeleine où tout au moins à la hauteur de la rue Castellane. Ç'eût été un grand avantage pour la population parisienne et pour les voyageurs arrivant par cette ligne, mais, comme toujours, l'esprit réactionnaire fit son œuvre, aidé par la jalousie des uns, les rancunes des autres, et les appétits inassouvis des troisièmes. M. Teste, qui était un professionnel de la chicane, était le porte-parole des protestataires du quartier qui finirent par avoir gain de cause. Voici les noms de ces gens peu clairvoyants qui ont rendu à Paris un mauvais service : MM. le comte de Tourdonnet, vicomte d'Osenbray, comte et comtesse Philippe de Ségur, comme tuteurs des mineurs Greffulhe, P. de Ségur, marquise de Jumilhac, duc de Richelieu (?), comte de Greffulhe, Couilloux, Le Bouteux, de Giorgi, Vigot, Achille Bégi, Brincard, Binet, Chatelet, Fournier, Gaynert, comte E. de Malart, Boulu (dentiste), baron de Saint-Geniez, Dethan, Caque, Colson, V. Perin, Courtin, Lécluse, Ferrand, vicomte de Saintenac, Tellier, Deltan, Guillaume, Raillard, Le Boubelle, veuve L'Habitant, Lacasse, Daga, Bertrand, Huart, veuve Perdra.

—

480. — A MM. les membres du conseil municipal de Paris. — In-4°, 1 feuille 1/2. — Paris. — La compagnie du chemin de fer de Paris à Saint-Germain. — Représentations au sujet de la gare de la Madeleine.

—

481. — Chemin de fer de Paris a Saint-Germain. Lettre de M. Teste, avocat, à MM. les rédacteurs principaux de la *Gazette des Tribunaux* et du *Droit.* — In-4°, 1 feuille 1/2. — Paris. — Les journaux de droit ayant attaqué les opinions juridiques de M. Teste qui prétendait que le terminus de la ligne de Saint-Germain était irrévocablement fixé par la loi et qu'il fallait une autre loi pour avancer ou reculer les quais de départ et d'arrivage, l'avocat des ennemis du progrès et des améliorations urbaines, riposte par une réplique qui n'est que du verbiage de procureur.

—

482. — Chemin de fer de Paris a Saint-Germain. — In-8°, 3 feuilles. — Paris. — Cahier général des clauses, conditions et charges d'exécution des travaux.

—

483. — Nouveau mémoire sur le rapport du chemin de fer de Paris a Versailles par Saint-Cloud et Ville-d'Avray, modifié et augmenté par S.-A. Dubut, mandataire de MM. Anquetin et Philippe, co-propriétaires du projet déjà connu sous le nom de projet Richard et Cie. — In-4°, 2 feuilles. — Paris. — M. Anquetin était un médecin qui avait acquis la propriété de ces études déjà citées. Ce tracé partait de la place de la Concorde, traversait Chaillot, passait la Seine à Neuilly et gagnait les coteaux dits rive droite, quoique placés sur la rive gauche, pour atteindre Versailles, suivant un profil, en partie reproduit par M. Defontaine et, plus tard, définitivement exécuté sous le nom de rive droite. Le conseil municipal de Paris avait appuyé ce projet connu sous le nom de Richard, son auteur, et dit vulgairement des *Arcades*, parce qu'il suivait le Cours-la-Reine en viaduc. Afin de donner plus de satisfaction à l'Hôtel-de-Ville, M. Anquetin avait imaginé de transformer la gare de la *Concorde* en une galerie monumentale couvrant d'immenses salles propres à l'exposition quinquennale des produits de l'industrie, à l'exposition annuelle des beaux-arts et probablement aussi à des bals, à des concerts, à des réunions électorales. « Nous avons établi, disait son porte-parole, M. Dubut, une construction devant le front des Champs-Elysées, en ménageant toutefois entièrement le passage de la Grande-Allée, ce qui forme deux corps de bâtiments de chacun 110 mètres sur 16 environ de largeur. Celui de droite est tout à fait isolé. Celui de gauche est lié avec la galerie du chemin de fer. Enfin, nous n'avons pas cru devoir nous dispenser non plus de couronner par des statues les piédestaux de l'Attique ». Quand on lit de pareilles inepties, on se prend à regretter la suppression de la Bastille, car on voudrait pouvoir y confiner dans un cul de basse-fosse, les Vandales capables de concevoir de pareilles mutilations architectoniques.

—

484. — Chemin de fer de Paris a Versailles. Mémoire pour MM. les membres du conseil municipal de Versailles. — In-4°, 1 feuille. — Paris.

—

485. — Chemin de fer de Paris a Versailles. Conseil municipal de Paris. — Séance du 5 février 1836. — In-4°, 1 feuille. — Paris. — Bien que la brochure en question dise *1834*, c'est bien de la séance du conseil municipal de Paris du 5 février 1836 qu'il s'agit ici. Le conseil municipal de la capitale se composait alors des 36 membres électifs des douze arrondissements de la ville, au conseil général du département de la Seine. On y comptait quelques grands noms et d'honorables utilités de la politique, de la science, de la finance et du commerce. Après avoir examiné le tracé Polonceau qui partait du *quai d'Orsay*, et le tracé Corréard qui partait de la *Croix-Rouge*, l'honorable corporation se décida pour le projet officiel dit Defontaine, utilisant la pénétration du chemin de fer de Saint-Germain pour gagner Versailles par Asnières, Courbevoie, Puteaux, Suresnes, Saint-Cloud, Ville-d'Avray, Virollay. Le conseil municipal semblait regretter que la voie ferrée ne pût s'approcher davantage de la place de la Concorde où le public avait l'habitude de prendre le *coucou* pour Versailles. Le conseil municipal de Versailles, en vue de la résolution de celui de Paris, se rallia aussi au projet Defontaine, qu'il avait d'abord combattu, dans l'espoir que la gare de Tivoli pourrait être rapprochée davantage de la Madeleine.

—

486. — CHEMIN DE FER DE PARIS A VERSAILLES. — *A MM. les membres du conseil municipal et à MM. les habitants de Versailles.* — In-4°, 1 feuille. — Signé : A.-P. Polonceau.

—

487. — CHEMIN DE FER DE PARIS A VERSAILLES. — Quelques mots sur cette question : l'administration des ponts et chaussées peut-elle s'approprier les travaux qu'elle est appelée à juger ? — In-4°, une feuille 1/2. — Paris. — Signé : Anquetin, D. M. P.

—

488. — CHEMIN DE FER DE PARIS A VERSAILLES (RIVE GAUCHE). — OBSERVATIONS DE LA Cᶦᵉ SÉGUIN FRÈRES SUR LE PROJET DE LOI AMENDÉ PAR LA COMMISSION. — In-4°, 2 feuilles. — Paris. — Datée du 10 juin, cette brochure était une dernière cartouche que tiraient MM. Séguin. La loi sur les deux lignes de Paris à Versailles allait être votée avec adjudication en concurrence, conformément au rapport de M. de Salvandy. Les entrepreneurs du chemin de Saint-Étienne à Lyon, dans cette pièce, critiquaient le tracé Defontaine par la rive droite, lequel comportait les tunnels de Saint-Cloud et s'attachaient à démontrer que les arcades de trente mètres d'élévation sous clef du viaduc projeté de Valfleury n'avaient rien d'inusité. Cet ouvrage d'art qui fut exécuté plus tard et sur lequel quatre-vingt trains circulent chaque jour, faisait en effet partie du plan que ces ingénieurs avaient présenté dès 1831 et le conseil des ponts et chaussées, toujours timide et routinier comme il convient à une coterie de bonzes, l'avait trouvé insuffisamment stable et trop audacieux.

—

489. — UN DERNIER MOT SUR LE CHEMIN DE FER DE PARIS A VERSAILLES. — In-8°, 1/2 feuille. — Paris. — C'est une protestation *in extremis* contre la loi du 19 juin 1836 qui avait prévu la construction si logique des deux chemins de fer de Paris à Versailles. On y reproche à la compagnie de Paris à Saint-Germain la prépondérance qu'elle a prise dans ces questions, par suite de la façon hardie et délibérée dont elle a attaqué ses travaux, de l'aplomb avec lequel elle les conduit, ayant réponse à tout, et du succès financier que ses émissions ont successivement obtenu.

—

490. — CHEMIN DE FER DE PARIS A VERSAILLES, DESSERVANT LA RIVE GAUCHE DE LA SEINE. — Ce tracé fait partie d'un système de lignes stratégiques, de nouvelles limites d'octroi pour la Ville de Paris et d'une jonction à faire de toutes les grandes lignes de chemins de fer projetées en France, par le capitaine Théophile Bidon. — In-4°, 2 feuilles 1/2. — Paris. — A travers toute cette prosopopée, il n'y a dans l'écrit du capitaine Bidon que l'expression des convoitises un peu âpres d'un solliciteur qui voit s'effondrer ses espérances. Le 7 février 1836, ce spéculateur avait fait une demande en concession et dès le 13 août de la même année, il remettait au directeur général des ponts et chaussées, un projet qu'il qualifiait de complet et qui se composait d'un profil en long plus ou moins appliqué sur le terrain. Une loi récemment votée ayant prescrit la construction de deux chemins de fer de Paris à Versailles, partant l'un de la rive droite et l'autre de la rive gauche, M. Bidon proposait de s'en accommoder de la façon suivante : Partant de la *Croix-Rouge*, à Paris, il traversait *Vaugirard*, et suivait jusqu'à Versailles le trajet actuel de la rive gauche. En même temps, des terrains de Tivoli où la compagnie de Saint-Germain procédait à ses installations, il se dirigeait vers Courcelles et suivant la ligne actuelle de ceinture, venait entre Vaugirard et Vanves se raccorder au chemin de Versailles par deux courbes, se dirigeant l'un vers la Croix-Rouge et l'autre vers Meudon. Ce n'était pas le programme arrêté au ministère des travaux publics et il était encore trop tôt pour organiser ces communications suburbaines qui ne répondaient à aucun besoin. C'était toutefois en projet, la communication entre le quartier Saint-Lazare et le faubourg Saint-Germain, telle qu'elle a été successivement réalisée par le chemin de fer de ceinture et l'embranchement du Champ de Mars, par les Moulineaux, et enfin par le raccord de la gare de Passy-la-Muette à celle des Invalides, à la rue de Constantine.

—

491. — CHEMIN DE FER DE PARIS A VERSAILLES, PAR AUTEUIL, BOULOGNE, SAINT-CLOUD, SÈVRES, etc. — In-8°, 4 feuilles. — Paris. — Signé : Surville. — Les polémistes de cette époque faisaient manœuvrer leurs écrits comme des figurants au cirque, les reproduisant sous divers titres. Nous avons analysé cette brochure au n° 474.

—

492. — LA LOI QUI AUTORISE L'OUVERTURE DE DEUX CHEMINS DE FER SPÉCIAUX ENTRE PARIS ET VERSAILLES, EST INEXÉCUTABLE. — In-8°, 1/2 feuille. — Paris. — Gobelet. — Dans cette lettre adressée aux journaux, M. Corréard qui était demandeur en concession du chemin de fer de Paris à Tours par Versailles et Chartres, proteste avec rage contre la loi du 19 juin 1836 qui, afin de mettre d'accord les électeurs également respectables des deux rives de la Seine, avait prévu la construction des deux lignes *ex æquo*. L'adjudication devait porter sur la réduction du prix des places au-dessous de 1 fr. 80. Le législateur, en vue de l'avenir, avait inséré dans la loi une clause donnant au préfet le droit de réviser mensuellement les tarifs et de les réduire graduellement. M. Corréard disait plaisamment que c'était parler pour ne rien dire, attendu que l'on avait oublié de stipuler une peine corporelle contre le directeur qui n'exécuterait pas l'arrêté du préfet. L'idée

est drôlatique. Il aurait fallu pour contenter ce *magister*, introduire dans la loi à l'usage du directeur récalcitrant, le pain sec, la privation de dessert, le knout ou le bonnet d'âne.

—

493. — Des moyens a employer pour rendre exécutable la loi de juin dernier qui autorise la construction de deux chemins de fer entre Paris et Versailles. — In-8°, 1/4 feuille. — Signé : A. Corréard.

494. — Du chemin de fer projeté de Paris a Versailles, desservant Auteuil, Boulogne, Saint-Cloud, Sèvres, Versailles. Description de son tracé et raison du système de locomotion employée à ce chemin de fer, par MM. Surville et Guillaume. — In-8°, 4 feuilles, plus un plan. — Paris. — Ces deux ingénieurs qui, quelques jours plus tard, devaient faire cause commune avec MM. Séguin, n'étaient jamais à court d'arguments et de projections. De la *Croix-Rouge*, à Paris, ils dirigeaient sur Versailles une ligne passant par Vaugirard, Grenelle, Boulogne, Ville-d'Avray, Bas-Chaville, Bas-Viroflay et Montreuil, — ou bien par Grenelle, Auteuil, Boulogne, Ville-d'Avray, etc. A Boulogne, cette voie eût reçu un embranchement venant de Paris-Tivoli, Courcelles, Neuilly, Passy, Bois-de-Boulogne, — ou bien de Paris-Champs-Elysées, Chaillot, Passy, Bois-de-Boulogne. Le tort de la plupart des promoteurs de nouvelles lignes était de n'avoir aucune idée déterminée ; on voyait que tous couraient aveuglément après une affaire, sans se soucier d'aucune plus spécialement. On n'avait pas la sensation de l'homme qui enfonce un clou. Pendant ce temps, quelques innovateurs sérieux faisaient leur choix et c'est ainsi que la plupart de ces ouvriers de la première heure n'obtinrent aucune rémunération et en furent pour leurs espérances, soit qu'ils passassent à côté du but, soit qu'ils le dépassassent.

—

495. — Observations sur les différents projets de chemins de fer de Paris a Versailles par la rive gauche. — In-4°, 4 feuilles 1/2. — Signé : Séguin frères et Cⁱᵉ. — MM. Séguin frères qui, un moment, tinrent la tête du mouvement des chemins de fer qu'ils ne surent pas conserver, et qui avaient montré des qualités solides d'improvisateurs dans l'entreprise un peu agitée du chemin de fer de Saint-Etienne à Lyon, avaient dès longtemps porté leur activité sur un projet de chemin de fer de Paris à Versailles. Le 9 juillet 1830, ils y prenaient rang de soumissionnaires à la direction générale des ponts et chaussées. Leur demande fut mise à l'enquête en 1831 après dépôt d'un projet complet et, en 1834, les impétrants déposèrent un cautionnement de 400.000 francs. Mais l'administration était hostile à ces aventureux entrepreneurs qui bataillaient contre elle avec plus d'ardeur et de sans-gêne que de succès, et la direction des ponts et chaussées repoussa leur projet, quoique ce fut finalement à peu près celui qui a été adopté plus tard pour la rive gauche. La direction fit même étudier d'office par M. Defontaine, un tracé dit de la

rive droite, se soudant à Asnières au chemin de fer de Paris à Saint-Germain, tracé exécuté plus tard de point en point. La loi du 19 juin 1836 avait décidé qu'il y aurait deux chemins de fer de Paris à Versailles, l'un par la rive droite, l'autre par la rive gauche. Le concours fut déclaré ouvert jusqu'au 15 août suivant ; l'adjudication devait porter sur le prix des places, fixé au maximum de 1 fr. 80. MM. Séguin frères reprirent alors leurs projets primitifs et s'unirent à MM. Achille Guillaume et Polonceau qui avaient chacun leur schéma de la rive gauche, car, pour la rive droite, il n'y avait de possible que le projet dont les auteurs comptaient sur l'appui de la compagnie de Saint-Germain, propriétaire du coûteux et avantageux *terminus* de Tivoli. La brochure de MM. Séguin frères se compose d'une lettre adressée à MM. les membres du conseil municipal de Paris, dans laquelle les solliciteurs relatent les faits, allèguent leur bon droit, tonnent contre les ponts et chaussées et dissèquent, pour n'en rien laisser, les douze projets en concurrence pour le tracé de la rive gauche. Un de ces projets prenait naissance sur la rive droite et venait se confondre dans la plaine de Grenelle avec le tracé rive gauche ; un second, partait du *Jardin des Plantes* et suivait la ligne des quais sur des *arcades*. On en fut scandalisé et le conseil municipal de Paris protesta. M. Corréard, l'infatigable ingénieur-géographe, avait pour sa part déposé huit projets, et c'est contre cette fâcheuse fécondité que MM. Séguin réclament. M. Corréard offrait de partir indifféremment de la *Croix Rouge*, de la *rue de Taranne* ou du *quai Malaquais*. La loi disait que la gare devait être à 1,500 mètres au plus en deçà du mur d'enceinte, qui était alors le mur d'octroi dans l'axe du double chemin de ronde, intra et extra-muros ; MM. Séguin offraient de partir du *quai d'Orsay*. En somme, cet écrit est plein de bon sens pratique et montre que ces ingénieurs, moins enthousiastes qu'à leurs débuts, ne se faisaient point d'illusion sur l'industrie nouvelle et l'*aléa* qui la caractérisait. Les chemins de fer étaient une bonne affaire, mais on comprit dès lors que, sans subvention, il était impossible de se hasarder à entreprendre les grandes lignes, coupées de *lais* forcément stériles.

496. — Chemin de fer de Paris a Versailles. — Le conseil municipal de Paris s'était prononcé, dès le 17 février 1833, en faveur d'un projet de chemin de fer de Paris à Versailles « surmontant des arcades monumentales contribuant à la décoration de la place de la Concorde », comme si quelque chose pouvait remplacer l'effet décoratif des massifs de verdure des Champs-Elysées. Mais le conseil des ponts et chaussées repoussa cette architecture foraine et malencontreuse. Le 27 février de cette année, le conseil municipal de Paris eut à donner son avis sur trois projets qui étaient en concurrence à la Direction des ponts et chaussées. Le premier, œuvre de M. Polonceau, partait soit de la *place de la Concorde*, pour traverser la Seine, soit du *quai d'Orsay*, non loin de la Chambre des députés, là où se trouve la *gare des Invalides*, et par Grenelle, Issy, Meu-

don, Fleury, Montalais et Chaville, aboutissait à Versailles, *place d'Armes*. Le second projet, dû à M. Corréard, partait du quai Malaquais et gagnait Issy, en traversant les rues *Jacob*, *Taranne*, du *Sabot*, du *Four*, du *Vieux-Colombier*, d'*Assas* et de *Vaugirard*. Le troisième enfin, préparé par M. Defontaine, partait réellement d'Asnières, empruntant, pour sortir de Paris, la voie du chemin de fer de Saint-Germain. Le conseil municipal n'hésita pas à se prononcer pour le projet Defontaine, lequel fut aussi choisi entre tous par le conseil municipal de Versailles, tout en demandant que la *gare de Tivoli* fût reportée à la place de la Madeleine, conformément au projet de la compagnie. Le 9 mai 1836, M. Hyppolite Passy apporta à la Chambre des députés un projet tendant à autoriser le gouvernement à mettre ce chemin en adjudication avec rabais portant sur les tarifs de voyageurs et de marchandises. — La concession devait durer 99 ans. Les clauses et conditions étaient celles du cahier des charges de Saint-Germain, considéré comme type par la Direction des ponts et chaussées. — 30,000 francs d'indemnité étaient attribués, à la charge du concessionnaire, au géomètre Richard dont le projet à arcades avait beaucoup préoccupé l'opinion. — Le tracé était celui de l'ingénieur Defontaine, s'embranchant à Asnières sur le chemin de Saint-Germain et s'élevant à Versailles par Courbevoie, Puteaux, Suresnes, Saint-Cloud, Ville-d'Avray et Viroflay, avec tunnels à Montretout et à Ville-d'Avray. La commission, nommée dans les bureaux le 11 mai, prit pour président M. de Lascours, pour secrétaire, M. Vatout, et choisit ensuite pour rapporteur, M. de Salvandy. Les intrigues les plus extraordinaires se croisaient dans cette réunion d'hommes graves où chacun apportait une prétention et indirectement un intérêt. Les partisans de la rive gauche et tous ceux qui grouillaient autour des divers tracés en antagonisme, s'unirent pour mettre en échec le projet du gouvernement et ils y réussirent. Le 6 juin, M. de Salvandy déposa son rapport. Le romantique auteur d'*Alonso*, qui n'a jamais passé pour un esprit clair et précis, dépassa sa nébulosité habituelle. D'après ce projet, un nouveau concours devait être ouvert jusqu'au 15 août pour le dépôt des projets. Passé ce délai, le ministre choisirait le projet ou les deux projets qui lui paraitraient préférables et le ou les mettrait en adjudication. Le rabais devait porter sur le prix unique de 1 fr. 80 pour les voyageurs, impôt du dixième non compris, et sur le tarif de marchandises du chemin de fer de Saint-Germain, diminué de 2 centimes par tonne et kilomètre. Il devait y avoir dans ces conditions, deux chemins, l'un partant du *Faubourg-Saint-Germain* et suivant la rive gauche de la Seine, et l'autre suivant la rive droite, pouvant partir de Tivoli-Asnières, sans que ce point d'attache fût toutefois obligatoire. La discussion commença le 13 juin et on peut la citer comme un modèle de confusion parlementaire. Le gouvernement s'en désintéressa, acceptant une défaite qui n'avait rien d'honorable et laissa M. Legrand, directeur des ponts et chaussées, s'en tirer comme il pourrait. M. Salverte, qui avait le sophisme facile, ouvrit le feu en combattant à la fois le projet du gouvernement et

celui de la commission. M. Legrand, commissaire du roi, discuta avec beaucoup de vivacité, de bon sens et de connaissance de cause, les paradoxes édulcorés de M. de Salvandy, dont il ne laissa que les débris sur le carreau. M. Arago qui raconta dans cette séance plus de sornettes qu'il n'en débita pendant le reste de sa vie scientifique, vint au secours de M. de Salvandy, et déclara sans rire que les locomotives ne pourraient circuler dans les tunnels où elles seraient condamnées à un patinage sans fin jusqu'au jour du jugement dernier. Le secrétaire perpétuel de l'Académie des sciences avait déjà émis ce paralogisme à la commission et il l'avait fait avec tant d'aplomb que M. Legrand, qui avait plus de savoir-faire que de théorie, s'en était ému et avait aussitôt dépêché un confident à l'ingénieur Walker, alors occupé à construire un tunnel sur une ligne anglaise, pour savoir à quoi s'en tenir. Trop poli pour rire au nez de son interlocuteur, le praticien anglais se contenta de répondre que c'était une question qui ne pouvait pas se poser. M. Bureaux de Pazy, en homme cauteleux, imbu des principes élastiques du *Club des Feuillants*, demanda l'ajournement, sous prétexte que la question n'était pas suffisamment étudiée. M. Vatout défendit très spirituellement non pas le projet de la commission, mais celui du gouvernement. Il fit rire la Chambre en plaisantant sur les propriétés morbides que l'on avait attribuées aux souterrains. « Je n'ai jamais entendu dire, ajouta-t-il comme conclusion, que l'ouverture du tunnel du canal de Saint-Quentin ait augmenté la mortalité dans le département de l'Aisne ». M. de Salvandy entama alors avec M. Legrand un dialogue oratoire dans lequel les deux interlocuteurs se criblèrent d'épigrammes. La discussion finit enfin par un discours de M. Mathieu contre le tracé de la rive droite. C'est alors que commencèrent à pleuvoir les amendements. Il s'en suivit une mêlée homérique dans laquelle il est difficile de se reconnaître. Enfin, après une scène de désarroi général, on finit par donner pour voté un texte consacrant la double défaite du gouvernement et de la commission. L'ensemble fut voté par 148 voix contre 84, ceux qui avaient voté blanc ou noir, n'ayant guère su ce qu'ils avaient fait, jusqu'à la promulgation de la loi. Deux chemins de fer devaient être mis simultanément en adjudication et chacun d'eux devait former un lot distinct, de sorte que l'un était subordonné à l'autre, sans qu'aucun lien de droit existât entre eux. C'était comme l'union monstrueuse des frères Siamois qui avaient deux *moi* pour un seul être. Seuls, les parlementaires et les vaudevillistes ont de ces conceptions saugrenues. Le 17 juin, le ministre apporta le projet de loi à la Chambre des pairs. Le baron Rogniat déposa son rapport le 28 et la loi, votée le 29 par 63 voix contre 27, fut signée par le roi le 9 juillet. La Direction des ponts et chaussées, qui avait combattu le projet, dut alors se préoccuper de rendre viable ce monstre bicéphale.

———

497. — Rapport et avis de la commission d'enquête du chemin de fer de Saint-Etienne a Lyon. — Documents législatifs sur le chemin de fer. — In-4°,

32 feuilles 1/2. — Saint-Etienne. — Ce volume porte au verso du titre la note suivante : « L'édition du rapport de la commission d'enquête de Saint-Etienne, imprimée à Paris, n'y a été faite que sur une copie incomplète. Nous sommes autorisés à déclarer que la seule édition conforme au travail du rapporteur et de la commission, est celle que nous donnons ici. — L'éditeur Gonin. » Cette note vise la copie parue sous un autre titre (voir n° 408) et qui contient des erreurs voulues. Il est probable que cette supercherie fut l'œuvre des compagnies intéressées à faire échouer l'enquête qui avait pour but de mettre le holà entre les trois entreprises de chemins de fer et leurs clients, voyageurs et expéditeurs. Instituée par décision de la Direction générale des ponts et chaussées et nommée par arrêté du préfet de la Loire du 12 juin 1836, la commission se composait du préfet, du sous-préfet, de MM. Peyret-Lallier, maire et député de Saint-Etienne, Terme, ancien procureur du roi, Delseriez, ingénieur des mines et Smith, procureur du roi. La commission se réunit le 19 juin et tint des séances publiques les 23, 27 et 30 juin, 4, 7, 11, 18, 21 et 28 juillet. Le 28, M. Smith fut nommé rapporteur. La commission s'assembla pour discuter et voter le rapport les 20, 21, 27 et 28 octobre, 3, 10, 17 et 24 novembre, jour où elle clôtura ses opérations. Le rapporteur terminait par ce *sursum corda:* « Il y a peu de jours que l'un des hommes les plus *progressifs* (?) de l'Angleterre, le docteur Bowring, m'écrivait : « l'influence des *railways* (sic) sur l'ave- « nir de notre pays, n'est pas calculable. C'est un « arbre planté, mais qui n'a pas encore produit des « fruits ». Il en est de même pour la France où l'ar- bre a moins de sève. Nous avons voulu mettre les moyens de le féconder. Heureux si nos efforts sont suivis de quelque bien! » Les cahiers des charges des chemins de Saint-Etienne à Lyon, Saint-Etienne à la Loire et Andrézieux à Roanne, n'ayant prévu que le transport du charbon, sans le réglementer rigoureusement, et le transport des voyageurs étant devenu un service arbitraire et facultatif de la part des entreprises, il en était résulté un choc d'inté- rêts contradictoires qui occasionnait de véritables conflits d'ordre public et que l'administration dût trancher plutôt en équité qu'en droit. Le rapport de l'enquête est suivi de la compilation de tous les do- cuments législatifs qui formaient alors le *corpus diplomaticum* des chemins de fer.

—

498. — Mémoire en réponse aux attaques dirigées contre la compagnie du chemin de fer de Saint-Etienne a Lyon, publié par le conseil d'administration de la compagnie du chemin de fer. — In-4°, 5 feuilles. — Paris. — Levrault. — Ce que les représentants de la compagnie appellent des *attaques*, c'étaient les iné- vitables tracasseries auxquels ils étaient en butte de la part des exploitants et du public qui se plaignaient d'être considérés comme taillables et corvéables à merci, tant de la part de la compagnie que de la part de l'administration à laquelle ils avaient recours à chaque instant pour se plaindre des prétendus mé- faits de la compagnie. Ce n'était pas un chantage organisé comme on l'a vu quelquefois dans des temps plus récents, mais certainement c'était une campa- gne systématique d'autant plus sensible à l'épi- derme des administrateurs que, tandis qu'on les accusait de pressurer les voyageurs, les exploitants de mines, les commerçants, les industriels et les consommateurs de tout ordre, par des tarifs léonins, ils n'avaient pas encore touché le moindre dividende. Or, la houille qui valait, en 1827, dans la région 20 francs le *péra* de 1,000 kilogrammes, était de- mandée à 29, et les menus que l'on devait plus tard agglomérer, d'après le procédé Jullien, après avoir été longtemps offerts à 4 fr. 50 le *péra*, trouvaient preneurs à 7 francs. « On raconte, disent les auteurs du mémoire, qu'en Hollande, un enfant, se prome- nant seul le long d'une digue, aperçut une fissure par où l'eau commençait à couler. Il essaya d'abord de la boucher avec du sable, de la terre, et tout ce qu'il trouva sous sa main. N'y pouvant réussir et ne voyant venir personne, il s'assit le dos appuyé contre la fente, empêchant, à tout risque, le progrès de l'eau et attendit du secours. Voilà ce que produit l'esprit public, voilà ce qu'il peut inspirer dès l'en- fance aux citoyens. » La légende est jolie, mais ce ne sont que des mots. La compagnie ne pouvait pas transformer ses vieilles chaudières en casques de Bélisaire et attendre que les populations sympa- thiques y jetassent leurs gros sous. MM. Séguin et Biot se plaignaient amèrement de l'hostilité qu'ils avaient rencontrée dans le pays. Les capitalistes de la région n'avaient souscrit que quelques actions, et ils éprouvaient un certain plaisir à voir les Parisiens perdre leurs capitaux. L'administration municipale et l'administration préfectorale, loin de prendre la dé- fense de la compagnie, faisaient chorus avec ses détracteurs et facilitaient les entreprises contre sa caisse. Les terrains qui ne valaient que 1,500 francs l'hectare, avaient été expropriés sur le taux de 50,000 francs. Les rails avaient coûté 520 francs la tonne, tandis qu'en Angleterre ils ne valaient que 250, et cependant la compagnie avait des tarifs inférieurs à ceux des chemins de fer anglais. Ce qui prouve com- bien les plaintes des exploitants étaient au fond peu fondées, c'est que les expéditions de houille à Lyon, étaient passées de 146,320 tonnes en 1834, à 195,594 en 1835. La compagnie se plaignait aussi qu'on lui eût imposé l'obligation d'ouvrir des embranchements égalitaires, à tous les exploitants, qui profitaient de cela pour garder les vagons quatre ou cinq jours, ce qui immobilisait une partie du matériel. En résumé, MM. Séguin, entraînés par leur brillante ardeur, s'étaient engagés avec quelque légèreté dans une opération sans précédent et ils en essuyaient coû- teusement les plâtres. Le succès commercial de leur affaire en compromettait implicitement l'œuvre fi- nancière : ils étaient dans le cas du marchand qui perd la vente faute de marchandises, et qui n'a pas de marchandises faute de capital et de crédit subsidiaire.

—

499. — Chambre de commerce de Calais. — Enquête sur l'avant-projet du chemin de fer de Paris à Lille, avec embranchement sur Valenciennes 4 décem- bre 1835. — In-4°, 3 feuilles plus un plan. — Calais.

— Ce document imprimé sur papier timbré à 0 fr. 02 1/2 par feuillet, est daté du 28 décembre 1835. Il est signé par le maire de la ville, T. Leveux; le président de la chambre de commerce, L. Michaud, et les membres, MM. Reisenthel, H. Dupont, C. Matis fils, Bodart aîné, Champailler, Ch. Devot, Porquet, Woillez. C'est de la passion de clocher. Ces messieurs concluent à ce que le chemin doit passer par Saint-Quentin avec embranchement à Hénin-Liétard pour Lille et Valenciennes, et aboutir à Calais par Béthune, Aire, Saint-Omer et Watten. En dépit de la corde patriotique que la chambre de commerce faisait vibrer, on adopta le trajet Amiens-Arras ; plus tard, tous ces désiderata ont été satisfaits et Calais a été mis en communication avec l'Est de l'Europe, mais ce sont surtout ses communications avec Paris qui y ont donné une importance croissante.

—

500. — Déclaration d'utilité publique d'une route en fer de Paris a Lille passant par Arras. Opposition a l'adoption de l'avant-projet, présenté par la direction générale des ponts et chaussées, d'un chemin de fer de Paris a Lille, formée le 9 décembre 1835 par les membres composant le tribunal de commerce d'Arras. — In-4°, 2 feuilles. — Paris. — Le tribunal en question se composait alors de MM. Lantoine-Herduin, président ; Leroy-Brezier, Allart, Maxime Colin et Théry, juges ; Fagniez aîné, Gaudermen et E. Brégeaut, juges suppléants. Ces bons citoyens réclamaient le chemin de fer par Arras et attaquaient avec une furie toute locale le tracé mis à l'enquête, lequel était celui de l'ingénieur Vallée, officiellement chargé de faire ces études qui préoccupaient beaucoup le roi Louis-Philippe, désireux de voir remplacer par un wagon le coupé haut monté et branlant dans lequel le roi Léopold et la reine Louise venaient de Bruxelles aux Tuileries. Le projet Vallée comportait deux directions : Amiens et Saint-Quentin: il devait partir des environs de l'*Hôtel de Ville*, à Paris, ou des *Incurables* (anciens *Récollets*, devenus plus tard, en 1861, l'hôpital militaire du faubourg Saint-Martin). Le devis, insuffisamment élaboré, s'élevait pour 257 kilomètres 370 mètres, à 53,400,000 francs, en partant de l'*Hôtel de Ville*, et à 42,700,000 en partant des *Incurables*. On se rendait déjà compte de la question de pénétration et il est à regretter qu'on ne l'ait pas dès lors franchement abordée et courageusement résolue.

—

501. — Enquête sur le chemin de fer de Paris a Lille et a Valenciennes. Opinion de la chambre de commerce de Lille. — In-4°, 1/2 feuille. — Paris. — Cet avis est purement et simplement une réclame pour le projet Cartier qui, jadis, avait formé l'ossature de ce que l'on appelait la *Route de fer* et une protestation contre les projets officiels, lesquels, visant surtout la Belgique, afin de rapprocher Paris de Bruxelles et d'être agréable à la famille royale en raison du mariage de la princesse Louise, persistaient à traiter comme accessoires les grandes villes de France, qui eussent été desservies par des embran-

chements. L'auteur de ce rapport, approuvé dans la séance du 15 décembre 1835, est M. Pascal. Le *Nord*, de Lille, dans son numéro du 18 du même mois, reproduisit cet éloquent factum auquel l'opposition royaliste donna la plus grande publicité, dans le but d'être désagréable au roi par des réticences habilement espacées.

—

502. — Opposition a l'adoption d'un projet de chemin de fer de Paris a Lille, consistant en deux tracés : l'un par Amiens avec embranchement sur Valenciennes et l'autre par Saint-Quentin, formée par la société anonyme de la route en fer de Paris a Lille, passant par Amiens et Arras. — In-4°, 2 feuilles. — Paris.

—

502 *bis*. — Conseil général de l'Aisne. — Rapports et délibérations sur les projets de chemin de fer qui intéressent le département. — In-8°. — Laon.

—

502 *ter*. — Département de l'Aisne. Commission d'enquête. Rapport sur l'avant-projet de chemin de fer de Paris a Lille par Amiens ou Saint-Quentin avec embranchement sur Valenciennes. — 11 janvier. — In-4° Laon.

—

503. — Chemins de fer. — Considérations pour établir que le chemin de Paris a Lille doit passer par Amiens et Arras avec deux embranchements, l'un sur Boulogne, l'autre sur Valenciennes. — In-8°, 3 feuilles. — Paris. — Cette brochure porte pour épigraphe cette sentence prétentieuse : « Le bien est facile à faire, il n'est difficile que de le vouloir. » Pour le fond, c'est une violente attaque contre le projet de chemin de fer de Paris à la frontière de Belgique, rédigé par M. Vallée pour le compte de l'Etat et dans lequel on recherchait la ligne la plus courte entre les Tuileries, à Paris, et la Montagne-de-la-Cour, à Bruxelles. L'auteur en tient pour Arras et Boulogne. « L'arrondissement de Boulogne, dit-il, est, de l'aveu des géologues les plus distingués, un des plus riches de toute la France, en produits minéralogiques. Le minerai de fer s'y trouve à la surface de la terre, la présence de la houille s'y reconnaît à des signes certains et d'immenses carrières de marbre à peine entamées, enrichiraient la France par leurs produits, si des moyens faciles de transport étaient créés à travers ces contrées. » Ce brave homme a oublié le principal produit : le ciment. Le reste est du roman d'avant-projet. Le fait est que l'ancien comté de Boulogne est relié à Marseille, et que ces plantureuses richesses demeurent à l'état latent.

—

504. — Des voies de communication considérées sous le point de vue de l'intérêt public, avec un appendice sur le chemin de fer de Paris a Boulogne, Calais, Dunkerque, Lille et Valenciennes, par L. L. Vallée. — N° 3. — Faisant suite à l'écrit intitulé :

Aliénation des capitaux. — In-8°, 11 feuilles 3/4. — Paris. — Carilian-Gœury. — Ingénieur très distingué, M. Vallée était frappé du spectacle que donnaient les soumissionnaires de chemins de fer, se disputant un réseau imaginaire avec des grognements de chiens dévorants. Il était persuadé de la convenance de l'exécution de ces voies de communication par l'Etat et comme on pouvait lui objecter que les compagnies disposaient des mêmes moyens et du même personnel, il répondait par avance : « Pour bien projeter et bien exécuter de grands ouvrages, il ne faut pas seulement des hommes capables, il faut avant tout que l'initiative de ces hommes soit le plus possible d'accord avec l'intérêt social. C'est surtout sous ce rapport que le corps des ponts et chaussées a de l'avantage sur les compagnies. » Cette pensée est très juste.

Un coup d'œil de Louis enfantait des Corneille.

C'est pour cela que, depuis quelques années, les architectes et ingénieurs de l'Etat ne font plus que des loups comme l'*Hôtel des Postes*, l'*Opéra-Comique*, le *pont Alexandre III* et autres. M. Vallée aurait voulu que les grandes lignes de chemin de fer fussent construites au moyen d'emprunts gagés sur une contribution *ad hoc*, imposée aux localités comprises dans chaque réseau, emprunts rapidement amortis à son estime, de sorte qu'au bout de quinze ans, tout péage fut aboli, les transports n'ayant plus qu'à acquitter les frais réels de traction et de manutention. Il est évident que ce système eût enrichi le pays au lieu d'enrichir la spéculation, mais c'était demander un effort de bon sens qui est au-dessus de la sagesse des nations. On eut d'ailleurs équilibré ce système, que les exigences fiscales l'eussent troublé immédiatement et qu'au premier coup de canon, en Europe, toute cette franchise, sacrifiée sur l'autel de la patrie, eût été remplacée par l'impôt transport, brutal, arbitraire, fait à coup de centimes, bouchant tous les déficits, et s'élevant à l'absurde comme les lois qui grèvent le tabac et les allumettes. Du reste, la preuve est faite, puisque l'Etat sans être propriétaire des chemins de fer, les a imposés en seigneur et maître, de 20 0/0, devenus 25 au moyen du coefficient des doubles décimes.

———

505. — CHEMIN DE FER DE PARIS A LILLE PAR BEAUVAIS, AMIENS ET ARRAS. DÉPÔT DE L'ACTE DE SOCIÉTÉ CIVILE EN PARTICIPATION POUR L'EXTENSION ET LE PERFECTIONNEMENT DES ÉTUDES DÉTAILLÉES DUDIT CHEMIN (rapport et résolution). — In-8°, 3 feuilles. — Le siège de la société sera à Paris. — M. Cartier s'était probablement lassé d'attendre le succès de la *Société de la route de fer*. C'est avec le concours de ses fidèles compagnons de gloire et de fatigues, MM. Jourdan de Saint-Sauveur, Bécu et Arnould, que par acte sous seing-privé, déposé aux minutes de maître Damaison, notaire, rue Basse-Porte-Saint-Denys, à Paris, il fonda une société civile pour arriver à la concession de la ligne projetée. Le fonds social devait se composer de 300 actions de 250 francs, dont 24 étaient souscrites et payées par MM. Jourdan de Saint-Sauveur (11), Bécu (10), et Arnould (3). M. Cartier échoua comme tant d'autres qui se brûlèrent à la lumière dans cette mémorable campagne, où le gain de tous a dépassé de beaucoup la somme des gains individuels, car c'est une loterie, où ceux qui ne mirent rien, n'en gagnèrent pas moins les gros lots, puisque les propriétaires terriens, sans bourse délier, ont vendu à 2 francs le mètre, tout le long de la voie, aux alentours des gares, des terrains qui sans cela n'eussent valu que 25 centimes.

———

506. — ENQUÊTE SUR LES DEUX PROJETS DE CHEMIN DE FER DE PARIS A ORLÉANS par M. de Surville, ingénieur des ponts et chaussées. — Paris. — 1 cahier In-4°. Lith.

———

507. — PARALLÈLE ENTRE DEUX PROJETS DE TRACÉ DE CHEMIN DE FER DE PARIS A ORLÉANS, L'UN DANS LA VALLÉE DE L'ESSONNE, L'AUTRE PAR LES PLATEAUX DE LEUDEVILLE ET DE ROUVRES, par E. Frimot. — In-4°, 4 feuillets et 1/2. — Paris. — Ingénieur des ponts et chaussées en activité, M. Frimot ne s'en était pas moins jeté avec ardeur dans la mêlée des chemins de fer et appuyait de ses conseils techniques une pseudo-entreprise de Paris à Orléans, en concurrence avec une autre qui ne paraissait pas plus solide et que M. Surville, également ingénieur des ponts et chaussées, avait prise sous son pilotage. Le chemin des *Plateaux* devait pousser des embranchements à Pithiviers, Malesherbes et Corbeil. « L'application de la traction à vapeur pour mouvoir à grande vitesse sur les chemins de fer, les chars qui portent les voyageurs ou des marchandises, dit M. Frimot, a créé une espèce nouvelle de communications rapides qui doit nécessairement déterminer un grand développement dans la marche progressive de toutes les industries. Il y a dix ans seulement que cette application était à peine présentée et aujourd'hui elle fait l'objet des plus importantes spéculations. Mais est-elle parvenue à un degré de perfection qui assure de grands avantages pour les frais de transport? On peut parfaitement se convaincre que jusqu'ici le le principal bénéfice des chemins de fer pour le public, consiste dans le temps économisé, dont la valeur est si différente dans deux pays si voisins l'un de l'autre ». Evidemment M. Frimot avait en vue le dicton anglais : *Time is money*, mais il faut avouer que l'*humour* administratif se dégage difficilement de cette phraséologie floche et en quelque sorte désossée.

———

508. — RÉFUTATION DU MÉMOIRE INTITULÉ : PARALLÈLE ENTRE DEUX PROJETS DE TRACÉ DE CHEMIN DE FER DE PARIS A ORLÉANS, L'UN DANS LA VALLÉE DE L'ESSONNE, L'AUTRE PAR LES PLATEAUX DE LEUDEVILLE ET DE ROUVRES. — In-4°, 4 feuilles et 1/2. — Paris. — Signé : Lemoine, Delchet et Surville.

509. — SUPPLÉMENT AU PARALLÈLE ENTRE DEUX PROJETS DE TRACÉ DE CHEMIN DE FER DE PARIS A ORLÉANS, l'un dans la vallée de l'Essonne, l'autre par les plateaux de Leudeville et de Rouvres par M. Frimot, ingénieur des ponts et chaussées. — In-4°, 5 feuilles. — Paris. — Les aspirants concessionnaires de la ligne de la vallée d'Essonne ayant riposté sur un ton acerbe, par la voix de M. Surville, aux objections de M. Frimot sur la difficulté qu'il y avait à fonder l'infrastructure du chemin projeté sur les terrains tourbeux de cette zone marécageuse, celui-ci reprit la plume et écrivit ce supplément de parallèle qui ne contient absolument rien de nouveau et qui n'est que l'écho maladroit de rivalités auxquelles on ne saurait s'intéresser, ni les uns, ni les autres, n'ayant à leur actif ce qui *fait craquer les souliers*.

---

510. — APPENDICE A LA RÉFUTATION D'UN MÉMOIRE DE M. FRIMOT, INTITULÉ : PARALLÈLE ENTRE DEUX PROJETS DE TRACÉ DE CHEMIN DE FER DE PARIS A ORLÉANS, ETC., pour répondre à un supplément qui vient d'être ajouté à ce parallèle. — In-4°, 2 feuilles et 1/2. — Paris.

---

511. — PROJET DE CHEMIN DE FER DE PARIS A TOURS PAR CHARTRES. — Mémoire descriptif et estimatif des deux projets de la partie comprise entre Paris et Versailles, partant du port des Saints-Pères ou de la Croix-Rouge ou bien de la barrière du Maine, présenté à l'administration des ponts et chaussées le 30 septembre 1835, par Alexandre Corréard. — In-8°, 4 feuilles et 1/2, plus un plan. — Paris. — Mathieu. — M. Corréard avait une fécondité extraordinaire. Dans cette brochure reproduisant des éclaircissements déjà prolixement alignés, le remuant ingénieur, donne un tableau comparatif du prix des places et du temps que l'on mettait alors pour aller de Paris à Tours. La distance, par la route d'Orléans ou par Chartres et Vendôme, était en chiffres ronds de 240 kilomètres. La malle qui suivait la levée de la Loire, mettait 18 heures et les diligences 32, le roulage 30 jours et la navigation de 30 à 180 jours. Ces renseignements ne sont pas rigoureusement exacts, car le roulage ne tardait que 8 jours et l'accéléré 4; après la réforme postale de 1840, la malle ne mit plus que 15 heures de Paris à Tours. Les diligences ne mettaient, dès 1836, que 24 heures, arrêts compris, et les chaises de poste avec courriers pour préparer les relais, 18 heures au maximum. Les prix des places indiqués à 60 francs dans la malle, 25 dans la diligence, sont plus corrects. M. Corréard s'engageait à transporter les voyageurs en 8 heures pour 5 fr. 10, et les marchandises à 28 fr. 80 la tonne au lieu de 112 fr. 50 par les messageries. « La commission, dit l'auteur, chargée de l'examen des quatre projets de chemins de fer de Paris à Versailles, présentés respectivement par lui-même, et par MM. Richard, Weber et Defontaine, et composée de MM. les ingénieurs des ponts et chaussées, Lamandi, Fèvre, Coïc, Eustache et Letellier, s'est servie d'un moyen qui consiste à réduire la hauteur exprimant la différence de réseau, en distance horizontale et à l'ajouter au développement de la ligne parcourue. Par ce moyen, on obtient les résultats suivants, savoir : le projet Corréard est évalué à 36.352 mètres pour un parcours effectif de 18.630, le projet Richard *(arcades)* à 41.461 pour 21.155, le projet Weber *(viaduc)* à 42.972 pour 25.172, et le projet Defontaine à 43.988 pour 26.511. » Les honneurs du concours étaient donc pour M. Corréard entre Paris et Versailles, car pour le reste du trajet, en tout 233,342 mètres, il n'avait pas de concurrent. M. Corréard tenait à partir des berges de la Seine, de la *cale de la rue des Poulies*, entre le *Pont-Neuf* et le *pont des Arts*, au milieu du *port des Charbonniers*, en face du vieux Louvre, et il avait si peu conscience des installations nécessaires, qu'il trouvait immense cet étroit espace exposé aux crues de la Seine. La gare des marchandises devait donc être en cet endroit, afin de desservir les Halles ; on aurait établi à la *place de la Concorde*, sans souci de l'esthétique, la gare des voyageurs et les magasins, logés dans les anciens fossés de la place, auxquels on aurait accédé par deux rampes, partant l'une de la rue Mondovi et l'autre de la rue des Champs-Elysées (Boissy-d'Anglas) en face de l'ambassade de Russie (ancien hôtel Grimod de la Reynière, aujourd'hui cercle). Cet ingénieur a la manie de ces locutions populaires et plus loin il parle de traverser la Seine en face de la maison de M. Sergent, façon trop primitive de se repérer, contre laquelle Cassini s'élevait déjà de son temps. Le devis de cette ligne, y compris 1.200 wagons de marchandises à 600 fr., 80 voitures à voyageurs à 4.000 francs, et 40 locomotives, montait à 30.994.000 fr. Les frais d'exploitation étaient comptés pour 7.576.615 francs, dont 1.549.710 pour les intérêts à 5 0/0 du capital, soit 32,000 francs par kilomètre, ce qui suppose une recette de 50.000 francs au moins. M. Corréard ne demandait pas de subvention, et se contentait, avec une concession perpétuelle, de l'abandon gratuit par l'Etat des terrains du domaine public sur lesquels s'étendrait l'emprise de la voie et des installations connexes. S'il y avait eu, en France, des capitaux surabondants, on aurait pu tenter l'épreuve, et après 20 ans de gêne, la compagnie aurait vu ses efforts couronnés de succès. Mais le pays était pauvre et le capital ne pouvait pas attendre. C'est pour cela que l'épreuve, à coup sûr, de Paris-Saint-Germain, avec tous les atouts dans le jeu de la compagnie, sans en excepter un seul, fut un trait de génie.

---

512. — PROJET DE CHEMIN DE FER DE PARIS A TOURS PAR CHARTRES. — Mémoire descriptif et estimatif des ouvrages à exécuter pour la construction d'un chemin de fer entre Paris et Tours, par Versailles, Rambouillet, Maintenon, Chartres, Bonneval, etc., sur une longueur de 233 kilomètres 342 mètres, présenté à l'administration des ponts et chaussées le 20 janvier 1834 et le 15 février 1835, par M. Alexandre Corréard. — In-8°, 11 feuilles. — Paris. — Mathias. (Voir le n° 511 dont cette seconde publication n'est qu'une nouvelle édition).

513. — Pétition adressée a MM. les membres de la Chambre des pairs et de la Chambre des députés sur le projet de chemin de fer de Paris a Tours par Versailles, Chartres, Chateaudun, Vendôme, Chateau-Renault, Vouvray, partant du quai Malaquais ou de la Croix-Rouge ou de la barrière du Maine, et contre le projet de chemin de fer de Paris a Versailles, par Asnières, partant de la place de la Madeleine. — In-8°, 1 feuille. — Paris. — Cette note virulente émane de l'infatigable Corréard qui synthétisait la lutte de la rive gauche contre la rive droite. Cet appel aux passions urbaines se terminait par cette note : « Nous, habitants de la rive gauche, pétitionnons ainsi pour réclamer de la justice des Chambres l'obtention de ce chemin, seul capable de conserver à ces trois arrondissements le *peu qu'il* reste de mouvement et d'industrie. Des exemplaires de cette pétition, avec des registres pour recevoir les signatures, resteront déposés jusqu'au samedi soir 15 avril, au secrétariat des mairies du 10ᵉ (rue de Grenelle-Saint-Germain), du 11ᵉ (place Saint-Sulpice), et du 12ᵉ arrondissement (place du Panthéon). Des registres sont pareillement ouverts chez M. Mathias (Augustin), libraire, quai Malaquais, n° 15. Deux brochures publiées chez le même libraire, développent complètement tous les avantages de cette grande entreprise ». De son côté le conseil municipal disait officiellement que le projet Corréard « était non seulement *reprochable*, mais inadmissible, car ce serait abuser du droit d'expropriation que de s'en servir pour bouleverser le quartier le plus populaire de Paris, en autorisant la construction d'une série d'arcades, dont quelques-unes auraient 15 et 16 mètres d'élévation au-dessus du sol, et qui passeraient à travers un grand nombre d'hôtels, de maisons, de jardins et de rues ».

—

514. — Notice sur le chemin de fer a établir de Nantes a Orléans par la vallée de la Loire. — In-8°, 4 feuilles. — Paris.

—

515. — Chemin de fer de Paris a Bordeaux, Nantes et Angers, par Ch. Defontaine. — In-folio. — Lith.

—

516. — Chemin de fer de Paris a Tours. — Le *Journal des Débats* qui montrait un grand intérêt pour certains tracés de chemins de fer, raconta dans son numéro du 13 mars, que le ministre du commerce et des travaux publics, M. Hippolyte Passy, avait reçu une visite en corps des pairs de France et des députés intéressés dans la question du chemin de fer de Paris à Tours, et leur avait dit que le conseil des ponts et chaussées se ralliait au projet tendant à faire partir cette ligne de la *Croix-Rouge* au Faubourg-Saint-Germain, pour, de là, gagner Versailles par la rive gauche de la Seine. Les personnages qui avaient rapporté cette bonne nouvelle à leurs amis, étaient : MM. le duc de Montmorency, le duc de Noailles, le marquis de Rochambeau, le comte Reille, le comte de Montesquiou, le baron

Charles Dupin, Demonts, Garnon, d'Amilly, généra Marbot, Bacot, le chevalier de Jouvencel, Lepeletier d'Aunay, Didot, Rimbart-Serin, Piscatory, Raguet-Lépine, Baude, et Chasles, maire de Chartres, député, qui faisait fonction d'orateur dans l'entrevue. Cette assertion était fausse et fut démentie catégoriquement le 18, par un entrefilet en forme de premier-Paris inséré dans le *Moniteur universel*. Il y était dit que le conseil des ponts et chaussées ne s'était pas occupé de l'affaire et que le gouvernement n'avait à prendre parti pour aucun tracé.

—

517. — Projet de chemin de fer de Paris a Rouen, Le Havre et Dieppe par la vallée de la Seine, par A.-R. Polonceau et Bélanger. — 2 vol. in-4°. — Paris.

—

518. — Chemin de fer de Paris a Rouen. — Le 19 avril, on apposa dans le département de la Seine des affiches annonçant une enquête ouverte, du 21 avril au 22 mai, à la sous-préfecture de Saint-Denis, au sujet du chemin de fer projeté de Paris à Rouen, Le Havre et Dieppe. — Le *Journal de Rouen* du 15 avril annonce que la chambre de commerce de Bolbec vient de se prononcer en faveur du tracé Riant et contre le tracé du gouvernement par la vallée de la Seine, ainsi que l'avaient déjà fait les chambres de commerce de Rouen et du Havre.

—

519. — Projet de chemin de fer de Paris a Rouen au Havre et a Dieppe par la vallée de la Seine. — Consultation sur les attributions des commissions d'enquête. (Comp. Riant.) Signé Ph. Dupin et Delangle. — In-4°. — Paris. — Moreau.

—

520. — Soumission de la compagnie du chemin de fer de Paris a la mer par la vallée de la Seine (*représentée par M. Riant.*) — In-folio de 20 pages autographiées. — Paris.

—

521. — Lettre du soumissionnaire du chemin de fer de Paris a la mer par la vallée de la Seine, a M. le directeur général des ponts et chaussées, sur des erreurs signalées dans le profil du chemin de fer par la direction de Gisors. Signé : Polonceau et Bélanger. 3 mai. — In-folio. — Paris. — Moreau.

—

522. — Chemin de fer de Paris a la mer par la vallée de la Seine. — Extrait des délibérations des conseils municipaux, des chambres de commerce de différentes villes et des commissions d'enquête des départements de l'Eure, de Seine-et-Marne, de la Seine-Inférieure et de la Seine. — *Mai.* — In-folio. — Autographie.

—

523. — Projet de chemin de fer de Paris a Rouen, au Havre et a Dieppe par la vallée de la Seine. Note relative aux erreurs signalées par M. le directeur

DES PONTS ET CHAUSSÉES DANS LE PROFIL GÉNÉRAL JOINT AU MÉMOIRE, PUBLIÉ RÉCEMMENT SUR CE PROJET. *(Compagnie Riant)*. In-folio. — Paris. — Moreau.

—

524. — MÉMOIRE AU ROI SUR LE CHEMIN DE FER DE PARIS A LA MER PAR LA VALLÉE DE LA SEINE par la Société libre d'émulation du commerce et de l'industrie de la Seine-Inférieure. — In-4°. — Rouen. — Piron.

—

525. — PROJET DE CHEMIN DE FER DE PARIS A ROUEN, AU HAVRE ET A DIEPPE, PAR LA VALLÉE DE LA SEINE AVEC EMBRANCHEMENT SUR LES VILLES DE PONTOISE, DE MEULAN, DE GISORS, DE LAROCHE-GUYON, DES ANDELYS, D'EVREUX PAR LOUVIERS, D'ELBEUF, D'YVETOT ET DE BOLBEC. — In-4°, 10 feuilles 3/4. — Paris. — Les auteurs de cette étude, datée du 1er février 1836, sont MM. Polonceau et Bélanger, qui y ont dépensé, sans nécessité, beaucoup de technicisme, tandis que la question était purement financière et commerciale. Mais, à cette époque, tout ingénieur qui se respectait, se croyait obligé de reprendre *ab ovo* tous les problèmes de tracé, de construction et de traction. M. Polonceau n'avait garde de manquer à cette obligation et la vérité est qu'il connaissait à fond tout le côté théorique de la question. Le chemin de la vallée de la Seine devait envoyer des embranchements à Pontoise, Meulan, Gisors, les Andelys, Louviers, Evreux, Elbeuf, Yvetot et Lillebonne-Bolbec. « On part de Paris, disait la description du tracé, par la rue Saint-Lazare, près de l'impasse Bisset (terminus de Saint-Germain), on traverse les terrains de Tivoli, on passe en tunnel sous le boulevard extérieur et sous les Batignolles et, de là, on se dirige à la place de Clichy, au-dessus du chemin de la Révolte. A partir de ce point deux tracés différents ont été étudiés : le premier par Saint-Denis, Epinay et au-dessus d'Argenteuil, — le second traverse la Seine au-dessous de Clichy et passe entre Gennevilliers et Colombes, traverse une seconde fois la Seine au-dessous d'Argenteuil, et rejoint le premier tracé entre le Bourg et le Marais. On se dirige alors sur Maisons, on traverse une troisième fois la Seine et on coupe la forêt de Saint-Germain en se dirigeant sur Pontoise ». Il y avait beaucoup d'objections à faire à ce tracé. Mais il est à remarquer que le choix de la tête de ligne de Saint-Germain avait été fait avec une telle entente de la question de pénétration dans Paris, que beaucoup d'entreprises sérieuses pensaient à s'y relier. On comprenait que la gare Saint-Lazare était une gare d'avenir, au centre d'un quartier dont elle allait être le noyau.

—

526. — EXPOSÉ DES PRINCIPAUX MOTIFS QUI ONT DÉTERMINÉ LE CHOIX DU TRACÉ D'UN CHEMIN DE FER DE PARIS A ROUEN, AU HAVRE ET A DIEPPE PAR LA VALLÉE DE LA SEINE. — In-4°, 5 feuilles. — Paris. — C'est ce tracé, un instant écarté par suite de l'influence de M. Passy, propriétaire à Gisors, qui a, depuis, été exécuté.

527. — RAPPORT FAIT AU CONSEIL MUNICIPAL DANS SA SÉANCE DU 12 AOUT 1836 SUR LE CHEMIN DE FER PROJETÉ DE LYON A MARSEILLE, par M. Paul Autran. — In-8°, 1 feuille. — Marseille. — C'est dans un style fleuri que ce conseiller municipal appuyait auprès de ses collègues, qui lui donnaient raison, le tracé de Lyon à Marseille, dû à l'ingénieur des ponts et chaussées, Kermaingant, tracé qui est, à peu de chose près, celui qui a été exécuté douze ans plus tard après une série de vicissitudes. « On sait, disait M. Autran, que l'établissement des grandes routes en France (?) et en Angleterre fut la source d'une amélioration très surprenante et produisit une sorte de révolution; que sera-ce si tous les chemins de fer que l'on médite en Europe, viennent à s'exécuter? Ces nombreux projets, cette vive impulsion semblent mettre notre ville dans la nécessité de s'y associer. Elle est le centre du commerce de la Méditerranée, elle a des relations dans l'Inde, elle a des rapports suivis avec l'Amérique, le Levant et l'Egypte. La possession d'Alger semble avoir été acquise pour elle. Tout cela n'impose-t-il pas l'obligation d'accélérer et de présenter les moyens de communiquer avec tous ceux à qui elle donne ou de qui elle reçoit? La réponse ne saurait être douteuse? » C'est le prendre de haut pour un simple dire dans une enquête.

—

528. — CHEMIN DE FER D'ALAIS A LA GRAND-COMBE. — Ordonnance du 12 mai 1836, concédant à la Société des mines de la Grand-Combe, pour 99 ans, un chemin de fer de la rive gauche du Gardon à la Grand-Combe, à la *Grande-Tronche*. — Tarif : voyageurs 0.12 par tête et par kilomètre; houille et minerai 0.12 par tonne; marchandises à la remonte 0.17 ; à la descente 0.15. — Cautionnement : 150,000 francs.

—

529. — NOTE SUR LES MINES ET LES CHEMINS DE FER DU GARD. — In-4°, 7 feuilles, plus un plan. — Paris.

—

530. — ETUDE D'UN CHEMIN DE FER D'AIX A TARASCON. RAPPORT FAIT PAR M. BERNARD AU CONSEIL MUNICIPAL DE LA VILLE D'AIX. — In-4°. — Aix. — Tavernier.

—

530 *bis*. — PROCÈS-VERBAUX DES SÉANCES DE LA CHAMBRE DES DÉPUTÉS. — *Chemin de fer de Cette à Montpellier*. — Projet de loi présenté le 9 mai. — Commission. — Rapport de M. Mallet, le 24 mai. — Discussion le 11 juin. — Ont été entendus : MM. Arago, Legrand (Manche), Passy et de Salvandy. — Adoption le même jour. — Loi du 9 juillet 1836.
Chemin de fer de Paris à Versailles. — Projet de loi présenté le 9 mai. — Commission. — Rapport par M. Salvandy, 6 juin — Discussion le 13 juin. Ont été entendus : MM. Anisson, Arago, Bérigny, Bureaux de Puzy, Chasles, Demarçay, Demonts, Jaubert, Legrand, Lemaire, Lherbette, Mathieu, Passy, de Salvandy, Salverte, Talabot, Teste, Vatout, Vivien. — Adoption le même jour. — Loi du 9 juillet.

531. — ANNALES DES MINES. — Note sur l'air chaud considéré comme un moteur plus économique que la vapeur, par M. Burdin. — IX-421.

—

532. — ECHO DU MONDE SAVANT. — Article sur le chemin de fer projeté pour l'isthme de Panama et sur le chemin de fer de Paris à la frontière de Belgique. — Ce journal était hebdomadaire. Il avait pour directeur et principal rédacteur, Nérée Boubée, géologue, savant catholique, apostolique et romain.

—

533. — MAGASIN PITTORESQUE. — Chemin de fer de Paris à Saint-Germain. Premiers plans de la compagnie concessionnaire. Façade de l'entrée que devait avoir le chemin sur la place de la Madeleine.

—

534. — JOURNAL DES SCIENCES MILITAIRES. — On lit à la page 188 du XIVᵉ volume de la seconde série, la note suivante : « Le rédacteur de la *Gazette de Darmstadt*, du 17 février 1836 (n° 14), développe, dans un article de quelque étendue, l'opinion, que les chemins de fer sillonnant en tous sens un pays, à partir d'un point central avec des communications réciproques entre les points de la frontière, constitueraient un excellent moyen de défense de ce pays. A l'aide d'un tel système de communications intérieures, une armée très faible en nombre pourrait résister à une armée envahissante beaucoup plus nombreuse ».

—

535. — BULLETIN DE LA SOCIÉTÉ D'ENCOURAGEMENT POUR L'INDUSTRIE NATIONALE. — Prix de 300 francs donné par l'Académie de Lyon à M. Alexandre Fournet de Rive-de-Gier. — Brevets anglais : Bergin, ingénieur, Dublin, 4 mars et 27 mai 1835, machines locomotives et chemins de fer; — Booth, Liverpool, 16 décembre, locomotives et voitures pour chemins de fer; — Carpmael, Londres, 16 décembre, locomotives; — Gray, Liverpool, le 29, fourneau fumivore de locomotive; — Coles, Londres, 16 décembre, locomotives; — Day, Peckan, 22 janvier, chemins de fer; — comte de Dundonald, Londres, 5 novembre, locomotives; — Mason, Camdentown, roues, boîtes et essieux pour chemins de fer; — Pinkus, Londres, locomotives; — Prin, Gateshead, chemins de fer; — Regnolds, Oackwood, chemins de fer.

—

536. — ORDONNANCE du 26 juin 1836, concédant à M. Charpentier l'autorisation de construire un chemin de fer de Villers-Cotterets à Port-aux-Perches, sur l'Ourcq. Le cahier des charges est du 23 mai 1836 et la durée de la concession est limitée à 99 ans, avec cautionnement de 40.000 francs et tarif kilométrique de 0.16 par tête pour les bestiaux et 0.18 pour les marchandises, dont la principale devait être la pierre meulière.

537. — CHEMIN DE FER DE VILLERS-COTTERETS A PORT-AUX-PERCHES. — Prospectus avec carte. — In-8°. — Soissons.

—

538. — CHEMIN DE FER DE BOURG A LYON. — Un arrêté du préfet de l'Ain en date du 4 janvier, ouvrit une enquête à Bourg et à Trévoux, sur le projet de chemin de fer de Bourg à Lyon préparé par M. Hageau. Le devis montait à 1.700.000 francs. On comptait sur 80 tonnes de marchandises et 160 voyageurs par jour.

—

539. — OFFICE DE PUBLICITÉ. — *Hebdomadaire.* — *In-folio, 8 pages.* — *15 francs.* — *Boulevard Montmartre, 9.* — C'est un des plus importants journaux *financiers* qui aient paru sous Louis-Philippe. — L'homme qui s'était embarqué dans cette feuille retentissante, était un ancien trompette, ancien cavalier de la garde royale, retraité avec 400 francs comme sous-officier de la garde municipale; il s'appelait Dessertine et on l'accusait de pratiquer le *chantage*. Il résista pendant dix ans à 150 procès, et à côté d'insinuations perfides contre des entreprises respectables, il faut bien reconnaître que le plus souvent, s'il diffamait, il ne calomniait pas. Il y avait en effet beaucoup à dire, et un régime qui voyait éclater dans ses plus hautes sphères des scandales tels que ceux du prince de Berghe, du colonel Gudin, du ministre Teste et de cent autres, ne comportait pas dans ses étages inférieurs, une moralité rigoureuse. Pour beaucoup de ceux qu'il avait signalés, Dessertine ne fit que devancer la police correctionnelle. Les chemins de fer qui étaient facilement accessibles, occupent une grande place dans le journal de Dessertine, qui se chargeait également des opérations financières de ses abonnés, lesquels ne devaient pas lui en confier beaucoup.

—

540. — LE FLANEUR. — *Publicité, fortune, commerce, industrie.* — Paris. — 2 sous. — Bi-hebdomadaire. — Un an, 15 fr. — Rue des Colonnes, 1. — Nombreux articles sur l'avancement des travaux du chemin de fer de Saint-Germain. — Nouvelles intéressantes et jugements du tribunal de commerce où le coq à l'âne semble raisonner dans la forêt de Bondy. Il y a beaucoup à y glaner pour l'histoire financière et commerciale de cette époque de transition entre le vieil agiotage de grand chemin et la spéculation moderne.

—

541. — REVUE MENSUELLE D'ÉCONOMIE POLITIQUE. — Long article de Fix sur la session des conseils généraux de l'agriculture, des manufactures et des arts, et sur la nécessité de diminuer les droits sur les fers ou d'en produire pour les besoins des chemins de fer. — Article de Fix contre *l'erreur commise* en créant à la fois deux chemins de fer de Paris à Versailles. Ce duplicata était peut-être prématuré, mais inévitable et nécessaire, étant donnée l'étendue des deux villes à mettre en communication, à peine de laisser l'avantage au *coucou* qui allait de domicile à domicile.

—

542. — JOURNAL DE L'INDUSTRIEL ET DU CAPITALISTE destiné à traiter sous le rapport technique et financier, des entreprises de travaux publics et des grandes industries, publié par une société d'ingénieurs civils, sous la direction de MM. A. Perdonnet, Eugène Flachat, Jules Burat, Amédée Burat. M. Jules Burat, rédacteur en chef. — Mensuel. — In-8°. — Paris et Strasbourg. — Levrault. — Cette intéressante et remarquable publication eut 12 numéros en 1836. Outre une chronique très bien nourrie des chemins de fer du monde, nous y citerons : une description complète des travaux du chemin de fer de Saint-Germain, des articles de Perdonnet sur les chemins de fer, de Mellet sur les chemins de fer des Etats-Unis, de Jules Burat sur l'entrée des rails en franchise, d'Eugène Flachat sur l'industrie du fer, d'Achille Guillaume sur les tarifs des chemins de fer, de Mellet sur le chemin de fer de Paris à Rouen, de Paulin Talabot sur l'exploitation des chemins de fer et une description des chemins de fer de Versailles. On y trouve également le plan du chemin de fer de Saint-Germain et une vue en perspective des ponts projetés sur les rues Saint-Nicolas et des Mathurins pour le passage du chemin de fer jusqu'à la place de la Madeleine.— Le dernier numéro parut en décembre 1837. — La citation qui va suivre donnera une idée du diapason sonore qui était celui de cette remarquable et trop éphémère publication :

« Un débat soulevé par un journal quotidien, entre M. Boigues, propriétaire des belles usines de Fourchambault, et M. Pereire, concessionnaire du chemin de fer de Saint-Germain, a fourni sur ce point (importation des rails étrangers) des lumières qui nous serviront dans notre examen. On conçoit en effet qu'il ne s'est plus agi entre eux d'une discussion purement spéculative. Le différend était entre le directeur du seul chemin de fer que nous ayons en construction, et l'un des principaux propriétaires d'usines à fer. La question était toute pratique et ce sont les chiffres qui pouvaient seuls être admis comme arguments. La première partie de la question, celle du prix comparatif des rails, a donné lieu à une polémique en quelque sorte personnelle entre M. Boigues et M. Pereire. Un journal avait annoncé que les concessionnaires du chemin de fer de Saint-Germain avaient proposé à une célèbre usine de la Nièvre, celle de Fourchambault, de fournir des rails à un prix de 50 0/0 plus élevé qu'en Angleterre, et que cette proposition avait été refusée ; M. Boigues répond qu'on lui a adressé, en effet, une offre semblable, mais qu'il l'a acceptée. Voici comment M. Pereire rétablit les faits : « M. Boigues prétend qu'il n'a pas refusé, et qu'au contraire il est prêt à accepter une commande de notre compagnie, à 50 0/0 plus cher que ne valent actuellement les fers en Angleterre. Nous lui répétons ce que le soussigné lui a dit de vive voix, qu'il ne s'agit pas du prix que les fers valent actuellement en Angleterre, mais bien de celui

qu'ils valaient un mois après que la compagnie avait fait une tentative inutile pour traiter avec lui. A cette époque, MM. Gordon et Cⁱᵉ, de Cardiff, nous offraient de nous fournir la totalité de nos rails dans un délai très court, et au prix de 9 liv. 15 s. par tonne de 1.015 kil., ce qui représente 245 fr. par 1.000 kilog. C'est en prenant ce prix pour base et en l'augmentant de 50 0/0, que nous avons offert et que nous offrons encore à M. Boigues de nous livrer 600.000 kil. de rails pris à son usine ». Venons actuellement à la seconde partie de la question : Le conseil général des manufactures a décidé, et M. Boigues a répété dans sa lettre, que nos usines sont en état de fournir à tous les besoins que les chemins de fer peuvent susciter ; il a cité, à ce propos, les chemins de Saint-Etienne à Lyon, de Roanne à Andrézieux, chacun de quinze lieues de longueur et en grande partie à double voie ; celui d'Epinac de sept lieues de long, qui ont trouvé les fers qui leur étaient nécessaires, soit au Creusot, soit dans les diverses usines de l'arrondissement de Saint-Etienne, sans qu'il ait été besoin de recourir à l'étranger. « C'est mal présenter, dit M. Pereire, la comparaison des chemins déjà construits en France avec ceux qu'on aura à construire, que de parler seulement de leur longueur. M. Boigues sait fort bien que toutes les barres de ce métal d'une égale longueur n'ont pas le même poids ; de même les chemins de fer ne doivent pas se mesurer à la lieue. Le chemin d'Epinac, par exemple, qu'on a le plus cité dans le sein du conseil général, en omettant de dire qu'il n'avait qu'une voie, a employé moins du quart du fer qui sera nécessaire pour le chemin de Saint-Germain. Or, comme le chemin d'Epinac a été construit en cinq ans et que le chemin de Saint-Germain sera établi en un an, il en résulte que ce chemin, qui n'a que cinq lieues, aura vingt fois plus de difficulté que le chemin de sept lieues d'Epinac à obtenir du fer propre à sa construction. Pour résumer par des chiffres, l'importance croissante de l'emploi du fer dans les railways établis ou à établir, nous donnerons le poids du mètre courant du rail employé sur divers chemins :

Chemin d'Epinac........	11 kilog. par mètre
Chemin de Saint-Etienne.	13 kil. 20 —
Chemin de Roanne......	13 kil. 20 —
Chemin de Liverpool ...	17 kil. —
Chemin de Saint-Germain.	30 kil. —

« Lorsque notre projet a été adopté par les Chambres, nous comptions donner un poids de 18 kil. par mètre à nos rails ; dans ce cas, la commande de 1.100.000 de kil., — que depuis nous avons faite à Decazeville, — eût à peu près suffi, mais l'expérience des chemins anglais en construction, celle même du chemin de Liverpool à Manchester, où l'on va remplacer les rails de 17 kil. par d'autres pesant 30 kil., nous a déterminés à adopter un système qui présentait plus de garantie de durée et de solidité. Nous ajouterons encore que la Compagnie du chemin de fer de Saint-Etienne va supprimer tous les rails de 13 kil. et les remplacer par des rails de 24 kilog. » M. Pereire a donné, à ce sujet, un conseil prudent à nos maîtres de forges qui feront bien d'en profiter.

« Qu'on y prenne garde, a-t-il dit, il est plus qu'on ne pense peut-être, dans l'intérêt des maîtres de forges eux-mêmes, que le droit des rails soit supprimé, car, s'il était maintenu, il en résulterait une telle hausse sur les fers en France, qu'au lieu d'une exception, le pays demanderait peut-être le renversement complet du système protecteur. Un rapprochement bien simple en fournira la preuve. Depuis quatre mois la hausse sur les fers en Angleterre a été de 40 0/0 par suite des commandes pour les rails ; si le même effet était produit en France sur une production totale de 170.000.000 de kil., qui se vendent aujourd'hui à un prix moyen de 400 francs par tonneau et qui forment un capital de 68 millions, l'impôt, représenté par cette augmentation de prix, et qui serait supporté par toutes les industries qui consomment du fer, serait de plus de 27 millions par an ; en supposant seulement une hausse de 20 0/0, il serait encore de 13.600.000 francs par an. Ainsi donc la question peut se résoudre de deux manières, suivant le point de vue auquel on se place. Veut-on n'envisager seulement que la propagation des chemins de fer ? Il faut affranchir les rails étrangers. Veut-on réserver les intérêts des fabricants de fer ? Il faut alors réduire les droits de moitié au moins, mesure qui empêchera la hausse et qui laissera aux usines françaises une protection suffisante pour entrer en concurrence avec les producteurs anglais dans la fourniture des rails. »

—

543. — Le Censeur judiciaire et financier. — Journal hebdomadaire, 20 fr. par an. — Directeur : Fournier Verneuil, rue Neuve des Petits-Champs, 60. — Nous lisons dans le n° du 6 février : « M. l'abbé La Cordaire dans son dernier sermon sur la *Charité*, accuse les chemins de fer de la masse de pauvres qui afflige Paris.

On ne s'attendait guère
A voir les chemins de fer dans cette affaire.

« Les chemins de fer ne sont encore que sur le papier. Mais ce qui n'est pas seulement sur le papier, ce sont les quatre cents millions pillés par Aguado sur la basse classe parisienne. C'est Aguado qui a porté la misère et la désolation dans vingt mille familles. C'est Aguado qui peuple les hôpitaux et les bagnes. Jamais prédicateur n'eut sous la main un pareil sujet d'oraison. Si du haut de la chaire évangélique, M. l'abbé La Cordaire n'ose pas foudroyer ce pharisien, je m'en charge. » M. Aguado avait émis un emprunt espagnol. M. Fournier Verneuil avait, comme on le voit, devancé notre époque. C'était un précurseur : par son style, ses exagérations et même ses mensonges, il eut été digne de *tenir* un journal dans cet an de grâce, car aujourd'hui on *tient* un journal à l'instar d'une boutique. Le censeur s'en prenait également aux notaires, aux avoués et aux huissiers, et sa collection qui comprend deux années, est un précieux document à consulter sur cette période féconde en scandales de tout genre qui atteignirent leur zénith, en 1847, l'an dix-huit de la *monarchie selon la Charte*.

544. — L'Actionnaire. — Le premier numéro de ce journal décadaire, parut le 10 décembre 1836, format in-8°. La publication continua jusqu'à la fin de 1838. Il y en eut même une seconde édition mensuelle de 1837 à 1838. On y trouve des renseignements très intéressants sur les étonnantes affaires de l'époque, le *Lait de Normandie*, le *Catholicisme*, le *Bleu de France*, (antagoniste du *Bleu de Prusse*) et autres commandites suggestives. M. François, le directeur, acidulait son encre pour parler des chemins de fer et vitupérait volontiers les gros bénéfices des capitalistes. Quant à lui, il s'était contenté, après la publication de dix numéros, d'apporter sa feuille en société par actions au capital de 170,000 fr. dont 150,000 représentaient l'apport de sa collection et de sa clientèle ! Il est vrai de dire que tout cela était fictif suivant la morale des faiseurs. La liquidation de l'établissement, un an après, ne laissa aucun résidu. L'*Actionnaire* est un témoin à la façon de Procope, qu'il est bon d'entendre sur cette période dont Louis Reybaud a esquissé le profil économique dans *Jérôme Paturot à la recherche d'une position sociale*.

—

545. — Annales des ponts et chaussées. — Premier semestre. *Note sur les machines à vapeur de Savery*, par M. Championnières. — *Note sur les machines à vapeur de Savery*, par M. Colladon. — *Nouvelles considérations sur l'emploi des machines locomotives dans les chemins de fer et sur l'influence des pentes diversement inclinées relativement à la dépense du transport*, par M. Navier. — Deuxième semestre. *Calcul de la vitesse des machines locomotives sur les chemins de fer*, par M. Fèvre.

—

545 *bis*. — Moniteur Universel. — *Tables :* chemins de fer. — Dépôt à la préfecture de l'Ain d'un projet de chemin de fer de Bourg à Lyon, p. 13. — Opposition du gouvernement prussien à l'établissement de toute espèce de chemin de fer, p. 22. — Brevet d'invention et de perfectionnement accordé par la Chambre aulique impériale et royale à l'architecte Pins de Rigel, p. 88. — Détail des titres qui le lui ont fait obtenir, *ibid*. — Prix courants des actions de chemins de fer en Angleterre, p. 94. — Soumissions pour le projet du chemin de fer de Mayence à Wiesbaden, p. 304. — Examen des projets de chemins de fer de Paris à Versailles, p. 346. — De celui de Paris à Tours par Chartres, p. 473. — Projet d'un chemin de fer de Venise à Milan, p. 699. — Enquête sur un projet de chemin de fer de Paris à Rouen, Le Havre et Dieppe par la vallée de la Seine, p. 851. — Inauguration de celui de Bruxelles à Anvers, p. 1022. — Opinion des chambres consultatives du Havre et de Bolbec, sur l'utilité du chemin de fer entre Paris et la mer, p. 1251. — Notice sur les chemins de fer, et notamment celui de Paris au Havre, p. 1890. — Chemin de fer de Saint-Germain-en-Laye. — Détails sur les travaux actuels, p. 37, 162. — Le tracé de chemin de la Madeleine à la place de Tivoli, p. 243. — Jugement d'expropriation de pro-

priétés destinées à l'établissement du chemin de fer dans les communes de Clichy, Asnières, Colombes et Nanterre, p. 451. — Détails des travaux en activité, *ibid.*, et 487, 763 et 868.— Accident et perte de trois ouvriers au tunnel de Tivoli, p. 1033.— Expropriation de quelques terrains dans les Batignolles, p. 1241 et 1313. — Enquête sur un projet de modification d'une partie du tracé de ce chemin, p. 1242. — M. le préfet de la Seine, M. Dupin, plusieurs membres de la Chambre et du conseil municipal, visitent le chemin de fer depuis Paris jusqu'à Asnières, p. 1283. — Enquête sur le projet d'une nouvelle entrée du chemin de fer dans Paris, p. 1570.— Détails sur les travaux actuels, p. 1633, 1696, 1750, 1810, 1901, 2029, 2079, 2119, 2197. — CHEMIN DE FER DE PARIS A VERSAILLES. — Examen des divers projets de ce chemin, p. 346. — Détail de ce qui s'est passé dans le conseil municipal de Versailles relativement aux plans présentés pour ce chemin, p. 469. — Présentation à la Chambre des députés d'un projet de loi pour la construction de ce chemin de fer, p. 1034 et 1057.— Rapport, p. 1337. — Adoption, p. 1432.— Présentation à la Chambre des pairs du même projet, p. 1475.—Rapport, p. 1528.— Adoption, p. 1537.

—

546. — REVUE BRITANNIQUE. — *Les chemins de fer en Angleterre et aux Etats-Unis* (Mars). — *Les chemins de fer en Angleterre* (Août).

—

546 *bis*. — RECUEIL INDUSTRIEL, MANUFACTURIER, AGRICOLE ET COMMERCIAL. — Article sur un projet de chemin de fer de Boulogne à Amiens par John Gibbs, ingénieur anglais, et Émile Wissocq, ingénieur français.

—

546 *ter*. — ANNALES DE LA SOCIÉTÉ POLYTECHNIQUE. — Etude sur le chemin de fer de Manchester à Liverpool.

—

547 — GAZETTE DU HANOVRE. — Ce journal publie dans son numéro du 7 janvier une note officieuse déclarant que le gouvernement prussien voyait avec déplaisir les diverses tentatives faites pour construire des chemins de fer en Allemagne. Cette innovation dont on ne saisissait pas encore bien la portée, aurait pour effet, suivant les augures de Berlin, de mettre à néant des droits acquis, de déplacer des intérêts, de bouleverser des positions respectables et de détruire l'organisation postale du pays qui avait fait ses preuves et qui était entre les mains de l'autorité un puissant moyen d'action. On s'étonna beaucoup de ce langage en contradiction avec l'empressement précédemment témoigné par Frédéric-Guillaume III, et on attribua cette reculade à la crainte de voir la centralisation des voies ferrées se faire ailleurs qu'à Berlin et enfanter ainsi une capitale allemande, qui ne serait point celle dont l'ambition des Hohenzollern avait fait choix. A Mayence, le génie militaire se montra hostile au projet du chemin de fer

de Wiesbaden dont 2,500 actions furent cependant souscrites en un jour dans la ville, célèbre par ses jambons et par la capitulation de Hoche

—

547 *bis*. — LE BELGE. — Ce journal de Bruxelles raconte, à la date du 5 mai, l'inauguration du chemin de fer de Bruxelles à Anvers, sur tout le parcours de la ligne. Il ne restait plus à terminer que le chemin de fer de Bruxelles à la fontière de Prusse, pour compléter la voie de transit, depuis si longtemps désirée par le commerce allemand.

—

548. — JOURNAL DE VIENNE (Autriche). — Cette feuille, dans son numéro du 7 janvier, annonce que le conseil aulique vient d'accorder à un sieur Pius, de Rigel, un brevet de cinq ans pour un système de chemin de fer économique, franchissant des rampes de 0,03, tournant sur lui-même et ne pouvant jamais dérailler.

—

549. — JOURNAL DU COMMERCE (Paris). — Ce journal donnait, dans son numéro du 12 janvier, les cours affriolants et suggestifs des principaux chemins de fer anglais. Les actions de 100 livres du chemin de fer de Liverpool à Manchester en valaient 240, — celles de 20 du chemin de fer de Londres à Greenwich, 28, — celles de 45 de Londres à Brempton, 97, — celles de Londres à Brighton de 5 livres, 9. Un seul était au pair, le Londres à Birmingham et un seul était en perte, celui de Londres à Southampton, dont les actions de 15 livres n'en valaient que 12.

—

550. — REVUE DE PARIS. — *Un chemin de fer de Paris à Rouen, par Victor Charlier. (Juin).* — Récit humoristique d'une excursion faite en compagnie des ingénieurs qui étudiaient les tracés des chemins de fer. — Aucune intuition de l'importance de ces voies de communication.

—

551. — COURS AUTHENTIQUE DE LA BOURSE DE PARIS. — *Cours moyen des actions des chemins de fer à la Bourse de Paris.* Décembre : Saint-Germain (actions de 500 fr.) 570 fr.

—

552. — ACADÉMIE DES SCIENCES. — *Esquisse d'un système hydraulique de mouvement sur les chemins de fer, par Taurinus.* (18 avril 1836). — L'Académie renvoya la chose sans explication à une commission composée de MM. Navier, Poncelet, Séguier. Dans la séance du 14 mars, nouvelle note du même Taurinus. Il n'en fut plus question. — *Considérations sur les chemins de fer, par Henry.* Note communiquée à l'Académie des sciences (25 avril 1836). — Architecte à Boulogne, M. Henry était le promoteur de l'idée du chemin de fer de Boulogne à Marseille, comme anneau de la grande communication d'Edimbourg à Bombay et, comme l'abréviation du trajet devait abréger les pénalités du voyage, il croyait être dans le cas de concourir pour le prix fondé en faveur des découvertes tendant à rendre les arts et métiers moins insalubres. C'était un peu tiré par les cheveux, mais sa prétention même était un moyen de se faire de la réclame *per absurdum.* — *Note sur le système Laignel.*— Note sur les courbes dans les chemins de fer, par Laignel, déposée dans la séance du 19 décembre et renvoyée à une commission composée de MM. Arago, Séguin et Mathieu.

—

553 — CHEMIN DE FER DE SAINT-GERMAIN, *3 planches lithographiques. — Paris. — Adrien.*

—

554. — CHEMINS DE FER. — *(2 lith.). — Arras. — Degeorges.*

—

555. — VOITURE A VAPEUR. — *Paris. — Saussaye.* (Lithographie).

—

556. — MONTAGNE CIRCULAIRE AÉRIENNE POLONAISE. — *Lyon. — Gabiau. —* (Gravure).

—

557. — VOITURES ET CHEMIN DE FER. — *Lyon. — Béraud. —* (Lithographie).

—

558. — CARTE DU CHEMIN DE FER. — *Lyon. Béraud.* — (Lithographie).

—

559. — BREVET D'INVENTION DE 15 ANS (20 février) au sieur *Stoddar (Jean)*, à Paris, pour une machine locomotive.

—

560. — BREVET D'INVENTION DE 10 ANS (8 mars) au sieur *Collam (James)*, à Rouen, pour une machine à vapeur pouvant s'adapter à tous les usages.

—

561. — BREVET D'IMPORTATION DE 15 ANS (13 avril) au sieur *Joel Spiller*, à Londres, pour des perfectionnements aux chaudières à vapeur.

—

562. — BREVET D'INVENTION DE 15 ANS (21 avril) au sieur *Clavière (Jean-Baptiste)*, pour un système perfectionné de chaudières à vapeur.

—

563. — BREVET D'INVENTION DE 15 ANS (11 mai) au sieur *Wronski (Hoëné)*, pour un nouvel agent de locomotion générale.

—

564. — BREVET D'INVENTION DE 10 ANS (25 juin) au sieur *Cabarrus (Dominique-Adrien)*, à Bordeaux, pour un système de rails en fer portatifs, formant des chemins de fer mobiles pour toute espèce de voitures.

—

565. — BREVET D'INVENTION DE 15 ANS (17 août) aux sieurs *Menier frères*, à Bordeaux, pour un moteur fluido-statique destiné à remplacer les moteurs connus.

—

566. — BREVET D'INVENTION DE 5 ANS (29 août) aux sieurs *Chaulaire père et fils*, à Paris, pour un moteur universel.

—

567. — BREVET D'IMPORTATION DE 10 ANS (30 août) aux sieurs *Edwards et Chanter*, à Paris, pour une chaudière à vapeur perfectionnée.

—

568. — BREVET D'IMPORTATION DE 10 ANS (13 septembre) aux sieurs *Edwards et Chanter*, à Paris, pour une chaudière perfectionnée avec un foyer brûlant la fumée du combustible employé et pour une roue métallique, le tout applicable aux locomoteurs marchant sur des rails ou chemins de fer ou sur des routes ordinaires.

—

569. — BREVET D'INVENTION DE 15 ANS (24 septembre) au sieur *Wronski (Hoëné)*, à Paris, pour des roues à rails mobiles.

—

570. — BREVET D'INVENTION DE 15 ANS (28 septembre) au sieur *Saint-Denys (François)*, à Paris, pour une machine locomoteur pouvant être conduite par des hommes ou des animaux, augmentant elle-même sa force à volonté.

—

570 *bis.* — BREVET D'INVENTION DE 10 ANS (28 octobre) au sieur *Vinot (Louis)* pour un système de voitures à vapeur sur route ordinaire.

—

571. — BREVET D'INVENTION DE 15 ANS (31 octobre) au sieur *Sire (Louis-Victor)*, à Lure (Haute-Saône), pour des perfectionnements dans la construction des hauts fourneaux.

—

571 *bis.* — BREVET D'IMPORTATION DE 15 ANS (16 novembre), au sieur *Bronner (Pierre-Alphonse)*, pour des procédés de conservation du bois.

—

572. — BREVET D'IMPORTATION DE 10 ANS (19 novembre) au sieur *Cabane aîné*, à Marscillan (Hérault), pour un système de chauffage des machines à vapeur.

573. — Brevet d'invention de 5 ans (21 novembre) au sieur *Chaix* (*Etienne*), à Toulon, pour un procédé propre à empêcher les incrustations calcaires dans les chaudières à vapeur.

—

574. — Brevet d'invention de 10 ans (30 novembre) aux sieurs *Chuard et Hamec*, à Paris, pour un moteur hydrargiro-dynamique propre à remplacer avantageusement tous les moteurs connus.

—

575. — Brevet d'invention de 5 ans (8 décembre) au sieur *Gallafert* (*James*), à Paris, pour un flotteur propre à empêcher l'explosion des chaudières à vapeur.

1837

576. — Les chemins de fer, dialogue prononcé dans la séance publique de la Société d'encouragement pour les lettres et les arts, tenue, le 24 novembre 1837, dans la grande salle Saint-Jean de l'Hôtel-de-Ville de Paris, par Paillet (de Plombières). — In-8°. — Paris. — *Athénée des Arts.* — Le dialogue est en vers : c'est une polémique entre *Grandval* et *Saint-Léger* qui veulent se rendre à Saint-Germain, l'un en *accélérée* et l'autre en *chemin de fer.*

Voici comment s'exprime l'Ennemi du progrès :

Vos chers industriels ne savent qu'inventer.
Le pot au feu tout chaud circule dans la ville,
Le long d'un mur s'élève un échafaud mobile ;
A ma porte se creuse un puits artésien ;
Plus loin s'enfle un ballon ; mais tout cela n'est rien,
Si la vapeur ne sait, bravant mille aventures,
Donner le vol de l'aigle à de lourdes voitures ;
Et voilà qu'un wagon, dévorant le chemin,
Rapproche en un clin d'œil, Paris et Saint-Germain.

Après un long échange de propos rythmés, l'Ami du progrès s'écrie :

Voyez de quelle ardeur, dirai-je, quelle ivresse ?
Au bureau du voyage, on se pousse, on se presse !
On assiège la porte, elle s'ouvre trop tard,
On voudrait avancer le moment du départ,
Enfin, billet en main, d'un pas leste, on s'élance,
On prend place aux wagons, l'œil brillant d'espérance,
Déjà l'onde à regret, remplissant son destin,
Se courrouce et mugit dans sa prison d'airain ;
A ce courroux bruyant qui s'exhale en fumée,
La machine va prendre une allure animée.
Au son du cor on part, au gré de la vapeur,
On glisse dans les airs, et personne n'a peur.
Sans crainte, un des premiers, j'ai tenté ce voyage
Devant lequel ici fléchit votre courage,
Chaque jour, des vieillards, des femmes, des enfants,
Descendent d'un wagon, joyeux et triomphants,
Serez-vous plus peureux qu'un père de famille,
Qui devrait s'effrayer pour sa femme et sa fille ?
Dirai-je à tous, de vous : *c'est le roi des poltrons !*
— Vous ne le direz point ; me voilà prêt, partons !

—

577. — Mémoire sur le moyen de faire face au paiement des travaux d'utilité publique votés par les Chambres, et d'opérer simultanément le remboursement et la conversion des rentes cinq pour cent en quatre, contenant un précis des statuts d'une compagnie générale agissant dans le même but avec l'autorisation du gouvernement et sous la surveillance de ses agents supérieurs, et suivi d'un mot sur l'emploi des soldats aux grands travaux publics et sur l'avenir des chemins de fer en France, adressé à MM. les pairs de France et à MM. les députés. — In-4° de 2 feuilles 1/2. — Ce lourd factum, signé Bonafous, est daté de 7 novembre 1837, il a pour épigraphe, une sentence empruntée au célèbre Vatout, l'ami de Louis-Philippe, qui, dans une dissertation sur le château de Versailles, aurait dit en faisant allusion à Louis XIV : « L'argent de tous servait à la satisfaction d'un seul ». M. Bonafous qui paraissait croire que c'était arrivé, y avait ajusté cette devise de mirliton : « L'argent de tous sert au bien de tous (juillet 1830) ». Enfin, au cours de son argumentation, il accouche de cet axiome : « La vapeur est la condensation du temps et de la distance ». Le plan financier de M. Bonafous consistait en un emprunt de 800 millions en bons du trésor, amortissables en 25 ans. On aurait aussi constitué pour exécuter les travaux à l'entreprise, une société anonyme au capital de 800 millions en 800.000 actions de 1.000 francs dont le capital eut été employé en rentes sur l'Etat. Chaque actionnaire aurait reçu un titre produisant 50 francs de rente, et sur la garantie de ce capital, la compagnie se serait fait ouvrir à la Banque de France un crédit en vue des travaux à entreprendre. En résumé : c'étaient trois emprunts pour un et trois capitaux à contenter pour un. En multipliant encore les rouages, on aurait pu finir par laminer le capital de 800 millions sans construire un seul ponton ou aqueduc. Il n'y a pas à s'arrêter à discuter ces anomalies financières, sans vitalité possible.

—

578. — Essai et expériences sur le tirage des voitures et sur le frottement de seconde espèce, suivis de considérations sur les diverses espèces de routes, par J. Dumont, ingénieur des ponts et chaussées. — 1 vol. in-8°. — Paris. — Carilian-Gœury. — L'auteur examine successivement le tirage sur les surfaces unies, — chaussées en empierrement, — les surfaces dures et raboteuses, — chaussées pavées, — les surfaces molles, irrégulières, raboteuses, — terrains sablonneux et chaussées rouagées, — et les surfaces dures et unies, — fer, bois, etc. — Expériences nombreuses, bien faites et judicieusement exposées.

—

579. — Pétition a la Chambre des députés relative : 1° a la répression des abus auxquels donnent lieu les sociétés en commandite ; 2° au mode de concession a adopter pour l'établissement des chemins de fer ; 3° a la réduction de la dette cinq pour cent, déposée sur le bureau de M. le président par M. Merlin (de l'Aveyron). — In-8°. — Paris. — Signataire : Rischmann, 8, rue d'Alger, 25 décembre 1837. — L'auteur, frappé des mécomptes de la spéculation, voulait que l'on constituât, à Paris, un grand conseil, composé des sommités de la finance, du

commerce et de l'industrie, dont le visa eut été nécessaire pour la formation de toute société par actions. Mais comme ce grand conseil n'était pas infaillible, M. Rischmann, en homme avisé, prétendait corroborer la clairvoyance de cette censure préalable, au moyen d'une assurance entre toutes les sociétés par actions, de façon à reconstituer le capital de celles qui ne réussiraient pas : de cette façon, le radical, c'est-à-dire le capital, était *imperdable*, seule la prime serait entrée en jeu et aurait pu susciter des alternatives de perte ou de gain. Ce système devait, suivant ce publiciste, faciliter la construction des chemins de fer où il y eut eu tout à gagner, sans possibilité de rien perdre.

—

580. — DE LA DÉPENSE ET DU PRODUIT DES CANAUX ET DES CHEMINS DE FER. — *De l'influence des voies de communication sur la prospérité industrielle de la France, par le comte Pillet-Will.* — 1 vol. In-4°, et 1 vol. de cartes et planches. — Paris. — Dufart. — C'est l'œuvre d'un millionnaire, œuvre bien imprimée sur beau papier et accompagnée d'une profusion de cartes et de plans, mais c'est aussi une œuvre très judicieuse et qui dénote de la part de son auteur une haute intelligence, avec une expérience consommée, et planant sur le tout, un jugement sain servi par un esprit éclairé. Comme tous les hommes versés dans les questions économiques et financières, le célèbre banquier déplorait l'insuccès des diverses tentatives de construction de chemins de fer qui, sauf pour celui de Paris à Saint-Germain, avaient abouti à de piteux échecs, car les entreprises qui, dans la Loire et dans le Rhône, avaient pu parvenir à mettre leurs lignes en état, ne savaient pas comment les exploiter. C'est dans la façon léonine dont l'administration concevait ses droits à l'égard des concessionnaires, que M. Pillet-Will avait trouvé l'explication de ce phénomène et à cette occasion, il raconte, avec l'amplitude compétente d'un témoin qui a passé par là, les mésaventures de ceux qui s'étaient portés adjudicataires des concessions de canaux formant le système de communications que la Restauration avait cherché à développer en vue de la facilité des transports, car malgré la rectification coûteuse des routes de première classe et l'abaissement systématique des rampes, le roulage sur terre, au moyen de moteurs animaux, était trop dispendieux pour que l'industrie en quête de bon marché absolu et de réduction de ses prix de revient, pût s'en accommoder. Le critique économique recommandait d'aider les entrepreneurs dans leur tâche aventureuse, au lieu de les décourager par une sévérité outrée et une minutie empruntée au répertoire de Bridoison.

—

581. — LOIS EUROPÉENNES ET AMÉRICAINES SUR LES CHEMINS DE FER, par M. Smith, avec une lettre adressée au directeur général des ponts et chaussées sur les travaux publics et sur les chemins de fer de l'Amérique, par M. Michel Chevalier, précédées : 1° Du rapport fait à la commission d'enquête du chemin de fer de Saint-Etienne à Lyon ; 2° du pro-

cès-verbal de la commission d'enquête formée à Lyon ; 3° des conclusions des préfets de la Loire et du Rhône ; 4° d'une notice historique sur les chemins de fer du département de la Loire, par M. Smith ; 5° enfin d'une notice historique et statistique sur les mines de houille de l'arrondissement de Saint-Etienne et sur les moyens de transport de leurs produits, par M. Gervoy. — In-8°, 333-111 p. et un tableau. — Saint-Etienne. — Gonin. — M. Smith était un magistrat du parquet qui s'était révélé mineur et publiciste, à l'occasion d'une commission administrative dont il avait été nommé membre, en raison de ses fonctions. (Voir n° 497.)

—

582. — DES CHEMINS DE FER EN FRANCE à l'occasion des projets de loi soumis à l'examen de la Chambre des députés par M. le ministre des travaux publics. — In-4°. — Paris.

—

583. — SUR LES PROJETS DE LOIS DES CHEMINS DE FER. — In-4°, d'un quart de feuille. — Paris.

—

584. — TRAITÉ DES MACHINES A VAPEUR ET DE LEUR APPLICATION A LA NAVIGATION, AUX MINES, AUX MANUFACTURES, AUX CHEMINS DE FER, ETC. Traduit de l'anglais de Th. Tredgold, avec des notes et additions, par F.-N. Mellet. Seconde édition, revue, corrigée et augmentée d'une section sur les machines locomotives. — In-4° de 46 feuilles 1/2 plus un atlas de 2 feuilles et 12 planches. — Bachelier. — M. Mellet a en effet amélioré sa première traduction parue en 1828 et ses observations sur les locomotives démontrent qu'il avait mis le temps à profit, ainsi que les déboires que lui avait causés son entreprise d'Andrézieux à Roanne. Le livre est encore bon à lire.

—

585. — DES CHEMINS DE FER EN FRANCE, A L'OCCASION DES PROJETS DE LOI SOUMIS A L'EXAMEN DE LA CHAMBRE DES DÉPUTÉS, par M. le ministre des travaux publics, de l'agriculture et du commerce, dans la session de 1837. — In-4° d'une feuille. — Signé : Cartier, rue Coquenard, 15. — C'est la dernière cartouche de M. Cartier, le 12 juin 1837. Récapitulant griefs et passe-droits, l'irascible ingénieur adjurait la Chambre de repousser les projets du ministre. « Députés de la France, disait-il avec quelque emphase, méditez sur l'ensemble de ces faits, et voyez si l'avenir de cette belle création des chemins de fer dans notre pays n'est pas compromis par les graves erreurs de l'administration qui veut imposer des monopoles de tous les travaux d'industrie particulière, en l'absence d'une loi qui mette un terme à son esprit d'envahissement ». La rue Coquenard, qui était le Pathmos du Saint-Jean des chemins de fer, est la rue Lamartine. En 1848, les habitants effacèrent cette appellation symboliquement ridicule, et y substituèrent celle de l'illustre orateur qui conspira avec Ledru-Rollin, disait-il, comme le paratonnerre avec la foudre.

586. — Mémoire sur les différents moyens qui peuvent être employés par l'État, pour intervenir dans l'exécution des chemins de fer en France, contenant des renseignements sur l'affaire du chemin de Paris à Tours. Par M. A. Corréard. — In-8° de 6 feuilles. — Mathias (Augustin). — Cette nouvelle publication de l'intarissable Corréard, était à la fois une œuvre de circonstance et un livre de doctrine, car en même temps qu'il revendiquait âprement *sa ligne* de Paris à Tours, il traçait un croquis des mesures à dicter pour rendre possible la construction du réseau français, qu'il évaluait à 9,470 kilomètres, devant coûter 1,103 millions. Pour assurer la construction des chemins de fer, le remuant ingénieur reprenait un à un les desiderata formulés précédemment par M. Bartholony et y ajoutait le sel un peu gros de son originalité. Il aurait voulu : 1° que le gouvernement renonçât au principe des subventions et y substituât celui de la garantie temporaire d'intérêt sur un capital déterminé ; — 2° que les concessions fussent données sans adjudication aux auteurs de projets et en tout cas que ceux-ci fussent indemnisés, si leurs tracés étaient utilisés en quoi que ce fût ; — 3° que les tarifs n'eussent qu'une durée limitée et que l'on imposât un maximum aux dividendes ; — 4° que les troupes fussent employées à la construction ; — 5° entrée en franchise des rails ; — 6° prohibition des machines étrangères ; — 7° expropriation rapide des terrains ; — 8° participation accordée aux compagnies sans la plus-value des produits des forêts de l'État, comprises dans leur sphère d'action ; — 9° assurance mutuelle entre toutes les compagnies concessionnaires ; — 10° fixation du capital par la loi de concession ; — 11° préférence acquise aux auteurs de projets ; — 12° interdiction de négocier les actions avant l'approbation des statuts. Le grand défaut de cet actif homme d'affaires, c'était de ne pas s'attacher assez à ses idées et de sautiller trop aisément d'une combinaison à une autre. Ainsi, insistant pour qu'on lui octroyât la concession *Paris-Tours*, il sollicitait une loi dans ce sens et se plaçait à une double hypothèse : — 1° concession de 99 ans, garantie d'intérêt de 4 0/0 sur un capital de 30 millions, offrant à ce prix de partir de la Croix-Rouge et de marcher jusqu'à Versailles parallèlement à la ligne de la rive gauche ; ou bien, au lieu de garantie, une subvention de 62,500 francs par kilomètre. Il sommait le gouvernement de l'écouter parce que Tours n'est qu'à « un jour de la Vendée et se trouve sur la route de l'Espagne que nous devons tenir sous notre influence au même titre que la Belgique » ; — 2° concession de 99 ans, sans garantie ni subvention, mais aussi sans cautionnement payable d'avance, offrant d'en consigner le montant dans les trois mois qui suivraient la promulgation de la loi. Le ministre répondit en demandant à M. Corréard un cautionnement de 1,500,000 francs, avant de poursuivre ce dialogue. La brochure, qui est presqu'un volume, se termine par cette flèche imitée du Parthe : « Monsieur le ministre a répondu à ma lettre, à la grande satisfaction des hommes de bourse, par la présentation du projet de loi sur la concession du chemin de fer de Paris à Tours, en adjudication au rabais ».

Cette invocation des *hommes de bourse* est de la tactique de décavé : les financiers eussent eu plus à gagner aux marchés directs et aux concessions, « sous le manteau de la cheminée » qu'aux adjudications, où ils avaient à subir tous les chantages, à satisfaire tous les appétits, et à clore toutes les bouches en les remplissant.

—

587. — Chemins de fer. — Pétition adressée a la Chambre des députés le 20 mai 1837 et a la Chambre des pairs le 28 mai 1837, par Ch.-H. Schattenmann. — In-8° d'une feuille 1/8. — L'auteur de cette brochure était un industriel, directeur des mines de Bouxwiller, membre du conseil général du département du Bas-Rhin. Voici le sommaire de sa dissertation : « Observations sur les inconvénients graves de concéder à des chemins de fer des péages de plus de 30 ans, de stipuler le retrait facultatif des actions à partir de cette époque seulement et au cours de la Bourse, et de faire porter les adjudications sur les subventions du gouvernement, et proposition : 1° de fixer à 5 ans la révision périodique des péages ; 2° de limiter au maximum de 10 0/0 les dividendes annuels des actionnaires ; 3° d'affecter les excédents du produit à l'amortissement des actions de capital et à un fonds de subvention pour l'extension des lignes ; 4° d'accorder, après le remboursement intégral des actions de capital et encore pendant 10 années, 5 0/0 de bénéfices annuels aux actions de jouissance ; 5° de réserver au gouvernement le droit de rembourser en tout temps les actions de capital ». L'auteur terminait par une table de capitalisation d'un franc à 4 0/0 et de 5 francs à 5 0/0, produisant au bout de 84 ans 641 fr. 25 et 6.071 fr. 30 respectivement.

—

588. — Rails mobiles ou chemins de fer mouvants de Hoëné Wronski, prêts à être réalisés sur toutes les routes par leur application immédiate aux voitures et chars quelconques. — In-4° de deux feuilles et demie. — Cette brochure, magnifiquement imprimée, sort des presses de M. Jules Didot. Le mathématicien mystique y explique ses théories de roues *vives* et de roues *élastiques*, ainsi que celle de rails *mouvants*. « Cette invention consiste, dit-il, à détacher tout à fait l'essieu des roues, de leurs jantes, en se bornant, pour ne pas le séparer absolument, à assujettir l'essieu à un mouvement circulaire ou cylindrique autour de l'axe qui passe par le centre des jantes des deux roues opposées. C'est là le principe des rais mouvantes ». Cette démonstration bourrée de signes algébriques, n'est suivie d'aucun graphique, car Wronski qui était la méfiance même et qui ne se sentait jamais en règle avec la législation sur les brevets, était rempli de réticences et renvoyait toujours à l'exécution prochaine de ses modèles de machines ou appareils. « Nos roues élastiques à ressorts solides et hélicoïdes, disait une note finale, sont à peu près terminées chez Philippe, mécanicien, rue Château-Landon, 17 et 19. Les rails mobiles seront construits par M. Wagner. S'adresser pour les commandes à M. Borchart, ingénieur, rue Bellefond, 5 ». Ce messie de la mécanique théorique et pratique

trouvait des gens qui croyaient à ses rêves apocalyptiques. A cette époque, il recevait des subsides des administrateurs de la *Compagnie des Messageries royales* qui, voyant leur industrie menacée par les chemins de fer, espéraient trouver un appareil à vapeur sur route, capable de faire concurrence aux voies ferrées pour le transport des voyageurs. Ce polonais humanitaire marchait à grands pas dans son rêve sans se soucier de la réalité ; mais une simple règle de proportions, faisait écrouler tout cet automobilisme, comme un château de cartes, par la simple juxtaposition comparative des efforts de traction suivant la surface sur laquelle le roulement a lieu.

—

589. — Chemins de fer. — *Le gouvernement doit construire les grandes lignes de chemins de fer en France. Considérations*, par A. Andelle, chevalier de la Légion d'honneur. — In-4° de 2 feuilles. — Cet écrit est daté de Paris, rue Hauteville, n° 5, le 8 novembre 1837. — Homme de confiance de Casimir-Périer, cet ancien ingénieur avait été envoyé en Angleterre par le gouvernement, en 1831, pour étudier la question des chemins de fer et en avait rapporté les éléments d'une brochure enthousiaste que nous avons fait connaître à son heure. « La découverte du salpêtre, de la poudre, disait-il paradoxalement, a changé la face du monde entier. La découverte de la vapeur changera la face du monde entier. C'est une révolution, une vaste et vraie révolution : elle est en pleine marche : que les gouvernements se hâtent d'en prendre la direction » M. Andelle avait-il donc peur que l'on déraillât extra-officiellement ? Son plan était de faire construire les chemins de fer par l'Etat pour les affermer ensuite par période de quinze ans, renonçant ainsi au populaire et classique trois, six, neuf. L'auteur donnait les cours des 38 compagnies anglaises déjà constituées, au capital de 820 millions de francs, dont 16 étaient en perte et 9 seulement en gain sur le pair, à la cote du *stock exchange*.

—

590. — Considérations sur l'exposé des motifs de la loi du 17 mai 1837, portant création d'un fonds extraordinaire pour les travaux publics et sur les effets de cette loi par rapport au crédit public et à l'amortissement de la dette consolidée, par le duc de Gaëte. — In-8° de 4 feuilles 1/4. — Ce financier de la vieille école, imbu des théories de l'ancien contrôle général des finances où la fortune publique était considérée comme le patrimoine du roi et administrée « en bon père de famille », l'ex-ministre de Napoléon Iᵉʳ, disons-nous, ne voulait pas que l'on empruntât sans amortir, et il s'était donné la peine de faire une série de calculs afin de démontrer qu'en 1885, la dette de la France aurait disparu. C'était se faire d'étranges illusions : la dette a décuplé en capital et quintuplé en intérêts. L'amortissement est une chimère que l'on ne saurait plus prendre au sérieux. Il arrivera un moment où la

dette publique, nationale, — départementale, communale et syndicale, — représentera plus de la moitié de la richesse mobilière, et alors il est à craindre que l'idée d'une liquidation générale ne fasse son chemin dans l'opinion, car ceux qui auront à y gagner en dégrèvement, seront dix fois plus nombreux que ceux qui auront à y perdre en revenu.

—

591. — Projet de confection simultanée de six lignes de chemins de fer de Paris aux frontières, par un ancien auditeur au conseil d'Etat sous l'Empire (25 novembre 1837). — In-4° de 3 feuilles. — Ces six lignes, que l'auteur aurait voulu voir décréter *more napoléonico*, étaient celles de : Paris-Le Havre, 50 lieues ; Paris-Lille-Boulogne, 89 ; Paris-Strasbourg, 125 ; Paris-Marseille, 201 ; Paris-Bordeaux, 155 ; Paris-Nantes, 48. Paris eût été le centre artériel de ce réseau de transit avec 668 lieues de poste de développement. La construction aurait dû coûter 800 millions et être achevée en cinq ans au moyen de 64,000 ouvriers, dont 53,000 soldats. Les rails sont comptés à 400 francs la tonne et les journées d'ouvriers à 2 francs en moyenne. Aujourd'hui, les rails valent 120 francs et la moyenne du salaire sur les chantiers est de 5 francs. Le trafic était évalué à 500,000 tonnes à plein tarif et les voyageurs, y compris les nombreux étrangers qui allaient venir en France, à 730 millions d'unités, *lieues métriques*, c'est-à-dire transportées à une lieue. En somme, un roman qui n'était pas excessivement chimérique.

—

592. — Quelques aperçus sur la théorie des chemins de fer. — In-8° d'une demi-feuille. — Signé Billaudel, membre du conseil municipal de Bordeaux. (Voir le n° 618 dont cet imprimé est la primeur).

—

593. — Des chemins de fer considérés comme moyen de défense du territoire français. Orné d'une carte de France. Explication du projet, par le marquis de Sainte-Croix (Félix Renouard). — In-8° de 3 feuilles 1/2 plus une carte. — *Salus populi, suprema lex. Si vis pacem, para bellum.* Telles sont les devises dont M. de Sainte-Croix invoque l'autorité. Ancien officier de cavalerie et riche propriétaire dans les Antilles françaises, cet excellent homme fut un des artisans les plus dévoués de l'abolition de l'esclavage. Il fut aussi le premier à comprendre le rôle stratégique important que les voies ferrées pourraient jouer un jour pour faciliter la défense et l'invasion. Il demandait que Paris fut relié par des chemins de fer *ad hoc*, avec Lille, Metz, Strasbourg, Besançon, Lyon et Toulouse, comme chefs-lieux des armées du Nord, de la Moselle, du Rhin, du Jura, des Alpes et des Pyrénées. Il aurait aussi désiré que tous les ports du territoire fussent en communication avec Paris par la *télégraphie navale*. Il y a loin de là aux dithyrambes officiels des discours d'inauguration, qui assimilaient la locomotive au classique rameau d'olivier. M. de

Sainte-Croix voulait rendre impossible le retour des Cosaques et des Prussiens. Il n'a pas vu 1870. Son fils était alors trésorier-payeur général au Mans.

—

594. — Chemins de Fer de Versailles. — Le *Journal des Débats* nous apprend, à la date du 10 mars, que le conseil municipal de Paris, consulté sur les divers projets de chemin de Paris à Versailles, a choisi, pour la rive droite, les deux projets Wéber et Defontaine, avec embranchement à Asnières sur la ligne de Saint-Germain et, pour la rive gauche, les projets Corréard et Polonceau, — Achille Guillaume, — Séguin frères, partant du quai d'Orsay à l'angle de la rue d'Iéna, ou de la rue Notre-Dame-des-Champs à l'angle de la rue de Vaugirard, voire même de la rue du Regard. Le conseil municipal eut préféré un seul chemin et s'est montré mécontent de l'autorisation donnée par la loi de pénétrer dans l'intérieur de Paris jusqu'à 1.500 mètres du mur d'octroi. Voilà comment ces édiles comprenaient les intérêts de la population! Les membres myopes de la commission, qui méconnaissaient ainsi l'utilité des pénétrations urbaines, si coûteuses à obtenir plus tard, étaient MM. Cambacérès, Grillon, Arago, Hérard, Beau, Boulay (de la Meurthe), Husson, Perrier, Legentil, Perret et Galis. — Un arrêté du ministre des travaux publics ordonna la mise en adjudication des deux lignes, — rive droite et rive gauche, — pour le 26 avril devant le conseil de préfecture du département de la Seine. Le cautionnement fut fixé à 800.000 fr. pour chaque ligne, et chacune d'elles devait faire l'objet d'une adjudication distincte. — Le rabais devait porter sur les tarifs qui furent établis à 1 fr. 80, sans y comprendre l'impôt, pour les voyageurs, — 0.10, 0.06, 0.02 et 0.015 par tête et par kilomètre pour les bestiaux, suivant l'espèce, — 0.10 pour la houille, 0.12, 0.14, 0.16 et 0.18 pour les autres marchandises, le tout par tonne et par kilomètre. — Le chemin de la rive droite devait s'embrancher à Asnières sur celui de Saint-Germain, et le chemin de la rive gauche devait partir de l'angle des rues d'Assas et de Vaugirard. On comptait même faire disparaître ainsi le vieux couvent des Carmes dont le souvenir gênait les révolutionnaires parvenus et passés ermites. — Le 17 avril la *Presse* disait qu'une seule soumission s'était présentée, celle de la compagnie de la rive droite qui avait déposé le cautionnement requis. — Le *Moniteur* rendit compte le 25 avril d'une discussion qui avait eu lieu à la Chambre à l'occasion de cette adjudication. M. Wéber avait adressé une pétition à l'Assemblée à l'effet de dénoncer les procédés de M. Legrand, directeur général des ponts et chaussées, lequel contrairement, suivant lui, à la lettre et à l'esprit de la loi, avait rendu obligatoire le raccordement à Asnières pour la ligne de la rive droite. Cette pétition fut méchamment rapportée, quoique M. Wéber se fût désisté par une lettre où il demandait pardon à M. Legrand de ses inconvenantes réclamations, et les adversaires de cette solution intelligente de l'entrée dans Paris, essayèrent de faire ajourner l'adjudication. Mais la majorité déjoua cette manœuvre en passant à l'ordre du jour. Le même journal fait connaître le 28 le résultat de la licitation du 26. La *rive droite* avait été l'objet de quatre soumissions avec rabais sur le tarif des voyageurs, de 7,44, 47 et 82 centimes respectivement ; l'adjudicataire était M. de Rothschild. La *rive gauche* avait eu deux soumissions : l'une de MM. Mellet et Henry, avec rabais de 4 centimes, et l'autre avec rabais de 18 centimes, de MM. Fould et Léon, banquiers, qui étaient restés adjudicataires. — D'après le *Constitutionnel*, les actions de la rive droite, mises en émission le 28 au nombre de 22,000, étaient demandées jusqu'à concurrence de 198,000 et se vendaient, dès le 3, à 700 francs, soit 200 francs de prime. — La *Presse de Seine-et-Oise* du 28 juillet donnait, pour amorces, les travaux du chemin de fer de la rive droite. Sur un parcours de 8,039 mètres dans le département de la Seine, entre Asnières et Suresnes, il avait fallu exproprier 1,555 parcelles. — Le 20 août, un ordre du ministre de la guerre prescrivait aux colonels des régiments de la garnison de Paris, de mettre chacun 10 hommes à la disposition de chacune des deux compagnies de Paris à Versailles. — Tous les trois mois, il devait se faire un roulement pour chaque régiment. — Les ingénieurs avaient déjà pris possession des terrains du parc de Saint-Cloud pour le tunnel de Ville-d'Avray. — 26 août, ordonnance royale approuvant les statuts de la société de la rive gauche à laquelle MM. Fould, Fould-Oppenheim et A. Léon avaient apporté leur concession. — Le 28 août la *Presse de Seine-et-Oise* relate le commencement des travaux de la rive gauche, auxquels la compagnie « donnera plus d'activité, aussitôt que les vendanges étant finies, on trouvera plus facilement des ouvriers ». — Le 28 août, un arrêté du préfet de la Seine ordonnait la mise à l'enquête du tracé de la rive gauche par la rue de Vaugirard, dont la compagnie ne tarda pas à se faire exempter.

—

595. — Chemin de fer de Versailles, rive droite de la Seine. — Réclamation aux Chambres. — In-4° d'une feuille, signé : Weber. — Séance de la Chambre des députés du 24 avril (voir n° 594).

—

596. — Chemins de fer spéciaux de Paris à Versailles. — Protestation de M. Alexandre Corréard, ingénieur, auteur et soumissionnaire du projet de chemin de Paris à Tours. — In-8° d'un huitième de feuille.

—

597. — Chemin de fer de Paris à Saint-Cloud et à Versailles. — In-8° de deux feuilles 1/4. — Paris.

—

598. — Mémoire sur le projet d'un chemin de fer de Paris à Rouen, au Havre et à Dieppe, par M. Defontaine, ingénieur en chef, inspecteur de l'Ecole des ponts et chaussées. — In-4° 352 p. avec carte, profils en long et devis estimatifs. — Tracé par Saint-Denis, Pontoise, Gisors, Blainville et Rouen; — le même par Bosc-le-Hard; — tracé par Saint-Denis, Valmondois, Gisors, Blainville et Rouen; — le même

par Bosc-le-Hard ; — tracé par Saint-Denis, Pontoise, Gisors, Charleval, Redepond et Rouen. — Embranchement sur Dieppe, sur Pontoise et sur Bolbec. — Paris. Imprimerie Royale.

—

599. — Chemin de fer de Paris a Rouen, au Havre et a Dieppe, par la vallée de la Seine. — Tableau comparatif par MM. Polonceau et Bélanger, ingénieurs des ponts et chaussées.—In-folio de 5 feuilles, plus 2 plans. — Ce mémoire est une réédition des principaux arguments de celui dont nous avons parlé au n° 525 : les auteurs s'y attachent surtout à démontrer la supériorité de leur tracé sur celui dit des *Plateaux*, passant par Gisors, pour lequel une société soumissionnaire, très appuyée par l'administration, menait une campagne énergique dans la presse et au Parlement. On dit que les plans ci-dessus relatés, qui devaient accompagner cette polémique et la rendre graphique, n'ont jamais été publiés.

—

600. — Compagnie Riant. — Projet d'un chemin de fer de Paris à Rouen, au Havre et à Dieppe par la vallée de la Seine, par MM. Polonceau et Bélanger, ingénieurs des ponts et chaussées. — In-4° de 11 feuilles. — Paris. — Reproduction avec quelques variantes sans importance du mémoire que nous avons analysé succinctement au n° 525.

—

601. — Compagnie Riant. — Chemin de fer de Paris à Rouen, au Havre et à Dieppe par la vallée de la Seine. Mémoire de M. Plé, avocat. Cinquième partie. Priorité des études. — In-4° de 2 feuilles. — *Idem :* Mémoire de M. Isoard. Sixième partie. Examen comparatif des deux projets passant : l'un par la vallée de la Seine, l'autre par Gisors et les plateaux. — In-4° de 5 feuilles. — Ces deux publications, isolées ou réunies, forment la cinquième et la sixième partie du tableau comparatif dont nous nous sommes occupés au n° 599. C'est une des phases de la lutte de la compagnie des *Plateaux*, soutenue par M. Hippolyte Passy, député de l'arrondissement de Gisors, où il était propriétaire, et jouissant d'une grande influence dans la situation gouvernementale où il fut quelque temps ministre des finances. Les rguments de MM. Plé et Isoard n'ont rien de remarquable. C'est de la phraséologie de bon aloi, mais qui ne sort pas de la bonne moyenne des mémoires à consulter.

—

602. — Mémoire au Roi, aux Chambres législatives, au conseil des ministres et à MM. les ministres des travaux publics et de l'intérieur, sur le chemin de fer de Paris à la mer par la vallée de la Seine. — In-4° de 3 feuilles.

—

603. — Ministère des travaux publics, de l'agriculture et du commerce. Direction générale des ponts et chaussées. Exposé général des études faites

POUR LE TRACÉ DES CHEMINS DE FER DE PARIS EN BELGIQUE ET EN ANGLETERRE ET D'ANGLETERRE EN BELGIQUE, DESSERVANT, AU NORD DE LA FRANCE, BOULOGNE, CALAIS, DUNKERQUE, LILLE ET VALENCIENNES, présenté par M. L.-L. Vallée, ingénieur en chef, directeur des ponts et chaussées. — In-4°, 224 pages avec 2 cartes et les profils en long des tracés proposés. — Paris. — Imprimerie Royale. — 582 k. Devis : 68,607,260 fr. — Ouvrage très attachant. Ce sont les premiers tâtonnements de la science des chemins de fer. On y trouve beaucoup de naïvetés et d'erreurs, à côté desquelles on remarque une parfaite intuition de l'avenir de cet outillage nouveau qui devait transformer le monde, mais qui, jusqu'à présent, n'en a guère affecté que les habitudes alimentaires et culinaires, car s'il a rapproché les peuples, c'est pour les faire se haïr davantage.

—

604. — Concession des chemins de fer de Paris en Belgique, par L.-L. Vallée, n° 4, faisant suite à l'écrit intitulé : « Des voies de communication considérées sous le point de vue de l'intérêt public ». — In-8° de 2 feuilles. — Le gouvernement ayant déposé un projet de loi à l'effet de concéder à John Cockerill, le constructeur anglo-belge, le chemin de fer de Paris à la frontière de Belgique, moyennant une subvention de 20 millions, il y eut en France un certain désappointement. C'est le 8 mai 1837 que dans les deux pays on avait simultanément présenté aux Chambres respectives le projet de chemin de fer de Paris à Gand, nom que l'on donnait à cette ligne internationale. M. Vallée, auteur du projet de Paris — *Hôtel-de-Ville* (*rue Louis-Philippe*) à Lille — qui avait déjà fait couler tant d'encre et qui avait excité la verve de M. Cartier, (voir n° 505), M. Vallée, disons-nous, auteur comme fonctionnaire d'un projet adopté par le conseil des ponts et chaussées, se plaignait avec raison de ce que l'on avait laissé M. Cockerill allonger, sans nécessité, certaines parties du trajet, ce qui, en élargissant l'incidence kilométrique des tarifs, grevait le commerce et l'industrie de perceptions surérogatoires. Le ministre du département avait qualifié ce projet de *populaire*, parce qu'au moyen de subventions on était arrivé à abaisser les tarifs au-dessous de la moyenne reconnue nécessaire et supportable, en France et dans les autres pays. M. Vallée montrait l'inanité décevante de ce trompe-l'œil. En résumé, cet ingénieur était aussi mécontent que M. Cartier, quoique désintéressé dans la question au point de vue pécuniaire, car il n'avait personnellement rien à y perdre ni à gagner. Du reste, l'affaire Cockerill échoua platement, malgré l'appui moral du roi et l'appui administratif de M. Martin du Nord, qui avait le portefeuille de l'agriculture, du commerce et des travaux publics dans le ministère Molé.

—

604 *bis*. — Chemin de fer de Paris a la frontière de Belgique. — Opposition à l'adoption de la loi présentée à la Chambre des députés par M. le ministre des travaux publics dans sa séance du 8 mai 1837. — In-4° d'une feuille. — *Idem.* Addition à l'opposition

formée par l'ingénieur Cartier, sous la date du 16 mai 1837, etc. — In-4° d'une feuille.— M. Cartier et ses co-associés protestaient avec énergie, mais sans aucun lien de droit, contre le projet de loi du gouvernement tendant à concéder directement la ligne du Nord à John Cockerill. Depuis cinq ans sur la brèche, les promoteurs de la *route de fer* voyaient leurs espérances s'en aller à vau-l'eau. Cet acte comminatoire était signé par M. Cartier et par les membres du conseil de surveillance de la société : MM. Jourdan de Saint-Sauveur, Bécu, Polak, d'Arnault et Libault. Ces messieurs le prenaient de haut et réclamaient le droit à la concession. Toutefois, dans l'*addition*, ils se bornaient à solliciter une indemnité en raison de leur pseudo-droit de priorité.

604 *ter.* — Supplément au n° 482. — La brochure citée est ainsi résumée à la page 8 : *Légende* : Loi de concession du chemin de fer de Paris à Saint-Germain. — Cahier des charges. — Tarif. — Ordonnance royale du 4 novembre 1835, approbative des statuts. — Statuts de la société anonyme. — Ces documents sont précédés du memento suivant :

« Les plans et les projets du chemin de fer de Paris à Saint-Germain avaient été déposés le 7 septembre 1832 à la direction des ponts et chaussées, à l'appui de la demande en concession de cette entreprise. Les avant-projets furent mis aux enquêtes à Paris, à Versailles, à Saint-Germain et à Saint-Denis, par arrêtés du préfet de la Seine en date du 26 septembre 1832, et du préfet de Seine-et-Oise en date du 25 du même mois. Les registres d'enquête dans le département de la Seine ont été ouverts le 10 octobre et fermés le 10 novembre 1832. Dans le département de Seine-et-Oise, l'ouverture s'en est faite le 15 octobre, et la clôture le 15 novembre 1832. — Une commission réunie à l'Hôtel-de-Ville de Paris et composée de MM. Benoist, Fosseau-Colombel, Pirault-Deschaumes, Tatet, Masson, Jaiques, Gillet, Benazet, Riant et Roard, a approuvé les projets le 27 décembre 1832. La commission du département de Seine-et-Oise, formée par arrêtés du préfet des 13, 15 novembre et 8 décembre 1832, de MM. Farmain de Sainte-Reine, Guy, maire de Saint-Germain, Camille Perrier, le colonel Girod (de l'Ain), Martin, Meunier, Journet, Lefebvre, Ferdinand Petit, Lacroix et Fricoté, avait déjà approuvé les mêmes projets le 12 décembre 1832. La chambre de commerce de Paris et le tribunal de commerce de Versailles consultés, ont donné leur avis approbatif. Le préfet de la Seine a approuvé le 6 février 1833, le préfet de Seine-et-Oise le 19. Le conseil général des ponts et chaussées a, sur le rapport de M. Lamandé, inspecteur-général des ponts et chaussées, approuvé les plans à la date du 11 mars 1833. Le cahier des charges a été signé le 20 mars 1835, par M. le ministre de l'intérieur, M. le directeur-général des ponts et chaussées, et M. Emile Pereire. Le projet de loi de concession, au nom de M. Emile Pereire, a été présenté à la Chambre des députés le 2 avril 1835. Une commission, formée de MM. Fulchiron, le colonel Lamy, Kœchlin, François Delessert, Pons, Ladoucette, Panis, Peyret-Lallier et Bonnefous, l'a examiné, et

M. le colonel Lamy a présenté en son nom un rapport approbatif à la Chambre le 12 mai 1835. Le projet de loi a été voté par la Chambre des députés le 6 juin 1835, à la majorité de 224 voix contre 42. La commission de la Chambre des pairs, composée de MM. le baron Bernard, Besson, Bertin de Vaux, le comte de Bondy, le vicomte de Caux, le comte Clément de Ris et le comte de Germiny, a, dans sa séance du 27 juin 1835, proposé l'adoption du projet par l'organe de son rapporteur, M. le comte de Germiny. Le projet de loi a été voté par cette Chambre, le 29 juin 1835, à la majorité de 90 voix contre 2. La loi a été promulguée au *Bulletin des Lois* à la date du 9 juillet 1835. L'acte par lequel M. Emile Pereire a formé une société anonyme avec MM. de Rothschild frères, Louis d'Eichthal et fils, Jean-Charles Davillier et Cⁱᵉ, et Thurneyssen et Cⁱᵉ, pour transmettre tous les droits et toutes les charges résultant de la concession du chemin de fer de Paris à Saint-Germain, a été signé le 2 novembre 1835. L'ordonnance royale approbative de cet acte a été promulguée au *Bulletin des Lois* à la date du 4 novembre 1835. »

—

604 *quater.* — A Messieurs les membres du conseil municipal de Paris. — In-4°, 10 p. — Paris. — 1836. — Cet éloquent plaidoyer en faveur de l'implantation du terminus de Saint-Germain à la place de la Madeleine, se termine par une rigoureuse démonstration que nous reproduisons intégralement. « Qu'il nous soit permis de faire remarquer encore qu'ici notre intérêt se confond non seulement avec celui des voyageurs, mais aussi avec celui de l'Etat et de la Ville de Paris. Si notre chemin de fer se termine ailleurs qu'à portée des beaux dégagements qui entourent la place de la Madeleine, au bout de peu de temps, les réclamations vives et réitérées du public obligeront à élargir à grands frais les rues voisines de l'extrémité du chemin de fer. Tandis que si nous aboutissons à la Madeleine, l'Etat et la Ville n'auront pas un centime à dépenser pour cet objet. Le premier chemin qui pénètre dans Paris devait nécessairement rencontrer des préventions : c'est le sort de tout ce qui est nouveau. Mais ces préventions ne sont pas fondées. Tous les hommes impartiaux en puiseront l'assurance dans les enquêtes officielles faites en Angleterre par le Parlement, à l'occasion des chemins de fer. Parmi un grand nombre d'interrogatoires que nous trouvons dans l'enquête sur le chemin de Londres à Birmingham, nous citerons celui d'un habitant de Manchester. — « D. Le voisinage du chemin a-t-il beau-« coup augmenté la valeur des terres ? — R. Dans « tous les cas, et en certains cas dans une très forte « proportion. — D. Y a-t-il de la fumée ? — R. Non, « l'emploi du coke la prévient. — D. De la connais-« sance que vous avez des propriétés dans le voisinage, « résulte-t-il que les maisons n'ont pas diminué de « valeur ? — R. Je puis l'affirmer. Je sais le cas du « propriétaire d'une maison très près de la ligne, « qui chercha querelle à la Compagnie quand elle « voulut s'établir, et à la fin lui fit la condition, si « elle voulait passer, de bâtir un mur élevé qui le

« préservât de la vue du chemin. Il y a dix-huit
« mois, il a adressé une pétition à la Compagnie,
« pour qu'elle détruisît le mur, et il l'a remplacé
« par une grille qui lui permet de voir le chemin. »
Dans la ville de Liverpool, le chemin de fer déposait les voyageurs dans un faubourg assez éloigné.
Le chemin avait été inauguré le 16 septembre 1830.
Dix-huit mois s'étaient à peine écoulés qu'on avait
déjà compris l'avantage qu'il y aurait à le faire pénétrer au centre de la ville. Dans l'assemblée générale
des actionnaires du 26 juillet 1832, on votait une
somme de 12,000 livres sterling (3 millions) pour
exécuter ce travail. Nous déposons entre vos mains
divers rapports publiés par les directeurs de ce
chemin. Nous croyons utile d'extraire de l'un de ces
rapports les lignes suivantes, qui nous semblent
avoir le mérite de l'à-propos. « L'excavation du
« nouveau tunnel est actuellement achevée, et les
« rails y sont établis sur plus de la moitié de sa
« longueur. L'enlèvement des matériaux et des
« déblais de la nouvelle station de *Lime-Street*, a
« donné plus d'ouvrage qu'on ne s'y attendait ; et la
« nécessité d'aller devant le jury, pour l'achat des
« maisons et terrains situés au sud du vieux *Castle-*
« *Market*, a occasionné de nouveaux retards. En
« réglant la disposition des bureaux et autres éta-
« blissements nécessaires à l'exploitation, et en
« arrangeant les abords de la nouvelle station, les
« directeurs ne pouvaient s'empêcher de tenir compte
« de cette circonstance, que la station du chemin
« de fer était destinée à devenir la grande entrée
« dans Liverpool de toutes les parties du royaume ;
« il était naturel que la principale façade du côté de
« *Lime-Street* fût construite sur une échelle et
« d'après un plan en rapport jusqu'à un certain
« point avec le caractère et l'importance d'avenir
« de la station qui se trouvait derrière. Des consi-
« dérations plus élevées qu'une simple question
« d'intérêt privé et éventuel, exigeaient que l'édifice
« destiné à former la grande entrée publique dans
« Liverpool, ne fût pas inférieur en architecture et
« en dessin aux plus belles constructions de la ville.
« Dans cette pensée, les directeurs se sont adressés
« au conseil municipal (*common council*), qui est
« immédiatement et directement intéressé à favo-
« riser l'embellissement des édifices publics et
« particuliers, et lui ont demandé sa coopération,
« afin que le caractère architectural de ce monu-
« ment en fît un ornement pour le voisinage, et
« une gloire pour la ville. Le conseil municipal,
« après mûre délibération, a partagé l'avis des
« directeurs sur les avantages d'un pareil projet, et
« voté à cet effet une allocation de 2,000 livres
« sterling (50,000 francs), sous certaines conditions
« et stipulations, conçues dans le but de régler
« l'emploi judicieux de la somme. » Ce vote, messieurs, ne nous surprend pas ; Liverpool s'est iden-
tifié avec son chemin de fer ; le chemin de fer a
changé son existence. Comme à Liverpool, messieurs, vous avez pensé que les entrées des chemins
de fer dans Paris, ne devaient pas se multiplier sans
nécessité, lorsque vous avez rejeté plusieurs tracés
sur Versailles, et adopté celui qui s'embranche sur
le chemin de Saint-Germain. La commission d'en-

quête *de commodo et incommodo*, dont la majorité était prise dans votre sein, a émis le même vœu,
lorsqu'elle a dit dans sa délibération du 7 décembre
1835, en approuvant notre tracé de la Madeleine :
« Qu'il est essentiel d'offrir aux voyageurs un
« point de départ d'un accès facile, et que, sous ce
« rapport, l'intérêt de la Compagnie est d'accord
« avec l'intérêt public ; que d'ailleurs il ne s'agit pas
« seulement ici du chemin de fer de Saint-Germain,
« mais très probablement de tous les chemins de
« fer qui pourront arriver dans la même partie de la
« capitale, et qui devront s'embrancher sur celui de
« Saint-Germain, pour éviter les dépenses ainsi que
« les difficultés que ces sortes de voies ont à sup-
« porter à leur entrée dans Paris, et surtout le
« dommage qui pourrait résulter, par la suite, de
« multiplier les constructions de cette nature dans le
« même quartier. » Cette pensée de faire du chemin
de fer de Saint-Germain l'entrée des chemins de fer
qui pourront arriver dans la même partie de la capitale, est la nôtre, messieurs. Ce n'est pas une des
moindres raisons qui nous ont déterminés à établir
notre gare sur la place de la Madeleine. Nous avons
l'espérance que si notre entrée dans Paris est convenablement disposée et d'un *accès facile*, le
péage, fort modique d'ailleurs, qu'auraient à nous
payer les compagnies dont les chemins de fer s'em-
brancheraient sur le nôtre, d'après les prescriptions de notre cahier des charges, nous aidera à
couvrir nos dépenses. Mais, dans ce cas encore,
l'intérêt du public est d'accord avec le nôtre. Car
s'il fallait que chaque chemin de fer exécutât son
entrée spéciale dans Paris, ce serait au détriment de
la bourse des voyageurs, à qui les compagnies de-
manderaient un prix proportionnel à leurs propres dépenses, et bien supérieur par conséquent au péage
maximum de 20 centimes par lieue de 4,000 mètres,
établi par notre cahier des charges. C'est une mesure d'ordre et d'économie publique, que de réduire à
un petit nombre les entrées des chemins de fer
dans Paris. Il en résultera même un autre avantage. Dans certaines circonstances, ce système permettra de n'avoir pour plusieurs lignes qu'un même
matériel, un même personnel et une même administration : les frais se trouveront par conséquent dimi-
nués dans une proportion considérable. Une semblable combinaison doit être conforme aux idées
d'ordre et de bonne police qui vous portent à examiner, avec une grande sollicitude, les plans d'entrée
des chemins de fer dans Paris. C'est par ces motifs
que dans la demande en concession que nous avons
récemment faite d'un chemin de fer sur Versailles qui s'embrancherait sur le nôtre à Asnières,
nous nous sommes déterminés à soumissionner un
tarif aussi bas que celui de Saint-Germain, bien que
les pentes soient cinq fois plus fortes ; précisément
en raison de ce que la partie comprise entre
Asnières et Paris, déjà exécutée pour le chemin de
fer de Saint-Germain, nous fournira, moyennant
une taxe modique, le moyen de pénétrer au cœur
de Paris. Dans cette occurrence, messieurs, nous ne
pouvons avoir un doute sur votre décision. Vous ne
pourrez mettre en balance des oppositions soulevées
par l'intérêt personnel ou par des préjugés, avec l'in-

térêt permanent de la Ville de Paris et des principaux chemins de fer qui, dans l'avenir, auront à pénétrer dans son sein. Si vous ne donnez pas dès aujourd'hui un débouché central aux chemins de fer, ils seront obligés plus tard de le réclamer à très grands frais et au prix du sacrifice des nombreuses habitations qu'il faudra bouleverser. Avant de terminer les réflexions que nous avions à vous adresser, nous croyons devoir vous présenter une dernière considération. Paris est plus qu'aucune autre ville de France, intéressé au développement des chemins de fer ; lorsque de tous les points du royaume, on pourra, à peu de frais et avec une rapidité qui tient du prodige, se rendre dans ce grand centre des beaux-arts, de la science et de l'industrie, Paris verra s'accroître et sa population et sa prospérité. Jusqu'à ce jour, notre Compagnie a prouvé par ses actes qu'elle pouvait faire mieux que ses projets. Il ne lui a manqué pour pousser activement l'exécution de son entreprise que les encouragements bénévoles et l'appui moral de l'autorité. Nous venons réclamer de vous, messieurs, ces encouragements et cet appui qui nous ont manqué jusqu'à ce jour. Nous les réclamons avec confiance, car nos travaux ne seront pas sans influence sur la splendeur de la cité que vous représentez. M. le préfet de Seine-et-Oise et le conseil municipal de Versailles ont manifesté le désir de nous voir établir deux souterrains à notre entrée dans Paris, pour faciliter le service des deux chemins : nous nous sommes hâtés de répondre à ce vœu, et nous avons adopté cette modification, qui augmente nos dépenses. La commission de *commodo et incommodo* nous a imposé des ponts en fonte de fer dans Paris ; elle nous a prescrit l'emploi d'un combustible plus coûteux : nous nous sommes soumis à ces conditions. Au lieu d'un tunnel de 1,200 mètres, qui était autorisé par notre loi de concession, nous pratiquons des tranchées dans Paris, et nous avons réduit successivement notre partie souterraine à 429 mètres. Nous ne demandons point un tarif additionnel comme celui que la Compagnie du chemin de fer de Londres à Birmingham a obtenu. Pour mettre nos constructions en harmonie avec le caractère monumental du quartier, nous ne sollicitons du conseil municipal de Paris aucune allocation analogue à celle que le conseil municipal de Liverpool a accordée à la Compagnie du chemin de fer de Manchester. Nous ne réclamons d'autre faveur que d'être admis à mener à bonne fin une entreprise utile au pays, sans être plus longtemps entravés par les difficultés qu'on nous suscite. En retour de nos sacrifices multipliés, nous attendons de vous un ferme appui, une justice prompte et complète : nous ne l'attendrons pas en vain. »

LA COMPAGNIE DU CHEMIN DE FER DE PARIS A SAINT-GERMAIN. — *Les administrateurs*, Baron JAMES DE ROTHSCHILD, ADOLPHE D'EICHTHAL, SANSON DAVILLIER, AUGUSTE THURNEYSSEN. — *Le directeur*, EMILE PEREIRE. — Paris, 23 mars 1836.

——

604 *quinto*. — COURRIER FRANÇAIS. — Ce journal où Adolphe Blanqui, dit l'aîné, frère du conspirateur monomane, combattait le bon combat écono-mique, ayant attaqué les protectionnistes du Conseil supérieur du commerce et des manufactures qui persistaient à vouloir faire du fer un métal précieux, il s'ensuivit avec M. Boigues, maître de forges, une polémique assez vive, dans laquelle M. Emile Pereire intervint par la lettre suivante : « A Monsieur le rédacteur du *Courrier Français*. — Monsieur, vous avez publié dans votre numéro du 18 janvier une lettre de M. Boigues, dans laquelle, à propos de la suppression du droit d'entrée sur les rails étrangers, la Compagnie du chemin de fer de Paris à Saint-Germain se trouve, sans l'avoir nullement provoquée, mêlée à une polémique qui ne lui permet pas de garder le silence. Si, avant d'entretenir le public de faits sur lesquels il n'avait pas de renseignements suffisants, M. Boigues nous avait demandé quelques explications, nous les lui aurions données avec le même empressement que nous l'avons fait, lorsque nos ingénieurs, plusieurs membres de notre Compagnie et le soussigné ont été appelés devant une commission du Conseil général du commerce. M. Boigues semble révoquer en doute cette circonstance qui a été invoquée dans le sein des trois Conseils généraux, que nous avions écrit à douze maîtres de forges pour obtenir la fourniture de nos rails, et que sur dix réponses que nous avons reçues, deux seulement avaient été favorables. Le fait est cependant positif, et M. Boigues ne saurait le méconnaître pour ce qui le concerne, puisque, après nous avoir écrit de Fourchambault qu'il nous ferait des propositions de vive voix, il s'est refusé à nous faire connaître son prix, prétendant qu'il serait trop élevé pour nous. Il a seulement demandé et obtenu la fourniture d'une partie importante des fontes que nous employons. Nous avons déposé, il y a douze jours, dans les mains de M. Rondeaux, président du Conseil général du commerce, la copie de notre circulaire, la liste des douze maîtres de forges auxquels nous l'avons adressée et la copie des dix lettres que nous avons reçues ; ces pièces ont été analysées devant les trois Conseils généraux, elles établissent l'exactitude des faits sur lesquels M. Boigues a énoncé un doute. M. Boigues prétend que notre cahier des charges était dressé, non pas pour provoquer une adjudication, mais pour rendre les conditions d'une exécution impossible, soit pour la forme des rails, soit pour les époques de livraison. Un fait incontestable peut servir de réfutation à cette accusation que, sans le vouloir sans doute, M. Boigues a portée contre notre Compagnie. Nous avions proposé deux formes de rails, en provoquant des offres sur l'une ou sur l'autre forme. L'usine de Decazeville a accepté l'une des deux, sans modification aucune ; quant aux époques de livraison, elles sont *plus rapprochées* dans notre marché avec cette usine, qu'elles ne l'étaient dans notre circulaire. Les autres conditions d'épreuve et de réception ont été modifiées, il est vrai, dans ce même marché, mais c'est en faveur de notre Compagnie. Au surplus, la copie de ce marché est également dans les mains du président du Conseil général du commerce. Les conditions de fabrication sont plus sévères en Angleterre que celles que nous avons imposées. La forme du rail qui a été refusée par

tous nos maîtres de forges, et à laquelle nous avons dû renoncer, bien qu'elle nous offrît des avantages importants, nous a été proposée par MM. Guest, Levis et Cie, de Cardiff. Nous avons en nos mains le modèle lithographié qu'ils nous ont remis. M. Boigues revient dans sa lettre sur cette circonstance qui avait été expliquée dans les Conseils généraux d'industrie, que les chemins de fer de Saint-Etienne à Lyon et d'Andrézieux à Roanne, et celui d'Epinac, qui a sept lieues de long, avaient trouvé tous les fers dont ils avaient besoin, et que, par conséquent, le chemin de fer de Saint-Germain, qui n'a que cinq lieues, pouvait facilement s'approvisionner en France. Si, évidemment, il ne s'agissait de construire que le chemin de Saint-Germain, il serait injuste d'établir une exception en sa faveur; un peu plus tôt ou un peu plus tard, à un prix plus ou moins élevé, il pourra obtenir ses fers sans recourir à l'étranger; mais il nous semble que ce n'est pas dans ces termes que la question a été posée. C'est en faveur des chemins de fer concédés ou à concéder, que la mesure de la suppression du droit sur les rails a été proposée. C'est mal présenter, du reste, la comparaison des chemins de fer déjà construits en France avec celui de Saint-Germain et ceux qu'on aura à construire, que de parler seulement de leur longueur. M. Boigues, qui vend du fer, sait fort bien que toutes les barres de ce métal d'une égale longueur n'ont pas le même poids; de même les chemins de fer ne doivent pas se mesurer à la lieue. Le chemin d'Epinac, par exemple, qu'on a le plus cité dans le sein du Conseil général, en omettant de dire qu'il n'avait qu'une voie, a employé *moins du quart* de fer qui sera nécessaire pour le chemin de Saint-Germain. Or, comme le chemin d'Epinac a été construit en cinq ans, et que le chemin de Saint-Germain sera établi en un an, il en résulte que ce chemin, qui n'a que cinq lieues, aura *vingt fois plus* de difficulté que le chemin de sept lieues d'Epinac à obtenir le fer propre à sa construction. Pour résumer par des chiffres l'importance croissante de l'emploi du fer dans les *railways* établis ou à établir, nous donnerons le poids du *mètre courant*, du rail employé sur divers chemins :

Chemin d'Epinac.........	11	kilog. par mètre
Chemin de Saint-Etienne..	13.20	—
Chemin de Roanne.......	13.20	—
Chemin de Liverpool.....	17	—
Chemin de Saint-Germain.	30	—

Lorsque notre projet a été adopté par les Chambres, nous comptions donner un poids de 18 kilogr. par mètre à nos rails; dans ce cas, la commande de 1,100,000 kilogr. que depuis nous avons faite à Decazeville, eût à peu près suffi; mais l'expérience des chemins anglais en construction, celle même du chemin de Liverpool à Manchester, où l'on va remplacer les rails de 17 kilogr. par d'autres pesant 30 kilogr., nous a déterminés à adopter un système qui présentait plus de garantie de durée et de solidité. Nous ajouterons encore que la Compagnie du chemin de fer de Saint-Etienne va supprimer tous les rails de 13 kilogr. et les remplacer par des rails de 24 kilogr. Serait-il juste de frapper d'un droit

d'entrée considérable les rails que va employer cette compagnie, qui est déjà en perte, et cela pour protéger des maîtres de forges qui, pour la plupart, font d'énormes bénéfices, et qui ont d'autant moins besoin de cette protection, que depuis trois mois que le droit sur les fers en barres a été abaissé de 55 francs par 1,000, les fers et les fontes n'ont cessé de hausser. Notre chemin étant le seul que l'on construise actuellement en France, on s'explique comment il a été le plus cité dans la discussion qui s'est établie à l'occasion de la suppression du droit sur les rails. Lorsqu'on nous a demandé des renseignements, nous n'avons pas dû les refuser, et nous ferons remarquer que la question est infiniment moins intéressante pour le chemin de Saint-Germain que pour ceux qu'on sera ultérieurement dans le cas de concéder, puisque nous avons déjà commandé une bonne partie de nos rails en France, et que si l'on rejetait absolument la mesure proposée de la suppression du droit, nous aurions un avantage sur tous les chemins à construire, par la hausse inévitable et démesurée que le fer éprouverait et qui ne pourrait plus nous atteindre. M. Boigues prétend qu'il n'a pas refusé et qu'au contraire il est prêt à accepter une commande de notre Compagnie à 50 p. 100 plus cher que ne valent actuellement les fers en Angleterre. Nous sommes peinés que M. Boigues, sans y être nullement provoqué par nous, nous ait mis dans le cas de traiter nos affaires en public; mais puisqu'il nous appelle, malgré nous, sur ce terrain, nous devons l'y suivre. Nous lui répéterons ce que le soussigné lui a dit de vive voix, qu'il ne s'agit pas du prix que les fers valent actuellement en Angleterre, mais bien de celui qu'ils valaient un mois après que la Compagnie avait fait une tentative inutile pour traiter avec lui. Notre circulaire était datée du 4 novembre dernier; jusqu'au 6 décembre, nous avons attendu des offres de M. Boigues et de ses collègues. A cette époque nous avons reçu des propositions d'Angleterre : MM. Gordon et Cie, de Cardiff, nous offraient de nous fournir la totalité de nos rails dans un délai très court et au prix de 9 liv. 15 s. par tonne de 1,015 kilogrammes, ce qui représente 245 francs par 1,000 kilogrammes. C'est en prenant ce prix pour base *et en l'augmentant de 50 p. 100*, que nous avons offert et que *nous offrons encore à M. Boigues* de nous livrer 600,000 kilogrammes de rails, pris à son usine. L'argument tiré de ce que depuis un mois les fers ont de nouveau considérablement haussé en Angleterre, serait mal placé dans la question qui nous occupe; car si le développement des chemins de fer a pu élever, dans un laps de temps très court, de 40 p. 100, le prix du fer chez nos voisins qui en produisent 700,000,000 de kilogrammes par an, quelle perturbation ne doit-on pas craindre chez nous pour toutes les industries qui consomment du fer, alors qu'on sait que la totalité du fer annuellement fabriqué en France est de 170,000,000 de kilogrammes, et que sur cette quantité, 25,000,000 de kilogrammes seulement sont produits au coke et au laminoir d'après la méthode anglaise ? Dans la question de l'introduction des rails étrangers sans droit, il ne s'agit pas seulement de la différence du prix du fer en France et en Angleterre, il y a aussi une question de fabrication. Nous pouvons même ajouter que dans le cas où on voudrait exécuter soit le chemin de Paris à la mer, soit plusieurs lignes de courte étendue à la fois, nos forges ne pourraient pas alimenter les besoins ordinaires qui vont toujours croissant, et les besoins nouveaux et exceptionnels des chemins de fer. Pour les fontes, on paie beaucoup plus cher en France ; mais du moins on peut faire exécuter ses commandes en temps opportun. Aussi notre Compagnie a-t-elle commandé à M. Boigues : 1° 235,000 kilogrammes de supports en fonte de 2ᵉ fusion, à 345 francs les 1,000 kilogrammes ; 2° 10,000 kilogrammes de supports en fonte de 1ʳᵉ fusion, à 290 francs les 1,000 kilogrammes, tandis que MM. Brown Lennox et Cⁱᵉ, de Cardiff, offraient à notre correspondant à Londres des supports en fonte à 5 liv. 17 s. 6 d. les 1,015 kilogrammes ; ce qui représente 147 fr. 60 les 1,000 kilogrammes. M. Boigues établit, en terminant sa lettre, que les fers anglais ne sont pas prohibés, et qu'on peut les introduire en payant un droit protecteur (ce droit est de 220 francs par 1,000 kilogrammes) ; le chemin de fer de Saint-Germain, avec ses voies latérales, ses gares, ses ponts, son matériel de transport, etc., emploiera 2,530,000 kilogrammes de fer et 540,000 kilogrammes de fonte. Sur cette quantité les droits d'entrée seraient de 556,000 francs pour les fers, et de 48,980 francs pour les fontes, en supposant encore que *par faveur* on voulût bien admettre ces dernières au droit réduit des fontes brutes. M. Boigues est partisan du système protecteur, cela se conçoit ; mais pourquoi donc les chemins de fer qui sont, eux aussi, une industrie utile, une industrie qui emploie un grand nombre de bras, une industrie qui est appelée à féconder toutes les branches de la production nationale et celle des forges principalement, seraient-ils, nous ne dirons pas seulement exclus de toute protection, mais imposés durement au profit exclusif d'une industrie qui depuis dix ans a si largement usé de la protection ? La suppression tout exceptionnelle du droit sur les rails n'ôterait rien aux maîtres de forges des avantages que les lois de 1819 et 1822 leur ont accordés, puisqu'ils n'avaient pu compter alors que sur la fourniture des fers destinés à la consommation ordinaire. Cette suppression aurait même pour résultat d'augmenter considérablement la consommation du fer. Qu'on y prenne garde, il est plus qu'on ne pense peut-être dans l'intérêt des maîtres de forges eux-mêmes que le droit des rails soit supprimé ; car s'il était maintenu, il en résulterait une telle hausse sur les fers en France, qu'au lieu d'une exception, le pays demanderait peut-être le renversement complet du système protecteur. Un rapprochement bien simple en fournira la preuve. Depuis quatre mois la hausse sur les fers en Angleterre a été de 40 p. 100, par suite des grandes commandes pour les rails ; si le même effet était produit en France sur une production totale de 170,000,000 de kilogrammes qui se vendent au moins aujourd'hui à un prix moyen de 400 francs par tonneau, et qui forment un capital de 68 millions, l'impôt représenté par cette augmentation de prix,

et qui serait supporté par toutes les industries qui consomment du fer, serait de plus de 27 millions par an ; en supposant seulement une hausse de 20 p. 100, la redevance supplémentaire à payer aux maîtres de forges (on ne sais trop à quel titre) serait encore de 13,600,000 francs par an. — Agréez, etc., Emile PEREIRE, *directeur du chemin de fer de Paris à Saint-Germain.*

—

605. — NOTE SUR LA CONVENTION PROVISOIRE PASSÉE AVEC M. JOHN COCKERILL, pour l'établissement d'un chemin de fer de Paris à la frontière de Belgique. — In-4° d'une feuille. — Dans ce factum, on s'élève avec véhémence contre le projet de traité du gouvernement pour l'exécution du chemin de fer du Nord, avec John Cockerill, le grand industriel anglo-belge, commandité par le roi de Hollande. On tâtonnait encore si complètement que sur un devis de 80 millions, on admettait un écart de 20 millions, soit 25 0/0. On se plaignait de ce que le tarif *inusité*, admis par Cockerill en échange de la subvention de 20 millions, profiterait surtout aux Belges, car la houille taxée à 0.10 par tonne et par kilomètre sur les autres chemins français, ne payerait que 0.05 sur celui du Nord, et les bestiaux 0.05 par tête au lieu de 0.10 sur le chemin de Rouen. La houille française du Nord eut profité au même titre de cet avantage. On sait du reste que depuis on est descendu à 0.02 dans certains cas, sans distinction de provenance, ce qui est beaucoup plus bas, sans que l'industrie française ait été ruinée, comme le prévoyait l'auteur de cette note insidieuse.

—

606. — ENQUÊTE SUR LES EMBRANCHEMENTS DE CHEMIN DE FER DE PARIS AUX PORTS DU LITTORAL. — Délibération du conseil d'arrondissement d'Hazebrouck. — In-4° de 2 feuilles.

—

607. — ETUDE D'UN CHEMIN DE FER DE LILLE A DUNKERQUE ET OBSERVATIONS DE LA CHAMBRE DE COMMERCE DE DUNKERQUE, par M. Davaine, ingénieur des ponts et chaussées. — Lille. — In-8°.

—

608. — CONSEIL GÉNÉRAL DE L'AISNE. — Rapports et délibérations sur les projets de chemins de fer qui intéressent le département. — In-8°. — Laon.

—

609. — NOTE SUR LE CHEMIN DE FER DE LYON A MARSEILLE, par M. de Kermaingant, ingénieur en chef des ponts et chaussées. — In-4°. — Paris.

—

610. — MÉMOIRE SUR UN PROJET DE CHEMIN DE FER DE LYON A MARSEILLE, par M. de Kermaingant. — Paris.— In-4°. — Imprimerie Royale.

—

611.— MON AVIS SUR LE CANAL LATÉRAL A L'ALLIER, ET D'UN CHEMIN DE FER DE CLERMONT A LYON, par M. Bou-

dct de Bardou, avocat à Riom. — In-8°, 54 pages.
— Clermont.

—

612. — Mémoire sur un projet de chemin de fer de
Paris a Orléans, par M. Ch. Defontaine. — Paris. —
In-4°. — Imprimerie Royale.

—

613. — Chambre des députés. — *Chemin de fer
de Paris à Orléans. Mémoire de la Compagnie
Lemoine et Delchet.* — In-4° de 2 feuilles. — Paris.

—

614. — Mémoire de M. Duboys de Lavigerie, *ingénieur civil, sur le chemin de fer de Paris à
Orléans, par Etampes.* — In-8° d'une demi-feuille.
— Cet ingénieur se plaint de ce que l'administration
des ponts et chaussées ait mis à profit un tracé de
chemin de fer dont il avait donné l'idée, ce qui l'a
privé du fruit légitime de son travail; car, sur l'initiative du vicomte de Kemellec, ancien sous-préfet
d'Etampes, les communes allaient se cotiser pour
lui commander un projet complet, lorsqu'elles en
avaient été détournées, à l'instigation du directeur
général des ponts et chaussées, par le comte de Laborde, député de l'arrondissement. Le tracé, étudié
d'office par M. Defontaine, ayant été mal accueilli
à l'enquête, M. Duboys de Lavigerie avait proposé
celui d'Etampes, auquel l'administration se rallia.
Telle était l'origine du conflit, dans lequel tout le
monde avait un peu raison. L'impétrant réclamait
ses droits à la concession comme *inventeur*.

—

615. — Pétition aux Chambres. — In-8° d'une
feuille. — Signé : Duboys de Lavigerie. — Nous
avons déjà parlé des revendications litigieuses de cet
ingénieur qui avait vu son avant-projet de chemin
de fer de Paris à Orléans, transformé en projet définitif par l'administration des ponts et chaussées
(n° 614). Dans cet écrit, le solliciteur expose
qu'ayant vainement épuisé toutes les juridictions
administratives, il s'adresse au pouvoir législatif.
En conséquence, se fondant sur le précédent du
chemin de fer de Paris à Versailles (rive gauche)
où M. Corréard avait reçu 40,000 francs d'indemnité
et les co-propriétaires du projet Richard, 30,000, il
évaluait à 200,000 fr. les dommages-intérêts auxquels
il prétendait avoir droit. Il est certain que les ingénieurs du gouvernement se trouvaient fréquemment
conduits à ces coïncidences et à ces superpositions,
mais c'est inévitable. La valeur d'un projet n'est au
fond que dans son piquetage et dans son repérage,
quand ces deux opérations sont bien faites, ce que
l'on ne sait qu'à l'usage. On ne saurait donc en donner
une réelle à un tracé sur la carte : le terrain, en
effet, est à tous et on ne peut breveter des points de
passage.

—

616. — Observations concernant le chemin de fer
de Paris a Orléans. — In-4° d'une feuille. — Cet
écrit est une œuvre de M. Corréard (voir n° 511). —

Le gouvernement ayant présenté un projet de loi à
l'effet de concéder directement la ligne du Nord à
John Cockerill, et celle de Mulhouse à Thann à une
autre entreprise, l'auteur demande que l'on en fasse
autant pour celle d'Orléans, qui doit être celle de
Paris à Tours, car les deux ne sauraient coexister
indépendamment. « Pourquoi donc, dit-il, n'avoir
pas fait de même pour les autres lignes ? C'est à la
sagesse des Chambres à y suppléer en prescrivant
pour chaque chemin de fer le même mode de
concession. La seule objection possible serait la
crainte de voir l'intrigue solliciter et la faveur accorder d'injustes préférences, ce serait aussi la crainte
des tripotages secrets. Tout a ses inconvénients;
mais dans un pays tel que la France, il faut aussi
compter sur la moralité de l'administration, sur la
responsabilité que l'opinion fait peser sur les ministres. C'est le remède au mal. Pour les folles adjudications et leurs suites, il n'y a pas de remède, car
la responsabilité n'est nulle part ». M. Corréard
avait surtout l'horreur des cautionnements si embar-
rassants à réunir et sans utilité pour l'Etat qui n'y
trouve qu'une fausse sécurité, pleine d'embûches et
de pièges contentieux.

—

617. — Chemin de fer de Paris a Bordeaux. —
Deuxième lettre à MM. les membres des conseils généraux des départements, des conseils d'arrondissement et des conseils municipaux, des chambres et
tribunaux de commerce et des sociétés savantes
agricoles et industrielles des localités que doit desservir le chemin de fer de Paris à Bordeaux par
Chartres, Tours, Poitiers, Angoulême et Libourne. —
In-8° d'une feuille. — Signé : A. Corréard. — Cette seconde aux Corinthiens est datée de Paris, 4, rue Jean
Goujon, le 24 août 1837. M. Corréard (voir n° 616)
avait successivement dirigé ses études et ses opérations de Paris à Versailles, de Versailles à Tours par
Chartres, et de Tours à Bordeaux par Chinon, Châtel-
lerault, Poitiers, Angoulême et Libourne. C'est, du
reste, le tracé qui a été définitivement adopté, sauf
la déviation de Chinon. Dans une première lettre,
qui s'est perdue entre le *Dépôt légal* et la *Bibliothèque nationale*, cet infatigable prospecteur s'exprimait en ces termes qui synthétisent la quintessence
de l'esprit de clocher : « Les esprits supérieurs à qui
s'adresse ce second appel, sentiront, par exemple,
qu'il ne peut être indifférent pour la ville de Chinon
que le chemin de fer passe entre le quai de la rive
droite et la Vienne, ou sur la rive gauche au-delà
des faubourgs situés sur cette rive ». Ces questions
de *rive*, si débattues à Paris, hantaient M. Corréard
qui, sans cette manie, n'eut pas rapetissé les esprits
supérieurs à ces préoccupations de petite voirie.
L'homme est plus dans le vrai, quand il plaint les
sept années qu'il vient de perdre à planter des jalons
et des piquets d'angle. Cette fois, il avait renoncé à
aller à Tours par la rive gauche de Versailles et il
avait renversé son graphomètre. Son point de départ
était l'*entrepôt des vins du quai Saint-Bernard*,
à Paris, d'où par Montrouge, Bourg-la-Reine, Sceaux,
Châtenay, Verrières, Bièvre, Igny, Jouy et Trappe, il
eût gagné Rambouillet et repris son chemin vers

Chartres. La première partie de ce trajet est encore à l'heure qu'il est le chemin de fer à faire et son terminus est parfaitement indiqué au quai Saint-Bernard. Il y a là deux vallées presque basquaises, par leur ressemblance avec celle de la Nive, à convertir en banlieues de Paris, quoique puissent en penser les châtelains égoïstes de ce pittoresque paradis suburbain.

—

618. — BORDEAUX ET LES CHEMINS DE FER. — In-8. d'une demi-feuille. — Signé : Billaudel, membre du conseil municipal de Bordeaux. — « De Bordeaux à Marseille, de Paris à Marseille, de Paris à Bordeaux et Bayonne, on peut concevoir un triangle de chemins de fer dont les résultats seront vraiment merveilleux. » Tel est l'esprit de cette exhortation adressée par M. Billaudel à ses compatriotes (voir n° 592).

—

619. — CHEMIN DE FER DE PARIS A BORDEAUX. — Lettre à MM. les membres des conseils généraux de département, des conseils d'arrondissement et des conseils municipaux des localités que doit desservir le chemin de fer de Paris à Bordeaux par Chartres, Tours, Angoulême et Limoges. — In-8° d'une feuille. — (Voir n° 617).

—

620. — CHEMIN DE FER DE PARIS A ORLÉANS. — *Première section des chemins de fer de l'Ouest et du Midi.* — In-4° de 2 feuilles, plus un plan.

—

621. — NOTICE SUR LE CANAL D'ORLÉANS A NANTES PAR LA VALLÉE DE LA LOIRE. — Chemin de fer sur l'un de ses francs-bords. — In-4°. — Paris.

—

622. — CHEMIN DE FER DE BORDEAUX A LA TESTE. — La loi du 17 juillet 1837 autorisa le gouvernement à concéder le chemin de fer de Bordeaux à la Teste sur le projet déposé par M. Fortuné de Vergès, ingénieur. Présentée à la Chambre des députés le 3 juin 1837, la loi fut rapportée le 19 par M. Laurence, discutée et votée le 24 par 215 voix contre 77, avec mise en adjudication portant sur la durée de la concession fixée comme maximum à 99 ans. Introduite à la Chambre des pairs le 1er juillet, la loi fut rapportée le 10 par M. le comte de la Villegontier, discutée et votée le 12 par 84 voix contre 5. (*Procès-verbaux des séances de la Chambre et Bulletin des Lois*). Une ordonnance royale du 25 mai 1838 approuva les statuts de la société anonyme formée à Bordeaux, au capital de 5 millions en 10,000 actions de 500 francs, à l'effet de construire et d'exploiter cette ligne concédée pour 34 ans, 8 mois et 27 jours, aux termes de l'adjudication du 28 octobre 1837, approuvée le 15 décembre 1837, — avec cautionnement de 200,000 francs, — au profit de M. God. —MM. Vergès et Bayard de la Vingtrie, ingénieurs des ponts et chaussées, restèrent chargés de la direction des travaux et le conseil d'administration fut composé de MM. Henry-Nicolas Hovy, David Johnston, Domaine-Guillaume Mestrezat, Aristide Lopès Pereyra, Jacques France, Emile Galos, Nathaniel Johnston junior, David-Frédéric Lopès Dias.

—

623. — CHEMIN DE FER DE MULHOUSE A THANN. — Loi du 17 juillet 1837, concédant à M. Nicolas Kœchlin le chemin de fer de Mulhouse à Thann pour 99 ans, conformément au cahier des charges. Une société en commandite par actions fut aussitôt formée, au capital de 2.600.000 francs, en 5,200 actions, sous la raison sociale Nicolas Kœchlin et Cie.

—

624. — AVANT-PROJET DU CHEMIN DE FER DE STRASBOURG A MULHOUSE ET BALE, par MM. Bazaine et Chaperon. — Mulhouse. — In-4°.

—

625. — MÉMOIRE POUR LES EXTRACTEURS DU BASSIN HOUILLER DE SAINT-ETIENNE au sujet d'un projet de règlement administratif sur les clauses et conditions du cahier des charges de la Compagnie du chemin de fer de Lyon. — In-4° de 7 feuilles 1/2. — Lyon.

—

626. — CHEMIN DE FER DES MINES D'EPINAC au canal du Centre. — Loi du 17 juin 1837, concédant à M. Samuel Blum le chemin de fer minier des houillères d'Epinac au canal du Centre. Tarif à la descente : 0 fr. 12 par tonne et par kilomètre : à la remonte, 0 fr. 17. — Cautionnement, 75.000 francs. — Durée de la concession, 99 ans.

—

627. — CHEMINS DE FER D'ALAIS A BEAUCAIRE ET A LA GRAND-COMBE. — Loi du 7 juillet 1837, autorisant le gouvernement à faire un prêt de 6 millions de francs à 4 0/0, à deux sociétés françaises réunies sous le nom de *Compagnie des mines de la Grand-Combe et des chemins de fer du Gard*, avec la garantie solidaire des gérants, MM. Jules Léon, Paulin Talabot, Veaute, Abric et Mourier. Les emprunteurs s'engageaient à fournir à l'Etat pendant les quatorze années qui suivraient la mise en exploitation de ces lignes, les charbons nécessaires pour la marine, à 20 0/0 au-dessous du prix de la dernière adjudication, soit à 33 fr. 44 la tonne le gros, et 13 fr. 52 le menu. Plus tard, on adjoignit à la garantie des gérants, celle de quelques-uns des actionnaires, MM. Jacques Fraissinet et Roux, de Marseille; Jean Luce, de Marseille; Joseph Ricard personnellement et la maison Joseph Ricard et Théophile Delard, de Marseille, et Servich Thiron fils, de Marseille.

—

628. — PROJETS DE LOI. — Le 9 mai 1837, M. Martin (du Nord), ministre des travaux publics, déposait à la Chambre des députés les projets de loi suivants, concernant les chemins de fer, précédés chacun d'un long et instructif exposé des motifs : 1° *Chemin de fer de Paris à Rouen*, avec faculté de rachat par le gouvernement après la trentième année d'exploitation, au taux du revenu moyen des trois dernières années antérieures au rachat. Subvention : 7 millions de francs, adjudication au rabais sur la subvention ; — 2° *Paris à Orléans*, mêmes conditions, subvention de 3 millions ; — 3° *Mulhouse à Thann*, sans subvention, concession directe à MM. Kœchlin frères, conditions générales *ut supra* ; — 4° *Chemin de fer du Gard*, prêt hypothécaire à 3 0/0 de 4 millions, avec dépôt à la Caisse des dépôts et consignations de 6,000 actions de la Société et remboursable en 12 annuités à partir de l'achèvement des travaux ; — 5° *Lyon à Marseille*, conditions générales, pas de subvention, adjudication portant sur la durée de la concession ; — 6° *Paris à la frontière de Belgique*, conditions générales, subvention de 20 millions, concession directe à M. John Cockerill, directeur des usines belges de Seraing « naturalisé français par Napoléon 1er » et commandité par le roi de Hollande : le tarif des voyageurs était fixé suivant la classe à 0.07, 0.05, et 0.03 par kilomètre, et celui des marchandises à 0.06 pour la houille, 0.08, 0.10 et 0.12 pour les autres espèces. — Il fut décidé, après une discussion assez animée, qu'il serait nommé dans les bureaux une commission pour chaque projet, mais que toutefois le débat particulier auquel chacun d'eux serait soumis, devrait être précédé d'une discussion générale sur les chemins de fer. Tous les appétits financiers et électoraux étaient en éveil et beaucoup de députés étaient disposés à demander la construction par l'Etat, si leurs intérêts individuels ne recevaient pas satisfaction. Le premier rapport déposé fut celui de Mulhouse à Thann, confié à M. de Las-Cases, le 22 mai, — celui d'Orléans, par M. Cordier, le 23 ; — celui du Gard par M. d'Harcourt, le 23 ; — celui de Cockerill, le 26, par M. de Rémusat. Mais le 3 juin, le ministre retira le projet de Paris-Rouen et le remplaça par un projet de Paris à Rouen, le Havre et Dieppe avec embranchement sur Elbeuf, et 10 millions de subvention. M. Martin (du Nord) déposa en même temps les projets suivants : 1° *avance de 4 millions* à la Compagnie d'Andrézieux à Roanne ; — 2° *Paris à Tours ;* — 3° *Epinac au canal du Centre*, concession directe à l'entreprise des houillères ; — 4° *Bordeaux à la Teste*, sans subvention, mais avec adjudication sur la durée. Le 16 juin, commença la discussion générale de la question des chemins de fer comprenant les principes de la subvention, de la concession directe, de la mise en adjudication et de l'exécution par l'Etat, soit pour les exploiter lui-même, soit pour les affermer une fois construits. On entendit successivement le député Mathieu qui demandait l'ajournement ; — M. Jaubert qui allait jusqu'à prévoir que les chemins de fer seraient un jour internationaux et qui recommandait la circonspection, car on ne savait pas ce qui allait sortir de là ; — le colonel Paixhans qui voulait qu'on allât de l'avant ; — M. Fould, critiquant tous les projets qui n'étaient pas de lui ; — M. Martin (du Nord) qui s'exprima avec beaucoup d'éloquence ; — M. Mallet, partisan des chemins de fer ; — M. Auguis, voué à l'opposition quand même ; — M. Berryer qui ne fit pas d'opposition systématique ; — M. Vivien, — M. Ganneron, — et M. Legrand. Dans la séance du 19, la confusion arriva à son comble et comme on réclamait, au sujet d'un vote qui avait ajourné la suite de la

conférence après le budget, le président, M. Dupin, eut ce mot à double entente : « C'est voté, dit-il, et j'espère qu'il n'en sera plus question ». Les seuls projets qui furent votés, sont ceux qui concernaient : les chemins de fer de Mulhouse à Thann, de Bordeaux à La Teste, d'Epinac au canal du Centre et les avances aux Compagnies des chemins de fer du Gard et d'Andrézieux à Roanne.

—

629. — Procès-verbaux des séances de la Chambre des députés. — § 1. Chemins de fer subventionnés par l'Etat. — 1° *De Paris à la frontière de Belgique.* — Exposé des motifs et texte du progrès de loi ayant pour objet, d'approuver la convention provisoire entre le gouvernement et John Cockerill pour l'établissement de ce chemin de fer, d'ouvrir sur 1837 et 1838 les crédits nécessaires pour les premiers paiements de la subvention consentie et d'affecter ces dépenses sur le fonds spécial des travaux publics, 8 mai 1837 et supplément au *Moniteur* du 9 mai. — Rapport de M. de Rémusat, 25 mai (n'eut pas de suite, voir 628).

—

2° *De Paris à Rouen.* — Exposé des motifs et et projet de loi ayant pour objet : 1° d'autoriser le gouvernement à concéder le chemin de fer en accordant à la compagnie adjudicataire une subvention ; 2° d'ouvrir sur 1837 et 1838 les crédits nécessaires pour satisfaire aux premiers paiements de cette subvention ; 3° d'en imputer la dépense sur le fonds spécial créé pour les travaux publics extraordinaires, 8 mai 1837, et supplément au *Moniteur* du 9 mai. — Retrait de ce projet de loi, 3 juin (voir 628.)

—

3° *De Paris à Rouen, au Havre et à Dieppe avec embranchement sur Elbeuf et Louviers.* Exposé des motifs et dispositif d'un projet de loi ayant pour objet : 1° d'autoriser la concession par le gouvernement avec subvention ; 2° d'ouvrir sur 1838 un crédit pour satisfaire aux premiers paiements ; 3° et d'en imputer la dépense sur le fonds spécial créé pour les travaux publics extraordinaires (3 juin 1837). — Ce nouveau projet de loi est renvoyé à la commission, nommée pour examiner le projet précédent. — Rapport de M. Mathieu, 13 juin (n'eut pas de suite, voir 628).

—

4° *De Paris à Orléans.* — Exposé des motifs et texte du projet de loi, ayant pour objet : 1° d'autoriser le gouvernement à concéder ce chemin de fer en accordant une subvention aux concessionnaires ; 2° d'ouvrir sur 1837 et 1838, les crédits nécessaires pour les premiers paiements de cette subvention ; et 3° d'en affecter la dépense sur le fonds spécial créé pour les travaux publics extraordinaires, 8 mai 1837 et supplément au *Moniteur* du 9 mai. — Rapport par M. Cordier, 23 mai. — Rapport supplémentaire par M. Cordier, 26 juin (n'eut pas de suite, voir 628).

—

5° *De Paris à Tours.* — Exposé des motifs et texte d'un projet de loi, ayant pour objet d'en autoriser la concession avec subvention imputable sur le fonds extraordinaire créé pour travaux publics, et d'ouvrir des crédits sur 1837 et 1838 pour satisfaire aux premiers paiements de la subvention (3 juin 1837). — Rapport par M. Bureaux de Pusy, 1er juillet, supplément D. au *Moniteur* du 2 juillet (n'eut pas de suite, voir 628).

—

6° *D'Alais à Beaucaire et d'Alais aux mines de la Grand-Combe.* — Exposé des motifs et texte du projet de loi, ayant pour objet d'approuver la convention passée entre M. le ministre du commerce et la Société des mines de la Grand-Combe et des chemins de fer du Gard pour l'établissement des chemins sus-mentionnés; d'ouvrir sur 1837 et 1838 les crédits nécessaires pour le paiement des premiers termes du prêt consenti par le gouvernement à la compagnie et d'affecter ces dépenses sur le fonds extraordinaire pour travaux publics, 8 mai 1837 et supplément B. au *Moniteur* du 9 mai. — Rapport par M. le comte d'Harcourt, 23 mai. — Délibération sur le chemin d'Alais à Beaucaire (26 juin). — Adoption d'un amendement de M. Roul qui porte à 4 pour 100 l'intérêt à servir par la compagnie pour le prêt consenti par l'Etat. Ont pris part aux débats MM. Auguis, Baude, Berryer, Boissy-d'Anglas, de Chastellier, Desjobert, T. Duchatel, Fulchiron, Gauguier, d'Harcourt, Laurence, Legrand, Lherbette, Luneau, Martin, Meynard, Roul, Salverte, Teste, Viennet, Vivien. — Le projet de loi est adopté le même jour.

—

7° *D'Andrézieux à Roanne.* — Exposé des motifs et texte du projet de loi ayant pour objet d'autoriser le prêt par l'Etat d'une somme de 4 millions à la compagnie actuellement concessionnaire; d'ouvrir des crédits sur 1837 et 1838, à l'effet de pourvoir au versement de cette somme, et d'affecter ces dépenses sur le fonds spécial créé pour travaux publics extraordinaires, 3 juin 1837. — Rapport par M. Janvier, 23 juin. — Délibération sur le chemin de fer d'Andrézieux à Roanne, 26 juin. — Ce projet est rejeté le même jour.

—

8° *De Lyon à Marseille.* — Exposé des motifs et dispositif du projet de loi, ayant pour objet d'en autoriser la concession, avec garantie aux concessionnaires d'un minimum d'intérêt de 4 pour 100, 8 mai 1837 et supplément B. au *Moniteur* du 9 mai. — Rapport par M. Dufaure qui propose, au nom de la commission, d'autoriser la concession avec une subvention, et de n'accorder la garantie d'intérêt que dans le cas où il ne se présenterait pas d'adjudicataire ou d'autres conditions, 5 juin.

—

9° *De Mulhausen à Thann.* — Exposé des motifs et dispositif du projet de loi de concession, 8 mai 1837 et supplément B au *Moniteur* du 9 mai. — Rapport par M. de Las-Cases, 22 mai. — Délibération sur le chemin de Mulhausen à Thann, 14 juin. Ont pris part aux débats MM. Barbet, Berryer, de Bussières, De-

marçay, T. Duchâtel, Dufaure, Glais-Bizoin, de Golbery, Haas, Lamy, de Las-Cases, Legrand, Martin, (du Nord), Petot, Salverte, Teste, Vivien. — Le projet de loi est adopté le même jour.

—

10° *D'Epinac au canal du Centre.* — Exposé des motifs et dispositif du projet de loi de concession, 3 juin 1837. — Rapport de M. de Bussières, 17 juin. — Délibération sur le chemin d'Epinac au canal du Centre, 24 juin. — Incident au sujet des machines locomotives : ont pris part à la délibération MM. Arago, Barbet, de Bussières, J. Lefebvre, Vivien. — Ce projet de loi est adopté le même jour. — Loi du 27 juillet.

—

11° *De Bordeaux à la Teste.* — Exposé des motifs et dispositif du projet de loi de concession, 3 juin 1837. — Rapport par M. Laurence, 19 juin. — Délibération sur le chemin de Bordeaux à la Teste, 26 juin. — Le projet de loi est adopté sans discussion. — Loi du 17 juillet.

—

630. — Procès-verbaux des séances de la commission, nommée par arrêté du 28 octobre, signé : Martin (du Nord), et chargée d'examiner les questions que peuvent soulever les projets d'établissement des chemins de fer, séances tenues sous la présidence de M. le ministre des travaux publics, de l'agriculture et du commerce. La commission était composée de MM. le comte d'Argout, pair de France, gouverneur de la Banque de France; le duc de Caraman, pair de France; Levalet, maître des requêtes au conseil d'Etat; Charlier (Victor); Delessert (François), président de la Chambre de commerce de Paris, ancien député; Dufaure, ancien député; Dumon (Lot-et-Garonne), conseiller d'Etat, ancien député; le baron de Fréville, pair de France, conseiller d'Etat; Gréterin, conseiller d'Etat, directeur général des douanes; Legrand, conseiller d'Etat, directeur général des ponts et chaussées et des mines, ancien député; le comte Mathieu de La Redorte, ancien député; Michel, président du tribunal de commerce de la Seine; le baron Mounier, pair de France; Odier, pair de France, censeur de la Banque de France; Passy, ancien député; Réal (Félix), conseiller d'Etat; de Rémusat (Charles), ancien député; Tarbé de Vauxclairs, pair de France, conseiller d'Etat. — Le comte Daru remplaça M. Delessert, qui n'accepta pas ces fonctions, et ni M. Dumon, ni M. Dufaure n'assistèrent aux séances qui se tinrent du 19 novembre au 1er décembre et qui furent au nombre de neuf. Le résultat fut le projet de loi du 15 février 1838, qui impliquait l'exécution par l'Etat des quatre lignes de Paris à la frontière du Nord, de Paris au Havre, de Paris à Orléans et de Marseille à Avignon, évaluées à 157 millions. La commission assez incohérente dans ses décisions finales, avait classé comme lignes politiques, le chemin de Paris à Orléans, en qualité de première section de celui de Paris à Bayonne, le chemin de Paris à la frontière de Belgique, le chemin de Paris au Havre et celui de Lyon à Marseille. On se demande quelle était cette

politique qui laissant de côté la frontière de l'Est et
semblait ne viser que les relations de famille de la
Maison d'Orléans. — 1 vol. petit in-4°. — Paris.
Imprimerie Royale.

—

631. — LOCOMOTIVES FRANÇAISES. SUR LES VOITURES A
VAPEUR D'INVENTION FRANÇAISE. SERVICE DES ROUTES
ORDINAIRES. — Exploitation de la route de Paris à
Rouen par les locomotives françaises de M. Galy-
Cazalat. — Prospectus. — In-4°. — Paris. — Ce fut
un des nombreux projets embryonnaires, conçus par
ce mécanicien politique dont la femme cultivait éga-
lement le champ des inventions cinématiques.

—

632. — PREMIER CHEMIN DE FER EN RUSSIE, DE SAINT-
PÉTERSBOURG A ZAVOKOI-SELO ET PAWLOWSK, construit
par une société d'actionnaires formée en Russie, en
Allemagne, en France et en Angleterre, en vertu
d'un privilège accordé par S. M. l'empereur, le
23 mars 1836. — In-4°. — Paris. — Carilian-Gœury.
— Cette macédoine financière n'eut pas de succès.

—

633. — ORDONNANCE DU PRÉFET DE POLICE portant
défense de s'introduire dans l'enceinte fermée du
chemin de fer de Paris à Saint-Germain, à Paris,
aux Batignolles-Monceau, à Clichy, à Asnières, à
Colombes et à Nanterre, à peine d'être déféré aux tribunaux compétents (9 avril).

—

634. — ARRÊTÉ DU PRÉFET DE POLICE ordonnant l'impression et l'affichage de celui du ministre des travaux publics pour l'ouverture du *chemin de fer de
Paris à Saint-Germain* et chargeant de veiller à
l'exécution de cette mesure, le sous-préfet de Saint-
Denis, l'ingénieur en chef, directeur des ponts et
chaussées du département de la Seine, l'ingénieur en
chef des mines du département de la Seine, les maires
des Batignolles-Monceau, de Clichy, d'Asnières, de
Colombes et de Nanterre, les commissaires de police
et notamment les commissaires spéciaux de police du
chemin de fer de Paris à Saint-Germain, le chef de la
police municipale, les officiers de paix, les préposés
de la préfecture de police, les gardes champêtres,
le colonel de la garde municipale de la Ville de
Paris et le commandant de la gendarmerie du département de la Seine (26 août).

—

635. — CHEMIN DE FER DE PARIS A SAINT-GERMAIN. —
Le *Moniteur* du 16 février fait savoir que le tunnel
de la place de l'Europe est terminé et que l'on a
attaqué les travaux dans le jardin de Tivoli. La question de la gare de la Madeleine est, en effet, résolue ;
les ennemis de tout progrès l'ont emporté sur les
hommes d'initiative et de perspicacité. La faute est
consommée et elle est devenue irréparable. Le 27 mars,
le ministre des travaux publics visite les travaux
jusqu'à Colombes, où doit s'embrancher le chemin
de fer de Poissy. Il y a 2.300 ouvriers employés,
dont 300 travaillent de nuit dans les chantiers de
Paris. La foule se portait avec tant de curiosité le
long des travaux, qu'elle en devint gênante et le
préfet de police dut prendre, à la date du 9 avril,
un arrêté interdisant au public l'accès des chantiers.
Le 27 avril, la locomotive *La Seine* est attelée au
train de déblai pour activer le remblai de Clichy et
les Parisiens accourent avec frénésie pour voir fonctionner, *de visu*, le nouvel engin dont ils entendaient tant parler depuis dix ans. Le 12 mai eut lieu
l'assemblée générale des actionnaires dans laquelle
le directeur, M. Emile Pereire, lut un intéressant
rapport; 9.000 actions y étaient représentées. Les
dépenses s'élevaient à 6.215.636 francs, de sorte que
le capital étant épuisé, la Compagnie avait recours à
des ressources de trésorerie que l'on solda par un
emprunt consolidé. Les terrains dans Paris avaient
coûté 300.000 francs et sur le reste de la ligne,
400.000, bien que le Domaine n'eût pas fait payer
la large emprise de la voie, à travers la forêt
du Vésinet, se contentant d'une rente égale au
revenu foncier supprimé, en raison de l'inaliénabilité
du sol et du retour postérieur à l'Etat, lors de l'expiration de la concession. Les prix pratiqués, pour 295
arpents suburbains avaient oscillé de 1.420 fr. à 4.450.
Aux Batignolles, on avait payé 21 fr. 45 la toise
carrée, soit 5 fr. 34 le mètre. Les actionnaires qui
avaient un droit d'option à la souscription des actions
de Versailles, rive droite, et qui n'avaient pas manqué d'en user, votèrent le traité fait avec la société qui devait être leur partenaire dans la gare de
la rue Saint-Lazare, avec un rabais de 50 0/0 sur
les droits de péage tels que les prévoyait le cahier des
charges. Ce don de joyeux avènement contribua
pour beaucoup à la hausse des actions. Le péage se
trouva ainsi réduit à 0.125 d'Asnières à Paris par
voyageur, plus 0.025 pour l'usage de la gare. L'assemblée vota à l'unanimité des remerciements à
M. Emile Pereire et aux ingénieurs MM. Clapeyron et
Stéphane Mony. L'ordonnance du préfet de police interdisant l'accès des chantiers, ayant mécontenté
beaucoup de gens considérables, M. Emile Pereire, à
la date du 19 juin, avisa MM. les députés que l'entrée des chantiers serait toujours libre pour eux sur
la présentation de leurs médailles.

Le *Courrier Français* du 18 juillet faisait présa-
ger pour le 10 août l'ouverture du chemin de fer. Le
27, une machine portant le préfet de police qui avait
voulu se rendre compte de ce genre de locomotion,
avant de le réglementer, allait de Paris à Asnières en
17 minutes, une autre machine le conduisit au pont
de Chatou en 18 minutes, et une troisième de Chatou
au Pecq en 7 minutes. Le 31 juillet, un train ame-
nant un grand nombre d'invités, parmi lesquels le
duc de Decazes et le compositeur Halévy, partit à
7 h. 25 de la gare de Paris, atteignit le Pecq et rentra
à Paris à 8 h. 55 ; tout le monde croyait sortir d'un
rêve. Le 19 août, le préfet de police rendit une ordonnance dictant diverses mesures propres à assurer
le bon ordre dans les gares et sur tout le parcours,
en l'absence d'une législation spéciale et raisonnée
sur la matière.

La *Paix* ayant annoncé que l'ouverture de la ligne
qui devait avoir lieu le 26 août, serait retardée par

suite des difficultés suscitées par la régie des contributions indirectes au sujet de la perception de l'impôt du dixième, le *Moniteur* du 26 démentait cette assertion, sans en nier le fondement, disant que M. Emile Pereire s'était mis d'accord avec l'administration pour passer outre, et affirmait en même temps que l'inauguration définitive se ferait le lendemain samedi 26. Au *verso* de la même page, on peut lire extrait du *Journal des Débats* et signé Jules Janin, le compte rendu de l'inauguration qui avait eu lieu le 26. Voilà qui atténue bien la facilité d'improvisation du prince des critiques. Evidemment, il avait fignolé son compte rendu d'avance et le *Journal des Débats* avait communiqué cette prose sublimée au *Moniteur* où, par suite d'un malentendu ou d'une malice, elle parut, avant l'inauguration elle-même que décrivait le célèbre styliste. A la page suivante, le *Journal officiel* publiait l'horaire du service qui commença à régir le jour même, 26 août : dix voyages complets (aller et retour) par jour; 1er départ de Paris à 6 heures du matin; 1er départ du Pecq à 6 h. 3/4. Prix des places : diligences, impériales, wagons garnis, 1 fr. 50; wagons découverts, 1 franc. La même personne ne pouvait pas prendre à la fois plus de huit places de diligences, dix de wagons et trois de banquettes d'impériales. On voulait ainsi éviter autant que possible la *revente* des places. Jusqu'à nouvel ordre, il n'était pas fait de service aux stations intermédiaires. L'embarcadère était situé rue de Londres, place de l'Europe. L'encombrement était tel que dès le 28, le directeur ordonna que deux trains partiraient à chaque départ, de deux heures en deux heures, de sept heures du matin à huit heures du soir, de Paris, et de huit heures du matin à neuf heures du soir, du Pecq. On continua à se pousser et à se bousculer et dans une de ces presses, un jeune homme pris entre deux trains, faillit être blessé.

Le 11 septembre, le *Moniteur* fit savoir que, pendant la première quinzaine du 26 août au 7 septembre, on avait encaissé 119.253 fr. 50 de 97,199 voyageurs dont 37.286 dans la première classe et 59.913 dans la seconde. La deuxième quinzaine donna 108.530 voyageurs et 121.794 francs : les places à bon marché étaient celles qui produisaient le plus. Le 16 octobre on essaya sur la ligne de Saint-Germain, une locomotive construite dans les chantiers de Derosne et Cail à Paris, sous la direction de l'ingénieur Edwards, pour la Compagnie du chemin de fer de Saint-Etienne à Lyon. Cette machine pesait huit tonnes et elle fonctionna parfaitement à la tête de trois trains successifs de 73, 97 et 152 tonnes respectivement. Une ordonnance royale du 21 octobre autorisa la construction de la station de Paris « rue des Mathurins, vis-à-vis de la Madeleine. » La *Presse de Seine-et-Oise*, très intéressée dans la question, en raison du chemin de fer de la rive droite dont le sort était lié à celui de la Compagnie de Saint-Germain, donne des détails très circonstanciés sur le choix de ce nouvel emplacement. Le 28 octobre, les recettes des deux premiers mois de l'exercice montaient à 440.216 fr. 25 avec 362.463 voyageurs. Le 4 décembre, les wagons découverts furent fermés en raison du froid. Le 5 décembre, on placarda l'arrêté du préfet de la Seine, ouvrant une enquête sur la partie du chemin comprise entre la *place de l'Europe et la rue des Mathurins*, en passant sous la rue de Stockholm et au-dessus des rues Saint-Lazare et Saint-Nicolas. C'était imposer à la Compagnie des sacrifices pécuniaires importants, sans compensation, car jamais le coin de la rue des Mathurins, ne pouvait avoir l'effet suggestif de la place de la Madeleine, et du voisinage du boulevard.

—

636. — Inauguration du chemin de fer de Paris a Saint-Germain. Précis historique de ce qui s'est passé en présence de S. M. la reine et les princes. — Description curieuse du chemin de fer, le nom de tous les endroits où il passe, etc., etc. — In-12, d'une demi-feuille. — Voici la reproduction littérale de ce petit écrit :

« *Inauguration du chemin de fer de Paris à Saint-Germain. — Précis historique.* — De ce qui s'est passé en présence de S. M. la reine et les princes. — Description curieuse du chemin de fer, le nom de tous les endroits où il passe. — Le point de départ de Paris à Saint-Germain et de Saint-Germain à Paris. — Le prix des places et l'indication des bureaux. — Les heures de départ, etc...

« Paris vient de s'enrichir d'une gloire nouvelle. La même année qui lui a donné l'obélisque de Luxor et l'Arc-de-Triomphe de l'Etoile, lui donne encore un chemin de fer. Que disons-nous, un chemin de fer? C'est toute la forêt de Saint-Germain que Paris vient de conquérir, paisible conquête de l'industrie ! Maintenant ces vieux arbres, cet illustre château, cette terrasse, l'orgueil et la joie du Parisien, du haut de laquelle il semble contempler à loisir tous les royaumes du monde, la ville et la forêt de Saint-Germain, ce charmant pèlerinage, elles sont aux portes de Paris. Hier encore, aller à Saint-Germain, c'était un voyage, aujourd'hui il ne s'agit plus que de sortir de sa maison. C'est tout un monde que nous venons de conquérir.

« La Reine, heureuse de donner l'exemple, a voulu être la première à essayer le chemin de fer. Avec la Reine est venue Mme la duchesse d'Orléans, sont venus les jeunes princesses, le duc d'Aumale, le duc de Montpensier, M. le comte de Flahaut, les aides-de-camp de service et les officiers d'ordonnance, M. le ministre du commerce, le préfet de la Seine, le préfet de police, M. le directeur général des ponts et chaussées, etc...

« Qui donc maintenant, parmi nos plus timides petites maîtresses, osera avoir peur de se confier à une route essayée par la duchesse d'Orléans et par la Reine? Certes, c'est là ce qui s'appelle donner l'exemple et le donner bravement. Grâce à elles, toutes les belles dames de Paris, et les plus timides et les plus craintives, feront, avant huit jours, ce long voyage de quelques minutes, qu'elles auraient à peine entrepris l'été prochain.

« A deux heures et demie, la Reine, Mme la duchesse d'Orléans, les jeunes princes et les jeunes princesses, montaient dans une de ces immenses et riches voitures qui semblent marcher toutes seules sur ce chemin qui marche et qui les pousse. M. le duc d'Orléans et M. le duc d'Aumale prenaient place sur une des banquettes de l'impériale, à l'air libre, à côté de M. Clapeyron ; plus de cent cinquante personnes occupaient les berlines fermées, les berlines ouvertes, les diligences, les wagons, etc... Toutes ces voitures tiennent l'une à l'autre par un lien de fer ; mais, qu'elles avancent, qu'elles reculent, qu'elles marchent, qu'elles s'arrêtent, le moindre choc est impossible.

« Le matériel de l'administration se compose, jusqu'à présent, de 105 voitures qui peuvent contenir 4.070 places. Ainsi donc, par un beau jour de dimanche, tout Paris peut être transporté sur la verdure, sous les frais ombrages de la forêt de Saint-Germain.

« Le chemin de fer a 18,430 mètres ; la voie a 1 mètre 50 centimètres de largeur ; les bords, en dehors des voies, 1 mètre 4 centimètres. Quant au souterrain des Batignolles, il est divisé en deux galeries à deux voies, d'une largeur de 7 mètres 40 centimètres. La hauteur n'est pas moins de 6 mètres. Le chemin traverse dix-huit ponts, trois sur la Seine ; un de ces ponts, le pont courbé, est considéré comme un chef-d'œuvre ; il n'a que quatre lieues et demie, mais ce sont quatre lieues dans le plus beau pays du monde ; le plus long souterrain n'a que 260 mètres ; mais c'est une voûte si belle et si légère !

« Voici déjà Asnières ; saluez l'Arc-de-Triomphe, noble pierre chargée de nos victoires et de nos grands hommes, qui s'élève aussi haute et plus fière que les montagnes. Voyez s'enfuir dans le nuage la flèche de Saint-Denis, que vient encore de frapper la foudre impuissante ; dans ce lointain lumineux brillent doucement, comme des reines, mais comme des reines bourgeoises, les îles royales de Neuilly ; cet immense jardin anglais, c'est Colombes, à l'église gothique ; voici Nanterre. Autrefois elle arrêta les Normands : qu'ils seraient confondus, s'ils entendaient passer au pas de course cette musique militaire qui nous accompagne ! Cependant regardez ces pentes charmantes, ne dirait-on pas que toute cette verdure se précipite doucement dans les flots, comme fait le soleil le soir ? C'est le Mont-Valérien qui se penche ainsi pour regarder cette tempête qui passe en voiture.

« Ainsi tout s'enfuit et tout passe devant nous, églises, presbytères, châteaux, maisons blanches aux volets verts, rêve de Jean-Jacques ! Eglises à flèche élancée, vieux arbres aux branches touffues, vignes aux feuilles plus jaunissantes que les grappes ! Laissez Nanterre se choisir une rosière de cette année ; saluez Rueil, qui se souvient du cardinal de Richelieu. Hélas ! s'il l'eut voulu, le terrible cardinal, depuis cent cinquante ans, la vapeur serait au nombre des puissances. »

637. Description du chemin de fer de Paris a Saint-Germain. — In-12 d'une feuille. — Nous reproduirons seulement la conclusion de cette description, avec sa rubrique exacte :

AVIS ESSENTIELS

« Il ne sera pas délivré de billets à l'avance.

« Il sera délivré, à Paris, des places pour l'aller et le retour, mais pour le même jour seulement.

« On ne pourra retenir, à Paris, des billets pour le retour de Saint-Germain, que pour le train qui reviendra immédiatement.

« Les bureaux ne seront ouverts qu'une heure avant chaque départ.

« On doit être rendu à la station un quart d'heure avant chaque départ.

« Les bureaux sont : à Paris, rue de Londres, place de l'Europe, et à Saint-Germain, au pont du Pecq.

« Les billets ne pourront servir que pour le jour et l'heure indiqués.

« Tout voyageur est tenu de montrer son coupon en entrant dans la salle, et de le garder jusqu'à ce qu'il soit réclamé par les agents de l'administration, qui indiqueront à chacun sa place respective dans les voitures.

« Afin de ne pas s'exposer à perdre sa place, chacun est obligé de monter dans la voiture dont le numéro est indiqué sur le billet.

« Il est défendu de fumer dans ou sur les voitures, et dans tous les établissements de la Compagnie.

« Afin de prévenir les accidents, il est expressément défendu de mettre les bras ou la tête hors des voitures, d'ouvrir les portières, de descendre des voitures avant que les trains soient entièrement arrêtés, et que les conducteurs aient ouvert les portières.

« Les voyageurs qui laisseraient tomber en route un chapeau, un mouchoir ou objet quelconque, en feront la déclaration au bureau en arrivant. Les objets seront réclamés aux cantonniers chargés de la surveillance du chemin ; mais on doit s'abstenir absolument d'essayer de sauter hors des voitures, sous quelque prétexte que ce soit.

« Au second son de cloche, annonçant le départ du convoi, les portes de l'enceinte seront fermées jusqu'au départ suivant.

« Il est formellement interdit aux gardes et autres agents de l'administration, d'accepter aucune gratification. »

638. — Moniteur universel (N° du samedi 26 août 1837). — Le journal officiel ne croit pouvoir mieux faire que d'emprunter au *Journal des Débats* et à M. Jules Janin, l'article suivant. (Voir 635). — *Inauguration du chemin de fer de Paris à Saint-Germain.* — « Paris vient de s'enrichir d'une gloire nouvelle : la même année qui lui a donné l'obélisque de Louqsor et l'Arc-de-Triomphe de l'Etoile, lui donne encore un chemin de fer. Que dis-je, un chemin de fer ? C'est toute la forêt de Saint-Germain que Paris vient de conquérir ; paisible conquête de l'industrie... ! Maintenant ces vieux arbres, cet illustre château, cette terrasse, l'orgueil et la joie du Parisien, du haut de laquelle il semble contempler à loisir tous les royaumes du monde, la ville et la forêt de Saint-Germain, ce charmant pèlerinage, elles sont aux portes de Paris. Hier encore, aller à Saint-Germain, c'était un voyage ; aujourd'hui il ne s'agit plus que de sortir de sa maison. C'est tout un monde que nous venons de conquérir. C'est maintenant que le Parisien se peut écrier dans son enthousiasme : *Novus mihi nascitur ordo !*

« Il y a à peine deux heures, nous étions encore

arrêtés dans cette belle place de l'Europe qui domine tout ce quartier de la ville. Déjà, autour de cette place, sont venues se grouper, dans un ordre admirable, un grand nombre de maisons charmantes, attirées par le bruit, par le mouvement, par la vie intérieure et extérieure que va jeter tout à l'entour cette voie nouvelle. Notre regard suivait avec une avide attention ce léger sillon de fer qui s'en va tout droit, en courant sans reprendre haleine, jusqu'à cette montagne de Saint-Germain, chargée de maisons blanches et couronnée de verdure. C'est un admirable sillon profondément jeté à travers ces terres incultes ou cultivées. Tout à coup on nous avertit que M. le duc d'Orléans arrive, et que tout à l'heure nous serons arrivés à Saint-Germain, et cependant nous n'étions pas encore partis !

« M. le duc d'Orléans n'est pas arrivé seul. La Reine, heureuse de donner l'exemple, a voulu être la première à essayer le chemin de fer. Avec la Reine est venue Madame la duchesse d'Orléans, sont venus les jeunes princesses, le duc d'Aumale, le duc de Montpensier, M. le comte de Flahaut, les aides de camp de service et les officiers d'ordonnance, M. le ministre du commerce, le préfet de la Seine, le préfet de police, M. le directeur général des ponts et chaussées, M. le comte de Medem de l'ambassade de Russie, M. Jacques Lefebvre député, M. Gautier pair de France, et quelques heureux de la foule. Maintenant la fête était complète, le succès du chemin de fer était déjà assuré. Qui donc maintenant, parmi nos plus timides petites maîtresses osera avoir peur de se confier à une route essayée par la duchesse d'Orléans et par la Reine...? Certes, c'est là ce qui s'appelle donner l'exemple, et le donner bravement. Grâce à elles, toutes les belles dames de Paris, et les plus timides et les plus craintives, feront avant huit jours ce long voyage de quelques minutes, qu'elles auraient à peine entrepris l'été prochain.

« Les augustes voyageurs ont été reçus par MM. le baron James de Rothschild, d'Eichthal, Samson Davillier et Thurneyssen, administrateurs ; M. Emile Pereire, directeur, et MM. Lamé et Clapeyron, ingénieurs du chemin de fer, dans une vaste salle toute couverte d'élégantes peintures. On dirait les murailles et le plafond du foyer de l'Opéra. C'est M. Feuchères qui a jeté sur ces murs toutes ces capricieuses figures. Pourtant cette belle salle, ces vastes galeries qui l'entourent, ce riche plafond, ces élégantes murailles, tout cela n'est que provisoire. Maintenant que le chemin de fer n'est plus un problème, on espère que bientôt on lui permettra de s'avancer de quelques pas dans l'intérieur de la Ville, jusqu'à la Madeleine par exemple ; et certes ce serait justice. A quoi bon cacher sur ces hauteurs reculées ce chef-d'œuvre dont nous devons être fiers ? Pourquoi nous forcer à aller chercher nous-mêmes le chemin de fer, quand le chemin de fer ne demande pas mieux que de venir à nous ?... Mais vous verrez qu'avant peu, avant six mois sans doute, nous lui ferons tous les honneurs de la Ville, et que nous lui dirons comme à un conquérant pacifique : Soyez le bien venu, seigneur !

« A deux heures et demie, la Reine, Madame la duchesse d'Orléans, les jeunes princes et les jeunes princesses montaient dans une de ces immenses et riches voitures qui semblent marcher toutes seules sur un chemin qui marche et qui les pousse ; M. le duc d'Orléans et M. le duc d'Aumale prenaient place sur une des banquettes de l'impériale, à l'air libre, à côté de M. Clapeyron ; plus de cent cinquante personnes occupaient les berlines fermées, les berlines ouvertes, les diligences, les wagons, etc... Toutes ces voitures tiennent l'une à l'autre par un lien de fer ; mais qu'elles avancent, qu'elles reculent, qu'elles marchent, qu'elles s'arrêtent, le moindre choc est impossible.

« Le matériel de l'administration se compose, jusqu'à présent, de 105 voitures qui peuvent contenir 4070 places. Ainsi donc, par un beau jour de dimanche, tout Paris peut être transporté sur la verdure, sous les frais ombrages de la forêt de St-Germain.

« Quand tout le monde est placé, on prend les ordres de la Reine, les trompettes donnent le signal du départ. On est parti. Entendez-vous s'agiter, impatient comme le cheval de Job, et comme lui disant : *Allons !* ce courrier de feu et de fumée qui jette tout au loin le bruit et l'écume. Noble et intrépide cheval que rien n'arrête, infatigable, rapide, sans égal, toujours à l'œuvre, n'ayant jamais peur de la route, mais au contraire faisant peur à la route, qu'il parcourt d'un pas toujours égal. Je ne sais rien de plus imposant que cette force irrésistible, et cependant obéissante, qui vous entraîne ainsi plus rapide que les vents. A son premier pas vous l'entendez qui pousse un cri de joie, mais bientôt elle se calme, vous pouvez à peine suivre du regard cette fumée qui vole et qui passe. Où allez-vous ? Demandez-le à cette âme matérielle du monde visible qui vous emporte. A peine vous voyez-vous aller, à peine sentez-vous le mouvement qui vous enveloppe de toutes parts ; on ne marche pas, on glisse ; on ne part pas, on arrive ; le vent vous frappe au visage et rafraîchit votre tête brûlante, votre cœur bat plus doucement dans votre poitrine dilatée, vous vous rappelez malgré vous ce vers d'Horace : *Album mutor in alitem.* Que dit-on ? que ce chemin de fer est une grosse entreprise ? qu'il est une fortune ? qu'il allonge la vie ? qu'il nous triple à coup sûr ce grand et sévère capital qu'on appelle le temps ? qu'il est destiné à faire de la France un vaste jardin dont la capitale et les fleurs seront partout et nulle part ? On calomnie le chemin de fer ; c'est bien mieux qu'un capital, c'est bien mieux qu'une fortune, c'est bien mieux que tout ce que vous pouvez dire, c'est un plaisir inconnu, c'est une émotion sans égale, c'est le plus grand plaisir de ce monde. Gagner du temps ! Qui a dit cela ? Oh ! les belles heures que nous allons perdre au contraire au milieu des airs, emportés par le chemin de fer !

« Autrefois, c'était hier, pour aller à Saint-Germain, la route, disiez-vous, était bien belle. Partout de beaux paysages, de frais vallons, de pittoresques montagnes, des eaux murmurantes, des bois, des fleurs, de vieux clochers dominant la verdure : Oui, mais cependant il vous fallait descendre dans ces plaines, il vous fallait gravir ces montagnes, il fallait passer ces rivières, vous aviez pour compagnons de voyage assidus le soleil et la poussière ; et quand enfin vous étiez arrivés au but de votre route, quand vous étiez assis sous un vieux chêne de la terrasse, non loin du château qui a vu naître Louis XIV, vous restiez là dans votre fatigue, et, tout-à-coup, sans avoir le loisir d'errer dans ces grands bois, vous pensiez à regagner la ville, la nuit venait qui couvrait de son ombre tout ce paysage, et vous vous disiez à vous-même en revenant : Que la route est longue ! qu'elle est obscure ! Tout pauvre homme que je suis, j'aime encore mieux me promener à travers les chevaux et les équipages du Bois de Boulogne, dans la poudre et à pied.

« Mais à présent, c'est à présent qu'il faut parler de Saint-Germain et de sa belle route ! Ces ombrages courent devant vous comme un frais cortège. C'en est fait, toute vallée est comblée, toute montagne est aplanie. La vallée n'a plus pour vous que ses deux bras qu'elle vous tend d'un air maternel, la montagne s'ouvre d'elle-même pour vous faire passage ; si la terre résiste, la vapeur qui vous emporte traverse la terre étonnée et grondante ; le fleuve, vous le passez à pied sec ; la flèche du haut clocher, vous la touchez de la main ; tout vous sourit, tout vous appelle, tout vous favorise ; vous foulez aux pieds la poussière, vous défiez le soleil à la course, et à peine êtes-vous parti que vous voilà tout d'un coup étendu sur le gazon en vous disant : Déjà !

« Alors vraiment cette belle forêt de Saint-Germain est à vous, vous en êtes le maître absolu. Vous avez tout un jour pour la parcourir dans tous les sens. Ne craignez rien, vous arriverez toujours assez tôt à la porte de votre demeure. Courez tout le jour, dormez si vous voulez dormir, cherchez l'ombre ou cherchez le soleil, ou cherchez des vers (vaine recherche !), ne craignez rien, pour peu que la nuit venue, vous songiez à repartir, en un clin d'œil vous êtes chez vous tout chargé de parfum, de gaîté, de calme, de repos, de bonheur.

« Il y a un conte de fées où il est parlé d'un tapis enchanté. A peine assis sur ce tapis, vous pensez où vous voulez aller et vous y êtes. Dans ce tapis ne reconnaissez-vous pas et clairement prédits les chemins de fer ?

« Ne parlons donc pas d'affaires, ne faisons pas de statistique à propos du chemin de fer de Saint-Germain-en-Laye. Par Vulcain, rien ne serait plus facile ! A ma place, il y en a qui vous diraient : Approchez-vous ! Voilà un chemin de 18,430 mètres ; il a 1 mètre 50 centimètres de largeur, l'entrevoie 1 mètre 80 centimètres, les bords en dehors des voies 1 mètre 4 centimètres. Voilà qui va bien. Quant au souterrain des Batignolles, il est divisé en deux galeries ; chacune de ces galeries a deux voies d'une largeur de 7 mètres 40 centimètres ; la hauteur n'est pas moins de 6 mètres, il a plus de 400 mètres de longueur. Ne serons-nous pas bien avancés quand nous saurons toutes ces belles choses ? Et si notre homme ajoute que le chemin de fer traverse dix-huit ponts, trois ponts sur la Seine, que direz-vous ? Et s'il vous explique comment il y a un 300 millionième de plus à tirer en venant de Saint-Germain à Paris, qu'en allant de Paris à Saint-Germain, ne serez-vous pas un homme bien instruit ? Et s'il ajoute qu'à

l'entrée de la ville le rayon des courbes est diminué, à 900 mètres, irez-vous par hasard faire le signe de la croix ? Mais tenez, je veux que vous en ayez le cœur net ; baissez-vous et pesez-moi ces rails ; qu'en dites-vous ? Vous trouvez qu'ils sont bien lourds n'est-ce pas ? Dame ! c'est qu'ils pèsent quatorze kilogrammes et demi de plus que les rails du chemin de Saint-Etienne, quinze kilogrammes de plus que les premiers rails du chemin de Liverpool !

« Si vous n'êtes pas satisfaits de toute cette érudition, mon homme va entreprendre *ab ovo* l'histoire des chemins de fer. Il commencera par vous prouver que les routes des Romains, les canaux, les chemins de tout genre et de toute espèce, ne sont guère que de misérables façons d'aller ; à peine daignera-t-il compter pour un chemin le Rhône et le Rhin, en descendant le fleuve, bien entendu. Allons toujours ; vous savez que les chemins de fer ne sont pas encore à l'usage du savant qui fait montre de sa science. Notre savant vous dira donc que le premier chemin de fer qui a été entrepris était en bois. M. Beaumont, de Newcastle, en 1676, établit à l'usage du charbon un chemin de ce genre qui n'eut aucun succès. Le second chemin de fer fut fait en bois recouvert de fer, le troisième chemin de fer fut fait en fonte ; on n'arriva qu'avec bien de la peine au chemin de fer en fer. En ce temps-là, deux poulies ou un mauvais cheval remplaçaient la vapeur. La première fois qu'on se servit de la vapeur, la vapeur ne marchait pas, elle tirait à elle le wagon. On ne lui avait pas dit encore : *Marche ! Marche !* Mais, en 1810, le signal fut donné ; l'Angleterre, qui n'a pas inventé la vapeur, mais qui s'en est servie la première, allait déjà comme une grande et savante majesté sur ses chemins de fer, que nous n'en étions encore qu'à la marmite autoclave pour machines et aux montagnes russes pour *rail-ways*. Ainsi Liverpool et Manchester, Carlisle, Newcastle, le comté de Glamorgan, Cardiff et Mostyr-Tydwill, Cromford et High-Peak, Birmingham et Bristol, Leeds et Selby, Canterbury et Whistable, l'Ecosse et l'Irlande, eurent bientôt leurs chemins de fer en fer.

« A ce propos notre homme ne manque pas de vous arrêter sur le chemin de Londres à Greenwich, dont le viaduc est élevé sur 1000 arches de 22 pieds au-dessus du sol, et qui a coûté 11 millions. Quant aux *locomotives* elles ont subi autant de révolutions que le fer des chemins. Elles n'ont été d'abord que des rosses poussives, bonnes tout au plus pour les coucous de Saint-Germain ; elles se sont bientôt élevées à la dignité de cheval de fiacre, puis elles ont fait le service d'un bon cheval normand ; à présent elles défient à la course et en leur donnant une heure à l'avance sur soixante minutes, tous les chevaux anglais de lord Seymour. Et voilà ce qui s'appelle aller.

« Quant à vous dire comment on est arrivé à perfectionner ces machines roulantes à volonté, rien n'est plus simple. On les a montées sur six roues ; on a placé les cylindres à l'intérieur ; on a agrandi la boîte à feu, ce qui fait que le cheval mange un peu plus d'avoine. Bref cela est aussi clair que la *bossette* et la *gourmette* du cheval de Chérubin.

« Là-dessus, notre homme nous raconte aussi, en

calculant sur ses doigts, que, bon an, mal an, et en attendant mieux, l'Angleterre transporte sur ses chemins de fer 10 millions de voyageurs, 300.000 bêtes à cornes, sans compter 1.700.000 moutons et cochons; disant cela, notre homme est prêt à sourire de pitié sur le chemin de fer de Saint-Germain.

« Non, non, ne méprisez pas notre chemin de fer. C'est justement-là pourquoi je l'aime; parce qu'il ne comptera pas les tonnes de marchandises comme un vaisseau américain ; parce qu'il n'aura à transporter ni un demi-million de bêtes à cornes, ni un demi-million de cochons, parce qu'il est beaucoup moins un chemin pour les marchandises que pour les douces joies de la vie ; parce qu'il est destiné à porter beaucoup plus de jeunes gens amoureux que de spéculateurs de cinquante ans ; parce qu'il est une fête pour Paris et non pas un lucre ; parce qu'il mène dans les champs et non pas dans les fabriques de bas de coton ; parce qu'il est leste, joyeux, paré, animé par le plaisir. Voilà pourquoi je l'aime, parce que c'est le chemin qui mène à la campagne, qui nous apporte l'ombre, les fleurs, les eaux, les fruits, le lait chaud, les œufs frais, les gâteaux de Nanterre, la forêt, les chansons, les courses joyeuses, l'air, le ciel et le printemps. (1).

« Mais voici notre savant qui reprend son texte commencé. — Que serait-ce donc si vous aviez vu le chemin de fer de Manchester à Liverpool, un tunnel qui traverse Liverpool sur une étendue de plus de 1 mille 1/4 à une profondeur de 123 pieds au-dessous du sol ? Voilà une galerie ! 22 pieds de longueur sur 16 pieds de hauteur ! Et les chemins des Etats-Unis, qu'en dites-vous ? Voilà des chemins à qui on n'a pas marchandé la terre, qui circulent librement et sans entraves, qui n'ont à renverser sur leur passage ni les parcs, ni les grilles, ni les murailles, ni les maisons, ni les châteaux ! Ils enveloppent de mille circuits infinis toute l'Amérique ; ils circulent dans ce grand corps comme le sang humain dans les veines ; entre Boston et Providence on fait 17 lieues en deux heures ; on va de New-York à Philadelphie (34 lieues) en cinq heures et demie ! Et si vous saviez qu'on a tracé un chemin entre Philadelphie et Washington, et tant d'autres, d'autres dont l'œil de l'aigle pourrait à peine suivre le vol immense, que penseriez-vous, monsieur ? Vous diriez avec moi, en soupirant de regret et de pitié, que ce sont là véritablement des chemins de fer !

« Ainsi parlent les savants ; mais nous autres nous sommes moins ambitieux et plus modestes. Notre chemin de fer de Saint-Germain n'a que quatre lieues et demie, mais ce sont quatre lieues dans le plus beau pays du monde ; son plus long souterrain n'a que 264 mètres, mais c'est une voûte si belle et si légère. Il ne compte, il est vrai, que dix-huit ponts, mais sous trois de ces ponts coule lentement

l'eau transparente, un de ces ponts, le pont courbé, est même, dit-on, un chef d'œuvre ! Que voulez-vous ? Nous ne sommes encore ni des Anglais, ni des Américains, Dieu merci ! Nous ne sommes pas tous et tout à fait des hommes d'affaires et rien que des hommes d'affaires. Si nous ne manquons pas de marchands, Dieu nous a fait la grâce de ne pas manquer non plus d'artistes, de poètes, de musiciens, de jeunes gens, d'amoureux, de flâneurs. En Amérique, on dit que les chemins chôment le dimanche ; eh ! notre chemin de Saint-Germain est justement un chemin fait tout exprès pour le dimanche. Le dimanche sera l'automédon le plus gracieux, le plus actif, le plus alerte du chemin de fer.

« Voici encore pourquoi nous aimons notre chemin de fer ; il est fait pour le jour du repos : les vôtres, au contraire (je parle aux Américains), marchent tous les jours, excepté les jours de fête. Vous, quand vous vous mettez en voyage, vous prenez vos vieux habits et vos vieux chapeaux. Vous dites adieu à vos enfants et à vos femmes, et vous courez bien souvent après une banqueroute ! Nous, quand nous irons sur le chemin de fer, nous mettrons nos plus beaux habits et nous dirons à nos enfants et à nos femmes : Venez partager notre joie ! Ce sont là de notables différences. Croyez-moi, c'est déjà quelque chose d'assez curieux et d'assez rare, un chemin de fer où l'on comptera, non pas les tonneaux de marchandises, mais les gens heureux qui passent. Ne cherchez pas autre cause à cet immense concours de curieux de toutes sortes qui assiègent déjà toutes les avenues de Saint-Germain; s'ils ne voyaient entre les deux rails de fer que des écus d'or et des lettres de change qui passent, ils n'iraient pas si vite pour les voir et pour les saluer. L'homme ne bat guère des mains aux écus qui lui viennent, mais il salue de bon cœur la joie universelle. Cette joie est la joie de tout le monde ; cette marchandise, ces écus qui passent, ne sont que les marchandises et les écus de quelques-uns. Ce que je dis là, je l'ai vu dans le premier chemin de fer qui ait été entrepris en France, le chemin de fer de Saint-Etienne. Quand on l'entreprit, on ne pensait qu'au charbon de terre qu'il devait transporter. On avait calculé avec soin toutes les tonnes de charbon que renfermait le bassin houiller de Saint-Etienne, on n'avait pas songé un seul instant aux hommes qui vivaient sous le soleil. En ce lieu, dans ces montagnes, les marchandises étant tout, l'homme rien, l'homme ne devait venir qu'après la marchandise et quand la marchandise le permettrait. La houille d'abord, les voyageurs ensuite ; si bien qu'il fallut que l'homme eût bien peu de cœur pour cheminer ainsi et comme un vil mendiant, en concurrence avec la houille, sur un chemin qui appartenait à la houille.

« Toujours est-il que depuis le premier jour de son inauguration, et fidèle à sa mission de charbonnier, de fondeur, de maître de forges, de chef d'usines, d'exploiteur de minerai, le chemin de fer a conservé son aspect triste, morne, commercial. On voit trop que la houille, le fer, les ballots sont les vrais maîtres de cette voie rapide. Le voyageur humilié la traverse en silence. Pas un éclat de voix, pas un éclair de gaieté, mais, au contraire, on se

---

(1) Il doit bien s'entendre que le spirituel auteur de cet article ne veut parler ici que de l'usage présent du chemin de fer de Paris à Saint-Germain, et non des résultats qu'il doit un jour donner au commerce et à l'industrie, quand, au lieu d'être une voie de communication bornée, il deviendra au contraire le point de départ de vastes et importantes communications. (Note du *Moniteur*).

parle à l'oreille, on se tait, on se fait petit pour laisser plus de place à la houille qui passe. Sur un pareil chemin l'homme qui passe se sent humilié, et en effet il ne passe qu'en contrebande.

« Non, certes, il n'en sera pas ainsi du chemin de fer de Paris à Saint-Germain. Ce chemin-là appartient aux voyageurs, et aux plus jeunes encore, et aux plus oisifs encore, et aux plus heureux. — Place à l'homme avant tout, place aux jeunes gens, place aux jeunes filles, place aux plaisirs ! — Les affaires et les ballots viendront demain.

« Telles étaient mes pensées confuses, et bien confuses en effet ; car, si j'avais pensé seulement la moitié de ce que je vous dis là, j'aurais eu le temps de faire vingt fois la route. Cependant, vous est-il arrivé quelquefois d'aller très vite et de couper votre pensée en trois parties ? La première partie marche en avant du postillon en faisant claquer son fouet ; la seconde partie vous suit en chantant tout bas, comme un chasseur de bonne maison mal élevé ; la troisième enfin cause familièrement avec vous, à moitié endormi, et sans que vous preniez la peine de lui répondre.... — Cette admirable ubiquité de l'homme qui va au grand galop de quatre chevaux, vous ne l'avez jamais plus éprouvée que sur le chemin de fer. En effet, ce ne sont pas quatre chevaux qui vous entraînent, ce sont cinquante chevaux qui courent. — Voici donc que tout d'un coup un nuage passe sur nous, nuage mêlé de fumée ; ce n'est rien, ce sont 264 mètres d'une voûte admirable, qui ont glissé légèrement sur nos têtes ; au sortir de cette voûte vous glissez par un mur de tranchée jusqu'à l'aqueduc de ceinture. Mais comment voulez-vous que je compte toutes ces choses qui s'enfuient, les ponts sur la Seine, ces cinq ponts qui eux-mêmes dominent d'autres ponts moins élevés, ces tranchées qui s'enfoncent jusqu'à six mètres, ces remblais de 20 mètres de hauteur, une carrière de pierre traversée, ou pour mieux dire, tranchée comme par le rasoir, travaux de géant dans un si petit et si glorieux espace ? — Voici déjà Asnières ; saluez l'Arc-de-Triomphe, noble pierre chargée de nos victoires et de nos grands hommes, qui s'élève aussi haute et plus fière que les montagnes. Voyez s'enfuir dans le nuage la flèche de Saint-Denis, que vient encore de frapper la foudre impuissante ; dans ce lointain lumineux brillent doucement, comme des reines, mais comme des reines bourgeoises, les îles royales de Neuilly ; cet immense jardin anglais, c'est Colombes à l'église gothique : voici Nanterre. Autrefois elle arrêta les Normands, et qu'ils seraient confondus, ces hardis brigands, s'ils entendaient passer au pas de course cette musique militaire qui nous accompagne ! Cependant, regardez ces pentes charmantes, ne dirait-on pas que toute cette verdure se précipite doucement dans les flots, comme fait le soleil le soir ? C'est le Mont-Valérien qui se penche ainsi, pour regarder cette tempête qui passe en voiture. — *Procella ex astris !*

« Ainsi tout s'enfuit et tout passe devant nous, églises, presbytères, châteaux, maisons blanches aux volets verts, rêve de Jean-Jacques : églises à la flèche élancée, vieux arbres aux branches touffues, vignes aux feuilles plus jaunissantes que les grappes !

Laissez Nanterre se choisir une rosière de cette année ; saluez Rueil qui se souvient du cardinal de Richelieu : hélas ! s'il l'eût voulu, le terrible cardinal, depuis cent cinquante ans la vapeur serait au nombre des puissances. C'est une touchante histoire qui se lit dans les lettres de cette folle et belle Marion de Lorme à M. de Cinq-Mars. Un jour, un vieil homme, sans cheveux, se présente chez le cardinal de Richelieu, et, tout tremblant, il démontre à Son Eminence comment, avec un peu d'eau bouillante, lui le vieil homme, il a trouvé le moyen de soulever le monde. Le cardinal lui répond qu'il est fou. Le vieillard insiste ; le cardinal ordonne qu'on le jette à la Bastille, et de là à Bicêtre, car le premier inventeur de la vapeur est mort fou ; mais aussi, pauvre homme ! de quoi s'avisait-il, de dire au cardinal de Richelieu : j'ai trouvé une force plus puissante que vous, monseigneur ! Ce n'est rien qu'une goutte d'eau, qui n'est même plus une goutte d'eau, qui est réduite à l'état de vapeur ! Si le cardinal de Richelieu ne l'eut pas cru fou, il eût fait tuer cet homme. Lui, souffrir une pareille découverte, lui, qui n'a pas pardonné au grand Corneille d'avoir découvert le *Cid* !

« Mais à Rueil, si le cardinal a passé, s'est reposée enfin dans la tombe cette bonne et touchante impératrice Joséphine ; plus loin le village de Croissy se regarde complaisamment dans l'eau du fleuve. A cet instant, la vue est admirable : vous laissez à votre droite le pont du château, et par une légère courbe, vous pénétrez dans la forêt du Vésinet. C'est le roi qui l'a permis ; il n'a rien refusé au chemin de fer, il lui a laissé abattre les arbres qui gênaient sur son passage, il lui a livré toute la terre dont il avait besoin : *La terre que tu foules est à toi !* Il faudrait en France beaucoup de propriétaires comme celui-là et vous verriez marcher les chemins de fer !

« Mais arrêtons-nous : nous sommes arrivés :

« Il y avait vingt-cinq minutes que nous avions entrepris ce voyage de quatre lieues et demie. Il faut tout vous dire, nous étions en retard d'une minute et quelques secondes. J'ai vu M. Pereire froncer le sourcil ; il était sur le point de gourmander sa machine ; j'ai vu le moment où il allait lui dire : *Je crois que j'attends.*

« M. Emile Pereire est une de ces volontés fermes et intelligentes qui peuvent et doivent mener à bonne fin les entreprises les plus difficiles. Il a été secondé dans cette œuvre par plusieurs esprits de sa trempe : MM. Lamé, Clapeyron, d'Eichthal et Michel Chevalier. Ce noble esprit de tant d'avenir s'est promené plus d'une fois sur cette ligne ainsi tracée : il a appliqué à cette place la science qu'il avait été chercher dans les Etats-Unis d'Amérique. Avec de pareilles intelligences, avec de pareilles volontés, avec le crédit d'un Rothschild, avec la Reine et Madame la duchesse d'Orléans pour commencer le premier voyage, le moyen de ne pas réussir !

« Un autre jour nous aurions monté, nous aussi, jusqu'au château de Saint-Germain, fondé par Louis-le-Gros, en 1127, nous aurions cherché avec respect les traces effacées de François Ier, de Henri IV et de Louis XIII ; nous nous serions promenés sur cette belle terrasse qui commence au château et qui se

BIBLIOGRAPHIE

DES

CHEMINS DE FER

Publiée par fascicules de 5 feuilles et par volume de 10 fascicules

CHAQUE VOLUME FORMERA UN TOUT COMPLET

PRIX : 5 francs le fascicule

*On peut souscrire par Volume et recevoir les Fascicules franco à domicile, payables à la récept
du dernier Fascicule de chaque Volume*

PRIX POUR TOUS LES SOUSCRIPTEURS : 4 FRANCS LE FASCICULE

Cet Ouvrage sera divisé en neuf parties :

1º Préface ;

2º Index chronologique des publications, citées avec le *sommier administratif*
Chemins de fer ;

3º Classement alphabétique des publications ;

4º Classement alphabétique des auteurs ;

5º Classement par ordre des matières ;

6º Index administratif des Chemins de fer (1823-1900) ;

7º Index du personnel des Chemins de fer (1900) ;

8º Index des Compagnies de Chemins de fer (1823-1900) ;

9º Dictionnaire biographique des administrateurs, banquiers, constructeurs, dir
teurs, écrivains, employés supérieurs, entrepreneurs, industriels, ingénie
inventeurs, métallurgistes, publicistes, spécialistes, spéculateurs, décédés
survivants, qui ont marqué dans l'industrie des Chemins de fer pendan
dix-neuvième siècle.